GDLT
广东地税

U0930101

2011 年卷

获第六届全国年鉴编校质量检查评比一等奖

2012 年卷

获第七届全国年鉴编校质量检查评比一等奖

2014 年卷

获第五届全国年鉴编纂出版质量评比综合一等奖，
条目编写、装帧设计一等奖，框架结构二等奖

2017 年卷

获第六届全国年鉴编纂出版质量评比综合一等奖，
检索、编校质量和出版时效特等奖，
条目编写、装帧设计一等奖，框架设计二等奖

2018
广东地税年鉴

广东省地方税务局 编

中国税务出版社

图书在版编目(CIP)数据

广东地税年鉴.2018/广东省地方税务局编.
--北京:中国税务出版社,2018.12
ISBN 978-7-5678-0781-5

Ⅰ.①广… Ⅱ.①广… Ⅲ.①地方税收-广东-2018-年鉴
Ⅳ.①F812.765.042-54

中国版本图书馆CIP数据核字(2018)第264643号

书　　名: 广东地税年鉴(**2018**)
编　　者: 广东省地方税务局　编
责任编辑: 陈金艳　杨　鹤
责任校对: 姚浩晴
技术设计: 刘冬珂
出版发行: 中国税务出版社
北京市丰台区广安路9号国投财富广场1号楼11层
邮政编码:100055
http://www.taxation.cn
E-mail:swcb@taxation.cn
发行中心电话:(010)83362083/86/89
传真:(010)83362046/47/48/49
经　　销: 各地新华书店
印　　刷: 广州市快美印务有限公司
规　　格: 787毫米×1092毫米　1/16
印　　张: 53
字　　数: 1673000字
版　　次: 2018年12月第1版　2018年12月第1次印刷
书　　号: ISBN 978-7-5678-0781-5
定　　价: 300.00元

《广东地税年鉴(2018)》编辑委员会

《广东地税年鉴(2018)》编辑人员

《广东地税年鉴(2018)》撰稿负责人及特约撰稿人

（按姓氏笔画排序）

一、省局

王秀婷	王建军	邓晓炜	甘　渭	叶友法
付海涛	吕　闯	成津湘	汤丹丹	李兴蕊
李巩固	吴　澜	张　雨	张雯莹	张嫒春
陈　莹	陈壮练	陈欣亮	罗奇星	周玮欣
周忠清	黄　骏	黄小菁	符建红	梁　壆
梁婷婷	赖　尚	詹锦松	廖婉娜	戴沐溪

二、各市(区)局

王雄武	邓粤雄	冯龙辉	朱小文	许少华
许少明	麦晓炜	吴维浩	邱身聪	何智锋
利晓舒	余慧霞	张　雄	张小轩	陈　虹
林　淳	郑　翔	周勇杰	黄玉权	黄俊杰
黎雪波	潘　强			

编 辑 说 明

《广东地税年鉴》是原广东省地方税务局①主办的地方税务综合性年鉴，2002年创办。本年度为2018年。年鉴的编辑出版事务由广东地方税收科学研究所负责。

年鉴的编辑出版宗旨是：全面、系统、准确地记述上一年度广东省地方税收的基本情况和发生的大事、要事，为社会各界了解、研究广东地税提供参考资料，为广东省社会、经济建设服务。

《广东地税年鉴（2018）》主要载录2017年广东地方税收的基本资料，全书167万字，设八个篇目：

第一篇　图说地税。用图片和图表反映2017年省局主要工作和重要活动以及税费收入概况。

第二篇　年度关注。以专题形式反映2017年度重大、突出、具有影响力的若干事件。

第三篇　全省地方税收工作。主要综述省局各部门的工作情况，由省局各处（室）、直属单位供稿。

第四篇　各市（区）地方税收工作。内容包括：各市（区）经济概况、税收概况、各项工作的开展情况，由各市（区）地税局供稿。

第五篇　大事记。主要记载广东省地税局大事要事，由省局办公室供稿。

第六篇　机构与人员。内容包括省局处级以上干部和各市局领导班子成员名单，全省地税系统机构设置及人员构成等情况，由省局人事处供稿。

第七篇　税费统计。内容包括2017年全省地税及各市地税部门税费收入，分企业类型、相关税种分项目、全省地税纳税登记户数等统计资料，由省局规划核算处供稿。

第八篇　附录。收录广东省地税系统2017年受表彰的各类先进集体与个人等。

本年鉴提供的统计数字均经供稿单位确认，资料准确、可靠。年鉴的资料与数据起止时间：2017年1月1日至2017年12月31日。

年鉴的出版得到广东省地税系统各级领导以及有关部门的鼎力支持；中国税务出版社在编审、出版过程中也给予了指导与协助，在此一并表示衷心的感谢！

本书疏漏之处，敬请批评指正。

编　者

2018年12月

---

① 按照党中央、国务院关于国税地税征管体制改革决策部署，2018年6月15日起，全国省级及省级以下国家税务局、地方税务局机构分步合并和挂牌。至2018年7月20日，全国省、市、县、乡四级税务机构已全部完成合并和相应挂牌工作。“广东省地方税务局”与“广东省国家税务局”已合为“国家税务总局广东省税务局”。因本书为年鉴类工具书，内容收录时段为2017年度，因此本书中的税务机构名称均使用合并前原机构名称。

目　　录

第一篇　图说地税

第二篇　年度关注

第三篇　全省地方税收工作

第四篇　各市(区)地方税收工作

第五篇　大 事 记

第六篇　机构与人员

第七篇 税费统计

第八篇　附　　录

第一篇

图说地税

领导调研

2017 年 5 月 20 日，广东省委常委、常务副省长林少春（前排左二）到广东省地方税务局扶贫点五华县转水镇里塘村调研精准扶贫及新农村示范点建设情况。

2017 年 12 月 20 日，广东省委常委、常务副省长林少春（前排左二）到广东省地方税务局调研指导工作，实地考察 12366 广东中心，亲身体验办税服务，听取省地税局工作汇报。

2017 年 5 月 16 日，广东省地方税务局党组书记、局长吴紫骊（右四）到珠海市地方税务局调研。

2017 年 9 月 4 日，广东省地方税务局党组书记、局长吴紫骊（右二）到扶贫点五华县转水镇里塘村调研。

2017 年 9 月 29 日至 30 日，广东省地方税务局党组书记、局长吴紫骊（前排中）到汕头调研，深入了解汕头地税工作情况，看望基层一线地税干部职工。

2017 年 1 月 17 日，广东省地方税务局党组副书记、巡视员杨楚潮（左二）到顺德区地方税务局调研。

2017 年 6 月 15 日，广东省地方税务局党组成员、副局长，广州市地方税务局党组书记、局长揭晔（右三）到广州市番禺区地方税务局调研。

2017年2月28日，国家税务总局和各省市税务部门相关负责人到广州市开展纳税人满意度集中调研。

2017年10月24日，广东省地方税务局党组书记、局长吴紫骊（右排右四）到深圳市地方税务局调研。

2017年9月18日，广东省委常委、深圳市委书记王伟中（右排中）到深圳市地方税务局调研。

2017年10月18日，广东省地方税务局党组成员、纪检组长叶秀佑（左二）到珠海市地方税务局调研。

2017年12月14日，广东省地方税务局党组书记、局长吴紫骊（右四）到珠海格力电器股份有限公司调研。

2017年12月29日，汕头市委副书记、市长郑剑戈（前排中）在市委常委、常务副市长李耿坚（前排左四）陪同下，到汕头市地方税务局调研。

2017年3月15日，广东省地方税务局党组成员、总经济师罗达佳（左二）到汕头市地方税务局调研并主持召开粤东片计财工作会议。

2017年3月23日，广东省地方税务局党组书记、局长吴紫骊（中）带队到顺德区地方税务局调研。

2017年1月25日，韶关市委书记江凌（中）和韶关市委常委、常务副市长朱余旺（左一）到韶关市地方税务局调研。

2017年10月12日，广东省地税局党组书记、局长吴紫骊（左三）到韶关市地方税务局调研。

2017年11月15日，广东省地方税务局党组成员、副局长苏振钿（左二）到韶关市地方税务局调研。

2017年6月6日，广东省地方税务局党组书记、局长吴紫骊（中）到河源市地方税务局调研。

2017年9月6日，广东省地方税务局党组成员、总经济师罗达佳（右二）到河源市地方税务局调研。

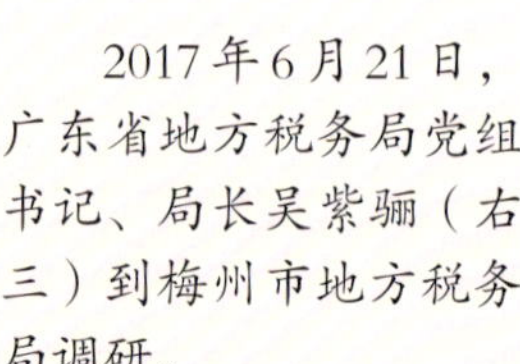

2017年6月21日，广东省地方税务局党组书记、局长吴紫骊（右三）到梅州市地方税务局调研。

2017年9月6日，广东省地方税务局党组成员、总经济师罗达佳（正排右三）到梅州兴宁市地方税务局调研。

2017 年 10 月 24 日，广东省地方税务局党组成员、纪检组长叶秀佑（正排中）到梅州市地方税务局调研。

2017 年 8 月 4 日，广东省地方税务局党组书记、局长吴紫骊（右二）考察大亚湾石化区，听取情况介绍。

2017 年 10 月 10 日，广东省惠州市委常委、纪委书记闫宝璋（左二）到惠城区地方税务局办税服务厅调研。

2017 年 1 月 16 日，广东省地方税务局党组成员、副局长苏振钿（右三）到汕尾市地方税务局考核慰问，走访各科室了解工作开展情况。

2017 年 8 月 20 日，广东省地方税务局党组书记、局长吴紫骊（正排右三）到汕尾市地方税务局调研，听取基层工作情况汇报。

2017 年 5 月 11 日，广东省地方税务局党组书记、局长吴紫骊（前排右二）到东莞市地方税务局石碣分局调研。

2017 年 12 月 1 日，东莞市委副书记、市长梁维东（右排右三）到东莞市地方税务局调研。

2017 年 4 月 18 日，广东省地方税务局党组成员、纪检组长叶秀佑（前排左二）到中山市行政服务中心地方税务驻点窗口调研。

2017 年 5 月 15 日，广东省地方税务局党组书记、局长吴紫骊（中间站立者）到中山市地方税务局东区税务分局调研。

2017 年 8 月 16 日，广东省地方税务局党组书记、局长吴紫骊（左三）参观台山市地方税务局税收历史文化陈列室。

2017 年 1 月 20 日，广东省地方税务局党组成员、副局长肖映波（左二）到阳江市地方税务局开展 2016 年度考核考评和慰问。

2017 年 5 月 3 日，广东省地方税务局党组书记、局长吴紫骊（左二）在湛江市委常委、遂溪县委书记钟力（右三）和湛江市地方税务局党组书记、局长李漫天（左四）陪同下走访企业。

2017 年 8 月 17 日，广东省地方税务局党组成员、总经济师罗达佳（正排位置）率队到湛江市地方税务局调研“三项制度”试点工作。

2017 年 1 月 20 日，广东省地方税务局党组成员、纪检组长叶秀佑（前排中）到茂名市茂南区地方税务局调研。

2017 年 5 月 4 日，广东省地方税务局党组书记、局长吴紫骊（左二）在茂名市委副书记、市长许志晖（右二）的陪同下深入市地方税务基层部门调研。

2017 年 6 月 15 日，广东省地方税务局党组成员、纪检组长叶秀佑（左排左二）到肇庆市地方税务局调研。

2017 年 10 月 18 日，广东省地方税务局党组书记、局长吴紫骊（右二）到肇庆市怀集登云汽配股份有限公司调研。

2017 年 10 月 17 日，广东省地方税务局党组书记、局长吴紫骊（右二）到清远市连州建滔工业园调研。

2017 年 12 月 26 日，广东省地方税务局党组成员、副局长肖映波（左一）到清远市开发区地方税务局调研。

2017年6月29日，广东省地方税务局党组书记、局长吴紫骊（右一）到潮州市地方税务局枫溪区国税地税联合办税服务厅调研。

2017年8月18日，广东省地方税务局党组成员、副局长苏振钿（中）到潮州市地方税务局调研，听取纳税人的意见。

2017年6月29日，广东省地方税务局党组书记、局长吴紫骊（中）到揭阳市调研，与揭阳市委常委、常务副市长陈定雄（右二）和揭阳产业园党委书记刘佑知（左二）座谈。

2017 年 7 月 6 日，广东省地方税务局党组书记、局长吴紫骊（前排左二）到云浮市地方税务局调研。

2017 年 12 月 14 日，广东省地方税务局党组书记、局长吴紫骊（右一）带队走访调研粤澳合作中医药科技产业园。

“两学一做”学习教育

2017年9月25日，广东省地方税务局举办全省地税系统深入推进全面从严治党暨领导干部党纪政纪法纪教育培训班

2017年11月14日，广东省地方税务局举办全省地税系统领导干部学习贯彻党的十九大精神专题研讨班。

2017年4月20日，广州市地方税务局召开党组理论学习中心组扩大会议，专题学习习近平总书记对广东工作作出的重要批示精神，研究部署贯彻落实工作。

2017 年 11 月 23 日—24 日，广州市地方税务局举办全市地税系统领导干部学习贯彻党的十九大精神专题研讨班。

2017 年 10 月 18 日，深圳市地方税务局组织干部职工收看党的十九大开幕会。

2017 年 11 月 28 日，深圳市地方税务局召开党组理论学习中心组扩大会议，邀请市委宣传部副部长、市委党的十九大精神宣讲团成员吴忠宣讲十九大精神。

2017 年 10 月 18 日，珠海市地方税务局组织干部职工收看党的十九大开幕会。

2017 年 12 月 25 日，珠海市地方税务局党组书记、局长严贵杨（中）走进社区，为社区老党员送上党的十九大学习资料。

2017 年 10 月 30 日，汕头市地方税务局党组召开传达贯彻党的十九大精神会议。

2017 年 11 月 6 日，佛山市禅城区地方税务局张槎分局组建红色税收宣传服务队伍，宣传党的十九大精神。

2017 年 10 月 22 日，韶关市地方税务局党员干部参加“读报会”，交流学习党的十九大精神。

2017 年 10 月 31 日，韶关市地方税务局联合市国家税务局举办学习党的十九大精神培训班。

2017年11月9日，河源市地方税务局召开党组中心组理论学习（扩大）会议，专题学习党的十九大精神。

2017年11月27日，河源市地方税务局邀请河源市委宣讲团成员、河源市委宣传部常务副部长管思燕为全市地税干部宣讲党的十九大精神。

2017年11月22日，梅州市地方税务局举办全市地税系统领导干部学习贯彻党的十九大精神专题研讨班。

2017年11月29日，惠州市地方税务局召开全市地税系统领导干部学习贯彻党的十九大精神专题研讨班。

2017年11月14日，汕尾市地方税务局召开党组理论学习中心组学习会议，学习贯彻习近平新时代中国特色社会主义思想和党的十九大精神。

2017年11月23日，东莞市地方税务局党组书记、局长钟毅民（右排右三）参加市局机关党委一支部会议，学习党的十九大精神。

2017年11月21日，中山市国家税务局南朗分局、中山市地方税务局南朗分局党支部到翠亨村杨殷故居举行“重温誓词 不忘初心 牢记使命”主题党日活动。

2017年12月16日，中山市国税地税青年干部联合举办“不忘初心 牢记使命”学习党的十九大精神主题活动，中山市国家税务局党组书记、局长唐华安（后排右十一），中山市地方税务局党组成员、调研员刘建（后排右十）等参加活动。

2017年11月2日，江门市地方税务局召开传达贯彻党的十九大精神学习会。

2017年12月14日，阳江市地方税务局召开全市地税系统领导干部学习贯彻党的十九大精神专题研讨班暨市局党组理论学习中心组学习（扩大）会议。

2017年10月19日，广东省湛江市霞山区地方税务局组织干部职工学习党的十九大精神。

2017年10月19日，茂名市地方税务局召开深入贯彻学习党的十九大精神会议。

2017年11月23日，肇庆市地方税务局举办全市地税系统学习贯彻党的十九大精神专题研讨班。

2017年12月11日，清远市连州地方税务局开展“学十九大精神，争做当代地税先锋”活动。

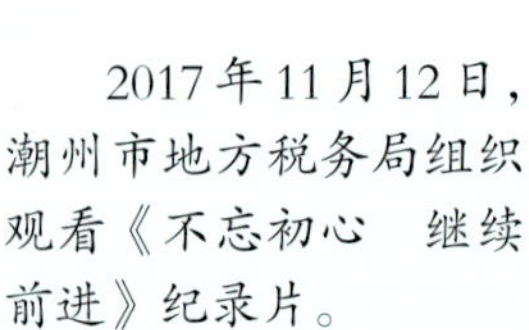

2017年11月12日，潮州市地方税务局组织观看《不忘初心　继续前进》纪录片。

2017年9月14日，揭阳市地方税务局党组书记、局长郑杰鹏（正排中）向参加“党员政治生日”主题活动的党员同志重温自己的入党经历，并向当月入党的党员们送上政治生日纪念卡。

2017年9月26日，云浮市地方税务局举办“喜迎十九大 地税展新貌”文艺展示大赛暨表彰先进大会。

2017年10月19日，横琴新区地方税务局举办以“不忘初心跟党走”为主题的党的十九大报告学习分享会。

大事要闻

2017 年 1 月 4 日，广东省委副书记、广州市委书记任学锋（右一）慰问广州市地方税务局参加广州“两会”市政府工作部门工作人员。

2017 年 1 月 18 日，全省地方税务工作会议在广州市召开。

2017年4月11日，广东省地方税务局党组书记、局长吴紫骊（右六）带队上线广东“民声热线”直播节目。

2017年7月12日，广东省国家税务局、广东省地方税务局在广州举行“广东省大企业税收服务与管理系统”上线启动仪式。国家税务总局大企业税收管理司司长缪慧频（左四），省国家税务局党组书记、局长胡金木（左五），省地方税务局党组书记、局长吴紫骊（左三）出席仪式。

2017年7月20日，珠海横琴新区跨境电子税票暨电子税票应用平台正式启用，广东省地方税务局党组成员、副局长杨荣华（中）出席启用仪式。

2017年7月24日—28日，广东省地方税务局机关各党支部书记，各市（区）地方税务局党组书记、党办主任共70余人到遵义干部培训学院进行以“增强党性修养、提高履职能力”为主题的党性教育活动。

2017年11月23日，广东省地方税务局召开第八届特邀监察员聘任会议，选聘了25名来自党政机关、事业单位、各类型企业、新闻媒体和行业协会，与税收工作密切相关并具有一定社会影响力和公众认可度的代表，组成新一届特邀监察员队伍。

2017年5月11日，广州市地方税务局、市国家税务局、市国有资产监督管理委员会联合举办广州市市属国有企业依法诚信纳税倡议暨税法宣讲大会，三方共同签署了《税收服务市属国有企业合作备忘录》。

2017年2月17日，深圳市地方税务局召开组织整合工作会议。

2017年10月24日，珠海市委常委、副市长祝青桥（左三），广东省地方税务局党组成员、副局长李华东（左四）出席珠海市“以地控税　以税节地”综合税源管理平台上线仪式。

2017年2月23日，汕头市表彰2016年度纳税50强企业，汕头市委书记陈良贤、市长刘小涛为企业授牌。

2017年4月1日，汕头市国家税务局、地方税务局在汕头中山公园举办全省首个税收宣传主题公园启动仪式暨主题日活动，市委副书记、市长刘小涛（左三），市委常委、常务副市长李耿坚（右二）出席启动仪式。

2017年5月18日，汕头市委常委、常务副市长李耿坚（中）在汕头市地方税务局牵头召开“5+1”六税一体化控管工作小组协调会议。

2017年11月8日，韶关市地方税务局开展“不忘初心　牢记使命　永远跟党走”党建共建活动。

2017年12月31日，韶关市地方税务局举办“文化情　地税梦”文艺汇演。

2017年4月28日，河源市国家税务局、地方税务局联合举办《个性化纳税服务协议》签约仪式。

2017年7月19日，梅州市地方税务局召开全市地税系统落实全面从严治党主体责任和监督责任工作会议。

2017年9月13日，梅州市地方税务局召开全面推行“三项制度”试点工作动员部署会。

2017 年 1 月 16 日，广东省地方税务局党组书记、局长吴紫骊（左二），党组成员、副局长李华东（右二）参加惠州市地方税务局民主生活会。

2017 年 12 月 26 日，汕尾市地方税务局大企业税收管理局举行揭牌仪式，标志着汕尾市地方税务局大企业税收管理局正式“实体化”运作。

2017年9月26日，东莞市国家税务局、地方税务局联合举办大企业税务风险防御系统合作签约仪式。

2017年3月30日，广东省电子税务局中山市单轨运行正式上线，广东省国家税务局征管和科技发展处处长陈学著（左三）、电子税务管理办公室主任陈冰（右三），中山市国家税务局党组书记、局长唐华安（左二）和中山市地方税务局党组书记、局长罗镜文（右二）出席启动仪式。

2017年5月15日，广东省地方税务局党组书记、局长吴紫骊（左一）到中山市调研，与中山市委书记陈如桂（右一）座谈。

2017年7月14日，江门市地方税务局党组书记、局长陈雁成（左二）上线民生热线。

2017年12月27日，全省地税系统推行"三项制度"试点工作总结会在江门召开，广东省地方税务局党组成员、总经济师罗达佳（主席台中）出席。

2017年9月27日，湛江市国家税务局、地方税务局共同成立全省首家国税地税联合法律顾问办公室，发挥法律顾问和公职律师在税收法治中的作用。

2017年11月17日，茂名高州市地方税务局举行“全国文明单位”揭牌仪式。

2017 年 6 月 8 日，全省地税系统纳税服务专题工作会议在肇庆市地方税务局召开，广东省地方税务局党组成员、副局长杨荣华（主席台中）出席。

2017 年 8 月 14 日，清远市经济开发区地方税务局源潭分局举行“全国巾帼文明岗”授牌仪式。

2017 年 12 月 28 日，清远市为清新区地方税务局举办荣获国家税务总局“各省（区、市）税务局先进集体”授牌仪式。

2017年1月23日，潮州市地方税务工作会议召开。会议深入学习贯彻党的十八大精神及中央经济工作会议和全省地方税务工作会议精神，总结2016年工作，部署2017年重点工作。

2017年1月22日，揭阳市地方税务局召开全市地方税务工作会议暨全市党风廉政工作会议。

2017 年 4 月 28 日，云浮市国家税务局、地方税务局联合举办“税收助力　广东制造”《个性化纳税服务》签约仪式。

2017 年 4 月 7 日，横琴新区澳门事务局与横琴新区国家税务局、地方税务局联合举办“一带一路”税达通项目启动仪式，推出“一带一路”税达通三类九条服务措施。

2017 年 6 月 27 日，由横琴新区国家税务局、地方税务局联合主办的“横琴系”纳税信用体系建设项目启动，推出多项激励 A 级纳税人举措。

合作交流

2017年4月19日，广东省国家税务局、地方税务局联合举办“民营企业共话税收”座谈会，美的集团股份有限公司、碧桂园控股有限公司等20家民营企业代表参加座谈。座谈会由省地方税务局党组书记、局长吴紫骊主持，省国家税务局党组书记、局长胡金木致辞。

2017年9月15日，广东省国家税务局、广东省地方税务局、广东省总工会举办广东省税务系统纳税服务技能大赛暨2017年广东省税务系统纳税服务类业务大比武。省国家税务局党组书记、局长胡金木（左一），省地方税务局党组成员、巡视员宋爱勤（右一）为一等奖选手颁奖。

2017年4月12日，广州市地方税务局与广州市商务委员会、市国家税务局、香港特区政府驻粤经济贸易办事处、香港投资推广署以“携手防范风险、护航‘一带一路’”为主题，举办企业境外投资风险防范专题宣讲。

2017年12月24日，广州市第九次国税地税联席会议召开。

2017年4月25日，深圳市国家税务局、地方税务局联合举办千户集团税企沙龙启动仪式。

2017年9月8日，深圳市举行国税、地税一体化电子税务局启动仪式。

2017年12月5日，新疆维吾尔自治区地方税务局党组书记、副局长赵炜（前排左二）带队到珠海市地方税务局交流考察。

2017年4月22日，汕头市地方税务局、汕头市人力资源和社会保障局、汕头市广播电视台联合举办“社会保险进万家”大型户外咨询活动。

2017 年 5 月 25 日，汕头市国家税务局、地方税务局召开 2017 年第一次国税地税联席会议，审议通过 15 个创新合作事项。

2017 年 7 月 25 日，全国首张通过金税三期系统代开的增值税电子普通发票在佛山市禅城区开具。

2017 年 7 月 12 日，韶关市国家税务局、地方税务局举办全省首个“双创”主题税收宣传示范基地启动仪式。

2017年10月12日，韶关市国家税务局、地方税务局联合构建税企优服务平台。

2017年8月25日，河源、赣州两地税务部门在河源市国家税务局举办“同饮一江水 共筑税务梦”国税、地税合作共建启动仪式。

2017年4月27日，梅州市国家税务局、地方税务局联合举办税收服务“一带一路”政策宣讲会。

2017年8月31日，梅州市国家税务局、地方税务局和市金融部门联合举办银税互动签约仪式。

2017年4月28日，惠州市国家税务局、地方税务局与惠州华阳通用电子有限公司、TCL—罗格朗国家电工（惠州）有限公司联合签署《个性化纳税服务协议》。

2017年4月26日，汕尾市国家税务局、地方税务局联合举办全市民营企业共话税收座谈会暨税收服务“一带一路”宣讲活动，助力民营企业发展。

2017年12月6日，汕尾市国家税务局、地方税务局举行联合聘任特邀监察员会议，汕尾市地方税务局党组书记、局长曾军（前排左四），汕尾市国家税务局党组书记、局长卢伟雄（前排右四）与特邀监察员合影。

2017年5月3日，东莞市国家税务局、地方税务局联合举办《个性化纳税服务协议》签约仪式。

2017年7月20日，广州市地方税务局党组书记、局长揭晔（右排右四）一行到东莞市地方税务局调研交流。

2017年12月8日，吉林省地方税务局调研组到中山市行政服务中心国税地税联合办税服务厅调研。

2017年7月17日，江门市国家税务局、地方税务局工作交流座谈会召开。

2017年8月25日，阳江市举行“税银互动助力小微”合作协议签约仪式。

2018年4月1日，湛江市国家税务局、地方税务局联合开展“送税法进企业”活动，向电厂员工派发税法宣传资料，并讲解相关政策规定。

2017年9月14日，湛江市地方税务局联合市环保局深入企业，实地调查环境保护税税源情况，为2018年1月1日环境保护税正式开征做好准备工作。

2017年3月27日，茂名市国税地税联席会议召开。

2017 年 5 月 6 日，茂名高州市国家税务局、地方税务局联合举办“千人挥毫话税收”税法进校园宣传活动。

2017 年 4 月 18 日，肇庆市国家税务局、地方税务局联合举办“一带一路”税企座谈会。

2017 年 4 月 26 日，清远市连南县国家税务局、地方税务局联合建设银行连南支行共同打造全省少数民族地区首个 24 小时税银联合自助服务区，构建“全时段、全天候、全方位”的办税服务。

2017 年 9 月 8 日，清远市国家税务局、地方税务局联合为清远供电提供定制培训。

2017 年 4 月 20 日，潮州市举行 2017 年"银税互动"助力企业发展工作推进会，市政府办公厅、市国家税务局、地方税务局、银监分局、金融工作局、全市金融机构负责人、企业家代表参加会议。

2017 年 4 月 28 日，潮州市国家税务局、地方税务局联合举办以"服务'一带一路'战略，助力潮企'走出去'"为主题的座谈会，税务、商务、外汇管理等部门专业人士与 20 家企业代表参加，共同为潮州企业"走出去"助力。

2017年9月11日，揭阳市地方税务局与横琴新区地方税务局签订《结对合作共建框架协议》，开展结对帮扶工作。

2017年9月15日，云浮市国家税务局、地方税务局联合开展“税法进校园”主题活动。

2017年4月7日，由新华网、南方日报、中国经济导报、大公报等十多家主流媒体到横琴新区地方税务局开展“税收服务自贸区发展”采风活动。

2017年9月11日，横琴新区地方税务局党组书记、局长李喜妍（右排中）带队赴揭阳市地方税务局开展交流共建活动。

基层风采

2017年4月12日，广州市地方税务局首届青年税收文化微戏剧展演在广州南方剧院举行。

2017年10月11日，广州市地方税务局在广州友谊剧院举办以“唱响主旋律 迎接十九大”为主题的全市地税系统文艺汇演。

2017年7月5日，深圳市南山区国家税务局、地方税务局共同开展庆“七一”党员主题教育活动——“重走长征路”微跑活动。

2017年12月5日—8日，珠海市地方税务局代表队参加2017年广东地税羽毛球比赛（中山赛区），取得团体比赛第二名、单项比赛混双第一名和女双第三名的优异成绩。

2017年9月15日，汕头市澄海区国税地税流动办税车到澄海东里镇开展流动办税服务，化解农村偏远地区办税难问题。

2017年5月4日，全省首个“一门式”办税服务厅国税地税联合团支部在佛山市禅城区揭牌。

2017年7月11日，韶关市武江区地方税务局组织“模拟法庭”，推进依法治税建设。

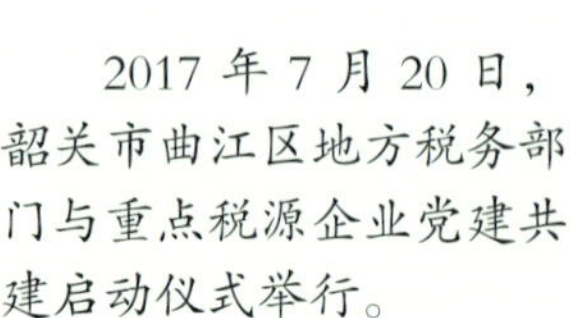

2017年7月20日，韶关市曲江区地方税务部门与重点税源企业党建共建启动仪式举行。

2017年4月18日—25日，河源市国家税务局、地方税务局联合举办“河源市2017税收宣传送戏下乡基层行”活动。

2017年3月9日，惠州市地方税务局参加惠州市“三八”维权周启动暨“扬帆新征程 巾帼健步行”活动。

2017年4月28日，汕尾市陆河县国家税务局、地方税务局联合开展“最美纳税人”评选活动，号召纳税人争做依法诚信纳税典型。

2017年11月29日，东莞市地方税务局干部职工参加东莞国际马拉松赛。

2017 年 5 月 2 日，中山市地方税务局开发区税务分局成立“悦读之声”青年读书会并举行首期活动，一起分享读书心得。

2017 年 4 月 18 日，共青团阳江市地方税务局委员会到阳江县塘口镇同由教学点开展税法进校园暨捐资助学活动。

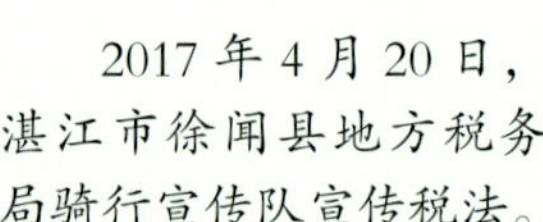

2017 年 4 月 20 日，湛江市徐闻县地方税务局骑行宣传队宣传税法。

2017 年 4 月 21 日，茂名化州市地方税务局代表队喜获化州市趣味运动会一等奖。

2017 年 6 月 29 日，清远市地方税务局举办主题党日活动——"喜迎十九大、诗文颂中华"朗诵比赛。

2017 年 4 月 21 日，潮州市湘桥区国家税务局、地方税务局联合在昌黎路小学举办亲子风筝税收绘画比赛。

2017年3月30日，揭阳普宁市地方税务局围绕“深化税收改革，助力企业发展”主题，组织开展“挥毫泼墨抒税情”税收宣传活动。

2017年8月10日，云浮市地方税务局举办“我身边的合格党员”演讲比赛。

2017年4月10日，中央电视台中文国际频道《走遍中国》栏目走进横琴，全方位报道横琴的开发与建设。

数字地税

1994—2017年广东省地方税务局税收收入和增长情况

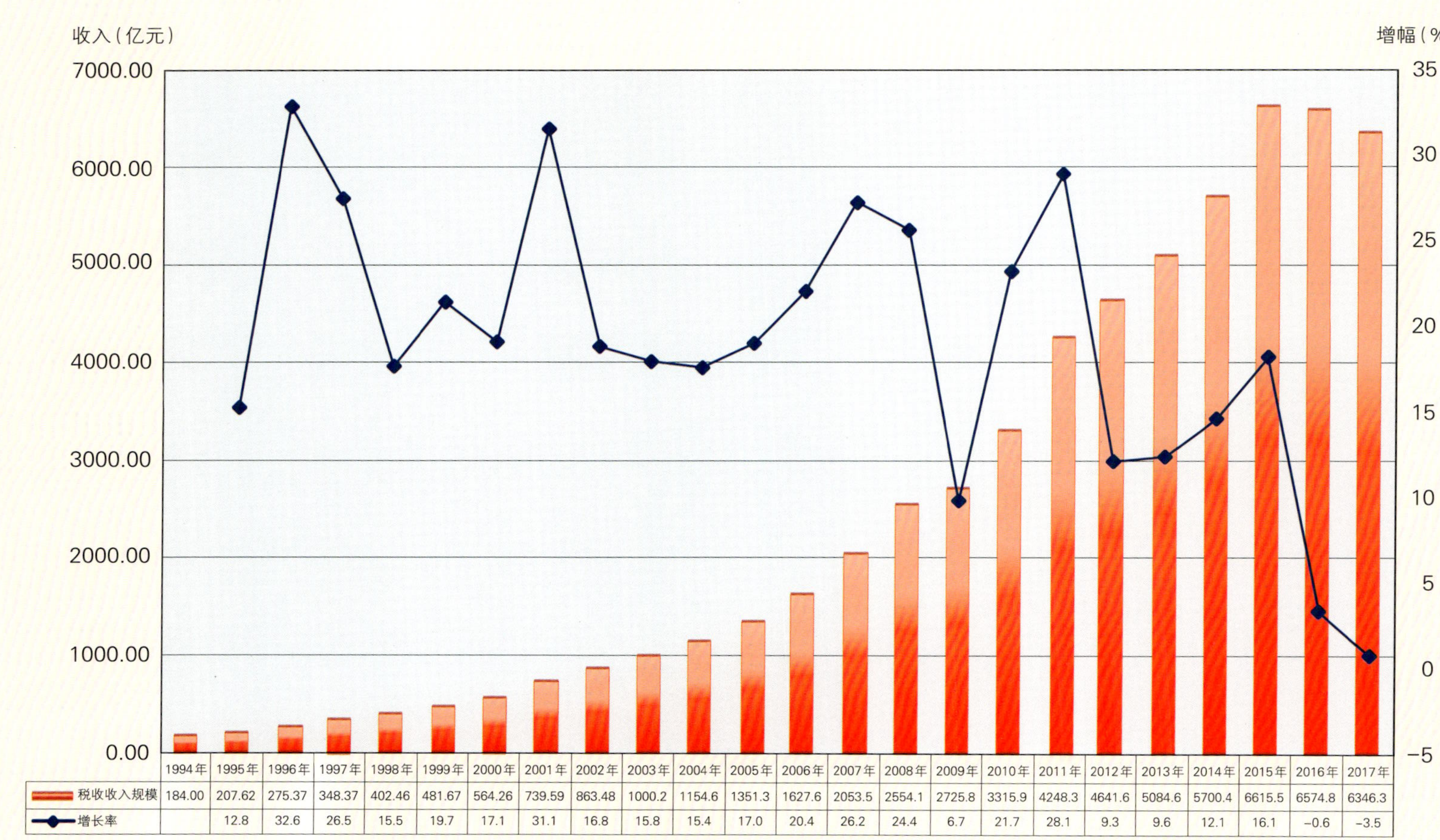

	1994年	1995年	1996年	1997年	1998年	1999年	2000年	2001年	2002年	2003年	2004年	2005年
税收收入规模	184.00	207.62	275.37	348.37	402.46	481.67	564.26	739.59	863.48	1000.2	1154.6	1351.3
增长率		12.8	32.6	26.5	15.5	19.7	17.1	31.1	16.8	15.8	15.4	17.0

	2006年	2007年	2008年	2009年	2010年	2011年	2012年	2013年	2014年	2015年	2016年	2017年
税收收入规模	1627.6	2053.5	2554.1	2725.8	3315.9	4248.3	4641.6	5084.6	5700.4	6615.5	6574.8	6346.3
增长率	20.4	26.2	24.4	6.7	21.7	28.1	9.3	9.6	12.1	16.1	−0.6	−3.5

1994—2017年广东省地方税务局税收收入（不含契税、耕地占用税）和增长情况

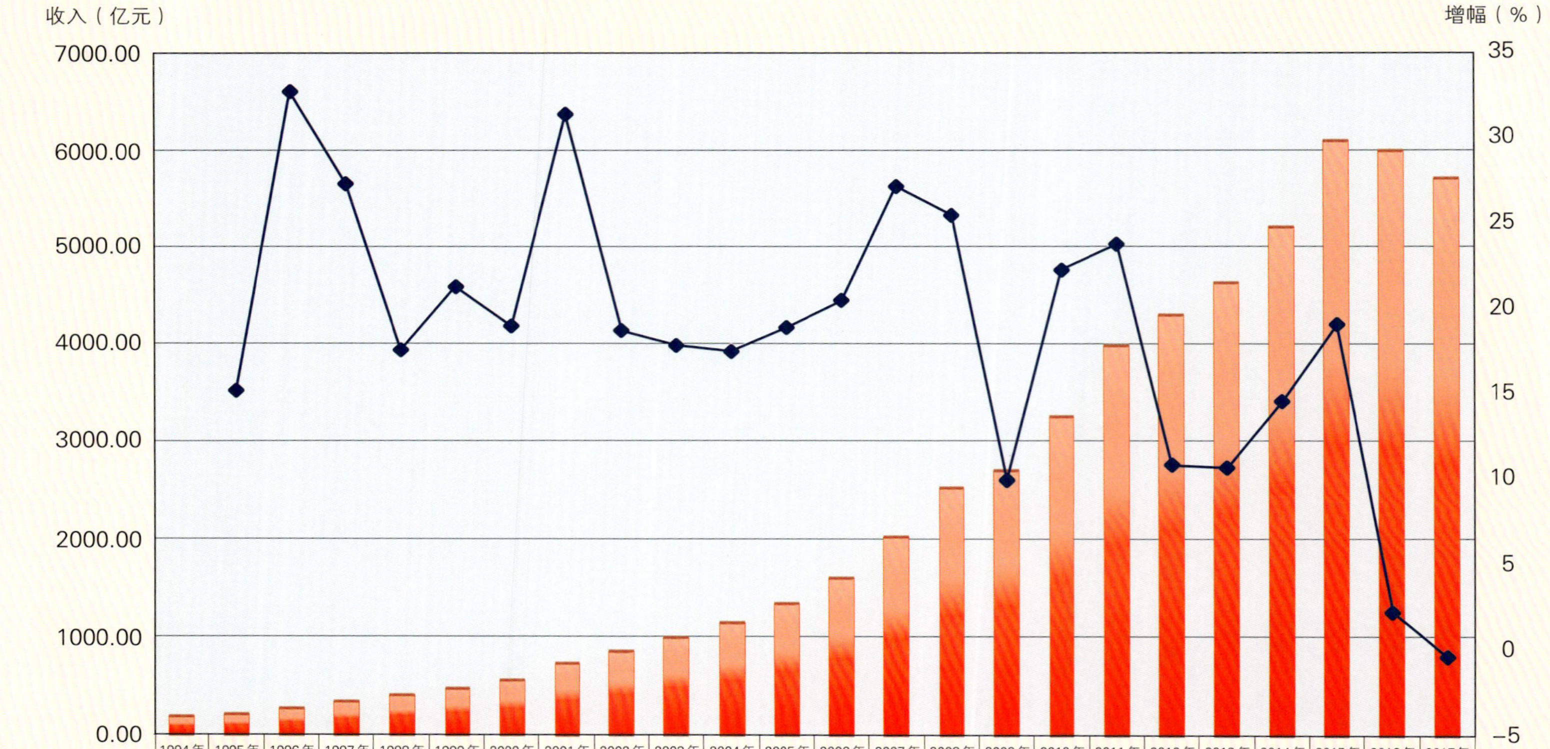

收入（亿元）　增幅（%）

	1994年	1995年	1996年	1997年	1998年	1999年	2000年	2001年	2002年	2003年	2004年	2005年
税收收入规模	184.00	207.62	275.37	348.37	402.46	481.67	564.26	739.59	863.48	1000.2	1154.6	1351.3
增长率		12.8	32.6	26.5	15.5	19.7	17.1	31.1	16.8	15.8	15.4	17.0

	2006年	2007年	2008年	2009年	2010年	2011年	2012年	2013年	2014年	2015年	2016年	2017年
税收收入规模	1604.9	2026.3	2521.3	2695.5	3256.1	3987.6	4302.8	4634.3	5197.1	6092.9	5984.4	5701.3
增长率	18.8	26.3	24.4	6.9	20.8	22.5	7.9	7.7	12.1	17.2	−1.8	−4.7

2000—2017年广东省地方税务局社保费收入和增长情况

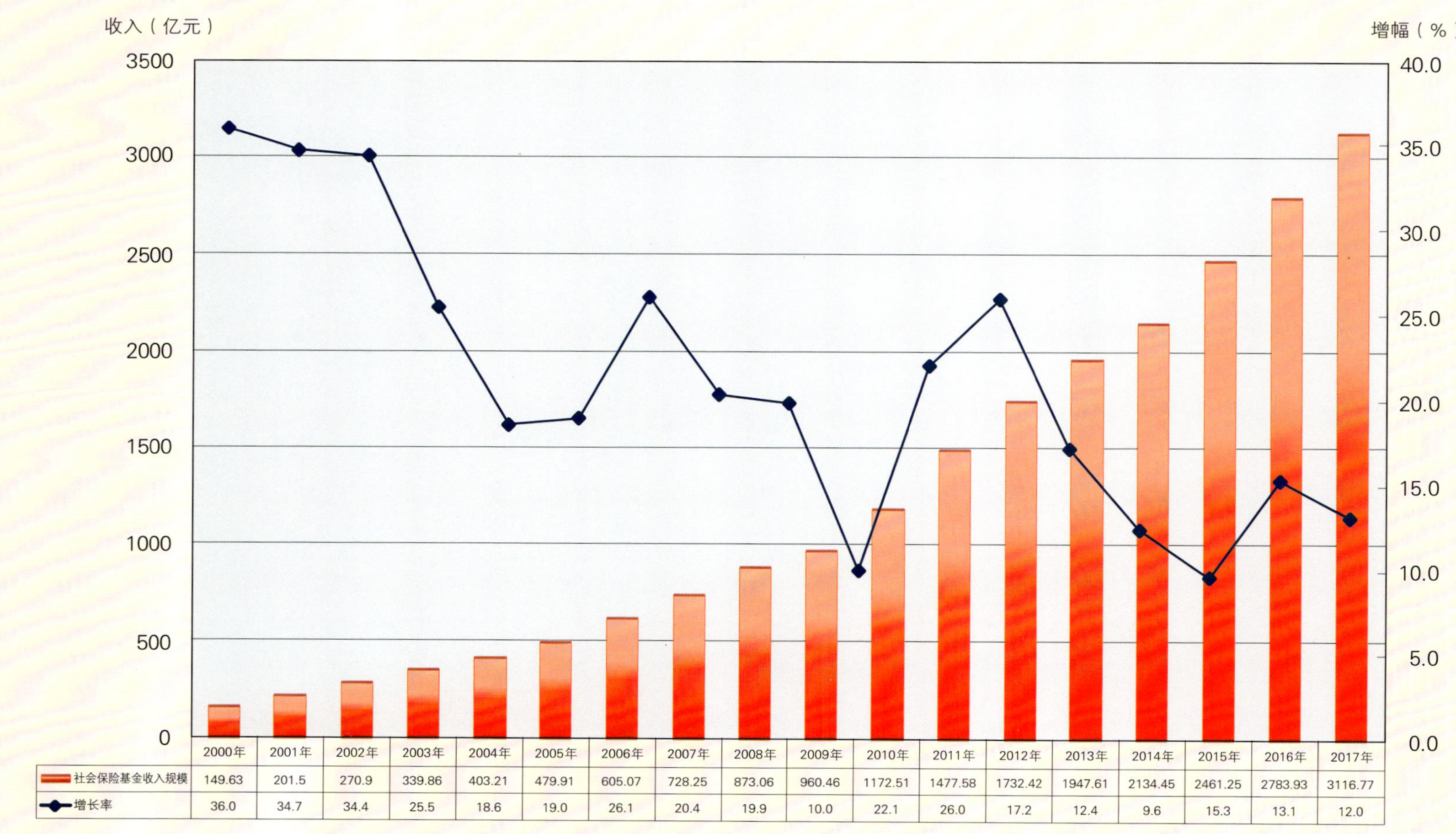

	2000年	2001年	2002年	2003年	2004年	2005年	2006年	2007年	2008年	2009年	2010年	2011年	2012年	2013年	2014年	2015年	2016年	2017年
社会保险基金收入规模	149.63	201.5	270.9	339.86	403.21	479.91	605.07	728.25	873.06	960.46	1172.51	1477.58	1732.42	1947.61	2134.45	2461.25	2783.93	3116.77
增长率	36.0	34.7	34.4	25.5	18.6	19.0	26.1	20.4	19.9	10.0	22.1	26.0	17.2	12.4	9.6	15.3	13.1	12.0

2017年广东省地方税务局分单位税收收入情况

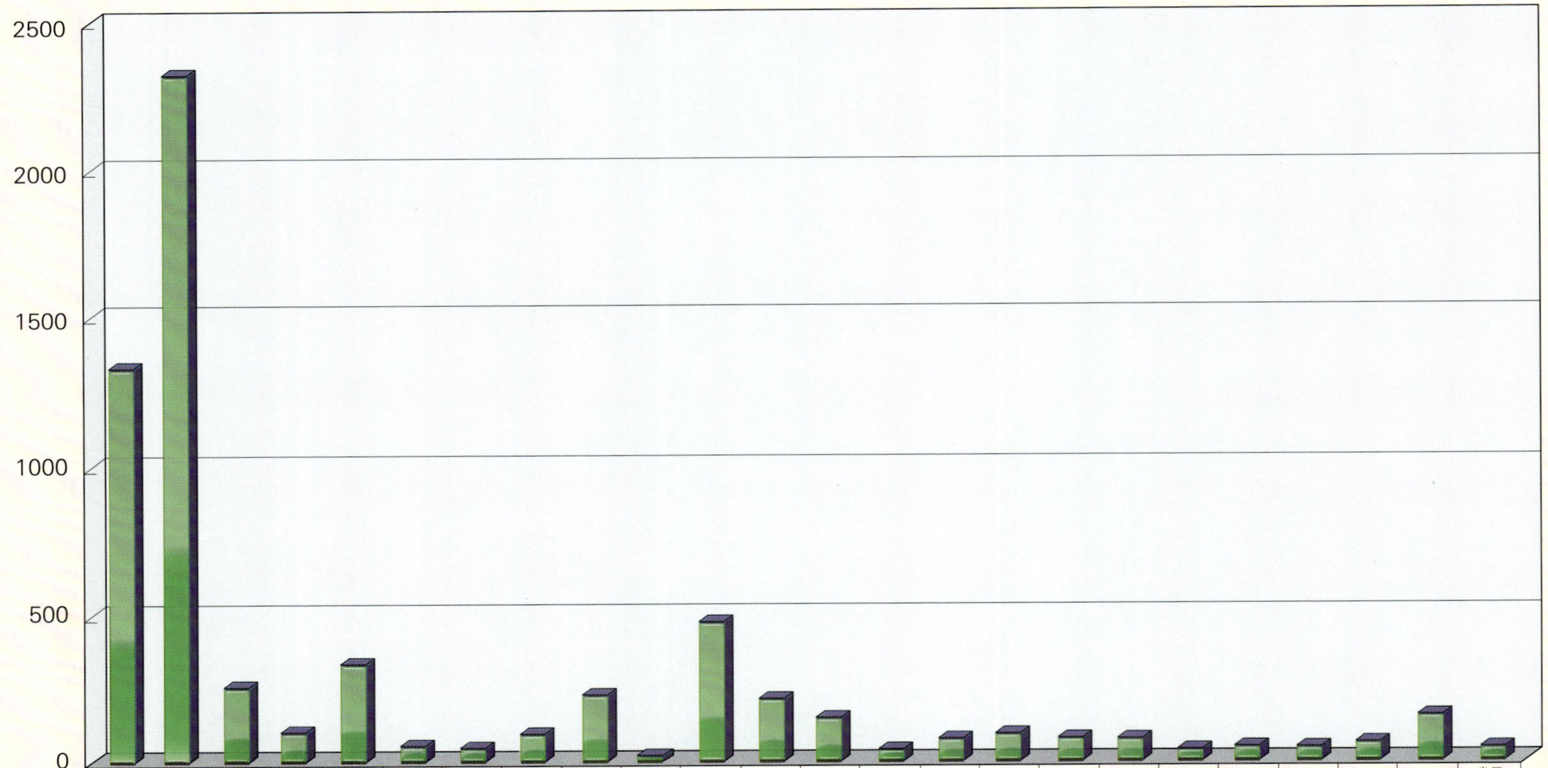

	广州	深圳	珠海	汕头	佛山	韶关	河源	梅州	惠州	汕尾	东莞	中山	江门	阳江	湛江	茂名	肇庆	清远	潮州	揭阳	云浮	横琴	顺德区	省局直属分局
税收收入规模	1327.19	2304.47	255.05	109.86	337.6	50.24	45.64	84.55	213.46	22.35	477.77	209.86	149.99	39.96	73.64	92.52	71.71	73.81	30.91	44.03	44.6	75.2	161.33	50.65

2017 年广东省地方税务局税收收入占全省 GDP 比重情况

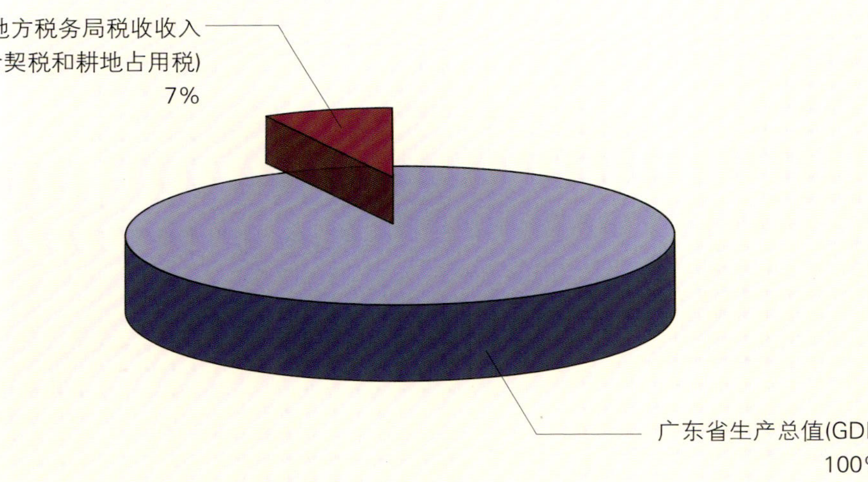

单位：亿元

广东省生产总值（GDP）	89879.23
广东省地方税务局税收收入（含契税和耕地占用税）	6346.38

2017年广东省地方税务局税收收入分级次结构

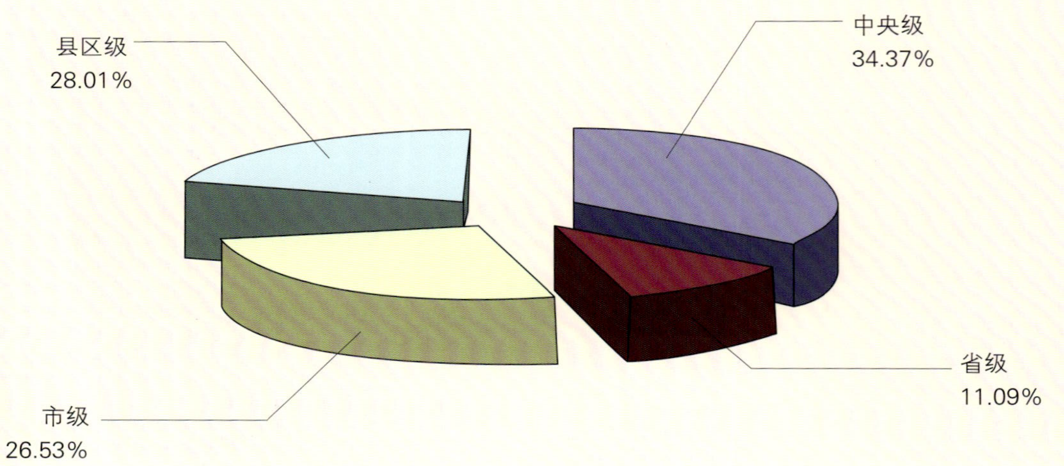

单位：万元

合 计	中 央	省 级	市 级	县区级
63463829	21814106	7038624	16834165	17776934

2017年广东省地方税务局税收收入分税种情况

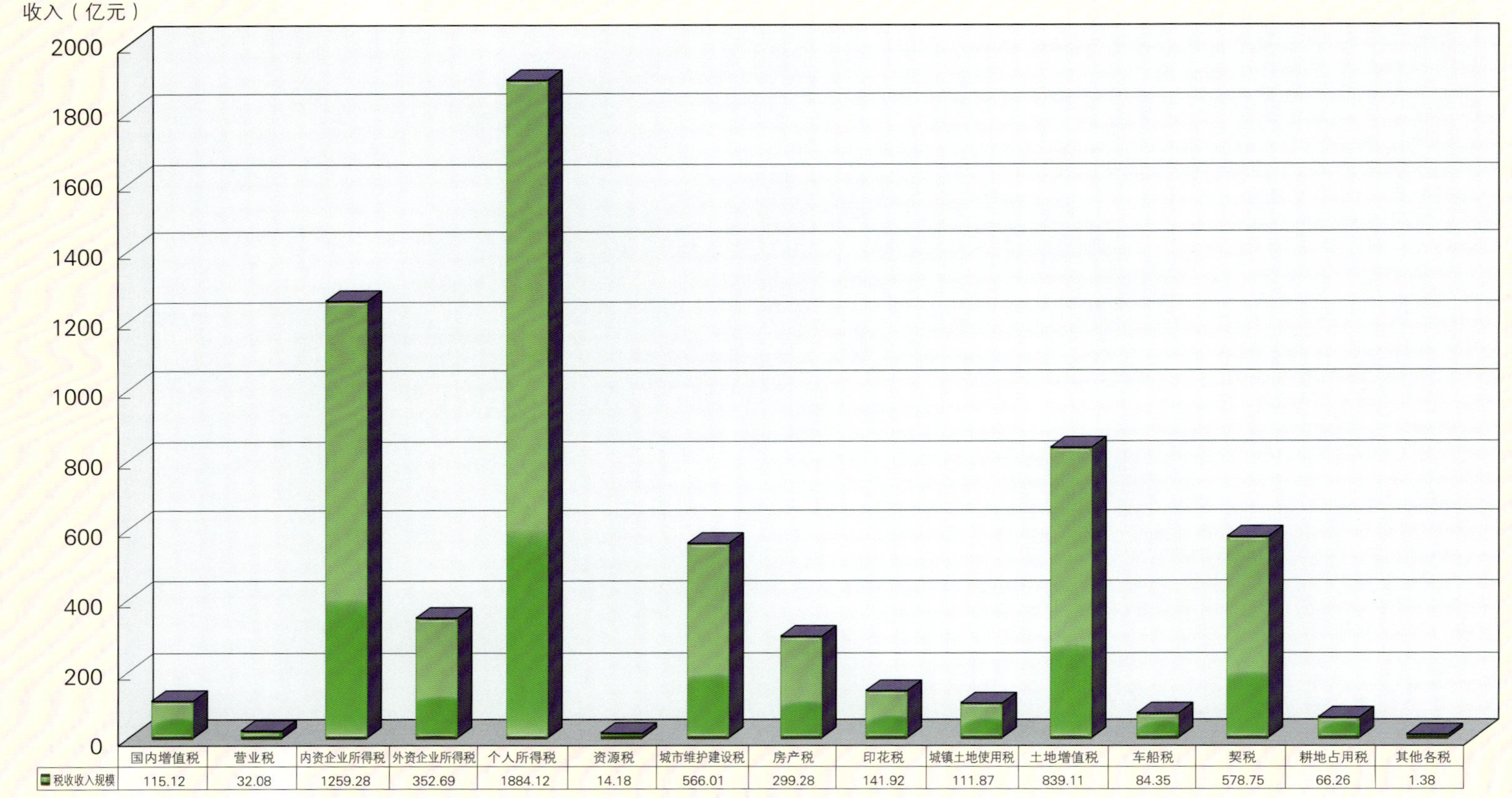

2017年广东省地方税务局税收收入分税种结构

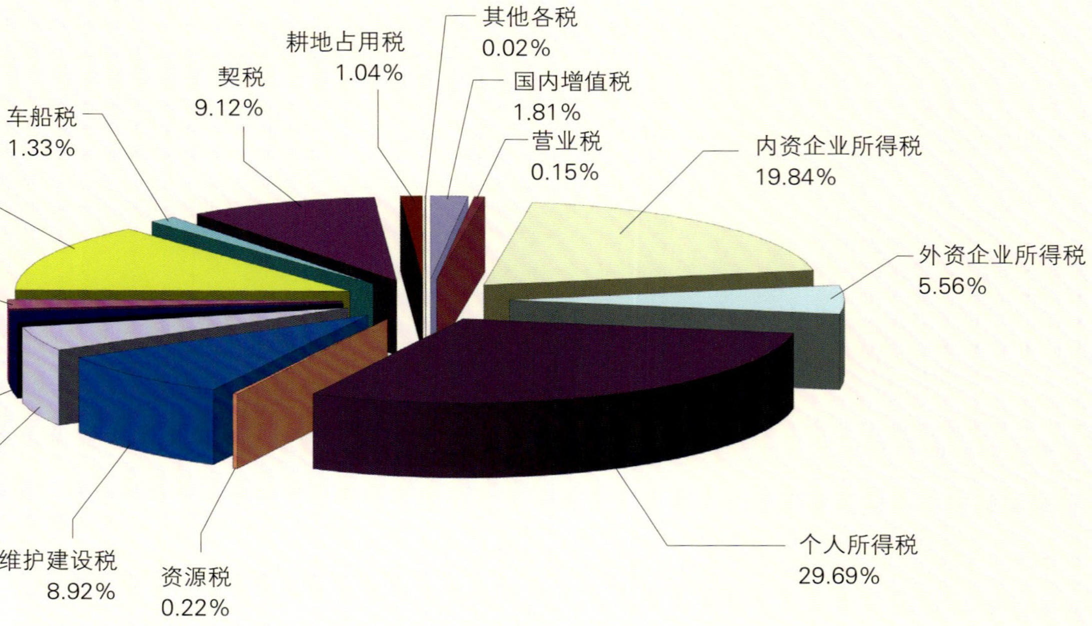

其他各税 0.02%
国内增值税 1.81%
营业税 0.15%
内资企业所得税 19.84%
外资企业所得税 5.56%
个人所得税 29.69%
资源税 0.22%
城市维护建设税 8.92%
房产税 4.72%
印花税 2.24%
城镇土地使用税 1.76%
土地增值税 13.22%
车船税 1.33%
契税 9.12%
耕地占用税 1.04%

单位：万元

总计	国内增值税	营业税	内资企业所得税	外资企业所得税	个人所得税	资源税	城市维护建设税	房产税	印花税	城镇土地使用税	土地增值税	车船税	契税	耕地占用税	其他各税
63463829	1151161	320806	12592846	3526926	18841155	141771	5660105	2992787	1419169	1118664	8391052	843501	5787512	662597	13777

2017年广东省地方税务局税收收入分区域结构

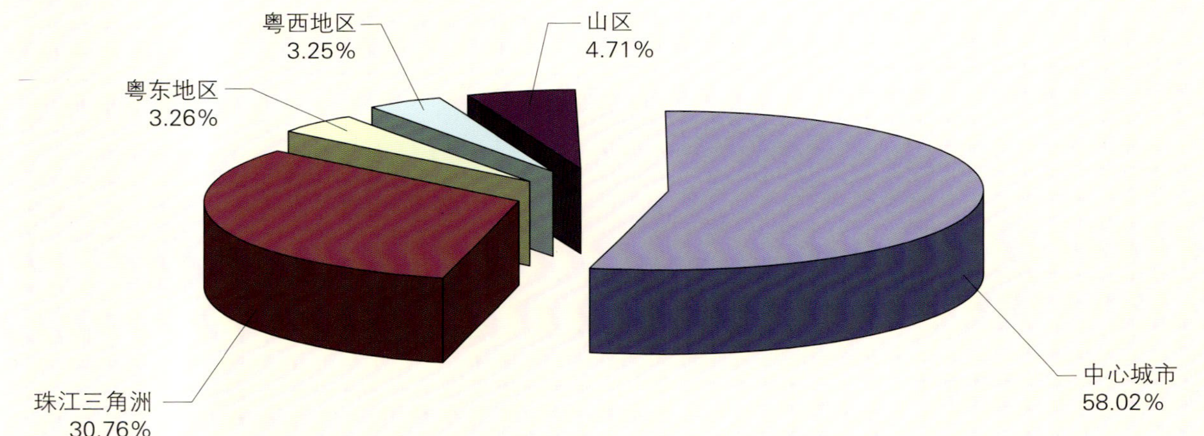

单位：万元

全省税收收入	中心城市	珠江三角洲	粤东地区	粤西地区	山区
63463829	36823073	19519662	2071508	2061142	2988444

分区域说明：中心城市为广州（含省局直属分局）、深圳；
珠江三角洲为珠海、中山、江门、佛山、东莞、惠州、肇庆、横琴、顺德；
粤东地区包括汕头、汕尾、潮州、揭阳；
粤西地区包括湛江、茂名、阳江；
山区包括韶关、河源、梅州、清远、云浮。

2017 年广东省地方税务局税收收入分企业类型结构

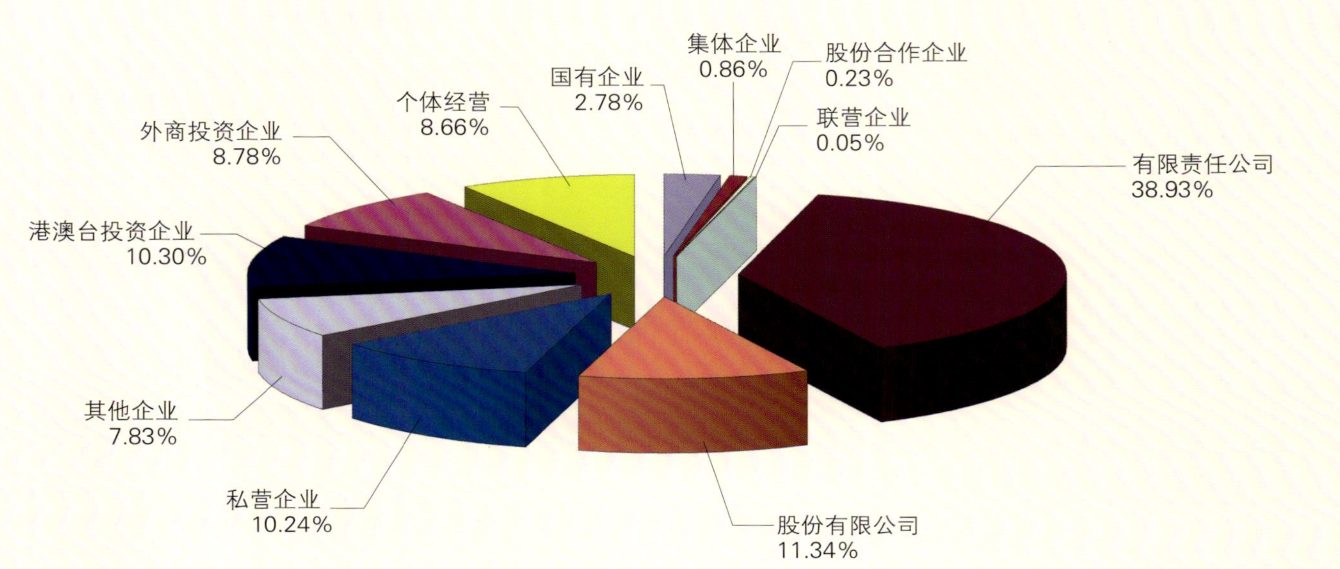

单位：万元

税收收入总计	国有企业	集体企业	股份合作企业	联营企业	有限责任公司	股份有限公司	私营企业	其他企业	港澳台投资企业	外商投资企业	个体经营
63463829	1761697	548036	143063	33751	24709249	7198296	6501191	4966075	6534285	5574161	5494025

2017年广东省地方税务局分单位企业所得税收入情况

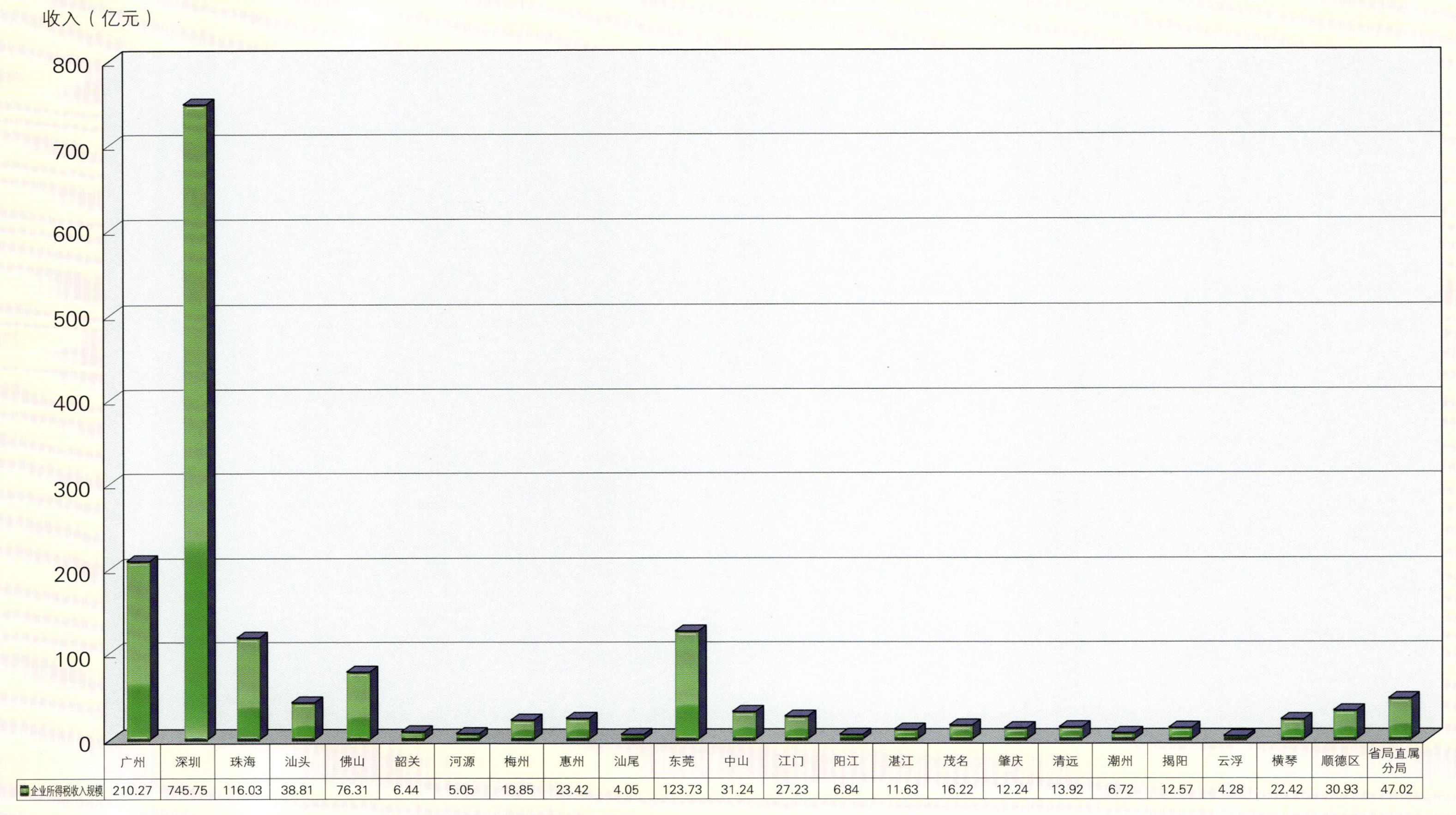

	广州	深圳	珠海	汕头	佛山	韶关	河源	梅州	惠州	汕尾	东莞	中山	江门	阳江	湛江	茂名	肇庆	清远	潮州	揭阳	云浮	横琴	顺德区	省局直属分局
企业所得税收入规模	210.27	745.75	116.03	38.81	76.31	6.44	5.05	18.85	23.42	4.05	123.73	31.24	27.23	6.84	11.63	16.22	12.24	13.92	6.72	12.57	4.28	22.42	30.93	47.02

2017年广东省地方税务局分单位个人所得税收入情况

收入（亿元）

单位	个人所得税收入规模
广州	455.76
深圳	831.78
珠海	47.4
汕头	18.21
佛山	69.12
韶关	10.31
河源	6.79
梅州	12.13
惠州	48.96
汕尾	3.83
东莞	134.46
中山	50.09
江门	29.27
阳江	6.71
湛江	15.02
茂名	9.47
肇庆	13.37
清远	14.46
潮州	6.61
揭阳	7.82
云浮	17.88
横琴	32.85
顺德区	41.81
省局直属分局	0

2017 年广东省地方税务局分单位涉外税收收入情况

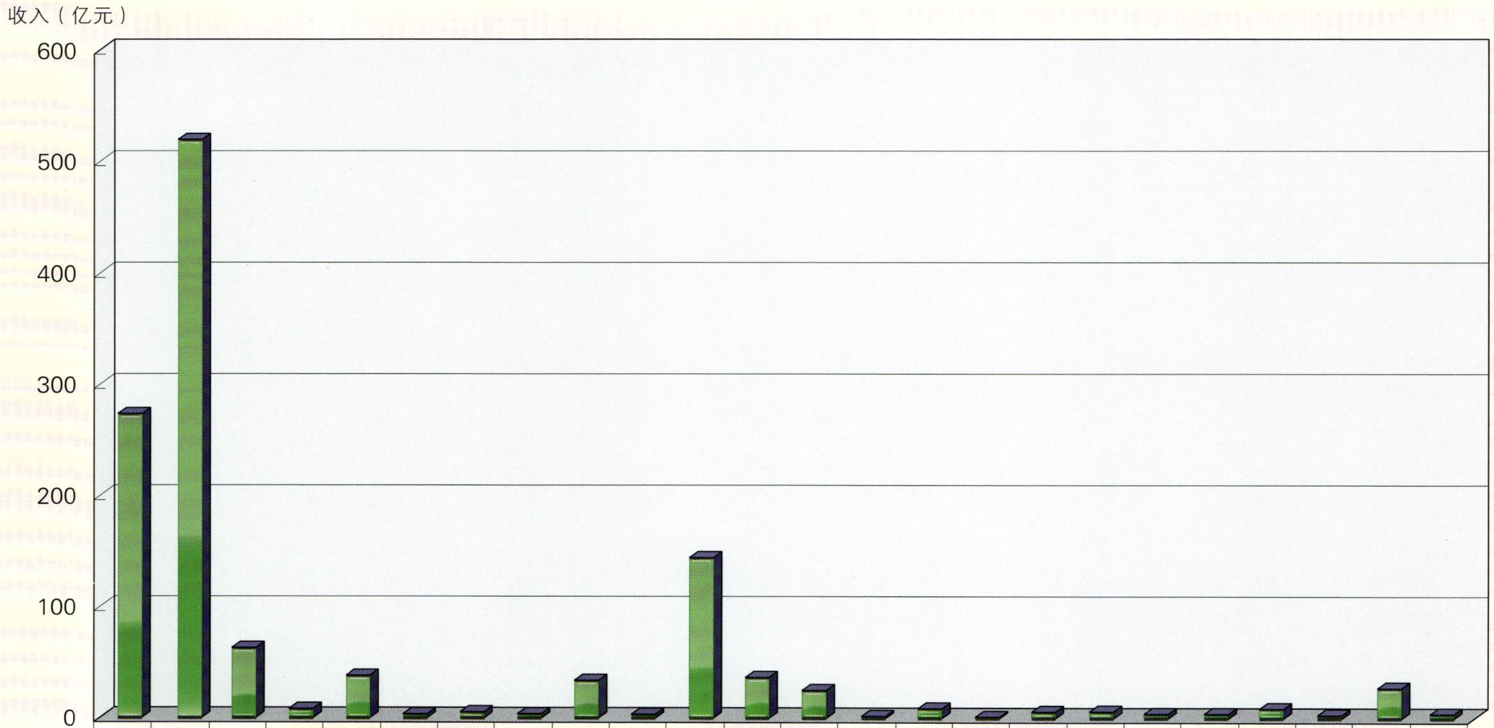

	广州	深圳	珠海	汕头	佛山	韶关	河源	梅州	惠州	汕尾	东莞	中山	江门	阳江	湛江	茂名	肇庆	清远	潮州	揭阳	云浮	横琴	顺德区	省局直属分局
涉外税收收入规模	272.67	516.22	62.58	7.39	37.85	2.28	3.72	2.05	33.47	2.52	142.21	36.5	24.45	1.93	9.33	0.71	6.53	4.96	0.86	1.07	10.02	3.82	27.33	0.37

2017年广东省地方税务局分单位资源税收入情况

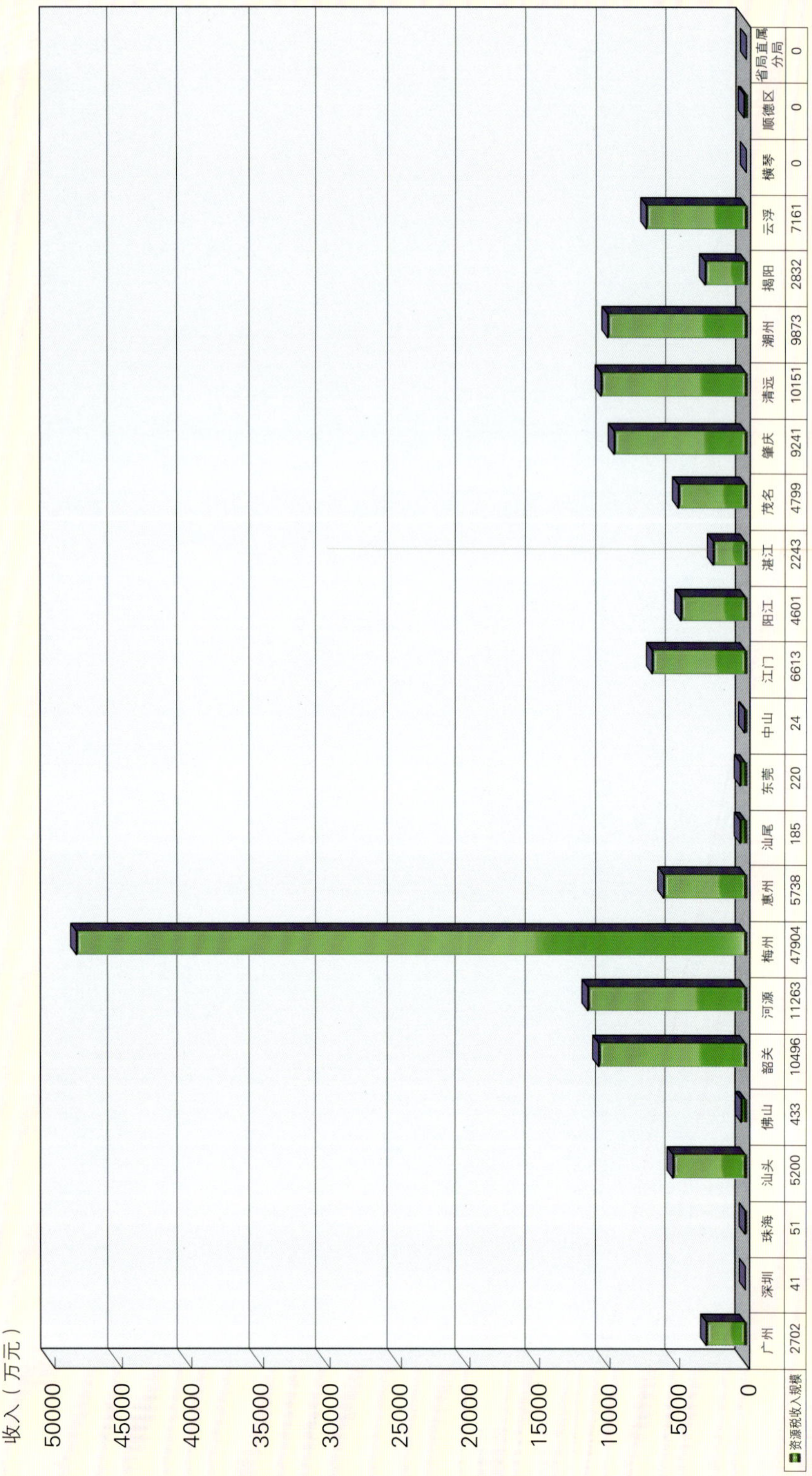

收入（万元）

	广州	深圳	珠海	汕头	佛山	韶关	河源	梅州	惠州	汕尾	东莞	中山	江门	阳江	湛江	茂名	肇庆	清远	潮州	揭阳	云浮	横琴	顺德区	省局直属分局
资源税收入规模	2702	41	51	5200	433	10496	11263	47904	5738	185	220	24	6613	4601	2243	4799	9241	10151	9873	2832	7161	0	0	0

2017年广东省地方税务局分单位社会保险基金收入情况

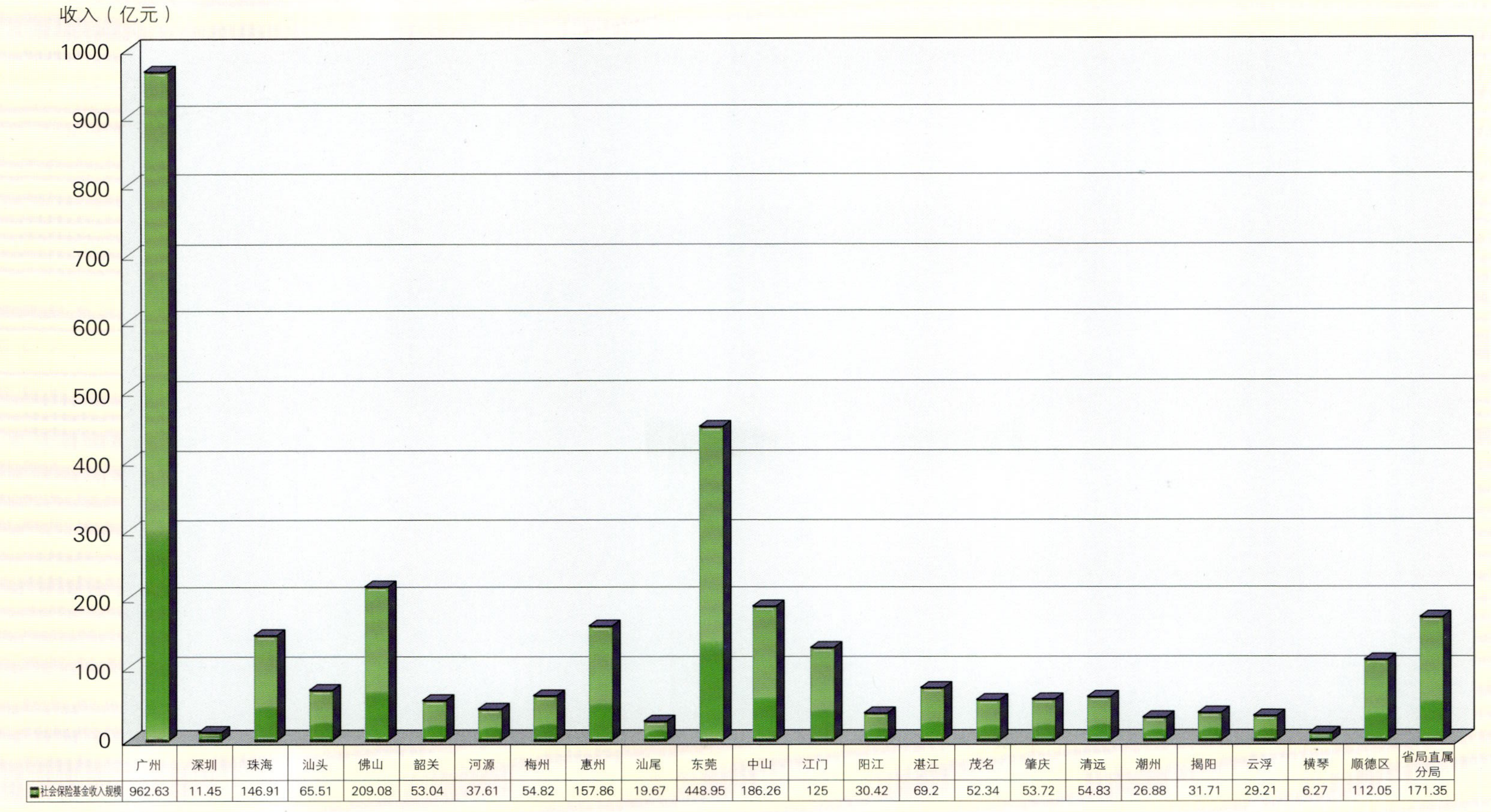

	广州	深圳	珠海	汕头	佛山	韶关	河源	梅州	惠州	汕尾	东莞	中山	江门	阳江	湛江	茂名	肇庆	清远	潮州	揭阳	云浮	横琴	顺德区	省局直属分局
社会保险基金收入规模	962.63	11.45	146.91	65.51	209.08	53.04	37.61	54.82	157.86	19.67	448.95	186.26	125	30.42	69.2	52.34	53.72	54.83	26.88	31.71	29.21	6.27	112.05	171.35

2017年广东省地方税务局社会保险基金收入结构

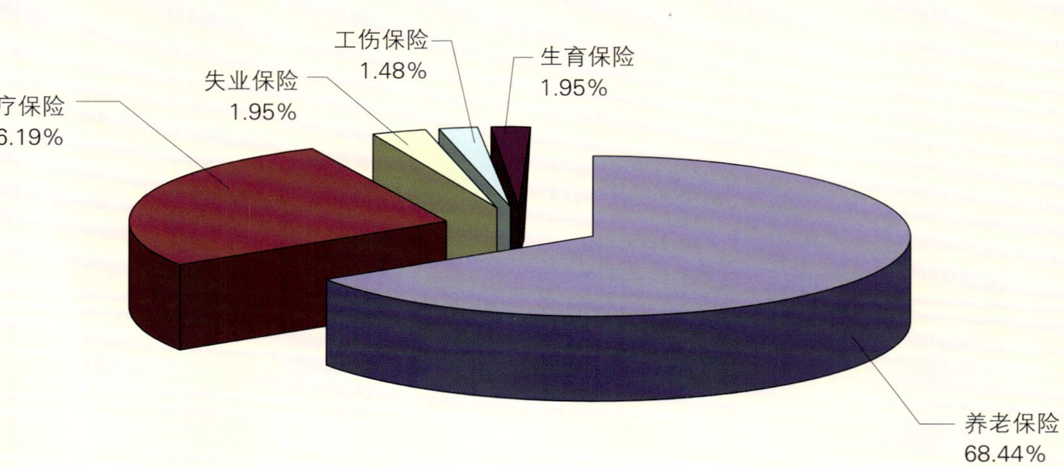

单位：万元

合计	养老保险	医疗保险	失业保险	工伤保险	生育保险
31167693	21330354	8162845	607977	460156	606361

2015—2017年广东省地方税务局分月税收收入情况

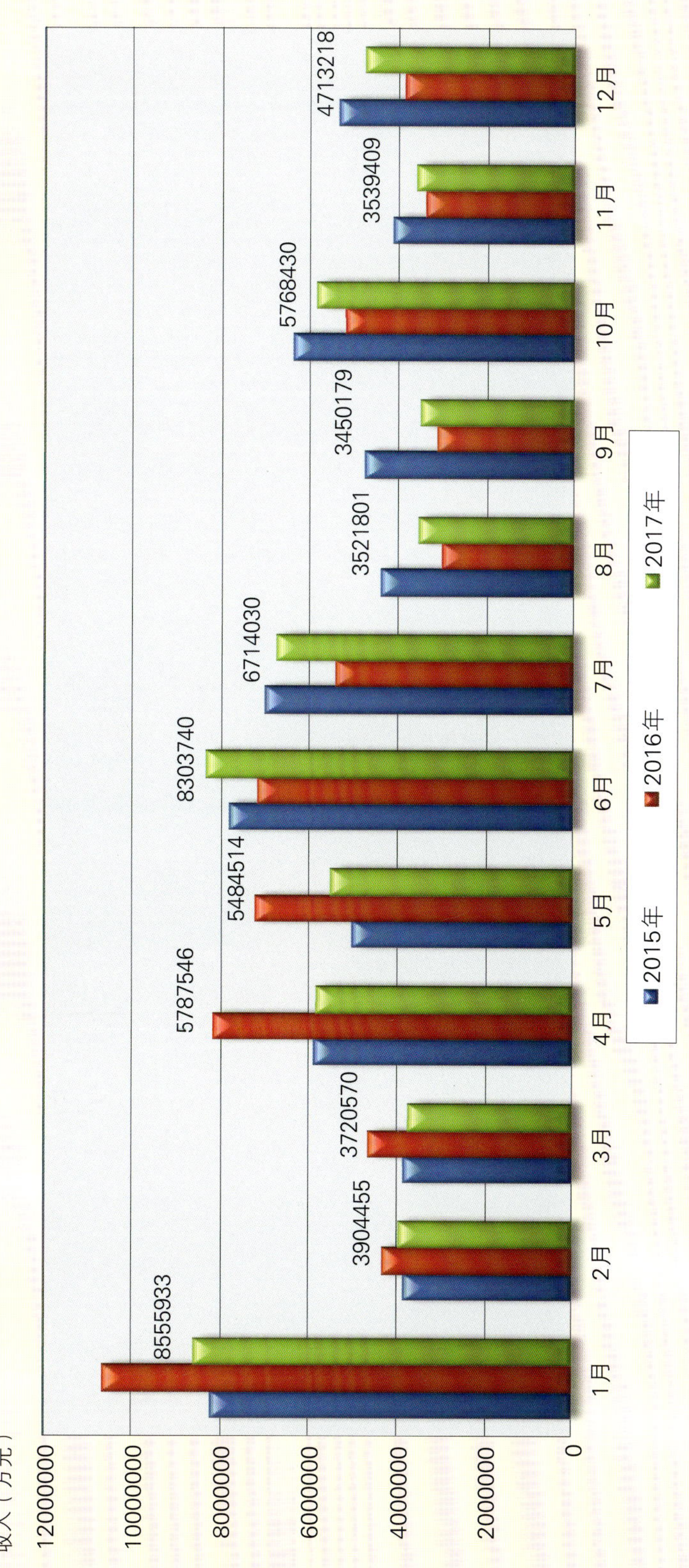

2015—2017 年广东省地方税务局分月税收收入（不含契税、耕地占用税）情况

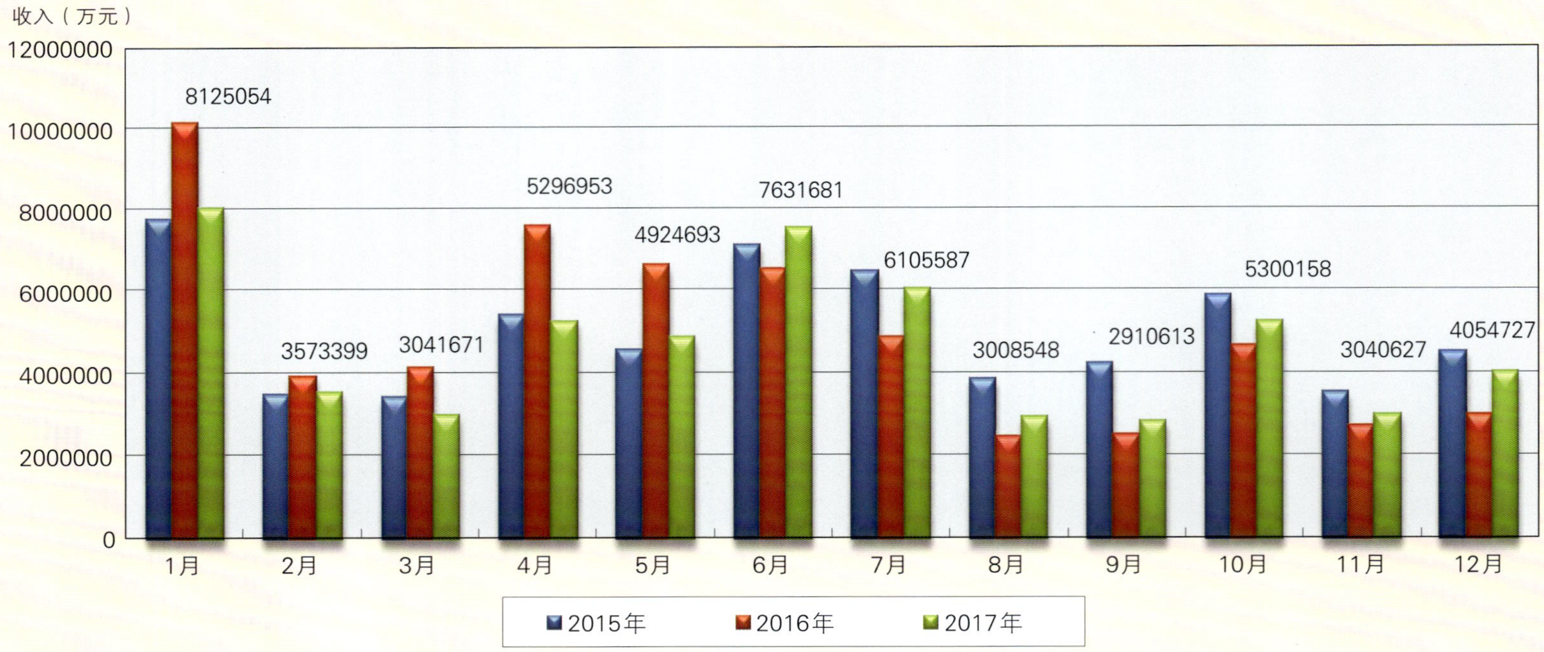

2014—2017年广东省地方税务局税收收入分月增幅情况

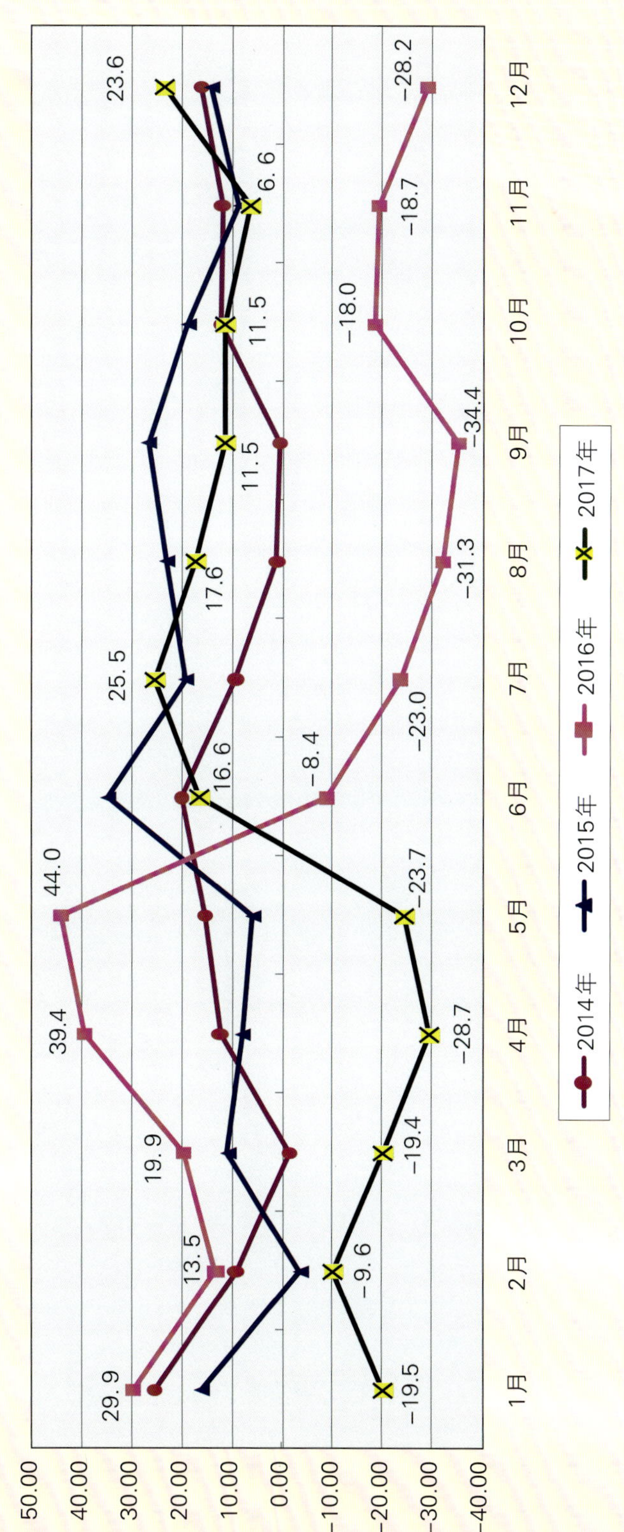

2014—2017年广东省地方税务局税收收入（不含契税、耕地占用税）分月增幅情况

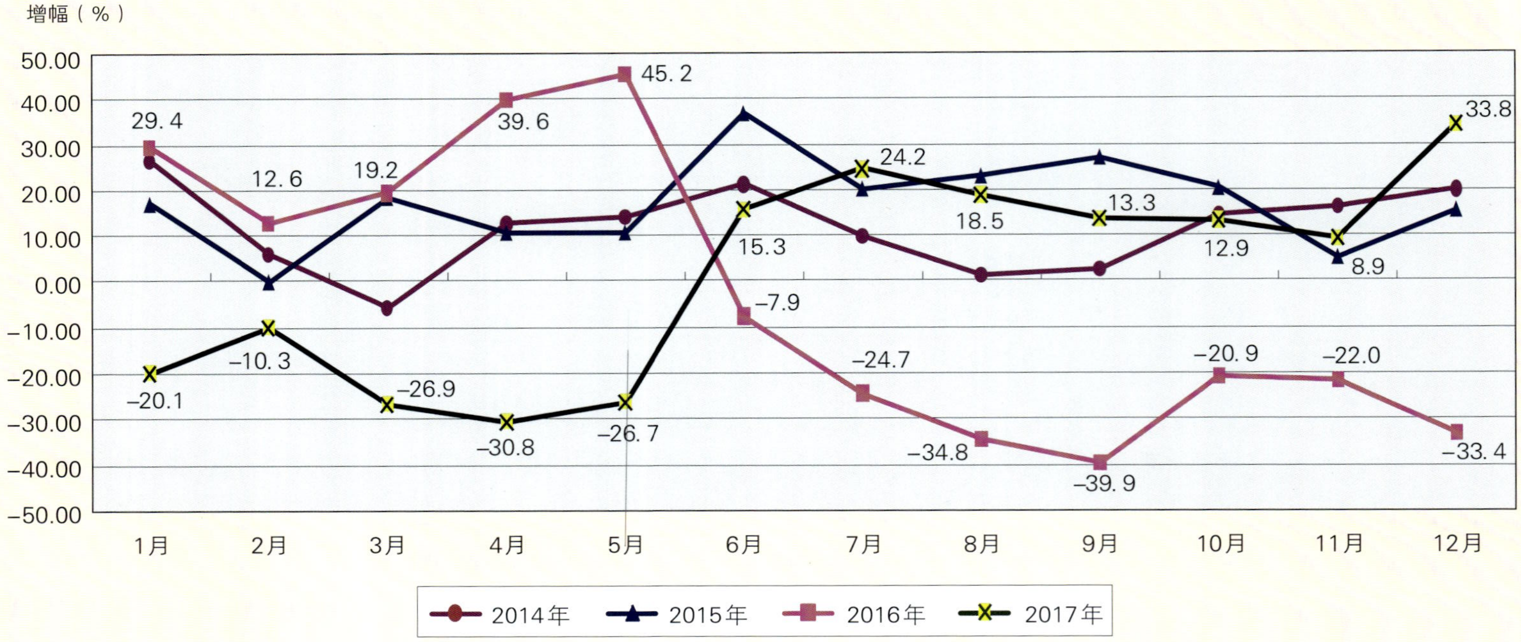

2014—2017年广东省地方税务局（不含深圳）税收收入分月增幅情况

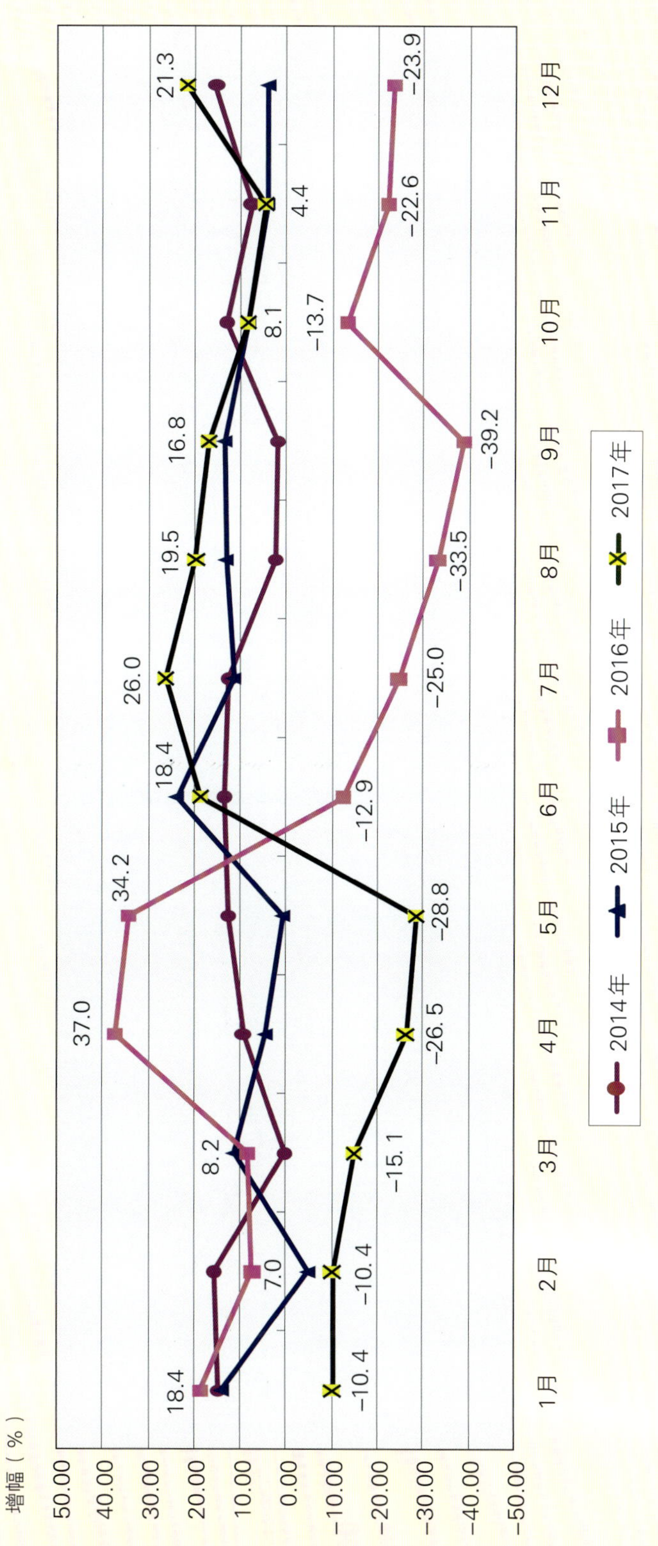

2014—2017 年广东省地方税务局（不含深圳）税收收入（不含契税、耕地占用税）分月增幅情况

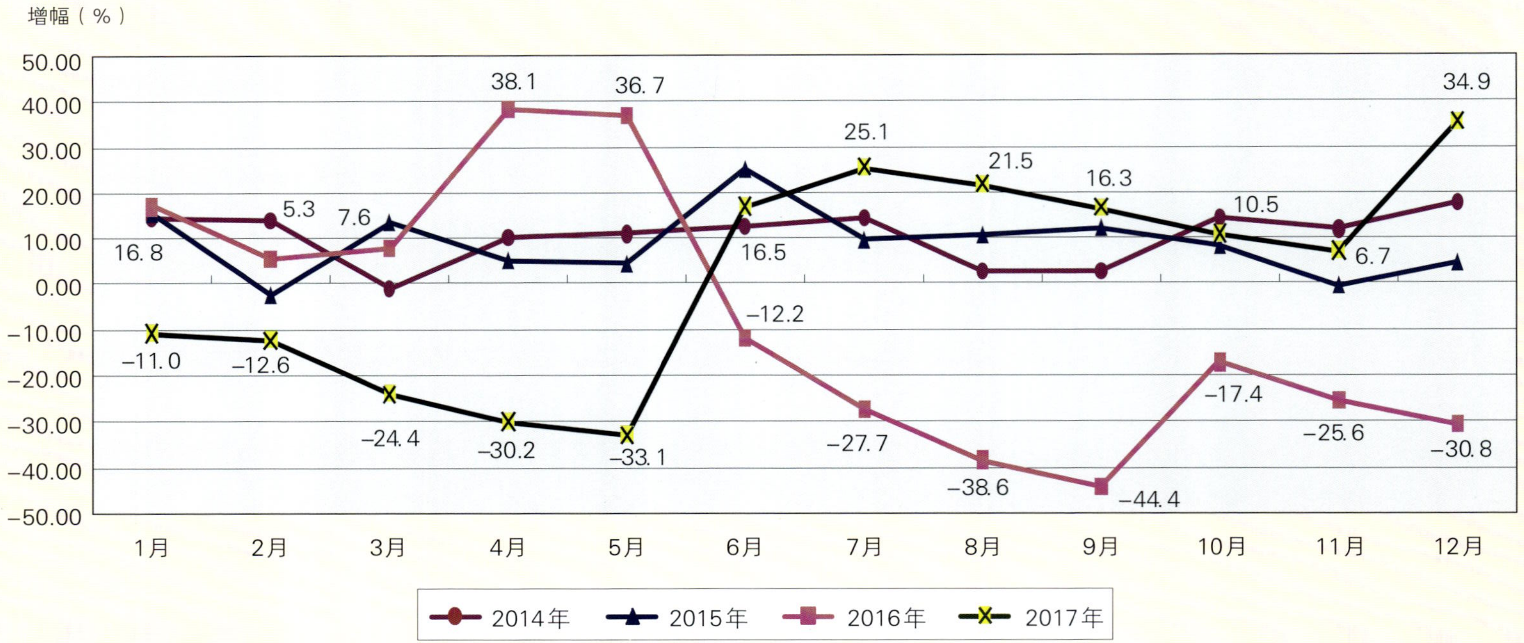

2014—2017年广东省地方税务局省级税收收入分月增幅情况

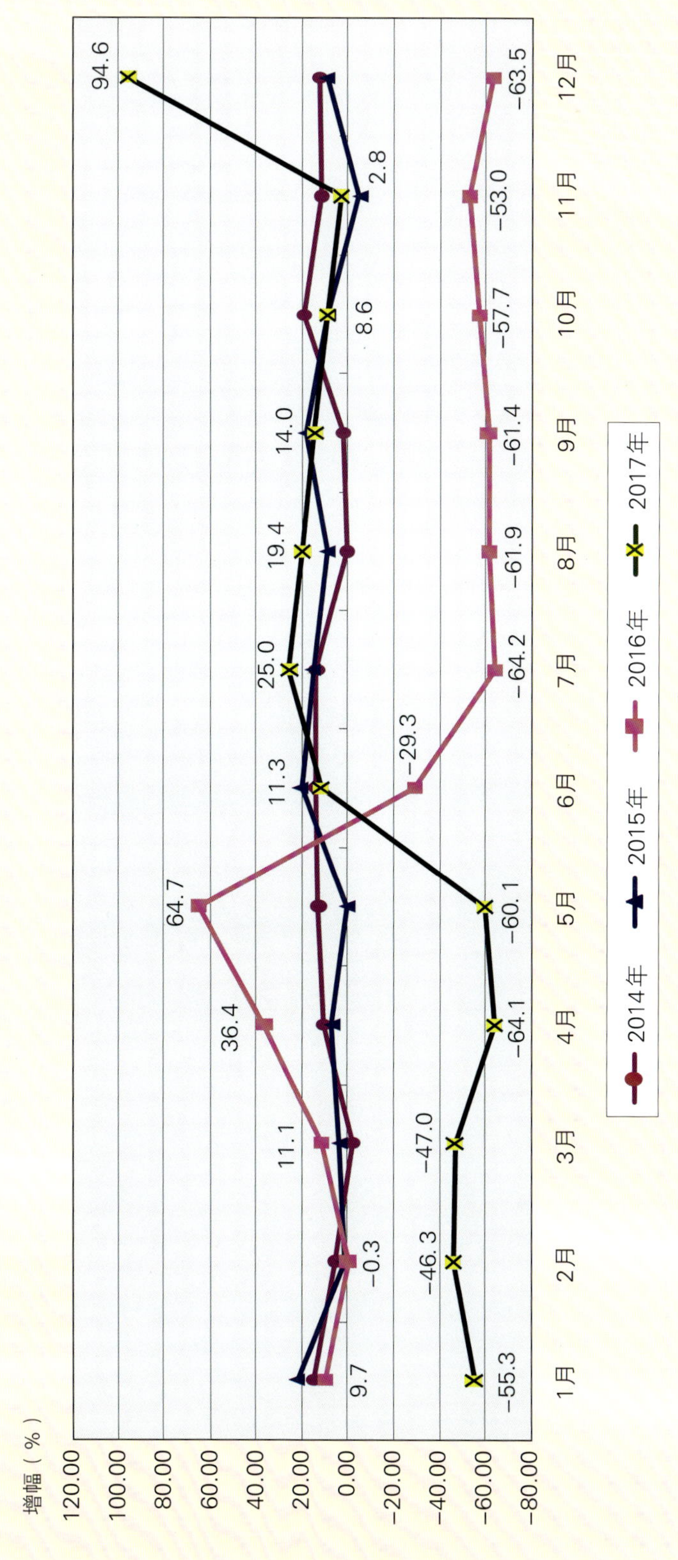

2014—2017年广东省地方税务局营业税收入分月增幅情况

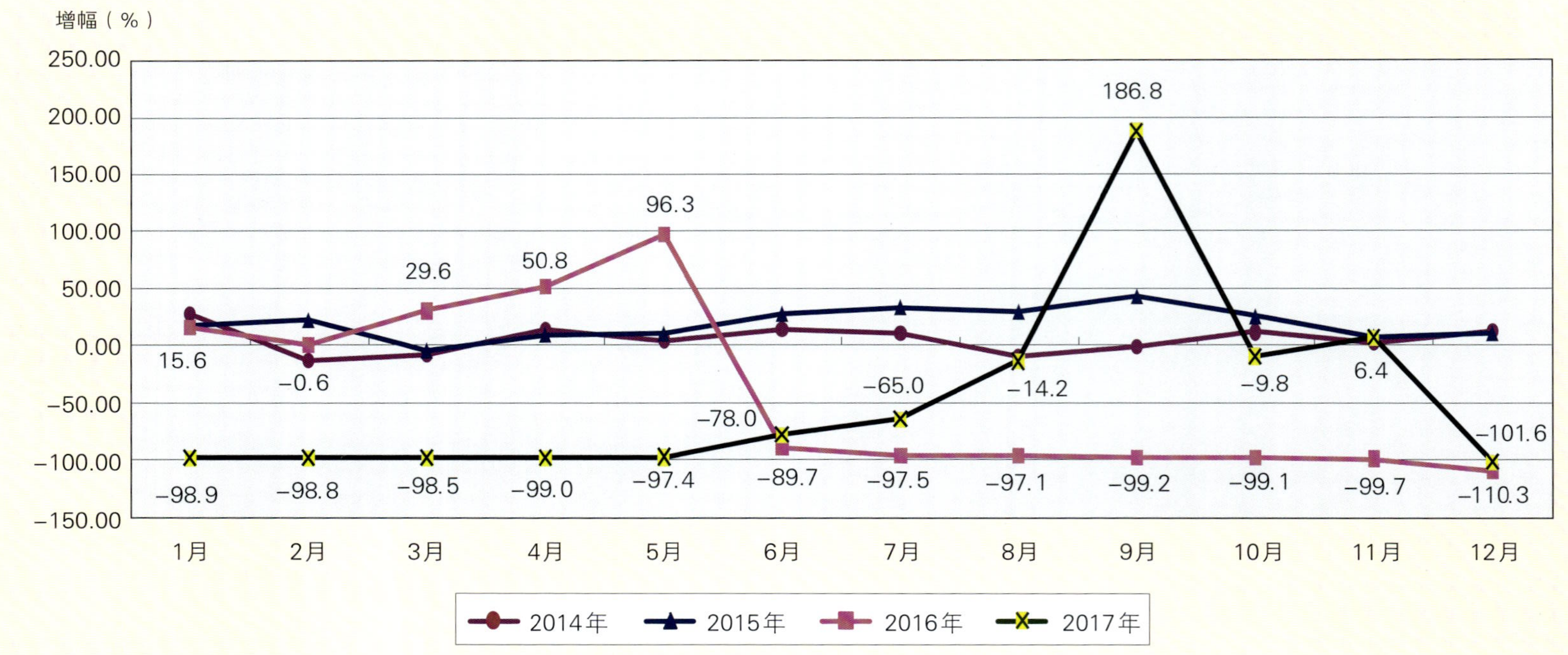

2014—2017 年广东省地方税务局企业所得税收入分月增幅情况

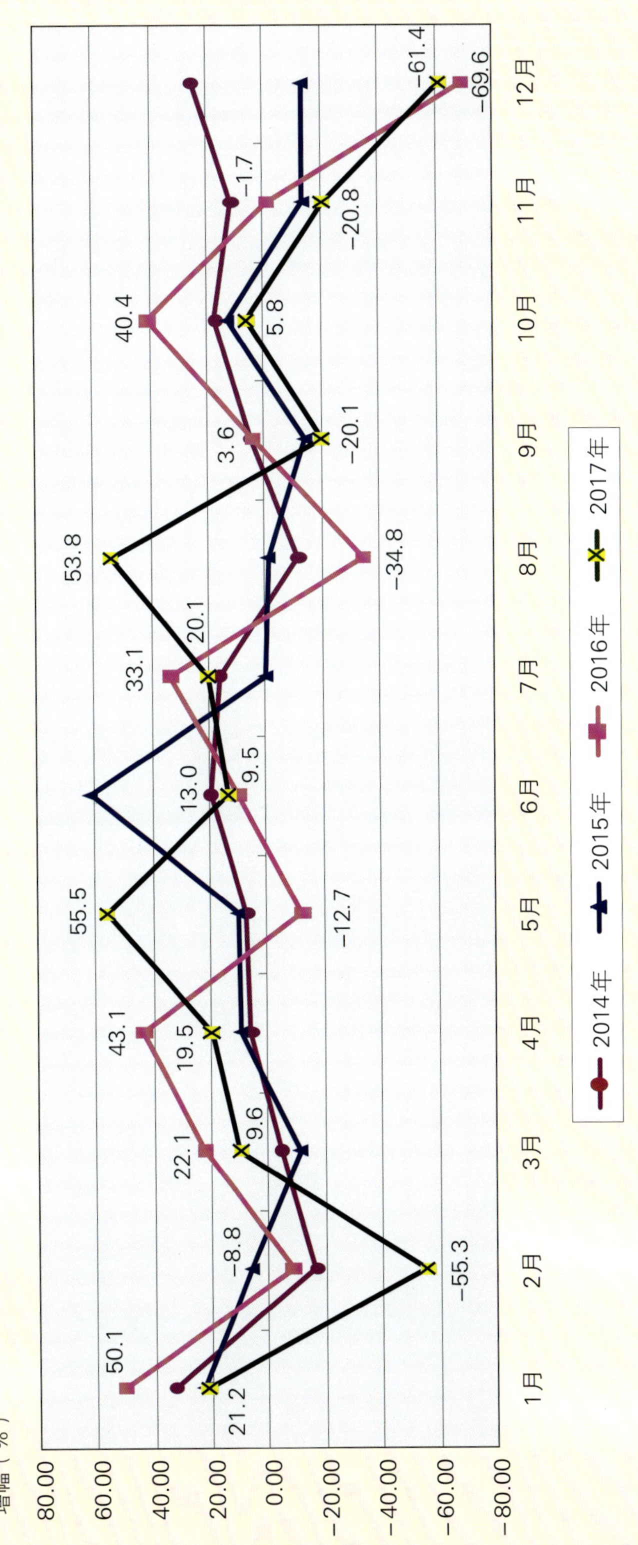

2014—2017年广东省地方税务局个人所得税收入分月增幅情况

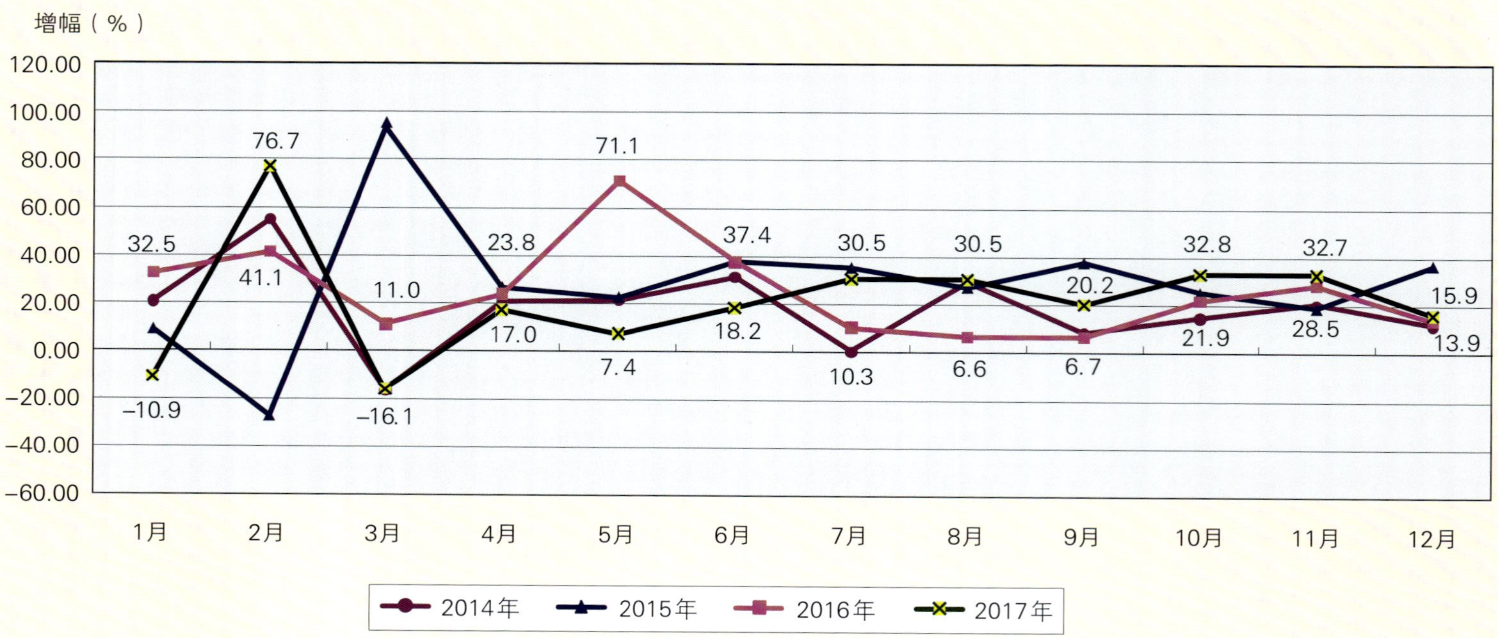

增幅（%）
120.00
100.00
80.00
60.00
40.00
20.00
0.00
−20.00
−40.00
−60.00

32.5 −10.9 76.7 41.1 11.0 −16.1 23.8 17.0 71.1 7.4 37.4 18.2 30.5 10.3 30.5 6.6 20.2 6.7 32.8 21.9 32.7 28.5 15.9 13.9

1月 2月 3月 4月 5月 6月 7月 8月 9月 10月 11月 12月

2014年 2015年 2016年 2017年

2014—2017年广东省地方税务局财产行为税（含契税、耕地占用税）收入分月增幅情况

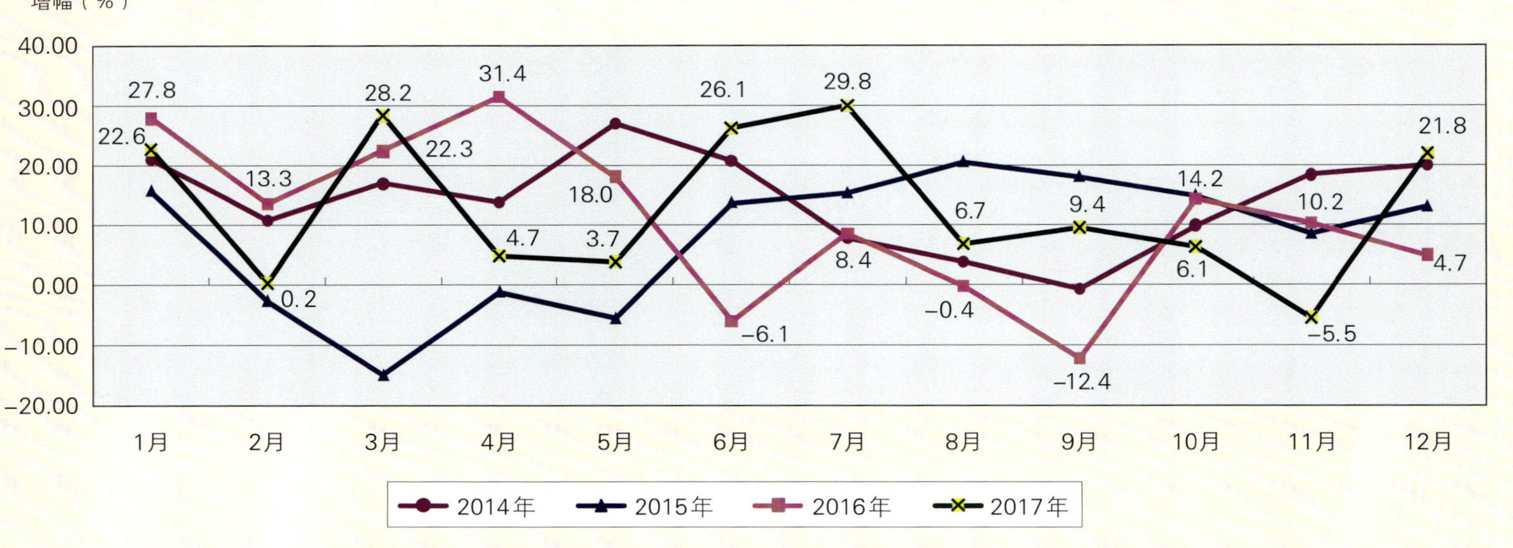

2014—2017 年广东省地方税务局财产行为税（不含契税、耕地占用税）收入分月增幅情况

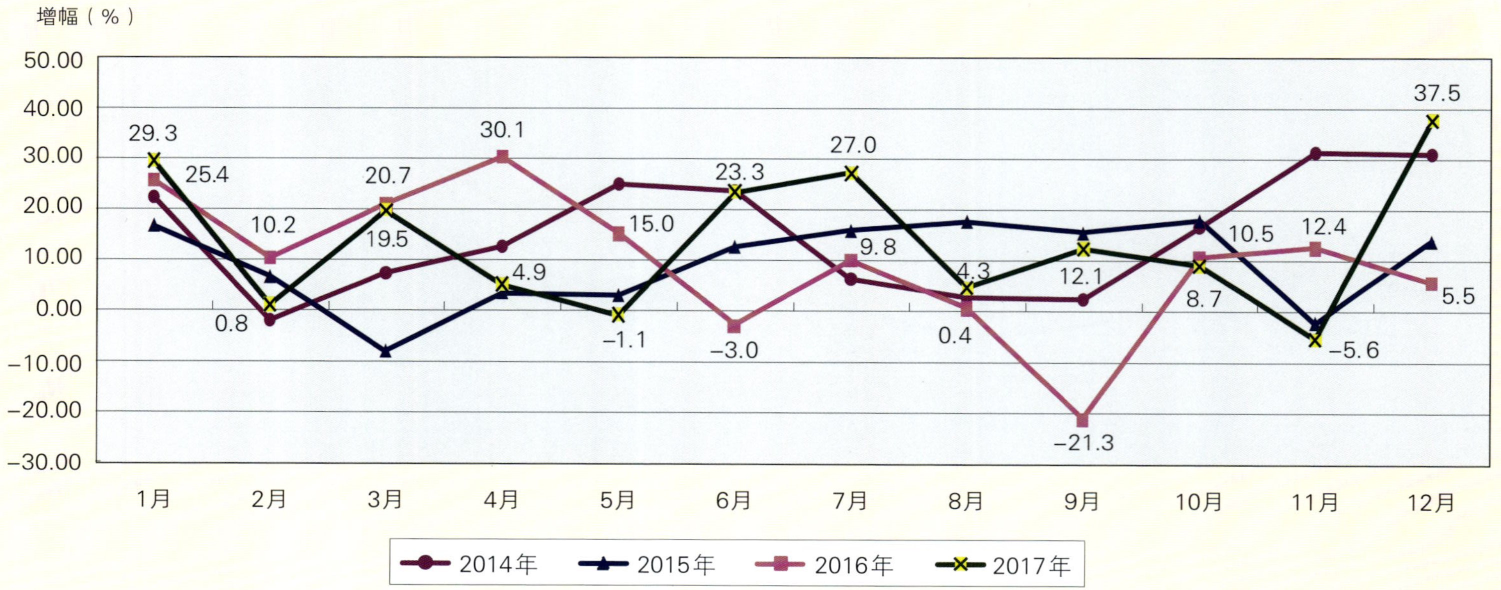

增幅（%）

50.00
40.00
30.00
20.00
10.00
0.00
−10.00
−20.00
−30.00

1月 2月 3月 4月 5月 6月 7月 8月 9月 10月 11月 12月

29.3 25.4 10.2 0.8 20.7 19.5 30.1 4.9 15.0 −1.1 23.3 −3.0 27.0 9.8 4.3 0.4 12.1 −21.3 10.5 8.7 12.4 −5.6 37.5 5.5

2014年 2015年 2016年 2017年

第 二 篇

年度关注

认真组织学习宣传贯彻党的十九大精神

中共广东省地方税务局党组注重抓好政治建设，扎实推进“两学一做”学习教育常态化制度化，促使广大党员干部筑牢理想信念之基。党的十九大召开以后，全省地税系统把学习宣传贯彻习近平新时代中国特色社会主义思想和党的十九大精神作为首要政治任务和最重要的“纲”，与落实习近平总书记对广东工作重要批示精神相结合，按照学懂弄通做实的要求，把雷厉风行与久久为功结合起来，迅速兴起学习宣传贯彻热潮。

突出以上率下。省局党组带头学、带头讲、带头干，深入挂点联系基层单位宣讲党的十九大精神，指导督促各级地税机关认真抓好学习宣传贯彻工作，通过举办党组理论学习中心组（扩大）会议、领导干部专题研讨班、邀请省委宣讲团专家辅导授课、组织处级以上领导干部分批集中轮训等，推动全省地税各级领导干部在学思践悟上做好示范，形成“头雁效应”。

突出全员覆盖。制定实施全省地税学习宣传贯彻工作方案，依托网络学院、地税内刊等载体，部署开展多形式、多层次、全覆盖的学习培训和宣传宣讲活动，“学报告、学党章”考学活动实现参考率和满分率两个100%，营造了浓厚氛围。

突出学用结合。认真对标新时代新要求，进一步理清今后一个时期全省地税发展思路，完善发展举措，提出了争当服务新时代广东现代化建设的先锋队、新时代深化税收改革创新的排头兵、新时代党的建设伟大工程的忠实践行者，努力在新时代税收现代化建设上走在全国前列“三个定位、一个走在前列”的总目标。通过迅速掀起学习宣传贯彻热潮，党的十九大精神在全省地税深入人心，党员干部“四个意识”进一步增强，贯彻落实习近平新时代中国特色社会主义思想、奋力谱写新时代广东地税税收现代化建设新篇章成为全省地税上下的共同意志、共同行动。

（周忠清）

广东地税组织税费规模首次突破万亿元

2017年，广东地税系统组织税费收入10004亿元，首破万亿元大关，剔除“营改增”影响，可比增长13.8%，按实际入库额计算增长1.1%，其中：组织税收收入6346亿元，可比增长15.9%，按实际入库额计算下降3.5%；省级收入704亿元，可比增长24.4%，是2012年以来最快增速；中央级收入和市县级分别收入2181亿元和3461亿元，可比增长17.6%和13.4%；组织社会保险费、教育费附加等规费收入3657亿元，同比增长10.3%。2017年广东地税税收收入规模连续24年居全国地税首位，占全国地税系统税收收入的13.9%，税收增速比全国地税平均增速高7.1个百分点，增速居全国地税系统第3位，高于江苏（－22.3%）、上海（－12.8%）、山东（－9.4%）、浙江（－7.1%）和北京（－6.2%）。

全省经济发展稳中向好，为税收较快增长奠定坚实基础。一是供给侧结构性改革和创新驱动发展成效明显，实体经济振兴发展。2017年1—11月，高技术制造业和先进制造业税收分别增长15.0%和13.6%，合计占总税收收入14.0%，比上年提高2.4个百分点，其中，汽车、电器机械和器材、计算机通信和电子设备制造业均实现两位数增长；传统制造业税收增速显著回升，纺织、造纸、家具、金属制品等一批传统优势行业税收增长超过20%；现代服务业税收可比增长22.0%，占总税收收入65.0%，比上年提高2.3个百分点。二是企业总体效益持续改善。2017年企业所得税增长16.3%，其中与2016年利润相关的汇算清缴收入增长27.0%，与2017年利润相关的预缴收入增长12.0%。三是居民收入水平提升，特别是财产性收入迅速增长。2017年个人所得税增长18.5%，其中工资薪金所得收入增长

19.4%，财产转让所得税收入增长62.9%。四是房地产业仍然是拉动税收增长主力。2017年1—11月，房地产业占总税收收入34.8%，房地产业税收可比增长22.4%，增收额占总税收增量46.2%，值得关注的是，房地产业税收增量中近一半来源于以前年度的商品房和土地交易。

一年来，全省地税3万多名干部职工深入学习贯彻习近平新时代中国特色社会主义思想和党的十九大精神，始终紧抓组织收入中心工作不动摇。加强税源分析预判，狠抓关键时间节点的收入监控。加强税种基础管理，推广土地增值税管理系统，实施房地产税收一体化管理，开发全省二手房交易税收征管风险评估监控系统，全面加强车船税和印花税风险管理，企业所得税汇算清缴面达99.9%，个人所得税明细申报率达100%。强化规费监控分析和管理，落实全省企业职工基本养老保险省级统筹改革，顺利完成扩面征缴特别是机关事业单位编外人员扩面重点任务，全省新增养老保险缴费人数102万人。加强税收风险预警监测，对基层政府资产处置异常的2个县区局下达预警通知，进一步提高收入质量。顾大局、勇担当，省政府两次追加收入预期目标均圆满完成，确保税费收入持续较快增长，为广东省经济社会发展提供坚强的财力保障。

（周忠清）

确立“夯实基础年”工作主题
坚持行稳致远推进税收现代化

广东省地税局党组深刻认识到，夯实基础是实现新一轮发展的必要前提，虽然广东地税收入规模多年位居全国第一，但税费征管“大而不强”、信息化建设“广而不优”、改革创新“多而不精”等影响税收现代化进程的短板仍较突出，确立2017年为“夯实基础年”，强调树立“固本强基、行稳致远”发展理念，在基础性工作上使真劲、用真功。

*明确抓基础性工作的目标。*突出“规范化、精细化、智能化、效能化”。“规范化”，就是把制度建设摆在统领工作的位置，对地税工作的各个方面要做好建章立制，用制度来规范行为，用标准来衡量成效，切实做到事事有规范、事事有标准，使制度成为地税干部职工自觉遵循的行为规范。“精细化”，就是坚持“天下大事必作于细”，把每一项工作都抓细、量化、责任化，使每一项工作内容都能看得见、摸得着、说得准，使每一个问题都有专人负责。“智能化”，就是运用物联网、云计算、大数据、互联网等信息技术，不断创新税收工作的方式和手段，实现智能办公、智能监管、智能服务和智能决策，形成全天候、全方位、全覆盖、全流程、全联通的智慧税务生态系统。“效能化”，就是通过抓基础性工作，消除一切妨碍效率提升的因素，形成各司其责、各尽所能、共同发展的良好氛围，切实为干部减负增效。

*把握抓基础性工作的重点。*着力夯实依法治税基础，落实税收法定原则，以税收治理现代化为目标，切实解决基础数据不明、岗责不清、执法不严等问题，持续提升税费征管精细化水平，建成与税制改革相促进、与税源状况相适应、与科技创新相协同的税费征管体制。着力夯实信息管税基础，落实一体化要求，切实解决“信息孤岛”、重复开发、低水平开发等问题，逐步实现数据的有效集中和高效应用。着力夯实服务兴税基础，善于从纳税人角度考虑和谋划工作，多推便民之举，多施利民之策，为打造良好营商环境贡献正能量，切实解决纳税人的“堵点”“痛点”“难点”，让纳税人办税更省心、更顺心、更放心。着力夯实人才强税基础，落实全面从严治党要求，积极践行人本理念，用足用好政策，构建和完善发现、培养、使用人才的工作机制，激发队伍动力活力。

*建立清单对表推进基础性工作。*省局各部门认真开展梳理，深入查找基础性工作薄弱环节，提出工作计划和任务，逐一明确完成时限和责任人。省局正式印发《深入推进“夯实基础年”实施意见》的通知，明确了7大方面共97项清单任务，并全面纳入重点工作督办和绩效考核，完成一项、销号一项。为保障广东省地税率先实现税收现代化奠定坚实的基础保障。截至2018年1月，97项“夯实基础年”清单任务已完成90项，按计划推进7项，新时代地税改革发展基础得到有力夯实。

（周忠清）

积极谋划新时期税收信息化 构建基于互联网生态的新型征管模式

2017年4月26日，广东省地税局召开全省地税系统信息化工作会议，这是2006年9月以来广东地税因应形势召开的又一次全省地税系统信息化工作会议。会议总结近年来全省地税信息化工作，分析形势，研究部署2017年和今后一个时期信息化工作任务，提出构建电子化办税、大数据管控、全过程服务、智能化提升的基于互联网生态的新型征管模式。

今后一个时期是广东地税坚持信息化引领全面创新、在新的历史起点上开创信息化发展新局面的关键期，做好信息化工作的总体要求是：全面贯彻党的十八大和十八届历次全会精神，深入贯彻习近平总书记系列重要讲话和对广东的重要批示精神，认真落实党中央、省委省政府和税务总局的决策部署，以推进税收治理现代化为目标，以“互联网+税务”为主线，以打造“一局一台一库”为重点，夯实基础，集成创新，构建基于互联网生态的新型征管模式。

今后一个时期广东地税信息化建设的重点工作任务。一是以电子税务局为主体，打造面向纳税人的智慧服务体系。推进办税便利化，导税智能化，服务个性化，线上线下一体化，加快达到税务总局全天候、全方位、全流程的智慧服务要求。要做到全部业务在电子渠道上可办理，凡是能实现电子办理的，纳税人无须到实体办税厅办理；凡是税费能同步办理的，纳税人无须分别办理；凡是能通过网络共享共用的材料，纳税人无须重复提交。二是以数据资源库为基础，大力推进数据管税工作。推进数据应用平台建设，提升数据应用效能，按照数据整合、数据管控、数据应用并行的思路，深入实施税收大数据战略。三是以统一工作平台为载体，打造面向税务人的全业务工作系统。推进集成建设、沟通扁平化和智能搜索，使统一工作平台成为面向税务人的智能综合办公平台。四是以业务保障体系为支撑，促进税收业务智能化发展和提升。加强业务归口规范管理，完善业务保障平台建设，创新“集智众创”机制，全方位打造一个高效智能的业务保障体系，为电子化办税、大数据管控、全过程服务、智能化提升提供有力支持。五是发挥信息引领作用，推动业务流程重组优化。基于办税便利化改造办税流程，基于分类分级管理改造管理流程，利用信息化倒逼税收管理和服务流程的全面优化，提高效率、降低成本。六是优化资源配置，构建与互联网生态相适应的组织体系。向电子办税、数据管税倾斜资源配置，创新信息化项目管理模式，探索与电子办税和信息管税新形势相适应的组织体系。七是强化风险防控，保障税务信息与网络安全。加强信息系统安全审核和税务电子数据安全管理，推进信息安全隐患排查与整改常态化，实现内控机制建设与信息化有机融合，切实保障税务信息与网络安全。

（周忠清）

持续深化“放管服”改革 努力打造税收营商环境高地

广东省地税局自觉把营造良好营商环境作为部门重要职责来抓，紧紧围绕省委省政府“努力打造服务效率最高、管理最规范、综合成本最低的营商环境”要求，坚持问题导向、精准施策，不断深化“放管服”改革，狠抓税收法治、服务提升和管理创新，助力市场主体健康发展。在2017年全国纳税人满意度调查中，广东省地税排名大幅提升11位。

构建多重工作机制突出讲政治、顾大局。研究出台《关于发挥税收职能作用助力打造我省营商环境高地的意见》，重点从降低税费成本、提高服务效率、规范税收管理等方面提出15项任务措施，并形成清单，逐项明确工作要求、完成时限和责任人。成立由省局主要负责同志担任组长的优化税收营商环境工作领导小组,各市、各县(区)局建立相应机制,把优化营商环境相关工作任务作为重点督办项目,全部列入绩效考评范畴,强化落实刚性。推动广州、深圳地税联合国税部门精心制订优化税收营商环境方案,要求其作为全国优化税收营商环境试点单位,率先加快打造国际一流税收营商环境。

*落实税收政策让企业降税负、减成本。*将落实税费优惠纳入绩效管理,强化考核,重点针对国务院新出台的六项减税政策,确保各项政策宣传到户、解读准确、办理简便、享受及时。2017 年全省地税实际减免税费 1965 亿元。用好地方税权,在 2016 年出台进一步降低企业成本的 6 条措施以及针对四类特殊人群个人所得税减征新政的基础上,又研究拟定 18 条政策措施,其中 4 条经省政府统一部署实施,预计可直接为企业减税 130 亿元。推行全省税费政策一体化,着力消除粤东西北与珠三角地区差异。坚持“三个有利于”原则,联合省国资委建立省属企业涉税服务联系机制,为广东盐业、广晟公司、广物控股和越秀集团等企业集团重组改制、国有资产划拨、“永续债”融资等“一企一策”提供税收支持。

*优化纳税服务让企业办税更省心、更顺心。*打造“一门式+一网式”办税新模式,实现全省范围业务通办,让纳税人“进一道门,办全省事”,打造“网上办税为主、自助办税为辅、实体办税为补”的办税服务体系,让纳税人所需的服务“随时随地”可得,实现 95% 涉税事项可网上办理,电子办税率超过 80%,全省国地税联合办税厅总数增加至 827 个,实现 133 项基本业务一窗办理。推行无纸化办税和信息共享,凡地税机关从第三方(政府部门)取得的电子证照等信息视同纳税人已提供资料,纳税人无须再报送纸质资料。优化、再造办税流程,创新网上预约办税和预受理、预审理服务,促进全省地税办税时间平均缩短 1/3。针对二手房交易不便等问题,探索房地产交易智能办税,联合房管部门探索二手房交易登记纳税一体化,受到广泛好评。实行无纸化办税,实现实名制纳税人办理 9 大类 92 项涉税事项全程无纸化办理,减少纸质资料证明 7 类,减少资料报送 75%。

*实施“银税互动”让企业易融资、快融资。*联合省国税局一道推进纳税信用评价激励,对 A 级纳税人联合实施建立行政审批绿色通道、涉税业务“容缺受理”、个性化政策辅导发票领用便捷服务等激励措施;建立银税互动数据交换平台,与银行合作推出“税融通”“税银通”,首创税保合作,拓展和丰富金融产品。扩大纳税信用评价覆盖面,探索建立个体工商户和其他类型纳税人的纳税信用评价机制,扩大纳税人受惠面。全省 2016 年度纳税信用评价共评出 A 级纳税人 9.2 万户,同比大幅增长 86%。“银税互动”项目覆盖至 B 级纳税信用企业,全年发放贷款 572 亿元,惠及企业近 1.8 万户。

*建设法治地税让企业更放心、有信心。*推进法治税务建设,评选首批 10 家全省法治税务示范基地。联合国税规范税务行政处罚裁量权,扎实开展行政执法公示制度、执法全过程记录制度和重大执法决定法制审核制度“三项制度”试点,用公平法治的税收环境稳定市场主体预期。加强国税地税执法合作,推进联合执法,有效避免多头执法检查。推行说理式执法文书制度,规范稽查案件定性处罚问题,处罚率从 50.2% 下降至 32.6%。加大对特定行业和重点区域的专项整治,全年稽查查补收入 95.5 亿元,增长 14.4%,立案查补收入 29.2 亿元,增长 102.9%。制定《贯彻落实〈省纪委省监察厅关于推动构建新型政商关系的若干意见(试行)〉工作方案》,明确 11 类 34 项工作措施,努力实现税企双方“亲”而两利、“清”而两安。

(周忠清)

全国首创电子税票推进办税便利化

广东省地税局认真贯彻落实“放管服”改革和全省政务电子证照建设部署要求,针对过去只能到办税服务厅开具税票、耗时费力的问题,从 2017 年 7 月 1 日起在全国首创首推电子税票,并在横琴自贸区实现跨境应用,在提高办事效率、降低办税成本、促进营商环境便利化等方面成效显著。

*实现纳税人随时随地取得完税证明,办税服务厅受理开具税票的业务量下降 25%。*电子税票依托互联网和政务云平台传送数据信息,突破了开具时间、地点的限制。纳税人可随时随地通过广东省

电子税务局、自助办税终端、微信公众号等渠道,7×24 小时在线查询、开具、应用个人所得税、契税、车船税、企业所得税等各种税费的税票。电子税票系统上线后,纳税人上网一分钟内可开具一份电子税票,与开具纸质税票相比节省时间达 80%,全省办税服务厅受理开具税票的业务量下降 25%。

实现跨部门共享调用,电子税票走在全省政务电子证照改革前列。电子税票实行广东省政务电子证照统一标准,采用合法电子签名,智能化防篡改、防伪造,在广东地税官网和微信公众号可快捷查验。相关部门可通过共享平台调用电子税票,纳税人可在线下载电子税票,满足记账核算、电子存档和办理房产过户、车辆年审等需要。纳税人办事全程无纸化,减少提供纸质资料 80% 以上,缩减纸质税票的印制、配送、保管等费用,多方受益。全省开具电子税票数量占全省政务电子证照签发量约 40%。

实现跨境办税全过程在线服务,受到港澳人士和媒体的普遍好评。在横琴自贸区试点,将电子税票与 V-TAX 远程可视办税系统结合起来,实现跨境办税全链条、全过程在线服务,港澳籍纳税人可跨境在线自助查询、开具、应用电子税票。当前每年约 1.5 万人满足横琴特殊人才奖励和港澳人士个人所得税补贴等政策,跨境自助办税使港澳籍纳税人免于通关,便利跨境投资贸易。《香港商报》、澳亚卫视等媒体对此项便民举措进行了深度报道。

(周忠清)

持续深化征管体制改革结硕果
连续两年获省直机关技能大赛第一名

在由广东省直机关工委、省委改革办、省总工会、团省委和省妇联联合主办的广东第五届省直机关工作技能大赛上,广东地税税收管理改革项目《佛山地税全国首创数据驱动分类分级管理模式改革》经过五轮激烈角逐,从 400 多个单位报送的 872 个参赛项目中脱颖而出,夺取改革创意类第一名,这是继 2016 年广东地税微信办税项目荣获“工作创新”类第一名后又一次在省直机关工作技能大赛上摘取桂冠。广州开发区地税局“创新‘政治生日’内容”项目获第五届省直机关工作技能大赛党建创新类第二名。

近年来,广东地税部门深入贯彻落实中央《深化国税、地税征管体制改革方案》,坚持以纳税人需求为导向,进一步增强改革集成思维,持续深化税收管理和服务创新,在佛山等地率先探索数据驱动分类分级管理模式改革,推进税收征管方式加快转变。佛山地税改革主要做法有:一是优化职能,以分类分级实现专业化管理。对外,从信用等级、企业规模、自然人收入与资产等维度对全市纳税人进行分类;对内,将市局、区局、分局三级税务机关管理职责“分级优化”,对税收征管人员岗责“分岗调配”,实现管理和服务资源专业化配置。二是科技驱动,以大数据管控提升征管效能。建立覆盖全市 38 个政府部门的数据采集网,构建 109 个风险管理模型,建成“数据分析”和“任务管理”两大平台,实现风险管理等 318 项任务信息化运转。2017 年 1—10 月,共对 3.6 万户纳税人进行风险管理,入库税款 14.5 亿元。三是需求导向,以智能服务推进办税便利化。进一步拓展电子办税渠道,致力为纳税人提供更便捷、更精准的线上服务。2017 年 1—10 月,月均纸质文书派送量同比下降 90%、纳税人往来办税大厅同比减少 2.9 万人(次)、收取纳税人纸质资料同比减少 1.16 万页、纳税人电子办税率同比增长 13%、平均等候时间同比降低 88%。

(周忠清)

推进“三个共建”
打造融合式党建工作品牌

广东省地税局出台《关于全省地税系统机关党支部与基层党支部结对开展党建共建的意见》《关于推进全省地税部门与重点税源企业党建共建工作的意见》《关于推进全省国税、地税系统党建共建工作的意见》等3份文件，深入推进机关与基层、税务局与企业、地税与国税“三个共建”，全面抓实融合式党建工作，着力构建全面从严治党新格局。

突出顶层制度设计和统筹指导。立足地税系统垂直管理实际，省局从全省层面制定系统性制度，明确了指导思想、共建原则和目标、共建内容、共建步骤和相关要求等内容，强化对全省地税系统党建共建工作的统筹指导。省局成立党建共建工作机构，明确职责和分工，建立日常工作机制，各市局成立相应的党建共建工作领导机构，切实加强组织领导，不断健全联动机制、推进机制和保障机制，确保层层抓好落实、层层抓出实效。

突出党建的引领和促进作用。紧扣《中国共产党章程》规定的“党的基层组织的八项基本任务”，以推进融合式党建为重点，以促进税收中心工作提升为方向开展共建。在共建内容方面，始终突出联合共建党组织的领导核心和战斗堡垒作用，特别是在学习教育、组织管理、发挥作用、党风廉政建设等方面，为共建项目的顺利完成提供坚强的政治保证。在共建步骤方面，强调在项目开始、推进过程中、项目完成后的各个阶段，都要坚持落实“三会一课”、组织生活会、谈心谈话、民主评议党员等党的组织生活制度，确保党建工作与中心工作有机结合，始终发挥党建的引领和促进作用。

突出融合式党建工作的特点。党建工作的核心任务在于服务中心、建设队伍。“三个共建”以促进机关和基层联合攻坚、深化国税地税合作、密切税企征纳关系为根本出发点和落脚点。除了要求在学习教育、组织管理、发挥作用、党风廉政建设等方面开展共建，“三个共建”把融合式党建作为重点，结合实际选择组织收入、征管体制改革、纳税服务、队伍建设、深化国地税合作等工作热点问题，确定融合式党建的共建项目，避免业务工作与党建工作结合不够紧密、出现“两张皮”的情况。

突出共建方式创新和结果转化。“三个共建”鼓励党支部积极创新方式，结合实际拓宽共建领域，丰富共建内容，组织开展形式多样、内容丰富的共建活动，建设和完善“线上、线下”活动阵地，建立起“看有实体、听有内容、学有经验”的党建共建展示平台。同时，要求注重典型示范和教育引导，及时研究共建项目成果转化，每年组织评选若干优秀党建共建项目，积极推广先进基层党组织建设的工作经验、工作模式，以点带面深入推进全省地税系统党建共建工作。

突出党支部战斗堡垒和党员先锋模范作用。明确了党建共建措施，鼓励各共建党支部联合开展“建队、设岗、立项”活动。例如在地税与国税党建共建中，“联合建队”，就是以国税地税联合办税服务厅为阵地，因地制宜建立全面深化国地税合作的“党员先锋队”“党员攻坚队”“党员志愿服务队”“青年突击队”等；“联合设岗”，就是设置“党员先锋模范岗”“服务示范岗”“改革攻坚岗”“优秀党员岗”等，要求党员干部在岗位上亮身份、亮职责、亮承诺；“联合立项”，就是设立“党员示范项目”“党员攻坚项目”等，组织党员骨干攻坚克难，突出党员先锋模范作用，齐心协力完成各项税收工作任务。

（周忠清）

突出“制度＋科技”推动全面从严治党“两个责任”落实

广东省地税局针对地税系统实行垂直管理点多、线长、面广的特点，坚持以“制度＋科技”，狠抓全面从严治党“两个责任”落实，构建清单制度全覆盖、责任传导全贯通、信息支撑全链条、结果运用全方位的“四位一体”工作格局，并将“两个责任”考核与绩效管理直接挂钩，扎实推进全面从严治党向纵深发展。

*制度清单全员覆盖，工作要求纲举目张。*及时制发地税系统落实全面从严治党主体责任和监督责任清单以及抓党建工作责任清单，实现了制度清单约束全覆盖。在管理层级上，覆盖省、市、县三级地税机关；责任主体上，覆盖各级党组、党组书记、党组班子成员、党建工作部门、职能部门、党支部、机关党委书记、党总支书记、党支部书记、纪检监察部门等10类责任主体；责任内容上，涵盖组织领导、管理监督、选人用人、示范引领、执纪审查、问责追究等25方面269项具体责任清单。创新推行“三册一表”制度(《广东地税基层党组织工作手册》《广东省地方税务局党员手册》《广东省地方税务局党务工作记录本》和《广东地税基层党组织落实组织生活制度指引》)，实现全系统党支部组织生活全程全方位纪实。制定实施《关于驻省局纪检组进一步深化“三转”有关工作的意见》《关于进一步明确各级纪检组监督职责的意见》等配套制度，进一步厘清监督责任，为纪检监察部门全面履职打下坚实基础。

*督促指导全力跟进，工作责任压紧压实。*明确各级党组在落实责任上签字背书，每半年至少1次专题分析研究全面从严治党工作，每年至少1次专题听取党组班子成员、机关各单位和下一级党组落实全面从严治党主体责任情况汇报，每年至少2次听取本单位党建和党风廉政建设工作情况汇报。开展抓党建专项述职考核评议，组织各级“一把手”公开“三述”并开展民主测评等，以实实在在的督导推动管党治党责任落实。

*在线考核全程实施，工作成效一目了然。*创新开发应用全国税务系统首个落实全面从严治党“两个责任”评估系统，对各市(区)局领导班子和省局各单位落实“两个责任”情况进行电子化评估考核。该系统将落实责任的各项任务深入解析、逐一明确工作要求及完成时限，实现责任主体、考评指标、考评节点、考评方式标准化。按照工作流，形成任务推送、提醒预警、限时反馈、实时评估、自动排名等功能，实现全流程实时化监管。实现多维度、多口径的数据分析和直观展示，精准衡量责任落实整体水平和个体情况，客观反映纵横向交叉比较状况，有利于“找差距、抓整改、补短板”。

*以考促管全面发力，结果运用持续深化。*将“两个责任”评估系统考评结果在系统内公开通报成绩和排名，及时总结考评对象的工作成效、存在问题，并督促制定有针对性的改进措施。将考评结果纳入绩效考评总盘子，并与单位和干部年度考核挂钩，作为评先评优、选拔任用的重要依据。对疏于监管导致发生重大腐败案件、不正之风长期滋生蔓延、责任制考核结果排名靠后的单位领导班子和领导干部，实行“一案双查”、责任倒查和“一票否决”，严格按照《广东地税系统党的问责工作实施细则》进行严肃问责，倒逼责任落实。

(周忠清)

第三篇

全省地方税收工作

经 济 概 况

【经济概况】 2017年全省实现地区生产总值89879.23亿元,比上年增长7.5%。其中,第一产业增加值3792.40亿元,增长3.5%,对地区生产总值增长的贡献率为2.0%;第二产业增加值38598.55亿元,增长6.7%,对地区生产总值增长的贡献率为39.8%;第三产业增加值47488.28亿元,增长8.6%,对地区生产总值增长的贡献率为58.2%。三次产业结构比重为4.2:43.0:52.8,第三产业所占比重比上年提高0.8个百分点。在第三产业中,批发和零售业增长5.4%,住宿和餐饮业增长2.2%,金融业增长8.8%,房地产业增长4.8%。在现代产业中,高技术制造业增加值9516.92亿元,增长13.2%;先进制造业增加值17597.00亿元,增长10.3%。现代服务业增加值29709.97亿元,增长9.8%。生产性服务业增加值24344.75亿元,增长8.8%。民营经济增加值48339.14亿元,增长8.1%。2017年,广东人均地区生产总值达到81089元,按平均汇率折算为12009美元。分区域看,珠三角地区生产总值占全省比重为79.7%,粤东西北地区占20.3%,其中东翼、西翼、山区分别占6.8%、7.5%、6.0%。

(陈壮练)

政 务 管 理

【决策服务】 一是优文稿,谋大局。在认真领会上级文件精神、全面把握税收工作形势、始终紧扣广东地税局党组决策的基础上,努力贴近党组思路,精心锤炼文字,高质量地完成了领导交办的各项综合材料起草任务。如牵头和参与编制全省地税"十三五"时期发展规划和税收信息化发展规划,推动出台为实体企业减负若干政策措施、优化广东省税收营商环境的意见等重大文件,受到领导和有关方面高度认可。二是深调研,助决策。围绕优化地税组织体系、高收入高净值自然人税收征管以及宏观税负变化等重点课题,陪同省局领导先后到120个县(区)局开展深入调研,形成了一批优秀调研成果,其中《关于广东省宏观税负情况分析与对策建议的报告》等报告得到省委省政府主要领导批示肯定。三是精信息,强参谋。坚持既总结提炼各地经验做法,又注重挖掘工作中的问题瓶颈,充分依托税务部门专业优势,准确反映经济运行态势,并提出有针对性的意见建议,为各级领导决策提供第一手参考材料。2017年省局共编发《信息专报》255期、《广东地税简报》164期,获得省局党组及上级部门领导批示信息30余条。

【国地税合作】 一是深化征管体制改革为全国创造示范。顺利完成7项改革试点任务,为全国改革提供了可复制可推广的广东模板,荣获全国深化国税、地税征管体制改革"专项改革试点示范单位"称号,电子税务局项目获评"改革示范项目"。二是省市联动推合作。在省局层面,构建联动推进、序时统筹、督考结合"三大机制",召开第十五次国地税联席会议,统一合作思想,明确合作方向,推动《国地税合作规范(3.0)》51个事项全面落地,联合办税、委托代征、税收分析、党建共建等工作取得新进展。在市局层面,各地结合本地实际积极开展有益探索,如广州国地税联合开展优化税收营商环境试点,揭阳国地税联合组建产业园税收分析中心和"党建堡垒",深汕合作区国地税推动管理员合署办公联合加强税源管理,等等。广州、珠海、佛山、东莞四个市被推荐申报创建全国国地税合作市级示范区。

【督考合一】 一是制定督考任务清单,严把责任关。根据"夯实基础年"主题和全省地税工作会议部署,梳理印发夯实基础工作清单明确97项工作目标,牵头制定重点任务分解表明确164项督办任务。二是利用系统督查"利器",严把实效关。创新方式方法,建立统一督查工作底稿和问题清单格式、统一向被督查单位领导班子集中反馈、统一设立整改台账跟踪落实的"三统一"反馈机制，并采取"四不两直"即不发通知、不打招呼、不听汇报、不陪同接待、直奔基层、直插现场的办法，确保查深查透，坚持全过程跟踪落实整改。系统督查共发现问题212个都按计划推进落实。三是用好绩效管理抓手，严把考核关。修订省局绩效管理办法和实施细则，优化完善考评规则、加减分项目及考评指标。按照"统一系统框架、统一流程设计、统一标准风格"的思路优化绩效管理平台，启动了督考工作同步部署、同步执行和同步应用。加强绩效沟通反馈和分析改进，分别选取清远、阳江、肇庆等市局深入开展绩效工作实地帮扶。省地税局在税务总局2017年度绩效考评中名列全国地税第三，在省政府系统2016年度绩效考核中获得一等奖。

【税收宣传】 一是巩固传统媒体阵地。在《经济日报》《南方日报》《中国税务报》等省级以上报纸媒体发稿量在全国税务系统排名第一。广东卫视《新闻联播》报道地税工作播出频率创历史新高，广播88.0每天播放税收公益广告，珠江广播电台《税收进行时》栏目每周解读热点政策，形成了高密度、全方位、广覆盖的传统媒体宣传阵势。二是开拓新媒体宣传阵地。广东地税系统率先集体入驻南方+、腾讯企鹅号等政务新媒体平台，并与新华网、今日头条、央广网、腾讯、网易等知名新媒体建立常态化宣传合作，实现线上线下百花齐放。广东地税微信公众号关注用户超过100万，平均每篇阅读量由上年的1000人次上升为10000人次，名列"广东省级政务新媒体榜"第二。三是发挥税收宣传月的品牌示范带动作用。紧紧围绕"深化税收改革、助力企业发展"主题，组织开展12项专题活动，策划推出"最美税官""地税故事""暖心"等系列报道，讲好"地税故事"，各市地税也大胆创新，开展了极富特色、多姿多彩的税宣活动。四是推动税法宣传纳入广东中小学课程体系。深化与教育部门、学校和媒体的多方合作，在全国率先打造了广东青少年税法课堂，实现对广东1.5万所中小学的近1500万名学生的全省覆盖，为推动税法宣传纳入国民教育体系探出一条广东新路，受到税务总局局长王军批示肯定。

【综合运转】 一是开展新一轮简报、会议、文件和报表资料精简活动。牵头制发省局《关于进一步精简文件简报会议为基层减负的通知》，严格办文规则，统筹简并发文，力争发文数量比上年减少10%。按税务总局要求，完成精简文件简报会议双向评估工作，并发文明确了省局机关、各市(区)局请示性公文的具体要求。二是严格规范会务管理和公务活动。认真对照中央八项规定精神和厉行节约各项要求，严控会议经费预算，严把会议审核关口，有效精简了会议数量、提高办会水平。制发《关于进一步规范省局干部公务出差期间用餐管理的意见》，对省局干部公务出差期间公务发函、用餐管理及误餐补助发放等工作进一步明确要求。三是科学统筹对下级检查事项。印发《广东省地方税务系统督查管理办法(试行)》，建立系统督查联席会议工作机制，在认真执行上级要求的前提下，尽量整合时间相近、范围一致的检查事项，聚焦重点工作开展督查。省局统筹完成两轮实地督查，检查次数较上年大幅下降。

【网站建设】 一是全面升级门户网站，网站建设水平跨上新台阶。完成全系统24个网站升级改版，并新建南沙开发区地税局网站，确保省市两级地税网站界面统一、风格简洁、重点突出，推动栏目体系不断优化、用户体验持续提升。省局门户网站在省政府网站考评中获评优秀档次，位列省直60个单位网站第2名。二是加强日常监测维护，网站共建共管机制日益完善。出台《广东省地方税务局网站管理办法》，构建了全系统共建共管的良好机制。扎实做好网站日常监测维护，省地税局每季度对全系统网站开展一次巡查抽检，抽查比例不低于30%。三是全面推进政务公开，信息发布进一步规范。推动成立政务公开工作领导小组，牵头制定省地税局《关于全面推进政务公开工作的实施意见》，严格规范网站信息发布流程和信息公开审查。

【舆情管理】 一是抓信访维稳。认真做好领导接访、日常接访，将信访管理工作列入绩效考核。坚持属地管理、分级负责，有效把各种矛盾和问题解决在基层和当地，化解在萌芽状态。全年信访总数实现下降。二是抓舆情监控处置。建立健全统一领导、上下联动、快速反应、科学处置的工作机制，组建全省涉税舆情监测员队伍，密切监控舆情动向，正面引导舆论。同时，积极拓展媒体合作，努力构建"媒体朋友圈"，使媒体成为化解舆情危机的利剑。妥善处理涉税舆情20余起，均未造成重大负面影响。三是保密管理落实到位。出台省局《涉密计算机管理办法》，严格规范涉密设备使用管理。严格落实保密审查要求，认真部署网站保密自查，确保信息不涉密、可公开。全年未发生一起失密、泄密事件。

(周忠清)

税收法治

【依法行政】 印发《广东省地税系统主要负责人履行推进法治建设第一责任人职责清单》，梳理明确3方面15项职责；印发《全面推进依法行政实施方案（2017—2020年）》，梳理分解10方面44项工作任务。对标省政府和税务总局要求，持续加大力度贯彻落实法治政府建设各项任务，做到持续发力、久久为功。总结省政府对省地税局2015年度依法行政考评情况，协调推动重点改进；集中精力做好2016年度迎评工作，对照考评指标形成自查报告，针对初评情况进行异议陈述。在2016年度依法行政考评中，省地税局在5个优秀等次省直单位中位居第二。落实国务院督查部署，组织开展专项督查，深入总结贯彻落实《法治政府建设实施纲要》工作情况。省地税局工作成效获得省依法行政工作领导小组办公室通报肯定。

【"放管服"改革】 动态调整行政许可事项目录，纳入省编办统一公布的全省许可事项通用目录（2017年版）；对全省地税系统提供代办转报服务、简化申请材料、预约咨询服务、文书送达等做了进一步明确，优化审批服务。开展已公布权责清单动态调整完善，调整23项权责内容，增加34项职权运行流程图，纳入省政府重新公布的省直部门权责清单。

【法治基地创建】 围绕打造法治标杆、推动品牌建设目标要求，深化法治基地创建活动。印发《广东省地税系统持续推进法治税务示范基地创建工作实施方案》；在珠海举办全省地税法治基地创建工作现场会暨业务培训班；顺利完成第二批法治基地综合评审工作。全系统已有1家全国税务法治基地，29家全省地税法治基地，初步形成规模效应，较好发挥了典型示范作用。

【行政执法"三项制度"试点】 积极争取省法制办支持，在全省系统高强度推进"三项制度"试点。统一思想，加强部署，坚持"制度规范＋技术支持"，及时有效建设制度规范，基于现有系统优化建设全省统一执法公示、全过程记录信息化平台；打造国税地税合作升级版，联合出台一个方案、公告一套制度、发布一系列指引和清单。在省政府推行"三项制度"试点工作协调小组会议上，省地税局作为唯一省直单位介绍经验。

【复议应诉】 制发《广东省地税系统行政应诉工作规定》，促进行政应诉规范化、制度化，切实提高应诉能力。组织承办行政复议案件14件，行政应诉案件12件，审理重大税务案件5件。收到5宗省高院判决，2宗最高法院再审裁定，均获胜诉。其中，清远伟华案件历时两年半，为省地税局首宗应诉至最高法院的行政诉讼案件，应诉工作获税务总局领导孙瑞标批示肯定。

【税收政策管理服务】 扎实做好综合办文工作。组织主办来文800多份，及时回复各类有关实体经济、内贸流通企业、制造强省、普惠金融、教育事业、养老医疗等涉税问题来件。顺利办结"营改增"后地方税收体系构建政协提案，以及会办的广东省委书记胡春华牵头督办的实体经济发展系列提案、省长马兴瑞牵头督办的农业供给侧结构性改革系列提案。突出做好珠三角优化发展粤东西北振兴发展、珠三角自创区、自贸试验区等重大发展战略相关税收政策研究协调。开展科技孵化器税收政策调研，联合省科技厅和省国税局，制发《关于科技企业孵化器税收政策落实有关问题的通知》，健全部门联动政策落实机制。科技孵化器税收政策调研报告获马兴瑞批示肯定，发挥税收职能服务贫困地区发展报告获其他省领导批示肯定；支持国有"僵尸企业"处置、推进村务公开等工作情况获得省相关工作领导小组通报表扬。

【法制团队建设】 深入推行法律顾问和公职律师制度。修订《广东省地税系统法律顾问管理办法》，全省地税系统均已聘请法律顾问，并增加内聘法律顾问。加大力度落实《广东省地税系统公职律师管理办法》，组织开展全系统公职律师培训；启动公职律师轮训，启动第二批公职律师申报工作，争取大规模扩充公职律师队伍。推行基层税收法制员制度。总结经验做法，组织制定实施《广东省地税系统税收法制员制度》，在基层全面推行税收法制员制度，积极发挥法制员在法制审核中的参谋作用，强化基层执法风险防控，得到基层普遍好评。

全省地税系统758人参加执法资格考试，通过率99.08%，在全国地税系统排名第三。依托绩效管理，对各市局法规部门法律专业人员配备情况进行绩效考评；推动省、市、县、基层地税机关法律专业人才配备，切实发挥法规部门在推进依法行政工作中的参谋助手作用。

（张媛春）

财产行为税管理

【**环保税开征**】 一是推动建立政府领导下的协作机制。联合省财政厅、省环境保护厅共同制定《广东省环境保护税法实施准备工作方案》，经省政府同意，成立以省政府分管领导为组长的环境保护税实施工作领导小组。推动各市、县地税机关建立本地政府领导下的协作机制；与省环境保护厅签订环境保护税征管协作机制备忘录，建立税务、环保分工协作机制，各市、县也建立了与环保部门的协作机制。二是制定环境保护税开征实施工作方案。成立由省局局长吴紫骊担任组长的环境保护税征管工作领导小组，按职责划分成5个专项工作组，工作任务细化为8个方面共57条，实行集中办公制度，切实加强对全系统环境保护税推进工作的统一领导。三是联合开展调研，落实税法授权事宜。联合省财政厅、省环境保护厅赴企业开展多次调研，制定广东省应税大气污染物和水污染物的具体适用税额，经省人大常委会通过并向社会公布；根据省环境保护厅移送的抽样测算方法，研究制定核定征收管理办法并报税务总局，得到税务总局肯定。四是做好档案资料接收、纳税人确认工作。从省环境保护厅提前接收首批3.5万户排污费缴费人基础信息，截至2017年12月8日，共接收6.1万户排污费缴费人档案资料，占同期全国排污费缴费人总数的20%。通过税源平台，全省成功确认4.8万户正常户纳税人，并建立税源清册。五是做好核心征管系统、电子税务局开发和测试。在电子税务局开发环境保护税申报模块，并先后开展多轮测试工作，整体运行良好。开展金税三期核心征管系统集中测试，经过不断完善，环境保护税模块运行逐步稳定。六是做好宣传培训和辅导工作。举办三次省级环保税业务培训班，讲解环境保护税法、环境监测和环保执法知识，各市组织完成对基层一线的再培训，全省共举办各类环保税业务培训班86场，培训9000人次。根据纳税人情况，开展同步辅导工作，共辅导纳税人4.8万户；通过微信公众号推出系列长篇政策图解、视频动画等稿件，覆盖面逾千万人次，《南方都市报》《羊城晚报》等媒体报道了广东省环保税开征准备情况。

【**税收优惠政策**】 切实降低企业成本，扶持实体经济发展。与省财政厅联合上报省政府降低土地税和车辆车船税税额标准，每年减税约78亿元。出台《印花税核定征收管理办法》，降低购销合同印花税核定标准，每年减税2亿元。重新修订房产税、土地税困难减免有关事项公告，放宽减免税条件，让更多企业享受减免。制发《支持"僵尸企业"出清涉及房产税、城镇土地使用税有关事项的通知》，对无力清缴房土两税的僵尸企业进行豁免。制发《统一契税纳税期限的通知》，将各地契税纳税期限统一为纳税人依法办理土地、房屋权属登记之前，帮助80多万户纳税人每年延缴契税61.2亿元，节约资金占用成本2.66亿元。将房产税（从值计征）和城镇土地使用税的纳税期限统一调整为税款所属期当年的10月1日至12月31日。

助推供给侧结构性改革。用好用足管理权限，落实政府重大决策部署。出台《广东省"三旧"改造税收指引》，将"三旧"改造模式、典型案例及相关税收问题进行分类，指导"三旧"改造相关税务处理工作。指导研究《佛山市南海区集体经营性建设用地入市改革试点税收征管指引》，为集体土地入市改革营造良好规范的税收环境。研究解决省国投清算有关土地增值税政策征管措施，成立清算工作领导小组，跟进指导后续的清算工作。研究广州越秀集团、广物集团、广铁总公司相关税务问题。严格执行《税收优惠政策落实工作制度》。2017年为2518户纳税人减免财产行为税7.05亿元。严格落实国务院六项减税政策中的相关政策，为171户大宗商品物流企业减免土地税4400多万元。

【**建章立制**】 建立健全税种规范化制度。按"统一部署、逐步规范、全面覆盖"的原则，分地区、分种类进行各税种规范化管理试点，及时总结完善，建立健全各税种规范管理办法和征管指南。一是全省推广上线土地增值税管理系统，已将5359个房地产项目纳入系统进行管理，1453个已清算项目纳入系统进行风险分析管理。二是加强与国税部门在房地产税收方面的协同征管工作，联合出台《关于推进房地产税收一体化管理工作方案》。三是召开现场会,推广中山土地增值税“集中清算、分段审核”模式。四是出台《进一步规范车船税管理的通知》,规范车船税税源征收、风险管理。五是联合公安厅出台《关于机动车车船税审查工作的公告》,强化与公安交管部门的业务协作与信息共享,减并车船税年审把关的资料,减轻纳税人负担。六是完成税务总局下达的车船税联网征收系统与金税三期核心征管系统对接的信息化工作任务。对接后,联网征收系统提取金税三期系统数据的频率从半天一次提高到每小时一次,极大减少了由于两个系统不对称造成的重复征税的情况。七是上线《车船税代收代缴申报表》,加强申报数据管理,深化税收分析。八是制发《贯彻落实〈印花税管理规程(试行)〉的通知》,规范完善全省印花税管理。九是完成耕占税征管指引,近期拟向全系统及社会公开征求意见。十是开发全省二手房交易税收征管风险评估监控系统,加强风险管理。十一是配合相关处室开展电子办税服务优化工作,优化电子办税需求 19 条、办税指南和指引 561 条。十二是依据《广东省政务数据资源目录(广东地税)》,整理证照清单 90 条。十三是按照税务总局要求,对 310 条涉税事项清单及 290 条拟取消资料清单逐一进行审核,梳理要求其他单位开具证明的事项底单 30 项。十四是依据《政务信息资源共享管理暂行办法》和国家相关制度与标准规定,编制政务信息资源目录 348 条。

建立税种管理责任追究机制。制发《开展土地增值税风险排查的通知》,开展土地增值税政策执行情况排查;制发《开展税种管理风险调研的通知》,组织各市县对土地增值税、存量房交易等开展调研摸查。完善房地产交易内控机制,将内控机制融入业务流程、征管信息系统及部门协税工作中,通过痕迹化管理等方式,加强监管,防范风险。推行减税台账管理,对各项优惠减税政策设专门台账,跟踪管理,确保政策落地。综合运用重点督办、绩效管理,将减税政策落实情况作为督导督查、执法督察、内部审计的必考必查必审内容。

【优化服务】 按照“放管服”的要求,制发《贯彻落实〈房地产交易税收服务和管理指引〉的通知》,规范岗责设置、推进信息实时共享等七个方面的工作。实现与民政厅婚姻登记信息共享,免除纳税人提供婚姻证明。减并办税的各类证件、证明原件 13 种,复印件 7 种,申报表 16 种。推动加快实现存量房评估系统与金税三期核心征管系统对接,减少系统切换的麻烦。及时采集补充房地产数据信息,一年更新一次基础数据。落实备案制度,取消事前审核,加强事后管理。召开现场会推广珠海二手房办税经验,助推二手房交易办税时间压缩在 10 分钟之内。国家税务总局财行司对广东省的房地产交易税收管理创新给予高度评价,在全国进行宣传推广。

(李巩固)

所得税管理

【税收优惠政策落实】 一是抓好高新技术企业享受低税率、研发费加计扣除等创新驱动相关优惠政策落实。采取针对性宣传、辅导措施,主动提供精准辅导,帮助企业提高财务核算水平,积极引导企业做好申报,促进企业所得税优惠受益面不断扩大。实施台账管理,逐户跟踪服务,记录落实情况。据统计,2016 年度,2681 户申报“研究开发费用加计扣除”优惠政策,同比增长 140.88%,加计扣除金额 96.65 亿元,同比增长 56.82%;享受高新技术企业的户数为 1380 户,同比增长 42.12%,共减免税收 68.02 亿元,同比增长 19.56%。二是抓好国务院 6 项减税政策落实。结合实际研究制定了贯彻落实 6 项减税政策整体工作意见以及 4 个具体政策落实文件;编制面向纳税人通俗易懂的减税政策办税指引;邀请相关企业的行业专家、企业高管为税务人员进行专题培训,解决好税务干部不熟悉创业投资、天使投资、健康保险、初创企业等新经济活动特点,增强政策理解水平;加强与科技、发改、证监、保监等部门沟通协调,积极获取相关信息。三是开展优惠政策落实情况督查工作。将国务院 6 项减税政策及创新驱动优惠政策列为督查工作重点,对中山等 10 个市派出督查组开展督查,对广州等 13 个市采取交叉检查,推动税收优惠政策及时落地。

【企业所得税管理】 抓早、抓实、抓好 2016 年度企业所得税汇算清缴,采取多项举措落实好汇缴工作,取得较好成效,税务总局考核为一档。据统计,2016 年度汇算清缴面达 99.95%,比上一年提升了 1.14 个百分点,汇缴数据差错率为 0,应纳企业所得税额 758.28 亿元,同比增长 24.76%。将 2000 多条数据校验规则部署到电子税务局申报端,对纳税人报送的年度申报表进行逻辑校验,有效帮助企业解决错填、漏填等申报风险;牵头组建汇缴工作问题解决团队,利用建立微信群快速解答基层疑难问题。全省地税系统税政等部门业务骨干共 482 人加入微信群,共解决普遍性问题 86 个,编制 8 个版本问题集;与信息部门一同开通了核心系统运维绿色通道,实现基层在 IT 运维系统提单后当日问题当日解决,有效提高了问题处理解决效率;积极落实税务总局企业所得税政策风险提示工作,帮助企业化解申报风险。据统计,共有 103118 户纳税人选择了风险提示服务,占管户达 30%,提示风险 209640 条,纳税调增额达 87.98 亿元,成效显著。

【个人所得税管理】 进一步优化微信申报、网上申报、门前申报等多渠道多途径进行年所得 12 万元以上个人所得税自行申报格局。研究推出"十二万微信申报"升级版,增加身份信息"微信一键认证"功能,实现全链条网上办理 12 万元个人所得税申报,纳税人仅用不到 1 分钟便可通过微信完成 12 万元个人所得税自行申报。纳税人申报积极性、主动性大幅提升,申报人数显著增长。全省共 100 余万人完成 12 万元个人所得税申报,同比增长近 7 成,其中使用微信申报人数同比增长近 3 倍。以绩效管理为抓手、以信息化为依托,广泛开展宣传辅导、完善申报数据事前监控模式,畅通问题反馈渠道,及时解决个人所得税明细申报各类问题和困难,个人所得税明细申报工作成效位居全国前列。

实施完税证明(文书式)全省通办,2017 年 4 月 1 日起,纳税人可在全省任何一个办税服务厅开具纸质版个人所得税完税证明,全面提供纳税人在全省各地缴纳的个人所得税记录,纸质版个人所得税完税证明实现与电子税票中的个人所得税完税证明内容、数据完全一致。加大对个人所得税完税证明的宣传力度,提高纳税人对个人所得税完税证明工作的知晓程度。一是通过报纸媒体、网络媒体对个人所得税完税证明全省通办进行解读和分析,《中国税务报》头版、《南方日报》《广州日报》等多家媒体纷纷转载;二是制作平面公益海报和 15 秒动漫短片;三是以电台形式制作专题栏目,在珠江人民广播电台《税收进行时》栏目对税收完税凭证取得的便利性进行广泛宣传。

【税收政策服务】 认真开展珠三角对口帮扶粤东西北发展共建产业园区政策帮扶工作。获取了全省 115 个产业园、8 个珠三角与粤东西北共建示范园的详细资料。同 8 个共建示范园区涉及的 16 个市局建立税收政策帮扶机制,收集产业园建设中存在的税收政策疑难问题,对问题进行分类研究。以东莞(韶关)产业园为对象,开展实地调研和座谈工作。对产业园建设中的重点项目、招商引资企业、上市企业、高新技术企业等重点企业,开展专业化团队服务。

【税政调研】 牵头做好个人所得税税制改革制度设计工作。按税务总局要求,牵头深圳、四川、贵州等地税局开展调研,草拟《自然人基础信息采集管理办法》,对自然人信息采集的内容、流程和管理要求提出规范意见。制定"三旧"改造指引相关工作,就涉及所得税方面内容开展调研,提出修改意见。对企业重组、上市过程中的政策适用问题及税收优惠政策等方面操作性不强的政策规定进行研究,组织力量编制具体操作指引。深入开展股权转让个人所得税管理调研工作,对股权转让管理制度规范建设情况、股权交易信息交换机制建设情况、股权平价转让管理情况等问题开展全面调研。

(戴沐溪)

国际税收管理

【非居民税收管理】 以深化国地税国际税收合作为契机,推进非居民税收协同管理。一是协同做好非居民源泉扣缴管理。国地税双方就非居民企业取得的同一所得的性质进行协同管理,就性质划分、税源管理、税款征收等问题建立意见交换机制。通过持续推进非居民企业风险监控常态化管理,持续跟踪某上市公司股东减持情况,累计征收境外非居民股东企业所得税 3.78 亿元。二是协同判定非居民企业构成常设机构。印发《协同判定非居民企业构成常设机构工作指引》,自动交换非居民企业承包工程和提供劳务备案信息。通过加强国地税信息交换与共享,共享境外税收风险特征指标库,互为对方“站岗放哨”。成功补缴常设机构负担个人所得税约635万元。三是协同做好对外支付税收管理。确定《对外支付税务备案表》的传递方法,与国税部门做好衔接工作,制定数据传递工作机制,加强非居民税收售付汇监控力度,从源头上堵塞税收管理漏洞。

落实税收协定后续管理工作机制,帮助各地实现“先备案后审查”的管理要求,防范税收协定滥用。分类分地区加强对全省税收协定执行工作的培训指导。先后赴珠海、汕头、佛山、东莞、梅州、云浮、中山、潮州、韶关、清远、惠州等多个地市进行业务指导,结合各地实际因地制宜进行政策推送。落实税收协定待遇后续管理抽查制度,从金税三期系统数据中提取全省纳税人备案享受税收协定待遇减免税额超过100万元的情况实施重点排查,查找省局备案工作存在不足,归纳概括共性问题、针对性推送个性风险点,形成下一步日常管理工作意见,帮助完善全省非居民纳税人享受税收协定待遇的后续管理机制。

【反避税工作】 扎实做好日常申报及管理工作,规范特别纳税调整工作机制。及时同步更新电子税务局与金税三期核心征管系统的对接工作,保障了纳税人线上与线下、门前与网络多渠道提交报告表格、实现关联申报的权益。对内开展面向基层业务干部的业务培训及口径方面的指导,对外召集相关纳税人开展政策解读培训。确保政策解读与信息化办税的同步配套。提取全省2016年关联业务往来报告表信息及外资企业申报数据(2008—2016),分行业分地区进行统计,对重点监控企业实施动态比对,初步构建起全省地税系统外资企业经营数据库。夯实反避税工作前期管理和调查工作基础。共提取129万条记录信息,为监控管理提供重要参考依据。完善数据资料,持续做好跟踪管理工作。做好特别纳税调整的服务管理职责。新的预约定价安排管理办法下发后,积极与已实施特别纳税调整调查的企业进行后续跟踪服务,2017年8月30日,与东莞市政府确定的“倍增计划”试点企业名单的名誉试点企业正式签订单边预约定价协议。

【国际税收征管协作】 主动利用国际税收征管协作,发起税收情报请求,维护国家税收权益,完成全国最大一户自发专项情报案件,查补某公司108名外籍人员个人所得税3600万元。统一各市自动情报交换数据的报送格式和标准,加强专项情报核查,深化国际税务合作。全省地税系统共收集有效自动情报数据共929条,接收专项情报请求7份。加强对全省各地税收情报指导力度,赴全省各地进行现场督办。加强对全省各地《非居民金融账户涉税信息尽职调查管理办法》(以下简称CRS)的解读,收集全省外籍个人申报数据,为广东省实施CRS管理夯实基础。目前已在金税三期个人所得税模块中成功提取外籍个人所得税申报信息80余万条申报记录,涉及145个国家和地区。以税收情报为突破口,指导基层单位开展自发专项情报,完成一户自发专项情报案件调查,查补某公司108名外籍人员个人所得税3608万元,成为我国针对个人所得税主动对外发出专项情报成效最大的一单。

【“走出去”税收服务与管理】 协同建立“走出去”企业清册,助力“一带一路”建设。开展服务“一带一路”税收宣传和辅导。联合省国税局、省商务厅共同举办“助力粤企　同心护航”税收宣传活动,120户“走出去”粤企、省外管局、香港驻粤办等部门参加活动。国地税联合举办面向“走出去”企业及个人的以“一带一路”为主题的税宣会,在新华网、《经济日报》《南方日报》《中国税务报》及各地方媒体进行宣传报道。以加强管理为着力点,夯实税收征管能力。与省国税局联合发文,共同组织开展“走出去”纳税人基础信息专项核实工作。与国税部门早沟通、多互动,建立信息共享、协作机制,发挥各自优势,拓展基础信息,交换定稿清册,共促管理提升。向纳税人开展信息获取及核实工作,避免增加资料报送负担,出现多头取数、多次入户等给纳税人带来不便。经统计,全省“走出去”企业1655户,属于地税部门管辖的“走出去”企业的共640户。

【港澳台工作】 推动粤港澳税收交流与合作,助力粤港澳大湾区建设。利用《大公报》这一境外平台,推出“南粤税讯”专栏,持续向海内外传递税收资讯。协助香港驻粤办更新《港人内地生活小百科》,帮助港人了解在内地投资、经商、就业等涉及的税收问题。加强与香港会计师公会及香港税务学会建立定期联系机制,增进沟通了解。与四大会计师事务所深入合作,加强双方在CRS实施的税收应对、税收服务“一带一路”建设及专业人才培训等方面进一步合作。继续完善全省赴港培训制度,选派业务骨干赴香港五大会计师事务所实习,加强两地人员交流。

（汤丹丹）

规费管理

【规费收入】 2017年,全省地税系统累计组织规费收入3656.73亿元,同比增收340.29亿元,增长10.3%,占全省地税系统组织税费总收入的36.6%。其中,社会保险费收入3116.65亿元,继续居全国首位(税务部门征收地区),同比增收332.86亿元,增长12.0%;其他规费收入540.08亿元,同比增收7.43亿元,增长1.4%。

【规费收入分析】 一是社会保险费收入总体稳定增长,第三产业收入占主体地位。企业职工基本养老、基本医疗、工伤、失业、生育五险收入分别为2053.32、815.76、46.30、60.84、60.63亿元,同比分别增长8.8%、9.9%、8.8%、-1.0%、19.0%。机关事业养老保险收入69.36亿元,职业年金收入10.44亿元。第一、第二、第三产业社会保险费收入占比分别为0.5%、29.7%、69.8%。二是社会保险费缴费人数稳中有升。2017年12月,全省企业职工养老保险缴费人数2142万人,剔除参加机关事业单位养老保险人员约60万人后,同比增加50万人,增长2.4%;医疗、工伤、失业、生育保险缴费人数分别为2220.63、2058.78、1960.46、1892.91万人,同比增长7%左右。第一、第二、第三产业养老保险缴费人数占比分别为0.6%、35.1%、64.3%。三是珠三角地区社会保险费收入占比再攀升。珠三角社会保险费收入2419.99亿元,占全省77.6%,同比提高1.2个百分点。全省各地市收入同比增速较快的有横琴(43.7%)、云浮(42.2%)、揭阳(38.6%)、河源(22.8%)、惠州(20.3%)。四是规费收入占税费收入比重接近四成。2017年规费收入3656.73亿元,占全省地税系统组织税费总收入的36.6%。

【政策性增减收主要因素】 社会保险费方面,机关事业单位养老保险费全省全面启动征收、养老保险缴费基数上限提高、政策性补缴、工伤保险扩大项目参保范围等是各险种增收的主要因素。落实企业职工养老保险省级统筹实施方案全省14个地市调低缴费基数下限,10个地市及省直单位下调缴费比例,医疗、失业、工伤保险等费率下调是减收的主要原因。2017年,社会保险费政策性减收超过120亿元。其他规费方面,工会部门上调了对企业的工会经费上缴返还比例,促进了缴费积极性。减收主要原因,一是价格调节基金、堤围防护费全面停止;二是继续执行《财政部　国家税务总局关于扩大有关政府性基金免征范围的通知》(财税〔2016〕12号)规定,全年减征免征教育两费附加共22.85亿元。

【社会保险费管理】 坚决落实省委省政府省级统筹部署,推进社会保险费扩面征缴。按照《广东省完善企业职工基本养老保险省级统筹实施方案》要求,多措并举抓好扩面征缴工作,实现了养老保险收入和参保缴费人数稳步增长,超额完成了扩面任务。采取以下几项措施:一是做好费源调研,狠抓责任落实。与省人社厅、省统计局组成联合调研组,由三厅局领导率队,分别赴广州、阳江、河源、汕尾、揭阳、肇庆、清远等7市开展调研,进一步摸清费源情况。狠抓任务分解,将扩面征缴任务层层分解到基层征收单位,并列为绩效考核的重要指标,纳入重点督办内容,层层压实责任。二是推进数据管费,提高征管质效。进一步完善社会保险费监控分析管理平台,强化费源分析,实时掌握各地的扩面征缴进度,实时监控预警扩面任务完成情况。盘活数据,开展个人所得税工资薪金申报人数、企业所得税工资成本扣除情况与养老保险实际缴费人数的比对分析,准确摸清底数,并加强社会保险费质疑约谈和实地核查。2017年对7.92万户未依法全员参保及未如实申报的企业开展质疑约谈和核查,对参保率偏低的企业发出《限期改正通知书》等文书55.11万份,受理并移交法院强制执行256宗,处理社保投诉举报案件1800多宗。三是加强宣传辅导。加大社保政策宣传力度,针对参保意识薄弱的人员进行分类政策宣讲和动员,并通过电视报纸、微博微信、上门辅导等形式,提高缴费人遵从度。

健全地方税费体系,顺利完成省机关事业单位养老保险上线征收、探索建立税费一体化管理机制。一是推进省机关事业单位养老保险上线征收。制定了统一规范的征管规程,完善了参保登记、数据交换、欠费管理等业务。会同省人社厅、财政厅、人民银行,解决了征收直解社保专户的渠道问题,优化了征收入库模式,极大地减轻了各级社会保险费会统工作人员工作量。组织专题培训,对征管业务流程、系统操作、与社保部门数据交换协议、规则进行全省培训，确保上线征收工作顺利。截至2017年12月，实现全省地市和省直单位全面征收。二是探索建立税费一体化管理机制。探索以税费一体化管理为基本手段，以“健全法制、理顺体制、征管规范、信息建设、数据共享、部门协作”为基本保障，建立与全省地税征管体制改革相适应，以社会保险费为重心，全国领先、科学规范、权责清晰的综合治费体系。

落实中央和省“放管服”改革精神，夯实信息管费基础，大力提升服务质量水平。一是梳理办费清单，优化管理服务。梳理业务清单事项共134项，明确各层级各部门管理职责，解决职责不清，衔接不畅等问题。二是简化办费流程、减轻征纳负担。统一规范全省社会保险费办费业务和表单、资料报送，将社保业务从原来的6大类73项业务、21份表证单书、16份事项回复书，缴费人需报送资料289份（次），精简为6类41项业务、16份表证单书，缴费人需提供资料103份（次）。三是统一规范全省企业职工社会保险费欠费滞纳金的征收管理。制定《关于广东省企业职工社会保险费欠费滞纳金的处理意见》，对2011年7月1日之后，由于僵尸企业清理处置、国有集体企业及事业单位改制、社会保险制度改革等造成的社会保险费欠费滞纳金暂缓征收，切实解决企业历史遗留问题，合理减轻企业负担。四是夯实缴费服务基础，落实“双减负”。通过统筹优化电子税务局、电子办税服务厅、自助办税终端和微信端的社会保险费业务，为缴费单位和灵活就业人员提供最大便利，减轻税务工作人员负担。五是推进与社保部门省级信息系统对接。对接社保新系统，重新梳理业务规则，社保新系统率先在清远上线运行，推动了全省社会保险费业务的规范和统一。

完成其他工作任务。一是完成国务院对广东省“社会保险费征收体制评估专题调研”任务。认真贯彻落实税务总局的部署要求，全面动员、全力配合做好评估调研工作，调研工作取得了圆满的成效，获得总局好评。二是狠抓省政府下达的机关事业单位编外人员扩面征缴工作。认真贯彻落实省政府企业职工养老保险扩面征缴工作会议精神，迅速部署全省地税系统开展机关事业单位编外人员专项扩面征缴工作。

（黄小青）

税收规划核算

【税收规划核算】　2017年圆满实现各项收入目标，累计组织税费收入10003亿元，首次突破万亿元大关，可比增长（剔除“营改增”因素，下同）13.8%，按入库额计算增长1.1%、增收111亿元。其中：税收收入6346亿元，可比增长15.9%。中央级税收收入2181亿元，同比增长19.2%。省级税收收入704亿元，可比增长24.4%，圆满完成省级收入预期目标。市县级税收收入3461亿元，可比增长13.4%。社会保险费收入3657亿元，同比增长10.3%，增收340亿元。

【组织收入管理】　按照“客观地定、科学地分、合理地调、准确地考”的组织收入管理要求，科学确定并分解预期目标，加强组织收入进度管理，税收收入实现稳定较快增长。

抓早抓实税源调研摸查。开展2017年税源调研摸查工作，积极开展对重点地区、重点行业和重点企业的税源调研摸查，动态跟踪分析全省各地经济税收运行情况；全年按月监控测算全年税费收入，及时掌握各地税收变化动态，为准确预判收入形势、有效做好组织收入管理和衔接工作奠定基础。

夯实组织收入管理基础。根据税务总局要求，结合“营改增”后组织收入变化特点，及时修正可比增速测算方法，将单纯剔除上年营业税基数调整为当年入库数和上年基数同时剔除营业税和代征国内增值税，客观反映税收增长情况；修改税收计划考核口径，针对“营改增”后省级固定收入规模大幅萎缩的现状，将全省原来按照省级共享收入口径调整为按照各单位组织收入入库口径考核，更好满足组织收入管理需要，确保组织收入有序进行。

增强税收预期目标导向作用。合理确定并下达2017年全省及各地税收预期，特别是根据组织收入形势，适度从低安排全省总税收和市县级收入预期目标，强化税收预期目标的导向作用。落实税收收入风险预警制度，加强粤东西北重点单位、重点地方税种上一年以及2017年上半年的入库情况监控，密切关注各地税收预期目标和地方税种的变动情况，强化数据收集、分析和监控。

提高收入监控预测质效。准确预判组织收入形势,大力加强分析,分别召开2次重点地区组织收入座谈会、2次省局机关税收分析和组织收入协调会、1次全省税收分析会,明确省局对组织收入衔接工作的要求,协调各市局、各有关处室形成组织收入工作合力。通过组织重点地区集中办公研究部署,对个别重点单位一对一沟通协调,召开纵向、横向的税收分析会议等形式,及时关注政策变动和征管措施调整情况,加强监控和指导,努力促进上、下半年税收均衡增长。

强化重点税源数据采集监控。加强国地税深度合作,提升重点税源监控工作质效。联合省国税推行网上直报方式采集重点税源监控数据。

【税收分析】 全力做好税收分析工作。依托税收大数据对经济运行进行更为准确的监测、分析和预测,为地方党政决策提供重要参考。紧紧围绕省委、省政府发展战略,形成了《从税收看广东供给侧结构性改革进展》《从税收看制造业转型升级进展》《打造一流营商环境　推进广东一体化发展》等分析报告,为地方党政决策、引导企业经营和调整产业发展提供参考。其中,《关于广东省宏观税负情况分析及对策建议的报告》获得广东省委书记胡春华批示肯定,并要求大力度推进落实;《打造一流营商环境　推进广东一体化发展》报告获省长马兴瑞、常务副省长林少春的批示,并要求发改、财政、国土、住建等部门督促各地市出台具体举措,推动广东营商环境一体化发展;《从税收看广东制造业转型升级进展》报告获副省长袁宝成批示,并要求省经信委阅研。

打造税收联合分析广东品牌。集中力量完成了2016年度、2017年1季度、上半年国地税联合分析报告,及时有效、全面地为省委省政府决策提供参考性建议。其中《2016年税收收入联合分析的报告》获马兴瑞批示表扬,林少春对2017年上半年联合分析报告作了批示。

深化税收收入形势预测分析。突出税收增减原因量化分析,对税收收入动态内容和结构作根本性调整优化,进一步提升月度、季度、半年的税收形势分析深度。全年提交各类税收形势的分析报告、会议材料共48篇,更好地服务省领导对税收收入的研判和决策。

【电子税票】 积极开展业务创新,在全国首创电子税票,实现纳税人通过电子税务局、微信、自助办税终端实时查询、开具、查验电子税票。电子税票自2017年2月28日起在珠海、佛山、清远、横琴试点,7月1日起在全省全面推广应用。截至12月底,全省共开具电子税票660万份,其中税收类占64%、社保类占36%。电子税票实现全天候智慧服务、全流程无纸办税、全方位安全防伪、跨部门共享调用、一网通跨境应用,进一步提升办税便利化程度。税务总局局长王军对广东地税电子税票予以批示表扬。《中国税务报》头版头条、《南方日报》头版、广东卫视新闻联播、《羊城晚报》《香港商报》、澳门澳亚卫视等媒体进行专题报道。

【收入核算管理】 税收会统报表“零差错”。着力优化金税三期会统核算工作,针对基层反映的金税三期报表问题,深入研究剖析,重点解决记账时效性和数据质量问题,确保报表报送及时、数据准确。建立核算数据问题解决机制,跟踪收集各地反映的情况和问题,对金税三期系统核心征管数据与决策一包数据不一致等问题,及时分析、制定问题数据查询脚本。指导基层税务部门及时查找、分析、反馈、解决问题,并建立问题反馈长效机制。健全减免数据质量监控机制。开展减免税核算疑点数据核实工作,对12项重点项目减免税与税政统计的数据进行比对并明确口径。指导基层单位对减免数据准确归类,定期分析减免税疑点数据,并组织各地及时更正。强化税费资金安全管理。组织推进企业职工养老保险统筹工作落实,实现全省13个地区社会保险费直缴财政专户或社保收入户,提升资金划解效率和安全性。组织部署全省地税系统票证检查,对6个地市19个县区单位进行重点检查,促进税收票证及税款缴库退库管理质量提升。

(叶友法)

纳税服务

【纳税服务规范化】 高度重视办税服务厅规范化和制度化建设，发布《广东地税办税服务厅规范》，从规范办税服务厅服务管理、分类管理、环境建设、信息系统硬件配置等多个方面提升大厅服务质效。一是完善各项办税服务制度，包括首问责任制、领导值班制、预审核服务等便民办税服务制度23个，规范税务工作人员服务礼仪，包括着装规范、举止礼仪、接待礼仪等服务规范18项，以及制定办税服务厅突发事件应急管理规范方案。二是落实办税服务厅分类管理制度，科学统筹办税服务厅资源，进一步提升大厅工作效率。将办税服务厅划分为A、B、C、D四类，实施办税服务厅分类管理提升服务质效。三是明确办税服务厅环境建设规范，整体布局服务厅功能区域，统一大厅各类标识，为纳税人提供实用统一、清新舒适的办税服务环境，进一步优化大厅办税体验。四是制定办税服务信息管理系统硬件配置规范，实现办税系统硬件设备的规范化管理，更好地保障办税系统的稳定运行和运维管理。

【12366纳税服务热线】 不断提升12366纳税服务热线的服务与管理水平，致力打造集纳税咨询、税法宣传、办税服务、投诉受理、需求管理、纳税人满意度调查六项功能于一体的能听、能问、能看、能查、能约、能办"六能"型综合性、品牌化纳税服务平台。坚持完善12366纳税服务热线管理制度，制定12366纳税服务热线管理办法、12366纳税服务热线知识库运维管理办法12366纳税服务热线满意度测评及回访工作指引等7份工作制度和工作规范，加强对全省12366纳税服务热线集约管理；全面启动"快捷处理通道"，涵盖27项涉税轻微违法行为受理的"快捷处理通道"顺利开通，使全省举报受理提速近6倍。2017年，广东省地税12366纳税服务热线服务质效四个季度持续位居全国地税前列，四个季度综合平均分为98.25，在全国12366纳税服务热线日常监测（地税系列）排名第三，取得了历史最好成绩。

【纳税服务转型升级】 依托广东地税办税服务综合管理系统，构建"省局集中、地市联动、突出重点"的监测体系。制定《办税服务日常监测工作规范》和工作指引，对全省办税服务资源、服务渠道和服务数据进行密切监测，并进行跟踪监测、问题反馈和督促整改，推动工作循环改进。2017年累计抽查办税服务厅254个（次），下发工单75份，工单问题整改通过率为98.57%，省市两级共编制纳服月（季）报242份，全省办税服务厅运作的规范化程度持续提升。深入推进办税服务综合管理二期的开发建设工作，汇集全省主要办税服务厅、电子办税、自助办税、12366纳税服务热线等办税服务渠道，95%以上的税费业务数据新开发了需求管理、税务号纳税服务功能等应用，运用大数据分析高新技术企业的服务需求特征，对前台办税过程进行优化分析。2017年10月，广东地税纳税服务监控指挥中心正式启用，结合"省市协同"的监测网络，实现了对服务一线的扁平化、实时化管理。通过大屏向各级领导展示汇报"数字纳服"的工作成果，获得常务副省长林少春、税务总局总经济师任荣发等领导的表扬。

【国税地税合作】 巩固和扩大现有的国地税合作成果，严格按照《国税地税合作规范（3.0版）》的要求，与省国税联合开展大厅办税服务、共用基层服务资源、联合开展培训辅导等8项工作，积极稳步推进国地税各项深度合作项目。一是积极落实纳税服务工作联席会议制度，联合省国税召开3次国地税纳税服务联席会议，加强与国税部门的沟通协调，持续推进国地税合作事项，深化部门合作。二是进一步深化国税地税联合办税模式，由"一厅办"升级为"一窗办"。与省国税局研究制定的《国税地税联合办税服务厅一窗式综合业务清单（1.0）》，涵盖8大类242项国地税通用业务、国税业务和地税业务。在部分试点办税服务厅实现8大类133项基本业务的一窗办理，纳税人仅需叫一次号就能办理两家税费业务。截至2017年12月底，全省地税已经实现各种形式联合办税的办税厅共有450个，其中，联合共建办税厅148个，国税派驻人员的办税厅181个，联合进驻政务大厅121个，另有共建24小时国地税自助办税厅202个。

【纳税信用管理】 牵头组织上一年度全省纳税信用评价工作，顺利完成对全省72万户参评纳税人的评价工作。一是精心组织开展纳税信用评价工作。A级纳税人数量同比增长84.59%，A级企业数量和占比在全国名列前茅,A、B 级纳税人合计占全省参评企业总数的 81.7%。A、B 级纳税人比例的上升,反映出纳税人依法诚信纳税的意识和遵从度大幅提升。二是创新宣传营造诚信兴商大环境。联合省国税创新制作微电影等新媒体传播课件;利用税务门户网站、各类税收政策讲座、办税服务厅触摸屏、电子显示屏、宣传公告栏等渠道开展诚信纳税宣传,树立了“守信激励、失信惩戒”的价值导向。三是褒惩并举推进社会信用体系建设。以纳税信用管理为切入点,深入推进“放管服”改革,对不同信用级别的纳税人实施差别化分类管理,重点突出“红名单”的示范效应,推动对守信纳税人的激励和对失信纳税人的惩戒,深化纳税信用成果应用。四是银税升级支持实体经济发展。联合省国税局、广东银监局进一步推进辖内县(区)“银税互动”工作,将纳税信用信息推送范围由纳税信用 A 级纳税人名单拓展至纳税信用 A—D 级企业名单。2017 年“银税互动”共发放贷款 571.6 亿元,惠及企业近 1.8 万户,80% 以上为小微企业,有效缓解小微企业融资难等问题。

【税收宣传】 创新税收宣传模式,扩大税收知识普及度。一是成立新媒体课件开发工作室(耕耘社),应用新媒体手段,推动纳税人培训模式创新。牵头组织全省“新媒体新传播”纳税人培训课件制作活动,22 个地市共制作出 175 个课件,5.5 万人参与投票选出 53 个精品课件。培训课件通过办税服务厅、微博微信、纳税人学堂、网上纳税人学堂等多种渠道对纳税人发布,约 7.9 万人次阅读。二是全省各地采取以网校培训与实体办学结合联动的模式,通过面授教学、座谈互动等手段,为广大纳税人提供多元化、常态化的办税辅导培训。2017 年全省各级地税系统分类开展纳税人培训 4635 场,参加培训 103.5 万人次;与国税部门联合开展纳税人培训 3034 场,联合培训人数 80.6 万人次。三是首创省市联动在线直播宣讲模式,与东莞、佛山等市局合作打造 6 项减税政策、纳税信用管理“网络直播公开课”,融实体培训、网络点播、问卷调查、在线访谈于一体。

(赖　尚)

税收征管科技

【税收征管基础】 研究制订多项征管基础制度。印发《广东省地方税务局关于开展不确定事项报告制度试点工作的通知》,探索提高纳税人对税收稳定性预期,提升税法遵从度,促进诚信体系建设。印发《广东省地方税务局实名办税工作方案》,推行实名办税,业务范围包括在广东地税办理的全部依申请涉税(费)(含社会保险费)事项,探索社会保险费实名办理的做法在全国具有示范意义。制定《广东省地方税务局自然人税收管理办法》,明确了自然人税收管理的基本要求。印发《广东省地方税务局涉税事项事中事后管理办法(试行)》。解决事中事后管理重点关注资料、表单、程序不规范等问题,税收遵从风险管理重点关注税收流失问题,构建征纳风险管控体系。

【分类分级管理】 针对职责不清、交叉重叠等问题,印发《广东省地方税务局纳税人分类分级管理实施办法》,明确各层级、各部门的管理职责,同时对鼓励有条件的地方建立电子办税分局和风险管理分局的要求作了制度性安排,并在广州、佛山、梅州、潮州等地市试点探索。加强对各地改革工作的分类指导,强化了风险管理、数据管理职能,推进基层分局的专业化改革。

【信息化建设】 推进全省地税系统政务信息化资源整合。针对信息化发展目标路径不清的问题,制定《广东省地方税务局 2018—2020 年信息化工作规划》。针对信息化统筹制度缺位问题,制定《广东省地方税务局信息化工作管理办法》。按照国务院关于政务信息系统整合要求,对全省 322 个信息系统建设和使用情况进行摸底,清理了 11 个“僵尸”系统。针对功能重复等问题,对省级 20 个主要业务系统的业务功能进行登记,梳理汇总了 1478 个业务功能。积极融入广东“数字政府”,通过对接省政务信息资源共享平台和应用省电子证照系统,与民政、残联等部门共享交换残疾人等特殊人群数据,打造特殊人群税收减免主动服务,该应用被列为广东省政务信息系统整合共享两个试点应用之一。

【电子办税】 丰富电子办税功能,提升办税体验。推行房地产交易智能办税。在办税环节提供预约、预录入等服务,提升纳税人办税体验;在征税环节简化审核工作,在试点地区已实现将纳税人到前台办理房地产交易税收时间缩短至10分钟以内的预期目标。升级电子税务局。优化了用户登录、征纳互动、涉税文书申请、国地税信息比对等10项功能;加强体验设计,学习借鉴互联网企业的经验,在广州、佛山试点设立体验设计中心,建立各级税务机关和纳税人、体验设计团队、开发公司多方协同办公机制,形成合力,提高电子税务局的操作友好性,提升办税体验。升级微信办税。优化了微信实名认证、个人所得税、社会保险费、电子税票等功能。微信办税上线以来,累计1264万用户使用了该功能,641万位自然人进行实名认证,服务量超过8147万次。拓展自助办税终端税费一体、国地税一体服务。自助办税终端,新增社会保险费、主附税联办、电子税票、契税申报等4类37项功能(在广州、清远等地试点上线)。试点上线代开发票主税和附征税费联合征收以及国地税功能一体机,减少纳税人跑动次数。提升办税服务厅的办税效率。8月起电子税务局税务端在全省试运行,接入了73个应用系统(10个国税系统),实现了国地税业务"一人一机一系统"和主题式办税,简化系统操作。推动全省地税系统电子档案资料的互联互通。上线以来,为全省税费事项办理建档1318万户(人),其中,证件类建档435万户(人),复用108万户(人),实现一次采集、多次使用,有效减少纳税人资料报送、税务人员资料录入负担。

【大数据管控】　深入推进数据综合治理。针对数据按系统分散存储问题,建设全省统一数据资源库,实现了数据统一存储和管理;针对数据低水平应用问题,建设数据综合应用平台,搭建全省统一的数据应用体系框架,形成"用数据说话、用数据决策、用数据管理、用数据创新"的管理机制。针对数据不足问题,进一步加强数据交换共享,实现了公民基本信息、婚姻登记信息等共享,拓展了工商登记信息共享范围;2017年,从28个部门累计共享数据达1.97亿条。按照纳税人满意度整改要求,通过电子税务局向纳税人主动推送基础信息补充确认提醒超过700万条,企业纳税人网报用户基础信息确认率达95%以上,提高纳税人基础信息质量;开展数据清理工作,2017年完成了4批171项指标的数据质量检查工作,涵盖税务登记、申报、征收、认定、票证、优惠减免以及自然人登记等业务域的问题数据2亿多条;基于税费业务视角,整理了涵盖全省业务数据1986项、业务数据关联关系210个的涉税数据资产目录。扩大国地税数据共享范围,实现了国税金税三期核心征管系统数据的实时共享。2017年,共享国税金税三期核心征管数据11403.08万条,较好解决了基层没有国税数据可用的问题。2017年,全省国地税正确关联纳税人数量达410.08万户、比例达97.28%,与2016年底相比增加140.08万户,提高22个百分点,较好解决了国税数据不能用的问题。

【税收风险管理】　加强风险管理统筹,提升风险应对质效。制定《广东省地方税务局税收风险管理办法》,明确各级各部门在风险管理各环节工作职责、内容及事项,规范税收风险管理业务流程,编写《税收风险管理业务指引》(讨论稿),为全省风险管理工作提供了基本遵循。优化、推广决策二包税收风险管理系统,从8月起全省试运行,年底前正式推广应用,为全省风险任务扎口管理提供统一平台支撑,实现任务管理的标准化、痕迹化、可量化。强化中等风险任务应对指导。梳理了纳税评估业务的工作流程,编写了纳税评估业务指引、岗责配置指引和系统操作指引,并于8月正式启用金税三期系统核心纳税评估模块。

(陈欣亮)

财务装备管理

【经费保障】　深入解读新经费办法,突出经费协调,提升经费保障力。通过组织集中培训、市局"一把手"专题督导会和分片调研辅导会等形式加强指导,新经费办法得到较好实施。截至2017年12月31日,全省地税系统21个市局及133个县局已全部与当地财政部门达成共识,落实了新经费办法。

【预算编制】　严格落实预算编制及执行考核有关规定,不断提升全省地税系统预算管理水平。加强预算编制业务培训,将预算编制改革变化、预算编制要点培训传达到位,对预算编制原则、口径、范围等提出具体要求,对往年预算编制审核中出现的问题进行重点讲解;制订下发操作指引,对预算编制原则、内容、流程、要求以及工作要点逐一解释说明;强化沟通联系,加强对省局机关各处室以及各预算单位的业务交流指导,对各核算单位预算编制需求进行调查摸底,做好总体规模预估和提前部署,确保预算编制时效性、准确性和合理性。

【预算执行】 建立预算执行预警、进度通报、绩效考核等机制,通过加大对省局二级核算单位协调力度、召开预算执行推进会、实时监控预警支出、按时通报考核结果等措施,推动省局机关各部门、省局二级核算单位、各市县级预算单位加快预算执行进度,确保完成预算执行均衡性年度考核目标。2017 年,广东省地税系统取得了预算执行进度在 118 个省直单位中排名第 4 的良好成绩。

【财务监督管理】 下发《关于严肃财经纪律 加强财务开支管理的通知》,编制《费用报销原始凭证清单》,指导各级地税部门严控"六项开支",严把财务报销审核关;推行市县局轮训制度,开展有针对性业务培训,提高基层财务人员业务素质;总结梳理财务管理和基建工程等方面 16 项重点内容,在全系统开展财务管理自查自纠工作,指导督促各单位落实问题整改;加强签报会签和结算单据审核,严控超预算、超标准和各种违规支出。

【财政信息公开】 严格执行新《预算法》,全面按照国务院、财政部以及省委省政府、省财政厅工作要求,指导系统组和系统各预算单位依法依规开展工作。2017 年度部门预算和 2016 年度部门决算信息公开工作分别通过了财政部驻广东专员办、省财政厅组织的专项检查;选定珠海市地税局和韶关市仁化县地税局作为全系统财务信息公开示范点,分片召开财务信息公开现场会,以点带面,推动全省地税系统预决算信息公开工作常态化、规范化、制度化。

【财务机构调研】 组织开展全省地税系统财务机构调研工作,完成方案制定、问卷调查、数据统计、数据分析、编制调研报告等工作。对全省地税系统各级财务机构设置、人员配置进行彻底摸查。特别是对基层财务机构运行存在较大困难和财务人员反映最集中的问题进行重点分析,提出针对性意见建议,为领导决策提供可靠依据。

【财务信息化建设】 优化财务管理系统,对现有的财务核算集中管理系统(含财务核算和资产管理两个子系统)优化升级,通过召开分片座谈会的形式征求意见建议,分类汇总后有针对性的调整系统。新建预算管理系统。通过搭建预算管理系统,借助系统的力量不断推动预算编制工作程序化、标准化、规范化。

【厉行节约】 贯彻执行落实中央八项规定、中央八项规定实施细则及厉行节约有关规定,强化预算管理,加强对省局机关日常费用报销的审核,特别是对"三公"经费支出的审核,坚决杜绝无预算、超标准、超范围开支,严格把关确保了省地税局连续多年获省直机关厉行节约考核良好等次。在全省地税系统组织开展整治潜入地下公款吃喝专项工作,督促基层提高认识,节约增效不放松。

【部门协作】 协助做好省局异地交流干部往返交通保障工作和事业单位公务用车制度改革实施工作。持续做好服务领导和同事的窗口工作,制订《广东省地方税务局机关财务报销指南(第一版)》,规范机关各处室财务报销工作;减少现金使用,差旅费等日常报销费用通过银行转账方式按月汇总存入个人账户,并通过 OA 邮件及时告知报销明细;在工资查询系统上线前,按月发放工资条,确保每位同事对个人收入清晰明了,得到省局领导和干部的好评。配合省审计厅开展 2016 年度预算执行和其他财政收支情况审计工作,在资料提交及沟通协调等方面做了大量工作。

(张 雨)

内审管理

【督审工作基础建设】 多措并举加强督审工作基础建设,提升督审工作质效。2017 年,为确保与税务总局督察内审职能的全面对接,省地税局党组研究决定省局执法督察和内控工作职能由内审处承接,同时增加 2 名编制,并明确系统督察内审职能分工,推动实现全系统内控、督察、内审三项职能的统一归口管理。制定《2017 年内审工作要点》,明确审计重点,确定年度 15 项主要工作任务;总结交流全系统内审工作情况和经验，明确下一阶段工作目标和任务。围绕税务总局对督察内审工作“控、督、审、评、谏、联”的职能新定位和省局“夯实基础年”主题，进一步加强制度建设，修订《广东地税系统审计要点及方法》和审计疑点数据查询脚本，制发《广东省地方税务局12366纳税服务热线接收税收违法行政行为实施办法》《广东省地方税务系统主要领导干部经济责任审计实施办法》等规范性文件。

【经济责任审计】　立足审计全覆盖，对各级单位的主要负责人和主管财、物的内设部门主要负责人任期内至少审计1次，做到“逢离必审、应审尽审”。创新采用“一拖一”的方式开展审计，提高审计效率。在对市局局长离任审计的同时，随机选取辖下的一个县（区）局同步开展任中审计，推动审计关口前移。在完成对惠州、梅州市局原局长的离任审计的同时，完成对博罗、蕉岭县局局长的任中审计。此外，还对深汕合作区地税局局长的任中审计，5个项目共发现问题251个，提出审计建议36条。将社会保险费管理业务纳入内部审计范畴，强化对社会保险费业务的审计监督。制发《广东省地方税务系统主要领导干部经济责任审计实施办法》，进一步规范全系统领导干部经济责任审计流程，夯实持续深化经济责任审计的制度基础。

【专项审计】　提升专项审计力度，规范权力运行。一方面，加强对省局直属单位的审计监督，规范权力运行。完成对省局机关服务中心、干部进修学校的专项审计，2个项目共发现问题52个，提出审计建议9条。另一方面，对系统政府采购和土地增值税管理进行专项审计，促进规范管理。坚持问题导向，针对近年来审计中发现的管理不到位、程序不规范等现象，统一工作要求、审计范围、时间节点和表证单书，组织全系统开展自查自纠。同时，引进社会审计力量，派出2个审计组先后对12个单位开展重点检查，力求通过审计全面摸清系统政府采购和土地增值税管理现状，为领导决策和业务部门规范管理提供参考。

【审计整改】　持续加大对基层自查整改落实情况的检查力度，提升基层整改执行力。结合2017年省局9个审计项目的开展，对基层自查整改的后续情况进行重点抽查，实现边审计边督促、边发现边整改的效应，并就整改不彻底、屡改屡犯、敷衍整改等问题针对性进行督办，倒逼自查整改工作向纵深发展。全面梳理2016年内外部审计发现主要问题，筛选出11类具普遍性且风险较高的问题，在全系统开展自查自纠和整改工作，以“自查在前、整改在前、规范在前”为抓手，细化方式方法和时间安排，依托绩效管理，以查促管规范内部管理和推进制度建设，推动形成查改并举、齐抓共管的审计整改格局。全系统自查率达100%，选取的11类问题在全省22个市（区）均有不同程度的存在。全省地税系统发现存在问题的单位共有527个次，已整改434个次，整改率为82.35%。

【配合外部审计监督】　进一步完善外部审计配合协调工作机制，将4项重要审计配合工作纳入省局重点督办事项并完成整改。全面梳理全系统在落实税收政策中存在的9类问题，认真分解整改责任并下发佛山等5个单位落实整改，完成率达99.98%。围绕系统内存在的“优惠备案后续管理不到位、多缴税款抵退不及时、延期申报事项审批把关不严”三大重点问题开展审计整改，完成率达99.96%，得到省政府的肯定。重点配合省审计厅开展预算执行和4项规费两大审计项目，围绕审计厅提出的78项审计需求进行责任分解和细化任务说明，提出26条修改意见并得到审计厅部分采纳。

【执法督察】　突出重点、以督促管，进一步强化税收执法督察工作质效。一是抓好税收执法大督察工作。将大督察纳入全局重点督办工作，提炼督察要点，细化督察指标，编写督察指引。对6类督察内容分解剖析，编写出大督察工作指引，梳理出23项督察要点、63条督察方法，并汇总相关法律法规文件40份。按照“督察+大数据”的工作思路，通过信息化平台筛选下派疑点7066条，形成指标脚本15个。精准捕捉大督察工作中的亮点、特色、成效，利用税宣会、内部刊物、门户网站等，从落实优惠、减税降费、服务供给侧结构性改革等角度开展广泛宣传。二是深入推进日常督察工作。将重点行业重点事项管理、土地增值税管理、注销清算等高风险事项纳入日常督察重点项目，挖掘潜在的税收风险，倒逼提升税收执法水平。筛选下发日常督察疑点数据9365条，对有关疑点进行认真核查，并将疑点数据问题核查率纳入绩效考评。将日常督察与内控评价进行有机结合，通过督察发现问题倒查内控建设薄弱环节，持续提升内控建设水平。将“放管服”改革情况纳入日常督察内容，持续关注是否存在改革措施贯彻落实不到位的情况。三是着力提升专案督察工作水平。深入贯彻落实税务总局《12366违法行政行为举报管理办法》，制发《广东省地方税务局12366纳税服务热线接收税收违法行政行为实施办法》。进一步完善专案督察案源受理途径，维护纳税人的合法权益。

【内控机制建设】 将内控机制建设作为省局党组落实主体责任的重要抓手和重点任务。一是加强内控建设的组织保障和制度保障。成立省局内控领导小组和内控领导小组办公室,各级地税机关成立以"一把手"为组长的内控组织领导机构。制定《广东省地方税务局落实内部控制专项制度及操作规程工作方案》,明确具体措施、职责分工和督导考评机制。制定具有广东地税特色的内控专项制度。二是助推内控信息化建设。全力配合税务总局开发内控监督平台,参与平台的业务需求编写和测试工作。作为全国6个测试单位之一,联合省国税局对135个系统指标进行测试。积极做好内控监督平台上线筹备,成立专项工作组,做好平台上线的各项准备。全面推进内控内生化,组织各地开展自行开发税务软件内控内生化排查和改造,全省地税系统共开发具有内控内生化功能软件131个。三是筑牢内控监督防线。一方面,积极开展内控自我评价,从岗责设置、权力制衡、制度与信息化建设等多个维度,对预算支出、政府采购和资产管理等重点事项的内控建设情况进行全面摸查。另一方面,通过督察审计发现问题倒查内控管理情况,进行土地增值税管理和政府采购风险内控专项检查。四是厚植内控工作理念。一方面,强化内控培训,组织全省内控专题培训,并通过"网络学院"以考促学,组织全系统进行内控知识考试。加强与市级局内控专职人员的沟通交流,助力基层开展培训。另一方面,强化内控宣传,定期通过信息、专报等形式对内控工作进行总结,指导全省各地开展内控文化宣传。

(吕　闯)

人事管理

【干部选拔任用】 坚持党管干部原则,坚持正确的选人用人导向,根据中央和省委关于防止干部"带病提拔"的部署要求,建立健全防止干部"带病提拔"工作机制;加强综合分析研判,建立省局、市局人事部门联动分析研判机制;贯彻落实中央和省委《推进领导干部能上能下若干规定》及实施细则,对不适宜担任现职的领导干部调离岗位或改任非领导职务,着力提高选人用人科学化水平。修订《省局管理的处级干部选拔任用工作规程》。

【干部交流】 一是加强地税系统内部交流轮岗,从全省地税系统选拔12名年轻干部异地交流担任处级领导干部。二是开展国地税互派干部挂职锻炼,全省国地税互派挂职干部共162名,其中地税81名。三是积极探索与当地党政部门及其他省市地税部门开展干部交流挂职工作,与政府其他部门交流任职3人,与贵州省地税系统互派3名年轻处级干部挂职锻炼。

【机构编制和人员管理】 组织督促省局各部门梳理和优化本部门的岗责体系,进一步理顺工作流程,明确责任分工。总结近年来省局开展遴选和选调的有效做法和实践经验,修订了《广东省地方税务局公务员选调实施办法》。根据职责做好省局及基层机构及编制调整报批工作,省编办批复同意省局增加巡察职责、增加1名副处长职数,批复同意湛江两个区局改为全职能局,新设珠海万山区局,优化调整横琴区局机构编制设置以及揭阳、湛江、茂名市局的部分机构更名管辖调整。推进事业单位分类改革和岗位设置工作。

【公务员录用】 按照省委组织部及人力资源和社会保障厅的统一部署,认真做好2017年地税系统公务员新录用公务员的职位设置、资格审核、笔试、面试、体检、考察等工作,2017年共招录公务员664人,完成公务员登记631人,接收军队转业干部安置97人。

【外事管理】 出台《广东省地方税务局管理的干部职工因私出国(境)管理办法》,开展违规办理和持有因私出国(境)证件专项治理工作,在OA平台开发了因私出国(境)管理系统,加强对省局管理的干部职工因私出国(境)管理。严格按照规定履行出国(境)审批程序和证照管理。

【其他专项工作】 一是做好优化组织体系专题调研。成立专题调研组进行广泛深入调研,认真分析全省地税组织体系存在的问题及面临的形势,梳理税费业务体系,学习借鉴国内外先进经验做法,完成了调研报告起草工作,提出了优化全省地税组织体系意见建议。二是开展选人用人专项检查。结合省局巡察工作,对汕头、佛山、汕尾、肇庆、清远、茂名等6个市局开展选人用人专项检查,督促指导有关市局抓好整改落实。三是开展领导干部个人有关事项报告填报查核工作。制定《省局管理的干部个人有关事项报告查核工作规则》，完成全省地税系统处级以上干部个人有关事项集中填报工作，严格做好“随机抽查”和“凡提必核”查核个人有关事项报告工作。

（甘　渭）

教育培训

【干部培训】 2017年，教育培训处围绕全省地税中心工作，坚持分类分级，精心实施培训项目。教育培训处全年共组织了19期主体培训班，其中新录用公务员初任班和军转干班6期，处级班3期，科级干部任职班2期，正科中青班1期，智力援基班3期，兼职教师班3期，基层县（区）局长和分局长培训班1期，合计1451人次参加，19765人天。举办了全省地税系统正处级领导干部学习省第十二次党代会精神暨依法行政研修班、全省地税系统2017年处级干部任职培训班与全省地税系统副处级领导干部依法行政研修班，提升了地税领导干部政治思想觉悟，增强了依法履职的能力。组织举办了3期兼职教师培训班，促进了兼职教师和业务骨干知识更新；配合国际处组织选拔税收业务骨干赴港到香港五大会计师事务所进行培训和实习，推进全省地税系统高素质国际税收业务骨干的培养。举办了中青年科级干部培训班、科级干部任职培训班以及县（区）局长和分局长培训班等一系列基层干部培训班，促进一线基层人员的知识更新，提升了广大基层干部的业务技能。举办了全省地税系统军转干和初任公务员培训班6期，共培训674人次，13480人天；举办了全省地税系统科级干部任职培训班2期，共培训170人次，2550人天。

【岗位练兵比武】 2017年，按照税务总局部署，精心制定方案，扎实推进全省地税系统“岗位大练兵、业务大比武”活动。全省地税系统共举办纳税服务岗位练兵培训1253期，培训53783人次；组织“业务比武”436次，共20165人次参加。全省地税系统共190人入选纳税服务岗位类别“素质提升‘115工程’——岗位能手项目”，38人入选“素质提升‘115工程’——专业骨干项目”，80名协税人员入选市（区）级“纳税服务之星”，20名协税人员入选“全省纳税服务之星”，同时，全国率先创新与广东省国税局，主动联合省总工会举办了广东省税务系统纳税服务技能大赛，并对“一等奖”选手颁发“广东省五一劳动奖章”，在全省税务干部队伍中进一步激发了“比学赶超”热情，发现和锤炼了一支能打“硬仗”的高素质专业化人才队伍。最终，在全国地税35个代表队参加的总局业务比武决赛中，广东地税不辱使命，团结拼搏，取得了团体第7名、集体三等奖的好成绩，其中：12366座席、纳服管理、窗口办税系列分别获得全国第5名、第7名、第17名，成绩比2016年稳中有进。

【网络教育建设】 2017年，实现网络学院升级改造，进一步简化操作和强化功能，提高了系统的稳定性。充分利用广东地税网络学院平台，开辟“党的十九大专题”学习专区，新增11门十九大专题网络课程，“线上＋线下”，推进全系统党员干部深入学习十九大精神。截至2017年底，省局干部完成脱产培训57489学时（学分），人均年均脱产培训187.87学时（学分），其中处级干部完成脱产培训21160学时（学分），人均年均脱产培训213.73学时（学分），科级及以下干部完成脱产培训36329学时（学分）。同时，结合税务总局有关要求，在全省推广和使用中国税务网络大学及其配套的移动APP功能，为广大税务干部利用碎片化时间、通过“互联网＋”学习提供了一个新的平台。

【智力援基援疆】 一是智力援基。先后为韶关、梅州、云浮等市局举办了3期“智力援基”培训班，培训干部150人次，750人天，累计培训750人天，得到基层单位和干部的欢迎和好评。二是智力援疆。在部分培训班次为新疆地税跟班代训10人次，50人天，同时，与新疆维吾尔自治区地方税务局在广东地税联合召开“智力援疆”工作座谈会，总结过去五年教育培训对口帮扶工作，并对下一步工作进行磋商和研究。

【师资课程建设】 一是加强教育培训管理者和兼职教师队伍建设。举办全省教育培训管理者培训班，加强教育培训管理者思维创新和管理理念交流，不断提升教育培训管理工作质效；将2016年比武代表队纳入省局师资库，选拔了一批思想政治素质好、专业知识突出、工作经验丰富、具备教学和科研工作能力的专业骨干充实到兼职教师队伍。截至2017年底，全系统共有兼职教师821人，其中省局建立的兼职师资库128人，各市（区）局师资库693人。二是加强精品课程建设。成功举办了2017年全省地税系统“微课程”大赛，从全系统中评选出了优秀的微课作品，为提升教师队伍的授课水平发挥了积极的引领作用，推进了精品课程的自主开发。

（王建军）

机关党建和基层工作

【学习贯彻党的十九大精神】 把学习宣传贯彻党的十九大精神作为首要政治任务，及时学习传达党的十九大会议精神，专题研究制定贯彻落实措施。制发《中共广东省地方税务局党组关于认真学习宣传贯彻党的十九大精神的通知》和《全省地税系统学习宣传贯彻党的十九大精神工作实施方案》。坚持领导以上率下带头学，组织省局党组理论学习中心组集中学习研讨3次，机关党委专题学习研讨4次，组织省局党组成员到所在支部讲党课、过组织生活42次、到挂点联系地区作专题辅导15场，组织省局机关全体处级干部参加省委组织部举办的集中轮训。举办全省地税系统领导干部学习贯彻党的十九大精神专题研讨班，邀请广东省委党校常务副校长杨汉卿作专题辅导报告，并组织与会同志集中学习研讨、分组汇报学习贯彻情况、收看政论专题片。按照省委“大学习、深调研、真落实”部署，组织省局机关各支部以“三会一课”、专题组织生活会等形式举行专题学习86次，认真组织省局机关全体党员参加“学报告、学党章”考学活动，实现参考率和满分率两个100%。注重开展理论宣讲。在省局内网开办学习党的十九大精神专栏，刊发学习宣传报道17篇。利用党员干部现代远程教育平台，组织省局机关党员干部开展学习宣传十九大精神四个专题学习活动10场。省地税局党组书记、局长吴紫骊在省直单位党组织书记学习十九大精神座谈会上，作了题为《深入学习贯彻党的十九大精神　努力在新时代税收现代化建设上走在前列》的主题发言。

【思想理论武装】 狠抓省局党组中心组学习制度落实。修订完善《中共广东省地方税务局党组中心组学习制度》，为抓好党组中心组学习制度落实奠定坚实基础。以传达学习习近平总书记意识形态工作系列重要讲话精神、学习习近平总书记在省部级主要领导干部专题研讨班上的重要讲话精神等为主题，采取集中学习研讨、实地参观党性教育基地、邀请专家辅导等多种形式，先后召开省局党组理论学习中心组学习5次，发挥党组中心组学习的示范作用。狠抓中央和省委重要会议精神学习贯彻。聚焦习近平总书记对广东工作重要批示、省第十二次党代会、党的十九届二中、三中全会等，机关党委组织学习，研究部署机关各支部学习贯彻工作。制发《全省地税系统学习宣传贯彻习近平总书记重要批示精神工作方案》《全省地税系统学习宣传贯彻省第十二次党代会精神工作方案》等文件，明确具体任务并狠抓落实。认真抓好全系统和机关各支部的学习贯彻工作，确保将中央和省委一系列重要会议精神及时传达到每名党员干部。

【“两学一做”学习教育】 精心制定全系统推进“两学一做”学习教育常态化制度化实施方案，明确9大部分共33项工作任务，主要抓实三方面的工作：一抓教育。以学习贯彻省第十二次党代会精神为主题，组织机关全体党员分两批开展集中轮训，推动机关党员学习教育全覆盖；分两批组织全系统基层党组织书记、省局机关党员骨干共120余人赴遵义干部学院开展主题党性教育，提升党员领导干部和党员骨干的党性修养。二抓宣传。认真办好OA系统“两学一做”专栏，编发《“两学一做”学习教育工作简报》49期，交流推广各地各部门的好经验好做法。“七一”前夕，在省局机关评选表彰8个先进党支部、29名优秀共产党员和22名优秀党务工作者，形成学习先进、崇尚先进、争当先进的浓厚氛围。三抓整改。坚持把查摆解决问题贯穿到学习教育全过程，在全系统开展党建工作专项督导检查，建立党组、党支部、党员“三个清单”，查摆共性问题14类，并制定整改路线图、时间表，确保完成一项销号一项。

【党建工作】 一是大力夯实党建工作基础。制定实施《广东地税基层党组织工作手册》《广东省地方税务局党务工作记录本》《广东省地方税务局党员手册》和《广东地税基层党组织落实组织生活制度指引表》，下发至全省地税系统（不含深圳）1345个党支部和1.86万名党员使用。税务总局党组副书记、副局长王秦丰对"三册一表"的做法给予批示肯定；总局党建办、省委"两学一做"学习教育协调小组办公室、省直机关工委印发专报，推介省局"三册一表"做法。同时，从严从实督促机关22个党支部和全系统各级基层党组织落实好"三会一课"等组织生活制度。做好发展党员、党费收缴使用和管理、党组织按期换届提醒、党组织关系转接等日常党务工作。二是倾力打造党建创新品牌。制定机关与基层、地税与国税、地税与重点税源企业党建"三个共建"意见，要求各级地税党组织因地制宜确定融合式党建共建项目。融合式党建工作得到省委常委、组织部部长邹铭的充分肯定。同时，充分运用"互联网＋党建"理念，制定《广东地税智慧党建网建设方案》，开发建设"广东地税智慧党建网"。三是严格落实机关党建工作责任制。研究制发《广东地税机关抓党建工作责任清单》，明确七大类责任主体的92项基本责任内容和具体责任要求，构建起省局机关抓党建工作责任体系。按季度对机关党支部落实抓党建工作责任情况开展督导检查。定期发送情况通报和党建重点工作的通知，持续加大对机关党建工作的指导力度。认真组织召开2017年度省局机关党支部书记抓基层党建工作述职评议会和2017年度各市（区）局党组书记抓基层党建工作述职评议会，抓实考核评价、强化结果运用、抓好整改落实。

【廉政教育】　认真组织开展2017年纪律教育月活动。精心制定工作方案，召开推进全面从严治党暨领导干部党纪政纪法纪教育培训班，省地税局党组书记、局长吴紫骊代表省局党组作专题辅导报告；组织观看由驻省局纪检组拍摄制作的警示教育片；发放全省地税系统反腐倡廉教育读本；组织省局机关党员干部到广东省反腐倡廉教育基地参观学习，观看党性教育电影、警示教育片，切实提升机关党员干部遵纪守规意识、筑牢党员干部拒腐防变的思想防线。制发《广东地税党员干部谈话提醒工作指引》，进一步规范全系统坚持抓早抓小开展谈话提醒工作。2017年，全省地税系统开展抓早抓小谈话提醒工作共计2304人次。及时处理违反中央八项规定精神的苗头性、倾向性问题，不断强化源头预防和遏制腐败的力度。研究印发《关于进一步做好全省地税系统党员领导干部"八小时以外"活动监督管理工作的通知》，加大"八小时以外"活动监督工作的指导力度。组织廉政文艺轻骑队创作编排廉政教育轻喜剧《家风》，2017年，共计演出28场次，有效增强廉政文化教育的感染力和影响力。打造"清风城"廉政教育网络平台，全年共计发布廉政工作动态信息800多条。重要节假日和时间节点给党员干部推送廉政短信，及时开展廉政提醒。

【地税文化建设】　以"四个之家"建设示范点为契机，启动省局"四个之家"建设。加快推进"四个之家"建设，增强机关干部职工的凝聚力和向心力。2017年先后组织开展了全系统"夯实基础　青年争先"主题讨论活动、"好家风"书画摄影作品展、全省地税系统羽毛球比赛等形式多样的文体活动，极大提升了干部职工身体素质，丰富了干部职工的精神文化生活。

【精神文明建设】　积极组织全系统各单位参加全国税务系统全国文明单位、百佳县税务局长、百佳办税服务厅主任等一系列先进集体和先进个人评选工作。广泛组织机关和系统各单位积极争创青年文明号、巾帼文明岗等，激励广大地税干部立足岗位、建功立业、创先争优。2017年，征管和科技发展处获评"广东省文明单位"，规划核算处、纳税服务处、直属分局（大企业局）荣获广东省直单位第五届工作技能大赛优秀作品奖，内审处获评全国内部审计先进集体，直属分局税干黄桂祥被评为广东省"南粤新乡贤"。

【扶贫开发】　深入组织开展系统对口帮扶和精准扶贫工作。制定下发加强和规范全系统对口帮扶工作意见以及帮扶资金管理使用办法，重新调整全系统"一对一"对口帮扶关系。指导扶贫工作队精心做好对里塘村的精准扶贫工作，推动驻村扶贫各项工作扎实开展。截至2017年底，里塘村累计实现34户126人脱贫，脱贫比例达75%，村人均可支配收入9863元，比2015年增长36%，"三清三拆三整治"工作以优异成绩通过验收。

（成津湘）

税务纪检监察

【强化使命担当】 认真学习贯彻党的十九大精神,自觉用习近平新时代中国特色社会主义思想武装头脑、指导实践、推动工作,始终把党的十九大精神体现到深入推动地税系统全面从严治党的全过程各方面,持续强化各级党组织和党员领导干部管党治党的政治使命感和担当精神。以“四个意识”为政治标杆,加强监督检查,推动党员干部更加自觉坚持党性原则,严守党的政治纪律和政治规矩,严格执行党内政治生活若干准则,营造风清气正的良好政治生态。严把选人用人政治关、廉洁关,坚决落实“凡提四必”要求,有效防止“带病提拔”“带病上岗”。一年来,驻省地税局纪检组共办理干部党风廉政情况回复341人次,督促和指导核查违反组织人事纪律问题线索12件次。

【纠正“四风”】 把违反中央八项规定精神问题列为纪律审查的重点,严查顶风违纪和隐形变异的“四风”问题。一年来,全省地税系统共立案查处“四风”问题16件16人,其中驻地税省局纪检组立案查处10件10人,并有重点地部署开展专项整治,制定下发贯彻省委“三个区分开来”治理为官不为的实施意见,着力整治不作为、乱作为等问题。聘请新一届特邀监察员,对68条意见建议进行跟踪督办。坚持挺纪在前,认真实践监督执纪“四种形态”,全省地税系统运用“四种形态”处理2381人次,其中,运用第一种形态处理2304人次,占96.76%;运用第二种形态处理59人次,占2.48%;运用第三种形态处理18人次,占0.76%。坚持抓早抓小、防微杜渐,省地税局党组主要负责同志带头落实谈话监督制度,全年开展谈话提醒82人次;驻省地税局纪检组谈话提醒76人次。深入开展纪律教育学习月活动,举办领导干部党纪政纪法纪专题教育培训班,组织省地税局机关党员干部参观省反腐倡廉教育基地,制作播放警示教育片《底线失守的代价》《交友不慎的代价》《高墙内的悔恨》,编印违纪违法典型案例警示教材,做到警钟长鸣,促进党员干部紧绷纪律之弦。紧盯年节假期等重要时间节点,及时发通报、提要求,督促党员领导干部带头改进作风。

【执纪审查】 全省地税系统各级纪检监察部门共受理信访举报314件次,同比上升4.3%;立案86件86人,同比上升79.2%。驻省局纪检组直接立案28件28人,同比上升64.7%。严格执行监督执纪工作规则,严格落实“两报告”制度,加强对基层执纪审查工作的指导,全省19个市局有自办案件。部署开展基层违纪违法线索集中排查活动,各级纪检监察部门共排查问题线索676条,立案39件,处分29人。坚持标本兼治,做到查处一起、通报一起、剖析一起,先后通过“清风城”网站、发文等形式点名道姓通报曝光典型案例19起19人,以案明纪,使党员干部知敬畏、存戒惧、守底线。发出监督建议书18份,督促案发单位排查管理漏洞,建立和健全有关制度35项。

【系统巡察】 修订完善系统巡察实施意见和工作指引,全面实行清单式巡察,不断探索具有广东地税特色的巡察工作机制。坚定不移深化政治巡察,紧扣全面从严治党,紧盯“两权”运行中的关键环节,采取“一托二”形式完成对6个市局、12个县(区)局的巡察工作,并组织开展巡察“回头看”,及时发现并纠正一批管党治党的突出问题,充分发挥了巡察的政治“显微镜”和“探照灯”作用。根据巡察移交的问题线索和发现的苗头性、倾向性问题,先后立案查处14件14人,对被巡察单位党组班子成员集体谈话提醒70人次,督促有关单位开展专项治理并健全制度345项,追缴税款和滞纳金2.87亿元,清退违规发放津补贴948万元,增强各级党组织管党治党责任意识,规范了权力运行,有效破解垂直管理监督难题。

【考核问责】 及时制定出台全面从严治党主体责任和监督责任实施办法及责任清单,通过开发上线“两个责任”信息化考评系统和年终组织实地检查考核等形式,建立健全责任落实考核机制。坚持每半年听取下级党组、纪检组报告履行主体责任和监督责任的情况,组织各级“一把手”公开述责述廉并接受民主评议,压实各级党组管党治党政治责任。认真贯彻落实党内问责条例和省委实施办法,制定出台《全省地税系统党的问责工作实施细则》,做到失责必问、问责必严。省局党组先后组织和督促对全省系统发生违纪违法案件的39名相关单位负责人实行责任追究，以严肃问责倒逼责任落实。

【纪检监察队伍】 按照学懂弄通做实的要求，在全省系统纪检监察部门迅速掀起学习贯彻党的十九大精神热潮。积极开展“学报告、学党章”考学活动和“学习贯彻十九大精神，推动全面从严治党向纵深发展”征文活动等，深入学习领会习近平新时代中国特色社会主义思想，教育引导各级纪检监察干部把思想和行动统一到党的十九大精神上来，激发新时代的政治责任和担当精神。制发《关于进一步明确各级纪检组监督职责的意见》和监督责任清单，推进监督责任规范化、制度化。通过召开纪检监察工作座谈会、纪检组长述职汇报会，开展约谈、调研检查和巡察等形式加强督导，推动纪检监察部门转职能、转方式、转作风，切实提升履责能力。举办2期260多人次的纪检监察业务培训班，选派和抽调70多名干部参加各级纪委和系统内部“以案代训”、巡视巡察等工作，强化业务培训和实践锻炼，培养了一支执纪审查骨干队伍。健全执纪审查内控机制，强化内部监督管理，严防“灯下黑”。

（黄　骏）

税务稽查

【概述】 2017年，广东省地税局稽查局全面贯彻落实总局、省局各项任务，服务税收工作大局，积极发挥稽查职能作用，认真履行职责，深化改革创新，全面推进稽查现代化建设，为打造公平良好的广东营商环境贡献正能量，为推进供给侧改革和经济持续健康发展提供新助力。

【稽查体制机制改革】 积极推进稽查管理体制改革。2017年，全省各地积极落实《深化国税、地税征管体制改革方案》精神，持续完善稽查体制机制，进一步推进稽查体制改革。强化省局稽查局对全省稽查业务的统筹管理和组织协调，制定稽查集中办案等工作机制，促进省市两级稽查快速高效联动；积极推动“市一级”稽查体制改革，提出市县级稽查机构改革建议，向稽查机构扁平化、管理集约化、人员精干化目标稳步推进。

【稽查查补收入及分析】 广东省各级地税稽查部门（按税务总局统计口径不含深圳，下同）共立案检查纳税户1317户，督导自查户数10343户。全省查补收入总额95.46亿元，同比增长14.36%，入库总额90.54亿元，同比增长10.98%。组织企业自查收入金额66.25亿元，入库金额64.74亿元。稽查查补入库收入占全省地税收入比例为2.36%。

【案件查办情况】 广东省各级地税稽查部门共审结纳税户1477户，其中有问题户1387户，同比增长41.1%。全省共立案1317户，较上年同期增加227户，增长20.83%。全省立案查补收入29.21亿元，比2016年增长14.81亿元，同比增长102.85%，占查补收入的30.6%。案均查补金额达到197.76万元，同比增长45.41%。

【重大案件查处】 广东省各级地税稽查部门查补税款100万元以上的案件164宗，查结数量是2016年同期的2.41倍；查补金额233187万元，查补总额是2016年同期的2.96倍，占总立案查补金额79.84%。其中：查补税款100万～1000万元以下案件131宗，查补金额55110万元；查补税款1000万～1亿元以下案件31宗，查补金额115231万元；查补税款1亿元以上案件2宗，查补金额62846万元。

【行业和区域税收专项整治】 积极组织开展医药行业专项整治。采取国地税联合进场、多层次多部门联手突击的方式，同步推进16个地区医药行业专项整治。全省地税部门查补收入共计4028.48万元，入库收入3841.51万元。

【“双随机、一公开”工作】 统筹推进省市级“双随机、一公开”工作，明确全省税务稽查随机抽查的各项工作流程和具体工作要求。落实国地税联合随机抽查工作制度，通过执法适度整合，减轻企业负担。抓实抓好“一公开”工作，在广东省地税局网站公布《广东省地方税务局税务稽查双随机抽查事项清单》《广东省地方税务局2017年度随机抽查事项公示》，全省各级地税局的“一公开”工作有序铺开。2017年全省地税系统共组织开展省市级随机抽查88次，对3126户企业开展随机抽查，实现查补收入4.07亿元。

【重点稽查对象随机抽查】 广东省各级地税稽查部门积极做好国家税务总局第一批重点税源企业随机抽查结案工作，共组织1190户企业开展自查，自查补缴税费及滞纳金共计14276.27万元；立案检查重点税源企业及其成员单位475户，查补税费、滞纳金及罚款共8534.42万元。扎实推进国家税务总局第二批重点税源企业随机抽查工作,组织全省各级稽查局对2328户企业开展自查、对193户重点检查企业开展立案检查。截至2017年底,共查补税费、滞纳金及罚款共计12747.39万元,入库12399.65万元。

【打击发票违法犯罪活动】 规范有序开展2017年打击发票违法犯罪活动。全省地税系统共检查企业3724户,查处违法企业890户,查处非法发票26869份,涉及金额141741.77万元,查补税款11617.35万元,加收滞纳金4753.94万元,处以罚款3579.44万元,查补税费、罚款收入合计19950.73万元。

【税收"黑名单"制度和联合惩戒】 积极推动联合惩戒机制的落实,主动协调参与联合惩戒的单位,建立工作衔接机制,确保各项措施有效落实。2017年全省共录入国家税务总局协查系统"黑名单"案件有效信息14宗,依法撤出12宗,向34个单位推送联合惩戒案件8宗。进一步提升了税警执法协作的深度和广度,形成警税全面协作的制度规范,充分发挥警税协作在大要案查处中的重要作用,2017年广东省地税、国税、公安三方联合共查办案件215件,打掉犯罪团伙165个,抓获犯罪嫌疑人410个,挽回国家税款损失44.88亿元,曝光联合查办典型案例数量7个。

【涉税违法案件】 2017年广东省地税系统共受理检举线索6655件,其中省级受理104件,地市级受理5875件,县级受理701件;共查处案件1263件,查补金额81240.29万元,其中税款51322.92万元、滞纳金8325.74万元、罚款21591.63万元;执行入库金额78438.1万元,其中税款49269.34万元、滞纳金8050.64万元、罚款21118.12万元,向公安机关移送案件共2件。

【稽查信息化建设】 继续增强稽查信息化支撑,构建移动稽查工作新模式。搭建移动稽查专线网络,开发移动稽查APP,实现办案现场任务推送和处理、稽查一户式涉税数据查询、发票核查、互联网涉税数据查询分析等功能。夯实数据应用基础,将全省稽查数据分析平台作为数据存储、分析、加工、利用的大数据仓库,先后导入了金税三期系统数据、国税交换数据、个人所得税数据、社保数据,该平台数据已达19T。继续推进信息化试点项目,东莞市地方税务局建设稽查远程指挥中心;在广州、佛山试点建设互联网涉税数据挖掘应用系统,采集、筛选、分析和存储互联网的海量涉税信息,与核心征管系统数据比对,辅助税务稽查工作。

(张雯莹)

省级税收(大企业税收)

【税费收入】 2017年,广东省地税局直属分局(大企业局)组织税收收入50.65亿元,完成全年税收预期目标的100.7%,其中,中央级税收收入30.22亿元,省级税收收入17.26亿元,市县级税收收入3.17亿元;组织全省省直社会保险费收入215.06亿元,同比增长6.7%,其中分局直接征收省直社会保险费收入171.35亿元,同比增长6.9%,占全省社会保险费收入3117亿元的5.5%。

【社会保险费征收】 2017年,直属分局(大企业局)省直社会保险费收入215.06亿元。通过及时调整系统、专人数据监控、细致辅导缴费单位,做好270个机关事业单位基本养老保险征收工作,征收率100%;联合省社保局全面开展个人参保信息核对工作,完成了30万条有效差异数据的同步及补充,完善了省直社会保险费征管数据基础;迅速落实省直机关事业单位编外人员参保扩面工作,一周内完成1076个省直机关事业单位函件和调查表格派发,到100多个单位进行政策宣讲,督促用人单位及时参保,有力保证了社保新政执行的时效性和覆盖面。优化完善"省直社会保险费多方协同办公系统"建设工作,拓宽平台应用;坚持反馈、顺势作为,把握机关事业单位养老保险改革之机,成功促使省地税局、省人社厅和省财政厅三方联合发文,变更财政代扣模式,让所有财政统发工资单位统一回归到规范的自主申报缴款模式,推动了三方准确对账。

【深化大企业税收管理改革】 在2016年大企业税收管理机构改革的基础上,进一步完善管理体制、理清工作职责、优化专业队伍,形成上下一体化、专业化管理新格局,得到了税务总局的高度肯定,全国绩效排名一档,并在全国税务系统大企业税收管理分管局领导及处长培训班上进行了“工作平台化”“国地一体化”专题经验交流，相关经济分析报告得到税务总局局长王军和广东省省长马兴瑞的肯定性批示。

【大企业税收风险管理】 基于“抓关键、显成效”的风险管理工作要求，深入总结税收风险管理成果，围绕重大风险事项，抓取企业关键数据，精准分析、精确指导；同时坚持全省“一盘棋”思路，统筹规划全省大企业风险管理工作，国地联合开展制度顶层设计，共同制定大企业风险管理、团队管理等相关制度，优化工作流程，规范工作模板，做到管理规范和标准统一。为确保大企业数据的完整性、及时性、准确性，采取积极措施做好13384户税务总局千户集团成员企业的税收快报指标审核、56户集团总部涉税数据直报工作，严把数据质量关，加强数据审核与校验，提高数据报送质量。实现税务总局、省级、市级三级大企业成员企业财务报表季度报表、年度报表100%报送率，为开展税收风险分析和税收经济分析提供数据保障。积极探索数据采集规范高效、数据内容完整准确、数据应用安全可控的有效路径，制定了《广东省地方税务局大企业税收管理局税收数据管理办法（试行）》，建立“规范统一、科学高效、立足长远”的保障机制，推进业务与技术的深度融合，充分发挥大数据对大企业税收服务与管理的支撑作用。

【税源管理】 一是强化重点税源企业的日常监控。关注广电集团、广州供电等重点税源企业的经营情况，深入分析历史数据、社会经济动态与全省省级税收的发展趋势，坚持做好每月税收收入的分析和预测。二是及时测算政策变动的收入影响。落实“限售股转让”有关营业税政策、征管范围，明确加收滞纳金的起始日期，认真测算、监控涉税收入影响。全年涉及“限售股转让”营业税补缴入库3.40亿元，其中正税3.30亿元，滞纳金1002.63万元。三是全面落实税收优惠政策。结合管户特点，强化集团企业权益性投资收益、非营利组织免税收入、高新技术企业、研发费加计扣除和小微企业税收优惠政策宣传及辅导。2016年度汇算清缴中，省局享受税收优惠企业共365户次，减免企业所得税共59.46亿元，小微企业税收优惠受惠面达100%。

【税收遵从合作】 完善税企高层对话机制，拓宽对话渠道，提升对话层级，深化税企合作信赖关系。探索建立大企业重大涉税事项报告制度，及时掌握大企业重大涉税事项和生产经营变动，准确做出税收风险判断，提供针对性的税务风险管理意见和建议，切实帮助大企业事先防范风险，增强自我管理意识，提升大企业纳税遵从度。

（梁　婴）

机关服务

【机关后勤改革】 积极推进机关后勤改革，以精简人员、降低成本、压缩经费为导向进行改革，优化重构管理体制和机制，建立健全相关经营管理制度和内控监管体系，提升资源配置效率。依法依规顺利完成招待所、食堂和桃源楼改革前期307名员工的解聘工作，依法给予经济补偿，积极协助离职员工再就业。重新优化岗责体系，合理配置人力资源，并从旧员工中择优重新聘用121人。改革后，2017年在职员工人工成本同比下降51.67%。招待所、桃源楼先后争取获得了广东省定点物业服务资格，已中标纳入政府采购目录内。改革后的招待所、桃源楼在进一步压缩物管费的基础上，有效降成本、提效率，逐步实现收支平衡。

【事业单位公务用车改革】 严格遵照上级公务用车改革相关文件精神，结合省局企事业单位和省属国有企业实际情况，牵头代拟《广东省地方税务局企事业单位公务用车制度改革实施方案》。省地税局各事业单位公务用车合计6辆全部取消，省属国有企业共经营用车26辆，保留15辆，取消11辆。取消的车辆已统一以公开拍卖的方式处置完毕。明确了改革后事业单位的限额报销和据实报销的管理制度，争取到相对优化的政策方案。改革后公务交通年度总支出节支率约为48.46%。改革后事业单位不再留用司勤人员，原有的司勤人员6人均通过转岗的方式进行内部消化。

【车辆管理】 管理好局机关7台公务用车的使用，严格按规定控制车辆年耗资，确保全年用车无误点，无事故；对省局各处室提出的用车需求严格按照通过租赁公司进行派遣，全年局内各处室租车1728趟次，准时准点，无遗漏，圆满完成了后勤保障任务;全年车辆使用经费32万元,平均每辆车年耗资经费4.5万元。

【消防安保】 抓好安保人员业务培训,积极参加建筑物消防员资格证培训班,并通过网络学院组织省局机关全体人员进行消防知识培训和考试;组织省局各处室消防安全员、部分干部职工及保安、电工前往广东省消防局特勤大队萝岗训练基地进行消防知识培训和消防技能实操演练。落实治安、消防设备的维护保养制度、消防安全值班巡查制度、重大节日前消防安全专项检查制度、应急值班制度以及严格规范来访登记制度。一年巡查大楼和查岗达3080次,排除安全隐患8起。

【固定资产管理】 按照国家政策配合做好公车改革工作,处置省局机关公车42辆;进一步规范固定资产日常管理工作,及时编制完成2017年省局机关固定资产实物账,全年发起资产购置162单,资产处置111单,共发放办公用品4000件次,开通门禁1200次、发放临时工作卡340张,清理占用消防通道破损家具213件。

【公务接待】 严格按照《广东省地方税务局公务接待管理办法》要求,全年完成公务接待204批次,顺利完成了全省地税系统党风廉政建设会议、省级单位民生热线、第十三届泛珠三角区域合作与发展论坛暨经贸洽谈会、国家中小企业博览会洽谈会等大型会议的接待工作。同时积极保障全局会议工作的顺利开展,招待所全年完成会议接待947次,其中大型会议接待312次,总接待会议代表约1800人;桃源楼全年共接待会议培训团体60批次,服务参会代表3470人,用餐服务约31万人次(含员工用餐)。

【基建工程】 2017年初,省局副处级领导办公用房整改被定为年度省局重点督办项目之一。在时间紧、任务重的情况下,经过协调积极调整预算,施工过程尽量在休息日甚至夜间,将对干部职工的工作影响降至最低,2017年底,全局处级、副处级办公用房统一改造顺利完成。另外,完成桃源楼的公共区域WLAN覆盖、消防设备设施改造、学院楼、健身楼、篮球场、宿舍、会议室的维修以及泳池灯光改造等。

【物业管理】 对车库进行全面升级改造,重新划分车位,设定外单位车辆临时停放区,禁止大楼门前车辆乱停放;搞好省局办公大楼水电及设施设备维修工作,除正常的维护保养外,其他各楼层水电维修和弱电维修共约3000多次(包括招待所);做好省局副处级领导办公用房、省局办公楼部分楼层公共洗手间维修改造工程以及办公大楼保洁绿化、"除四害"、疏通清理各类管道等,抓好省局节水、节电、节气、节油等节能工作,争取创建"公共机构节水型示范单位"。

【政府采购】 积极推进政府采购工作规范化、科学化、透明化和制度化,努力提高政府采购质量,制定了《广东省地方税务局政府采购风险内部控制制度(征求意见稿)》和《广东省地方税务局政府采购内部控制流程指引文档(1.0版)》,明确了风险等级和防范措施。全年大宗政府采购项目46项,采购预算1.517亿元,实际采购金额1.514亿元,节约资金27.4万元,节资率1%,其中公开招标44项,占总项目的95.65%;办公设备定点采购、印刷类采购项目、零星采购项目合计达275项。

【医疗服务】 积极开展健康宣传教育工作,为干部职工提供疾病咨询、药品发放、医疗就诊联络、年度体检等保健服务,全年发布"健康快递"24期,邀请专家上门坐诊43次,为干部职工办理、更换公费医疗证230人次,提供特色理疗服务439人次。

【后勤队伍建设】 制定《广东省地方税务局机关服务中心编外合同工管理实施细则》,实行月考核及年度考核,每月考核分三个档次评定发放当月奖励性绩效工资,从管理机制和福利待遇上提高编外合同工的工作积极性;认真做好省局事业单位在编人员及编外人员的人员统计、劳动合同管理、社会保险费、养老资格认证退休人员年审等工作。

(周玮欣)

税务信息化管理

【信息技术服务】 充分发挥信息技术保障优势,积极配合业务部门做好业务需要的调整。把数据类信息系统维保工作进行整合,具体表现为将税源管理平台、个人所得税管理系统、规费监控分析管理平台的数据管理类功能在技术实现和项目实施层面进行集成整合,积极朝着数据类信息系统2017年精简 1/3 的目标努力。积极开展办税服务综合管理系统二期建设工作。在规费监控分析管理平台扩展了查询统计、风险管控和报表报送功能。配合财务处进行财务综合管理系统建设项目立项和采购。

【系统安全建设】　切实加强各项基础性网络安全保障工作,对违规外联、病毒爆发、外部攻击等安全威胁实行严密监测、及时预警及应急响应,对省市两级的重要信息系统进行渗透测试、安全扫描及修复整改,对新建系统严格落实"三同步"建设要求。以《网络安全法》施行为契机,严格落实网络安全责任,全省各级部门按要求签订互联网应用网络安全责任书和关键信息基础设施保护责任书。以提升风险防范能力为重点,切实发挥快速应急响应机制效用,面对全球勒索变种病毒爆发的高危威胁,确保全省地税系统无一例感染该病毒;发现仿冒省局网站的"钓鱼网站",迅速通过公安网上报网警平台、国家计算机网络应急技术处理协调中心广东分中心进行有效处置,网络安全预警、应急、处置能力得到实战检验。全力做好"两会""一带一路"高峰论坛和"庆祝香港回归 20 周年纪念活动""党的十九大"等特殊时期的网络安全保障工作,全省各级形成 7×24 小时专人值守制度和信息安全情况每日定时一报机制。新机房环境准备工作、天河北关键应用系统迁移及各项网络建设等工作如期完成,天河北数据中心整体搬迁实施工作于 2017 年 9 月 22 日—25 日顺利完成,海珠数据中心顺利启用,原广东地税双地冗余数据中心升级为"三节点、两生产中心",为信息基础设施能力扩容打下坚实基础。

【系统运行管理】　完善运维监管,强化协同运维体系建设,应用系统高效稳定运行。把绩效考核向乙方项目组延伸,发布并实施《信息系统运维服务绩效评估办法》,各项目组整体运维服务水平得到有效提升。在"加强金税三期和特色软件开发、发布的协同管理"上,推进"金税三期、特色软件同步修改、同步发布"的落地。依托《广东省电子税务局市局特色互联网应用统一接入规范》,制发《广东省电子税务局地方特色应用接入规程》,在电子税务局现有功能基础上,开放标准化接口,支撑各地创新应用和特色业务功能接入,不断完善接入平台。已经接入各地共约 30 多个特色应用,为全省地税系统"互联网+"税务战略提供基础保障。健全对各电子办税服务系统的运维保障工作机制,加强信息网络建设,确保业务高峰时段系统运行稳定。一是建立电子办税系统运维联动机制,税期每日多次巡检,保障系统稳定性。针对个别时段电子渠道系统性能下降问题,除自动监控外,每天定时人工进行性能检查,优化调整资源分配。同时不断加强 12366 系统维护,已完成近 10 项系统功能优化。二是服务基层直通机制常态化。通过佛山市禅城办税服务厅直线联系点,直接了解前台办税情况,进行纳税人电子办税情况分析,为前台和纳税人提供问题导向的解决办法。与 12366 广东地税纳税服务热线建立直线联系,通过微信平台直接了解热线问题。三是进行全省骨干网络优化及网络运维团队精细管理。制订全省骨干网络调研方案,在全省范围内进行网络架构及网络、安全设备的调研、摸底,并进行网络优化规划。进一步加强技术规程、管理制度等方面的建设与管理,提升网络运维的规范性及响应的及时性。进一步完善系统升级和版本发布告知工作机制,提高各级税务人员和纳税人对系统变更情况的知晓度。落实系统升级、版本发布告知工作机制,新功能或较大变更发布前通过统一工作平台、门户网站、微信、电子税务局等多种渠道向纳税人和税务人员告知。

【数据处理应用】　服务税收业务决策,强化数据质量管控,推进数据管税理念有效落实。开放全省数据权限,设置风险岗加强数据安全管理。结合完税证明(文书式)开具工作业务流程,对特定岗位人员开放全省数据权限,并赋予打印全省个人所得税记录权限,按有关要求加强数据安全管理。金税三期系统已实现了个人完税证明一地开具全省数据、电子渠道开具个人所得税完税证明、电子章由黑色改为红色、个人所得税完税证加具缴纳地、扣缴个人所得税报告表(广东版)支持自然人纳税申报等基层和纳税人反映强烈的需求。为保证数据安全,已实现在金税三期系统打印个人所得税完税证明时不显示纳税额。同时,为有效配合各地限购措施,保证数据准确,金税三期系统完善了个人所得税申报更正后缴纳时间显示等内容。

【信息化项目建设】　开拓创新,整合信息资源,积极构建新一代数据平台和电子税务局。构建数据平台,夯实数据管税基础。搭建涵盖纳税人、税费款、发票、票证等 8 大主题数据的全省统一的数据资源库(数据仓库)。持续丰富数据资源,先后完成金税三期地税征管数据、国税共享库数据、社保数据、工商数据的入库以及实时数据仓库验证工作,为推动数据应用深入开展、落实数据管税举措奠定了基础。启动建设数据综合应用平台,实现征管状况监控分析、税费收入分析、税源分析以及即席查询等应用,在佛山、韶关进行试用以及在广州、东莞、珠海、中山进行推广应用。进一步升级电子税务局。税务端在业务应用上拓展国地税融合业务、业务量统计等功能，在佛山禅城、广州天河区局试点应用，提升前台国税、地税联合办税窗口用户体验。技术优化上，为保证电子税务局公有云的稳定、安全，完成新一年度的阿里公有云服务采购，并根据电子税务局系统实际运行情况，调优云架构，进一步加强资源监控和优化使用，实现系统资源分配的动态调整。

【运维工作】 截至2017年底，全年省局监控服务台共接收受理事件报告单45045个，解决事件报告单44689个，解决率为99.21%。其中属于金税三期核心征管系统的有27411个，按功能模块统计，事件较多的是："申报"类、"登记"类和"征收"类。按地区分布统计，提交事件单最多的三个城市分别是：广州、佛山和广东省局，事件数量分别为18941个、5022个和4128个。接听用户电话共2070个，其中咨询类1356个，催办类714个。监控服务台处理监控系统告警共52336个，其中业务类告警30026个、服务器类告警8513个。

（梁婷婷）

税收科研与刊物编辑

【税收科研】 一是参谋助手作用充分发挥。全年完成调研任务达十余项，多项报告获省部级以上领导的肯定性批示或圈阅。其中，科研所人员作为核心成员，参与了税务总局美国税改、印度税改工作组，获税务总局局长王军肯定批示，参与撰写的税改报告多次呈报国办，并获中央领导圈阅；撰写的《2016年税收热点透视》，获总局局长王军肯定批示，并作为2017年全国两会重要参阅资料；《从日韩经济和税收关系看我国"十三五"时期税收增长趋势》部分内容被国办信息刊物采用。同时，有4篇调研类专报报送省委省政府办公厅、总局办公厅，供上级领导决策参考。二是成果转化成效显著。在国家税务总局主办的2015—2016年度全国税务系统优秀科研成果评选中，选送的成果全部获奖。其中，一等奖1篇、二等奖1篇、三等奖2篇，这是全国税务系统70多家单位唯一一个申报项目全部获奖的单位。参与的总局"中等收入阶段税负与税制比较研究"课题，获财政部第六次全国优秀财政理论研究成果二等奖。"我省装备制造业税收增长态势分析"等2篇报告刊登在《南方日报》《羊城晚报》头版。另有十多篇报告在《税务研究》《学术研究》《广东财经大学学报》等核心期刊以及《中国税务报》等专业媒体上刊发。三是平台建设持续健全。借鉴国际国内高端学术工作坊模式，创办岭南财税坊。全年共举办了三期，主题分别是"减免税的经济社会效应分析""大数据与税收征管新格局""新时代与税务营商环境优化"，邀请到中国社科院、中国人民大学、对外经贸大学、中国税务学会等知名学者专家参与互动对话，受到省内外财税专家好评。以课题为抓手，横向上与财科院、中山大学、中央财经大学、上海财经大学等知名财税专家保持常态化合作，及时掌握财税改革动态；纵向上与总局科研所以及广州、佛山、云浮等市局开展课题攻关，形成三级税务部门研究合力。

【内刊编辑】 一是杂志编办特色化。一年来，《广东地方税务》杂志新开设的栏目如"智库""特别策划""羊城札记""南粤说道""重走丝路"等深受地税干部喜爱；推出的"蓝色印记""老稽说案""咖啡时代"等栏目。二是传播手段新媒体化。积极推进"互联网+媒体"建设，充分利用各种新兴传播载体，建立撰稿人微信群和摄影作者微信群，实现了《调研报告》《广东地方税务》的OA共享。作为全国税务系统第一个内刊微信公众号："广东地税微刊"，一年来，已推送近300期，关注粉丝达到1.2万。逐步明晰定位与受众，注意发挥部门职能与新媒体优势，更鲜活地开展党建工作宣传，更精准地推送财税热点观察，更快速地立体传播地税文化。三是丛书编撰品牌化。一年来，秉持"讲好税收故事、传播好地税声音"理念，主动牵头连续策划编辑了《调研报告汇编（2016）》《岭南（2016）》《岭南风·征文》《岭南风·摄影》《广东地税创新成果示例》等系列丛书。

【年鉴编撰】 强有力整合系统内外资源，进一步加强年鉴编撰通讯员队伍建设，多方学习年鉴编辑、排版等经验，认真扎实做好《广东地税年鉴》编撰工作，《广东地税年鉴》的编辑、发行工作得到有关单位的表彰。同时,继续做精做优《中国税务年鉴》《广东年鉴》和《广东省志(财政税务卷)》供稿工作的同时,接受省政府有关单位的邀请,高质量向广东经济白皮书、蓝皮书供稿。地方志编纂工作多次获得了省地方志办的发文表扬。

(陈　莹)

干部进修培训

【教育培训】　坚持“创新发展打造活力校园,知行联动营造学习乐园”的工作理念,积极践行先进教育培训方式,认真落实“示范管理提升年”和“制度落实年”工作目标,切实增强服务保障能力,得到上级肯定、同行认可、教师认同,学员总体满意度达95%。学校2017年共承办85期培训,培训4852人次,31330人天。采用“请进来”的做法,系统内推选优秀干部担任兼职教师,广泛发掘高校、培训机构知名教师纳入学校师资库。深化星级讲师计划,重视教学评估,并将课程评估结果反馈给授课教师,督促兼职教师完善课程内容和改进授课方式。加强与系统各单位合作,围绕重点、难点工作开发培训课程,送教上门,师资共享。规范考试管理,根据培训对象和培训时间,合理设置试卷内容,以考促学,提升培训实效。鼓励学员参与到课程设计、学校管理、校园文化建设和学风建设中。2017年共收集83条意见建议,采取改进措施75条。

【培训改革】　实施分级分类培训。一是打造青年优秀干部能力提升专题培训班。如全省地税提升年轻干部能力素质培训班等,采用先进的教学理念,互动的教学模式,系统的教学评估技术,综合考评青年优秀人才综合素质,挖掘培养优秀青年干部。二是全面提升纳税服务类培训水平。结合模拟式、案例式、微电影教学等开展纳服类培训,2017年开设27门纳服课程。微电影教学作为广东省五星级培训项目上报国家税务总局;通过优先保障,全程跟班,升级软硬件设备等举措,全力做好全省纳税服务“大练兵、大比武”工作。三是知识更新类培训重质重效。开设《国务院六项减免政策解读》《深化国税、地税征管体制改革方案解读》等课程,注重加大提升宏观视野的课程比例。

突出党性修养培训。一是主动开展党的理论教育、党性教育。扎实开展习近平总书记系列重要讲话精神教育培训。将《习近平谈治国理政》书籍摆放在每间宿舍,增强办学政治意识。针对3天及以上的培训班,至少安排半天习近平总书记系列重要讲话的课程,2017年共38个培训班上过党课,同比提高78%。二是开创五种新颖党课模式。学校创新党课培训方式方法,成功运用演讲式、对话式、问题式、拆书式和世界咖啡馆5种形式上党课。党课深受学员喜爱,学员好评率均超过98%。中国税务报以《广东地税专题党课形式新》为题进行了头版报道。三是引导正确意识形态。强化教育引导,把社会主义核心价值观融入教育培训,深化社会主义核心价值观和中国梦宣传教育。除利用宣传栏、发放书籍等宣传措施外,还邀请党校教授讲课,课程包括《专题讲座:党的十九大精神解读》《习近平总书记系列重要讲话精神解读》《党员干部的理想信念与使命》《供给侧结构性改革》等。通过加大党性修养课程比例,大力宣传“忠诚担当、崇法守纪、兴税强国”的中国税务精神,引导教育学员在理想信念、价值理念和意识形态上与党和组织保持一致。

【文化建设】　2017年,学校成功举办两届诗词大会、两届成语大会,普及优秀传统文化知识,弘扬时代新风尚;成功举办一届朗读者、五届台大好声音,坚持思想精深、艺术精湛、制作精良相统一,加强现实题材创作,推出多个讴歌党、讴歌祖国、讴歌地税的精品力作,进一步繁荣地税文艺创作,提升地税文艺原创力,推动地税文艺创新。

升级文化软硬件,强化文化阵地建设。坚持创造性转化、创新性发展,不断完善升级文化软硬件,强化文化阵地建设,为地税文化发展贡献力量。实时更新宣传栏,制作校园文化宣传视频,新建“知道亭”,倡导“知行合一”文化,大力弘扬学校校训、愿景和理念。广泛开展户外教学活动,包括破冰拓展、定向越野、绿道健走、户外集体研讨教学等,在户外教学活动中促进文化交流传播。

积极主动作为,打造广东地税精神文化家园。发挥学校教育培训主平台、主阵地的作用,倡导领导干部认认真真学习,爱读书读好书善读书。一是成立“樊登读书会税务分会”,积极作为,通过微信群即时分享读书感想,不定期举办线下读书交流活动,引导税务干部面对面交流读书心得，使税务干部形成崇尚知识，热爱读书的良好风气。二是与《广东地方税务》杂志社加强沟通联系，积极组织撰写文章，在《广东地方税务》及其微信公众号发表，宣传学校文艺活动和文化建设，竭力让学校成为富有文化味、很有书卷气、可以诗意栖居的地方，利用文化滋养广大税务干部，为广大税务干部提供精神食粮，让广大税务干部在书香校园的熏陶中实现个人成长，增强文化自信。三是维护“世界咖啡馆”微信公众号，给税务系统税务培训管理者和兼职教师提供教育培训资讯和专业文章。“世界咖啡馆”坚持近4年时间，每周至少发布1篇自主写作编辑的文章，在全国税务系统教育培训工作领域产生一定影响。

（廖婉娜）

广东省地方税收研究会

【理论研究】 紧扣税收中心，突出研究重点，专项课题调研成果显著。结合税收中心工作的同时，紧密结合广东经济发展形势，紧密联系税收任务、税收征管、税收队伍建设等工作实际，坚持“精品战略”，形成了多篇质量较高、影响较大的课题研究报告，受到有关部门和领导的充分肯定。其中，根据省十二次党代会“重塑营商环境广东优势”要求，在连续多年跟踪监测的基础上，系统开展广东税务营商环境的研究分析，成果在《税务研究》《中国税务报》以及《广东地方税务》、“广东地税微刊”微信公众号等刊登。此外还完成《国地税合作效果评估与发展态势研究》等一批调研成果。

【服务基层】 注重全面发展，群众性调研工作丰富出彩。2017年的群众性调研工作，采取“专业性调研与群众自主性调研相结合”方式展开。其中专业性调研，主要由省市地方税收研究会组织完成，群众自主性调研主要通过各地方税收研究会组织会员自主完成。一年来，全省群众性调研活动共形成调研报告36篇。为了进一步加强成果转化，研究会将完成的群众性调研报告进行推选排序，编印论文集，并推荐优秀论文到省地税局科研所主办的《调研报告》《广东地方税务》杂志等刊登，促进成果的二次转化，并结集印刷《2016年全省地方税收群众性调研优秀成果汇编》，供有关部门和兄弟学会查阅。

【组织建设】 创新活动形式，加强自身建设，参谋助手作用充分发挥。一年来，研究会主要开展了以下几项活动：一是召开常务理事会。总结近期工作，研究和部署下一时间段的研究会新工作。二是参加和指导各市研究会组织的各项活动。研究会有关领导分别赴广州、深圳、韶关、东莞、阳江、云浮等地参与课题讨论会，活跃活动氛围，鼓励各市认真开展调研活动。三是组织各兄弟省（市）相关社会组织交流互动。分别与北京、广西、内蒙古等省市进行交流联系，分享办会经验、调研方法、组织及制度建设等情况，到达了相互促进，共同提高的目的。参加省社会组织总会组织的各项活动，得到了总会领导的好评。另外，研究会还积极参加省社科联，省社会组织管理局、省国际税收研究会等省直有关单位及社会团体组织的各项活动，进一步拓宽研究会交流渠道。

（吴　澜）

广东省国际税收研究会

【全力推进科学研究】 一是立足智库建设，打造国际税收理论研究精品工程。密切关注国际和国内税收新动向，积极跟踪国际税收变化趋势，结合国情、省情和税收实际，深入开展“中美税制比较研究”“建立自然人税收管理体系的国际借鉴研究”等课题研究。二是突出国际特色，推进全省性税收学术研究。一方面，加强组织各市国际税收研究会踊跃参与全省专题调研活动，另一方面，注重利用高校理事会员的理论研究优势，邀请专家学者结合其研究领域参与完成专项课题，形成研究合力。2017年主要完成了《深化“营改增”助推供给侧结构性改革的国际借鉴研究》等7项课题。三是积极推进研究成果转化。利用《广东地方税务》《调研报告》“广东地税微刊”微信公众号等平台，积极推荐国际税收科研成果；组织编印《国际税收优秀成果汇编》，收录省国际税收研究会自2013年换届以来部分精品成果近20万字。

【履行会员职责】 一是支持资料库建设，全面落实国外税制翻译任务。2017年主要负责完成加拿大商品和服务税、美国销售和使用税的翻译，以及跟踪乌兹别克斯坦、阿联酋、埃及、冰岛等20余个国家税制调整更新。二是大力支持总会重大专项工作。2017年初，中国国际税收研究会会同国家税务总局国际税务司、中国税务出版社启动了“国际税收发展40周年”重大专项工作，省国际税收研究会负责10个分报告中的港澳台分报告撰写工作。牵头组建由省地税局、广州市局、深圳市局等相关单位业务骨干组成的联合课题组，并分赴北京、江苏、福建，以及珠海等省市调研，收集相关信息资料，按要求进度撰写及修改分报告。三是承办总会重要会议，助力税收宣传。2017年承办总会“全面推开‘营改增’试点一周年”课题交流会和“国际税收发展40周年”等专题座谈会，为促进我国税收改革发展、推进税收现代化建设营造良好的舆论环境，获得总会以及社会各界的一致好评。

【开展学术交流活动】 以课题会议、秘书长会议、研讨会、座谈会等为平台，加强与中国国际税收研究会等上级单位和省内各市研究会的纵向交流，同时加强与兄弟省市研究会，以及省税务学会、香港税务学会等的横向学术交流。既丰富了社团组织活动，又活跃了学术研究气氛，拓展了交流的广度和深度，扩大了社会影响。

【加强管理规范，健全组织建设】 严格依法治会，严格执行中央八项规定，积极贯彻落实中组部〔2014〕11号文、粤组通〔2014〕38号文有关要求，勤俭办会，树立勤政廉洁的会风。按章程规范办会，强化内部治理，加强财务监督。同时，进一步加强组织协调，注重加强对各市研究会的工作指导，推动各市研究会之间的交流协作，有效凝聚了全省国际税收学术研究力量。

（李兴蕊）

第四篇

各市(区)地方税收工作

广州市地方税务局

【经济概况】 2017年,广州市实现地区生产总值(GDP)21503.15亿元;同比增长7.0%。其中,第一产业增加值233.49亿元,下降1.0%,第二产业和第三产业增加值分别为6015.29亿元和15254.37亿元,分别增长4.7%和8.2%。第三产业对经济增长的贡献率达79.3%,比上年提高2.3个百分点。全市完成一般公共预算收入1533.06亿元,可比增长10.9%。

【税费收入】 2017年,广州市地税部门累计组织各项税费收入2649.7亿元,可比增长15%,同比增长5.2%,收入规模连续19年居全国省会城市第一。其中,税收收入1377.8亿元,可比增长17.8%,同比下降0.3%,占全省比重(21.7%)比上年(21.0%)提高0.7个百分点;社会保险费收入1134亿元(含省直属局组织的收入),同比增长12.7%;市一般公共预算收入764.5亿元,可比增长16.9%,同比增长4.9%,占全市一般公共预算收入总量的49.9%;市本级收入452亿元,可比增长21.8%,同比增长13.5%,占全市本级收入总量的61.2%。

【税收特色】 一是全市地方税收增幅高于全国和全省总体水平,居五大国家中心城市首位。广州市地方税收同比增幅(-0.3%)高于全国(-10.6%)以及全省(-3.5%)总体水平,且高于北京(-6.2%)、上海(-12.8%)、深圳(-6.8%)、天津(-17.6%)、重庆(-10.5%)等重要城市。广州市地方税收收入规模与深圳市的差距由2016年的1092.5亿元缩小为2017年的926.6亿元。二是产业税收结构不断优化,经济转型升级见成效。第三产业实现地方税收收入1127.8亿元,可比增长21.9%,快于第二产业(2.4%)19.5个百分点。现代服务业可比增长24.7%,高于各行业总体水平6.9个百分点。其中,房地产业在2016年底至2017年初楼市交易活跃以及某企业破产清算入库超大额土地增值税(60亿元)的带动下可比增长38.2%,增幅居各主要行业首位;与广州市实施的“IAB”行动计划密切相关的软件和信息技术服务业可比增长22.3%,科学研究和技术服务业可比增长21.6%,增幅居各行业前列。此外,汽车制造业、保险业分别可比增长26.7%、27.3%,表现不俗。三是自贸区建设引领作用明显,外围区域税收增长势头强劲。南沙开发区在国家新区和自贸试验区建设的带动下实现地方税收收入可比增长34.5%,快于全市增速16.7个百分点,拉动全市增速1.7个百分点。花都区、增城区随着地铁开通而发展提速,分别可比增长25.9%、25.3%,增速紧随南沙开发区之后;番禺区、黄埔区分别可比增长18.5%、15.9%,增速亦走在各区前列。荔湾区因入库某企业超大额土地增值税等因素而增长1.1倍,增速居各区之首。四是所得税增速平稳,财行税表现突出。两个所得税实现收入713亿元,同比增长14.4%。其中企业所得税增长8.5%,个人所得税增长18.1%。尤其是企业所得税预缴收入增长19.4%,工资、薪金所得个人所得税增长18.7%,反映企业利润水平以及居民收入水平增势良好。财产行为税实现收入622.9亿元,同比增长22.4%,占税收总量比重(45.2%)比上年(36.8%)提高8.4个百分点。其中,土地增值税收入190亿元,同比增长50.8%(若剔除60亿元大额一次性不可比因素,则仅增长3.2%);住宅类存量房交易契税受楼市调控政策影响低幅增长1.4%。五是落实税收优惠政策为企业发展减负增效。全年累计减免各项税费逾500亿元,为企业发展减负增效。其中,改善民生减免税费255.3亿元,为符合条件的高新技术企业减免27.3亿元,为符合条件的小型微利企业减免2.8亿元,为支持文化教育体育事业发展依法减免7.6亿元。此外,还依照规定停征价格调节基金,为企业减轻费金负担3.8亿元。

【税源分析】 2017年,影响税源的主要因素:一是国内经济企稳回升,GDP增速终止下跌趋势,反弹至6.9%;广州市经济发展稳中提质,GDP突破2万亿元大关,比上年增长7%以上。第三产业地方税收占税收总量比重达83.6%,较上年同期提高2.6个百分点,税收增速比总体税收快2.6个百分点;经济稳定增长,带动企业利润回升,2017年企业所得税增长18.6%;个人工资薪金水涨船高,地税第一大税种个人所得税增长18.1%。二是2016年底至2017年初,广州市房地产市场持续火爆。上半年,受益于税收的滞后效应,土地增值税预征收入增长22.4%,房地产业企业所得税增长50.9%,存量房契税增长45.3%,房屋转让所得个人所得税同比增长47.3%。下半年,随着房地产调控政策效应逐步显现,楼市成交日趋走低,相关税收也明显下滑,其中最及时反映一手房交易情况的土地增值税预征收入下半年总体同比下降28.1%,房地产业企业所得税同比下降2.1%;与二手房交易相关的存量房契税同比下降24.4%,房屋转让所得项目个人所得税同比下降14.3%,销售不动产增值税同比下降11.8%。三是强化企业所得税汇算清缴,汇缴申报率达100%,全年入库汇缴收入55.07亿元,增长6%。加强房产、股权等财产转让所得个人所得税监管,相关个人所得税收入38.88亿元,增长18.1%。规范土地增值税管理,入库清算税款113.07亿元,同比增长1.5倍。土地出让契税同比增长46.6%。继续推进稽查属地化和专业化改革,2017年查补入库税款增长9.6%。四是全年依法为纳税人减免各项税收合计458.87亿元。其中,在改善民生方面减免税收255.24亿元,在支持金融市场方面减免税收150.92亿元,在鼓励高新技术方面减免税收23.27亿元,在支持文化教育体育方面减免税收4.78亿元,在促进小型微利企业发展方面减免税收2.8亿元。另一方面,"营改增"全面扩围直接导致广州市地税局税收减少157.69亿元,直接拉低税收增幅12.6个百分点;加上"营改增"总体减负效应超出预期,全市城市维护建设税、教育费附加等流转税附征税费也受到一定冲击。

【税收征管】 一是提出"全面贯彻落实'放管服'改革要求,以转变征管方式为主线,以风险管理为导向,以数据管税为手段,以信息技术为支撑,构建管户、管事、管数据、管风险、管质效'五管结合'的新型税收征管体系",打造前端便捷办税、后端智能管税的智慧税务局;制发《转变税收征管方式提高征管效能的实施方案》,方案确定了28项工作内容,制定了重点任务分工及进度安排表,各项任务按照时间进度有序推进。与市国税局共同拟定《广州市国地税2017年纳税人分类分级和税收风险管理合作计划》,达成16个合作项目,共同确定292户纳税人作为联合评估对象,探索税收风险共治,全年国地税共应对风险企业303户,合计评补入库8.36亿元。依托金税三期系统开展国地税协同清税业务,分两批在全市范围内推广联合清税注销业务:第一批单位于2017年12月中旬顺利完成上线运行,2017年全年办理联合清税注销6154户。积极开展合作示范区创建活动,广州市获评"全国百佳国税地税合作市级示范区",南沙区获评"全国百佳国地税合作县级示范区",二是推进二手房登记办税"一体化"办理。推动税务、国规、住建多部门联合服务,创新跨部门"一网通办",推行二手房"一号通办"模式,申请人只需取一次号、提交一套资料,就可跨部门办理二手房交易纳税和过户登记两项业务,有效解决了"多头跑、多头找、来回跑、重复报"的办事难问题;精简办税环节,将前台录入信息由原来的34项减少为3项,实行免填单服务,平均办税用时由30分钟缩短至10分钟。截至2017年12月底,运用"一体化"服务共办理业务5.6万宗。三是推进税务证照O2O体系建设。选取试点单位,应用广东省地税局开发的邮政配送支撑系统,在6月30日成功完成全省首例纳税人微信申请、邮政配送到家的个人完税证明业务,11月在全市铺开,打造了线上线下相融合的办税新模式。四是试点"联合清税注销"工作。分两批在全市范围内推广联合清税注销业务,2017年全年广州市地税局办理联合清税注销6154户。五是推广电子税务局应用。截至12月底,广州市地税局主管的适宜开通电厅渠道的正常纳税人约106.92万户,其中已开通纳税人约86.25万户。六是深化商事制度改革。进一步加快企业"多证合一"、个体工商户"两证整合"等工作,配合广州市工商局推进企业简易注销、企业全程电子化登记等工作,2017年广州市税务登记新开企业共19.45万户,新开个体9.32万户;顺利通过工商总局、税务总局联合开展的全国企业登记及涉税服务窗口工作专项督查,广州市所采用的"源头采集、四重保障"工作机制受到工商、税务总局的充分肯定。七是拓展"智能办税"领域。截至12月底,全市共安装202台自助终端,受理业务量44.46万笔,比上年同期增长44.26%。开发了16项以社会保险费为重点的ATS自助办税服务系统,截至12月底,共受理业务2549笔,其中灵活就业人员减员1205笔,灵活就业人员变更险种1205笔;在广州市的多个基层局试点ETAX自助终端上推出增量房全流程自助办税,实现了增量房纳税人信息采集、申报缴纳、办税资料电子存档、电子税票全流程的智能化自助办税,办理时间较人工窗口缩短了75%。截至12月底,试点单位合共完成增量房契税、印花税征收1306笔,税额合计1271.18万元。八是强化风险管理。深化税收风险管理工作机制,推进决策二包风险管理系统上线,完成了系统测试、上线培训等工作,推进风险任务的扎口管理;编制《2017年税收风险管理计划》,统筹实施风险管理,推送风险纳税人50076户,评补税费44.01亿元,风险识别命中率为

97.29%;管理风险指标模型294个,同中山大学开展印花税、房产税、土地使用税、个人所得税等数学建模工作,建立评估模型4个。九是优化金税三期小工具。先后实现涉税保密信息开具、个人所得税完税证明补录开具、双定个体注销等功能,其中双定个体注销通过智能的数据比对处理,简单注销业务审核过程可由平均耗时10多分钟缩短至2分钟,复杂的注销业务平均耗时则可由40分钟降低到15分钟内。十是夯实征管基础。推进实名办税。完成了"税费实时监控""上市企业监控"等新功能的上线应用,并结合广东省地税局对"互联网+政务服务"电子申报率的绩效考评工作,完成了"电子申报率"监控新功能的开发测试,不断完善相关功能。十一是推进综合治税。实现向20个部门、单位提供涉税数据六大类共305.48万条;获取22个部门、单位的第三方数据资源40类共2108.39万条,同时基本实现国地税涉税信息共享常态化。利用涉税信息增加税收收入27.42亿元。

【税种管理】　一是"两代"(指代征增值税税款和代开增值税发票)业务的征收管理。2017年代征个人出租不动产增值税4.74亿元、代征销售不动产(二手房)增值税27.91亿元,合计32.65亿元,同比增长68.7%。二是财产行为税的征收管理。2017年,全年组织财产行为税收入622.84亿元,同比增长22.44%。2017年土地增值税收入189.96亿元,其中预征收入70.83亿元、清算收入113.07亿元。土地增值税收入连续三年突破100亿元。三是落实所得税收优惠。全市共有519户企业享受高新技术企业优惠,减免税额12.25亿元;1112户企业享受研发费加计扣除优惠,加计扣除金额35.66亿元;共有27838户企业享受小微企业所得税优惠,实际减免税款2.93亿元,受惠面达100%;共有纳税人192人享受了税优型商业健康保险个人所得税税前扣除优惠,累计税前扣除金额13.62万元,优惠政策落实成效凸显。四是健全所得税后续管理。五是推进全员全额明细申报。广州市2017年个人所得税电子明细申报绩效考核的申报率和准确率为100.00%。六是加强年所得12万元以上个人所得税自行纳税申报。全市共有540473人完成了自行申报,比上年增加249510人,增长85.75%,共补缴税款6459.65万元。七是国际税收工作优化服务创新管理。全系统集中开展税收服务"一带一路"宣传活动,构建"三个一"税收服务体系:创建一项合作机制——与国税、商务委等有关部门建立长期合作关系;搭建一个税宣平台——通过政策宣讲、下户走访、沙龙等方式点线面结合,打造特色税收宣传品牌;构建一个服务矩阵——在官方网站、微信、微博开设"一带一路"税收专栏,在全系统选拔50名专业人才,组建首批国际税收专业人才库。

【费金征管】　一是强化费金组织收入。2017年全局组织费金收入1100.48亿元,同比增收126.88亿元,增长13%。组织费金收入占税费收入总量的45.33%。其中,社会保险费收入962.63亿元,同比增收116.67亿元,增长13.79%。组织其他费金收入137.85亿元,同比增收10.21亿元,增长7.99%。二是推进社会保险费扩面征缴。全市共核查机关事业单位6004户,涉及编外人员19.86万人,督促企业及时办理参保缴费手续。截至2017年底,全市五险缴费人数达2738.3万人次,同比增长10.1%,其中企业职工养老保险缴费人数达509.46万人,同比增长10.33%,比2016年末增加50万人。三是开展欠费治理工作。对欠费实施分类管理:全年核销社会保险费历史虚欠等19.2亿元,通过电话、短信等方式分步实施追缴实欠,全年追缴历史陈欠3.59亿元,追缴当年新欠17.51亿元。四是落实费金优惠政策。贯彻落实国家供给侧改革政策,继续严格执行医疗保险、失业保险、工伤保险的费率优惠政策,严格落实教育费附加、地方教育附加免征范围,停征价格调节基金,全年为企业减负约100亿元。其中,社会保险费减负60亿元,其他费金40亿元。五是提升社会保险费服务质效。进一步规范和优化社会保险费业务流程,制发《社保事项清单》2.0版。六是做好机关事业单位养老保险费征收工作。与市人社局、财政局等联合发文《广州市机关事业单位工作人员养老保险制度改革启动实施工作方案》等政策文件,明确部门职责和任务分工,于2017年11月24日在越秀区地税局成功扣缴全市首笔机关事业单位基本养老保险费29.61万元,正式启动机关事业单位养老保险征收工作。七是完善社会保险费综合治费机制。召开地税、人社、财政等三部门的联席会议,研究社会保险费欠费清理、扩面征缴等重点工作,确定了部门协同、职责分工、综合治费等重点任务。八是完成国务院社会保险征收体制第三方评估工作。统计、核实调研组20多项时间跨度超过20年的数据指标,结合广州社会保险费征收模式的三次改革,认真准备汇报材料,实事求是地介绍了十七年来地税征收社会保险费的成效和优势,提出了由地税征收社会保险费的意见建议。

【税费稽查】　2017年,广州地税稽查部门共查补34.56亿元,同比增长34.7%;入库32.64亿元,同比增长 35.9%。含金量更高的立案查补收入 18.22 亿元,同比增长 101.7%;超百万元以上案件数量 89 宗,比 2014 年的历史最高水平 56 宗增长 60.7%;“长江案”查补总额达 8.9 亿元,再次创单案查补金额纪录;以高度的历史责任感,紧紧把握营业税关键追征期,严守最后一道关口,全年共查补营业税 6.4 亿元,同比增长 2.7 倍;开辟对自然人尤其是高净值人群的稽查新领域,共对 37 个自然人立案检查,查补个人所得税 2.21 亿元,同比增长 35.6%;广州查补收入占全省 36.3%,立案查补收入占全省 62.7%,百万元以上案件数量占全省 54.3%,各项占比稳步上升。专项工作成效显著,限售股转让专项检查对 34 户企业立案检查,查补 6.5 亿元,“双随机”抽查工作取得实效,对 506 户企业开展抽查,对 78 户企业开展重点立案检查;全年共受理检举线索 4962 条,查补税费合计逾 7 亿元。最高人民法院对“德发案”作出判决,税务总局局长王军、副局长孙瑞标给予批示肯定;全年国地税稽查合作检查 907 户,同比增长 114.4%;立案查补收入 21.14 亿元,同比增长 74%。增强税警合力,2017 年联合公安经侦部门共同打击售卖假发票窝点 4 个,查获犯罪嫌疑人 7 名,收缴假发票 1.5 万份;持续推进国地税警“联合指挥中心”建设,构建稽查联合执法“云平台”;连续 14 年成功举办国税、地税、公安、检察院联席会议,完善案件移送、提前介入和案件交流机制,推动“两法衔接”再升级;“广州某人力资源有限公司、某建筑劳务有限公司虚开劳务发票案”“广州 QB 展览中心逃避追缴欠税案”获 2015—2017 年广东省“两法衔接”优秀案例和优秀案例提名;首创重大案源竞标派案,以竞标方式将“金额大、难度高、题材新”的重大案源交给“想办案、能办案、办大案”的检查人员,提升大要案查处质效,锻炼稽查干部队伍,提升稽查法治水平。强化集中审理,全年共集中审理 47 户重大案件,涉及金额 2.08 亿元。扩展新型执行手段,推动建立税银互动的“查冻扣”专线工作模式,成功搭建与工商银行的“查冻扣”专线,项目运行平台初步成型;强化与市中院清产庭的合作,创新通过税务机关作为债权人申请企业破产清算的方式清缴欠税,严厉打击“老赖”;尝试通过非诉执行的方式清缴欠税,破解清欠难题;召开欠税企业宣讲会,召集全市 100 户欠税企业参会,介绍税收违法“黑名单”及联合惩戒政策,14 户企业迅速清缴欠税 2368 万元。加大积案清理力度,加强对全系列积案清理工作的统筹指导,制定《广州地税稽查积案督办制度》,将积案清理工作纳入各稽查局的绩效考核,取得显著成效,圆满完成全市 514 户积案清理任务,合计入库 11.59 亿元。

【纳税服务】 在广东省省情调查研究中心组织的 2017 年广州市政务窗口服务满意度调查中,广州市地方税务局连续 8 年在全市 18 个政务窗口单位中名列第 1。主要做法:一是狠抓纳税人满意度整改。认准目标、找准短板、精准发力,召开全局工作会议,成立整改工作领导小组和办公室,确定 12 大类及其 35 项整改措施、44 项具体内容;建设信息监控指挥中心,制发纳税人需求管理办法,健全纳税服务投诉回访制度,建立办税服务问题反馈机制,收到问题建议 338 条,大部分问题已解决销号。在 2017 年全国纳税人满意度专项调查中广州市地方税务局位于省会城市第 17 位,较 2016 年提升 9 名;在全省税务系统纳税人满意度调查中排名第 16 位,较 2016 年提升 6 名。二是开展纳税人大走访。组织全系统广泛开展纳税人走访调研专项活动,市地税局领导走访全国、省级“两代表一委员”50 人,区地税局走访市区级“两代表一委员”、在管重点企业,全系统走访纳税人 28.5 万户次,占总管户近 3 成。发放《致纳税人的一封信》14.4 万份,《税企联系卡》15 万份,收到纳税人需求 1.1 万件,响应率达 100%。三是推进纳税服务便利化。开展“便民办税春风行动”,推出 5 类 16 项 31 条便民措施。扩大全省通办、同城通办范围,实现 4 大类 48 项 332 个具体涉税事项跨地域、零差异办理。全面推行预约办税服务,预约率达 68.7%。共建广州市国税地税联合办税服务厅 73 个,占全市总数的 78%;开设“一窗通办”窗口 589 个,占全部窗口的 90%,全年共办理国税业务约 74 万件。打造电子税务局用户体验设计中心,开展增量房涉税业务全流程自助办税服务试点,推进电子税票信息共享应用,电子办税申报率达 98.6%。微信新增缴纳车船税、契税等功能,完成全省首例纳税人微信发起申请、邮政部门配送到家的个人所得税完税证邮寄业务。四是 12366 纳税服务热线转型升级见成效。全年热线服务总量 228.1 万个,接通率 91.7%,在全国纳税服务热线日常监测排名第 3,咨询业务量排名第 1,在全省满意度测评调查中总体满意率达 99.8%。开展“12366 公众开放日”活动,省委常委、常务副省长林少春现场体验 12366 话务接听过程,转型升级一周年工作成果获税务总局、广东省地税局领导认可。五是构建和谐共进征纳关系。加强纳税信用评价工作,评定 A 级纳税人 2.5 万户,占 10.6%,B 级纳税人 16.9 万户,占 71.3%;税融通项目累计贷款金额达

42.1亿元。参与社会信用体系建设，推进“双公示”工作，纳税人学堂全年培训纳税人47.6万人次，创历史新高。创新税收宣传，与市国资委等联合举办市属国有企业诚信纳税宣讲会，打造《市长致纳税人的一封信》、“税法进校园”、微话剧展演等系列宣传品牌；围绕优化税收营商环境，在各级主流媒体及凤凰卫视、《香港商报》《澳门日报》等媒体集中报道72篇次，在新华网开设“优化税收环境看广州”专题报道，并在《中国日报》头版刊载相关报道；税法进校园活动获税务总局局长王军批示，《税收那些事》《六项减税政策轻松唱》等微视频广受好评。

（缪晓苏）

深圳市地方税务局

【经济概况】　2017年，深圳市实现地区生产总值(GDP)22438.39亿元(含研究与试验发展经费支出纳入GDP部分，含深汕特别合作区)，同比增长8.8%；GDP总量居国内大中城市第3位，人均GDP达2.71万美元；三次产业结构为0.1∶41.3∶58.6；全年新兴产业增加值9183.55亿元，增长13.6%，占GDP比重达到40.9%；规模以上工业增加值8087.62亿元，增长9.3%；固定资产投资5147.32亿元，增长23.8%；地方一般公共预算收入3332.13亿元，同口径增长10.1%；一般公共预算支出4594.70亿元，增长9.1%；进出口总额28011.46亿元，增长6.4%，其中，出口总额16533.57亿元，进口总额11477.89亿元。

【税费收入】　2017年，深圳市地方税务局全年组织各项收入2445.7亿元，可比增长10.7%。其中，税收收入2304.5亿元，可比增长10.8%，收入规模继续排名大中城市第3位，在36个省(市、区)中排名第7位；中央级税收收入977.3亿元，同比增长11%；地方级税收收入1327.2亿元，可比增长10.9%，占全市一般公共预算收入的39.8%。组织各项费金收入141.3亿元，同比增长5.3%，其中：教育费附加收入66亿元，同比增长4.1%；地方教育费附加收入44亿元，同比增长4.1%；文化事业建设费收入10万元，同比下降99.6%；代收广东省属企业社会保险费收入11.4亿元，同比增长13.3%；代收工会会费及其他罚没收入19.8亿元，同比增长9.5%。广东省委常委、市委书记王伟中在深圳地税局年度工作报告上批示：“2017年，市地税局认真落实市委部署，坚持质量第一、效益优先，深化税收征管改革创新，不断优化税收营商环境，为深圳经济社会发展提供了有力支撑。新的一年，希望你们继续锐意创新、优化服务，持续推进税收征管现代化，打造一流的税收营商环境，为深圳高质量全面建设小康社会、率先建设社会主义现代化先行区提供强有力的保障！”

【税收特点】　收入规模在全国大中城市继续排名第3，在36个省(市、区)中排名第7；产业结构优势明显，第三产业税收比重为78.4%，比全国(72.7%)和全省(73.5%)高5.7个和4.9个百分点；先进制造业占二产之比为63.5%，现代服务业占三产之比为85.8%；国家级高新技术企业达10988家，贡献税收455亿元，增长10%；新兴产业贡献税收557.7亿元，占比24.2%；体现经济效益的企业所得税和个人所得税收入均实现了9.8%的增幅；体现社会财富积累和经济行为活跃程度的财产行为税收入增幅为10.2%；百万元以上纳税大户共11460家，贡献税收1895.7亿元，占总体税收的比重达82.3%；纳税超50万元的自然人达10607人，贡献税收173亿元。

（杨宝玉）

珠海市地方税务局

【经济概况】 2017年，珠海经济保持稳中向好的发展势头，全市完成地区生产总值2564.73亿元，同比增长9.2%，增幅比上年同期提升0.7个百分点。分产业看，第一产业增加值45.53亿元，增长4.1%；第二产业增加值1288.75亿元，增长11.6%；第三产业增加值1230.45亿元，增长6.9%。全市实现规模以上工业增加值1105.62亿元，同比增长10.6%，增幅比上年同期加快4.7个百分点。全市完成一般公共预算收入314.35亿元，同比增长10.4%，其中税收收入239.03亿元，增长6.6%，占一般公共预算收入的76%。

【税费收入】 全市地税系统组织各项税费收入507.44亿元，可比(剔除“营改增”影响，下同)增长13.9%。其中，税收收入330.25亿元，可比增长16.5%，当中，中央级收入133.78亿元，可比增长31.9%；省级收入59.92亿元，可比增长7.6%；市区级收入136.54亿元，可比增长8.1%。社会保险费收入153.17亿元，增长11.7%。其他非税收入(含教育费附加、工会经费、残疾人基金等)24.02亿元。按照市财政口径，全市地税系统组织全市一般公共预算收入152.25亿元，可比增长7.4%。其中，组织市本级一般公共预算收入58.24亿元，可比增长2.8%。

【税收特色】 税收入库增长略快于全省及珠三角。受“营改增”影响，2017年全省地税税收实际收入比上年同期下降3.5%，珠海市入库增速(－2.1%)分别高于全省及珠三角(－3.4%)1.4个、1.3个百分点，增幅居全省第8。中央级收入增速明显快于地方级。从可比增幅看，中央级收入受所得税较快增长拉动，可比增长31.9%，分别高于总税收、中央级、市区级15.4个、24.3个、23.8个百分点；省级、市区级收入主要受土地增值税大幅下降影响分别个位数增长7.6%、8.1%。所得税收入增幅远高于财产行为税。两大所得税合计收入218.70亿元，占总税收比重66.2%，较上年同期提高17.2个百分点，增长32.2%，增幅高于总税收(16.5%)15.7个百分点、财产行为税(－5.7%)37.9个百分点，拉动总税收可比增长18.8个百分点。制造业、商业服务业、金融业、建筑业等重点行业实现可比较快增长，房地产业略有下滑。第二产业中，制造业收入89.91亿元，增长19.5%，增幅高于总税收3个百分点；建筑业收入12.90亿元，可比增长18.2%。第三产业中，房地产业收入98.93亿元，占总税收比重30%，较上年同期下降6.3个百分点，但规模仍居各行业之首，可比下降0.9%，近十年来首次出现负增长。商业服务业收入37.51亿元，主要受横琴新区拉动可比增长45.6%。

【税源分析】 2017年全市经济运行稳健，地区生产总值增长9.0%，工业生产增势良好(规模以上工业增加值同比增长10.9%)拉动制造业税收增长19.5%，基础设施投资快速增长(固定资产投资增长19.6%)拉动建筑业税收增长18.2%，市场消费走势平稳(全市社会消费品零售总额增长11.3%)拉动批发零售业税收较快增长；金融机构本外币贷款余额较快增长(11月末增长16.2%)拉动金融业税收可比增长17.4%。制造业税收贡献率明显提升，税收收入89.91亿元，占总税收比重27.2%，比上年同期提升4.9个百分点，增长19.5%，拉动总税收可比增长5.2个百分点，其中，先进制造业、装备制造业、高技术制造业分别实现税收25.42亿元、22.78亿元、21.42亿元，分别增长25.1%、23.5%、20.7%。现代服务业(177.97亿元)占第三产业税收的80.2%，其中，商务服务业在横琴新区拉动下可比增长45.6%，占总税收比重较上年提升2.6个百分点，拉动总税收可比增长4.1个百分点。重点税源企业税收贡献明显上升。纳税百万元以上的大户共2106户，本年贡献税收289.7亿元，可比增长28.3%，占总税收比重87.7%，拉动总税收可比增长22.5个百分点。其中，纳税亿元以上企业共计48户，本年贡献税收137.77亿元，可比增长40.1%。纳税百强贡献税收172.78亿元，可比增长36.7%，拉动总税收增长16.4个百分点。市区级收入十强税收合计23.85亿元，占市区级税收比重17.5%，增收8.61亿元，增长56.5%。

【智慧税务】 全国首推“房地产交易智能办税系统”，在全国率先实现个人存量房交易中的不动产权证、房地产买卖合同、购房发票、契税税票、按揭合同等五项资料通过数据共享方式获取，办税时间提速6倍,由以前约1小时缩短至10分钟以内;打造全流程“不见面”办税服务模式,实现增量房契税网上办理、网上支付,足不出户便捷缴纳,切实减轻纳税人负担。全省创新运行“以地控税、以税节地”综合税源管理平台,着力构建“以地为基、全程跟踪、分类监管、一体管理”的土地税收综合治理体系,通过部门信息共享,促进土地节约集约利用。2017年2月28日,该平台上线试运行,10月24日在全市正式全面上线。系统运行以来,对创新行政管理方式、提高税收治理能力,强化土地管理和税收调节职能具有重要意义,有效促进土地节约集约利用,为地方经济发展提供了坚实的保障。与国税联合打造全省首个“国地税联合管理平台”,针对国地税征管合作中存在的系统支持不足等问题,为提升征管质效、实现“两个减负”,在全面实现国地税金税三期系统核心征管数据实时共享的基础上,彻底打通国地税沟通融合通道,拓展合作范围,把国地税合作业务从“纳税人前端”延伸至“管理业务后端”,实现“前台服务融合”向“后台管理融合”纵深推进。全省首推税务智能服务机器人,2017年9月,全省首个智能导税机器人“贝贝”在珠海市局香洲区局办税服务厅上岗。机器人“贝贝”集人脸识别、引导咨询、政策宣传、业务推广、自主学习于一体,能为纳税人提供智能化、人性化的业务咨询导引和大厅讲解等服务,开创珠海市“智能+人工”新型导税模式。以“互联网+智慧税务”为主线,以省局打造的“一局一台一库”信息化载体为依托,加快全系统内信息化建设工作。集成开发“数据综合应用系统”,实现从“经验管税”向“数据管税”转变的智能化提升。

【依法治税】　成功创建首批全国税务系统法治基地,金湾区局成为广东省地税系统唯一一家入选的单位。2017年5月9日,省局在全省地税法治税务示范基地创建工作现场会上,总结推广珠海地税依法治税工作经验。7月,高新区分局被省局确定为第二批“广东省地税系统法治税务示范基地”;税收执法大督察工作成效突出,全面开展“三项制度”试点,得到税务总局发文通报表扬,是全省地税系统唯一一个获得该荣誉的单位。充分发挥税务稽查威慑力,全年共受理各类涉税举报案件41宗,检查和督导自查204户,其中立案检查125户,查补总额4.86亿元,查补收入1.29亿元,同比增加230%。发挥部门护税协税和“黑名单”、联合惩戒机制效用,全年清理历史积案13宗。国地税稽查合作不断深入,联合查补1.99亿元,联合督导自查查补7亿元。联合香洲区局稽查局5小时内迅速查获罕见“两套账”偷税案件,开启税务信息稽查工作全新模式,再创全省先河,获省局党组成员、副局长苏振钿批示肯定,获评2017年全省稽查信息化优秀案例第4名。

【科学征管】　全面开展数据质量清理工作,全年累计修正问题数据20多万条,加强数据共享应用,深化社会综合治税平台,形成政府依法管税、财税部门依法征税、纳税人依法纳税、社会各界协税护税的综合治税新格局,全年向国土、住规建、工商、不动产登记中心、国税等相关部门累计采集涉税信息155.51万条,挖掘税收潜力直接增加税收16.54亿元。开展企业所得税汇算清缴工作,汇缴企业19475户,汇算清缴入库税款44.99亿元,实现数据零差错;完成个人所得税各项工作,应补税额151.63万元,推进个人所得税全员全额扣缴明细申报工作,实现申报率和申报准确率“双百”;创新应用土地增值税智能预缴清算系统,全年实现土地增值税收入30.57亿元;确保环境保护税首个征期顺利开征;做好财产行为税申报征收、减免退税、风险管理等工作,全年组织契税26.75亿元,同比增长9.7%,房产税13.84亿元,同比增长41.3%,城镇土地使用税3.6亿元,印花税6亿元,车船税2.21亿元,耕地占用税9919万元,资源税51万元。

【纳税服务】　改革创新办税厅规范培训模式,办税厅形象与服务水平实现双“提升”,大力推进“两规范一指南”在珠海市办税厅扎实落地,引入第三方在全市办税厅开展驻点辅导,有效提升综合服务水平。持续推进纳税信用体系建设。联合国税举办“格力电器系”“华发系”纳税信用体系建设暨框架协议签订仪式,推动27个政府部门面向两家集团企业所有A级纳税人,制定了16类72项联合激励措施,充分发挥龙头企业示范引领作用,助力珠海创建全国社会信用体系建设示范城市。

【党风廉政建设】　全省首创“审计整改跟踪系统”,全过程跟踪留痕,使审计问题的整改责任落实到人,彻底改变以往“重审计、轻整改”的问题,顺利完成7个基层局经济责任审计工作。率先建成启用标准化“走读式”谈话室,规范执纪监督工作。复原习近平总书记7年知青岁月书箱,助力干部学懂弄通党的十九大精神,持续丰富“党廉文化长廊暨‘八小时以外’活动基地”,全年迎接系统外48个单位3000多人次参观。

（张申际）

汕头市地方税务局

【经济概况】 2017年,汕头市经济保持平稳较快发展态势,全市实现地区生产总值2350.76亿元,比上年增长9.2%。其中,第一产业增加值108.25亿元,增长2.9%;第二产业增加值1181.12亿元,增长8.8%;第三产业增加值1061.39亿元,增长10.4%。三次产业结构由上年的5.1:50.7:44.2调整为4.6:50.2:45.2。在第三产业增加值中,批发和零售业增长6.7%,住宿和餐饮业增长2.3%,金融业增长4.8%,房地产业增长24.0%。现代服务业加快发展,实现增加值511.36亿元,增长14.4%。民营经济增加值1685.64亿元,增长10.0%。全市人均GDP42025元,增长8.6%。全市完成一般公共预算收入150.06亿元(按全国统一口径剔除"营改增"收入划分体制调整因素影响),比上年增长11.2%;一般公共预算支出331.94亿元,增长11.4%。

【税费收入】 2017年,汕头市地方税务局共组织税费收入1839602万元,增收233317万元,可比增长14.5%。其中:完成税收收入1098621万元,增收193715万元,可比增长21.4%。其中中央级收入349963万元,增长27.2%,完成省局下达年度收入预期目标的100.9%;省级收入185848万元,增长30.6%,完成省局下达年度收入预期目标的102.7%;市县级收入562810万元,增长15.5%,完成省局下达年度收入预期目标的101.4%。征收社会保险费收入655123万元,增收46467万元,增长7.6%;征收其他规费收入85858万元。来自汕头市地税部门一般公共预算收入625420万元,可比增长15.8%。

【税收特色】 一是税收收入平稳增长。四个季度税收收入分别增长20.6%、31.8%、35.1%、4.5%,第四季度税收收入受上年同期高基数和政策性减税降费力度加大等因素叠加影响增速明显回落。二是各税种涨跌互现,所得税和财产行为税增幅各有亮点。企业所得税收入在上年部分行业利润向好和加大汇算清缴力度的推动下实现快速增长。2017年,实现企业所得税收入388045万元,增长35.8%,增收102297万元,增速较上年(5.8%)提高30个百分点,增收贡献率逾五成。个人所得税收入实现平稳增长。2017年,实现个人所得税182115万元,增长9.5%,增收15770万元。其中:工资薪金所得收入89409万元,增长10.4%,增收8414万元。土地增值税、城市维护建设税、印花税、资源税、车船税和契税分别增长36.3%、14.8%、26.2%、11.2%、20%和29.5%,房产税基本持平,土地使用税和耕地占用税出现负增长。三是各级次收入均实现较快增长,中央级和省级收入增速快于市县级收入。2017年,中央级收入、省级收入和市县级收入分别增长27.2%、30.6%和15.5%。企业所得税快速增长推高中央级收入增幅。土地增值税和企业所得税快速增长推高省级收入增幅。受土地使用税实行税额标准调整和申报期推迟影响,土地使用税大幅减收,拉低市县级收入增速3.3个百分点。四是第三产业增长快于第二产业,房地产业税收增长突出。第二产业收入351085万元,增收36738万元,增长11.7%。其中,制造业收入191498万元,增收15150万元,增长8.6%。建筑业收入138671万元,增收31374万元,增长29.2%。电力供应业受行业利润回调和税款退库因素影响,收入19590万元,减收10078万元,下降34%。第三产业主要受房地产、居民服务、修理和其他服务业快速增长拉动,收入745525万元,增收156443万元,增长26.6%。占总税收67.9%,较上年同期上升2.8个百分点。重点行业中,房地产业受"去库存"效应、改善性需求以及投资性需求高涨影响,收入339079万元,占总税收比重30.9%,较上年同期提升3.8个百分点,增收93870万元,增量占总税收增量的48.4%,增长38.3%。从税种看,房地产业企业所得税、个人所得税、土地增值税和城市维护建设税分别快速增长103.5%、19.8%、37.4%和82.8%;居民服务修理和其他服务业收入41426万元,增收8659万元,增长26.4%。其他主要行业中,批发零售业增长9.7%,文化、体育和娱乐业增长7.2%,商业服务业、金融业、住宿餐饮业、信息传输软件和信息技术服务业、交通运输仓储邮政业分别下降10.1%、6%、5.4%、4.6%和18.6%。

【税源分析】 一是全市固定资产投资增速较快,增长27%,商品房销售面积增长81%,拉动与投资关联性较高的房地产、建筑行业税收增长迅猛,其中房地产业增长38.3%,建筑业增长29.2%。二是社会消费品零售总额增长11.1%,推动居民服务、修理和其他服务业税收增长26.4%。三是全市规模以上工业总产值增长10.3%,推动制造业税收增长8.6%。

征管因素:一是抓重点行业。针对全市固定资产投资增速较快的特点,坚持以项目管理为主线,综合采取台账管理、纳税评估和重点检查辅导等形式,着力加强与投资关联性较高的房地产、建筑行业税收征管并取得显著成效。来自房地产业税收增长38.3%,增收93870万元;来自建筑业税收增长29.2%,增收31374万元,两大行业合计增收额占总税收增收额逾六成。二是抓重点企业。瞄准汕头市经济发展新亮点,加强重点建设项目的管理和服务,较好地将经济发展态势向好、重点企业做强做大、重大经济项目落户汕头的优势转化为税源新增长点。如苏埃通道建设投资发展有限公司全年纳税19052万元,增收16775万元,增长7.4倍;宜华健康医疗股份有限公司入库22894万元,增收20140万元,增长7.3倍。三是抓重点税种。将企业所得税的日常征管和汇算清缴有机结合,严格落实按季预缴申报,突出风险排查及后续管理,2017年企业所得税收入增长35.8%;落实股权转让所得信息交换机制,严格把控转让环节税源,2017年财产转让所得个人所得税收入增长19.4%;有效运用汕头地税"5+1"六税一体化控管平台,提升对契税、耕地占用税、房产税、土地使用税、土地增值税和印花税六个税种的数据标准管理、税种规范管理和风险内控管理水平,2017年六税合计收入391076万元,增收52292万元,增长15.4%。

【管理创新】　一是"5+1"六税一体化控管平台建设实现新突破。成功上线汕头地税"5+1"六税一体化控管平台,平台涵盖行政决策、税源管理、风险防控、成果展示、查询统计、核心维护等六大功能模块,集聚税收容量匡算数、土地增值税管理及第三方数据采集等46个功能点,形成了"事前规范管理—事中风险防控—事后监督评价"的全流程闭环管理,实现了组织收入工作质量、数据分析应用水平、风险管理和纳税服务、税收执法公平度和纳税信用评价运用"五个有效提升"。二是数据清理应用实现新突破。全面开展税收经济户口清理,坚持"政府主导、税务牵头、部门配合、齐抓共管"的原则,共完成了17.2万条数据的比对清理,累计补办税务登记20912户。强化金税三期数据质量检查,完成四批共35万多条数据的清理,确保问题数据处理率、数据完整率、数据一致率达到100%。三是"互联网+税务"应用实现新突破。因应"互联网+服务提质"的需要,在全市办税服务厅全面上线办税服务综合管理系统,为全面展现办税服务情况和开展纳税服务数字化管理打下坚实的基础。因应"互联网+办税提速"的需要,成功上线运行房产交易智能办税系统,避免纳税人"多头跑",减少了现场信息采集环节,大幅缩短了纳税人排队等候时间。因应"互联网+缴费提效"的需要,通过自助终端机缴纳社会保险费托收单业务正式上线应用,在全省首个正式应用自助终端机社会保险费托收单功能。

【深化税制和征管体制改革】　研究制定了《汕头市地方税务局关于税费征管工作转方式调职能提效能的实施方案》,既做好省局任务的承接,又注重结合实际打造汕头特色。围绕"五个互联互通"细化为机构优化、基础管理、风险管理、信用管理和信息化建设五大类28项具体措施,突出了五方面的创新亮点:一是确立汕头地税税费一体化管理思路,坚持税费并重,联动控管;二是明确将调职能作为转方式与提效能的必经环节;三是对"5+1"平台赋予更新的内容及提出更高的要求,使之成为税费一体化控管的重要工具,为今后一个时期汕头地税加强税费管理提供信息化支撑;四是探索建立信用管理积分制,首次将缴费人信用纳入信用管理范围;五是推动政府建立税费信息综合共享系统。为建成电子化办税、大数据管控、全过程服务、智能化提升的基于互联网生态的征管新模式以及实施税源分类分级管理提供了重要指引。

【深化国地税合作】　实现了深化国地税合作的"四个转变":合作机制向常态化转变,在《国税地税合作规范(3.0)》51项合作事项中,除8个省级合作项目外,其余43项在汕头市全部得到落实。税收宣传向立体化转变,借助汕头市中山公园百年老园的文化平台,联合打造全省首个"税收宣传主题公园";联合开展"送税法"、进华侨试验区、进科技企业孵化基地、进女企业家商会、进大学生创业园等活动,创建起立体化的税收宣传网络。服务发展向品牌化转变,联合为"走出去"汕头企业推出"九个一"的"大礼包",开展"税收助力广东制造"行动,共为150户大企业和142户"走出去"企业提供个性化的政策辅导。合作管税向实质化转变,在开展联合清税、清理经济户口、欠税公告、专项纳税评估、共管户比对关联数据清理、非正常户数据交换等方面取得了一系列新成效。

【纳税服务】 以纳税人为中心,以需求为导向,制订纳税人满意度整改方案,配套12项具体务实的整改措施,着力解决纳税人办税中的“痛点”“堵点”和“难点”问题,在2017年全省税务系统纳税人满意度调查评比中,汕头地税得分排名蝉联全省第3。重点是做到“三个提升”:提升办税效率。编制《纳税服务月报》,分析各办税渠道及各办税服务厅窗口的工作情况,充分挖掘窗口办税潜能,提高窗口办税服务效率,全市纳税人平均等候时间持续下降,2017年,办税服务厅纳税人取票后至叫号平均等候时间为5.9分钟,每笔业务平均办理时间1.7分钟,总体上纳税人从取号至完成平均需时在全省各地市中最短;全年涉税事项按时办结率为96.89%,在全省各地市中排名第3。提升服务质效。认真落实国家税务总局纳税服务规范和税收征管规范,加大明察暗访力度,促进主动服务、态度友好、业务办理及时等3项指标排名居全省第1。其中,办事公平透明、税企联系密切、资料要求清晰、表单获取便利、宣传辅导解读清晰等5项指标排名全省第2;12366纳税服务热线接通率98.47%,在全省12366纳税服务热线服务质效考评中名列前茅。提升增值服务。加强纳税信用管理,促进结果转化应用,助力企业特别是小微企业融资,实施“银税互动”项目累计发放贷款14.25亿元,惠及企业1327户。

(杨　坚)

佛山市地方税务局

【经济概况】 2017年全市生产总值9549.60亿元,比上年增长8.5%。其中第一产业增加值145.92亿元,增长1.9%;第二产业增加值5570.18亿元,增长8.2%;第三产业增加值3833.49亿元,增长9.1%。在第三产业中,交通运输、仓储和邮政业增长5.8%,批发和零售业增长6.5%,住宿和餐饮业增长3.0%,金融业增长3.9%,房地产业增长10.1%,其他服务业增长12.3%。三次产业结构为1.5∶58.4∶40.1。现代服务业增加值2268.23亿元,增长9.6%。民营经济增加值6067.02亿元,占全市生产总值的比重为63.5%。

【税费收入】 2017年,累计组织税费收入866.3亿元,同比增长1.6%,增收13.9亿元,可比(剔除“营改增”影响,下同)增长13.0%,增收99.5亿元,其中:组织税收收入498.9亿元,可比增长20.3%,增收84.1亿元,同比下降0.3%,减收1.6亿元,从税收规模看,全市地税税收收入自1994年地税分设以来,连续24年稳居全省地级市首位;组织社会保险费收入321.1亿元,同比增长5.2%,增收16.0亿元。

【税收特色】 2017年佛山市地方税收收入运行情况,总体上呈现“税收增速高于全省平均水平、中央级收入增长较快、所得税增长快于财产行为税、重点行业支柱效应突出、各区增长不平衡、非常量税源增收效应显著”等特点。

一是税收收入可比增速排名全省第8,珠三角八市第5。从税收规模看,佛山市地税税收收入498.9亿元,连续24年居全省地级市首位,占全省(不含深圳,下同)地税系统税收收入的12.3%,收入规模比东莞市多21.2亿元。其中:中央级收入138.2亿元,可比增长31.4%,同比增长33.1%;省级收入79.6亿元,可比增长22.5%,同比下降32.0%;市县级收入281.2亿元,比东莞市多43.0亿元,可比增长14.9%,同比增长0.6%,占全市一般公共预算收入的42.5%。从税收增幅看,全市地税税收收入可比增幅20.3%,高于全省平均可比增幅1.0个百分点,全省排名第8,珠三角8市排名第5,高于广州市,低于东莞市;全市市县级收入可比增幅14.9%,低于全省平均可比增幅0.2个百分点,全省排名第10,珠三角8市排名第6,低于广州市和东莞市。

二是所得税增速快于财产行为税增速。2017年全市企业所得税、个人所得税合计入库218.2亿元,同比增长28.9%。其中:企业所得税受汇算清缴收入大幅增长78.8%带动,同比增长24.6%;个人所得税在工资薪金所得和财产转让所得快速增长的推动下,同比增长33.4%。与地方财政收入密切相关的财产行为税合计入库267.4亿元,同比增长11.8%,落后于全省平均增幅2.8个百分点,其中:房产税受政策性征收期调整影响同比增长30.0%,城镇土地使用税受企业补缴欠税影响同比增长33.2%;契税、土地增值税受全省征收期调整及楼市调控影响,同比增幅平稳,分别增长6.5%、10.6%。代征国内增值税12.4亿元,受二手房交易增多影响,可比增长93.1%。

三是重点行业支柱效应突出、重点企业竞争力保持强劲。2017年,全市第二产业实现税收收入114.5亿元,可比增长18.9%;第三产业实现税收收入383.8亿元,可比增长20.6%,二者比重为23.0:76.9,第三产业比重较2016年下滑0.5个百分点。第三产业中,租赁商务服务业、居民服务修理服务业、文体娱乐业三个行业受股东股权转让交易增加、企业分红增长及大额土地增值税清算税款入库影响,可比增速分别为45.2%、166.3%和221.0%;房地产业及公共管理、社会保障和社会组织业(主要含个人二手房交易税收)两个行业合计入库税收264.6亿元,占总税收比重的53.0%,较2016年下降1.3个百分点,可比增长14.7%,可比增收33.9亿元,拉动总税收可比增长8.2个百分点。第二产业中,制造业税收受企业股权交易增加推动,可比增长22.2%,增速领先房地产相关行业7.5个百分点。2017年,市局纳税500万元以上的重点企业共1046户,较2016年增加49户,入库地税税收295.1亿元,同比增长19.2%,占地税总税收比重达59.1%,高出2016年同期1.5个百分点。其中房地产业重点企业数量占比、税收贡献均居前列,485户房地产企业累计入库159.6亿元,占重点企业税收比重的54.1%,行业税收同比增长10.5%,快于全市房地产业企业平均增速12.0个百分点。

四是各区税收增长差异性较大,南海区收入总量优势凸显,三水区税收增速亮眼。其中:南海区局税收总量、可比增量均稳居全市首位,入库税收197.4亿元,占全市总税收比重达39.6%,可比增收33.5亿元,占全市税收可比增量的39.9%,充分发挥组织收入顶梁柱作用;顺德区局紧抓高收入人群税收管理,强化股权激励税源跟踪,全年入库个人所得税41.8亿元,个人所得税贡献全市第一;禅城区局优化资本性税源管理,运用工商股权变更信息,深入挖掘自然人海外分红数据,全年入库大额资本性税源收入超6.3亿元,同比增长43.8%;三水区局依托房地产溢出效应,凭借契税增长95.4%的增收优势,总税收同比、可比增速均列全市第1;高明区局抢抓区域经济发展回暖、房地产市场持续升温等利好时机,打造房地产税收链条化管理,助推税收可比增长29.4%,可比增幅仅次于三水区,位列全市第2。

五是非常量税源可比增速快于常量税源。2017年全市常量税源收入390.4亿元,占总税收的78.2%,可比增长10.6%,增收37.3亿元;非常量税源收入108.6亿元,可比增长75.6%,增收46.7亿元,占总税收可比增量的55.6%。其中:企业所得税汇算清缴收入34.1亿元,增长78.8%,增收15.0亿元;土地交易契税收入28.5亿元,增长83.0%,增收12.9亿元;股权转让、股息分红个人所得税26.1亿元,增长69.4%,增收10.7亿元。

【税源分析】 增收因素。一是经济环境稳中向好,为税收增长提供基础支撑。2017年,佛山市深化供给侧结构性改革,创新驱动发展成效明显,实体经济振兴发展,居民收入水平稳步提升,全年实现地区生产总值约9549.60亿元,比上年增长8.5%,规模以上工业总产值增长8.7%,固定资产投资增长20%,社会消费品零售总额增长10.2%,为税收增长夯实了基础。二是自然人税源征管质效跃升,为税收增长提供强劲动能。随着佛山"招才引智"政策深入推进,高层次人才入驻推动工薪收入总量增加,2017年全市工资薪金个人所得税收入60.4亿元,增长26.0%,增收12.5亿元;与此同时,全市地税系统着力强化股权转让所得个人所得税动态管理,保障税源及时入库,2017年累计入库股权转让交易个人所得税13.8亿元,增长3.6倍,增收10.7亿元,占总税收可比增量的12.8%,创市局2012年以来股权交易个人所得税总额新高。三是房地产税收递延效应,为税收增长提供有力助推。2016年度佛山市房地产市场热潮助推2017年企业所得税中房地产企业汇算清缴收入规模达27.9亿元,增长1.3倍,增收15.9亿元,占总税收可比增量的18.9%;此外,2017年佛山市土地出让交易畅旺,商住用地成交金额903.8亿元,为历年之最,增长55.2%,助推土地交易契税实现收入28.5亿元,增长83.0%,增收12.9亿元。四是税收征管转型,为税收增长提供有效保障。2017年,市局全面推行数据驱动分类分级管理模式改革,深化数据风险管理,集成涉税信息应用深挖税源,全年累计推送风险疑点数据3.6万条,入库税款14.5亿元。与此同时,通过开展联合稽查、专项稽查,利用税务稽查"双随机一公开"工作模式,全年累计实现稽查查补入库9.3亿元,其中,组织企业自查543户,入库税收7.1亿元;立案检查96户,查补入库2.2亿元。

减收因素。一是房地产政策调控持续,税收增速逐步降档。2017年,佛山持续加强房地产市场限购调控,楼市成交活跃度下降,房地产固定资产投资占比回落,据住建局数据显示,全年商品房网签销售额1779.9亿元，同比下降17.4%。反映在税收上，与房产交易密切相关的预缴土地增值税收入和房产交易契税收入分别下降1.4%和13.8%。受此影响，全市市县级收入增长趋缓，累计增速从一季度增长35.9%下滑至全年增长14.9%，增速落后于中央级和省级收入。此外，2017年10月1日起，全省统一调整契税纳税期限，纳税期限较市局2015年11月起实施契税前置征管措施的时限更为宽松，致使2017年第四季度全市房产交易契税规模锐减，月均收入水平仅达到前三季度月均水平的五成。二是精准落实税收优惠政策，减税红利只增不减。2017年，全市地税系统紧抓国务院6项减税政策、“粤十条”“佛十条”及省地税局出台的11项减税降负措施落实，累计减免各项税费210.8亿元，其中：鼓励企业自主创新，贯彻高新技术企业、研发费用加计扣除等企业所得税优惠政策，分别减免税收6.9亿元、2.6亿元；落实小型微利企业优惠政策，减免企业所得税1.3万户次、共计1.1亿元。

【征管改革】 全面推进数据驱动分类分级管理，改革走在全省前列。紧扣省局构建基于互联网生态的新型管理模式决策部署，坚持管理与信息融合，在集成前期改革成果的基础上，2017年5月起全市推行数据驱动分类分级管理模式改革，在全省地税率先探索转变税收征管方式新路径，获得总局、省局充分肯定，认为该项改革顺应了广大纳税人对纳税服务的美好需求，为新时代税收管理现代化建设打造了可复制的“佛山典范”。

整体模式上：推行分类分级管户，取消税管员固定管户。以电子办税、数据管控、风险管理和智能服务为核心，实行专业化、标准化、数据化的分类分级管理；优化市局、区局、分局三级管理职责，分局设置5类10个业务专岗，将日常管理实务分为“基础管理、纳税服务、风险管理、法制事务”4类，实行专业化管理；增设管理服务区，作为分局管理系列对外服务的统一窗口，打造基层分局“4+1”大服务格局。运行机制上：突出风险管理，转变无差别应对。建立“内部+综合治税+网络”全链条数据采集模式，采集部门从30个增至38个，出台外部数据管理办法，治理质量问题86个；构建“模型建设—风险计划—风险识别—扎口推送—风险应对—反馈监督”全闭环风险管理模式，推送风险管理任务56项次、风险疑点数据3.6万条，入库税款14.5亿元；建立数据分析模型，成功拦截319名涉嫌虚假申报个人所得税非法获取购房资格者购买商品房，协助公安机关打掉1个犯罪团伙，抓获6名犯罪嫌疑人。标准化、信息化建设上：加强后续管理支撑，强化事中事后管理。加快业务领域标准建设攻关，以应用云平台为基础，集成融合全市软件开发和应用系统，全面升级5S税务助手，5月在全省地税率先上线任务管理平台（一期），实现318个日常管理、风险管理、数据管理业务的电子化流转、全流程管理、智能化考核；在南海区试点成立全省地税首个实体化电子办税分局，对涉税业务进行线上集中审核、集约处理。

【国地税合作】 建成国地税合作市级示范区，品牌效应凸显。以建设国地税合作市级示范区为契机，形成“1+10+N”全域合作“大框架”，合作规范3.0版的51个合作事项已全部落实到位，11项合作创新亮点获省局认可并推广，佛山荣获“全国百佳国税地税市级示范区”称号，禅城区局“一门式”办税服务厅荣获2017年全国行政服务大厅典型案例“百优”称号。最大限度方便纳税人，推进服务深度融合。进一步拓展“全业务”“一门式”办税服务模式，以南海、三水区局为试点，实现联合办税“一厅通办”；在禅城区绿岛湖办税服务厅启用全省首个国地税“用户体验设计中心”；在全国率先实现通过金税三期系统代开增值税电子普通发票，每月减少纳税人门前开票近3万人（次），被税务总局在第三次专项督察作为典型经验做法通报表扬；国地税“一把手”带队走访全国人大代表、政协委员及企业家，找准服务方向；推动大企业税收管理合作，与石湾酒厂、蒙娜丽莎签署《个性化纳税服务协议》。最大限度优化税收治理，推进管理适度整合。共建国地税法律顾问团队，首批20名法律顾问迅速到位；深化设立、变更、核定、注销清税等执法合作，在三水区试点推行“一照一码”纳税人联合清税；健全稽查联合随机抽查机制，合力查处发票违法企业54户，涉及金额2.1亿元；在南海区试点国地税数据一户式查询，升级“金税三期助手”，在国地税数据互通基础上，实现校验类、免输入类、公告类、查询类四类功能的共享共用，推进信息聚合共享；高明区共建干部联合培训基地，强化专业人才培养。

（周　鹏）

韶关市地方税务局

【经济概况】 2017年韶关市实现生产总值1338亿元,比上年增长5.9%。人均生产总值4.5万元,增长5%。其中第一产业增加值171.7亿元,增长4.5%;第二产业增加值491.4亿元,增长1.2%;第三产业增加值674.8亿元,增长9.6%。三次产业结构为12.8∶36.7∶50.5。农业方面:全年农林牧渔业总产值274.9亿元,增长4.5%。其中农业增长4.2%,林业增长7.5%,畜牧业增长4.4%,渔业增长4.7%。工业方面:全部工业增加值431亿元,增长2%。其中规模以上工业企业增加值322.5亿元、增长2%。投资内需方面:全年完成固定资产投资692.8亿元,下降1.3%。其中:房地产开发完成投资189.7亿元、增长29.2%。全年商品房销售面积449.1万平方米、增长21.8%,其中商品住宅销售面积426.7万平方米。商品房销售额235.4亿元、增长41.6%。全社会消费品零售额687.4亿元,增长7.7%。全年进出口总额166.2亿元,增长5.6%。全市居民人均可支配收入21866元,增长9.5%。其中城镇居民人均可支配收入28306元,增长9.5%;农村居民人均可支配收入14108元,增长10.3%。

【税费收入】 2017年,全年累计组织税费收入109.76亿元,剔除“营改增”影响可比增长8.2%。税收收入50.24亿元,可比增长11.4%,其中:中央级收入10.77亿元,可比增长19.9%;省级收入6.06亿元,可比增长16.1%;市县级税收收入33.41亿元,可比增长8.1%;组织社会保险费收入53.04亿元,增长5.42%,其他规费收入6.47亿元,增长7.8%。

【税收特色】 一是税收增速稳中有升,但仍低于全省平均水平。全年税收可比增长11.4%,增速比2016年提升了2.9个百分点,低于全省平均增速(15.9%)4.5个百分点,全省排名第16,在粤东西北12市中排第8,粤北山区五市中排第3。二是中央级和省级收入增长较快,各级次收入均实现预期目标。中央级收入107719万元,可比增收17558万元,增长19.9%,完成预期100.7%;省级收入60625万元,可比增收8248万元,增长16.1%,完成预期101%;市县级收入334084万元,可比增收25080万元,增长8.1%,完成预期101.9%。三是所得税增速快于财产行为税。所得税合计收入167461万元,同比增收29988万元,增长21.8%。其中:企业所得税64378万元,同比增收9321万元,增长16.9%;个人所得税103083万元,同比增收20667万元,增长25.1%。财产行为税合计收入326151万元,同比增收21738万元,增长7.1%。其中耕地占用税贡献突出,同比增收15386万元,增长31.2%。另外印花税、契税、车船税和土地增值税均实现了两位数的增长,城市建设维护税、房产税和资源税呈个位数增长,受烟叶收购量减少及收购价格下降影响,烟叶税下降15.1%,税额标准下调及征缴期调整致城镇土地使用税下降45.8%。四是第三产业税收“顶梁柱”作用凸显。从产业税收看,第三产业税收占总税收比重达到65.2%,比2016年提高了4个百分点,比第二产业高了30.8个百分点;从税收增速看,第三产业可比增长19%,而第二产业却下降了0.3%;从行业发展情况看,房地产行业依然是税收贡献主力军,可比增收14562万元,增长17.1%,占总税收的比重20.1%,另外,采矿业增长16.6%,金融业增长15.6%,制造业增长10.6%,批发零售业增长9.1%,下降较大的是建筑业和电力行业,分别下降8.3%和20.1%。科学研究和技术服务业、道路运输业发展势头较好,分别可比增长64.8%和61.3%。五是除浈江减收外,其他征收单位均实现正增长。税收可比增速超过20%的有三个单位,分别是乐昌27.3%、韶钢26.9%、乳源20%。增量贡献最大的是武江,可比增收23459万元,增长19.4%,增量占总税收增量的46.1%。浈江是唯一负增长的单位,可比下降3.9%,主要是受耕地占用税减收7114万元影响。六是税收集中度高,增量贡献大。2017年度全市纳税百强企业共入库税收307697万元,剔除营业税影响,可比增收43522万元,增长16.7%,占全市总税收比重61.1%,比2016年提高了2.3个百分点。2017年度缴纳市本级税收百强企业共入库市本级税收97776万元,剔除营业税影响,可比增收7877万元,增长8.8%,占市本级总税收73.2%,比2016年提高了1.8个百分点。

【税源分析】 增收因素:一是房地产行业的持

续景气带动相关税收的增长。2017年,房地产业税收收入100924万元,可比增长17.1%,增量占总税收增量的28.6%,拉动总税收增长3.3个百分点。房地产业税收有如此快速的增长,得益于全市房地产业持续景气的拉动,从1—11月的经济数据看,全市房地产开发投资增长29.2%,商品房销售额增长41.2%,商品房销售面积增长25%,三项指标分别比2016年提升了17.9个、13.7个和4.2个百分点。从与房地产业密切相关的税种收入看,契税入库45922万元,同比增收8874万元,增长24%,土地增值税入库52681万元,同比增收5176万元,增长10.9%。从房企税收贡献看,保利、恒大贡献最大,两家企业共可比增收8270万元,增长1.3倍。另外,翁源碧桂园、常青恒兴、丹霞新城均贡献了2000万元左右的税收增量。二是有色金属及钢材价格的持续高位运行,推动重点税源企业税收增长。2017年,国内锌价格基本维持在2.2万~2.6万元/吨,铅价格在1.6万~2.2万元/吨,都处于近年来的高位,受此带动,有色金属矿采选业税收增长20.5%,有色金属冶炼和压延加工业增长了50.7%。代表企业中,中金岭南在韶三家企业(凡口矿、韶冶、丹冶)2017年共入库税收16461万元,同比增收6948万元,增长73%;另外,在国家供给侧结构性改革、淘汰中频炉以及整治"地条钢"等政策措施的大力推进下,钢材价格大幅上涨,以螺纹钢价格为例,2015年降到冰点,只有1600元/吨左右,2016年后价格持续攀升,到2017年年底价格到了3700元/吨左右,价格的大幅上涨,使韶钢的钢材产线有效产能得以充分释放,有效带动韶钢(含宝武集团、韶钢松山、特钢)入库税收12681万元,剔除2016年底韶钢房土整体转让涉及的4590万元一次性税收影响,可比增收2989万元,增长30.8%。三是少数民族税收优惠政策效应持续释放及一次性税源因素推动个人所得税快速增长。2017年,个人所得税贡献了20667万元的税收增量,占总税收增量的比重达到40.6%。增收的原因除受工资薪金个人所得税增长9%影响外,主要是受全市利用少数民族自治地区企业所得税优惠政策进行招商引资的效果显现及一次性税源因素推动。其中:乳源"步步高"集团销售企业群共入库红利所得个人所得税9798万元,同比增收7058万元,增长2.6倍,增量占全市个人所得税增量的34.2%;另外,始兴江山能源企业注销及丹霞生物股权转让,共贡献了个人所得税5613万元,进一步推高了个人所得税的增长。四是耕地占用税为税收增长注入"强心剂"。耕地占用税全年共入库64726万元,同比增收15386万元,增长了31.2%,增量占总税收增量的30.2%,拉动总税收增长3.4个百分点。其中,曲江和乐昌贡献的耕地占用税增量最大,分别同比增收了8039万元和7546万元,浈江减收最大,同比减收7114万元。

减收因素:一是税额标准下调及申报缴款期延后致城镇土地使用税大幅下滑。2017年,城镇土地使用税共入库22159万元,同比减收18734万元,下降45.8%。下降的主要原因:一是全市城镇土地使用税税额标准进行了大幅下调,按照调整方案,2017年需在2016年的税额标准上降低20%左右。二是由于全市税额调整方案2017年12月25日才正式下发,离申报期限只剩几天,为确保纳税人能有足够的时间进行申报缴纳,市局按相关规定将该税种的申报缴款期延后到2018年2月28日。二是水电行业发电量大幅下滑影响税收收入增长。受降雨量不足影响,全年水电发电量仅为27.9亿千瓦时,大幅下降30%,而2016年增速为76%。发电量的大幅下滑,致使水电行业企业利润水平偏低。从税收看,水电行业共入库税收14027万元,可比减收5514万元,下降28.2%,其中该行业的企业所得税和个人所得税共入库10371万元,同比减收4362万元,下降29.6%。三是严格落实税收优惠政策助力地方经济发展。2017年以来,市局在加强税收征管、优化纳税服务过程中,注重税收政策的执行和落实。一年来,全市地税共减免各类税收189675万元,其中改善民生方面的税收减免最大,达到146795万元,占总减免税收的77.4%;支持金融资本市场减免11623万元,交通运输减免8833万元,乳源少数民族企业所得税优惠政策减免4534万元,公益减免税收3518万元,鼓励高新技术减免2563万元,促进小微企业发展减免1547万元,节能环保减免1225万元,其他减免税收9037万元。

【青年干部培养】 2017年,韶关地税围绕"夯实基础"和"人才兴税"战略部署,结合自身实际,通过"三个三"工作法建立起青年干部培养新模式,得到省地税局领导充分肯定,并作为先进单位向省组织部作汇报。一是立"三新",压实培养青年主体责任。牢固树立"青年强则地税强"意识,主动承担青年干部培养的主体责任和政治担当。建立"重视青年"新局面。局党组多次召开专题会议,班子成员分别到各县(市)区局开展座谈,在全系统统一思想,形成了"培养青年干部领导担主责,选拔使用干部看普遍认可"的共识。研究制发了《韶关市地方税务局青年干部培养计划》,从培养形式、内容、要求等方面详细科学编制了全市地税系统35岁(含)以下在编干部的培养计划。建立"共联共促"新架构。各部门负责人制定本部门人才培养计划,从年龄、学历专业、工作作风、性格倾向、应变能力、独立处理问题能力等方面考核,筛选出综合能力强的优秀年轻干部进入韶关市地税局人才库。建立"上下联动"新格局。各县(市)区局参照韶关市地税局做法,因地制宜制定了本单位青年骨干人才培养方案,统筹结合各级合力,实现青年干部培养工作系统上下同频共振。二是强"三教",筑牢青年干部思想根基。注重打基础、管长远,在青年干部教育管理上下功夫,求实效。强化理想信念教育。举办"青年读书会",结合习近平总书记重要批示精神学习活动和党的理论知识学习,引导其树立正确的世界观、人生观和价值观。强化政治主题教育。强化"支部引领全局、党员引领群众"建设,开展"重走长征路、永远跟党走"、重温入党誓词等活动,重温党的光辉历史,增强宗旨意识和党性修养。强化地税文化教育。三是搭"三台",畅通青年成长成才路径。强化工作创新,搭建各类载体平台,助力青年税务干部成长成才。搭建青年抒发理想的讲台。通过举办青年干部座谈会、建立青年干部交流微信群、创办《倾言青语》读刊、开设"青年说"讲堂、举行"周日"学习沙龙等多种形式,加强青年学习互动与意见收集。引用"世界咖啡馆"的新型讨论形式,集思广益,碰撞思想火花。搭建青年展示才华的舞台。韶关市地税局党组以身作则,引领全系统形成"一级带着一级干,一级做给一级看"的工作格局,大力实施"支部引领党员、党员引领群众、群众引领全局"工程,广泛开展全国文明单位、全国巾帼文明岗、全国青年文明号等精神文明创建活动,开展青年特训班,为青年干部施展才华营造了良好环境。搭建青年干事创业的平台。实施"善待大龄人、用好中年人、加速培养年轻人"的递进培养机制,妥善解决部分老科级干部待遇,为中青年干部让出位置。采取"上挂"和"下挂"两种挂职方式,运用跟班学习、急事练手、重点项目参与等形式,让优秀青年干部锻炼成长,展现才智。坚持"容错免责"理念,鼓励青年干部大胆创新、主动作为,广大青年干部充分发挥生力军作用,立足岗位、创先争优、大显才干,积极展示青年人努力向上的精神和风貌,让主动干事创业蔚然成风。

【纳税服务】　2017年,韶关地税以提升纳税服务质效为引领,立足"三化""三感",做好服务衔接,优化办税体验,助推纳税人满意度显著提升,在2017年度全省地税系统纳税人满意度调查中排名第4,进步15名,进步幅度全省第1。其中曲江区局、仁化县局在全省县域级排名中分别位列第1、第3。一是着眼"效能化"创新工作理念,提升纳税人"满意感"。践行"全员服务纳税人"理念,全系统持续深入开展"问需、问计、问作风"走访调研活动,特别是加强对人大代表、重点税务稽查对象、有投诉举报记录的企业、纳税信用被评为D级的纳税人以及对企业所得税清算意见较大的企业的回访,通过真诚沟通,在税企间架起"连心桥",进一步获得纳税人理解和支持,促进征纳和谐。践行"人与事相结合的分级分类管理"理念,通过优化组织体系,在全系统县级局合并纳服股与办税大厅职能,成立纳税服务分局,主责处理纳税人依申请所有涉税服务事项,并建立专业化纳服团队入驻办税厅,全面"零距离"对接纳税人,有效推动纳税人分类分级管事制改革工作实体化、管理扁平化、服务专业化。二是着重"专业化"优化营商环境,提升纳税人"获得感"。全面落实优惠政策,推动产业结构优化升级,通过持续开展分类别宣传、精准政策辅导、优化申报系统、简化申报办税流程等举措,精准发力落实好小微企业、高新技术企业优惠政策;主动与市人社局、工会、残联等部门沟通,及时传达、监督指导基层执行,确保各项减费降负政策落实到位。2017年共计为企业减免各项税费18.97亿元。深化"放管服"改革,助力产业园建设,狠抓税务总局优化税收环境的30条措施及省局关于优化全省税收营商环境15项措施的落实;稳步推进税务行政审批制度改革和商事制度改革,仅保留市一级行政许可1项,县一级行政许可3项,53890户纳税人充分享受到"一照一码"改革便利;建立税收政策帮扶机制,分类研究产业园建设中的涉税问题,依托"双创"主题税法宣传示范基地、高新技术企业税收优服务互动平台和税企惠农助农平台,切实帮助企业解决问题。三是着力"人本化"增强服务质效,提升纳税人"幸福感"。完善多元化办税手段,不断拓展自助办税机、微信等办税功能,深化电子税务局推广应用,全面提升网上办税覆盖面,全市企业电子税务局开户率达95.47%;上线房地产交易智能办税系统,二手房业务办理时间从40分钟减少至10分钟,实现纳税人"多跑网路,少跑马路"。不断优化服务方式,探索"容缺受理"服务,推进无纸化办税,对实名制纳税人通过电子税务局可实现无纸化办理9类92项涉税(费)业务;积极推行网上资料审核,创新网上预约办税和预受理、预审理服务;深化涉税数据共享,能够通过政府其他部门共享平台获取的无须纳税人再重复报送资料。持续深化国地税联合办税,联合推行"一窗式"综合业务的服务模式,在全市所有国地税联合办税服务厅基本实现"进一家门、办两家事"。据统计,全市办税服务厅纳税人平均等候时间从24.4分钟缩短至11.5分钟,办税效率提升112%。

【创新改革】 一是稽查体制改革打造"韶关模式"。全面推行稽查管理体制改革,科学调整市、县两级稽查局职责,将立案检查权统一到市稽查局,实行"统一立案、统一检查、统一审理、统一执行"的市一级稽查新模式,构建起符合稽查工作规律、适应税收现代化发展要求,与韶关税源结构、重大案件查处和重点税源企业检查相匹配的稽查体制模式,受到省局主要领导充分肯定,为全省稽查体制改革提供了有益参考。二是数据信息管理探索"韶关做法"。开发应用"以地控税"税源信息管理系统,实施"以地为基、全程跟踪、一体管理"的管理新模式,核补清欠入库税款1750万元。建设适合韶关地税的数据应用平台,一方面以数据深度应用驱动税收风险管理,全年推送风险任务超8000户,风险应对率100%,另一方面以数据分析应用提升征管质效,通过个人所得税和社保申报数据分析,精准定位和找寻社保扩面空间,科学合理分解任务,促使社保扩面征缴任务全面完成。三是优化组织体系开启"韶关思路"。针对韶关实际,提出"人与事相结合的分级分类管理"理念,采取整体统筹、分步实施的原则,在市级层面,以稽查改革与信息化建设为手段,推进管理专业化;在县级层面,乐昌市局、南雄市局、乳源县局等单位积极试行,仁化县局、曲江区局主动吸取各地做法,形成管理扁平化、机构实体化的基本架构,为全系统优化组织体系提供了样板。全系统改革责任层层压实,人力资源充分运用,工作效率明显提升。四是国地税合作呈现"韶关特色"。以落实国税地税合作规范3.0版为抓手,51项合作事项与33项改革任务全面落地,联合办税全市覆盖,8大类135项基本业务实现"一窗受理";联合推进房地产业"一体化"管理模式,创新房地产和建筑业协同管理模式,南雄市局率先在全省实现"两业"税收"一体化"协同管理;联合签订《国际税收合作备忘录》,拓宽国地税国际税收工作新思路;创新税宣形式,打造国地税联合、市县联动的宣传模式,成功推出"中国梦·税务情"大学生夏令营、全省首个"双创"主题税收宣传示范基地、高新技术税收"优服务平台""税信惠农助农服务平台"等税宣精品,先后被韶关日报、南方日报、中国税务报、南方网、金羊网、韶关新闻联播、广东卫视新闻联播等知名媒体刊载报道50余次。

(马丽茹)

河源市地方税务局

【经济概况】 2017年,河源市实现地区生产总值(GDP)952.12亿元,按可比价格计算,比上年增长5.1%,增速同比回落3.5个百分点。其中,第一产业实现增加值103.27亿元,同比增长4.6%;第二产业实现增加值399.74亿元,同比增长3.7%;第三产业实现增加值449.11亿元,同比增长6.6%。三次产业结构由上年的11.2∶43.7∶45.1调整为10.8∶42.0∶47.2。全市实现规模以上工业增加值320.34亿元,比上年增长3.2%,增速同比回落6.9个百分点。全市累计完成固定资产投资778.47亿元,增长19.3%,增速比全省(13.5%)高出5.8个百分点,居全省21个地级以上市第6位。全市实现社会消费品零售总额585.57亿元,增长9.0%。全市进出口总额260.4亿元,下降0.3%,其中,出口总额195.4亿元,增长3.4%;进口总额65.0亿元,下降10.0%。全市地方一般公共预算收入71.19亿元,同比增长5.7%。国税、地税完成税收收入121.66亿元,增长11.8%。地方一般公共预算支出282.80亿元,下降4.0%。

【税费收入】 2017年,河源市地税系统组织税费收入87.15亿元,同比增收968万元,增长0.1%;剔除"营改增"影响,可比增长14.4%,比全省平均增速高0.6个百分点。其中,税收收入45.64亿元,可比增收4.08亿元,增长9.8%,税收总量在全省排名第16,同2016年排名一致,为历史同期最佳排名;社会保险费收入37.61亿元,在全省排名第15,同比增收7.03亿元,增长23%,增速在全省排名第3,比全省平均增速高11个百分点;组织其他收入3.89亿元。

【税收特点】 一是单月税收增速波动大,累计增速低于全省。单月税收增速呈现波浪形趋势,最高为2月的38.2%,最低为12月的-12.1%,两者相差50.3个百分点;累计增速低于全省6.1个百分点。二是税收增长同GDP增长态势相似,第三产业税收比重提高。2017年,税收累计增速高开低走,第一季度可比增长20.2%,高于上半年的14.3%、前三季度的15.1%和全年的9.8%,与全市GDP的增长态势相似,第一季度GDP增长8%,高于上半年的6.9%、前三季度的6.3%和全年的5.1%。2017年,第一产业、第二产业、第三产业税收比重为0.8∶23.3∶75.9,第三产业税收比重提高9.8个百分点。三是耕地占用税成为第一大税种,房地产业是第一大税源。从税种看,2017年,耕地占用税占总税收的比重达到16.4%,成为第一大税种。从行业来看,房地产业实现地方税收14.3亿元,是地方税收的第一大税源,占税收总量的比重达到31.4%。

【税源分析】　一是房地产市场产销两旺,成为拉动地方税收增长的第一动力。2017年以来,受“去库存”政策效应拉动以及珠三角城市限购政策挤出效应的双重影响,河源市房地产市场产销两旺,1—12月,全市完成房地产开发投资223.93亿元,同比增长27.4%;商品房销售面积536.15万平方米,同比增长56.3%;实现商品房销售额269.19亿元,同比增长77.3%。2017年,房地产业实现地方税收14.3亿元,可比增收2.4亿元,增长20.4%,拉动地方税收可比增长5.8个百分点。二是金融市场运行稳健,拉动地方税收可比增长34.3%。2017年12月末,全市金融机构各项存款余额1248亿元,比年初增长9.5%;各项贷款余额1018.4亿元,比年初增长14.7%,金融信贷投放力度逐月加大。部分银行效益较好,对股东进行分红,2017年金融业入库股息、红利所得个人所得税2729万元,同比增收1288万元,增长89.3%。2017年,金融业实现地方税收2.8亿元,可比增收7208万元,增长34.3%,拉动税收可比增长1.7个百分点。三是受居民收入水平提升的影响,个人所得税持续增长。从2017年6月开始,个人所得税进入相对稳定的增长时期,连续7个月(6—12月)个人所得税收入接近或超过5000万元,除9月只增长15%外,其他6个月的单月增速均超过28%。2017年,累计入库个人所得税6.8亿元,同比增收1.5亿元,增长28.6%。其中,占个人所得税总收入63%的工资薪金个人所得税同比增收9308万元,增长27.7%;房屋转让实现个人所得税6246万元,同比增收2188万元,大幅增长53.9%。四是土地拍卖是影响地方税收总量和增速的重要因素。2017年,全市入库耕地占用税7.5亿元,占全市地方税收的16.4%,同比减收2.1亿元,下降21.9%,拉低税收同比下降4个百分点,减收主要原因是土地拍卖金额减少和追缴以往年度欠税减少。五是5个行业税收下降,电力供应业税收可比下降33%。2017年,地方税收可比下降的行业有电力、热力、燃气及水的生产和供应业,建筑业,批发和零售业,交通运输、仓储和邮政业,居民服务、修理和其他服务业,5个行业税收同比累计减收5.9亿元,下降38.9%,拉低全市地方税收同比下降11.3个百分点,5个行业占地方税收的比重由29%下降至20%。

【改革创新】　试点推进分类分级管理改革,印发《河源市地方税务局分类分级管理改革工作方案》,选择和平县局开展试点分类分级管理改革,在保持机构编制不变的前提下,重新调整分局职能,将基层税务分局转为专业化的税务分局,以信息化为支撑,合理分解税费事项各环节,重构征管流程,达到人员分配与税源分布、工作量相匹配,实现由单兵管户向团队管事的转变。深入推进国地税合作,联合市国税局与江西省赣州市国税局、地税局签订合作共建框架协议,开展全方位、宽领域、多层次的跨区域合作。联合市国税局商请市政府牵头召开协调工作会议,促成全市10个部门对异地建筑服务行业政务信息共享、关联税收监管。国地税合作45项市县级合作事项全面落实,工作情况被《中国税务报》《南方日报》《河源新闻联播》等总局、省、市主流媒体报道15次。

【依法治税】　持续推进简政放权,保留5项行政许可审批事项,取消清理23项非行政许可审批事项。全面清理1994年地税成立以来制定的税费规范性文件30份,其中:全文废止25份,部分条款废止1份,保留4份。扎实推进行政执法公示制度、执法全过程记录制度及重大执法决定法制审核制度等“三项制度”试点工作,在市局网站上线行政执法公示平台,公开109项税收执法事项。建立涵盖内部税收法制员、公职律师以及外聘专职律师共89人的法制工作团队。持续推进法治税务示范基地创建工作,源城区局成功申报入选第二批“广东省地税系统法治税务示范基地”。全面规范稽查执法行为、开展发票打假工作、加强涉税检举管理、查处重大案件等工作,全年稽查查补地税收入10434万元。多维度普法营造浓郁法治氛围,在车站、医院、公园、学校、小区等人流密集的地方设置宣传专栏50多个;在全市700多台楼宇液晶广告电视滚动播放税收微视频,每天覆盖人流量39万余人次;发挥新闻宣传蝶变效应,传播最新税费咨询,讲好税收故事,增进征纳互信共赢,全市地税系统新闻宣传信息获《中国税务报》《南方日报》《广东新闻联播》《河源新闻联播》等税务总局、省、市主流媒体报道58次,创历史新高。升级改版市局门户网站,稳步推广官方微博微信,网站、微博微信成为政策推送的"广播站",新媒体宣传的主阵地,微信发布信息339条,公众号关注数同比增长59.2%;微博发布信息800多条。

【优化服务】 深化"放管服"改革,优化营商环境,积极主动融入经济社会发展大局,出台《关于发挥职能作用优化我市税收营商环境的若干措施》,推出30项举措深化"放管服"改革。全年累计减免税收9亿元,减免额占税收总量比重达19.7%。深化"银税互动",强化纳税信用评价结果增值应用,助130户纳税信用良好纳税人获得银行贷款5.7亿元。落实12366纳税服务热线各项管理规范,开通语音满意度测评,纳税人满意率高达99.8%。强化纳税人满意度调查发现问题整改,明确30项56条整改措施。联合国税问计问需在河源工作生活的全国人大代表,2次依托互联网开展纳税人需求调查,以需求为导向,推进"便民办税春风行动"。在分局长导税的基础上升级导税服务,定期安排县区局班子成员、各股室负责人、各分局正副分局长担任导税员,零距离贴近纳税人解惑问需。紫金县局"分局长一日导税员"活动得到税务总局局长王军批示表扬。根据办税服务厅窗口业务量、管户数、等候时间和办理时间,对全市办税服务厅实行分类管理,有效提升服务软实力。推进国地税联合办税,共建办税服务厅4个,互设窗口办税服务厅23个,共建24小时国地税自助办税厅12个,实现"进一家门 办两家事",有效节省纳税人办税成本。简化退税业务流程,规范管理,全市地税系统退税业务办结时效从平均单笔60天缩减为13个工作日。将全市国地税系统微信公众号整合成一个"河源税务"微信公众号,实现"关注一个号,悉两家资讯,办两家业务"。

【队伍建设】 树立良好选人用人导向,制定《市局管理的科级干部选拔任用工作规程》,进一步规范市局管理干部选拔程序,选拔任用科级干部13名,县区局班子副职异地交流6名,选派8名干部到国税部门挂职锻炼,开展市局机关行政、业务跨部门轮岗,注重全能型干部培养。打造队伍"行家里手",采取"理论+实操"形式,在全市地税系统开展金税三期系统操作、社会保险费征管业务及系统操作考核,分级分类开展培训,举办培训班43期;开展"岗位大练兵、业务大比武",确定6名"岗位能手"和1名"纳税服务之星";强化"每日一练"学习主平台作用,推送习题50.6万题次。选拔兼职教师15名,充分发挥骨干引领和传帮带作用。成立河源市地方税务局青年志愿者服务队,打造"爱在地税我行动"志愿服务文化品牌。在全市地税系统开展"最美地税人""优秀共产党员""党员先锋示范岗""向上向善好青年"等评选活动,以身边好人好事激励和引导广大干部职工创先争优。举办第四届青年文化沙龙活动、新春职工联欢会、"心中有党、心中有德、心中有责"主题演讲比赛和全市地税系统羽毛球比赛等,增强队伍凝聚力和向心力。以问题为导向,聚焦税收主业,制定量化机考指标,进一步优化指标体系,调整优化基层分局及个人制度体系、岗责体系和指标体系,促进绩效管理与税收业务共融发展。市局在全省地税系统绩效师资培训班上作绩效文化建设经验交流,连平县局在全省地税系统绩效管理经验交流会上发言,和平县局作为全国唯一的县级地税局在全国税务系统绩效讲评视频会上作指标编制经验交流,河源地税绩效管理工作在全省乃至全国税务系统的影响力持续扩大。

(黄雪斌)

梅州市地方税务局

【经济概况】 2017年,梅州市实现地区生产总值(GDP)1125.82亿元,同比增长6.8%(居全省第12位、粤东西北地区第5位、山区市第1位)。其中,第一产业增加值208.50亿元,增长3.8%;第二产业增加值386.20亿元,增长4.3%;第三产业增加值531.12亿元,增长10.0%。三次产业结构比例为18.5:34.3:47.2,与上年相比,第一、二产业比重分别下降1.3个、1.1个百分点,第三产业比重上升2.4个百分点。

【税费收入】 2017年,全市地税系统组织各项税费收入146.29亿元，按可比口径（剔除“营改增”和灵活就业人员社保一次性补缴影响）增收18.95亿元，增长15.3%，按入库额计算减收19.54亿元，下降11.8%，其中：税收收入84.55亿元，可比增收9.27亿元，增长12.3%，入库减收5.19亿元，下降5.8%；社会保险费收入54.82亿元，可比增收10.11亿元，增长24.4%，入库减收13.92亿元，下降20.3%；其他收入（含教育费附加、地方教育费附加等收入）6.92亿元，同比减收0.43亿元，下降5.8%。

【税收特色】　一是税收收入规模排名全省地税第11、粤东西北12市第3。2017年，梅州地税税收收入规模在全省21个地市地税局中位居第11，在粤东西北12市中仅次于汕头、茂名，连续3年位居前三。二是中央级收入增速明显快于地方级。中央级收入19.1亿元，可比增长17.4%，入库增长13.6%；地方级收入65.45亿元，可比增长10.9%，入库下降10.3%，其中省级收入和市县级收入分别为12.55亿元和52.9亿元，分别可比增长12.0%和10.7%，入库下降34.5%和1.6%。其中，市县级收入占梅州市地方公共财政预算收入的48.7%。三是所得税增速快于财产行为税。两个所得税合计收入30.98亿元，同比增长15.8%，其中企业所得税增长18.0%，个人所得税增长12.5%。财产行为税合计收入52.61亿元，同比增长9.4%。从税收贡献情况来看，两个所得税、土地增值税税收贡献度加大，三大税种合计税收收入43.09亿元，占全市地税税收收入比重为51%，同比上升8.6个百分点，比“营改增”前上升17.6个百分点；税收增长主要集中在两个所得税、契税和房产税，四个税种合计增收8.34亿元，占全市税收可比增长额的89.9%。

【税源分析】　一是“营改增”等政策造成收入同比下降明显。“营改增”后营业税收入基数消失14.47亿元，附带征税费征收难度加大，造成地方税源严重萎缩；土地使用税适用税额调整及延期征收因素造成2017年度土地使用税收入同比减收1.74亿元；契税纳税期限调整因素造成第四季度增量房契税收入同比减收0.56亿元；各类减税降负措施造成政策性减收明显，2017年全市地税系统减免各项税收15.36亿元，同比增长4.06亿元。二是房地产业仍是带动地税税收增长主力。2017年房地产业税收收入22.37亿元，可比增收5.94亿元，增长26.5%，增加额占总税收增量64.1%。三是固定资产投资增加拉动耕契两税收入大幅增长。2017年，工程项目用地入库耕地占用税4.15亿元，同比增收1.21亿元，增长41.2%；土地权属转移契税收入3.21亿元，同比增收2.19亿元，增长215.0%。四是资产性收入成为拉动税收增长的重要因素。各类资产优化整合活跃，分红派息、股权转让等资产转让频繁且金额较大，资产性收入成为拉动税收增长的重要因素。其中：股权转让企业所得税收入1.52亿元，同比增收0.87亿元，增长57.2%；利息、股息、红利所得个人所得税收入1亿元，同比增收0.56亿元，增长125.6%；财产转让所得个人所得税收入4.18亿元，同比增收0.47亿元，增长12.8%。

【依法征税】　强化组织收入规划管理，开展精细化税源调查，科学分解收入预期目标，做好税收收入监控和风险预警防范，全面依法抓好税费组织收入工作。坚持落实中央“放管服”管理理念，严格执行国务院六项减税政策、降低社会保险费费率等惠民措施，全年减免各项税费15.36亿元，占税费总收入的10.5%。全面深入构建法治地税，制定全面推进依法行政实施方案，督导落实44项工作任务，推行权力清单动态管理，推进税收法制员制度，不断加大执法督察力度。成功创建全省法治税务示范基地，统筹协调推进“三项制度”全面试点取得突出成效，并在全省“三项制度”试点工作总结会作经验介绍。按照“双随机一公开”要求认真做好税务稽查工作，推行说理式执法，高质量完成省局组织的重点税源企业异地交叉检查任务，依法进行案件查处，不断整顿和规范税收秩序。

【改革创新】　稳步推进税制改革，有序推动完成“营改增”后续管理，“两代”业务顺利展开；推进实施资源税改革，积极探索资源税征管新模式；不断完善车船税代收代缴管理；积极争取环保部门移交环保监测数据和处罚数据，完成本地区排污费相关数据迁移，确保环保税顺利开征；充分发挥税收助力供给侧结构性改革作用，调整城镇土地使用税税额和契税纳税期限。大力推动转变税收征管方式，全面整合基层分局职能，初步建立高效的税收风险管理运行机制，积极构建分类分级的专业化管理体制框架；继续配合推进商事登记制度改革，提高行政审批服务效率；拥抱“互联网+”时代，积极推进税收信息化建设；完善房地产一体化管理系统；在涉税信息综合利用平台的基础上构建企业所得税纳税评估系统；在全省山区市中率先启动电子税务分局试点建设，线上即时服务实现自建团队、自主创新，补齐电子办税体系的重要一环，大力推广微信办税系统，推行房产交易智能办税，不断提升全市电子化办税水平。深化国地税合作，严格对照3.0版文本落实好市级38项、县级42项合作事项。

【便民办税】 推广电子税务局和微信办税服务,推出微信缴纳二手房交易税费服务,推行预约办税、灵活就业人员多渠道办费等措施,进一步提升纳税便利化。切实推动国地税联合办税,采取共建办税大厅、互设窗口、共驻行政服务中心3种形式,基本实现"进一家门,办两家事"。主动了解纳税人诉求,优化整合网站、微信、微博、12366纳税服务热线等自主宣传渠道的资源配置,创新开展系列宣传活动,擦亮税宣品牌,推进税收普法。积极推进"阳光政务"建设,切实保障纳税人的知情权。继续深化"银税互动",签约银行增加至17家,覆盖面扩大到全市所有县域,为563户守信企业提供超过28.14亿元贷款,同比增长5.3倍。严格落实纳税服务规范,大力推广网上办税、自助办税,打造标准化、现代化新型办税服务厅。

【全面从严治党】 开好全市地税各级党组织民主生活会、组织生活会,严格落实"三会一课""三册一表"制度,深入推进机关与基层、地税与国税、地税与重点税源企业党建"三个共建"。专题召开全市地税系统推进落实全面从严治党"两个责任"工作会议,全面客观地对"两个责任"落实情况进行检查摸底,深刻剖析问题原因,提出了4个方面13项具体措施,推动梅州地税系统管党治党向纵深发展。巩固拓展落实中央八项规定精神成果,驰而不息反对"四风",进一步落实抓早抓小,持续做好谈话提醒工作,市局领导班子共开展谈话提醒123人次。组织召开基层违纪违法线索集中排查活动动员会,线索覆盖所有基层单位。组织干部职工观看廉政教育轻喜剧《家风》,以视频会议的形式举办了预防职务犯罪专题讲座,"一把手"给机关及直属单位110多位党员上辅导课。创新开展专项审计,形成了每半年对市县局机关开展一次财务内审的机制,市局机关和8个县级局2017年上半年的财务开支情况通过专项审计监督,有效化解隐患。结合内审整改工作的有序推进,注重举一反三,在内部制度上追根溯源,不断加强制度建设,修订完善制度19个,并编印《2013—2017年管理制度选编》。

(郭程望)

惠州市地方税务局

【经济概况】 2017年,惠州市实现地区生产总值3830.58亿元,同比增长7.6%,经济总量继续稳居全省各市第5位,增幅居全省各市第8位;地方一般公共预算收入389.07亿元,增长10%。

【税费收入】 2017年,全市地税系统组织收入规模达到395.7亿元,剔除"营改增"影响可比增长23.8%。税收收入213.4亿元,总量居全省第6位,可比增长28.9%。规费收入182.3亿元,增长18.5%,其中社会保险费收入157.9亿元,增长20.1%。剔除地方财政上缴中央的成品油有关税收后,地税税收收入占地方一般公共预算收入的比重为33.1%。

【税收特点】 各级次税收收入均实现高速增长。中央级收入45.4亿元,可比增长51.7%;省级收入37.3亿元,可比增长37.2%;市县级收入130.7亿元,可比增长20.6%。共享税种收入增长拉动明显。企业所得税、个人所得税、土地增值税三大共享税种分别增长69.8%、47.7%和29.2%,合计入库116亿元,占税收总收入的54%,占市县级税收的27.8%;三大税种合计增收35.3亿元,占全部税收可比增量的74%,占市县级税收可比增量的45%。财产性个人所得税收入增长显著。2017年个人所得税入库48.95亿元,增收15.8亿元,增长47.7%,其中工资薪金所得收入30.7亿元,占个人所得税收入的63%,增收6.2亿元,增长25.1%;财产转让所得税收入12.6亿元,增收8.6亿元,增长217%,拉动个人所得税收入增长26%。

【税源分析】 从行业结构看,房地产业税收支柱地位稳固,2017年全市地税房地产业税收98.2亿元,占税收总收入的46%,占市县级收入的48.6%,可比增长26.2%,拉动税收可比增长12.4%。制造业税收37.36亿元,占税收总收入的17.5%,占市县级收入19.9%,可比增长11.3%。从企业类型看,内资企业税收144.47亿元,占税收总收入的67.7%;港澳台及外商投资企业、个人(含个体工商户)税收分别为33.47亿元和35.51亿元。从税种来看,个人所得税、土地增值税是重点税种,占税收收入的比重分别为22.9%、20.42%;其余占税收总收入比重超过

10%以上的税种有契税、城市维护建设税和企业所得税,合计占税收收入的36.87%。从纳税大户来看,纳税逾亿元的企业有13户,合计纳税24.35亿元,占税收总收入的11.41%。

【依法治税】 严格依法征收,坚决杜绝收“过头税”、突击收税、虚收空转、混库等行为。制定《惠州市地方税务局全面推进依法行政实施方案(2017—2020年)》,为加快惠州地税法治建设指明方向。主动对接中央供给侧结构性改革部署,不折不扣落实税收优惠政策,助力实体经济发展,全年各项税收优惠累计减免45.5亿元,研发费加计扣除政策享受企业户数同比增长255%。扎实落实“三项制度”,建设完成执法公示平台,实现税收行政执法行为各环节全过程记录,6大类16项重大执法决定纳入法制审核范畴。深化税务行政审批制度改革,完善税收执法权力清单和责任清单,梳理出8大类共计64项具体事项的权责清单。积极推进法治示范基地建设工作,大亚湾区局成为第二批全省法治税务示范基地。深入开展税收执法督察,完成问题整改252项,追究问责14人次,补缴税款2286.9万元。深入开展税费征管、税收执法和内部管理等方面经济责任审计,全年开展内部审计、自查自纠、配合审计等项目16项,入库金额1.5亿元,修订制定制度32项,完善管理措施超百条。规范稽查检查行为,推行说理式执法文书,扎实推进“双随机一公开”,规范稽查案件定性处罚问题。着力整治税收秩序,狠抓涉税违法案件查处,全市地税稽查部门立案检查各类涉税案件13户,审结34户,查补收入超过6000万元。

【税费征管】 税收管理短板逐步补齐。严格按照省局“夯实基础年”活动要求,推动市局79项工作任务落实,有针对性地补齐短板、推动发展。积极落实以商事制度改革为主线的“放管服”改革部署,持续推进三证合一、两证整合、简易注销等工作,全市“一照一码”纳税人新登记85000户,变更54万户次。不断完善与工商、房产、国土等部门涉税信息共享,已获取涉税信息56万条,通过数据分析征缴税收8.48亿元。博罗县局“房土”两税征管经验获得市委书记陈奕威批示肯定。深化“互联网+税务”,开通电子税务局和电子办税服务厅业户共13万余户,固定纳税户月均电子渠道办税率达到96.17%,其中社会保险费电子申报率为93.5%,在全省排名第1。开展2017年度税收征管质量状况监控,对税收征管质量基本状况、2016年度“房土”两税登记与入库状况、2016年度企业所得税管理状况、2017年个人所得税全员全额申报状况、土地增值税管理状况等5大部分29个方面进行分析,为提升征管薄弱环节奠定坚实基础。推行大数据管税,推广电子文档管理系统,主动整合系统内部海量数据,累计清理问题数据近20万条,国地税共管户信息正确关联率超过97%。加大欠税清理力度,组织开展虚欠数据清理,欠税金额变化率下降8.19%。深化国地税征管业务合作,联合委托农商银行90个营业网点代开发票代征税款。开展税收风险应对工作,共完成风险应对入库税款超过5亿元,风险分析识别命中率达99.42%。抓好规费征缴工作。全年共组织规费收入182.3亿元,增收28.5亿元,增长18.5%。其中社会保险费收入157.9亿元,增收26.4亿元,增长20.1%。优化全市社会保险费办费流程。表证单书从原来的28种精减至13种,4项业务实现免填单,3项主要业务实现网上办理。在全省率先成功利用公安户籍信息办理社保业务,成功打通微信参保缴费全路径。全面启动征收机关事业单位养老保险费,截至2017年12月底,征收全市七个县(区)及市直属机关共1900多个单位。

【纳税服务】 大力推进社会信用体系建设,评出A级纳税人3881户,帮助672户纳税人利用纳税信用获取银行贷款逾10亿元,其中,为625户小微企业获取贷款逾9亿元。推进国地税联合办税厅建设。共建办税服务厅14个,共驻政务大厅2个,互派窗口办税服务厅27个,共建成24小时国地税自助办税厅10个,首个镇级整体深度融合办税服务厅在惠阳良井启用,切实解决“多头跑”问题。妥善受理纳税服务投诉问题。2017年全市地税系统共受理投诉件13宗,纳税服务投诉事项均在规定时限内办结,限时办结率100%,回访满意率100%,无二次投诉现象发生。推动涉税服务行业健康发展。认真做好涉税专业服务机构登记服务和执业质量监管及对违规插手涉税中介经营活动的自查清理工作,联合所属国税局,规范税务师事务所的行政登记,通过召开“税务集体约谈会”“辅导例会”等,加强与税务师事务所及中介机构的沟通,优化服务手段,加强对税务师事务所的监督管理。加强税法宣传。在各主流媒体开展系列税法宣传,举办体验日、“税法进校园”、服务“一带一路”政策和风险应对宣讲会等系列活动。组织纳税人座谈会共210场,走访纳税人逾10万户,积极响应并有效解决各项服务需求。2017年纳税人满意度调查结果显示,市局排名比2016年提升了6位,得到省局表扬,其中,惠阳区局、龙门县局在全省县(区)级单位排名靠前。

【队伍建设】 重视队伍建设工作。坚持严管厚爱的带队理念,不断提升队伍凝聚力和战斗力。严格选人用人,规范和完善科级干部选拔任用程序,实行干部选拔任用工作"一报告两评议"、执行干部选拔任用工作全程纪实制度,营造公平公正的选人用人环境,在全市系统范围内选拔科级干部20名,选调公务员10名。拓宽干部挂职锻炼渠道,加大跨地区干部交流力度,在全系统范围内交流任用干部22名,与国税部门共组织3个系列46名干部互派挂职锻炼。科学统筹年度教育培训工作。建立分类分级培训机制,推进岗位练兵常态化,全市举办各类培训班102期,如纪检监察员、基层分局长等专题培训班,共培训6605人次,不断提高队伍能力素质。有序推进岗位练兵比武活动,重点开展纳税服务岗类别的练兵比武。全市共产生12名"岗位能手"和5名"纳税服务之星"参加省局比武,市局纳服科协税员沙丽萨入选全省"纳税服务之星"。深入推进绩效管理。严格落实绩效讲评分析会制度和工作改进约谈机制,不断优化绩效管理考评规则,加大绩效考评结果运用力度,形成了比学赶超的浓厚氛围。

【全面从严治党】 扎实推进全面从严治党向基层延伸。狠抓主体责任落实,分解党风廉政建设工作任务32项,层层签订《党风廉政建设责任书》,在市局党组会研究解决全面从严治党问题48项,在党风廉政建设责任制考核中取消3个单位2016年度班子评先评优资格。抓实党建工作,实行市局机关党支部书记和各县(区)局党组书记抓党建述职考核评议,从严落实"三会一课"等组织生活,制定完善多项党建基础制度,编印"三册一表"发放给全市地税系统1314名党员和64个基层党组织,开展机关与基层、地税部门与重点税源企业、国税与地税、与驻惠部队、与帮扶单位汕尾市地税局等"五个"结对党建共建。推进"两学一做"学习教育常态化制度化,深入开展主题党日、"戴党徽、亮身份"等党员教育活动。抓好廉政警示教育。紧盯春节、中秋等重要时间节点开展廉政纪律提醒,制作"以案说法"廉洁自律温馨提示14期,组织实地参观惠州监狱、观看警示教育片等13项专题活动,在基层分局开展"一个月一案例一视频一剖析"活动。狠抓省局巡察反馈问题整改,探索开展系统内部巡察,完成仲恺区局首轮巡察工作。严格落实中央八项规定精神,出台系统公务接待全面禁酒规定,全市地税系统修订完善财务管理制度30项,市本级公务接待费下降9.8%、公务用车运行维护费下降4.69%。出台"一线问责法",对在服务纳税人过程中出现的10宗16人分别进行批评教育及诫勉谈话问责。坚持抓早抓小,全市地税系统开展谈话提醒373人次。强化执纪审查,全年查处违纪违法案件4宗。

(郭嘉露)

汕尾市地方税务局

【经济概况】 2017年,汕尾全市经济运行好于预期,呈现稳中有进、稳中向好、稳中提质的态势。全市实现地区生产总值(GDP)855.37亿元(含深汕特别合作区为902.69亿元),增长8.1%,增幅比上年提高1.1个百分点,增速居全省第5位。经济运行主要特点:一是农业总体稳定。全市完成农林牧渔业总产值214.40亿元,同比增长4.7%,实现农林牧渔业增加值132.94亿元,增长4.8%。二是工业较快增长。全市实现规模以上工业增加值256.68亿元,同比增长11.4%,比上年提高4.6个百分点,增幅居全省第1位。三是固定资产投资增速加快。全市完成固定资产投资669.33亿元,同比增长17.0%,比上年提高5.5个百分点。四是消费品市场稳定,物价温和上涨。全市实现社会消费品零售总额572.62亿元,同比增长8.0%。五是外贸进出口出现回落。全市外贸进出口总额198.9亿元,同比下降6.7%。六是财政收入较快增长。全市实现地方一般预算收入36.77亿元,可比增长23.9%。其中,税收收入可比增长23.6%。全市财政完成一般公共预算支出222.60亿元,增长7.7%。七是居民收入稳步提高。全市居民人均可支配收入19326元,增长7.8%。

【税费收入】 2017年全市地税系统组织税费收入440741万元,可比增长14.59%,增收55960万元,其中:税收收入223487万元,可比增长22.05%,增收40146万元。社会保险费收入196726万元,增长12.55%,增收21939万元。其他收入20528万元。

【税收特色】 2017年税收收入主要呈现五个

特点:一是从增速看,累计可比增速居全省第6位。2017年地税收入可比增长22.1%,排名全省第6位,比全省均速(15.9%)和珠三角9市均速(15.9%)快6.2个百分点,比粤东均速(15.6%)快6.5个百分点,位居粤东首位,快于汕头(20.9%)、揭阳(9.7%)、潮州(3.6%)。二是从级次看,各级次均实现较快增长,其中市县级增速全省最快。中央级收入在所得税稳步增长的带动下入库48750万元,可比增长19.36%,增收7800万元。省级收入35557万元,可比增长21.13%,增收6146万元。市县级收入在耕地占用税和契税大幅增长的带动下入库139180万元,可比增长23.26%,增收26200万元。市县级中属于市本级收入32608万元,可比增长11.85%,增收3446万元。三是从税种看,各税种普遍增长,其中耕地占用税贡献突出。因土地出让量上升,耕地占用税大幅增长280.12%。企业所得税、个人所得税、土地增值税、房产税、车船税和契税两位数增长,城市维护建设税个位数增长,土地使用税和资源税出现负增长。四是从行业看,房地产业税收增收明显。房地产业入库61279万元,可比增长34.81%,增收15824万元。主要由于汕尾房地产业前景良好,新进驻房地产公司税收入库增长明显。制造业和批发零售业发展良好,实现两位数增长。电力业小幅增长7.15%。建筑业和金融业出现负增长。五是从区域看,深汕合作区继续保持高速发展的势头,其他地区税收保持稳健增长。深汕合作区地税收入可比增长231.24%。除红海湾受红海湾电厂土地使用税顺延至次年缴纳影响导致可比减少7.60%外,其他县区局均保持稳定增长。城区增长15.97%、海丰增长17.82%、陆丰增长14.86%、陆河增长21.67%、华侨增长24.11%。

【税源分析】　重点企业效益改善。2017年全市总纳税大户税收增收明显,全年纳税100万元以上企业税收入库总额148031万元,同比增长41.92%,增收43721万元,税收增长贡献突出。加强税收数据风险管理。成立税收风险管理及数据应用中心,开展国地税共管户登记信息比对和第三方信息采集,推动风险管理及数据应用工作。2017年全市共推送各类风险纳税人总户数为2912户,采取应对措施2912户,风险应对率为100%,查补入库金额17114万元(含滞纳金5122万元)。开展欠税专项清理工作。以加强“房土”两税征管作为挖潜增收的主要着力点,加强与国土和房管等部门的信息共享,在全市范围内开展两税专项清理,累计清理“房土”两税纳税人1282户,入库税款7085万元。清理历年耕地占用税入库9000万元。全面开展欠税清理,清理陈欠491户,入库税款144万元。推进稽查体制改革增强执法力度。建立市一级稽查新模式,提升质效,深化稽查改革和机制创新。加强国地税联合稽查和税警协作,严厉打击税收违法行为,积极维护公平税收秩序。全年立案查补和自查查补收入总额1544万元。

【助力经济发展】　积极发挥税收职能作用,推进供给侧结构性改革,提升服务水平,优化税收营商环境,服务汕尾振兴发展。服务效率逐步提升。深化国地税办税合作,全市国地税共建办税服务厅4个,联合进驻政务服务中心2个,实施“一窗通办”业务达9大类218项。优化3大类27项征管类涉税事项,涉税事项应报送资料减少近30%,40项核准类减免税改为事后备案。落实首问责任制、限时办结、延时办理等服务制度,实行税务登记、门前代开发票等业务免填单。2017年办税平均等候时间从上年14分钟缩短到11.9分钟,纳税人办税满意率达99.1%。助力企业发展扎实有效。深入开展“春风暖企行动”,2017年召开税企座谈会70次,实地走访企业10347户(走访率100%),了解服务需求,改善服务供给。优化企业税收风险管理个性化服务,先后与金桔莱、信利半导体等市级企业签署《税收遵从协议》《个性化纳税服务协议》。与9家金融机构签订“银税互动”四方合作协议,两年来“银税互动”服务发放贷款1.5亿元。税收优惠政策不折不扣落实。出台落实税收优惠政策工作规范,统一工作标准和指引,并纳入绩效考核,确保国家“六项减税政策”“小微企业优惠政策”等政策落实到位。五年来累计减免各项税收8.55亿元,其中2017年减免税费4.61亿元,占税收20.61%。及时落实城镇土地使用税适用税额调整工作,减少2017年税额4120万元,降幅26.7%。服务政府能力进一步增强。积极向政府建议在全市推行绩效管理,提升政府效能,得到市政府的充分肯定。深入开展税收与经济运行的综合分析,定期报送《税收分级次增速差异分析》《汕尾市税收经济状况》等,积极为汕尾经济社会发展出谋献策。《汕尾市规模以上企业税负分析报告》等3份报告,得到了市长杨绪松的表扬性批示。

【队伍建设】　树立正确用人导向。市局党组公开承诺严肃用人纪律,对跑官要官者一律列入“黑名单”,同时树立典型,大胆使用敢担当、有作为的干部,营造鼓励先进、鞭策落后的比学赶超氛围,2017选拔科级干部20名。注重优秀年青干部的培养选拔，在全市地税系统遴选年轻干部共24名到市局工作。加大交流轮岗力度。全年交流轮岗52名干部职工，盘活了各层面人力资源。其中：市局部门之间交流轮岗24名，市局与各县区局交流11名，县区局之间交流17名，与国税部门互派干部交流挂职锻炼3名。

【党风廉政建设】 一是强化全面从严治党主体责任。强化责任示范。市局党组严格落实党组理论中心组学习制度、党组会会前学习制度，认真组织开好民主生活会等活动。切实加强班子自身建设。率先垂范带动全系统强化责任担当，抓好责任落实。压实主体责任。重新修订全面从严治党主体责任清单，分解责任清单七方面104条，促进主体责任的细化、量化、明晰化。市局党组会议2次专题研究部署全面从严治党工作，从7月起分8批听取市局党组成员、市局各部门和各县区局主要负责人落实主体责任情况汇报，有效传递责任压力。加强考核问责。构建"三位一体"责任考核体系，对各级各单位进行党建专项述职考核评议、党风廉政建设责任制检查考核和党建工作督导检查。对责任考核排名末2位的县区局负责人进行约谈，敲响责任警钟，促进责任落实。二是推动全面从严治党主体责任的落实落地。夯实党建基础。推广省局"三册一表"，落实"下抓两级、抓深一层"工作机制，推动基层党建工作制度化、标准化、规范化。加强制度建设。深化内控机制建设，全系统排查2008个风险点，制定2151条防范措施，修订完善55项规章制度。抓好省局巡察整改。针对巡察发现问题，全系统先后制定、完善各类方案及规章制度40项，各县（市、区）局涉及的53名科级干部带头退缴违规领取津补贴348457元，组织谈话提醒等共计157人次。三是推动全面从严治党向基层延伸。严抓作风建设。推进政务整治，紧盯"四风"新形式，抓好上下班纪律、税风税纪税容、办公用房整改，开展谈心谈话和明察暗访，推动中央八项规定精神落实，市局机关"三公"经费在2016年下降52.56%的基础上，2017年度又下降21%。严控基层廉政风险。深入基层一线对人事、财务、资金、国有资产等重点领域的监管，有效防范"两权"风险隐患；在全系统开展社会保险费专项审计和"房土"两税专项审计，堵塞管理漏洞，促进"两权"规范运行。严格监督执纪。推进纪检监察"三转"，注重抓早抓小，综合运用监督执纪"四种形态"，对苗头性、倾向性问题及时开展谈话提醒457人次。聚焦违法违规线索排查工作，办理信访举报和上级交办函件4件，其中立案审查处理1件、政纪处分1人。

（黄东霞）

东莞市地方税务局

【经济概况】 2017年，东莞市实现地区生产总值7582.12亿元，按可比计算，比上年增长8.1%，增速高于同期全国（6.9%）、全省（7.5%）平均水平，在全省排第5位。其中，第一产业增加值23.63亿元，下降0.3%；第二产业增加值3593.84亿元，增长9.2%；第三产业增加值3964.65亿元，增长7.2%。三大产业比重为0.3∶47.4∶52.3。全市规模以上工业增加值达3316.97亿元，同比增长10.0%。先进制造业完成工业增加值1675.49亿元，同比增长13.7%。其中先进装备制造业增长18.6%；高技术制造业增加值1292.23亿元，增长15.0%。全市固定资产投资1712.83亿元，同比增长10.0%。社会消费品零售总额2687.88亿元，同比增长8.8%。按人民币计算，全市进出口总额12264.4亿元，同比增长7.5%；其中出口7027.4亿元，增长7.4%；进口5237.0亿元，增长7.6%。全市实际利用外资17.2亿美元，新签超千万美元项目23宗，涉及合同外资7.96亿美元。全市一般公共预算收入592.00亿元，同比增长11.2%，按可比口径计算，全市税收总额2010.57亿元，增长16.6%。截至12月末，各项本外币存款余额12497.97亿元，同比增长8.3%。

【税费收入】 2017年，东莞市地税系统组织税费收入982.95亿元，按入库额计算（下同）增长6.7%，可比增长（剔除"营改增"影响，下同）17.5%。税收收入477.77亿元，入库增长0.5%，可比增长22.4%；其中中央收入160.15亿元，可比增长34.5%；省级收入79.44亿元，可比增长20.9%；市级收入238.18亿元，可比增长16.0%，占全市一般公共预算收入的40.2%。社会保险费收入448.95亿元，同比增长14.7%；其他规费收入56.23

亿元,同比增长3.1%。

【收入特点】 2017年,东莞地税税收主要呈现六个特点:一是税收实现平稳快速增长,累计增速快于全省平均水平。税收收入477.77亿元,可比增长22.4%,可比增速比全省平均水平快6.5个百分点,居全省地税系统第5;全年税收增长较为平稳,累计增速始终保持在20%以上。二是各级次均实现较快增长,中央收入增幅最大。中央收入160.15亿元,可比增长34.5%,入库增长36.2%;省级收入79.44亿元,可比增长20.9%;市级收入238.18亿元,可比增长16.0%。三是所得税、房产税和土地使用税收入增长较快,契税和耕地占用税收入下降。企业所得税收入123.73亿元,同比增长33.6%。个人所得税收入134.46亿元,同比增长36.2%。营业税收入1.79亿元,代征国内增值税收入7.42亿元。财产行为税收入210.36亿元,同比增长10.1%,其中房产税增长108.6%,土地使用税增长107.5%,城市维护建设税增长19.1%,印花税增长14.8%,车船税增长14.2%,土地增值税增长0.1%,契税下降30.7%,耕地占用税下降20.6%。四是制造业税收大幅增长,房地产业税收占比下降。制造业税收185.94亿元,可比增长40.4%,入库增长40.0%,占总税收比重38.9%,较上年同期大幅提高11.0个百分点;房地产业税收149.74亿元,可比增长1.8%,入库下降20.0%,占总税收比重31.3%,较上年同期下降8.0个百分点。受"营改增"影响,金融业和建筑业税收继续明显回落,占总税收比重分别为6.4%和1.9%,同比分别下降2.6个和3.9个百分点。五是大多数镇街分局收入实现增长。按可比口径,全市共有32个镇街分局组织收入实现增长,1个镇街分局组织收入下降,最高增幅是94.1%,最大降幅是-8.6%。六是亿元纳税企业受"营改增"影响行业构成变化较大。2017年税收收入过亿元纳税大户49户,同比减少5户,合计纳税122.63亿元,占总税收的比重为25.7%,较上年同期提高1.2个百分点。受"营改增"影响,房地产业和金融业亿元纳税大户数量下降明显。主要行业中,制造业17户,同比增加4户,房地产业20户,同比减少4户,金融保险业4户,同比减少9户。

【税源分析】 一是东莞经济运行良好为税收增长提供了经济税源基础。2017年,东莞实施重点企业规模与效益倍增计划,推进供给侧结构性改革,大力实施创新驱动发展战略,加快构建开放型经济新体制,全市经济运行呈现"稳中有进,进中向优"良好势头,2017年地区生产总值同比增长8.2%,经济运行良好带动税收平稳快速增长。二是制造业税收大幅增长成为地方税收增收主力。2017年,东莞工业生产保持较快增长,制造业税收可比增长40.4%,对总税收增收贡献率达到61.4%,成为地方税收增收主力。三是财产转让一次性税源带动个人所得税较快增长。财产转让一次性税源收入增多,财产转让所得个人所得税收入18.52亿元,同比增长102.3%,增收9.36亿元,其中房屋转让所得个人所得税收入增长96.6%,某倍增计划市级试点企业扣缴股权转让个人所得税收入1.95亿元,松山湖某企业单个股东转让股权申报个人所得税1.83亿元。四是征期改变因素导致房产税和土地使用税大幅增长。2016年房产税和土地使用税"两税"收入分上下半年征收,上半年申报期限由2016年7月15日调整推后至2017年1月15日,导致2017年"两税"收入大幅增长。2017年,房产税收入28.03亿元,增长108.6%,土地使用税收入16.94亿元,增长107.5%,合计增收23.37亿元,拉动总税收增长4.9个百分点。五是夯实征管基础取得明显成效。东莞市局坚持夯实基础与改革创新并重,不断提升税费征管质效。深化涉税信息分析比对,核查补缴税费28.2亿元;构建现代化稽查体系,全年审结查补收入超过2亿元;加强非居民税收管理,全年入库非居民税收6.1亿元;严厉打击国际逃避税,全年入库税款16.9亿元,其中办理全省地税最大宗转让定价调整案件,查补税收及利息合计1.9亿元;加大土地增值税清算力度,清算收入增收9.6亿元。六是房地产业税收出现较大回落。2017年,东莞房地产市场受调控影响继续回落,房地产业税收可比仅增长1.8%,对总税收增收贡献率仅为3.0%。房地产业相关税种中,房屋交易契税28.01亿元,同比下降26.6%;土地交易契税5.35亿元,同比下降46.2%;土地增值税收入51.58亿元,同比增长0.1%,其中土地增值税预征收入31.67亿元,下降23.2%。七是落实税收优惠政策减收效应明显。东莞市局积极助力供给侧结构性改革,精准落实税收优惠政策,确保政策执行到位。2017年共减免税收91.5亿元,可比增长13.1%,其中鼓励高新技术减免9.8亿元,改善民生减免52.7亿元,小微企业税收优惠政策惠及面达100%;免征各类规费收入6240万元。

【服务发展大局】 精准落实税收优惠政策,实施宣传、解读、辅导、跟踪全流程管理。建立跨部门优惠政策信息共享机制,加强重点税收优惠政策效用分析,抓好国务院6项减税政策、省"实体经济十条"等优惠政策的精准辅导与落实。全年累计减税降负130.6亿元，其中税收减负95.5亿元，可比增长18.3%，高新技术企业优惠减免6.1亿元，研发费加计扣除优惠减免3.6亿元，改善民生减免52.7亿元，小微企业税收优惠政策惠及面达100%。成立服务“倍增计划”办公室，编制发布专题税收指引及政策汇编，开通服务试点企业“绿色通道”，有针对性地为企业提供“一企一策、一事一议”订制式服务，与“倍增计划”企业签订预约定价安排。深入开展“三旧”改造、“倍增计划”试点企业税收情况、东莞反避税情况等专题经济税收分析和调研，其中制造业转型升级专题调研成果获省委省政府主要领导批示，国地税联合税收分析工作获税务总局肯定，作为全国唯一地市代表在总局专题会议上作经验交流。

【税收改革创新】 成立转变征管方式办公室，推行分类分级管理，开展转变征管模式专题调研，拟定改革方案，逐步构建具有东莞特色的征管改革模式。推动数据管理，组织开展数据专项治理，完成4批60多万条问题数据清理工作，国地税共管户正确关联率提升至99.1%；拓展涉税信息共享，全年共获取涉税数据4419.11万条，查补收入28.2亿元。推进风险管理，打造东莞版大企业税务风险防御系统(TRD)项目，促进税务管理与企业内控共融；利用工商信息及网络爬虫采集互联网涉税信息，开展资本交易风险管理入库税额8.9亿元。深化国地税合作，联合委托邮政代开发票；共建办税服务厅实现8大类133项基本业务“一窗受理”；共同制定风险管理战略，以“四联五统”方式开展大企业风险管理；协同推进房地产税收一体化管理，设立项目登记台账178个，查补收入1.7亿元。

【优化营商环境】 抓好纳税人满意度调查的问题整改，在优化流程、提升便利度、强化个性化辅导等方面取得扎实成效。深化“互联网+税务”，全力推广电子办税，上线“电子退库”系统，率先推行房地产智能办税和建设税务证照O2O体系，办税效率明显提升，电子办税率攀升至98.7%，位居全省第1位。拓展征纳互动，创新开展全省纳税人学堂建设专项试点，全年共组织纳税人培训辅导627场、培训人数5.3万人次；畅通纳税人诉求反映渠道，12366纳税服务热线服务质效监测考评稳居全省地税前两名。推进“银税互动”扩面升级，全年累计帮助3119户企业获得贷款35.1亿元。规范税收执法行为，修订完善东莞地税权责清单，推进行政执法公示、执法全过程记录、重大执法决定法制审核“三项制度”试点。加强对特定行业和重点区域的专项整治，以查促收、以查促管成效显著，全年查结稽查案件29宗，查补收入9236万元，同比增长221%；股权转让专项整治取得新突破，审结查补额超过2亿元，单宗案件首次突破亿元大关。加大反避税力度，全年入库16.9亿元。维护广大缴费人的合法权益，强化清缴社会保险费欠费的力度，全年移送法院强制执行社会保险费欠费254宗，涉及金额3899.2万元。

【全面从严治党】 推进“两学一做”学习常态化制度化，落实“三会一课”、组织生活会、民主集中制等各项党内制度。严格落实全面从严治党“两个责任”清单和抓党建责任清单。加强监督执纪问责，通过廉政提醒、特邀监察员座谈、明察暗访等多种手段，落实中央八项规定精神，坚持抓早抓小认真开展谈话提醒，全年共谈话提醒849人次，自行立案查处案件2件。加强税务文化建设，开展“文化兴税、文明强税”工程，抓好机关和基层、地税与国税、地税与企业“三个党建共建”，广泛组织道德讲堂、志愿服务等活动。修订完善领导干部选拔任用工作规程，选拔科级干部31名和股级干部16名。推进科级领导干部异地任职及定期交流常态化，全年共有28名科级领导干部交流轮岗。强化教育培训，注重培养专业技能，着力打造高素质专业化人才队伍，积极推进“岗位大练兵、业务大比武”工作。

（秦长城）

中山市地方税务局

【经济概况】 2017年，中山市经济发展稳中趋缓，实现生产总值(GDP)3450.31亿元，同比增长6.6%。其中，第一产业增加值66.89亿元，同比下降2.5%；第二产业增加值1734.97亿元，增长4.9%；第三产业增加值1648.45亿元，增长9.1%。三次产业结构优化调整为1.9∶50.3∶47.8。工业生产保持稳定，3092家规模以上工业企业实现增加值同比增长4.9%。其中，轻工业增长2.8%，重工业增长7.2%。国有及国有控股企业增长3.5%,股份制企业增长3%,民营企业增长1.9%,外商及港澳台商投资企业增长7.2%。投资平稳增长,完成固定资产投资额1248.48亿元,同比增长8.7%。消费市场增势平稳,全年实现社会消费品零售总额1309.89亿元,同比增长8.6%。物价保持稳定,居民消费价格总指数上涨1.6%,涨幅连续4个月持平。其中,服务项目价格指数上涨2.9%,消费品价格指数上涨0.9%。进出口增幅回落,实现进出口总值2581.5亿元,同比增长15.4%。实际利用外资增速加快,完成外商直接投资项目271个,同比增长103.8%。合同利用外资8.26亿美元,下降22.3%;实际利用外资5.09亿美元,增长7.4%。财政收入保持稳定,完成地方一般公共预算收入312.73亿元,同比增长8.3%。地方一般公共预算支出455.28亿元,增长24.1%。国地两税收入694.16亿元,增长14.3%。12月末,金融机构本外币存款余额5413.77亿元,比年初增长7.6%。用电量平稳增长,全市用电量279.43亿千瓦时,同比增长7.8%。工业用电量增长8%,其中制造业用电量增长9.3%。

【税费收入】 2017年,中山市地税局组织税费收入419.03亿元,可比(剔除“营改增”影响,下同)增长19.8%,其中组织税收收入209.86亿元,增长24.4%(同比下降1.96%)。各级次税收收入实现较快增长:中央级收入53.4亿元,增收15.2亿元,增长39.7%;省级收入36.2亿元,增收7.8亿元,增长27.4%;市级收入120.2亿元,增收18.4亿元,增长18.1%。从全省情况看,税收增速在全省排名第3,珠三角九市中排名第2;市级收入增速在全省排名第4,珠三角九市中排名第2。征收规费和其他收入209.17亿元,同比增收28.2亿元,增长15.58%。其中,征收社会保险费186.26亿元,同比增收28.4亿元,增长17.99%。中山市缴费人数(含农养老及灵活就业人员)为169.88万人,增长1.69%;缴费工资水平达到3336元,增长18.8%。征收堤围防护费189.15万元、教育费附加9.8亿元,代征2016年度残疾人就业保障金2.84亿元、工会经费3.7亿元。在抓好组织收入的同时,不折不扣贯彻落实各项税费优惠政策。全年减免税费收入52.13亿元,包括减免税收收入43.68亿元,减轻规费负担8.45亿元,惠及19万户次纳税人、15.3万缴费单位。其中,支持金融资本市场发展减税3.1亿元,改善民生减税29.75亿元,鼓励高新技术企业发展减税4.35亿元,促进小微企业发展减免税费9679万元。此外,从10月起调整契税缴纳期限,每年延缴契税超过17亿元,节省纳税人资金占用成本5000多万元,切实帮助纳税人减负降成本。推动中山市从2017年起大幅降低城镇土地使用税适用标准,助力优化税收营商环境。

【税收特点】 一是税收实现持续较快增长。2017年,中山地税局税收收入持续较快增长,总税收可比增速(24.4%)是2012年以来的最快增速(高于全省平均水平8.5个百分点)。二是房地产业是拉动税收增长的主力。三次产业税收结构为0.05∶24.34∶75.61,其中房地产业税收可比增长32.4%,制造业税收增长23.9%,建筑业税收可比下降14.4%。三是主体税种贡献进一步集中。两个所得税、土地增值税和契税发挥支柱税种的拉动作用,实现税收合计144.92亿元,占总税收的69%,合计增长27.8%,其中个人所得税和企业所得税增速领先,分别增长40.3%、34.4%,土地增值税和契税的增速分别为16.9%、16.7%。

【税源分析】 一是土地交易活跃。随着区位优势不断提升,中山土地交易畅旺,2017年实现土地相关税收27.3亿元,可比增长超过5.8倍,增收额占总税收增量超过五成,是2017年最主要的税收增长点,其中土地出让契税收入8.3亿元,增长5.1倍。二是企业效益改善。2017年实现企业所得税31.2亿元,增长34.4%,其中与2016年利润相关的汇算清缴企业所得税增长86.5%,受益于2016年量价齐升的去库存效应,房地产业汇缴企业所得税同比增长1.4倍;与2017年利润相关的预缴企业所得税增长13.7%。分行业看,房地产业企业所得税增长63.4%,制造业企业所得税增长6.4%,建筑业企业所得税下降23.7%。三是居民收入稳步增长。居民收入呈现稳增长、多元化发展趋势,2017年组织个人所得税收入50.1亿元,增长40.3%,其中工薪所得个人所得税增长18.1%,房屋转让所得个人所得税增长1.4倍,股权转让所得个人所得税增长1.2倍,股息红利所得个人所得税增长34.7%。四是商品房备案数量持续减少。受商品房价格监控和限购政策的影响,中山商品房备案数量大幅下降,对一手房税收冲击较大,2017年预缴收入土地增值税13.41亿元,下降32.4%;一手住宅交易契税4.58亿元,下降63.5%;房地产业的城市维护建设税1.59亿元,下降31.9%。五是房产土地两税增减各异。2017年房产税收入19.09亿元,增长33.6%,其中2017年度房产税(房产原值计征)已申报入库3.3亿元。由于上年查补土地使用税金额较大、基数被抬高,2017年土地使用税微降0.9%。

【税费征管】 一是税(费)种管理更精细。全面推行土地增值税清算分段模块化集中清算模式,实现从经验管理向大数据管理的历史性转变,在全国税务系统专题培训班上做经验交流。大力推进企业所得税预缴和汇缴管理,年度汇缴申报率首次达到100%,补缴企业所得税超过12亿元。加强高收入高净值自然人个人所得税管理,查补个人所得税3.1亿元。全力做好环保税开征准备。扎实推进机关事业单位养老保险开征工作,切实做好机关事业单位聘用编外人员全员参保。二是数据管税更完善。深化国地税数据比对和第三方数据常态化增值利用,查补税费3.7亿元。升级应用存量房评估价格管理系统,应用范围从住宅类存量房拓宽至非住宅类存量房。研发"自然人税收管理系统",建立自然人涉税数据仓库,为实现对中山300多万自然人纳税人的动态有效管理提供有力抓手。建设房地产项目税收一体化管理系统,实现建安、房地产开发项目国地税全流程管控。三是欠税(费)清理更有力。推进税费清欠集约化管理,实现在全市27家银行市级总部集中、批量扣缴(划拨)欠税(费)。上线银行强扣(划拨)模块,实现对银行强扣(划拨)业务信息监控全覆盖。充分运用欠税户约谈、阻止出境、税款强制扣缴、优先权申请等形式,依法清理欠税3.51亿元。

【依法治税】 一是筑牢依法行政基础。制定重大税费业务问题协调小组工作规则,提高行政决策的科学性和准确性。开发应用市级稽查举报交办系统,有效解决涉税举报案件交办跟踪管理难的问题。成立全市地税系统法制员队伍,点面结合筑牢依法治税基础。二是深入推进规范执法。以法治税务示范基地创建工作为抓手,持续规范基层单位和一线税务人员的执法行为,西区税务分局、开发区税务分局先后被命名为全省地税系统法治税务示范基地。稳步推行"三项制度"试点工作,司法拍卖扣缴税款取得新突破。切实发挥税务稽查"利剑"作用,严厉打击各种涉税违法行为,查补税费、滞纳金、罚款6.62亿元。推进国地税联合稽查工作规范化,持续提升联合稽查力度,确定联合进户稽查对象307户,查补税费6266.09万元,协同审理案件6宗,联合移送公安案件1宗,协同开展联合惩戒案件8宗。三是强化事前事后监督。强化执法"大督察"专项执法督察,对7个执法单位进行重点督察。进一步理顺规范性文件制定流程,严格执行公开征求意见制度。依法化解涉税(费)矛盾纠纷,全年受理行政复议申请5宗,已结案2件。新发生行政应诉案件2件,基层分局负责人出庭率和胜诉率均达到100%。

【纳税服务】 一是个性服务更贴心。开展"服务触点式"调查,精准对接纳税人深层次需求。组建首支服务体验团队,创新开展"您满意　我动力"便民办税全体验活动。国地税共建新"税企通"平台,实施税收优惠政策精准推送,服务全市881户高新技术企业。二是办税服务更便利。联合国税在全省率先实现电子税务局单轨运行,启用中山市行政服务中心联合办税服务厅和首个镇级行政服务中心联合办税服务厅。推行联合清税,促进清税工作全面提速。推进委托银行划缴税费协议升级扩容,实现自助办税终端申报缴纳契税。主动适应"移动互联网+"新趋势,全面推广电子税票,升级存量房地产交易智能征管系统和社会保险费网报APP,试点增量房缴税全线上办理,推广门前"码上缴",税费缴纳迈进"秒"时代。三是税宣服务更多元。组织中山市"税务杯"经典诵读比赛、中小学规范汉字书写大赛,开创"税务班主任"校园普法、"大企业课堂"和微信"税语"等宣传新模式。官方微信公众号关注人数突破10万大关,全年阅读量居全省第2,荣获"广东基层新锐政务新媒体"称号,推动税收宣传从"线上线下并重"向"线上为主、线下为辅"转变。在2017年全省纳税人满意度调查中,中山地税局排名上升至全省第7,在珠三角九市中名列第2。

【队伍建设】 中山地税局持续完善机制,进一步强化干部队伍建设。教育培训方面:创新教育培训手段,上线"企业微信"移动学习平台,推进教育培训进入"微+"时代;完善能手骨干培养选拔机制,1人入选"素质提升'115工程'专业骨干项目"人员名单;全国统一执法考试实现全员过关。队伍结构方面:配合省局选拔处级干部1名,组织选拔科级干部27名,让一批年富力强、想干事能干事的优秀年轻干部走上领导岗位;加强人员交流锻炼,共安排45名干部职工交流轮岗,国地税互派干部11人。绩效管理方面:进一步提升绩效文化氛围,持续优化绩效指标体系和考评方法,将绩效考评结果与干部任用、年度考核、评先评优进一步挂钩,保障各项工作得到贯彻落实,抓班子带队伍促落实成效明显。

【全面从严治党】 一是夯实基层党建工作。加强思想教育,持续推进"两学一做"学习教育常态化制度化。注重贯通纵横链条,促使主体责任逐级压实。纵向上,连续两年创建"书记项目",制定基层党支部书记抓党建述职评议考核办法。横向上,建立健全内部协作机制,实现全面从严治党和税收工作同部署、同落实、同检查、同考核。二是创新党建工作方式。全面推广“党员积分制”,“探索运用党员积分管理”被写进国家税务总局《关于新形势下加强税务系统基层建设的若干措施》。打通党建共建脉络,出台党建共建指导意见,促进党建共建上下贯通(省局机关、市局机关分别与基层分局共建)、横向推进(国地税党支部共建)、三方聚力(市局机关、基层分局与企业共建,国地税与企业共建)。三是强化监督执纪问责。制定谈话提醒工作指引和记录模板,促进基层谈话提醒工作规范化、常态化。加强纪检监察队伍建设,分步推行纪检监察专员分片派驻管理新模式。强化查办案件,全年受理信访投诉9宗,主动发现案件线索1条,直接初核10件,全年立案2件2人,按规定分别给予党纪政纪处分。出台离职审查实施办法,对3个基层分局的领导班子和党员干部开展“政治巡察”。开展2项专项审计、对6个单位进行经济责任审计,对21名人员开展离职审查。实施“两报告两走访”机制,对照检查680多人次,联系干部家属350人次,走访特邀监察员和纳税人1240多人次。

(黄秋霞)

江门市地方税务局

【经济概况】　2017年,江门市经济运行稳中向好、稳中有进,实现地区生产总值2690.25亿元,按可比价计算增长8.1%,增幅高于上年和全省平均水平。其中,第一产业增加值193.84亿元,增长3.5%;第二产业增加值1292.94亿元,增长9.3%;第三产业增加值1203.48亿元,增长7.5%。三次产业结构为7.2∶48.1∶44.7。人均地区生产总值59089元,增长7.6%。

【税费收入】　2017年,全市地税系统累计组织税费收入291.26亿元,按可比口径(剔除“营改增”影响,下同)增长18.55%,按入库口径增长6.99%。其中:地方税收收入149.99亿元,可比增长24.31%,入库增长1.86%;社会保险费收入125.00亿元,同比增长16.48%,;其他费金收入16.27亿元,同比下降7.92%。

【税收收入特点】　一是税收增速排名在全省处于前列。2017年,全市地方税收收入可比增速比全省平均增速(15.9%)高8.4个百分点,入库增速比全省平均增速(15.9%)高5.4个百分点;可比增速在全省排名第4位,珠三角九市排名第3位,仅低于惠州市(28.9%)、中山市(24.4%);入库增速在全省排名第3位,珠三角九市排名第1位。二是月度税收增长波动明显。从月度税收情况看:上半年各月税收增速呈W型发展;进入第三季度,各月税收收入呈高幅增长,增幅高达50%以上;第四季度,月度税收增速逐级回落。从累计税收情况看,税收收入渐趋平稳增长态势,下半年累计增速保持在23%以上。三是中央级、省级收入可比增长快于市县级收入。中央级收入35.17亿元,可比增长37.4%,入库增长38.64%,完成年度预期的101.05%;省级收入25.40亿元,可比增长41.99%,入库下降24.45%,完成年度预期的101.6%;市县级收入89.42亿元,可比增长15.95%,入库增长1.31%,完成年度预期的101.85%。四是房地产业拉动税收增长显著。2017年,房地产业税收保持快速增长,累计税收收入49.80亿元,可比增长46.6%,可比增收15.74亿元,占全市地方税收可比增量的54.06%,占第三产业地方税收可比增量的64.3%;公共管理、社会保障和社会组织业税收增长平稳,累计税收22.52亿元,可比增长12.4%,可比增收2.42亿元,占全市地方税收可比增量的8.33%,占第三产业地方税收可比增量的9.9%;居民服务、修理和其他服务业税收高幅增长,累计税收7.30亿元,可比增长71.7%,可比增收3.04亿元,占全市地方税收可比增量的10.44%,占第三产业地方税收可比增量的12.4%;制造业税收实现较快增长,累计税收29.39亿元,可比增长18.8%,可比增收4.62亿元,占全市地方税收可比增量的15.86%,占第二产业地方税收可比增量的102.5%。五是东部地区税收可比增长略快于西部地区。东部三区一市税收收入合计107.99亿元,占全市地方税收总量的72%,可比增长25.1%,其中蓬江区、江海区、新会区、鹤山市可比分别增长19.76%、32.42%、21.22%、41.23%。西部三市税收收入合计42.00亿元,占全市地方税收总量的28%,可比增长22.3%,其中台山市、开平市、恩平市可比分别增长21.99%、17.95%、33.67%。

【税源分析】　经济因素:一是房地产市场交易

活跃,相关税种收入增长强劲。2017年,江门楼市整体火热,众多房企进驻,地价刷新纪录,成交均价、成交套数创历年来新高。据住建部门统计,江门市商品房成交面积882.32万平方米,同比上涨11.8%;一手住宅成交面积768.84万平方米,同比上涨13.7%;一手住宅成交套数67497套,同比上涨11.5%;一手住宅成交均价7367元/平方米,同比上涨24.8%;存量房成交面积454.39万平方米,同比上涨37.3%;存量房住宅成交套数34388套,同比上涨38.7%;待售商品住宅套数同比下跌26.3%;成交有效房地产用地86宗,总面积247.76万平方米,同比上涨40%,成交金额160亿元,同比上涨146%,地价从2015年的245万/亩上升至2017年的431万/亩。商品房销售火爆、土地交易活跃,直接带动土地增值税、契税等相关税种收入高幅增长。全市土地增值税26.92亿元,同比增长45.71%,增收8.44亿元。全市契税20.20亿元,同比增长55.98%,增收7.25亿元,其中:土地契税6.36亿元,同比增长194.66%,增收4.20亿元;房屋契税13.85亿元,同比增长28.27%,增收3.05亿元。二是企业效益提高、征收期变动,助推企业所得税实现高增长。2017年1—10月,规模以上工业企业利润总额达204.51亿元,同比增长16.9%;工业经济效益综合指数263.87%,同比增长23.3%。工业企业效益持续改善,加上房地产市场繁荣,房地产企业效益提升,以及纳税申报期由月报改为季度申报,从而带来企业所得税高幅增长。全年全市企业所得税27.23亿元,同比增长41.45%,增收7.98亿元,其中:预缴收入20.90亿元,同比增长56.37%,增收7.53亿元;汇缴收入6.00亿元,同比增长9.37%,增收0.51亿元。从重点行业看,房地产业企业所得税13.27亿元,同比增长61.95%,增收5.08亿元;制造业企业所得税3.74亿元,同比增长85.6%,增收1.73亿元;交通运输业企业所得税2.46亿元,同比增长22.73%,增收0.46亿元。

征管因素:一是加强涉税数据应用分析,拓宽税收共治广度。全市积极推动完善政府间涉税信息交换机制,签署部门间合作协议30份。1—12月共获取国税、国土、住建、工商、交通、发改等部门涉税信息158.2万条,核查增加税收4.08亿元。强化分类分级风险应对管理,1—12月风险应对推动税收入库8.46亿元。二是加强股权转让所得跟踪管理,股权转让个人所得税增收突出。2017年,全市个人所得税29.27亿元,同比增长32.01%,增收7.10亿元,其中:财产转让所得个人所得税6.58亿元,同比增长1.8倍,增收4.24亿元,占个人所得税增量的59.7%。三是加强土地增值税管理,及时组织土地增值税清算入库。各地地税部门根据房地产企业2016年、2017年销售情况,制定土地增值税清算计划,加大清算力度,抓好重点企业清算税款入库工作。全年入库土地增值税清算收入2.29亿元。

【科学治税】 一是全市推行管事制改革,实现分类分级精准管控。以风险管理为导向,以“团队管事、风控管数、绩效管人、闭环管税”为核心理念,重构业务流程、提升服务水平、降低执法风险、增强治税能力。依托市局“大数据”综合应用平台和DORADO技术,配套开发建设事务管控平台,将以往税管员“一人统揽”的工作梳理为相对独立的“责任事项”,重点将权力分解到各个岗位环节,形成既相互承接,又相互制约的工作链条。9月30日,三区四市地税部门实现税源管理模式从管户制向管事制转变。二是拓宽信息挖掘空间,构筑立体化税收共治格局。深入开展外部涉税信息分析比对,1—12月获取国土、住建、工商、交通、发改等部门涉税信息58.71万条,促进税收增加3.02亿元;启动出口企业涉税风险核查、股权转让涉税风险核查及印花税(资金账本)、城市维护建设税核查等涉税风险排查任务,推送疑点纳税人12976户次,促进税款入库8.46亿元,占税收收入比例5.64%;推动基层税务机关与基层镇街签订《税收协同共治协议书》,构建市、区、镇、村四级共治网络,有力拓宽税收共治的广度。联合市国税局、财政局利用住建、国土、规划、发改、财政等第三方共享信息,搭建“房地产一体化管理系统”,对房地产项目拿地、立项、建设、销售、保有各环节进行税收全流程闭环管理;深入挖掘国土部门的地籍信息,与地税系统信息、纳税人申报信息进行实时动态比对和综合分析,推动实现“以地控税,以税节地”;建设地税数据新机房,推进地税大数据应用平台二期建设,探索对不同来源涉税信息大范围收集、大口径比对和大数据分析,有效拓展税收共治的深度。三是深化稽查体制改革,打造集约高效的稽查工作新模式。启动全市地税稽查管理体制改革,建立“案源集中管理、人员统筹调配、统一实施检查、统一集中审理”的“市一级稽查”管理体制,搭建稽查对接风险管理的运行机制,形成全市地税稽查“一盘棋”格局。税务稽查工作迎来新发展,查补税款100万元以上的案件6宗,大案要案查补税款共计4186万元;开展股权转让专项核查,重点税源企业随机抽查,实现查补入库2.83亿元;积案清理取得新突破,成功清理2013—2016年的积案41

宗,查补入库逾 2000 万元。四是加大标准制定力度,推动税种规范化管理。加强省局土地增值税管理系统推广应用,牵头建设智能造价系统,推动建立合理统一的建筑安装造价标准,努力实现土地增值税管理规范化;建立非住宅性房屋租金评估模型,规范房产税征收管理;科学制定符合实际的适用税额标准和配套措施,为环保税顺利开征做足准备。

【服务地方发展】　坚持以工业立市为根本,积极发挥地税职能,主动服务重点项目、龙头企业,精准扶持高新、小微企业,1—12 月全市地税系统共计减免税 28.27 亿元,减免费金 0.18 亿元。一是“一企一策”服务经济龙头。为大企业定制个性化服务方案,举办大企业财务管理人员学堂、大企业高层见面会和培训班,打造全省首个升级版“大企业世界咖啡馆”服务品牌。搭建与重点项目企业“一对一”联系服务机制,助力地方政府招商引资。二是“一贷一险”反哺诚信企业。与 10 所银行合作推广“银税互动”,1—12 月为 378 户诚信纳税企业提供了 15.89 亿元贷款;与银行、保险机构合作推广“银税保互动”,为诚信纳税企业提供低费率保险服务。三是积极支持“一带一路”发展。全年组织服务“一带一路”发展战略税收工作 28 次,编印《“走出去”企业税收政策与风险管理服务手册》,制发《对外投资税收指引》,为 62 户次“走出去”纳税人提供专业辅导。四是降低“一高一微”企业税负。认真贯彻落实各项优惠政策,为 2804 户(次)小微企业累计减免企业所得税 4138.8 万元,为 50 户(次)高新技术企业办理国家需要重点扶持享受企业所得税低税率优惠 5228 万元。

【法治税务】　一是落实“三项制度”和“双随机、一公开”。联合国税部门出台“三项制度”实施方案,在全系统推行行政执法公示制度、执法全过程记录制度、重大执法决定法制审核制度,开展“三项制度”专题宣传,打造阳光、规范、法治地税。全面落实“双随机、一公开”,积极构建运行“项目组 + 团队”“随机 + 区域”“稽查 + 风控管理”等检查新模式,全市核查企业共 339 户,查补收入 1.63 亿元。二是壮大法律人才队伍。一方面,在全省创新基层法制员制度。基层法制员数量从 2016 年底的 44 人,增加到 2017 年的 72 人,确保每个基层分局配备有 1 名法制员,每个县区局机关配备有 2 名法学本科法制员,2017 年全国税收执法资格考试通过率达 100%。另一方面,积极沟通联系司法局、法制局推行公职律师制度,2017 年,完成税收实务法律咨询 65 次,参加行政诉讼 3 起,审查合同 100 份,充分发挥公职律师在推进税收法治的积极作用。三是扩大法制审核范围。2017 年,江门地税系统 39 个基层分局累计审核法制业务 40464 笔(剔除催报催缴审核业务,下同),法制审核范围扩大到税务法律文书、行政许可、行政处罚、行政强制、行政征收、行政检查等执法行为。累计发现问题数 313 笔,全部整改完毕。法制审核工作取得显著进步和确切成效。四是增强税收执法刚性。加大立案查补、大案查处、积案清理、专项核查工作力度,全市各级稽查部门立案查补和自查查补入库总额达 3.69 亿元,同比增长 59%;加强欠税管理,对 40 户欠税人采取冻结存款、扣押查封、提供纳税担保等保全措施,对 53 户欠税人依法依程序实施强制扣款、查封拍卖、阻止欠税人出境等强制措施,全市清理欠税金额 2.24 亿元。五是彰显税收执法柔性。进一步强化信用评价工作,依靠纳税信用联合奖惩,实现对涉税违法行为的“软约束”。在全省率先与人民银行签订《联合奖惩合作备忘录》,全面对接涉税数据信息,不断完善联合奖惩机制;扩大纳税信用评定范围,完善个体工商户和自然人管理办法和评价指标,探索构建社会保险费征缴信用体系,全方位健全社会诚信档案。

【纳税服务】　一是依托电子渠道,实现办税提速。深入贯彻落实“互联网 + 政务”,积极推广应用电子税务局、电子税收票证,实现多项业务“一网式”办结,全市电子税务局开户数达 79237 户,19033 户纳税人开通并享受数字证书服务;开发应用房产交易预约预受理系统,完成与不动产登记部门各项涉税信息交换,房产交易涉税业务办理时间缩减近 2/3;大力推动微信平台等互联网移动办税端和自助办税终端建设,加快地税业务接入“侨都之窗”自助服务端,进一步形成以网上办税(费)为主,以自助办税(费)和其他社会办税(费)为辅的便利服务体系。二是深化便利化改革,实现服务提质。深入落实“多证合一”商事登记制度改革,大力推行国地税联合办税和“一窗一人一机”模式,各地至少有一个办税服务厅全部实现 8 大类 242 项业务的一窗受理;打破房地产过户涉税业务部门“信息孤岛”,推进一门式不动产交易登记集成办理改革;推出“容缺受理”办税服务制度,对缺失次要条件或手续(副件)的服务对象给予最大信任;推动地税社保业务专窗进驻社保大厅,实现税费业务“一厅式”办理;推出周六办税志愿服务,增强税费服务的时间弹性;联合市国税局、市国土局联合破解不动产纳税抵押难题,联合国税局、社会团体、纳税人代表等成立纳税人权益保护中心,切实保护纳税人权益;推行个体户国税地税“同工、同管、同办”三同管理,核定、注销等审批(审理)时间最高缩短到原来的1/5;推行定期定额个体工商户国地税联合定额模式,解决纳税人“两头跑”问题。三是加强纳税需求管理,实现工作提效。围绕纳税人满意度整改工作,全方位提升纳税服务工作能力。加强征纳双方“面对面”交流,举办税收政策宣讲会72场,走访纳税人61371户;建立问题反馈机制,分行业建立纳税人微信群70个,发放调查问卷7819份;提高纳税人基础数据精确度,核实纳税人基本信息97840户,并100%实施确认;充实服务资源,委托第三方公司提供本地化的人工语音、现场辅导及系统培训等,并对全市各县区13个办税服务大厅开展落地辅导;制定《12366热线运行月报》制度和《12366热线座席人员的绩效考核方案》,以管促效提升12366纳税服务热线服务质效。

(姚　蕾)

阳江市地方税务局

【经济概况】 2017年,阳江市实现地区生产总值1428亿元,同比增长6.8%;地方一般公共预算收入60.66亿元,增长7.1%;规模以上工业增加值507亿元,增长9%;固定资产投资544亿元,增长8%;社会消费品零售总额691亿元,增长8.9%;城镇居民人均可支配收入27400元,增长8.5%;农村居民人均可支配收入15500元,增长11.3%。经济发展稳中向好。新增阳春新钢铁、阳江核电两家年产值超100亿元企业,广青金属科技上榜广东企业500强,并与阳春新钢铁进入广东制造业100强。全面启动创建国家高新区,新认定国家高新技术企业14家,新增省级工程研究中心4家,年产值5亿元以上企业实现研发机构全覆盖。签约优质旅游项目16个、总投资506亿元,阳东新洲地热小镇上榜广东特色小镇创建示范点。

【税费收入】 2017年,全市地税系统累计组织税费收入73.92亿元,剔除“营改增”因素影响可比增长14.5%。其中税收收入39.96亿元,可比增长18.9%,圆满完成省局年度收入预期目标。税收收入中,中央级收入8.68亿元,可比增长25%;省级收入7.49亿元,可比增长52.8%;市县级收入23.79亿元,可比增长9.4%。2017年,全市地税系统组织社会保险费30.42亿元,同比增长13.6%;全市地税系统组织其他费金收入3.54亿元,同比下降14.6%。

【税收特色】 2017年全市地税系统登记状态为正常纳税人40271户,其中:内资企业13982户,外商投资企业和外国企业99户,港澳台商投资企业268户,个体经营户24377户,其他1545户。2017年底,全市社会保险费登记户(含灵活就业人员)11.61万户。据社保统计口径:养老保险参保人数38.43万人,失业保险参保人数16.52万人,医疗保险参保人数27.95万人,工伤保险参保人数28.01万人,生育保险参保人数20.12万人。特点:一是税收增速居全省第11。2017年,阳江地税税收收入可比增长18.9%,比全省平均水平(15.9%)高3个百分点,增速居全省地税系统第11,是2012年以来增速最快的一年。在粤东西两翼地区中,高于茂名(12.2%)、揭阳(9.7%)和潮州(3.6%),低于汕尾(22.1%)、汕头(20.9%)和湛江(20.1%)。二是所得税收入增速快于财产行为税。两个所得税累计收入13.55亿元,同比增长24.8%。其中:受征收期调整形成的不可比增收效应,以及上年同期部分重点税源企业退库拉低基数影响,企业所得税同比增长39.4%;个人所得税同比增长12.7%。财行税收入25.32亿元,同比增长15.6%。其中:土地增值税在房地产市场向好、土地过户一次性税源及清算大额税款收入的拉动下,大幅增长77.5%;耕地占用税受政府批准农用地转用途减少影响,同比下降25.3%;土地使用税由于上年高基数及单位税额标准下调政策性减收因素的影响,同比下降36.3%。三是第三产业税收收入占比上升,房地产业成为增收主力。第二产业税收收入9.79亿元,下降26.3%,占总税收收入24.5%,较上年同期下降6.7个百分点。其中:建筑业税收收入3.69亿元,下降51.4%,主要是由于全市固定资产投资增长依然乏力;制造业税收收入3.96亿元,受实体经济疲软及进出口下降影响,同比下降0.9%。第三产业税收收入30.02亿元,同比增长2.8%,占总税收收入75.1%,较上年同期上升6.5个百分点。其中:房地产业、金融业可比分别增长48.4%和25.7%。而批发零售和住宿餐饮业等传统服务物业税收持续负增长。四是地区税收收入增长不平衡。全市地税系统6个征收单位中均实现了正增长,但增速差异明显。按收入增速排序依次是阳西33.6%、江城20.7%、海陵20.3%、阳东17.8%、阳春11%、高新8.1%。增速最高的江城和增速最低的阳春相差25.5个百分点。

【税源分析】 增收因素:一是房地产业是税收较快增长的主要动力。全市房地产开发投资同比增长56%,商品房销售面积和销售额分别同比增长37.9%和60.5%,不少楼盘均价比上年同期有所提升,拉动了全市房地产业税收快速增长48.4%。二是强化税收征管是组织收入的重要保障。其中城市维护建设税快速增长24.3%。为应对"营改增"的后续管理工作,及时布置推进税种精细化管理,特别是对财产行为税的细化管理,做到小税种大作为,不断细化税源数据采集,规范税种管理流程,确保税款足额入库。扎实推进年所得12万以上个人所得税申报工作,加强高收入行业、高收入群体的个人所得税征管工作,拉动个人所得税增长12.7%;完善印花税税源管理,优化纳税服务,提高印花税征管质效,印花税收入9506万元,同比增长21.6%;完善保险机构代收代缴、公安交警查验的车船税征管模式,车船税收入1.14亿元,同比增长17.9%;组织专门小组对达到清算条件或可清算的房地产开发企业进行土地增值税收入清算,累计组织土地增值税清算收入1.13亿元,同比增长1027.3%。构建"属地+行业"管理模式,建立"征管评查"四分离岗责体系,应用第三方涉税信息21118条,累计增加税款入库5326万元;对15063户风险纳税人开展风险应对管理工作,累计补缴入库税款1.69亿元。扎实开展税收稽查,组织税收专项检查、区域税收秩序整治及打击税收违法犯罪活动等一系列案件查处工作,以查促收,累计查补税款8361万元。三是部分地区盘活国有资产,带来大额一次性税源收入。部分地区为盘活国有资产,处置闲置土地、闲置房屋等,累计带来一次性税收收入约6860万元。

减收因素:一是土地使用税政策调整减收。受土地使用税适用税额下调及缴款期限延长影响,土地使用税累计入库2.22亿元,同比下降36.3%。二是资源税政策性减收。2016年7月1日起,资源税由从量计征调整为从价计征,2017年同比下降22.4%。三是一次性税源高基数。2016年上半年一次性入库的历年欠缴的土地使用税及滞纳金8210万元,2017年同期零入库,形成高基数。四是耕地占用税不理想。政府批转农用地转用途进度偏慢,影响耕地占用税收入入库,同比下降25.3%。

【依法行政】 坚持全面依法行政,上线执法全过程记录和行政执法公示平台,开发应用电子触摸屏系统"执法公示"模块,实现了全系统执法信息的互联互通和执法工作公开透明。全面加强法治税务示范基地建设,探索建立法律顾问和公职律师管理制度,扎实推进法制员制度,开展依法行政考评工作。建立税收规范性文件清理长效机制,清理审查市局2014—2016年度发文1693份。深化国地税法规部门合作,统一税务行政处罚裁量权基准。加强税收执法检查监督,开展两次税收执法督察和一次税收行政执法案卷评查工作,落实整改81户次,查补税款173.9万元,谈话提醒问责101人次,进一步规范了税收执法行为。扎实做好内、外部审计,加强问题整改的跟踪管理,有效促进管理规范,完成2016年各项内审工作报告,积极配合外部审计监督,做好省局巡察迎查工作。依法审结3宗行政复议案件,实现执法效果和社会效果的最大化。严厉打击税收违法行为。大力推进稽查体制改革,上收"选案权、审理权",建立稽查办案指挥体系,对全市5户房地产企业、6户餐饮业企业进行了交叉检查,整体运作顺利。加大税务稽查力度,立案检查企业24户,结案31宗,组织企业自查96户,查补税款收入8361万元,其中地税收入706万元。贯彻落实"双随机"抽查制度,顺利上线稽查双随机工作平台,有序开展总局重点税源随机抽查工作。联合国税部门创新县(市、区)局稽查局交叉检查方式,开展23户房地产企业和22户餐饮企业区域税收专项整治,国税、地税自查补报共1195.7万元。加大打击发票违法犯罪力度,累计检查56户企业,查处问题企业16户,查处非法发票份数49份,涉及金额300.54万元。加大案件执行力度,成功对14户欠缴税款企业的法定代表人实施阻止出境联合惩戒措施。

【征管创新】 打造"智慧税务"新体系。率先实现发票代开全业务线上办理,创新微信端房地产交易智能办税,利用全省、全市通办激活服务厅互联互通,首创国地税合作"单体运行一窗通办",纳税人上门次数减少75%,纸质资料报送减少80%,实现政务服务最优化。推进数据综合治理。推行管事制改革,构建"属地+行业"管理模式,建立"征管评查"四分离岗责体系,应用第三方涉税信息增加税收收入,共增加税款入库5335.62万元,涉及涉税信息2.4万条,全市推送风险纳税人总户数6983户,风险应对率为100%,并按照相应的税收风险等级完成风险管理全流程,入库税款2.07亿元。加强税种基础管理。年所得12万元以上个人所得税自行纳税申报10451人次，申报年所得总额26.5亿元。加大土地增值税清算工作力度，共组织土地增值税清算收入1.98亿元。深化资源税改革，共组织资源税收入4604万元。推动房地产税收管理一体化，国税、地税共享房地产项目台账91个，查补税款1714万元。首推欠费滞纳金挂账措施。率先探索困难企业滞纳金缓缴政策，作出2016年6月30日前欠缴社会保险费的欠费单位，在清缴欠费时，其所欠缴的社会保险费滞纳金可作缓交挂账处理的规定。共61户困难企业清缴历史欠费本金后，将183.65万元滞纳金做挂账处理，保障困难企业职工及时享受社保待遇。

【便民办税】 扩大国地税合作的广度，严格落实合作规范3.0版，推动合作质量实现新提升，与国税采取共建、共驻、互派等方式建立联合实体办税厅23个，设置国地税通办窗口98个，实现131项国税业务和102项地税业务一窗通办。建设优质便捷的纳税服务体系。开展2017年“便民办税春风行动”和纳税人满意度整改工作，组织纳税人座谈会151次，参加纳税人共6004户，完成所有下辖19771户单位纳税人走访工作，纳税人获得感进一步提升。完成2016年度企业信用评定，评定A级纳税人682户。建立信用监管机制，健全守信激励和失信惩罚机制，推进纳税服务规范化、便利化。深化“银税互动”，与13间银行签订协议，为154户小微企业提供贷款4.02亿元，有力解决小微企业“贷款难”“融资难”问题。建设综合性咨询平台。完成12366纳税服务热线转型升级，受理来电8050宗，接通率96.85%，办结率100%。联合市国税局成立纳税人学堂，全市举办纳税人宣传培训辅导111期，培训人员11683人次，纳税人满意度较大提升。不断提高纳税人满意度。以纳税人需求为导向，推广阳西县局2016年全省纳税人满意度调查第一名经验，全面优化办税流程，完善税收信息化建设，多渠道进行服务创新等措施，构建“多部门大服务”格局，切实提升纳税人获得感和满意度。在2017年全省满意度调查中，市局综合得分90.13，位列全省第6位，较2016年排名提升10位。

【全面从严治党】 切实增强管党治党意识，着力构建了“四个体系”：构建主体架构体系，将“两个责任”纳入重点工作考核，分级分类实行责任清单制度，制定主体责任清单共7大项104小项，层级签订主体责任书，构建了市局、县局、分局三级党组织链条式责任体系，实现责任压力传导全覆盖。深化“三转”，全面对接纪检组工作，监督端形成闭环，实现监督全覆盖；构建纪律制度体系，修订完善了党务、政务、业务等管理制度办法20项，基本建立了全面从严治党“制度群”。建立了组织领导“一岗双责”的签字背书、责任分解、谈话提醒、重点督办、督导检查、考核评价等制度机制，完善了问题线索管理机制、巡察自查自纠机制、考核评价机制、内控管理机制、整治“微腐败”机制，落实“两个责任”更加有规可循，全系统法治意识进一步增强；构建督导考评体系，依托绩效考评体系，利用内外审计、自查自纠等多种方式，织密落实督查督办网，有效实现了“两权”监控管理，堵住基层权力寻租空间。完善党风廉政建设责任制考核指标体系，运用“互联网+”网上考核，有效防范执法和廉政风险，全系统廉洁防线更加牢固；构建问责追责体系，坚持“一案双查”，综合运用批评教育、诫勉谈话、通报批评、组织处理、纪律处分等方式，建立了责任分解、检查监督、倒查追究的完整链条。开展抓早抓小谈话提醒教育807人次，追责74人次，全系统不敢腐氛围日趋巩固，政治生态不断净化。

（黄自如）

湛江市地方税务局

【税费收入】 湛江地税全年共组织税费收入154.4亿元，可比增长12.29%（剔除“营改增”影响），圆满完成组织收入预期目标。其中：税收收入73.64亿元，可比增长22.7%；市本级库收入17.7亿元，可比增长22.2%。其他规费收入80.77亿元，可比增长6.7%，其中：社会保险费收入69.2亿元，同比增长5.1%。

【服务地方发展】 助力政府招商引资，及时向政府和招商引资主管部门通报有关情况，并为政府优化招商项目和科学决策提供依据。优化服务提高质量，围绕以钢铁、石化为代表的重点建设项目，联合国税部门为企业提供纳税辅导和绿色服务通道，确保重点企业涉税诉求快速响应。落实政策助企发展,坚决贯彻落实供给侧结构性改革、国务院六项减税政策以及广东“实体经济十条”等减税降费政策。加强政策宣传,组建优惠政策专业服务队深入开展“大走访”,线上线下多渠道联动实现涉税政策宣传全覆盖。把落实税收优惠政策情况列入重点督办和绩效考核,切实解决优惠政策落实“最后一公里”问题。全面落实税收优惠政策,全年累计减税降费31.1亿元,其中减税28.7亿元,占税收比例达到38%,减税比例高于全省平均水平,在全省位居前列。

【依法治税】 2017年制定了《依法行政工作领导小组议事规则》,推动依法行政工作领导小组常态化、制度化、规范化运转。积极发挥集体商议机制作用,通过重大涉税(费)问题协调委员会,妥善处理了5个重大疑点难点问题。高标准建设霞山区局、赤坎区局两个法治税务示范基地,发挥了典型示范效应。扎实推行“三项制度”试点工作,严格执行税务行政处罚裁量权实施办法和裁量基准,全年未出现违反裁量基准的处罚行为。认真开展执法督察,发现问题48个,整改问题47个。2017年湛江市地税局成立全省第一家地市级国地税联合法律顾问办公室,提供法律服务113项,并为所有基层分局配备了兼职税收法制员。完善行政复议工作制度,畅通复议申请渠道,强化说理式执法,将征纳矛盾争议的化解处理前置化,复议应诉案件呈明显下降趋势。

【税费征管】 落实“多证合一”登记制度改革。认真开展数据质量检查督导,累计修正问题数据逾10万条;和国税部门联合开展国地税共管户登记信息比对关联工作,正确关联率由58%提升至98%,排名全省第3。积极推进涉税事项通办工作,全系统所有办税服务厅实现办税事项全市通办,在12个办税服务厅推行涉税事项全省通办。开发房地产交易智能办税系统,整体实现了房地产交易涉税业务的在线办理,二手房办税时长约从40分钟缩短到了10分钟。设置自助办税终端实现了基层全覆盖,全市自助办税终端使用量超8万户次,同比增长22.4%。实现税收征管由无差别管理向风险管理转变,风险应对率达100%,风险分析识别命中率99.47%,入库税款累计约2.63亿元。做好环境保护税开征准备,加强与环保部门的沟通协调,扎实做好各项工作。推动地方政府健全自然人涉税信息交换共享机制,构建集约高效的自然人税收管理体系。强化电子文档管理系统、税源管理平台等信息化系统应用。完善税费一体化管理机制,强化规费监控分析管理平台数据应用,加大对应参保未参保用人单位的整改力度,实现全员足额参保缴费,全面清理漏征漏管户。

【纳税服务】 严格落实首问责任制、一次性告知、领导值班制、办税公开、延时服务等纳税服务基本制度。积极推行预约、预受理、预审核“三预”服务,梳理和优化办税流程,精简报送资料,实现了560项涉税业务即时办结、314项涉税业务限时办结。拓展纳税信用评价应用,将“银税互动”受惠群体由纳税信用A级拓展至B级,受惠企业同比增加7140户。落实《国地税合作工作规范(4.0版)》,确保60个合作事项全面落地。建立涉税专业服务监管联合工作机制,推动涉税专业服务信息共享应用。加强国地税自助办税终端融合,全市办税服务厅基本实现“一窗通办”或“一号通办”。持续开展“便民春风行动”,完善电子办税体系,清理纳税人报送资料,简化办税流程,将办税时间再缩短了1/5。联合国税全面开展下户走访工作,走访各级人大代表、政协委员及建筑业、房地产业、电器业等重点行业企业,并针对重点企业,包括税务稽查对象、税务行政处罚对象、信用等级为D级纳税人、有投诉举报记录纳税人和2017年企业所得税汇算清缴中意见较大的纳税人进行二次走访,倾听意见和建议,同时梳理服务存在问题,逐一解决问题。据上级纳税人满意度调查显示,全市地税系统2017年纳税人满意度调查结果得分比全省平均分高1.45分,位于全省第11位,排名提升了2位。深化“银税互动”,将融资贷款范围拓展到个体工商户及自然人。探索“容缺受理”,深入研究纳税人个性化需求,实施“菜单式”宣传辅导,提升纳税人满意度。全方位、多角度做好政策宣传和操作指引工作,在传统媒体以及网站、微信微博等网络媒体上,对税收工作的报道以及政策解读全面细致。

【队伍建设】 全面从严治党,夯实党风廉政工作基础。完成了堤围费专项调查、4项代征地方规费数据比对,任期经济责任审计等5项审计检查,共发现问题74个,提出整改意见建议12条。对全系统12个单位政府采购等情况进行了检查。对全系统社会保险费征管开展专项检查,排查出问题和风险隐患32项,提出整改意见29条;围绕开展违规公款购买消费高档白酒问题、扶贫领域问题线索以及各类行政管理和税收执法风险进行专项督导。对个别基层单位可能出现的接受企业宴请问题进行重点排查。办理群众信访举报8件(次),初核率100%。充分调动干部职工参与“大练兵大比武”的积极性,有4名选手入选省局“115”工程,全省排名第2。全面排查绩效管理工作中存在的问题，制定切实可行的解决措施，有效扭转市局绩效工作一直处于全省中等水平的局面。2017 年湛江市地税局绩效考评成绩名列全省系统第 7，位居粤东西北地区第 1。

湛江市地税局 2017 年的工作得到了上级领导的高度认可，省政府领导和市委市政府主要领导作出肯定批示 7 次。省地税局局长两次到湛江调研，充分肯定和赞扬湛江地税的整体工作。

（刘妍娥　许志勇）

茂名市地方税务局

【经济概况】 2017 年，茂名市实现地区生产总值 2924.21 亿元，同比增长 7.5%，经济总量继续位居粤东西北首位。完成固定资产投资 1415.73 亿元，增长 12.1%。一般公共预算收入 130.14 亿元，增长 7.5%。完成规模以上工业增加值 873.47 亿元，增长 7.1%；工业经济效益综合指数同比提高 42.6 个百分点。全年贷款余额增长 14.0%，存贷比 46.7%，同比上升 1.3 个百分点。城镇和农村常住居民可支配收入分别增长 8.5%、8.1%，均高于 GDP 增速。全市单位 GDP 能耗同比下降 4.2%，环境质量持续改善。六大主导产业增加值 787.63 亿元，占全市比重 90.3%。旅游业总收入增长 35.5%，装备制造业增加值增长 25.4%。全市市场主体突破 20 万户，新登记注册企业增长 43.1%。民营经济成为地方经济主力军，约占全市经济比重 62%。全市实现省级工业园区全覆盖。三次产业比重调整为 15.6∶40.1∶44.3，二三产业占比提高 1 个百分点。

【税费收入】 2017 年，茂名市地税局组织各项税费收入 159.20 亿元，剔除“营改增”因素可比增长 8.8%。其中：组织税收收入 92.52 亿元，可比增长 12.2%，市本级税收收入 17.93 亿元，完成市政府年度计划 17.53 亿元的 102.3%；组织非税收入 66.69 亿元，同比增长 3.6%，其中社会保险费收入 52.34 亿元，同比增长 6.2%。

【税收特色】 税收收入可比（剔除“营改增”因素）增长 12.2%，同比下降 2.3%。贡献公共预算收入稳定，市级收入增长最快，全年实现全市一般公共预算收入 60.33 亿元，同比增长 2.6%，占全市一般公共预算收入 130.14 亿元的 46.4%。全市税种收入差异较大，主体税种增长较快，其中企业所得税收入 16.22 亿元，同比增长 15.6%；个人所得税收入 9.47 亿元，同比增长 21.7%；土地增值税收入 25.83 亿元，同比增长 16.4%。第三产业税收发展较快，产业结构优化提升，全市第三产业实现税收收入 63.12 亿元，同比增长 3.75%，增收 2.28 亿元，可比增长 20.5%，逐渐成为经济税收增长的主要拉动力。

【税源分析】 增收因素：经济稳定增长带动税收发展，其中工业投资 779.49 亿元，增长 7.6%，工业税收 17.99 亿元，同比增长 2.2%，社会消费品零售总额 1460 亿元，增长 9%，批发零售业税收 4.45 亿元，同比增长 27.8%；房地产业快速发展带动行业税收的增长，全年房地产开发投资 168.22 亿元，增长 53.1%，商品房销售面积 516.08 万平方米，增长 60.6%，房地产业税收 17.92 亿元，同比增长 7.4%，可比增长 52.3%；规范契税纳税申报期限带来阶段性增收，全年契税收入 10.38 亿元，同比大幅增长 35.6%。

减收因素：“营改增”持续影响，营业税仅有零星查补收入，减收 12.43 亿元，影响税收增长 13.1 个百分点；国务院出台六项减税政策，全市减免税金额 10.95 亿元，同比增长 29.0%，影响税收增长 11.6 个百分点；省政府批复同意下调土地使用税基准税额，全市土地使用税收入同比减收 0.82 亿元。省政府对茂名市部分商品房库存大的地区实施限制供地措施，全市耕地占用税收入同比下降 34.2%，减收 1.79 亿元。

【税收优惠】 在依法依规组织税费收入的同时，茂名市地税局围绕推动产业转型升级、深入推进供给侧结构性改革和“放管服”改革等，不折不扣落实国家各项税费优惠政策，积极扶持企业健康发展，促进民生改善。2017 年，全市地税系统共减免各项税费 10.95 亿元，同比增长 29%，其中促进民生改善方面减免税费 8.38 亿元，占全年减免金额的 8 成；支持公益等其他各项事业发展减免 1.5 亿元；鼓励高新技术和促进小微企业发展分别减免 0.48 亿元和 0.14 亿元。

【纳税服务】 不断深化“放管服”改革,提升纳税人满意度,在委托第三方开展的2017年度全省纳税人满意度调查中名列全省第1。打破属地办税限制,推行税费业务“全市通办”“全省通办”。广泛走访“两代表一委员”及纳税人2.6万户,走访率达98%,召开税企座谈会36场次,与国税部门联合培训辅导纳税人123场次,共2.8万人次。深入开展大企业个性化服务,为42户大企业提供62条涉税风险提示提醒服务,签订粤西地区首份税企共治大企业税收风险防御合作协议。实施电话补扣缴社会保险费服务,解决灵活就业人员往返办税服务厅和银行“两头跑、多头跑”问题。

【税收执法】 进行分类分级模式管事制改革,全面推行“三项制度”试点工作,大力开展“法治示范基地”创建,更好规范税务行政行为,圆满完成纳税信用评价工作。健全守信激励和失信惩戒机制,实现“银税互动”“税保合作”,全年累计为222户企业发放贷款2.1亿元,助力中小微企业解决“融资难”问题。全面强化税收违法行为查处力度,全市稽查部门全年查补入库税费3.04亿元,同比增长0.5%,占全市地税税收总额3.3%,稽查选案准确率、结案率、入库率均100%。

【信息化建设】 深化税收信息化建设,开通电子税务局业户3.3万户,数字证书用户2.2万户,开通率排名全省第1。大力推广应用自助办税终端、24小时自助办税厅,全面打造完整的电子办税体系。推进征管档案电子影像系统、茂名地税一体化数据应用平台的应用,依托一体化数据应用平台,智能分析获取并整改疑点数据2万条。探索推进房地产交易智能办税,平均办理时间大幅降低。在全省地税系统地市级率先建成首个异地数据安全中心,实现数据和应用双备份。

【征管改革】 以金税三期系统和税源管理平台为依托,一方面,选取电白区局开展“大数据+全覆盖”模式管事制改革。通过建立“以事定岗”模式,重组优化工作流程,创新开发数据模型,以风险管理取代“人盯户”“票管税”的传统征管模式,推动“事、岗、人”三方相互匹配、“征、管、查”链条紧密相连、“事前、事中、事后”管理有机衔接。另一方面,选取滨海新区局开展分类分级管理改革,在机构不变的情况下将其中一个分局转变职能为风险管理分局,负责风险管理事项,逐步构建全闭环风险防控体系;其他两个分局负责纳税服务、基础管理等事项,全面实施管事制,设立纳税服务岗、基础管理岗、规费管理岗、综合事务岗等四大类9小类岗位,加强事中事后监管,实行团队化、痕迹化、全流程管理。

【队伍建设】 按照“打铁还需自身硬”的要求,把队伍建设抓常抓长。继续抓好领导干部、青年骨干、专业人才、窗口人员等各梯度的干部教育培训,在全系统层层开展练兵比武活动,营造比学赶帮超的良好氛围,有7人入选市级“岗位能手”、3人入选“纳税服务之星”,其中电白局1位同志入选省局代表队并在全省纳税服务技能大赛中获得第一名。大力开展文明单位、青年文明号等创建活动,市局及辖下单位相继荣获国家、省、市级等荣誉21项。推动“两学一做”学习教育常态化制度化,坚持宗旨教育、警示教育和激励教育并行,开展主题党日、集中培训、实地缅怀、中心组学习、参观廉政教育基地、观看警示教育片、组织党的十九大知识考试和最美地税人巡回报告会等2000余人次参加,全面唤醒基层普通党员的身份意识。密切关注干部职工思想动态,召开基层座谈会8场次、谈话谈心112人次。激励地税人学习先进,弘扬正能量,举办茂名地税系统“十大最美地税人”巡回宣讲和投票活动,评选出“十大最美地税人”。

【全面从严治党】 坚持高标准和守底线相统一,将管党治党的责任贯穿于税收执法和行政管理的所有环节、全部领域。全年共召开专题会议听取各单位主体责任、监督责任汇报2次,对基层班子集体廉政谈话6次,组织19名基层党组织书记公开“三述”并接受评议。紧盯重要时间节点、重点人和重点事,做到早提醒、严教育,全年通过OA平台向干部职工发送廉政提醒48次。加大监督检查力度,在全系统开展高档白酒、会风会纪、上下班纪律等专项整治11次,开展明察暗访31次,诫勉约谈3人,通报曝光63人次,积极营造不敢、不能、不想的氛围。认真把握运用好“四种形态”,全系统受理线索11条,初核11条,核查率100%。结合全市地税实际,推行“6+2”谈话提醒制度,累计开展谈话提醒400多人次,及时帮助纠正党员干部苗头性、倾向性问题。

(黎庆武)

肇庆市地方税务局

【经济概况】 2017年,肇庆市实现地区生产总值2200.61亿元,同比增长5.2%;农、林、牧、渔业增加值为327.24亿元,增长4.4%;实现规模以上工业增加值882.62亿元,增长4.9%;完成固定资产投资1497.55亿元,增长9.0%;实现社会消费品零售总额809.93亿元,增长10.6%;商品房销售面积598.01万平方米,增长19.6%;实现一般公共预算收入94.85亿元,增长5.8%。

【税费收入】 肇庆市地税局累计组织税费收入1327698万元,可比增长13.08%(剔除“营改增”因素影响,下同),增收153593万元,其中税收收入717145万元,增长20.67%(全省平均增速15.9%),增收122835万元,完成省局全年收入预期(707000万元)的101.43%,增速排名全省第9位,规模排名全省第14位;累计组织各项费金收入610553万元,增长5.3%,增收30758万元。

【税收特色】 2017年,肇庆市地税局税收收入呈现以下特点:一是月度收入增长波动较大,上半年收入占比明显偏高。11月出现最高增速96.25%,3月出现最低增速-15.57%,差异很大。其他月度收入均实现正增长,但增长波动也较为明显。此外,从上、下半年收入规模及占比情况看,上半年税收总规模为388953万元,较下半年(328192万元)多出60761万元;上半年税收收入占比为54.24%,较下半年(45.76%)高出8.48个百分点。二是中央级和省级收入高速增长,市县级收入增速相对平稳。受大额股权转让税收入库带动,中央级收入162242万元,增长44.85%,增收50233万元;受大额土地房产转让税收入库带动,省级收入137363万元,增长54.52%,增收48465万元;市县级收入417540万元,增长6.14%,增收24137万元,在未剔除2016年7.66亿元超常规收入的情况下实现了正增长;市直本级收入79627万元,增长20.71%,增收13662万元。三是“营改增”后主体税种缺失,所得税、土地增值和契税成主要构成税种。2017年,在没有营业税这个主体税种后,肇庆市地税局排名前4位的税种分别为土地增值税(164169万元,占比为22.89%),个人所得税(133673万元,占比为18.64%),企业所得税(122424万元,占比为17.07%)和契税(104509万元,占比为14.57%),四大税种收入合计占比达73.17%。其中土地增值税和契税分别增长60.43%和59.16%,分别增收61841万元和38847万元,两税种拉高税收收入增速16.94个百分点。

【税源分析】 2017年,肇庆市地方税收来源呈现以下特点:一是房地产业税收高速增长,行业税收占比超3/8。房地产业、建筑业、制造业、金融业、公共管理、社会保障和社会组织是全市地方税收主要税源行业,2017年五大行业税收占地方税收总量比重达78.7%。“营改增”后,建筑业和金融业收入规模大幅削减,收入占比分别由2016年的15.41%和8.01%下降至2017年的6.44%和5.35%。与此同时,房地产业销投畅旺,行业税收高速增长79.36%,占税收总量比重达37.63%,超3/8,较2016年占比(26.49%)上升11.14个百分点,是肇庆市地方税收名副其实的支柱行业。据市统计局统计数据,1—11月全市基础设施建设和房地产完成投资额分别大幅增长62%和41.8%,2017年全市100项重点建设项目共实现地方税收收入3.28亿元,可比增长92.2%。此外,据市住建局统计数据,2017年全市商品房销售面积和销售额分别增长37.9%和69.16%,带动2017年全市房地产业地方税收收入269880万元,增长79.36%,增收119415万元,拉高税收总量增速20.09个百分点。二是一次性税源收入拉动作用明显。2017年,全市市土地(房产)转让、出让活跃,股权转让行为增多,对2017年收入增长拉动作用明显。据初步统计,2017年一次性税源收入24.49亿元,占地方总税收的34.15%,其中一次性市县级收入16.88亿元,占全年市县级税收的40.42%。如高新区保利项目单笔房产转让缴纳土地增值税、契税等税种合计收入3.88亿元,涉及市县级收入2.09亿元。

【税费征管】 联合七部门启动“多证合一”服务模式,开办企业全流程时间由25个工作日缩短至7个工作日、往返次数由11次减少至3次,5次重复填写企业资料变为仅1次填写,开办企业便利度考评跃居全省第4,其中“涉税事项”便利度评估排名第一。推行国地税联合与纳税人签订“四方协议业务”,新办企业跑一次银行便可办理国地税两家委托银行(金融机构)划缴税(费)协议签订,免除纳税人在国地税和银行的“三头跑”。委托邮政部门代征地方税费业务,纳税人在邮政网点申请代开发票的同时可以缴纳地方税费,便利偏远地区的纳税人就近邮政网点缴纳税费。端州区国地税局实行发票代开、异地经营建筑项目缴税“国地税业务一窗受理,后台流转,一窗办结”,解决了纳税人长期以来国地税双向申报缴税,“两次队排”的问题。肇庆市局作为全国地税系统的唯一代表,参加国家税务总局《办税服务厅管理办法》的首轮修订工作。承接省局任务,历时半年,完成《广东地税办税服务厅规范》及配套手册编写,弥补了《全国税务机关纳税服务规范》在办税服务厅管理上空白。打造了全省第一个完全按《广东地税办税服务厅规范》及配套手册建设的 A 类标杆办税服务厅——高要城区办税服务厅。接待全国各地兄弟单位 20 多批次、600 多人次参观,被多家主流媒体报导。在 2017 年全省纳税人满意度调查中,肇庆市地税系统总得分为 91.35 分,比全省平均水平高 4.69 分,位列全省第 2 位,与 2016 年相比,满意度得分提升 3.34 分,排名提升 9 位。办税服务综合管理系统各项服务指标稳定靠前,纳税人平均等候时间 8 分钟,比全省平均等候时间少 5.3 分钟,耗时短列全省第 5;取票弃号率 6.5%,比全省低 1.9%,弃号率低列全省第 7。利用肇庆地税官方微信微博等新媒体,实时精准推送政务信息,推送微信消息 48 次、331 条,发布微博消息 752 条。德庆县局凸显地方特色打造动漫税宣品牌,将地方特色农产品与动漫艺术创作相结合,线上线下开展税收政策宣传和纳税咨询服务。

【依法治税】 深化税务行政审批,仅保留市县 5 项税务行政许可审批事项,其余税务非行政许可审批事项已全部取消或调整,将所有涉及减免税、资格认定等事项由事前审批调整为事后备案管理。推行税务行政执法公示、行政执法全过程记录、重大税收执法决定法制审核“三项制度”试点工作,2017 年以来,通过门户网站执法公示平台公示执法信息 7378 条,通过办税服务厅等线下渠道公示执法信息 20957 条。推进基层税收法治建设,怀集县局被评为第二批全省地税系统法治税务示范基地。积极参与普法创文攻坚,通过入社区、进商户、进超市、办学堂等形式,开展法治宣传活动 33 次、4038 户次,发放法治宣传品 7700 多份,法治宣传资料 9300 多份,调查问卷 5700 多份。

【国地税合作】 国地税共建办税服务厅 7 个,互设窗口办税服务厅 12 个,国地税共同驻政务服务中心 9 个,共建“24 小时国地税自助办税厅”9 个。联合开展纳税信用管理,共评出 A、B 级纳税人合计 7709 户,其中纳税信用等级 A 级企业 1434 户。联合开展宣传报道,开展“民营企业共话税收”座谈会等税收宣传活动 39 次,走访全市 3 名全国人大代表。联合市国税局、市银监分局三方联合明确“银税互动”联席会议运行机制。银税合作贷款总金额 25.34 亿元,惠及企业 216 户。

(冯玲玲)

清远市地方税务局

【经济概况】 2017 年全市实现生产总值(GDP)1500.9 亿元,同比增长 5.0%。其中,第一产业增加值 218.9 亿元,增长 4.3%,对 GDP 增长的贡献率为 12.6%;第二产业增加值 541.3 亿元,增长 3.2%,对 GDP 增长的贡献率为 24.2%;第三产业增加值 740.7 亿元,增长 6.6%,对 GDP 增长的贡献率为 63.2%。三次产业结构为 14.6∶36.1∶49.3。

【税费收入】 2017 年,清远地税系统共组织税费收入 135.5 亿元,按可比口径增长(剔除“营改增”影响,下同)21.4%。其中:税收收入 73.8 亿元,可比增长 34.2%;社会保险费收入 54.8 亿元,同比增长 11.4%;其他收入(含教育费附加、文化事业建设费等)6.8 亿元,同比下降 6.5%。

【税收收入特点】 一是税收增速在全省地税系统位居第 1,并带动税收规模跃升至第 12。二是受部分税种征期调整形成错期入库的影响,税收增速波动明显。三是企业所得税、个人所得税及土地增值税等共享税种增幅均超 40.0%。地方税种中“房土”两税及资源税均为负增长。四是南北增速差异明显,南部可比增长 37.8%。北部可比增长 8.3%。

【税源分析】 增收要素:一是楼市量价齐升有

力支撑地方税收快速增长。商品房销售直接相关行业税收39.9亿元，可比增收14.8亿元、增长60.6%，对总税收增长的贡献率79.5%。二是土地市场强势回暖并带动相关税收大幅增长。土地出让成交金额超100.0亿元，同比增长超3倍，并缴纳契税3.0亿元，同比增收1.9亿元、增长180.3%。三是不断强化大额税源监控力度。补充完善高收入人员个人所得税监控体系，个人所得税收入14.5亿元，同比增长58.5%。继续加大对房地产开发项目土地增值税清算力度，某房企清算入库超1.0亿元。减收要素：一是落实税收优惠政策，全年共减免各项税收36.9亿元，同比增长近3倍。二是小水电行业税收持续下降，电力生产业税收1.3亿元，同比下降29.3%。

【深化改革】 一是全面推进纳税人分类分级改革。在近两年推进县域征管改革、全市一级稽查体制改革、大企业税收管理与服务改革的基础上，结合清远实际，合理对纳税人进行分类分级，形成“办税实名制＋分类分级＋信用积分＋风险管理”的闭环管理新理念，构建电子化办税、大数据管控、全过程服务、智能化提升的基于互联网生态的新型征管模式。二是进一步推动国地税合作升级。力促服务深度融合，执法适度整合，加强联合办税，共同打造15个国地税业务“一窗式”通办的共建办税服务厅，共同进驻9个行政服务中心，共建24小时联合自助办税区11个；联合组建国地税志愿服务队；统一执行税务行政处罚基准，联合进户执法，共享检查信息和检查结果；自主开发“国地税E网通”系统，有效突破了国税、地税数据交换的方式、频率、内容。三是稳步推进税种管理。个人所得税方面，年所得12万以上人员自主申报人数同比增长64%；实现自然人税收数据精准监控，入库股权转让个人所得税2100万元；做好恒大足球学校外籍教练里皮及其团队的涉税服务和管理工作，入库个人所得税接近7300万元。企业所得税方面，对重点税源企业、一般类型企业、新办企业进行分类核查精细化管理，实际汇缴率达100%，2016年度企业所得税汇算清缴补缴企业所得税同比增长65%。土地增值税方面，完成清算审核项目47个，组织清算收入3.52亿元。

【依法治税】 坚持规范公正文明执法，全面推进税收执法公示制度、行政执法全过程记录制度和重大执法决定法制审核制度“三项制度”试点工作，着力打造阳光税务、规范税务、法治税务。加强复议诉讼应对管理，进一步实施公职律师制度，完善纠纷化解机制和税务行政诉讼应诉机制。持续深化法治税务示范基地创建活动，清城区局成功获得“广东省地税系统法治税务示范基地”称号，成为全市首个省级法治税务示范基地。

【服务大局】 一是不折不扣落实减税降费政策。自主实施清远地税“减负9条”和“两类八项”的减负新措施，努力以税收“减法”赢取企业发展和经济结构转型的“加法”，获得清远市党政主要领导表扬性批示4次。2017年，全市地税系统共减免税收36.9亿元，减免各项费金3.74亿元，占同期入库额的30%。二是进一步深化“放管服”改革。持续释放税收改革红利，为企业减负，为社会发展输送新动能。“放”得彻底且有序。简化审批手续，取消税务行政审批事项49项，仅保留税务行政许可5项；推进商事改革，积极推行“三证合一、一照一码”和个体工商户“两证整合”，在全市范围内实现国地税联合办理税务登记和注销登记。“管”得规范且有效。深化行政审批制度改革，逐步实现税收管理依靠事前审批向加强事中事后管理、固定管户向分类分级管户、无差别管理向风险管理、经验管理向大数据管理的重大转变；2016年度纳税信用评价工作中，A、B级纳税人占比合计为81.41%，同比增长43%。“服”得优质且有感。推行全面预约办税，实施办税服务厅规范化管理，办税服务厅平均等候时间比年初降低84%，切实增强纳税人获得感；成功试点全国首宗自助办税终端机同步征收国地税税费和电子税票应用工作，构建完善“一网通办、一表集成、国地联办、一次办结”为主要特征的便捷式服务体系。

【夯实基础】 一是夯实基层基础工作。根据省局“夯实基础年”工作要求，全面梳理全市55项“夯实基础、固本提效”责任清单，全面涵盖依法治税、信息管税、服务兴税、人才强税、从严治党五大方面的基础工作，在贯彻落实的基础上强化督办，到点验收，将基础性工作做深做细做实。二是抓好基层干部队伍建设。加大干部选拔和轮岗交流力度，配优配强基层领导班子“一把手”；贯彻落实省局党组关于培养选拔优秀年轻干部的新思想新要求，加强基层年轻干部培养，在全市地税系统内选派优秀年轻干部到基层交流任职。三是完善基层党建。强化基层党建联系工作制度，加强对基层党建工作的指导，帮助基层解决实际问题，努力提高基层党建工作水平；严格规范基层党内政治生活，落实“三会一课”“三册一表”制度，确保覆盖全系统48个党支部和948名党员。

【全面从严治党】 一是把政治建设和思想建

设摆在首位。坚决维护以习近平同志为核心的党中央权威,深入贯彻学习习近平总书记系列重要讲话和对广东的重要指示精神,坚持用习近平新时代中国特色社会主义思想武装头脑、指导实践,打牢“心中有核心、忠诚于核心”的思想政治基础。二是着力落实“两个责任”。全面压实从严治党主体责任,逐级抓好“党组书记、党委书记、党组成员、支部书记”等各项主体责任事项的落实,全面落实对下一级党组织的监督责任。三是坚定不移推进作风建设。严格遵守中央八项规定精神和廉洁从政的各项规定,坚持抓惩治和抓责任相统一,狠抓正风肃纪不手软,严防“四风”问题反弹回潮。加强谈话提醒工作,细化各级党组书记、班子成员开展谈话提醒要求,推广“八小时以外”活动监督管理工作,在全省地税系统率先制定实施《公务接待全面禁酒规定》,切实加强机关作风建设,树立了正风肃纪、铁腕纠正“四风”的良好社会形象。四是坚定不移抓好纪律建设。严格执行纪律规矩,坚持有令必行、有禁必止,推动管党治党从“宽松软”走向“严实硬”。强化政治纪律和组织纪律,坚持开展批评和自我批评,严格落实民主生活会制度。持续强化党内监督,旗帜鲜明支持纪检组履行监督执纪问责,推进纪检监察机构深化“三转”,全面深化标本兼治。着力构建不敢腐、不能腐、不想腐的体制机制,坚持反腐无禁区、全覆盖、零容忍。

(阮碧瑜)

潮州市地方税务局

【经济概况】　2017 年,潮州市实现生产总值(GDP)1074.07 亿元,同比增长 6.9%,突破千亿大关。全市人均 GDP 达到 40555 元,突破 4 万元,增长 6.7%。一般公共预算收入 44.6 亿元,增强 1.9%;各项税收总收入 95.9 亿元,增长 6.1%。规模以上工业增加值 369.72 亿元,增长 6.4%;固定资产投资总额 501.05 亿元,增长 10.2%;全市进出口总额 210.9 亿元,增长 5.5%;社会消费品零售总额 544.05 亿元,增长 9.8%;城乡居民人均可支配收入 1.9 万元,增长 7%;居民消费价格指数上涨 1.4%。

【税费收入】　2017 年组织地方税费收入 600150 万元,增收 28149 万元,剔除“营改增”因素可比增长 4.92%。地方税收收入 309118 万元,增收 11840 万元,可比增长 3.98%,其中:中央级收入 82346 万元,增长 1.11%;省级收入 46710 万元,增长 23.55%;市县级收入 180062 万元,增长 1.32%;组织社会保险费收入 261805 万元,增收 21121 万元,同比增长 8.78%。其他费金收入 29227 万元,同比下降 14.14%。

【税收特色】　一是税收与经济协调发展。税收收入可比增长 3.98%,中央级、省级、市县级收入分别增长 0.73%、23.55%(可比)和 1.32%(可比),均与 GDP 和规模以上工业增加值同步增长。二是土地增值税、契税是增长主力税种。土地增值税、契税分别增长 81.2% 和 42.7%,拉动全市税收增长 7.8 个百分点。三是房地产业是拉动税收增长主力行业。房地产业税收收入 67598 万元,可比增长 28.52%,拉动全市税收增长 5.04 个百分点。四是耕地占用税、土地使用税减收是制约增长主要因素。耕地占用税和土地使用税分别下降 47.3% 和 21.4%,拉低税收增长 6.25 个百分点。五是县区税收总体协调增长,总库收入主要是开发区和潮安增长拉动,税收收入分别可比增长 10.58% 和 8.16%,拉动全市税收增速 3.71 个百分点。

【税源分析】　一是房地产业税收增速呈加快趋势。房地产税收呈明显逐季走快趋势,第一、二、三、四季度分别增长 0.27%、19.3%、14.64% 和 105.87%。在全市各大主要行业中增速最快,全年实现行业税收 67598 万元,增长 28.52%,占总税收比重(23.46%)比上年同期提高了 1.91 个百分点。二是制造业税收保持平稳增长。前四季度制造业行业税收增速呈低位回升趋势,第一、二、三、四季度行业增速分别增长 -1.91%、1.6%、34.91%、16.44%。全年实现行业税收收入 108242 万元,同比增长 11.43%,呈明显低位回升趋势。行业转型升级加快,2017 年高技术制造业税收收入 25180 元,同比 22.94%。传统制造业逐步回暖,受国内经济逐步转好,外贸出口稳中有升等因素影响,陶瓷业税收增长 14.39%,塑料制品业增长 27.15%,不锈钢业增长 7.7%,印刷包装业增长 1.64%。三是建筑业税收跌幅进一步收窄。建筑业行业税收增速由较大跌幅明显转好趋势,上半年建筑业税收下降 29.44%,由于下半年全市项目投资和建设，特别是基础建设进度大大加快，第三季度增长54.8%，第四季度增长20.3%，全年累计下降2.32%，实现行业税收收入23738万元。四是金融业税收不可比因素影响减收。受证券公司代扣限售股解纳个人所得税等一次性税源大幅减少影响，行业实现税收26749万元，可比下降26.75%。五是消费和旅游市场呈较好发展状态。批发零售业平稳增长，2017年批发零售业税收收入15010万元，同比增长11.06%，与社会消费品零售总额同步协调增长。旅游业相关收入增长较快，住宿和餐饮业，文化、体育和娱乐业合计税收收入4081万元，同比增长145.99%。

【税费征管】 一是践行专业化理念，梳理分类基层分局109项涉税事项，对口设置基础管理分局、法制事务分局、风险管理分局、纳税服务和电子税务分局。将县(区)局机关内审、督察等职能分离出来，由新设督察内审股扎口管理；新设信息管理股，专责涉税数据分析应用和风险推送。二是践行扁平化理念，将纳服部门和基层分局承担的纳税服务职能归并到纳税服务和电子税务分局，专责线上线下一体化及纳税服务。将征管部门的"风险管理"职能归并到风险管理分局，将征管部门"税收执法检查和税收法制工作"职能归并到法制事务分局，压缩管理层级。三是践行集约化理念，在基层分局内部设置风控组等25个组别岗位，形成分工明确、纵向联动的分级管理闭环，初步构建以市局、县(区)局、基层税务部门纵向职能运转为核心、以机关各部门横向业务支撑为保障的征管体系。

【税收共治】 一是聚力抓好国地税合作。全省率先完成国地税办税厅共建，在全省各地市中较早实现涉税事项"一厅对外、一窗联办、一人操作、一机办结、一POS扣款"，做到办税大厅、服务模式、业务规范、管理标准和网上服务"五统一"，办税时间缩短50%。二是聚力抓实信用管理。对信用好企业推出10项"便企暖企"措施，深化"银税互动"，为646户纳税人提供48.6亿元贷款。推送失信纳税人到人行征信系统，建立税收违法"黑名单"制度，有效清理欠税3670万元，2016年度纳税信用A、B级纳税人同比增加14.5%。三是聚力抓深信息共享。与潮州市政务信息共享平台对接，获取政府采购、工程交易、国土资源交易及产权交易等四大类项目数据，建立健全公共资源交易涉税信息共享机制。全年累计从12个部门获取涉税信息61.4万条。

【优化营商环境】 一是进一步深化办税便利。引导纳税人办税"走网路"，网上办税率超过90%。简并纳税人涉税报送资料，所有涉税审批事项实现"一窗受理、内部流转、限时办结、窗口出件"，推行"互联网+涉税审批"，加快推进"多证合一"。加速办理涉税审批事项，存量房交易涉税事项办理，由3个部门流转审核压缩为1个部门统一审核，办理时间从10个工作日缩短为3个工作日。二是进一步规范执法行为。规范税收经济秩序，深入开展股权转让专项检查，实行"数据全网海淘、疑点精准分析、立案重点打击"查处模式，查补个人所得税2452.5万元。严格落实"双随机、一公开"执法，加强国地税联合稽查，加强税警联动，全年查补税款9040.3万元，同比增长22.5%。实施执法风险闭环管控，事前建立法制员管理办法、执法过错亮牌等制度，为处理法制事务提供模板；事中建立"触发、应对、审核、验收"多环节制约权力；事后扎口管理各类执法检查，建立"核查、认定、亮牌、追责"的风险管理链条。全年违规行为明显下降，一些屡查屡犯问题得到阻断式解决。三是进一步增强政策实效。梳理出台10大项36小措施项优化营商环境，不折不扣落实6项减税政策，大力扶持实体经济发展。落实"谁执法谁普法"机制，线上利用"两微一网三端"等平台解读税收政策。线下"点对点+面上全覆盖"开展政策宣传，打造"政府+地税+社保"的精准辅导模式，融合税收与潮文化打造"古城税韵街"，开展"千人走千企"活动解决企业诉求，诉求解决率100%。全年共减税降负5.55亿元。

【队伍建设】 一是推动人力向基层一线倾斜，大力推广电子税务局，腾出更多人手从事基础管理、风险应对等工作；压缩近20%的市县两级机关工作人员，调配部分机关业务骨干到基层任职，实施市局机关及各县区局普通人员轮岗，全年共对全系统338人进行轮岗，轮岗面达46.2%。二是选优配齐各级领导班子，各县区局和市局机关科室"一把手"轮岗面达100%，年龄平均下降6岁；全市22个基层分局"一把手"轮岗面达到100%，年龄平均下降3.6岁。三是加快人才选拔使用，实施"青苗计划""扬帆计划"等人才培育机制，推动新进人员在基层不同岗位加速轮换。成立"数据实验室"，运用互联网众包思维，推行"项目众包"工作模式，打造项目设立、众包承接、落地试点、复制推广的闭环管理链条，吸引不同区域、层级和部门的业务骨干组队承接项目。全年共选拔优秀年轻干部13名，队伍活力竞相迸发。四是持续保障执行力。构建"分类督办、全程监控、同步分析、审核把关、落实考核"的抓落实工作闭环，用"督考合一"的手段加快进度、保证质量。全局重点督办工作任务基本办结。

【全面从严治党】　履行全面从严治党主体责任,深入落实“下抓两级、抓深一层”工作机制。一是压实主体责任。制定全面从严治党主体责任清单,明确7类21个方面96项责任,综合采取定期听取汇报、定期调研指导、定期评议考核等方式,加强下一级党组监督,构建主责清晰、履责到位和追责严格的责任落实体系。二是抓牢基层党建。旗帜鲜明讲政治,围绕学习贯彻党的十九大精神,召开2次党组中心组学习扩大会议和1次专题研讨班,在全系统掀起学习热潮。推动“两学一做”学习教育常态化制度化,广泛开展专项教育、专家辅导等活动,严肃党内政治生活,促使“三会一课”“三册一表”、主题党日等落实。开展机关与基层、国税与地税、税务部门与企业“三个党建共建”10余场,打造融合式党建品牌。三是强化监督执纪。对全市16个国地税共建服务厅、26个基层单位进行暗访,全年开展廉政谈话364人次。开展违纪违法线索专项排查,加强信访核查,紧盯廉政风险易发多发事项进行巡察风险点排查。在市局稽查局等执法部门开展作风整顿活动,查摆不作为、乱作为问题,惩治基层“微腐败”。运用谈话谈心、定期汇报、问卷调查等方式加强“八小时以外”监管,建立苗头性问题提醒机制,构建严密的监督网络。

(胡端生)

揭阳市地方税务局

【经济概况】　2017年揭阳市实现地区生产总值(GDP)2151.43亿元,同比增长5.0%;全市规模以上工业增加值1097.51亿元,增长3.0%;固定资产投资1667.31亿元,增长12.2%;社会消费品零售总额1080.96亿元,增长10.5%;外贸进出口70.7亿美元,增长0.4%;地方一般公共预算收入72.80亿元;金融本外币各项存款余额2107.05亿元,同比增长4.45%。

【税费收入】　2017年揭阳各级地税部门共组织税费收入81.3亿元,可比增长17.0%。其中:国内税收44.0亿元,可比增长9.7%,完成省局下达年度预期的101.9%;其中中央级收入12.4亿元,可比增长12.6%,完成省局下达年度预期的101.0%;省级收入7.0亿元,可比增长28.7%,完成省局下达年度预期的100.5%;市县级收入24.6亿元,可比增长4.0%,完成省局下达年度预期的102.8%,其中工商税收20.3亿元,可比增长5.0%。社会保险费收入31.71亿元,增长38.6%,其中企业养老保险费21.52亿元,增长29.74%,缴费人数达到25.4万,创历史新高;其他费(金)收入5.47亿元,增长10.77%,圆满地完成了省地税局下达的收入预期目标和揭阳市政府下达的收入任务。

【税源分析】　2017年全市房地产业累计收入同比增长近24%,剔除营业税,可比增长56%,仍是拉动全市税收增长的主要因素。2017年房地产业累计提供税收收入9.47亿元,同比增长23.81%,可比增长55.76%。其中房地产开发经营实现税收收入8.90亿元,同比增收2.06亿元,增长30.06%,可比增长62.94%,拉动企业所得税、土地增值税、契税分别实现税收收入2.10亿元、4.57亿元、1.32亿元,同比增长46.38%、55.02%、228.62%。医药行业2017年分别实现税收收入9.48亿元、7.54亿元,合计占全市税收总量的38.66%,比上年同期提高近10个百分点。

【税收特色】　一是各级库可比均实现正增长,地方库可比增长4%。中央级收入12.42亿元,可比增长12.60%;省级收入7.04亿元,可比增长28.65%;地方级库收入24.57亿元,可比增长4.00%,其中市级库收入5.68亿元,可比增长6.51%,县(区)库收入18.89亿元,可比增长3.22%。二是规范税种管理,加强纳税辅导,两个所得税增长良好。通过提高纳税评估水平,强化汇算清缴管理,2017年全市实现企业所得税收入12.57亿元,同比增收1.93亿元,增长18.14%;同时,加强个人所得税管理,特别是强化年所得12万元以上个人所得税自行申报及股息红利所得管理,全年实现个人所得税收入7.82亿元,同比增长5.09%。三是加强信息共享,提高数据管税水平,小税种渐显大贡献,通过深化国地税合作、“一税两费”清理等途径,充分运用自行开发的涉税数据综合利用平台,提高数据管税水平,进一步强化地方各税种管理,增收效应良好,其中车船税、印花税及城市维护建设税分别实现税收收入1.62亿元、1.42亿元及6.19亿元，同比分别增长17.09%、15.84%及11.76%；合计收入9.23亿元，占全市税收总量的20.96%，比上年同期提高4个百分点，小税种渐显大贡献。四是加强“两代”征收管理，代征增值税增长110.20%。2017年全市累计实现代征增值税3750万元，同比增长110.20%；其中二手房交易实现代征增值税3039万元，租赁服务实现代征增值税705万元。五是加强部门联动、推进深化合作，积极开展清理经济户口工作，该项工作合计增加税收收入近5500万元。根据市政府的统一部署，联合市工商、市国税等部门积极落实开展清理经济户口专项工作，自2017年7月开展清理工作以来，全市共清理补办登记业户43755户，合计增加税收收入5495万元。

【税费征管】 一是在全市范围内全面实施纳税人分类分级管理、推行办税服务厅整合、基层分局管理职能转变等一系列改革，全面落实转变税收征管方式、提高税收征管效能工作。改革后，全市的办税服务厅由原来的41个，按经济区域整合为15个；基层税务分局由原来的41个全职能税务分局，转变为26个专门承担基础管理事项职能、7个专门承担风险管理事项职能、6个专门承担纳税服务事项职能和2个专门承担电子办税管理服务职能的税务分局；结合征管方式的转变，轮岗和人力资源的优化配置也同步推进，改革后各单位实现了轮岗和人力资源的优化配置，税收征管的质量和服务质效同步提升，业务归集和人力配备同步优化，职能分解和风险防范同步到位，取得了较好的成效。二是依托大数据管控税收风险。以自主开发涉税数据智能管理平台为依托，拓展涉税数据采集渠道，挖掘数据深度应用，自主编写的《国税共享数据分析与利用操作指引》成为全省范本。全年共开展税收风险管理纳税人14540户，补缴税款2.28亿元，风险管理成效贡献率5.71%，风险识别命中率达到99.58%。三是不断提升税收共治水平。进一步利用市政府涉税信息交换共享平台，共采集31个政府部门78类涉税信息，累计超过70.25万条，补缴税款约16.8亿元。建立联合委托代征机制，有效地防止了零星税款的流失；建立税警联合执法机制，强化对欠税户采取阻止出境措施，增强税收执法刚性。四是加大社保扩面征缴力度。在推进机关事业单位职工基本养老保险改革的同时，大力推进企业职工基本养老保险征缴扩面工作，提前完成省、市政府下达的征缴扩面任务，2017年底缴费人数达到25.4万人，创历史新高。

【税收执法】 出台实施《揭阳市地方税务系统执法监督实施办法》，与绩效管理考评挂钩，强化对执法过错责任人的责任追究和结果运用，加强税收规范性文件的修订工作，进一步夯实税收法治基础。开展“三项制度”试点。以透明化、痕迹化、程序化、协同化为着力点，通过建立分工协作机制、协调指导机制和国地税联合推进机制，扎实推进行政执法公示制度、执法全过程记录制度和重大执法决定法制审核制度的试点工作，让权力在阳光下运行、以“看得见”的方式运行、经受法治的检验。规范行政执法，进一步完善涉税业务流程的制度化规范化建设，深化行政审批制度改革，依法打击税收违法犯罪活动；加强规范文明执法，完善执法程序，完善税务行政裁量权基准制度；完善纳税人权利救济机制，积极提高行政复议和行政诉讼的应对能力，及时防范和有效化解涉税费的矛盾纠纷。完善法治队伍建设。打造多层次的法务团队，组建全市税收法律顾问队伍，推进公职律师申报培育工作，完善征管改革后税收兼职法制员队伍的建设。创新法治税务建设。着力推动法治税务示范基地建设，普宁市局被评为第二批广东省地税系统法治税务示范基地；组织全市地税系统观摩模拟法庭教学，提高应对行政复议及诉讼能力。推进“阳光税务”建设。严格按规定推进政务公开工作，加强复议和信访工作，信息公开依法及时，信访工作平稳有序，实现行政复议“零案件”，有效提升税务人员依法行政的意识和能力。

【纳税服务】 一是降低办税成本，提升纳税人满意度。优化办税流程，推行线上线下同质服务，推动商事制度改革，推进事前审批向事后监管转变，实现了零拥挤、零投诉和零舆情与涉税费事项的全省通办。优化完善各电子办税系统需求，提升各电子办税系统功能，电子办税占比86.68%，行政审批事项上网率100%，线上线下办税服务同质化率100%，初步建立起电子办税为主的多元化、同质化办税服务渠道。深化“便民办税春风行动”，进一步推进微信预约办税、办税事项二维码一次性告知、延时服务、二次优先、电子文档扫描等便民服务措施，大大减少办税时间和办税成本。二是健全激励惩戒机制，营造诚实守信氛围。积极提议市政府出台了守信激励和失信惩戒的实施方案，构建政府主导的跨部门、跨领域协作以及社会舆论广泛监督的信用管理联合惩戒机制和共治格局，向相关部门的非公有制经济人士综合评价、重合同守信用企业评选等活动推送评价结果，有效营造了诚信纳税的社会环境。三是拓展银税保合作，推动中小微企业发展。

将“银税互动”的合作机构拓展至银监、金融工作局,扩大“银税互动”和“税保合作”项目的社会影响力,实现与驻揭全部16家银行金融机构合作的“全覆盖”,使纳税信用成为银行授信审批和贷后管理的重要依据,共同促进中小微企业发展。四是全面落实优惠政策,全年共为6653户(次)纳税人在享受小型微利所得税优惠、高新技术所得税优惠和研发费加计扣除等优惠以及国务院6项减税政策等方面依法减免税款6.05亿元,优惠面达100%,有效促进了企业创新发展,助力供给侧改革。

【全面从严治党】 一是完善责任链条,提升压力传导强度。落实党建92项责任清单和全面从严治党104项主体责任清单,通过层层签订廉政责任书,做到以上率下抓严、部门监督抓专、基层履职抓实;通过与下级单位班子成员、基层分局长座谈、以“三问”(即问需、问计、问效)促“三优”(即优化政风、行风、作风),同时,每半年了解一次下级“一把手”日常的思想、工作、生活状况,切实增强对下级“一把手”的教育、管理和监督,以关键少数引领绝大多数;每半年听取一次党风廉政建设和队伍思想动态分析,分两批对县区局“一把手”进行谈话提醒;同时,根据不同岗位职责的要求和风险程度,将岗位职责清单化、廉政责任个性化,完善一岗双责的明责制度、一述双报的述责制度、一查双促的督责制度、一考双评的履责制度和一案双查的追责制度,形成台账管理、督办管理、制度管理、述评管理和绩效管理等多管齐下,做到税收风险、执法风险和廉政风险三险共治,把责任压实、夯实、督实、考实,有效提高各级干部管党治党的自觉性。二是加强保障支持,正风肃纪持之以恒。进一步深化“三转”有关工作,重新明确纪检部门工作职责,支持其聚焦主业、集中精力抓监督执纪问责;配齐配强各级党务干部、纪检组长和内审干部,修订兼职监察员管理办法,选聘一批兼职监察员和特邀监察员,为开展党风廉政建设各项工作提供人力保障。严格落实中央八项规定和新修订的实施细则精神,出台公务接待全面禁酒规定,对执法过错行为进行量化考核,全年共落实执法过错责任追究130人次,责令作出书面检讨15人;规范信访举报处置,进一步完善线索处置和执纪审查“两报告”制度,有效查处了各种违纪违规行为。

【文明建设】 一年来,揭阳市局在组织收入、改革创新、数据管税、税收共治、深化“放管服”改革、优化营商环境、落实全面从严治党、队伍建设等方面均取得一定成效,得到省局和市委、市政府领导的充分肯定。市委市政府主要领导多次专门作出批示,分别对揭阳市局“银税互动”助推企业发展、车船使用税管理、开征环境保护税、强化社保扩面征缴和持续优化营商环境工作给予充分肯定;省局主要领导和其他分管领导对市局的税收征管改革、税收执法督查、社保征缴扩面、服务地方经济发展和落实全面从严治党等各项工作均给予充分肯定。2017年,榕城区东山税务分局被全国妇联评为“全国巾帼文明岗”,普宁市地税局被省局评为“广东省地税系统法治示范基地”,榕城区城区税务分局和空港区砲台税务分局被省妇联评为“广东省巾帼文明岗”,揭东区地税局先后荣获“广东省三八红旗集体”“广东省五一劳动奖状”;市局机关被市直工委定为党建工作示范点培育单位;市局机关两位党员干部分别被市直工委评为“最美党员”“扶贫党员标兵”。

(杨晓岚)

云浮市地方税务局

【经济概况】 2017年,云浮市经济发展运行平稳,经济增长质量改善。全市地区生产总值实现840.03亿元,同比增长5.6%,较三季度回落0.1个百分点。其中,第一产业增加值161.52亿元,同比增长3.4%;第二产业增加值351.91亿元,同比增长5.9%;第三产业增加值326.60亿元,同比增长6.4%。三次产业比重为19.2∶41.9∶38.9。工业生产加快增长。1—12月,完成规模以上工业增加值243.83亿元,同比增长5%,增幅比三季度提高0.7个百分点,排全省第13位,山区市第1位。完成工业总产值1192.40亿元,同比增长7.7%,增幅较三季度回落0.2个百分点。投资保持加快增长。1—12月,固定资产投资完成628.50亿元,同比增长6.3%,排全省第19位,增速较1—11月上升3.2个百分点,同时比三季度上升1.1个百分点,其中,项目投资542.87亿元,同比增长4.3%;工业投资增长

14.8%,增幅同比回升43个百分点;基础设施投资下降19.8%,降幅比上年下降16.3个百分点;民间投资增长13.7%,增幅同比提高48.4个百分点;房地产投资保持较快增长,完成投资85.63亿元,同比增长20.3%,其中,商品房累计销售面积334.62万平方米,增长46.3%。消费市场增速稳定。1—12月,全市社会消费品零售总额381.60亿元,同比增长10.5%,增速与三季度持平,排全省第5位。财政收支平稳增长。1—12月,全市完成地方一般公共预算收入57.49亿元,可比增长2.1%,增幅比三季度提高0.8个百分点。收支矛盾突出。地方一般公共预算支出182.49亿元,同比增长10.7%,比三季度回落11.4个百分点;其中八项支出增长7.3%,比三季度回落8.5个百分点。税收保持较快增长。国地税总收入101.99亿元,同比增长14.8%,比三季度回落9.1个百分点。国税收入57.38亿元,同比增长33.5%,比三季度回落11.5个百分点;其中工业增值税17.36亿元,增长5.9%,比三季度回落0.8个百分点。地税收入44.60亿元,可比增长16.4%,比三季度回落20.2个百分点。进出口增幅回落。外贸进出口总额133.49亿元,同比增长4.5%,增幅比三季度月回落11.5个百分点。其中出口下滑,出口额为91.08亿元,同比下降6.8%,比三季度回落14.6个百分点;进口42.41亿元,同比增长41.6%,增幅比三季度提高0.5个百分点。实际利用外资降幅扩大。实际利用外资2809.5万美元,同比下降34%,降幅较三季度扩大66.3个百分点。用电量增速回升。1—12月,全社会用电量64.16亿千瓦时,同比增长5.9%,增幅比三季度提高0.9个百分点。金融机构存贷款平稳增长。12月末,金融机构本外币存款余额1120.86亿元,比年初增长9.2%,增速比三季度提高1.1个百分点。金融机构本外币贷款余额731.45亿元,比年初增长12.3%,增速比三季度回落0.6个百分点。物价平稳。1—12月居民消费价格总指数(CPI)累计上涨1.1%,涨幅较三季度回落0.1个百分点。

【税收特色】 2017年,全市地税系统组织各项税费收入766009万元(按照地税系统征收入库口径,下同),可比增长23.9%、增收146926万元(剔除“营改增”影响)。其中:税收收入446026万元,可比增长16.4%、增收61941万元;社会保险费292149万元,同比增长42.2%、增收86662万元;其他收入(含教育费附加、残疾人就业保障金、工会经费等)27834万元,同比下降5.7%、减收1677万元。云浮市的地方税收特点主要:一是税费规模再创新高,税收增速高于全省平均水平,圆满完成年度预期。2017年全市地税税费规模达76.6亿元,首破75亿元大关。其中税收可比增长16.4%、入库下降2.7%、完成省局下达税收预期的104.9%,税收入库增速高于全省平均增速(-3.5%)、居全省第10位,税收可比增速高于全省平均增速(15.9%)、居全省第14位,收入进度快于全省平均进度(101.9%)、居全省第2位,税收规模高于揭阳(44亿元)、阳江(40亿元)、潮州(31亿元)和汕尾(22亿元)四市,居全省第17位,规模较2016年提升1个位次。二是各预算级次收入可比普遍较快增长,全面完成年度预期。2017年中央级收入136231万元,可比增长34.1%、增收33982万元,入库增长36.3%、增收36284万元,完成税收预期102.4%;省级收入75989万元,可比增长23.7%、增收14300万元,入库下降28.6%、减收30450万元,完成税收预期105.5%;市县级收入233806万元,可比增长6.2%、增收13659万元,入库下降7.2%、减收18244万元,完成税收预期106.3%。三是地税贡献地方财政近五成。在76.6亿元地税税费收入中,留给云浮的市县级税费收入253021万元,占全市地方一般公共预算收入(574875万元)的44%。其中市直税费收入62431万元,占市直一般公共预算收入(131008万元)的47.7%,是地方财政收入的主力军。四是全市各地税收收入不均衡。2017年云城区收入111788万元,可比增长3.7%、增收3929万元,入库下降16.7%、减收22338万元,完成税收预期104.6%;云安区收入30343万元,可比增长0.8%、增收246万元,入库下降14.3%、减收5054万元,完成税收预期105%;罗定市收入75167万元,可比增长22.8%、增收13382万元,入库下降3.7%、减收2876万元,完成税收预期108.2%;新兴县收入205608万元,可比增长36.2%、增收54490万元,入库增长20.1%、增收34439万元,完成税收预期104.1%;郁南县收入23120万元,可比下降30.7%、减收10106万元,入库下降41.8%、减收16581万元,完成税收预期104.1%。五是所得税增幅高于财产行为税。2017年所得税合计收入221606万元,增长36.8%、增收59663万元,是拉动全市地税税收可比增长的主力,其中个人所得税增长52.2%。财产行为税合计收入217885万元,增长2.6%、增收5554万元,其中城市维护建设税、印花税、土地增值税、车船税和契税两位数增长;资源税、土地使用税、房产税和耕地占用税负增长。六是金融业、房地产业是拉动税收增长主动力。2017年金融业税收 109210 万元,可比增长 84.5%(主要是代扣缴温氏限售股税收带来高增长)、增收 49234 万元;房地产业税收 88957 万元,可比增长 41.2%、增收 25723 万元;采矿业税收 7233 万元,可比增长 22.2%、增收 1312 万元;制造业税收 34821 万元,可比增长 4.7%、增收 1566 万元;建筑业税收 31651 万元,可比下降 5.1%、减收 1685 万元,电力生产和供应业税收 8583 万元,可比下降 15%、减收 1518 万元。此外,传统产业石材和水泥负增长(-12.1%和-16.2%)。七是应惠尽惠,做好经济护航服务。地税部门围绕国家实施供给侧结构性改革、鼓励"大众创业、万众创新"和云浮市推动"四新一特"产业发展,全年依法落实各项税收优惠政策减免税金 293136 万元,比上年增加 147680 万元,为云浮市全面建设现代生态城市和社会经济发展做出积极贡献。

【税源分析】 2017 年,全市地方税收收入增长的主要因素有两方面:

经济税源带动。温氏限售股解禁释放个人所得税大幅增长,2017 年个人所得税收入 178847 万元,同比增长 52.2%、增收 61376 万元,占可比税收总增量的 99.1%,其中代扣缴温氏解禁转让限售股个人所得税 85992 万元、增收 47740 万元,广东三 A 不锈钢制品集团有限公司和广东筠城置业有限公司股权转让个人所得税净增 3631 万元,全市工资薪金个人所得税收入 44974 万元,同比增长 28%、增收 9832 万元。房地产业拉动相关税收增长。全市房地产开发投资增长 24.4%,商品房销售面积和商品房销售额分别同比增长 39.8% 和 51.8%,带动 2017 年房地产业税收收入 88957 万元,可比增长 41.2%、增收 25723 万元,其中房地产业土地增值税收入 41980 万元,同比增长 48.1%、增收 13630 万元。此外,房屋(含非住房)交易类契税收入 26528 万元,同比增长 27.4%、增收 5704 万元,土地交易类契税收入 18150 万元,同比增长 66.7%、增收 7262 万元,房屋转让所得个人所得税收入 2770 万元,同比增长 23.6%、增收 529 万元。

管理型增长效果明显。继续依法加大欠税清理力度,共清理营业税欠税入库 1384 万元,继续深化国地税合作,代征国内增值税入库 5151 万元,入库增长 68.6%、增收 2096 万元,深入整顿和规范税收秩序,加大涉税违法案件查处力度,2017 年共检查企业 42 户、督导 2101 户企业(含两税比对)自查,查补税款入库(含自查补税)8298 万元。推进数据管税,加强国地税征管数据比对分析,完成比对 1518 户次,入库税费 1275 万元。推进房土两税"网格化"管理,加强现有金税三期系统数据的分析比对,进一步夯实土地税源登记基础信息,全年全市新增土地税源登记 9883 宗,新增土地税源登记近 30%,达到 1637 万平方米,核实更正 13744 宗、4430 万平方米,追缴申报(纳税期限属于 2016 年或以前的申报)5638 宗土地,总面积 1010 万平方米,补缴城镇土地使用税额 2819 万元,网格化管理带来税收占全市土地使用税总额的 20% 多。加强重点项目管理,加强与财政、国土等部门的沟通协作,及时组织征地建设汕湛公路的耕地占用税入库 3353 万元。

地方税收减收的因素主要有四方面:一是税收政策调整减收凸显且将持续放大,受 2016 年 5 月起全面"营改增"影响,2017 年地税税收少收近 8 亿元,受资源税改革政策影响,2017 年资源税下降 10.9%、减收 873 万元,受城镇土地使用税税额标准调整方案出台时间(12 月)影响,2017 年度土地使用税申报期延长至 2018 年 2 月 28 日,导致 2017 年土地使用税同比下降 51.2%、减收 12539 万元。二是非常规性税源税收明显减少。2016 年同期全市 11 宗处置大额资产实现地税收入 29712 万元(其中企业所得税 2843 万元,土地增值税 18624 万元、契税 3657 万元),2017 年全市 25 宗处置大额资产实现地税收入 19489 万元(其中土地增值税 7345 万元、契税 10526 万元),同比大幅减少 10223 万元。三是本市传统产业税收出现下降。石材和水泥受经济大环境影响,2017 年缴纳地税税收同比分别下降 12.1% 和 16.2%,合计减收 2488 万元。四是停征部分费金造成其他收入下降。2016 年 2 月起停征价格调节基金、10 月起停征堤围费。受此影响,2017 年其他收入下降 5.7%、减收 1677 万元,其中价格调节基金下降 87.8%、减收 973 万元,堤围费下降 99%、减收 2062 万元。

【税费征管】 一是风险管理精准发力。利用涉税交换信息,开展税源和执法风险排查,推进两税比对、财产行为税、个人所得税、企业所得税及外出经营管理证明等多项风险排查,全年推送风险任务 11784 户,风险识别命中率超过 95%,入库税款 2.6 亿元,对 2013 年以来开具《外管证》的 254 户外出经营建筑施工企业,开展数据比对分析,发现外出经营施工普遍存在的税收管理漏洞,查补税款 760 万元。二是综合治税不断完善。加强涉税信息共享,全年获取相关单位涉税信息 95568 条,应用查补税款 4479 万元。获取公共资源交易信息 2840 条,涉及企业 1101 户,发现问题企业 386 户,查补税款 4040

万元。完善社会综合治税体系，联合国税部门开发建设“云浮税收智慧管理平台”，加强税收数据的深度分析与利用。三是网格化管理成效凸显。开展数据质量校验，修正指标93项、数据13万条。依托卫星地图和房土部门信息推进房土两税网格化管理，2017年全市新增土地税源登记9883宗，新增土地税源登记近30%，达到1637万平方米，核实更正13744宗、4430万平方米，追缴申报（纳税期限属于2016年或以前的申报）5638宗土地，总面积1010万平方米，补缴城镇土地使用税额2819万元，网格化管理带来税收占全市土地使用税总额的20%多。四是环保税征收准备充分。做好纳税人档案数据接收和核查，做好环保税税源摸底调研、纳税人与税务人员政策培训等征收准备工作，对本市特色行业（如石材、水泥）的环保税源管理及配套征管措施进行研究，环保税征收准备工作顺利推进。五是国地税合作深入推进。深化国地税征管体制改革，加强国地税合作。定期召开国地税联席会议，联合开展实地督查与考核标准培训，推动51项合作事项落地生效，全市“一窗办”办税服务厅18个、窗口87个，基本实现纳税人“进一家门、办两家事”。六是扩面征缴“两超额”。2017年全市地税系统征收社会保险费29.2亿元，同比增收8.7亿元，增幅42%，顺利完成了企业职工基本养老保险缴费扩面参保人员1.4万人、组织企业职工基本养老保险费收入13亿元的征缴收入任务。七是全力做好云浮市税收智慧管理平台建设。成功与云浮市政府“智慧云浮”对接，建立第三方涉税数据的安全传输通道和长效采集获取机制，对分散在各部门的涉税数据资源进行全面整合，形成税源大数据资源库，加强税收数据的深度分析与利用。八是认真贯彻落实各项税收优惠政策。围绕供给侧结构性改革和云浮“四新一特”产业发展，依法落实各项税收优惠减免税29.3亿元，同比增加14.8亿元。认真落实规费优惠政策，全年减免规费1.4亿元。梳理重大税收优惠政策29项，供市委市政府决策参考。

【税收执法】 一是加强税收法治建设。落实全国统一的税务行政处罚裁量权适用规则以及全省国地税统一的规范税务行政处罚裁量权实施办法和裁量基准，积极推行“三项制度”试点工作，两个案例入选《广东省地方税务局“三项制度”试点成果（典型案例）汇编》，新兴县局被评为全省地税系统法治税务基地示范单位。妥善处理行政复议和行政诉讼案件，全年依法办理行政复议案件3宗，积极应对行政诉讼案件2宗，其中1宗胜诉，另1宗尚在二审阶段。落实法律顾问、公职律师管理办法和税收法制员制度，市局本级、5个县（市、区）局均已聘请法律顾问，5名符合条件人员申请公职律师，选任税收法制员30名，推动落实市、县、基层部门法律人才配备“321”计划，初任干部100%通过全省执法资格考试。二是强化税务稽查执法力度。市一级稽查管理体制改革深化完善，在全系统稽查人员数量大幅精简的情况下，2017年共检查企业42户、督导2101户企业（含两税比对）自查，查补税款入库（含自查补税）8298万元，稽查“以查促收，以查促管”作用明显增强。开展促收专项行动，精准查处税收大要案件，以问题为导向，抓住重点领域、重点行业和重点企业，对高风险纳税人开展定向稽查，查结百万元以上的案件4宗，查补入库收入1501万元。加强稽查案源管理，切实利用好两个名录库，通过交叉检查等方式扎实开展好重点税源企业的随机抽查工作。完成省局安排的金融、保险行业和房地产企业等重点税源企业自查工作，入库30.84万元。按照税务总局关于开展第二批重点税源企业随机抽查工作的要求，对8户企业立案检查，结案8户，查补入库税款30.84万元。三是认真查处税收举报案件。全年共受理举报案件共14宗，其中1宗省局12366转办工单，6宗省局稽查局交办，7宗群众举报。受理的举报案件，凡是内容清楚的，均按有关规定列入稽查计划进行查处。四是积极开展打击发票违法犯罪活动。在检查形式上，与税收随机抽查、行业和区域专项整治、举报案件查处、发票协查、国地税联合稽查等工作相结合，实现打击工作全覆盖，在选案环节开展排查，重点针对近几年的涉“票”举报、发票协查信息进行筛选，积极做好举报奖励工作，鼓励社会公众检举发票违法犯罪行为，筑牢综合治理发票违法犯罪活动的群众基础，充分利用“警税联合执法办公室”的优势，联合公安部门采取有效措施，大力整治非法发票“卖方市场”。五是切实落实“税收‘黑名单’”制度和联合惩戒措施工作。按季对外公布重大税收违法案件信息，严格执行联合惩戒合作备忘录规定，并纳入纳税信用评级和社会信用记录，进行跨部门联合惩戒。六是全面深化国地税稽查合作。共同确定联合进户稽查对象34户，联合督导自查38户，立案检查查补收入3429.85万元（其中：国税查补2905.31万元，地税查补524.54万元），稽查质效明显提高。

【纳税服务】 一是税收宣传创品牌。创新开展“过五关斩话费—争当金牌纳税人”微信税宣活动，参与逾万人次，利用微信公众号、手机APP等形式传递云浮地税好声音,“云浮地税”微信公众号累计推送42期。加强纳税人学堂建设,全年举办税宣培训班43次,组织开展人大代表政协委员谈税收、“马拉松”助跑税宣月等七项活动,全年在《中国税务报》刊登新闻16篇,在《南方日报》刊登新闻10篇。二是继续加强与当地主流媒体合作,办好《云浮日报·走进税务》专版和云浮广播电视台“地税之窗”税收宣传栏目,持续扩大宣传影响力。三是进一步充实优化云浮地税网站功能,有效提升网站工作效率和服务质量。2017年,市局网站发布信息1601条,在省政府信息公开目录发布信息270条。四是信用管理优环境。进一步加强纳税信用管理,2017年评定A级纳税信用企业383户、同比增加77%,D级纳税人下降32%,“银税互动”签约银行机构15家,累计为246户企业发放贷款4.77亿元,全市国地税联合为诚信纳税人提供绿色服务、优化营商环境的相关图片信息,在中宣部、国家发改委等联合主办的“砥砺奋进的五年”大型成就展中展出。五是纳税服务提质效。实现11类、584项业务全市通办和全省4类48项业务通办,继续开展纳税服务“体验式”满意度调查,走访企业14166户、征集各类意见建议1365条,实现企业走访率、纳税人基础数据信息清理率的“双一百”任务,在全省满意度调查中名列第9位,该局连续两年全省前10名,云安区局在全省县(市、区)局排名第5,郁南县局排名22。

【队伍建设】　一是加强培训提升能力。扎实推进“岗位大练兵、业务大比武”,5名干部进入“素质提升‘115’工程—岗位能手项目”省局比武,2名干部进入“纳税服务之星”省局比武,云城区局徐莉获评广东省地税系统纳税服务之星。组织举办各类培训班28期、1260人次,选拔形成兼职教师队伍。二是正确用人激发活力。严格落实《党政领导干部选拔任用工作条例》,按照新时代选人用人新标准,开展科级干部选拔7次、12名,配合省局选拔处级干部3名;加大交流轮岗力度,对4个县(市、区)局、6个科室主要负责人进行交流轮岗。三是绩效管理增强动力。按照“四个不放过”原则,全力抓好绩效管理,强化“督考合一”,建立“逢党组会必研究绩效”“分档奖三罚二”“指标内激励加分”等制度。全年省局指标汇报实现“零逾期”,以总成绩992.28在全省排名第11位,较2016年跃升9个名次,创造了该局开展绩效管理工作以来的最好成绩。同时,强化结果运用,将绩效成绩作为干部选拔、年度考核、评先评优等工作的“第一道门槛”。

(陈　虹)

珠海横琴新区地方税务局

【经济概况】　2017年,横琴新区经济保持稳中向好的发展势头,全区实现地区生产总值183.62亿元,同比增长11.6%,增速居全市第1;固定资产投资412.31亿元、增长19.08%;实际吸收外资6.72亿美元、增长28.3%,增速居全市第1;区级一般公共预算收入50.06亿元、增长14%,首次突破50亿元,总量及增速居全市第1。

【税费收入】　横琴新区局2017年累计组织税费收入83.48亿元,比上年同期增收11.48亿元,同比增长16.0%。其中,税收收入75.20亿元,可比增长35.5%,可比增幅位列全省首位;组织费金收入8.29亿元,同比增长28.6%,其中归属珠海市库的社会保险费收入6.27亿元,同比增长44.2%,占费金收入比重75.6%。分级次看,中央级收入33.56亿元,同比增长49.8%,省级收入15.84亿元,同比下降9.7%,市县级收入25.80亿元,同比增长0.8%。

【税收特色】　一是所得税占比超七成,个人所得税增长贡献突出。2017年个人所得税持续快速增长,合计收入32.85亿元,同比增长79.1%,占税收比重43.7%,累计增收14.50亿元,成为支撑区局税收持续增长的最大税种。企业所得税收入22.42亿元,同比增长19.4%,占税收比重29.8%。所得税合计收入55.28亿元,占税收比重达73.5%,所得税收入占主体地位。二是三大产业贡献八成税收,商务服务业增收最多。第三产业收入72.36亿元,同比增长17.8%,占税收比重96.2%,较上一年度提高2.5个百分点。其中租赁和商务服务业、金融业、房地产业等3个主要产业合计收入59.56亿元,贡献税收比重达79.2%,重点产业对税收贡献大。三是有税收入纳税人总数大幅增加,税收集中度高。2017年有税收入纳税人总户数达19298户,较上一年度增加6869户,支撑税收收入前90%的纳税人共219户,占比为1.13%,贡献税收67.71亿元;支撑税收收入前50%的纳税人共16户,占比为0.08%,贡献税收37.84亿元。

【税源分析】 横琴新区持续良好的发展吸引大量企业入驻,截至2017年底,管户数量超过3.4万户。新增企业有力拉动税收增长,2017年新增企业达11648户,其中有税收入企业共2996个,占比为25.7%,贡献税收7.58亿元,占税收比重10.1%。部分重点税源增收明显,增收超1千万的纳税人共67个,合计增收28.71亿元。高层次人才聚集拉动个人所得税快速增长,全年累计个人所得税增长超1000万元的纳税人共32个,合计增收11.37亿元,占个人所得税增收比重78.4%。

【自贸创新】 一是"两个标准"促进遵从管理。全国率先制定税法遵从指标体系,并推进完善纳税便利化指标体系,以直观、清晰的数据量化税法遵从度和纳税便利化程度,对标国际先进水平,实现对纳税人精准服务和税法遵从的分类分级管理。二是"四个平台"推动数据管税。构建税法遵从可视化平台,强化事中事后管理。全国首创V-Tax远程可视办税平台,创新性解决全业务跨区域办理的问题。创新电子税票政府共享平台,政府部门通过平台获取电子税票信息。打造"智税宝"智能导税平台,打造线上专家咨询和办税服务平台。三是"四项创新"优化营商环境。试点不确定事项报告制度,已完成首宗以人力资本出资方式入股的不确定事项报告案例。推出重大事项事先约定服务,为粤澳中医药合作产业园等3家企业提供涉税政策"事前把脉"。推行"一体化处罚",对国地税部分关联违法涉税事项,以首个受理部门的处罚结果,避免双重处罚。实施全税种有税申报,共9000户企业免申报,降低纳税人办税成本和逾期"零申报"的风险。

【依法治税】 落实横琴15%税率企业所得税优惠政策,共35户次企业享受政策减免约5340.76万元。为旅游休闲行业重点企业提供优惠政策定期审计和实务培训,落实台风减免税收优惠,梳理发布台风受损及捐赠税收减免优惠及工作指引,举办政策宣讲,走访及服务受灾企业55户,预计可享受税收减免2100万元。加强税收政策全链条管理,开展横琴15%税率企业所得税的优惠政策、港澳个人个人所得税补贴、特殊人才奖励等优惠政策效应分析,形成研究储备、制定发布、宣传解释、跟踪问效、问题传递和完善反馈的工作闭环。联合新区国税等部门对5大类72条的横琴15%企业所得税产业优惠目录进行了细分,形成166条一级目录和53条二级目录。开展国地税联合执法大督察,建立"五个一"工作机制,即"联合制发一体督察方案、共同组建一个督察团队、重点选取一致督察内容、严格执行一套督察流程、共同编制一式督察底稿"。健全和完善税收法律顾问、公职律师等工作制度,推行税收执法权责清单,实行法律顾问驻点办公,建立税务干部学法用法制度。

【数据管税】 依托金税三期、电子税务局等系统,主动与国土、住建等相关部门沟通,加强第三方涉税信息采集,深化信息管税工作。做好环境保护税开征准备,强化后期申报征收以及管理工作;严格落实房产税与土地使用税减免,参与土地增值税管理系统上线工作,配合优化房地产交易办税流程;优化个人所得税微信12万元个人所得税申报,配合完成个人所得税完税证明全省通办;主动提供准确辅导,帮助企业享受灾后减免、研发费用加计扣除、小型微利等优惠政策,全面做好企业所得税汇算清缴。紧紧围绕税收服务"一带一路"发展战略中心工作,举办企业税收政策与风险管理分享会,提供优质精准服务,帮助企业风险应对跨境涉税风险。精准催报催缴,强化税收风险预先告知,科学筛选数据,靶向追缴,创新逾期欠缴税费清理方式,2017年共追缴入库税费1091.85万元。加深国地税在数据共享、业务衔接、流程监控、联合惩戒等方面的合作,不断优化设立、变更、注销登记及非正常认定等环节。

【纳税服务】 强化纳税服务数据监测分析,优化办税流程,简化资料报送,归并整合业务,动态调整窗口设置,提供电子办税体验辅导,提升热线咨询质效,推进国地税合作,2017年共受理涉税事项20.3万宗,降低纳税人等候时间近60%。建立纳税人需求管理机制,提升宣传辅导成效。通过逐户走访及现场问需方式,收集的纳税人意见、建议,根据分析结果针对性地通过微信公众号、微博、直播、纳税人学堂等方式提供涉税宣传辅导。严抓信用评价工作,切实保障纳税人权益。2017年共完成辖区内3291户纳税人的纳税信用评价工作,严格把关扣分项目审定,按照"复核合规,调整有据"的原则开展复评、补评工作。打造"横琴系"纳税信用体系,积极参与政府信息共享平台开发建设,制定多领域守信主体和失信主体联合激励和联合惩戒措施。

【队伍建设】 创新政务服务人员职业化管理体系,积极推进与省局人事处的党建共建项目,建立"以能力实绩为基础,以宽带薪酬为依托,以职业发展为导向,以双方共赢为目标,持续教育,严明考核,公平晋升,动态管理”的政务服务人员职业化体系,实现政务服务人员分序列分级次分档位的职业化管理。建立递进式的人才培养机制,坚持“教育为基”,构筑全员的持续教育体系,坚持“以用为本”,构筑“人才+项目”的培养模式,目前区局硕博士学历占46.8%,“三师”资格占27.1%;深入推进“岗位大练兵、业务大比武”,参加全省大比武,取得集体二等奖,1人获全省“纳税服务之星”称号,形成了“比学赶超”的学习氛围。加大年轻优秀干部的选拔培养,2017年选拔4名科级干部,平均年龄35岁,其中3人具有“三师”资格,优化了科级干部知识结构和年龄结构。

【全面从严治党】 深入学习贯彻习近平新时代中国特色社会主义思想和党的十九大精神,分党组以身作则,先学一步、深学一层,党总支、各支部组织党员认真开展学习贯彻活动,累计举办专题学习研讨会、学习分享会、读书会15场,实现“学报告、学党章”考学活动参考率和满分率两个100%。始终把政治建设摆在首位,严守党的政治纪律和政治规矩,严格执行分党组工作规则,贯彻执行民主集中制、请示报告制度等,召开分党组会议23次,开展分党组中心组学习12次,专题学习研讨15次,班子成员到基层联系点调研指导84次,参加所在党支部组织生活54次,带头讲党课6次。推进“两学一做”学习教育常态化制度化,开展与省局处室、揭阳地税、企业融合式党建共建。严格落实管党治党政治责任,通过“下抓两级、抓深一层”“条主动、块为主”等机制推动全面从严治党向基层延伸。研究细化党建任务分解表,明确分党组、党总支及党支部工作要求,认真做好“三册一表”工作。开展对党总支书记和5位党支部书记的述职评议,以评议考核倒逼党建责任落实。持之以恒正风肃纪,扎实开展纪律教育月活动,与区廉政办、国税联合组建三方“营商环境监督志愿者”队伍,开展对办税服务场所巡查、重点纳税人巡访、定期座谈等活动12次。巩固拓展落实中央八项规定精神成果,实行公务接待全面禁酒,严格执行《党政机关办公用房建设标准》,规范执行政府采购审批。开展抓早抓小谈话提醒,开展廉政谈话、谈心谈话共计13人次。抓好干部“八小时以外”监督,进一步完善和推广领导干部重大事项报告核查公示制度,探索拓展报告范围和内容,做到公务员100%报告、申报事项100%核查。

【税收合作】 建立横琴与港澳的税收合作机制,建立与香港税务局、澳门财政局、澳门投资促进局、澳门大学、香港工银、澳门工行、澳门中银和港澳媒体的定期交流与合作机制,落实港澳人士在横琴享受的税收优惠,推进跨境服务“同城同质”。创新“互联网+全流程跨境办税”,依托V-Tax远程可视自助办税平台和电子税票在香港、澳门的推广应用,港澳纳税人无须跨境跑动即可通过PC电脑、手机办理业务,实现“远程受理—视频办理—电子税票”的智能化跨境办税流程。创新三地税银互动,先后与澳门中国银行、澳门工商银行、香港工商银行签订《税银合作跨境办税服务项目协议》,在港澳银行机构营业厅开设纳税服务点,辅导使用V-Tax平台,为香港、澳门纳税人提供全方位的跨境导办和税银合作金融创新服务。打造国地税“一体两翼三平台”战略深度合作综合体,构建全方位一体化合作体系,服务合作和业务合作并驾齐驱。国地税合作工作获得地方党政主要领导批示肯定9次。常态化开展联合宣传,在中央电视台、广东电视台、《南方日报》《香港商报》以及新华网、人民网等主流媒体开展服务自贸区创新举措、减税降费、电子税票推广等宣传报道共计85期。

(潘静思)

深汕特别合作区地方税务局

【税费收入】 2017年深汕特别合作区地税局累计组织税费收入2.10亿元,同比增长105.64%。组织税收收入1.71亿元,同比增长128.26%,可比(剔除“营改增”基数,下同)增长232.54%,增收9604.99万元;其中中央级收入3090.35万元,同比增长186.95%,可比增长189.64%;省级收入1070.76万元,可比增长33.98%;地市级收入12932.37万元,同比增长191.05%,可比增长294.98%,增收8489.07万元。社会保险费收入2672.34万元,同比增长22.89%,增收497.81万元;其他收入1263.96万元,同比增长124.41%,增收700.72万元。税费收入的高速增长,为合作区推动区域协调发展等重大决策部署提供了坚强的财力保障。

【税源管理】 截至2017年12月31日，深汕地税局共有管户1168户，其中正常户1134户，非正常户34户，企业纳税人558户，个体工商户606户。2017年按户申报率从87%提升到96%，税费按期清缴率达97.51%，欠税户同比下降51%；加强数据应用和风险应对，2017年推送风险纳税户216户，风险应对率为95%，发现问题户216户，风险识别命中率为100%，共查补入库税款717.2万元。

【税收减免】 深汕地税局认真贯彻落实国务院六项减免税政策及全省"实体经济十条"等优惠政策落实，在权限范围内更精准地为企业减负，2017年共减免税收375.17万元，其中176.63万元直接用于改善民生，32.87万元用于促进小微企业发展，36.74万元用于支持"三农"发展。通过落实税收优惠政策有效助推了企业发展，为合作区发展提供了有力的税收支撑。

【纳税服务】 深汕地税局坚持以方便纳税人为导向，深化国税地税合作。2017年实现办税同厅、管理同署，让纳税人进一家门，办两家事，深化"互联网+税务"行动，大力推广落实电子税务局，引导纳税人"多走网路、少跑马路"，纳税人电厅申报率达93.52%，电厅渠道申报占比96.91%。

（钟　潮）

第五篇

大　事　记

广东省地方税务局大事记(2017 年)

第一季度

1 月 3 日

广东省地方税务局制发粤地税任〔2017〕1 号,决定免去朱嫣的广东省地方税务局内审处副调研员职务,退休。制发粤地税任〔2017〕2 号,决定免去杨美龙的广东省地方税务局教育培训处调研员职务,退休。

1 月 5 日

国家税务总局公布全国百佳国税地税合作县级示范区名单,广东省广州市南沙区、深圳市福田区、佛山市南海区、东莞市长安镇、江门市蓬江区获评全国百佳国地税合作县级示范区。

1 月 10 日

中共广东省地方税务局党组制发粤地税党组发〔2017〕3 号,决定练富强任梅州市地方税务局党组书记;免去魏少波的梅州市地方税务局党组书记职务。制发粤地税党组发〔2017〕4 号,决定免去练富强的河源市地方税务局党组副书记职务。

广东省地方税务局制发粤地税任〔2017〕4 号,决定练富强提任梅州市地方税务局局长,试用一年;免去魏少波的梅州市地方税务局局长职务。制发粤地税任〔2017〕5 号,决定免去练富强的河源市地方税务局副局长职务。

1 月 11 日

广东省地方税务局召开全省大企业税收管理工作会议,会议宣读了省局党组书记、局长吴紫骊的批示,省局副局长欧卫东出席会议并讲话。

1 月 13 日

广东省地方税务局机房搬迁项目第一次搬迁——金税三期网络迁移顺利完成。

1 月 16 日

广东省地方税务局召开 2016 年第 4 季度绩效分析讲评会。

1 月 16 日—20 日

广东省地方税务局举办全省地税系统兼职教师课程开发研修班,省局兼职师资库 77 名兼职教师参加培训。

1 月 18 日

全省地方税务工作会议在省局召开。会议的主要任务是深入学习贯彻党的十八大和十八届历次全会、中央经济工作会议、省委十一届八次全会、省委经济工作会议和全国税务工作会议精神,总结 2016 年全省地税工作,部署 2017 年重点工作任务。会议通过视频形式召开,省局领导班子和全体干部职工以及各市(区)局主要负责人在主会场参加会议。省局党组书记、局长吴紫骊代表省局党组作了工作报告。同时,召开全省地税系统纳税服务工作会议,省局党组成员、副局长杨荣华代表省局党组作工作报告,省局党组书记、局长吴紫骊作重要讲话。

广东省地方税务局制发粤地税任〔2017〕8 号,决定陈挺任广东省地方税务局征管和科技发展处处长。任职时间从 2015 年 11 月算起。

广东省地方税务局召开 2016 年度各市(区)局党组书记抓基层党建述职评议考核会议。省局党组书记、局长吴紫骊同志作总结讲话。与会人员对各市(区)局党组书记抓基层党建工作进行了投票测评。

1 月 23 日至 12 月 18 日

广东省地方税务局配合审计署驻广州特派办开展广东省 2017 年贯彻落实国家重大政策措施情况跟踪审计工作。

1 月 23 日

广东省地方税务局和广东省国家税务局印发《关于贯彻落实个性化纳税服务备忘录的通知》(粤地税发〔2017〕年 17 号)。

中共广东省地方税务局党组制发粤地税党组发〔2017〕7 号,决定免去林少雄的佛山市地方税务局党组成员职务。

广东省地方税务局制发粤地税任〔2017〕10 号,决定林少雄提任佛山市地方税务局调研员,免去其佛山市地方税务局副局长职务。

1 月 26 日

广东省人力资源和社会保障厅印发粤人社发〔2017〕41 号,省人民政府批准:苏振钿同志任广东省地方税务局副局长,免去其广东省地方税务局总会计师职务。

1月

广东省地方税务局在税务总局2016年度绩效考评中获全国地税系统第2名。

2月4日

中共广东省地方税务局党组制发粤地税党组发〔2017〕11号,决定张友华任横琴新区地方税务局党组成员。

广东省地方税务局制发粤地税任〔2017〕11号,决定免去谭立峰的广州市地方税务局副巡视员职务,退休。制发粤地税任〔2017〕12号,决定免去林五七的揭阳市地方税务局副调研员职务,退休。制发粤地税任〔2017〕13号,决定免去张友华的广东省地方税务局征管和科技发展处副处长职务。制发粤地税任〔2017〕14号,决定张友华任横琴新区地方税务局副局长。

2月6日

广东省地方税务局收到最高法院驳回清远伟华公司再审申请的行政裁定书。本案为首宗直接以省局为被申请人诉至最高法院的行政诉讼案件。

2月7日

广东省地方税务局配合广东省审计厅开展广东地税系统税收相关政策执行情况审计反映问题整改落实工作。

2月8日

中共广东省委组织部印发粤组干〔2017〕159号文件,经研究同意:吴昇文退休。

2月10日

广东省地方税务局印发《2017年对市局组织绩效考评规则及考评指标》(粤地税函〔2017〕99号)。

广东省地方税务局办公室印发《广东省地方税务局机关2017年绩效计划暨考评指标》(粤地税办发〔2017〕6号)。

香港税务学会会长杨嘉燕女士一行20人到广东省地方税务局进行访问交流,省局副局长李华东及相关处室负责人接待来访代表并举行座谈会。

2月13日至4月30日

广东省地方税务局配合广东省审计厅开展省地税局2016年度预算执行和其他财政收支情况审计工作以及全省地税系统4项代征地方规费情况专项审计工作。

2月13日—23日

广东省地方税务局按计划完成南海数据中心两套UPS系统电池更换工作,保障了南海数据中心的供电稳定。

2月14日

广东省地方税务局印发《广东省地方税务局关于进一步加强税收规范性文件管理的通知》(粤地税函〔2017〕108号)。

广东省地方税务局制发粤地税任〔2017〕15号,决定马君玲提任中山市地方税务局副调研员;李志慧提任中山市地方税务局副调研员。

2月15日

广东省地方税务局制发粤地税任〔2017〕16号,决定崔旭力提任江门市地方税务局副调研员。

2月16日

广东省地方税务局召开全省地税系统党风廉政建设工作会议,传达学习十八届中央纪委七次全会、省纪委十一届六次全会和全国税务系统党风廉政建设工作会议精神,总结2016年全省地税系统党风廉政建设和反腐败工作,部署2017年任务。

2月17日

广东省地方税务局印发《广东省地税系统持续推进法治税务示范基地创建工作实施方案》(粤地税发〔2017〕15号)。

广东省地方税务局向中国(广东)自由贸易试验区工作办公室报送《广东省地方税务局关于报送广东自贸试验区两周年税收工作情况总结的函》(粤地税函〔2017〕117号)。

广东省地方税务局召开2017年经济责任审计工作联席会议,通报2016年经济责任审计工作情况,研究确定2017年经济责任审计项目计划,听取各有关处室对经济责任审计工作的意见建议。

2月17日至3月20日

广东省省情调查研究中心访问员入驻广东省地方税务局直属分局(大企业局)办税大厅,开展服务对象拦截访问工作。

2月19日

国家税务总局党组书记、局长王军在广东省地方税务局报送的《2016年税收热点透视》批示:"好!请汪康副局长参阅。办公室阅研。另提一份给我。"

2月20日至3月11日

广东省地方税务局举办全省地税系统军转干部培训班,来自全省地税系统的59名军转干部参加培训。

2月20日至6月24日

广东省地方税务局举办全省地税系统新录用公务员初任培训班,共分为五期,每期20天,来自全省地税系统的600名学员参加培训。

2 月 20 日

广东省地方税务局上线运行广东地税业务保障平台，为各级各部门有序开展业务知识积累、需求编写、测试验证等业务保障工作提供系统支撑。

2 月 21 日

广东省地方税务局在佛山召开全省地税系统财务工作会议，回顾总结 2016 年全省地税系统财务工作情况并研究部署 2017 年工作。

2 月 22 日

广东省地方税务局在佛山举办财务专题培训，培训内容包括新《预算法》和过渡期经费管理办法等。

“广东省地方税务局机房租用项目启动仪式”在中国电信广州沙溪云计算数据中心举行，省局党组成员、副局长苏振钿出席启动仪式并讲话。

2 月 27 日

广东省地方税务局制发粤地税任〔2017〕17 号，决定免去钟翰文的肇庆市地方税务局稽查局局长职务。

中共广东省地方税务局党组印发《广东省地方税务局 2017 年党风廉政建设和反腐败工作任务分工》（粤地税党组发〔2017〕13 号）。

2 月 28 日

广东省地方税务局向省政府报送《广东省地方税务局关于 2016 年度法治政府建设情况的报告》（粤地税发〔2017〕18 号）。

广东省地方税务局制发粤地税任〔2017〕18 号，决定彭兴源提任梅州市地方税务局副调研员；巫兰珍提任梅州市地方税务局副调研员。制发粤地税任〔2017〕19 号，决定朱晓菁任广东省地方税务局规费管理处副处长；杨建军任广东省地方税务局征管和科技发展处副处长。任职时间从 2016 年 1 月算起。

广东省直机关党的工作会议在广州召开，省委常委、组织部部长邹铭出席会议并讲话。省局党组书记、局长吴紫骊代表省局党组作了以《扎实推进融合式党建　服务广东经济社会发展大局》为主题的典型发言。

2 月

安永、毕马威、德勤、普华永道等 4 家会计师事务所合伙人先后到广东省地方税务局拜访，省局党组成员、副局长李华东及国际税务管理处人员接待来访代表并开展座谈。

广东省地方税务局印发《广东省地方税务局党组巡察工作指引》（第 2 版）和《巡察工作参考文件和讲话汇编（二）》。

3 月 1 日

广东省地方税务局制发粤地税任〔2017〕20 号，决定免去宋丽萍的河源市地方税务局副调研员职务，退休。制发粤地税任〔2017〕21 号，决定免去林少雄的佛山市地方税务局调研员职务，退休。制发粤地税任〔2017〕22 号，王明耀提任佛山市地方税务局副局长，试用一年。

3 月 2 日

中共广东省地方税务局党组制发粤地税党组发〔2017〕17 号，决定王明耀任佛山市地方税务局党组成员。

广东省地方税务局印发《广东省地方税务局关于印发〈广东省地方税务局全面推进依法行政实施方案（2017—2020 年）〉的通知》（粤地税发〔2017〕23 号），梳理分解 10 方面 44 项工作任务，持续加大力度贯彻落实法治政府建设各项任务。

广东省地方税务局印发《广东省地方税务局关于印发〈广东省地方税务局 2017 年税收执法大督察实施方案〉的通知》（粤地税发〔2017〕22 号），在全省地税系统部署开展税收执法大督察。

3 月 3 日

中共广东省地方税务局党组印发《中共广东省地方税务局党组关于调整党建工作领导小组及办公室组成人员的通知》（粤地税党组发〔2017〕19 号）。

广东省地方税务局党建工作领导小组印发《关于印发〈广东省地方税务局党建工作领导小组及办公室工作规则〉的通知》（粤地税党建组发〔2017〕3 号）。

广东省地方税务局召开“两会”期间全省地税系统网络安全保障等工作视频会议。

3 月 6 日

中共广东省地方税务局党组制发粤地税党组发〔2017〕20 号，决定黄健劲任佛山市地方税务局党组成员。

广东省地方税务局制发粤地税任〔2017〕23 号，决定免去黄健劲的广东省地方税务局收入规划核算处副处长职务。制发粤地税任〔2017〕24 号，决定黄健劲任佛山市地方税务局副局长。

3 月 7 日

广东省地方税务局完成全省宝利通视频会议设备软件版本升级工作，堵塞了有关部门通报的系统安全漏洞，同时协助部分市局升级了市局自购设备软件版本。

3 月 8 日

广东省地方税务局网站在省府办公厅组织的

2016 年度广东省政府网站考评中获评优秀网站。

广东省地方税务局内审处印发《关于印发〈2017 年内审工作要点〉的通知》(粤地税审便函〔2017〕3 号)。

3 月 9 日至 4 月 21 日

广东省地方税务局派出两个巡察组分别对佛山市局和清远市局开展巡察,巡察每个市局的同时延伸巡察 2 个县(市、区)局。

3 月 13 日

广东省地方税务局派出审计组对惠州市地方税务局原局长戎惠良进行任期经济责任审计。

3 月 16 日

广东省地方税务局召开 2017 年全省地税系统国际税收工作会议,省局党组成员、副局长李华东出席会议并讲话。

中共广东省地方税务局党组制发粤地税党组发〔2017〕22 号,决定免去陈德亮的阳江市地方税务局党组成员职务。

广东省地方税务局制发粤地税任〔2017〕25 号,决定陈德亮提任阳江市地方税务局调研员,免去其阳江市地方税务局副局长职务。制发粤地税任〔2017〕26 号,决定梁洪解提任茂名市地方税务局稽查局局长,试用一年;肖琨提任茂名市地方税务局副调研员。

3 月 20 日

广东省地方税务局派出审计组对梅州市地方税务局原局长魏少波进行任期经济责任审计。

中共广东省地方税务局党组制发粤地税党组发〔2017〕23 号,决定免去周石南的云浮市地方税务局党组成员职务。

广东省地方税务局制发粤地税任〔2017〕27 号,决定张向明提任云浮市地方税务局稽查局局长,试用一年;陈汉球提任云浮市地方税务局副调研员。制发粤地税任〔2017〕28 号,决定周石南提任云浮市地方税务局调研员,免去其云浮市地方税务局副局长职务。

3 月 21 日

中共广东省委组织部印发粤组干〔2017〕309 号文件,经研究同意:免去林如山同志的省地税局副巡视员职务,退休。

3 月 20 日—24 日

国家税务总局电子税务管理中心组织巡检组对广东省地方税务局开展金税三期网络安全巡检工作。

3 月 21 日—22 日

国家税务总局召开全国税务系统第十三次干部教育培训工作会议,广东省地方税务局在会上作题为《务实创新　开创教育培训工作新格局》的经验介绍。

3 月 22 日

广东省地方税务局举行党组理论学习中心组集体学习会,传达学习习近平总书记意识形态工作系列重要讲话精神和《县以上党和国家机关党员领导干部民主生活会若干规定》,研究部署贯彻落实工作。会议邀请省委宣传部讲师团团长杜新山作学习习近平总书记意识形态工作系列重要讲话精神辅导报告。

3 月 23 日

中共广东省委组织部印发粤组干〔2017〕365 号文件,省委批准:免去欧卫东的省地税局巡视员职务。

3 月 24 日

广东省地方税务局制发粤地税任〔2017〕30 号,决定刘军挂任广东省地方税务局人事处副处长,挂职期从 2017 年 3—12 月。制发粤地税任〔2017〕31 号,决定免去李耀新的湛江市地方税务局副调研员职务,退休。

为保证天河北横向联网区平稳迁移到南海,广东省地方税务局机房搬迁项目组对南海横向联网区进行了逻辑结构调整,将外层防火墙由二层模式改三层模式,启用 NAT 功能,隐藏内部地址,提升安全防护水平。

3 月 30 日

广东省地方税务局印发《广东省地方税务局关于印发 2017 年日常税收执法督察工作方案的通知》(粤地税函〔2017〕244 号),在全省地税系统部署开展日常税收执法督察。

广东省地方税务局召开全省地税稽查工作会议,传达贯彻全国税务稽查工作会议和全省地税工作会议精神,部署各项工作。省局党组成员、副局长苏振钿出席会议并讲话。

广东省地方税务局完成省局门户网站主站新旧切换工作,顺利实现新版省局网站正式上线。

3 月 31 日

广东省地方税务局向省编办报送《广东省地方税务局关于报送行政审批和政务服务效能考核自评情况的函》(粤地税函〔2017〕248 号)。

广东省地方税务局联合省国税局发布《广东省国家税务局　地方税务局关于涉税信息采集共用事项的公告》(广东省国家税务局　广东省地方税务局联合公告 2017 年第 4 号),从 5 月起实现纳税人办理4大类14个事项的资料共享。

广东省地方税务局召开税收风险管理工作领导小组会议，审议2016年税收风险管理工作总结、2017年税收风险管理工作计划、省局税收风险管理工作领导小组办公室工作规则，对下阶段税收风险管理工作作出部署。

中共广东省地方税务局党组制发粤地税党组发〔2017〕26号，决定项贵良任阳江市地方税务局党组成员。

广东省地方税务局制发粤地税任〔2017〕32号，决定曾玉勤提任广东省地方税务局政策法规处处长（试用一年），免去其广东省地方税务局政策法规处副处长职务；张弟提任广东省地方税务局稽查局调研员，免去其广东省地方税务局稽查局副调研员职务；李友乔任广东省地方税务局征管和科技发展处副处长（试用一年），免去其广东省地方税务局征管和科技发展处副调研员职务；钟斌任广东省地方税务局教育培训处副处长（试用一年），免去其广东省地方税务局教育培训处副调研员职务；庞信城任广东省地方税务局稽查局副局长，免去其广东省地方税务局稽查局副调研员职务。制发粤地税任〔2017〕33号，决定周斌提任广东省地税干部进修学校副校长（管理岗六级），试用一年，免去其广东省地方税务局办公室主任科员职务。制发粤地税任〔2017〕34号，决定项贵良提任阳江市地方税务局总经济师，试用一年。制发粤地税任〔2017〕35号，决定钟敏提任汕头市地方税务局副调研员。

广东省地方税务局完成“网络安全为人民，网络安全靠人民”和“提升网络安全意识，保障税务信息安全”主题的征文活动评审工作。本次征文活动由信息中心和科研所共同组织，在全省地税系统开展，收到应征稿件近80篇。

3月

广东省地方税务局在广州市、佛山市试点设立用户体验设计中心，建立各级税务机关和纳税人、体验设计团队、开发公司多方协同办公机制。

第二季度

4月1日

广东省地方税务局制定《广东省地方税务局企事业单位公务用车制度改革实施方案》。

4月5日

广东省地方税务局向国家税务总局办公厅报送《广东省地方税务局关于报送“放管服”改革落实情况全面自查工作情况的函》（粤地税函〔2017〕266号）。

广东省地方税务局党建工作领导小组印发《关于全省地税系统机关党支部与基层党支部结对开展党建共建的意见》（粤地税党建组发〔2017〕6号）。

广东省地方税务局制发粤地税任〔2017〕36号，决定免去刁振光的河源市地方税务局调研员职务，退休。制发粤地税任〔2017〕37号，决定免去叶新光的东莞市地方税务局副调研员职务，退休。制发粤地税任〔2017〕38号，决定免去彭兴源的梅州市地方税务局副调研员职务，退休。制发粤地税任〔2017〕39号，决定免去罗强的潮州市地方税务局副调研员职务，退休。制发粤地税任〔2017〕40号，决定免去柯照明的湛江市地方税务局副调研员职务，退休。

4月5日—9日

广东省地方税务局举办全省地税系统智力援基培训班（第一期），来自梅州市地税局的50名学员参加培训。

4月6日

广东省地方税务局党建工作领导小组印发《关于推进全省地税部门与重点税源企业党建共建工作的意见》（粤地税党建组发〔2017〕5号）。

广东省地方税务局制发粤地税任〔2017〕41号，决定张爱东提任梅州市地方税务局稽查局局长，试用一年。

4月7日

广东省地方税务局纪检组印发《关于在全省地税系统开展基层违纪违法线索集中排查活动的通知》（粤纪驻地税发〔2017〕1号），围绕税收执法、涉税中介、招投标、资金使用、违反中央八项规定精神等方面，在全省系统部署开展基层违纪违法线索集中排查活动。

4月8日—16日

广东省地方税务局顺利完成天河北和南海数据中心基础设施更新，内容包括更换UPS系统的老旧电容部件和散热部件，升级通风地板，确保消除核心基础设施安全隐患。

4月10日—21日

广东省地方税务局派出5个督查组对广州、珠海、汕头、汕尾、阳江、江门、湛江、茂名、潮州、揭阳、横琴新区开展实地督查。

4月10日至11月30日

广东省地方税务局组织开展2017年股权转让检查工作，全省共对73户涉及股权转让企业进行立案检查，查补金额超12亿元。

4 月 10 日

中共广东省地方税务局党组制发粤地税党组发〔2017〕29 号,决定孙彦浩任深汕特别合作区地方税务局分党组书记;陈海亮任深汕特别合作区地方税务局分党组成员;宋相当任深汕特别合作区地方税务局分党组成员。制发粤地税党组发〔2017〕30 号,决定邹智勇任肇庆市地方税务局党组成员。

广东省地方税务局制发粤地税任〔2017〕42 号,决定邹智勇提任肇庆市地方税务局总经济师,试用一年。

4 月 10 日—24 日

广东省地方税务局举办全省地税系统 2017 年处级干部任职培训班,来自全省地税系统的 40 名学员参加培训。

广东省地方税务局举办全省地税系统大企业税收管理业务培训班。国家税务总局大企业管理司司长缪慧频到会指导。

4 月 10 日—14 日

广东省地方税务局举办全省网络技术培训班,内容包含网络排障专家培训及无线技术专家培训。

4 月 11 日

广东省地方税务局党组书记、局长吴紫骊带队上线广东"民声热线"直播节目,现场回应减税降费、税收助力实体经济发展、便利化办税等热点问题。

4 月 12 日

广东省地方税务局联合省国税局、商务厅举办"助力粤企　同心护航"税收宣传活动,120 户"走出去"粤企、省外管局、香港驻粤办、省贸促会等部门参加。

国家税务总局大企业管理司司长缪慧频赴广东佛山调研指导大企业税收数据分析创新项目——"TRD"及"房税 e"项目建设情况,并给予高度评价。

4 月 13 日

2017 年全省地税系统党建和思想政治工作会议在珠海召开,省局党组副书记、巡视员、机关党委书记杨楚潮出席会议并讲话。会议还为获得国家税务总局授予先进集体和先进工作者称号的单位颁发了奖牌及证书。

4 月 14 日

广东省地方税务局印发《广东省地方税务局机关组织绩效管理办法》《广东省地方税务局机关个人绩效管理办法》及其实施细则(粤地税函〔2017〕298 号)。

中共广东省地方税务局党组制发粤地税党组发〔2017〕33 号,决定张忠锋任广州市地方税务局党组成员。制发粤地税党组发〔2017〕34 号,决定免去卢俭生的湛江市地方税务局党组成员职务。制发粤地税党组发〔2017〕35 号,决定卢俭生任茂名市地方税务局党组成员;免去邓长学的茂名市地方税务局党组副书记职务。

广东省地方税务局制发粤地税任〔2017〕43 号,决定高雨海提任广州市地方税务局副巡视员。制发粤地税任〔2017〕44 号,决定张忠锋任广州市地方税务局副巡视员。制发粤地税任〔2017〕45 号,决定免去卢俭生的湛江市地方税务局副局长职务。制发粤地税任〔2017〕46 号,决定卢俭生任茂名市地方税务局副局长;免去邓长学的茂名市地方税务局调研员职务。

4 月 17 日

广东省地方税务局印发《广东省地方税务局对市局组织绩效管理实施细则》《广东省地方税务局对市局领导班子成员个人绩效管理实施细则》(粤地税函〔2017〕301 号)。

广东省地方税务局举行党组理论学习中心组集体学习会,专题传达学习习近平总书记对广东工作重要批示精神,研究部署贯彻落实工作。

中共广东省地方税务局党组制发粤地税党组发〔2017〕37 号,决定免去江国煌的清远市地方税务局纪检组组长、党组成员职务。

广东省地方税务局制发粤地税任〔2017〕47 号,决定江国煌任广东省地方税务局收入规划核算处副处长。

4 月 18 日

广东省地方税务局召开 2017 年全省地税系统内审工作会议,省局党组成员、驻省局纪检组组长叶秀佑作讲话。会前,省局党组书记、局长吴紫骊对全省地税系统内审工作作出批示。

4 月 19 日

广东省地方税务局联合省国税局举办"民营企业共话税收"座谈会。美的集团、碧桂园、唯品会等 20 家广东省民营企业代表参加座谈,共议税收优惠政策、税费申报、企业"走出去"等热点话题。

4 月 19 日—21 日

广东省地方税务局组织省局副处级以上领导干部参加广东省省直单位副处级以上领导干部学习贯彻习近平总书记重要批示精神培训班,来自省局机关的 114 名副处级以上领导干部分三批次参加培训。

4月20日

广东省统一发布2016年度纳税信用A级纳税人名单,其中A级纳税人92394户,评价结果整体向好。

4月20日至5月20日

广东省地方税务局新建设启用南海数据中心2219机房,以满足天河北机房搬迁项目中相关网络设备迁移的需要。

4月20日至6月23日

广东省地方税务局根据机房搬迁项目之横向联网整体迁移方案,在相关链路、新搭建环境就位后,先后完成了南海横向联网区二次改造(4月20日),社保(5月5日)、短信平台(5月26日、6月13日)及TIPS(6月23日)业务的迁移工作。

4月21日

广东省地方税务局召开2017年第一季度绩效分析讲评会。

4月22日

广东省地方税务局实施南海数据中心主机房部分配电柜的在线改造,确保了金税三期灾备环境小型机集成项目设备在5月的顺利上线。

4月24日

中共广东省地方税务局党组制发粤地税党组发〔2017〕40号,决定郭艳盛任佛山市禅城区地方税务局党组书记。制发粤地税党组发〔2017〕41号,决定邱秀任湛江市地方税务局纪检组组长。制发粤地税党组发〔2017〕42号,决定免去叶柏灼的惠州市地方税务局党组成员职务。

广东省地方税务局制发粤地税任〔2017〕48号,决定苏赤进任湛江市地方税务局副局长,免去其湛江市地方税务局总经济师职务;免去邱秀的湛江市地方税务局总会计师职务。制发粤地税任〔2017〕49号,决定郭艳盛提任佛山市禅城区地方税务局局长,试用一年;黄绍远提任佛山市地方税务局副调研员。制发粤地税任〔2017〕50号,决定叶柏灼提任惠州市地方税务局调研员,免去其惠州市地方税务局副局长职务。制发粤地税任〔2017〕51号,决定免去陈汉球的云浮市地方税务局副调研员职务,退休。

4月25日

中共广东省委组织部印发粤组干〔2017〕589号文件,经研究同意:免去魏少波同志的省地税局副巡视员职务,退休。

广东省地方税务局在惠州召开2017年上半年全省地税系统税收分析会,分析组织收入形势,部署组织收入有关工作。

广东省地方税务局党建工作领导小组印发《关于印发〈广东地税基层党组织落实组织生活制度指引〉的通知》(粤地税党建组办发〔2017〕2号)。

广东省地方税务局印发《广东省地方税务局关于2016年内外部审计发现主要问题开展自查自纠和整改工作的通知》(粤地税函〔2017〕370号)。

4月26日

广东省地方税务局召开全省地方税收信息化工作视频会议,省局党组书记、局长吴紫骊作讲话,总结近年来全省地方税收信息化工作,深入分析当前形势,并对今后一段时期全省地方税收信息化工作做出部署。

广东省地方税务局召开2017年全省地税科研工作会议,会议总结2016年全省地税系统科研工作情况,部署2017年全省地税系统科研工作。

4月27日

广东省地方税务局向省依法行政工作领导小组办公室报送《广东省地方税务局关于报送2016年度依法行政工作自评情况的函》(粤地税函〔2017〕356号)。根据2016年度依法行政考评结果,广东省地方税务局获得优秀等次,在5个优秀等次省直单位中位居第2。

广东省地方税务局联合省国税局举办"深化'放管服' 助力大企业"税务沙龙。

4月28日

广东省地方税务局联合省国税局与广州汽车工业集团有限公司等广东省内6户制造业大企业签署了《个性化纳税服务协议》。广东省国税局副局长张津、广东省地税局副局长杨荣华与6户大企业集团负责人出席签约仪式。

4月

广东省地方税务局对珠海、江门、阳江、横琴等4市(区)地税局开展实地重点执法督察。

5月4日—11日

广东省地方税务局举办全省地税系统副处级领导干部依法行政研修班,来自全省地税系统的46名学员参加培训。

5月5日

广东省地方税务局党组书记、局长吴紫骊专门听取全省地税法治建设工作情况汇报并作出批示,充分肯定了近年来全省地税法治建设成效,对接下来工作提出了具体明确要求,希望全省地税从事政策法规工作的同志们深入学习贯彻习近平总书记重要批示精神,认真落实中央、省委省政府和税务总局决策部署,全面深入推进依法行政,推动广东地税法治建设继续走在全省和全国税务系统前列。

中共广东省地方税务局党组制发粤地税党组发〔2017〕44号，决定刘怀滇任河源市地方税务局党组成员。

广东省地方税务局制发粤地税任〔2017〕53号，决定刘怀滇提任河源市地方税务局总会计师，试用一年；戴金星提任河源市地方税务局副调研员。

5月6日—7日

广东省计算机信息网络安全协会在华南理工大学举办首届“广东省红帽怀网络安全大赛”。广东省地方税务局“税务墨攻队”“税务护卫队”参赛，并分别取得政企榜第23名、第22名的成绩。

5月8日

广东省地方税务局制发粤地税任〔2017〕54号，决定免去李志慧的中山市地方税务局副调研员职务，退休。

5月9日

全省地税法治税务示范基地创建工作现场会暨业务培训班在珠海召开，省局党组成员、总经济师罗达佳在现场会上作了题为《夯实基础　全面深化　着力为税收现代化提供坚强法治保障》的讲话。

5月10日

中共广东省地方税务局党组印发《关于进一步明确全省地税系统各级纪检组监督职责的意见》（粤地税党组发〔2017〕46号），明确全省系统各级纪检组的监督职责，理顺各级党组与同级纪检组之间以及上下级纪检组之间的工作关系，形成系统上下推动“三转”的良好格局。

5月12日

广东省地方税务局办公室印发《关于开展“三同步”评价工作的通知》（粤地税办发〔2017〕34号），建立税收政策同步解读宣传、调整系统、指南指引的评价机制。

5月16日

广东省地方税务局配合广东省审计厅开展全省2017年第一季度国家和省重大政策措施落实情况跟踪审计反映问题整改落实工作。

中共广东省地方税务局党组制发粤地税党组发〔2017〕48号，决定免去关子超的中共江门市地方税务局党组成员职务。

广东省地方税务局制发粤地税任〔2017〕56号，决定黄晓春提任惠州市地方税务局副调研员。制发粤地税任〔2017〕57号，决定宋相当任深汕特别合作区地方税务局副局长。任职时间从2016年4月算起。制发粤地税任〔2017〕59号，决定免去关子超的江门市地方税务局调研员职务，退休。

5月17日

广东省人力资源和社会保障厅印发粤人社发〔2017〕128号文件，省人民政府批准：任命肖映波为广东省地方税务局副局长。

广东省地方税务局印发《广东省地方税务局关于贯彻落实广东省推进普惠金融发展实施方案（2016—2020年）的通知》（粤地税函〔2017〕429号）。

广东省地方税务局制发粤地税任〔2017〕58号，决定免去张弟的广东省地方税务局稽查局调研员职务，退休。

5月22日

全省地税系统公职律师业务培训班在汕头市开班，为期3天。

5月23日

中共广东省地方税务局党组制发粤地税党组发〔2017〕50号，决定免去赖燕华的韶关市地方税务局党组成员职务。

广东省地方税务局制发粤地税任〔2017〕60号，决定免去赖燕华的韶关市地方税务局副局长职务。

5月24日

广东省地方税务局印发《广东省地方税务局　广东省国家税务局关于开展2017年省级大企业集团税收风险管理工作的函》（粤地税发〔2017〕年45号）。

5月26日

广东省地方税务局召开全省地税系统第16期赴港培训工作总结会。省局党组成员、副局长宋爱勤率国际处、人事处、教育处有关人员以及学员所在市局领导参加。香港普华、德勤、毕马威、安永及玛泽五大会计师事务所合伙人出席会议。

5月27日

广东省地方税务局举行党组理论学习中心组集体学习会，传达学习广东省第十二次党代会精神，研究部署贯彻落实工作。

5月31日

中共广东省地方税务局党组制发粤地税党组发〔2017〕53号，决定李喜妍任珠海横琴新区地方税务局分党组书记；林锦雄任珠海横琴新区地方税务局分党组成员；张友华任珠海横琴新区地方税务局分党组成员；刘军任珠海横琴新区地方税务局分党组成员。上述4位同志原任的中共珠海横琴新区地方税务局党组组成成员职务自然免除。

广东省地方税务局制发粤地税任〔2017〕61号，

决定杨美珍提任广东省地方税务局稽查局副调研员，免去其广东省地方税务局稽查局主任科员职务。

广东省地方税务局印发《广东省地税系统2017年“岗位大练兵、业务大比武”活动方案》，部署全省地税系统“岗位大练兵、业务大比武”工作。

6月1日

广东省地方税务局联合广东省国家税务局在佛山南海联合举办千户集团税企高层见面会暨大企业高管研修班。

广东省地方税务局制发粤地税任〔2017〕62号，决定免去黄绍远的佛山市地方税务局副调研员职务，退休。制发粤地税任〔2017〕63号，决定免去钟敏的汕头市地方税务局副调研员职务，退休。

广东省地方税务局顺利完成招待所（包括食堂）、桃源楼改革，优化重构管理体制和机制，建立健全相关经营管理制度和内控监管体系。

珠海、汕头、河源、惠州、潮州、茂名、云浮等7市的省ETS升级为直缴模式，取消费金专户，实现了社会保险费直入财政专户或社保收入户。

6月5日

广东省地方税务局派出审计组对广东省地税干部进修学校进行财务专项审计。

6月6日

广东省地方税务局与省国税局联合印发《广东省地方税务局　广东省国家税务局关于推进全省国税、地税系统党建共建工作的意见》（粤地税发〔2017〕46号）。

6月6日—9日

广东省地方税务局举办全省地税系统教育培训管理者培训班，来自全省地税系统的50名学员参加培训。

6月7日

广东省地方税务局派出审计组对省局机关服务中心及两个下属单位进行财务专项审计。

中共广东省地方税务局党组印发《广东省地方税务系统党的问责工作实施细则》（粤地税党组发〔2017〕57号），认真贯彻党的问责条例和省委实施办法，落实全面从严治党要求，进一步规范和强化全省系统党的问责工作。

中共广东省地方税务局党组制发粤地税党组发〔2017〕56号，决定免去黄炳文的珠海市地方税务局党组成员职务。

广东省地方税务局制发粤地税任〔2017〕64号，决定黄炳文提任珠海市地方税务局调研员，免去其珠海市地方税务局总会计师职务。制发粤地税任〔2017〕65号，决定免去陈德亮的阳江市地方税务局调研员职务，退休。制发粤地税任〔2017〕66号，决定免去林达生的汕头市地方税务局调研员职务，退休。制发粤地税任〔2017〕67号，决定免去高雨海的广州市地方税务局副巡视员职务，退休。制发粤地税任〔2017〕68号，决定免去巫兰珍的梅州市地方税务局副调研员职务，退休。制发粤地税任〔2017〕69号，决定刘柯任广东省地方税务局税政二处处长；王绍乐任广东省地方税务局基层工作处（机关党委办公室）处长。任职时间从2016年5月算起。制发粤地税任〔2017〕70号，决定徐伟任河源市地方税务局局长；罗伟民任河源市地方税务局总经济师。任职时间从2016年5月算起。制发粤地税任〔2017〕71号，决定刘军任珠海横琴新区地方税务局副局长。任职时间从2016年4月算起。制发粤地税任〔2017〕72号，决定江国煌任广东省地方税务局基层工作处（机关党委办公室）副处长，免去其广东省地方税务局收入规划核算处副处长职务。制发粤地税任〔2017〕74号，决定庄义河任广东省地方税务局稽查局调研员，免去其广东省地方税务局内审处调研员职务。

6月8日

广东省地方税务局印发《广东省地方税务局关于印发〈广东省地税系统行政应诉工作规定〉的通知》（粤地税发〔2017〕47号）。2017年，受理10宗行政复议案件；新增一审行政诉讼案件3宗，均获胜诉；收到5宗省高院判决，2宗最高法院再审裁定，均获胜诉。

6月9日

广东省地方税务局印发《广东省地方税务局税务证照线上线下融合服务体系建设工作方案》（粤地税函〔2017〕498号），在广州市、珠海市、佛山市、东莞市试点上线证照邮寄配送服务。

6月11日—17日

广东省地方税务局举办全省地税系统稽查专业队员以及业务骨干培训班，全省稽查专业队员以及业务骨干共70人参加。

6月12日—16日

广东省地方税务局对湛江、茂名两市地方税务局展开信息安全检查。

6月14日

广东省地方税务局党组成员、驻省局纪检组组长叶秀佑参加省政府关于推进落实政策跟踪审计整改工作会议，汇报了全省地税系统相关审计发现问题整改情况。

6月14日—20日

广东省地方税务局举办全省地税系统正处级领导干部依法行政研修班,来自全省地税系统的47名正处级领导干部参加培训。

6月15日

广东省地方税务局联合省国税局印发《推行行政执法公示制度执法全过程记录制度重大执法决定法制审核制度试点实施方案》(粤国税发〔2017〕70号),组织做好"三项制度"试点前期准备工作。

广东省地方税务局制发粤地税任〔2017〕75号,决定郑小明提任广东省地方税务局稽查局调研员,免去其广东省地方税务局稽查局副局长职务;柯晓江提任广东省地方税务局稽查局副局长(试用一年),免去其广东省地方税务局稽查局主任科员职务;周义莲提任广东省地方税务局人事处副调研员,免去其广东省地方税务局人事处主任科员职务;林文娟提任广东省地方税务局基层工作处(机关党委办公室)副调研员,免去其广东省地方税务局基层工作处(机关党委办公室)主任科员职务;陈丽华提任广东省地方税务局直属税务分局(大企业税收管理局)副调研员,免去其广东省地方税务局直属税务分局(大企业税收管理局)主任科员职务;徐震坤提任广东省地方税务局直属税务分局(大企业税收管理局)副调研员,免去其广东省地方税务局直属税务分局(大企业税收管理局)主任科员职务。

6月16日

广东省地方税务局向省府办公厅报送《广东省地方税务局关于报送科技孵化器税收政策落实调研情况的函》,得到广东省省长马兴瑞批示。

广东省地方税务局数据综合应用平台完成112个功能模块257个功能点的开发和测试,并在佛山和韶关进行全市试用。

6月19日—23日

广东省地方税务局组织省局机关全体党员分两批赴南海开展以"学习省第十二次党代会精神"为主题的轮训。培训邀请了广东省委党校王玉云教授和刘鹏教授分别作辅导讲座。

6月22日

中共广东省地方税务局党组印发《广东省地方税务局关于印发2017年依法行政工作要点的通知》(粤地税函〔2017〕542号)。

中共广东省地方税务局党组制发粤地税党组发〔2017〕59号,决定谢德良任中共惠州大亚湾经济技术开发区地方税务局党组书记。制发粤地税党组发〔2017〕60号,决定蒙全忠任中共中山市地方税务局党组成员。制发粤地税党组发〔2017〕63号,决定免去姚诗谋的中共汕尾市地方税务局党组成员职务。

广东省地方税务局制发粤地税任〔2017〕76号,决定谢德良提任惠州大亚湾经济技术开发区地方税务局局长,试用一年。制发粤地税任〔2017〕77号,决定蒙全忠任中山市地方税务局副局长。制发粤地税任〔2017〕78号,决定免去蒙全忠的广东省地方税务局税政一处副处长职务。制发粤地税任〔2017〕80号,决定姚诗谋提任深汕特别合作区地方税务局调研员。制发粤地税任〔2017〕81号,决定免去姚诗谋的汕尾市地方税务局副局长职务。制发粤地税任〔2017〕82号,决定吴文杰提任东莞市地方税务局总会计师,试用一年;翁伟东提任东莞市地方税务局稽查局局长,试用一年。

6月22日至8月18日

广东省地方税务局派出两个巡察组分别对汕尾市局和肇庆市局开展巡察,巡察每个市局的同时延伸巡察2个县(市、区)局。

6月26日

国家税务总局党组书记、局长王军在办公厅《领导参阅》上批示肯定广东地税有关领导开展"一日导税员"活动的做法,要求及时予以推介。

中共广东省地方税务局党组制发粤地税党组发〔2017〕62号,决定免去陈红光的韶关市地方税务局纪检组组长职务。

广东省地方税务局制发粤地税任〔2017〕78号,决定陈红光任韶关市地方税务局副局长。

6月26日—30日

广东省地方税务局举办全省地税系统兼职教师培训班(第一期),来自全省地税系统56名学员(含新疆地税干部10名)参加培训。

广东省地方税务局举办全省地税系统智力援基培训班(第二期),来自韶关市地税局的48名学员参加培训。

6月27日

中共广东省地方税务局党组制发粤地税党组发〔2017〕64号,决定姚诗谋任深汕特别合作区地方税务局分党组副书记。

6月28日

广东省地方税务局印发《广东省地方税务局关于推行"三项制度"试点工作有关事项的通知》(粤地税发〔2017〕54号),明确"三项制度"试点工作要求、组织领导、工作机制、组织落实等事项。

6月29日

广东省地方税务局召开全省地税系统电子税票

推广工作视频会议，部署电子税票上线推广应用工作，省局副局长杨荣华作动员讲话。

6 月 30 日

广东省地方税务局组织召开全省地税系统推行“三项制度”试点工作动员视频会议，正式启动“三项制度”试点工作。

广东省地方税务局顺利完成珠三角优化发展、粤东西北振兴发展现场办公会中省局主办议定事项。

广东省地方税务局印发《广东省地方税务局纳税人分类分级管理实施办法》（粤地税发〔2017〕59 号），对纳税人和涉税事项进行科学分类，对税务机关各层级、各部门的管理职责进行合理划分。

广东省地方税务局印发《广东省地方税务局关于转变税收征管方式提高税收征管效能的实施方案》（粤地税发〔2017〕58 号），明确了完善与事中事后管理相适应的征管制度体系、构建分类分级的专业化管理体系、建立严密高效的税收风险管理运行机制、优化以数据治理为中心的税收信息化体系共 4 大类 41 项任务措施。

中共广东省地方税务局党组制发粤地税党组发〔2017〕67 号，决定吴文杰任东莞市地方税务局党组成员。

广东省地方税务局完成电子税务局、电子办税服务厅客户端修改后的版本发布，确保如期落实国务院各项优惠政策。

广东省地方税务局完税证明线上线下联动项目上线并在广州、佛山、东莞、中山试点成功，实现了纳税人通过广东地税微信公众号查询、下单、各地税务人员通过税源平台审核、生成 EMS 单号并打印条码、EMS 反写邮递状态、纳税人查询快递状态的全流程电子化办理。

广东省地方税务局自助办税终端、移动办税以及电子税务局、电子办税服务厅客户端版的电子税票功能在全省实现上线。

第三季度

7 月 1 日

广东省地方税务局在全省全面普及应用说理式税务稽查文书。

7 月 3 日

广东省地方税务局完成省局独办政协提案《关于“营改增”后构建地方税收体系的提案》。

广东省地方税务局印发《广东省地方税务局关于贯彻落实〈国家税务总局关于简化税务行政许可事项办理程序的公告〉的通知》（粤地税函〔2017〕576 号）。

广东省地方税务局制发粤地税任〔2017〕83 号，决定陈振华提任肇庆市地方税务局稽查局局长，试用一年。制发粤地税任〔2017〕84 号，决定免去林永锋的阳江市地方税务局调研员职务，退休。制发粤地税任〔2017〕85 号，决定免去叶柏灼的惠州市地方税务局调研员职务，退休；免去黄晓春的惠州市地方税务局副调研员职务，退休。

7 月 3 日—7 日

广东省地方税务局举办全省地税系统纪检组长培训班暨上半年工作总结会，系统学习最新政策法规、信访、办案和审理等实操业务，并总结上半年全省系统党风廉政建设和反腐败工作，部署下半年工作任务。

7 月 4 日

中共广东省地方税务局党组制发粤地税党组发〔2017〕68 号，决定梁宇卫任湛江市地方税务局党组成员，免去其湛江经济技术开发区地方税务局党组书记职务。

广东省地方税务局制发粤地税任〔2017〕86 号，决定梁宇卫任湛江市地方税务局总经济师，免去其湛江经济技术开发区地方税务局局长职务。

7 月 6 日

广东省地方税务局配合广东省审计厅开展 2016 年度省级预算执行审计反映问题整改落实工作。

7 月 10 日

广东省地方税务局制发粤地税任〔2017〕87 号，决定雷效校提任广东省地方税务局机关服务中心副主任（管理岗六级）试用一年，免去其广东省地方税务局办公室主任科员职务。制发粤地税任〔2017〕88 号，决定陈勃任广东省地方税务局政策法规处副处长（试用一年），免去其广东省地方税务局政策法规处副调研员职务；张敏提任广东省地方税务局政策法规处副调研员，免去其广东省地方税务局政策法规处主任科员职务。

7 月 10 日—24 日

广东省地方税务局举办全省地税系统科级干部任职培训班（第一期），来自全省地税系统的 78 名学员参加培训。

7 月 11 日

广东省地方税务局印发《广东省地方税务局关于印发〈广东省地税系统税收法制员制度〉的通知》

(粤地税发〔2017〕61号)。

7月12日

广东省地方税务局与省国税局联合举办“广东省大企业税收服务与管理系统”上线启动仪式,税务总局大企业管理司司长缪慧频出席仪式并讲话。

7月13日

广东省地方税务局制发粤地税任〔2017〕89号,决定免去杨美珍的广东省地方税务局稽查局副调研员职务,退休。

7月14日

中共广东省地方税务局党组制发粤地税党组发〔2017〕70号,决定胡东胜提任中共清远市地方税务局纪检组组长(试用一年)、党组成员。

7月17日—18日

广东省委网信办网络安全检查组对省地方税务局关键信息基础设施进行网络安全现场抽查。

7月19日

广东省地方税务局党建工作领导小组印发《关于建立“下抓两级　抓深一层”工作机制　推进全面从严治党向基层延伸的指导意见》(粤地税党建组发〔2017〕8号)。

7月20日

广东省地方税务局向省法制办报送《广东省地方税务局关于报送〈法治政府建设实施纲要(2015—2020年)〉和〈广东省法治政府建设实施纲要(2016—2020年)〉贯彻落实情况的函》(粤地税函〔2017〕635号)。

7月20日

中共广东省地方税务局党组制发粤地税党组发〔2017〕71号,决定陈维明任汕头市地方税务局党组成员。

广东省地方税务局制发粤地税任〔2017〕91号,决定陈维明提任汕头市地方税务局总经济师,试用一年。

7月21日

广东省地方税务局印发《广东省地方税务局关于公布第二批广东省地税系统法治税务示范基地名单的通知》(粤地税函〔2017〕641号),确定广州市黄埔区地方税务局等19个单位为第二批广东省地税系统法治税务示范基地。

7月13日

广东省地方税务局印发《广东省地方税务局关于统一契税纳税期限的通知》(粤地税函〔2017〕619号),进一步规范契税征收管理,统一全省契税纳税期限。

7月24日至8月4日

广东省地方税务局分两批组织全系统基层党组织书记、省局机关党员骨干到遵义干部学院进行以“增强党性修养、提高履职能力”为主题的党性教育。在第一期培训班上,省局党组书记、局长吴紫骊以《深入学习习近平总书记系列重要讲话精神　严守党的政治纪律和政治规矩》为题作党课报告。

7月26日

全省地税系统市局骨干网络调研暨市局网络巡检工作顺利完成。本次调研历时94天,实地调研了全省共20个市、115个县、区局和391个征收分局,全省覆盖面在80%以上。

7月27日

广东省地方税务局按照省政府文件清理工作小组要求,向省府办公厅报送《广东省地方税务局关于报送省政府文件清理意见的函》,对48份省政府涉税文件提出清理意见。

8月1日—31日

广东省地方税务局组织开展广东电网专项风险应对工作,重点核查资产损失、研发费用加计扣除等企业所得税风险事项及清退职工持股的个人所得税风险事项,调增应纳税所得额48229万元,涉及税款9600万元。

8月1日

作为全省唯一一个试点征收单位,清远市地税局正式全面上线省集中式人力资源和社会保障一体化信息系统项目。

8月2日

中共广东省地方税务局党组制发粤地税党组发〔2017〕74号,决定刘剑同志任惠州市地方税务局党组成员;林瑜同志任惠州市地方税务局党组成员。

广东省地方税务局制发粤地税任〔2017〕92号,决定张光华任惠州市地方税务局副局长,免去其惠州市地方税务局总经济师职务;罗群忠任惠州市地方税务局副局长,免去其惠州市地方税务局总会计师职务。制发粤地税任〔2017〕94号,决定刘剑任惠州市地方税务局总经济师,免去其惠州市地方税务局稽查局局长职务;林瑜提任惠州市地方税务局总会计师,试用一年。

广东省地方税务局联合省国税局在佛山南海举办“广东省大企业税务风险防御系统(TRD)”启动仪式暨全省推广会,22户意向大企业财务负责人和信息技术人员参加推广会。

8月4日

清远市地税局申报征收的社会保险费顺利传输

到社保局省人社大集中系统并完成记账。

8月7日—12日

全省地税系统征管工作培训班在国家税务总局税务干部进修学院举办,省局党组成员、副局长苏振钿出席开班仪式,各市(区)局征管部门主要负责人参训。

8月7日

广东省地方税务局印发《广东省地方税务局关于印发〈全省地税系统对口帮扶资金管理暂行办法〉的通知》(粤地税函〔2017〕678号)。

广东省地方税务局印发《广东省地方税务局关于印发〈关于进一步加强和规范全省地税系统对口帮扶工作的意见〉的通知》(粤地税函〔2017〕679号)。

广东省地方税务局制发粤地税任〔2017〕95号,决定免去郑小明的广东省地方税务局稽查局调研员职务,退休。

中共广东省地方税务局党组印发《广东省地方税务系统各级纪检组落实全面从严治党监督责任清单》(粤地税党组发〔2017〕77号)。

8月8日—11日

广东省地方税务局举办全省地税系统税收专题分析培训班,各市税收计划分析人员参加。

8月9日

国家税务总局发文表彰2015—2016年全国税务系统优秀税收科研成果(税总发〔2017〕8号印发),广东省地方税务局选送的《经济增速换挡对税收增速影响研究》《从税收结构变化看广东经济结构变化:2011—2015》《地方税体系构建与地方税费征管问题的研究》分获一、二、三等奖。

8月11日

国家税务总局大企业税收管理司举办千户集团税收风险指标模型第一批验证工作暨广东验证基地启动会。内蒙古、吉林、江苏、山东、湖北、广东、厦门、深圳等8个省(市、区)的53名验证工作人员在广东验证基地集结,标志着首批税务总局千户集团税收风险指标模型验证工作攻坚战正式启动。

8月11日—25日

广东省地方税务局社会保险费征收管理系统和电子税务局系统灾难恢复演练顺利进行,相关系统从天河北数据中心切换至南海数据中心运行。

8月11日—16日

全省地税系统积极组织参与全国《网络安全法》知识竞赛(广东赛区),其中广东地税系统获得了个人赛39个奖励名额中的20个;团体赛中,茂名化州地税一队获得三等奖,广东地税信息中心一队、梅州地税队、揭阳地税安全先锋队、茂名化州地税二队、珠海地税珠海红山队等5支参赛队获得优胜奖,省局获最佳组织奖。

8月14日—25日

广东省地方税务局派出5个督查组对佛山、韶关、河源、梅州、惠州、东莞、中山、肇庆、清远、云浮开展实地督查。

8月14日

广东卫视《新闻联播》以《广东地税:创新打造“三册一表”“融合共建”党建制度品牌》为题,播出广东省地方税务局扎实推进“两学一做”学习教育常态化制度化的有关做法。省局是经省委“两学一做”学习教育协调小组批准的唯一一家被报道的省直单位。

中共广东省地方税务局党组制发粤地税党组发〔2017〕78号,决定谢政同志任广州开发区地方税务局党组书记。

广东省地方税务局制发粤地税任〔2017〕96号,决定谢政任广州开发区地方税务局局长,试用一年。

8月14日—18日

广东省地方税务局举办全省地税系统中青年科级干部培训班,来自全省地税系统的44名学员参加培训。

8月15日

广东省地方税务局举行党组理论学习中心组集体学习会,学习习近平总书记在省部级主要领导干部专题研讨班上的重要讲话精神,研究部署贯彻落实工作。

8月17日

广东省地方税务局制发粤地税任〔2017〕97号,决定免去黄东辉的广东省地方税务局直属税务分局(大企业税收管理局)副局长职务。

8月18日

全省地税系统全部25个网站完成改造升级,新版网站上线运行。

8月21日

广东省地方税务局联合团省委在省局1楼多功能厅举办评选及复核广东省青年文明号专场评审会。各市(区)局参评集体有关代表参加。

国家税务总局电子税务管理中心副主任赵国际一行到广东国地税就信息化基础设施建设和管理情况开展调研。

广东省地方税务局制发粤地税任〔2017〕99号,决定免去陈丽华的广东省地方税务局直属税务分局

(大企业税收管理局)副调研员职务,退休;免去徐震坤的广东省地方税务局直属税务分局(大企业税收管理局)副调研员职务,退休。

8月23日

广东省地方税务局印发《广东省地方税务局关于调整税收执法督察等有关工作职能的通知》(粤地税函〔2017〕729号),将执法督察和内部控制两项职能整合到内审处统一管理。

8月24日

广东省地方税务局纪检组印发《关于进一步加强线索处置和执纪审查情况"两报告"工作的通知》(粤纪驻地税发〔2017〕7号)。

8月25日

广东省地方税务局印发《广东省地方税务局关于加强国税数据共享与应用工作的通知》(粤地税函〔2017〕734号),为基层提供《国税共享数据分析与利用操作指引(试行)》及国地税数据统计、比对、一户式查询等26个功能模块。

8月28日

广东省地方税务局印发《广东省地方税务局关于开展不确定事项报告制度试点工作的通知》(粤地税函〔2017〕738号),在广州南沙、佛山南海、东莞松山湖、湛江经济技术开发区、横琴新区进行试点。

8月29日

广东省地方税务局在广东税务干部学院(阳江)举办为期3天的全省地税系统内控与审计专题培训班。

中共广东省地方税务局党组制发粤地税党组发〔2017〕79号,决定免去许世荣同志的中共阳江市地方税务局纪检组组长职务。

广东省地方税务局制发粤地税任〔2017〕101号,决定许世荣任阳江市地方税务局副局长。

8月31日

广东省地方税务局印发《关于印发〈广东省地税系统主要负责人履行推进法治建设第一责任人职责清单〉的通知》(粤地税发〔2017〕76号),明确组织领导、工作任务、督导落实等3方面15项职责,推动全省地税系统主要负责人切实履行推进法治建设第一责任人职责。

广东省地方税务局在全省地税系统正式推广应用配合外部审计信息化管理系统。

8月

广东省地方税务局在省级机关(政府系统)绩效考核中获2016年度省级机关绩效考核一等奖。

9月1日

广东省地方税务局联合省国税局、省教育厅在广州市广雅中学联合开展"开学礼——广东青少年税法课堂启动仪式",在全国率先打造广东青少年税法课堂。全省共推出20个富有岭南特色的税法课堂,实现对广东1.5万所中小学的全覆盖,受到税务总局局长王军批示肯定。

广东省地方税务局党建工作领导小组印发《关于进一步做好全省地税系统党员领导干部"八小时以外"活动监督管理工作的通知》(粤地税党建组发〔2017〕10号)。

广东省地方税务局举行2017年广东省地税系统纳税服务类业务大比武选拔考试,全省地税系统228名纳税服务类"岗位能手"和100名"纳税服务之星"参加考试。

9月4日

广东省地方税务局制发粤地税任〔2017〕102号,决定免去余庆都的汕尾市地方税务局副调研员职务,退休。

9月4日—8日

广东省地方税务局举办全省地税系统智力援基培训班(第三期),来自云浮市地税局的48名学员参加培训。

9月4日—18日

广东省地方税务局举办全省地税系统科级干部任职培训班(第二期),来自全省地税系统的72名学员(含新疆地税干部10名)参加培训。

9月5日

广东省地方税务局党建工作领导小组印发《关于印发〈全省地税系统坚持抓早抓小开展谈话提醒工作指引〉的通知》(粤地税党建组发〔2017〕11号)。

中共广东省地方税务局党组制发粤地税党组发〔2017〕80号,决定陈卫东同志任湛江经济技术开发区地方税务局党组书记。

广东省地方税务局制发粤地税任〔2017〕103号,决定陈卫东提任湛江经济技术开发区地方税务局局长,试用一年。

9月7日

广东省纪委在广州召开派驻纪检组组长座谈会,省地税局党组成员、驻省局纪检组组长叶秀佑参加会议并在会上作了经验交流。

9月8日

广东省地方税务局联合省财政厅呈报《广东省财政厅　广东省地方税务局关于调整土地使用税和

车辆车船税适用税额的请示》(粤财法〔2017〕16号),经省政府同意,呈报各市城镇土地使用税适用税额调整方案等,部署降低全省城镇土地使用税适用税额标准,将车辆车船税适用税额降低到法定最低水平。

中共广东省地方税务局党组制发粤地税党组发〔2017〕81号,决定免去谢红鹰同志的广州市地方税务局党组成员职务。

广东省地方税务局制发粤地税任〔2017〕104号,决定免去谢红鹰的广州市地方税务局副局长职务。制发粤地税任〔2017〕105号,决定免去周伟宁的佛山市地方税务局副调研员职务,退休。制发粤地税任〔2017〕106号,决定免去陈忠的广东省地方税务局直属税务分局(大企业税收管理局)调研员职务,退休。

9月9日—23日

广东省委网络安全和信息化领导小组办公室等部门举办第二届广东省"强网杯"网络安全大赛,决赛中,省局信息中心的广东地税队荣获二等奖,东莞地税、潮州地税荣获三等奖。

9月10日—15日

广东省地方税务局举办全省地税系统后勤管理培训班(大连),学员共计57人。

9月11日

广东省地方税务局印发《广东省地方税务局网站管理办法》(粤地税发〔2017〕77号)。

9月11日至11月14日

广东省地方税务局在广州举办2017年全省地税系统"专业骨干"培训班,来自全省地税系统60名"专业骨干"参加培训,分四期选拔6名广东省地税系统"岗位大练兵、业务大比武"代表队人员。

9月12日

广东省地方税务局发布《广东省地方税务局关于统一全省异地施工建筑安装企业作业人员个人所得税核定征收比例的公告》,自2017年10月1日起,将广东省(不含深圳)异地施工建筑安装企业作业人员个人所得税核定征收比例统一确定为4‰,有效期五年。

广东省地方税务局制发粤地税任〔2017〕107号,决定免去吴凤雄的惠州市地方税务局副调研员职务,退休。制发粤地税任〔2017〕108号,决定赵永清任广东省地方税务局办公室副主任;温丽萍任广东省地方税务局人事处副处长。任职时间从2016年8月算起。制发粤地税任〔2017〕109号,决定申深任广东省地方税务局办公室副主任;谢森承任广东省地方税务局征管和科技发展处副处长;郑珩任广东省地方税务局纳税服务处副处长;杨若婷任广东省地方税务局基层工作处(机关党委办公室)副处长;林蓄仁任广东省地方税务局信息中心副主任(管理岗六级)。上述5位同志任职时间从2016年8月算起。制发粤地税任〔2017〕110号,决定蔡浩任潮州市地方税务局副局长。任职时间从2016年7月算起。制发粤地税任〔2017〕111号,决定余远辉任佛山市地方税务局总会计师。任职时间从2016年8月算起。制发粤地税任〔2017〕112号,决定谭裕安提任韶关市地方税务局副调研员;谢小群提任韶关市地方税务局副调研员。

9月13日

广东省地方税务局在省政府召开的由省领导出席的广东省国有"僵尸企业"处置工作联席会议第五次会议上,作题为《广东省地方税务局支持国有"僵尸企业"处置工作情况》经验交流发言。

9月13日—15日

广东省地方税务局召开全省地税系统工会工作会议。广州、珠海和佛山三个市局工会主席分别作工会工作经验介绍。

9月14日

广东省地方税务局联合省国税局发布《广东省税务系统行政执法公示办法(试行)》《行政执法全过程记录办法(试行)》《重大执法决定法制审核办法(试行)》的公告(广东省国家税务局　广东省地方税务局公告2017年第11号),为全省税务系统试点推行"三项制度"提供基本遵循。

9月14日—30日

广东省地方税务局出具对珠海、江门、阳江、横琴等4市地税局税收执法督察处理意见。

9月15日

广东省地方税务局联合省国税局、省总工会举办广东省税务系统纳税服务技能大赛,来自全省税务系统40支团队,共120人参加了比赛,一等奖获得者被授予全省"五一劳动奖章"。

9月17日—21日

广东省地方税务局举办全省地税系统兼职教师培训班(第二期),来自全省地税系统的53名学员参加培训。

9月18日

中共广东省地方税务局党组制发粤地税党组发〔2017〕82号,决定罗玉梅同志挂任惠州市地方税务局党组成员,挂职期6个月。制发粤地税党组发〔2017〕83号,决定陈远洋同志挂任中山市地方税务局党组成员，挂职期6个月。

广东省地方税务局制发粤地税任〔2017〕113号，决定陈远洋挂任中山市地方税务局副局长，挂职期6个月。制发粤地税任〔2017〕114号，决定罗玉梅挂任惠州市地方税务局副局长，挂职期6个月。

广东省地方税务局直属分局（大企业局）团队代表省局参加省直单位系统党建创新类工作技能大赛，并顺利进入半决赛，获得优秀作品奖。

9月18日—22日

广东地税、国税部门首次联合开展的2017年度网络安全宣传周活动，并于9月19日联合召开网络安全专业技能培训视频会议。

9月20日

国家税务总局督察内审司司长郭晓林一行到广东调研，在广东国税召开调研座谈，省局党组成员、驻省局纪检组组长叶秀佑出席，内审处就全省地税系统督审工作开展情况进行汇报。

广东省地方税务局联合省国税局与广州铁路（集团）公司联合签署三方个性化纳税服务协议。广东省国税局党组成员、总审计师李榕滨，广东省地税局党组成员、副局长杨荣华、广铁集团总会计师俞志明出席签约仪式。

9月21日

广东省地方税务局联合广东省国家税务局和广东省科学技术厅制发《关于科技企业孵化器税收政策落实有关问题的通知》，落实领导批示精神。

广东省地方税务局办公室印发《广东省地方税务局办公室关于贯彻落实规范性文件公平竞争审查制度的通知》（粤地税办发〔2017〕68号），对全省地税系统贯彻落实规范性文件公平竞争审查制度作出安排。

广东省地方税务局发布《关于发布〈广东省地方税务局印花税核定征收管理办法〉的公告》（广东省地方税务局公告2017年第4号），规范全省印花税核定征收管理。

9月21日至11月20日

广东省地方税务局派出两个巡察组分别对汕头市局和茂名市局开展巡察，巡察每个市局的同时延伸巡察2个县（市、区）局。

9月22日—24日

广东地税天河北数据中心机房搬迁顺利完成，广东地税海珠数据中心正式投入使用。新数据中心的启用，将原广东地税原双地冗余数据中心，迭代升级为“三节点、两生产中心”的智慧税务云生态系统。

9月24日—26日

国家税务总局在青岛召开全国税务系统党建工作推进会。广东地税《创新制定“三册一表”制度推动学习教育严肃认真经常》作为经验材料在会上印发。

9月25日

广东省地方税务局召开全省地税系统深入推进全面从严治党暨领导干部党纪政纪法纪教育培训班。省局党组书记、局长吴紫骊代表省局党组以《深入学习习近平总书记系列重要讲话精神推进全面从严治党向纵深发展》为题作专题辅导报告。

9月26日

广东省地方税务局印发《广东省地方税务局关于成立内部控制工作领导小组的通知》（粤地税函〔2017〕865号），切实发挥好内控机制建设的领导作用。

9月27日

广东省地方税务局印发《广东省地方税务局关于“三项制度”试点工作阶段情况的通报》（粤地税函〔2017〕844号），通报各市区局试点工作情况，分析存在问题，明确下阶段相关工作安排。

中共广东省地方税务局党组印发《中共广东省地方税务局党组转发中共广东省委组织部关于建立健全基层党组织按期换届提醒督促机制的通知》（粤地税党组函〔2017〕146号）

9月28日

广东省地方税务局印发《关于印发〈广东省地税系统法律顾问管理办法〉的通知》（粤地税函〔2017〕849号）。

广东省国家税务局、广东省地方税务局和中山大学共同完成大企业税收经济指数研发工作。

广东省地方税务局加入广东省网络安全应急响应平台。广东省公安厅网络警察总队总队长李正祥、副总队长蔡旭，广东省计算机信息网络安全协会会长陆以勤共同将“广东省网络安全应急响应平台税务分中心”牌匾授予省局信息中心。

9月29日

广东省地方税务局办公室印发《广东省地方税务局办公室关于印发广东省地方税务局贯彻落实全国深化简政放权放管结合优化服务改革电视电话会议重点任务分工安排的通知》（粤地税办发〔2017〕70号），明确责任分工，细化进度安排，确保有关“放管服”改革各项重点任务落到实处。

广东省地方税务局印发《广东省地方税务局实名办税工作方案》（粤地税发〔2017〕81号），明确实名办税范围、实名信息采集内容、渠道和认证方式，并确定先分步试点、后全省推广的工作安排。

中共广东省地方税务局党组制发粤地税党组发〔2017〕84号，决定杨文涛同志提任韶关市地方税务局纪检组组长（试用一年）、党组成员。

第四季度

10月9日

广东省地方税务局在全省地税系统推广使用中国税务网络大学及其配套的手机APP，作为外网网络学习平台供税务干部使用。

10月10日

广东省地方税务局制发粤地税任〔2017〕115号，决定免去戴金星的河源市地方税务局副调研员职务，退休。制发粤地税任〔2017〕116号，决定免去陈天利的汕尾市地方税务局副调研员职务，退休。

10月11日

广东省地方税务局举办全省地税系统网站管理培训班，共计66人参加培训。

10月13日

广东省地方税务局向广东省人民政府法制办公室报送《广东省地方税务局关于报送"放管服"改革、生态文明建设涉及法规规章规范性文件清理工作情况的函》（粤地税函〔2017〕880号）。

10月14日—21日

广东省地方税务局顺利完成国家税务总局"第三次系统督查"迎检工作。

10月15日—21日

广东省地方税务局举办全省地税系统稽查局长培训班，省局稽查局局领导、各市局稽查局长及有关人员共60人参加。

10月17日

广东省地方税务局制发粤地税任〔2017〕117号，决定杨鸿城任广东省地方税务局人事处副处长，免去其广东省地方税务局办公室副主任职务；朱晓菁任广东省地方税务局办公室副主任，免去其广东省地方税务局规费管理处副处长职务；唐山任广东省地方税务局规费管理处副处长，免去其广东省地方税务局直属税务分局（大企业税收管理局）副局长职务。

10月18日

广东省地方税务局派出审计组对深汕合作区地方税务局局长孙彦浩同志开展任期经济责任审计。

广东省地方税务局成立党的十九大网络安全保障工作小组，制定十九大网络安全保障工作方案和综合应急预案，加强广东地税重点网络安全保卫，全力做好党的十九大期间网络安全保障工作。

10月20日

国家税务总局第三督查组到广东省地方税务局纳税服务监控指挥中心进行考察，对广东省地税办税服务厅监测体系建设表示高度肯定。

广东省地方税务局内审处被全国内部审计协会评为"2014—2016年度全国内部审计先进集体"。

中共广东省地方税务局党组制发粤地税党组发〔2017〕87号，决定陈方同志提任阳江市地方税务局纪检组组长（试用一年）、党组成员。

广东省地方税务局制发粤地税任〔2017〕118号，决定高维德提任阳江市地方税务局副调研员。

10月24日

广东省地方税务局召开2017年下半年全省地税系统税收分析会，分析组织收入形势，部署组织收入有关工作。

广东省地方税务局印发《广东省地方税务局领导干部上讲台实施办法（暂行）》，从2018年1月1日在全省地税系统实施。

10月26日

广东省地方税务局在党的十九大期间严抓办税服务厅安全管理，提升全省地税办税系统安全防控水平，获得省委常委、政法委书记何忠友充分肯定。

中共广东省委组织部印发粤组干〔2017〕1206号文件，免去杨楚潮同志的省地税局党组副书记、巡视员职务，退休。

10月27日

广东省地方税务局制发粤地税任〔2017〕119号，决定陈美华提任汕头市地方税务局副调研员；肖文安提任汕头市地方税务局副调研员。制发粤地税任〔2017〕120号，决定林建东提任中山市地方税务局副调研员。

10月27日—30日

广东省地方税务局开展广东地税网络学院升级改造，进一步简化操作和强化功能，提高系统稳定性。

10月30日

广东省地方税务局召开2017年第三季度绩效分析讲评会。

广东省地方税务局向省府办公厅报送《广东省地方税务局关于报送积极发挥税收职能服务贫困地区发展工作情况的函》（粤地税函〔2017〕926号）。

10 月 31 日

广东省地方税务局向省依法行政工作领导小组办公室报送《广东省地方税务局关于报送 2018 年依法行政工作要点相关材料的函》(粤地税函〔2017〕933 号)。

11 月 1 日

广东省地方税务局制发粤地税任〔2017〕121 号,决定宋梅康提任梅州市地方税务局副调研员。制发粤地税任〔2017〕122 号,决定免去孔宪波的广州市地方税务局副巡视员职务,退休。制发粤地税任〔2017〕123 号,决定免去谭裕安的韶关市地方税务局副调研员职务,退休。制发粤地税任〔2017〕124 号,决定免去詹剑锋的珠海市地方税务局副调研员职务,退休。

11 月 3 日

中共广东省地方税务局党组印发《中共广东省地方税务局党组关于印发〈广东省地方税务局党组理论学习中心组学习制度〉的通知》(粤地税党组发〔2017〕92 号)。

11 月 6 日

广东省地方税务局制发粤地税任〔2017〕125 号,决定免去马君玲的中山市地方税务局副调研员职务,退休。

11 月 7 日

全国纳税人满意度调查结果出炉,广东省地方税务局取得综合排名全国第 21 位的成绩,较 2016 年大幅提升 11 名。

11 月 8 日

广东省地方税务局征管和科技发展处获得"广东省文明单位"荣誉称号。

11 月 9 日

广东省地方税务局办公室印发《广东省地方税务局办公室关于开展〈法治政府建设实施纲要(2015—2020)〉等重要改革举措落实情况专项督查的通知》(粤地税办发〔2017〕79 号),在全省地税系统部署开展《法治政府建设实施纲要(2015—2020)》等重要改革举措落实情况专项督查。

广东省地方税务局联合省国税局印发《广东省税务系统行政执法公示办法(试行)》《广东省税务系统行政执法全过程记录办法(试行)》《广东省税务系统重大执法决定法制审核办法(试行)》工作指引和事项清单(粤地税发〔2017〕98 号),为全省税务系统试点推行"三项制度"提供具体指导。

11 月 10 日

广东省地方税务局党建工作领导小组印发《广东省地方税务局党组织党建活动经费使用管理办法(试行)》(粤地税党建组办发〔2017〕5 号)。

11 月 13 日—16 日

广东省地方税务局举办全省地税系统领导干部学习贯彻党的十九大精神专题研讨班暨省局党组理论中心组学习(扩大)会议。

11 月 14 日—16 日

广东省地方税务局举办行政机关公务员学习贯彻党的十九大精神全员培训班,全省地税系统干部参加了视频培训和网络考试。

11 月 15 日

广东省地方税务局举办 2017 年全省地税系统税务人员执法资格统一考试,来自全省地税系统的 759 名学员参加了考试。

11 月中旬

广东省地方税务局上线运行省局"行政执法信息公示平台"和"执法全过程记录信息平台",初步实现"三项制度"试点信息化应用。

11 月 16 日

广东省地方税务局向省编办报送《广东省地方税务局关于报送"放管服"改革经验材料的函》(粤地税函〔2017〕1016 号)。

中共广东省地方税务局党组制发粤地税党组发〔2017〕93 号,决定钟雪欢同志任汕尾市地方税务局党组成员。

广东省地方税务局制发粤地税任〔2017〕127 号,决定钟雪欢任汕尾市地方税务局副局长。制发粤地税任〔2017〕128 号,决定周艺华提任广州市地方税务局副巡视员。制发粤地税任〔2017〕129 号,决定叶金带提任惠州市地方税务局副调研员;林新才提任惠州市地方税务局副调研员。

广东地税灵活就业人员社会保险费清缴、险种变更、托收单清缴、个人参保信息变更、停保功能在电子税务局、移动办税、自助办税终端全面上线。

11 月 17 日

中共广东省委组织部印发粤组干〔2017〕1265 号文件,免去宋爱勤同志的省地税局党组成员、巡视员职务,退休。

中共广东省委组织部印发粤组干〔2017〕1265 号文件,免去黄松宜同志的省地税局副巡视员职务,退休。

广东省地方税务局党组书记、局长吴紫骊及省局党组成员、副局长揭晔一行赴港参加香港税务学会成立 45 周年纪念活动。

广东省地方税务局制定的残疾人个人所得税减

免主动服务应用实施方案被列为广东省政务信息系统整合共享试点应用项目并选送国务院。

国家税务总局总审计师刘丽坚在《广东地税创新推进内部审计工作　获评全国先进集体称号》信息专报上作出批示表扬。

广东省地方税务局制发粤地税任〔2017〕131号,决定林茂峰任肇庆市地方税务局副局长。任职时间从2016年10月算起。

11月18日—19日

国家税务总局在扬州税务干部学院举办2017年全国税务系统纳税服务类业务大比武决赛,广东省地方税务局代表队参赛并取得团体第7名、集体三等奖的成绩。

11月19日

广东省地方税务局参加全国税务系统纳税服务类业务大比武决赛,总分保持排名全国第七,个人排名最高提升至第五。

11月20日

国家税务总局局长王军就税务系统获得全国内部审计先进集体和先进个人的情况作出批示表扬。

广东省地方税务局制发粤地税任〔2017〕132号,决定杨铁洪提任揭阳市地方税务局副调研员。制发粤地税任〔2017〕133号,决定免去吴鹏的揭阳市地方税务局稽查局局长职务,退休。

11月20日—26日

全国大企业税收管理处长培训班在西安召开,广东国税、地税做经验介绍发言。

11月20日—24日

广东省地方税务局举办全省信息技术人员知识更新培训班,邀请行业专家作了"互联网+政务""数据时代云及大数据安全建设""移动客户端生命周期安全防护"等主题培训。

11月21日

广东省地方税务局12366纳税服务热线服务质效四个季度综合平均分为98.25分,在全国12366纳税服务热线日常监测(地税系列)排名第三,取得了历史最好成绩,获得省局局长吴紫骊、副局长杨荣华的批示肯定。

广东省地方税务局举行全省地税系统第十八期赴港培训人员选拔考试笔试,来自全省地税系统的110名学员参加了考试,共选拔20名学员进入面试。

11月22日

广东省地方税务局在省政府召开的由省领导出席的省推行行政执法"三项制度"试点工作协调小组会议上,作题为《坚持实效导向　注重集成优化积极稳妥推进"三项制度"试点》经验介绍。

广东省地方税务局统一数据资源库最终生产环境完成搭建和数据初始化。

11月23日

广东省地方税务局在广州召开第八届省地税局特邀监察员聘任会议,选聘25名社会各界代表组成任期3年的新一届特邀监察员队伍,同时对省局特邀监察员提出的68条意见建议认真办理并及时反馈。

深圳地税数据集中第一阶段工作顺利完成,共集中了深圳地税金税三期分发库5000多张表数据至省局。

11月24日—28日

广东省地方税务局在河南省地税干部学校举办收入核算业务培训班,各市会统及重点税源监控人员参加。

11月27日至12月1日

广东省地方税务局在厦门大学举办全省地税系统财务管理人员高级研修班,培训内容包括最新财经法规及会计制度、预算管理、财经纪律教育等。

11月29日

广东省地方税务局印发《广东省地方税务局关于印发重要税收执法文书范本的通知》(粤地税函〔2017〕1066号),规范行政复议、信息公开、稽查以及征管四类重要执法文书。

广东省地方税务局印发《广东省地方税务局关于开展税收行政执法案卷评查工作的通知》(粤地税函〔2017〕1073号),在全省地税系统部署开展税收行政执法案卷评查工作。

广东地税房地产智能办税功能之存量房相关功能在全省15市上线推广应用。

11月30日

广东省地方税务局联合省财政厅、环保厅印发《关于印发广东省环境保护税法实施准备工作方案的通知》(粤财法〔2017〕3号),统筹全省环境保护税法实施准备工作,确保《中华人民共和国环境保护税法》顺利实施。

12月1日

广东省地方税务局制发粤地税任〔2017〕135号,决定免去黄炳文的珠海市地方税务局调研员职务,退休。制发粤地税任〔2017〕136号,决定朱彤彤任江门市地方税务局稽查局局长。任职时间从2016年10月算起。制发粤地税任〔2017〕137号,决定陈济华挂任广东省地方税务局征管和科技发展处副处长;林泽建挂任广东省地方税务局稽查局主任科员。以上两位同志挂职期一年。

12 月 3 日—22 日

广东省地方税务局党组巡察组就惠州市局党组对巡察发现问题整改落实情况组织开展了巡察“回头看”。

12 月 4 日

广东省地方税务局发布《广东省地方税务局关于实行实名办税的公告》(广东省地方税务局公告2017 年第 8 号),明确从 2018 年 1 月 1 日起在广东省行政区域范围内(不含深圳市)推行办税人员实名办税。

12 月 4 日—8 日

广东省地方税务局举办全省地税系统县(区)局长和分局长培训班,来自全省地税系统的 57 名学员参加培训。

12 月 5 日

广东省地方税务局向税务总局报送“三项制度”试点总结报告、典型案例、重点问题调研报告等总结评估素材,初步完成“三项制度”试点工作。

广东省地方税务局、新疆维吾尔自治区地方税务局联合召开“智力援疆”工作座谈会,总结过去五年教育培训对口帮扶工作,并对下一步工作进行磋商和研究。

12 月 5 日—15 日

2017 年全省地税系统羽毛球比赛分赛区在梅州、中山、江门、云浮顺利进行。省局党组成员、副局长揭晔出席云浮赛区开幕式。

12 月 6 日

广东省地方税务局发布《广东省地方税务局自然人税收管理办法》(广东省地方税务局公告 2017年第 9 号),明确自然人税收管理的基本要求,成为全国首创。

广东省地方税务局举办全省地税系统第十八期赴港培训人员选拔考试面试,来自全省地税系统的20 名学员参加面试,共选拔 9 名赴港培训人员。

12 月 8 日

国家税务总局印发《国家税务总局关于表扬税收执法大督察工作成绩突出的集体和个人的通报》,珠海市地方税务局、省局内审处暨浩良分别作为税收执法大督察工作成绩突出的集体和个人被国家税务总局通报表扬。

12 月 11 日

广东省地方税务局印发《广东省地方税务系统主要领导干部经济责任审计实施办法》(粤地税发〔2017〕108 号),进一步规范全系统领导干部经济责任审计流程。

12 月 11 日—13 日

广东省地方税务局举办首届微课程评选活动,共征集 143 门微课作品,集中评选 19 门作为优秀微课作品。

12 月 14 日

广东省地方税务局召开 2017 年全省地税系统党建工作座谈会。省局党组成员、副局长揭晔出席会议并讲话。

广东省地方税务局制发粤地税任〔2017〕138号,决定吴建秀提任广东省地方税务局稽查局调研员,免去其广东省地方税务局稽查局副调研员职务;曹令飞任广东省地方税务局直属税务分局(大企业税收管理局)副局长,免去其广东省地方税务局直属税务分局(大企业税收管理局)副调研员职务;高海燕提任广东省地方税务局稽查局副调研员,免去其广东省地方税务局稽查局主任科员职务;谢沁华提任广东省地方税务局人事处副调研员,免去其广东省地方税务局人事处主任科员职务。制发粤地税任〔2017〕139 号,决定张蔚干提任湛江市地方税务局副调研员。

12 月 14 日—15 日

广东省地方税务局召开 2017 年全省地税系统练兵比武工作总结座谈会,各市(区)局负责教育培训管理的有关人员参加会议。

12 月 18 日

广东省地方税务局印发《广东省地方税务局加强高收入、高净值自然人税收服务与风险管理的实施意见(试行)》(粤地税函〔2017〕年 1136 号)。

中共广东省地方税务局党组制发粤地税党组发〔2017〕104 号,决定免去刘建同志的中山市地方税务局党组成员职务。

国家税务总局副局长汪康对广东省地方税务局食堂改革工作信息做出批示:“广东地税局积极推进机关食堂管理‘加减乘除’法,成效显著,其经验做法值得各地研究借鉴”。

12 月 19 日—20 日

广东省地方税务局在江门组织召开全省地税系统推行“三项制度”试点工作总结会,省局党组成员、总经济师罗达佳在会上作讲话。会议还通报了全省地税系统“三项制度”试点工作情况,并部署下阶段工作。

12 月 20 日

广东省地方税务局召开 2016 年度省局机关党支部书记抓基层党建工作述职评议会,22 个党支部书记分别在会上述职,省局党组副书记、巡视员、机关党委书记杨楚潮到会现场指导并对各支部作出点评。会议还对22个支部书记抓基层党建工作进行投票测评。

全省地税统一数据资源库正式启用。该资源库包含了国地税金税三期数据、深圳地税金税三期数据、社保数据、电厅数据、自助终端数据、大集中历史数据、第三方交换数据，为省局以及各地市开展数据应用分析工作奠定了坚实的基础。

12月20日—21日

广东省地方税务局召开全省地税稽查业务推进会，研究讨论稽查信息宣传工作管理办法、税务稽查风险内部控制制度和稽查证据规范等内容，明确2018年工作思路并部署近期重点工作。

12月21日

广东省委副书记、省长马兴瑞在广东省地方税务局报送的《美国特朗普税改计划影响分析及应对建议》批示："请省发改委、经信委阅。"

12月22日

在广东省首届国家机关"谁执法谁普法"履职报告评议会上，广东省地方税务局以现场评议第二名的成绩获评"优秀"等次。

12月25日—29日

广东省地方税务局组织省局处级干部参加省委组织部举办的处级以上领导干部学习贯彻党的十九大精神集中轮训班（第一期），来自省局机关17名学员参加了本期培训。

12月26日

海珠数据中心试运行验收会在中国电信广州云计算中心召开，广东省地方税务局副局长苏振钿、机房搬迁领导小组、机房搬迁项目组成员参加。

12月27日

广东省地方税务局印发《广东省地方税务局税收风险管理办法》（粤地税发〔2017〕114号），明确各级各部门税收风险管理工作职责、内容及事项，规范税收风险管理业务流程。

广东省地方税务局房地产智能办税功能之增量房相关功能在四市试运行。

12月28日

广东省地方税务局制发粤地税任〔2017〕140号，决定免去赵永清的广东省地方税务局办公室副主任职务。

中共广东省委组织部印发粤组干〔2017〕1407号文件，经研究同意：王南健同志退休。

12月29日

中共广东省地方税务局党组制发粤地税党组发〔2017〕105号，决定田茂真同志任惠州市地方税务局纪检组长。任职时间从2016年11月算起。制发粤地税党组发〔2017〕106号，决定免去陈云璋同志挂任的东莞市地方税务局党组成员职务。

广东省地方税务局制发粤地税任〔2017〕142号，决定李政科任韶关市地方税务局局长。任职时间从2016年10月算起。制发粤地税任〔2017〕143号，决定柳晓晖任惠州市地方税务局局长。任职时间从2016年10月算起。制发粤地税任〔2017〕144号，决定陈远任汕尾市地方税务局总会计师。任职时间从2016年10月算起。制发粤地税任〔2017〕145号，决定免去陈云璋挂任的东莞市地方税务局副局长职务。制发粤地税任〔2017〕147号，决定免去陈美华的汕头市地方税务局副调研员职务，退休。

12月31日

广东地税实名制管理支撑体系顺利在全省上线，实现了实名制信息一次采集、国地税实名制信息深度共享互认。

12月

广东省地方税务局在2016年度省直部门（含固定资产投资）类决算报表评比中荣获优秀等次。

广东地税微信公众号被广东省互联网信息办公室评为2017年度"省级十大最具影响力政务微信"，广东地税获评"最具影响力政务新媒体"。

2017年

广东省地税稽查部门共立案检查纳税户1317户，督导自查户数10343户；查补收入总额95.46亿元，同比增长14.36%，入库总额90.54亿元，同比增长10.98%。查补税款100万元以上的大案要案164宗，查结数量是2016年的2.41倍；查补金额23.32亿元，查补总额是2016年的2.96倍。

全省地税系统组织税费收入10003亿元，首破万亿元大关，剔除"营改增"影响可比增长13.8%，按实际入库额计算增长1.1%，其中：组织税收收入6346亿元，可比增长15.9%，按实际入库额计算下降3.5%；省级收入704亿元，可比增长24.4%，是2012年以来最快增速，圆满实现省级收入预期目标；中央级收入和市县级分别收入2181亿元和3461亿元，可比增长17.6%和13.4%；组织社会保险费、教育费附加等规费收入3657亿元，增长10.3%。2017年，广东地税税收收入规模连续24年居全国地税首位，占全国地税系统税收收入的13.9%，税收入库增速比全国地税平均增速高7.1个百分点，增速居全国地税系统第3位。

第六篇

机构与人员

广东省地方税务局厅级以上干部名单(2017年)

统计截止时间:2017年12月31日

序号	任职部门	姓名	性别	出生日期	政治面貌	现任职务	任现职时间	职务级别	任现职级时间	备注
1	广东省地方税务局	吴紫骊	男	1962.06	中共党员	局长	2015.10	厅局级正职	2012.01	2015.06省局党组书记
2	广东省地方税务局	杨楚潮	男	1957.09	中共党员	巡视员	2009.12	厅局级正职	2009.12	2006.04省局党组副书记 2017.10退休
3	广东省地方税务局	欧卫东	男	1957.07	无党派人士	巡视员	2016.11	厅局级正职	2016.11	2017.03已免职 2018.03退休
4	广东省地方税务局	宋爱勤	女	1957.10	中共党员	巡视员	2015.12	厅局级正职	2015.12	省局党组成员 2017.11退休
5	广东省地方税务局	揭晔	男	1958.09	中共党员	副局长	2007.02	厅局级副职	2007.02	省局党组成员,广州市局局长、党组书记
6	广东省地方税务局	李华东	男	1965.12	中共党员	副局长	2008.02	厅局级副职	2008.02	省局党组成员
7	广东省地方税务局	杨荣华	男	1958.11	中共党员	副局长	2012.02	厅局级副职	2010.03	省局党组成员
8	驻广东省地方税务局	叶秀佑	男	1964.07	中共党员	纪检组组长	2014.09	厅局级副职	2014.09	省局党组成员
9	广东省地方税务局	肖映波	男	1968.01	中共党员	副局长	2016.01	厅局级副职	2016.01	省局党组成员
10	广东省地方税务局	苏振钿	男	1958.02	中共党员	总会计师	2010.03	厅局级副职	2010.03	省局党组成员
11	广东省地方税务局	罗达佳	男	1960.06	中共党员	总经济师	2012.09	厅局级副职	2012.09	省局党组成员

续表

序号	任职部门	姓名	性别	出生日期	政治面貌	现任职务	任现职时间	职务级别	任现职级时间	备注
12	广东省地方税务局直属税务分局(大企业税收管理局)	方佳雄	男	1967.08	中共党员	局长	2009.10	厅局级副职	2008.05	
13	广东省地方税务局稽查局	余振荣	男	1962.04	中共党员	局长	2009.10	厅局级副职	2009.09	
14	驻广东省地方税务局	朱汉锋	男	1958.06	中共党员	监察专员	2010.12	厅局级副职	2010.12	副厅级纪检员
15	广东省地方税务局	林如山	男	1960.05	中共党员	副巡视员	2013.06	厅局级副职	2013.06	2017.03 退休
16	广东省地方税务局	黄松宜	男	1957.10	中共党员	副巡视员	2016.11	厅局级副职	2016.11	2017.11 退休
17	广东省地方税务局	魏少波	男	1960.10	中共党员	副巡视员	2016.11	厅局级副职	2016.11	2017.04 退休

广东省地方税务局机关及直属单位处级干部名单(2017 年)

统计截止时间:2017 年 12 月 31 日

<table>
<tr><th rowspan="3">机构类别</th><th rowspan="3" colspan="2">机构名称</th><th colspan="4">配备情况</th></tr>
<tr><th colspan="2">领导职务</th><th colspan="2">非领导职务</th></tr>
<tr><th>正　职</th><th>副　职</th><th>调研员
(编 12 名)</th><th>副调研员
(编 20 名)</th></tr>
<tr><td>局长室</td><td colspan="2">总审计师</td><td>赵　平</td><td></td><td></td><td></td></tr>
<tr><td rowspan="18">机关内设处室</td><td colspan="2">办公室</td><td>冯绍伍</td><td>杨　珉　朱晓菁
申　深</td><td>梁明裕</td><td>王立行</td></tr>
<tr><td colspan="2">政策法规处</td><td>曾玉勤</td><td>张媛春　陈　勃</td><td></td><td>李祖光　张　敏</td></tr>
<tr><td colspan="2">税政一处</td><td>宁　波</td><td>杨　皓</td><td></td><td>卢红秋</td></tr>
<tr><td colspan="2">税政二处</td><td>刘　柯</td><td>吴旭红　何　凡</td><td></td><td></td></tr>
<tr><td colspan="2">国际税务处</td><td>詹立仁</td><td>罗翠英　陈云璋</td><td></td><td></td></tr>
<tr><td colspan="2">规费管理处</td><td>黄　荣</td><td>卢新生　唐　山</td><td></td><td></td></tr>
<tr><td colspan="2">收入规划核算处</td><td>李殿相</td><td>杜　鹃　李秋然</td><td></td><td></td></tr>
<tr><td colspan="2">纳税服务处</td><td>刘通天</td><td>麦　立　肖　戎
郑　珩</td><td></td><td>姚　波</td></tr>
<tr><td colspan="2">征管和科技发展处
(与数据处合署办公)</td><td colspan="4"></td></tr>
<tr><td rowspan="2">其中</td><td>征管和科技发展处</td><td>陈　挺</td><td>杨建军　谢森承
李友乔</td><td></td><td>肖二蓝</td></tr>
<tr><td>数据应用管理处</td><td></td><td></td><td></td><td></td></tr>
<tr><td colspan="2">财务与装备管理处
(与内审处合署办公)</td><td colspan="4"></td></tr>
<tr><td rowspan="2">其中</td><td>财务与装备管理处</td><td>黄媛春</td><td>江　平　黄武如</td><td></td><td></td></tr>
<tr><td>内审处</td><td>陈小东</td><td>赵善文　谢建新</td><td></td><td></td></tr>
<tr><td colspan="2">人事处</td><td>钟文锋</td><td>唐雪峰　温丽萍
杨鸿城</td><td></td><td>冉启红　付海涛
周义莲　谢沁华</td></tr>
<tr><td colspan="2">教育培训处</td><td>王中高</td><td>华　关　钟　斌</td><td>张俭美</td><td></td></tr>
<tr><td colspan="2">基层工作处
(与机关党办合署办公)</td><td>王绍乐</td><td>魏冬青　江国煌
杨若婷</td><td>林润生</td><td>林文娟</td></tr>
</table>

续表

机构类别	机构名称	配备情况			
		领导职务		非领导职务	
		正　职	副　职	调研员（编12名）	副调研员（编20名）
直属行政单位	稽查局	余振荣（副厅级）	范思鑫　庞信城 柯晓江	王　毅　庄义河 吴建秀	陈　蕾　高海燕
	直属税务分局（大企业税收管理局）	方佳雄（副厅级）	黄桂祥（正处级） 林华儿　陈晓敏 曹令飞	何革明　王力元 宋天福　李新忠	黄锡深　苏　彤 吕燕英　陈滨霞
事业单位	机关服务中心	黄永桂	曾建辉　戴宏辉 雷效校		
	信息中心	周　昊	郑毅强　黄世能 林蕾仁		
	税收研究所	向　景	梁若莲　钟云姗		
	票证中心		张少宏		
	干部进修学校	王永民	黄　杰　周　斌		

广东省地方税务局省局管理的市（区）局副处（广州副局）级以上领导干部名单（2017 年）

统计截止时间：2017 年 12 月 31 日

职务 单位	党组书记、局长	副局长（党组成员）	纪检组组长（党组成员）	总经济师（党组成员）	总会计师（党组成员）	副巡视员（党组成员）调研员（党组成员）	稽查局局长	其他同级领导职务
广州	揭　晔	陆耀炳（党组副书记） 李健强　侯邦安	张凤平	杨　凡	马世超	张忠锋 （副巡视员、党组成员）	钟晓山	陈汉钗 谢　政
珠海	严贵杨	杨　敏　邝景伦　陆　强	李维泽	文　英		徐均红 （调研员、党组成员）	朱铁清	
横琴	李喜妍	林锦雄　张友华　刘　军						
汕头	张振宇	杨啟丰　林建龙　张浩林	林揆扬	陈维明		陈德元 （调研员、党组副书记）	洪伟波	
佛山	朱　毅	戚晋北　黄健劲　王明耀	周卫平	李怀嘉	余远辉		梁铭强	李振辉 郭艳盛
韶关	李政科	欧阳坚　陈红光　彭峰彪	杨文涛	黄　文		苏韶娟 （调研员、党组成员）	黄小林	
河源	徐　伟	邬坤辉		罗伟民	刘怀滇		余小凡	
梅州	练富强	廖永新　甘广木　利志清	饶羽平	张世盛	陈维聪		张爱东	
惠州	柳晓晖	陈少龙　张光华　罗群忠	田茂真	刘　剑	林　瑜			谢德良
汕尾	曾　军	赖永腾　林永胜　钟雪欢	颜蔚华	黄礼文	陈　远		卢锡豪	

续表

职务 单位	党组书记、局长	副局长（党组成员）	纪检组组长（党组成员）	总经济师（党组成员）	总会计师（党组成员）	副巡视员（党组成员）调研员（党组成员）	稽查局局长	其他同级领导职务
深汕	孙彦浩	陈海亮　宋相当				姚诗谋 （调研员、分党组副书记）		
东莞	钟毅民	黄　真　黄见洪　李玉梅	黄月华	蔡超文	吴文杰		翁伟东	
中山	罗镜文	蒙全忠　张政鸿　茹岱芸	吴冠伟	温牧汉			蓝铭坚	
江门	陈雁成	黄俊杰（党组副书记） 徐安办　欧锦驱	邓大铁	柯见贤	黄　钟		朱彤彤	
阳江	蒋安平	杨　路　王振义　许世荣	陈　方	项贵良		郑向阳 （调研员、党组成员）	廖德清	
湛江	李漫天	阎　志　王上治　苏赤进	邱　秀	梁宇卫		周景明（调研员）	杨光照	陈卫东
茂名	吴锡昌	叶秀红　卢俭生　黄燎原	李　锋	冯国雄	林　桓		梁洪解	
肇庆	林兆华	陈明兴　莫秋涛　林茂峰	伍自强	邹智勇		何　蜀 （调研员、党组副书记）	陈振华	
清远	徐　杰	肖事叶　雷文广　王立新	胡东胜		熊诵伟		陈金彪	曾桂芬
潮州	赖竹华	陈　泽　罗逸绪　蔡　浩	吴玲玫	吴宏庆			陈金树	
揭阳	郑杰鹏	游绿东（党组副书记） 黄瑞章　郑明钦	林克波	黄建明	吴澜星			
云浮	李文平	李　铸（党组副书记） 区卓斌	刘永才	成志杰	全泰丞		张向明	

广东省地税系统机构级别情况统计表(2017 年)

统计截止时间:2017 年 12 月 31 日　　单位:个

项目	编号	总计	局机关			直属行政单位			税务分局(所)	事业单位		
			小计	省局	省以下局	小计	省局	省以下局		小计	省局	省以下局
甲		1	2	3	4	5	6	7	8	9	10	11
总计	1	1136	139	1	138	179	2	177	687	131	5	126
正厅级	2	1	1	1								
副厅级	3	1	1		1							
正处级	4	50	33		33	10	2	8		7	5	2
副处级	5	50	4		4	30		30	12	4		4
正科级	6	299	100		100	40		40	113	46		46
副科级	7	661				99		99	562			
股级	8	74								74		74

注:1. 本表不含深圳市及佛山市顺德区。

2. 本表数据关系:编号 1 = 编号 2 + … + 编号 8;甲 1 = 甲 2 + 甲 5 + 甲 8 + 甲 9;甲 2 = 甲 3 + 甲 4;甲 5 = 甲 6 + 甲 7;甲 9 = 甲 10 + 甲 11。

广东省地税系统机构设置情况统计表(2017年)

统计截止时间:2017年12月31日　　　　单位:个

项目		编号	合计	省局	副省级市局	地(市)局	副省级市区(市)局	地(市)区局	县(市)局
甲			1	2	3	4	5	6	7
总计		1	1136	8	11	179	102	312	524
局机关		2	139	1	1	21	12	47	57
直属行政单位	小计	3	179	2	8	43	24	45	57
	稽查局	4	133	1	6	19	6	44	57
	税务分局	5	15	1		14			
	其他直属行政单位	6	31		2	10	18	1	
税务分局(所)		7	687			77	56	201	353
事业单位		8	131	5	2	38	10	19	57
其中:规费服务中心		9	101		1	19	6	18	57

注:1. 不含深圳市及佛山市顺德区。

2. 本表数据关系:编号1=编号2+编号3+编号7+编号8;编号3=编号4+编号5+编号6;甲1=甲2+…+甲7。

广东省地税系统从业人员基本情况统计表(2017 年)(含深圳、顺德)

统计截止时间:2017 年 12 月 31 日

项目		编号	总计	女	少数民族	学历:研究生	学历:大学本科	学历:大学专科	学历:中专	学历:高中技校职高	学历:初中及以下	学位:博士	学位:硕士	政治情况:共产党员	政治情况:共青团员	政治情况:民主党派	政治情况:无党派或群众	年龄:30岁以下	年龄:31岁至35岁	年龄:36岁至40岁	年龄:41岁至45岁	年龄:46岁至50岁	年龄:51岁至54岁	年龄:女	年龄:55岁至59岁	年龄:女	年龄:60岁以上	人员分布:局机关	人员分布:直属机构	人员分布:派出机构	人员分布:事业单位
甲			1	2	3	4	5	6	7	8	9	10	11	12	13	14	15	16	17	18	19	20	21	22	23	24	25	26	27	28	29
总计		1	35846	15814	356	2064	20304	9400	1227	1676	1175	50	1981	20302	3614	67	11863	7974	4836	4220	6594	5760	4051	1134	2409	33	2	7637	6773	13917	7519
正式职工合计		2	25464	9851	222	2043	16779	5613	623	360	46	50	1975	18923	1336	66	5139	3917	2534	2748	5365	4886	3769	1122	2243	22	2	6675	6379	10930	1480
干部	小计	3	23823	9526	209	2038	16279	4804	490	195	17	50	1974	17976	1332	65	4450	3897	2459	2570	4874	4453	3529	1122	2039	22	2	6529	6344	10410	540
干部	公务员	4	23283	9311	201	1987	16018	4593	481	187	17	46	1918	17633	1322	62	4266	3866	2385	2473	4766	4340	3442	1081	2009	22	2	6529	6344	10410	
干部	事业干部	5	540	215	8	51	261	211	9	8		4	56	343	10	3	184	31	74	97	108	113	87	41	30						540
正式工人		6	1641	325	13	5	500	809	133	165	29		1	947	4	1	689	20	75	178	491	433	240		204			146	35	520	940
临时工	小计	7	10382	5963	134	21	3525	3787	604	1316	1129		6	1379	2278	1	6724	4057	2302	1472	1229	874	282	12	166	11		962	394	2987	6039
临时工	临时助征员	8	90	42			25	52	7	6				8			82			11	45	32	2								90
临时工	临时工	9	10292	5921	134	21	3500	3735	597	1310	1129		6	1371	2278	1	6642	4057	2302	1461	1184	842	280	12	166	11		962	394	2987	5949

补充资料:离退休人员 7616 人,其中:离休人员 100 人,退休人员 7506 人(其中:提前离岗人员 61 人),退职人员 10 人。编号 7 中直接签订用工合同的 2364 人,签订劳务派遣合同的 7936 人,未签订用工合同的 82 人。按照人员来源分,由税务机关招聘的 4795 人,由地方政府招聘后派遣给税务机关的 1999 人,以临时工形式接收安置的复员退伍战士 83 人。

注:本表数据关系:编号 1 = 编号 2 + 编号 7;编号 2 = 编号 3 + 编号 6;编号 3 = 编号 4 + 编号 5;编号 7 = 编号 8 + 编号 9;甲 1 ≥ 甲 2;甲 1 ≥ 甲 3;甲 1 = 甲 4 + … + 甲 9;甲 1 ≥ 甲 10 + 甲 11;甲 1 = 甲 12 + … + 甲 15;甲 1 = 甲 16 + … + 甲 21 + 甲 23 + 甲 25;甲 1 = 甲 26 + … + 甲 29;甲 21 ≥ 甲 22;甲 23 ≥ 甲 24。

广东省地税系统从业人员基本情况统计表(2017 年)(不含深圳、顺德)

统计截止时间:2017 年 12 月 31 日

项目		编号	总计	女	少数民族	学历						学位		政治情况				年龄										人员分布			
						研究生	大学本科	大学专科	中专	高中 技校 职高	初中及以下	博士	硕士	共产党员	共青团员	民主党派	无党派或群众	30岁以下	31岁至35岁	36岁至40岁	41岁至45岁	46岁至50岁	51岁至54岁	女	55岁至59岁	女	60岁以上	局机关	直属机构	派出机构	事业单位
甲			1	2	3	4	5	6	7	8	9	10	11	12	13	14	15	16	17	18	19	20	21	22	23	24	25	26	27	28	29
总计		1	31473	13775	307	1582	18011	8245	1099	1487	1049	35	1503	18277	3067	52	10077	6872	4197	3692	5829	5090	3579	962	2205	23	9	7368	5162	12976	5967
正式职工合计		2	22907	8849	180	1567	15179	5229	550	337	45	35	1500	17112	1252	51	4492	3610	2277	2499	4798	4331	3334	950	2056	12	2	6466	4787	10469	1185
干部	小计	3	21447	8573	168	1564	14754	4482	448	183	16	35	1500	16235	1249	50	3913	3594	2206	2335	4360	3947	3123	950	1880	12	2	6320	4753	9965	409
	公务员	4	21038	8413	164	1543	14575	4289	440	175	16	31	1473	15978	1244	48	3768	3578	2152	2258	4268	3855	3069	930	1856	12	2	6320	4753	9965	
	事业干部	5	409	160	4	21	179	193	8	8		4	27	257	5	2	145	16	54	77	92	92	54	20	24						409
正式工人		6	1460	276	12	3	425	747	102	154	29			877	3	1	579	16	71	164	438	384	211		176			146	34	504	776
临时工	小计	7	8566	4926	127	15	2832	3016	549	1150	1004		3	1165	1815	1	5585	3262	1920	1193	1031	759	245	12	149	11	7	902	375	2507	4782
	临时助征员	8	571	402			240	285	27	18	1			79	224		268	312	151	72	22	12	2					20	141	258	152
	临时工	9	7995	4524	127	15	2592	2731	522	1132	1003		3	1086	1591	1	5317	2950	1769	1121	1009	747	243	12	149	11	7	882	234	2249	4630

补充资料:离退休人员 6926 人,其中:离休人员 94 人,退休人员 6822 人(其中:提前离岗人员 61 人),退职人员 10 人。编号 7 中直接签订用工合同的 2274 人,签订劳务派遣合同的 6210 人,未签订用工合同的 82 人。按照人员来源分,由税务机关招聘的 3538 人,由地方政府招聘后派遣给税务机关的 1978 人,以临时工形式接收安置的复员退伍战士 83 人。

注:本表数据关系:编号 1 = 编号 2 + 编号 7;编号 2 = 编号 3 + 编号 6;编号 3 = 编号 4 + 编号 5;编号 7 = 编号 8 + 编号 9;甲 1 ≥ 甲 2;甲 1 ≥ 甲 3;甲 1 = 甲 4 + … + 甲 9;甲 1 ≥ 甲 10 + 甲 11;甲 1 = 甲 12 + … + 甲 15;甲 1 = 甲 16 + … + 甲 21 + 甲 23 + 甲 25;甲 1 = 甲 26 + … + 甲 29;甲 21 ≥ 甲 22;甲 23 ≥ 甲 24。

广东省地税系统从业人员基本情况统计表(2017 年)(含临时工)

统计截止时间:2017 年 12 月 31 日

单位	总计	女	少数民族	学历：研究生	学历：大学本科	学历：大学专科	学历：中专	学历：高中技校职高	学历：初中及以下	学位：博士	学位：硕士	政治情况：共产党员	政治情况：共青团员	政治情况：民主党派	政治情况：无党派或群众	年龄：30岁以下	年龄：31岁至35岁	年龄：36岁至40岁	年龄：41岁至45岁	年龄：46岁至50岁	年龄：51岁至54岁	年龄：51岁至54岁·女	年龄：55岁至59岁	年龄：55岁至59岁·女	年龄：60岁以上	人员分布：局机关	人员分布：直属机构	人员分布：派出机构	人员分布：事业单位
	1	2	3	4	5	6	7	8	9	10	11	12	13	14	15	16	17	18	19	20	21	22	23	24	25	26	27	28	29
统计汇总	35846	15814	356	2064	20304	9400	1227	1676	1175	50	1981	20302	3614	67	11863	7974	4836	4220	6594	5760	4051	1134	2409	33	2	7637	6773	13917	7519
广东省地方税务局机关	594	259	9	103	291	65	22	49	64	14	110	298	56	2	238	125	100	92	110	82	57	18	26	4	2	160	180		254
广州市地方税务局	5887	3306	24	707	3923	975	69	173	40	11	644	2647	880	19	2341	1926	1087	612	705	925	441	177	191	5		566	2095	841	2385
佛山市地方税务局	2167	1166	10	87	1293	484	51	60	192	2	99	937	311	3	916	499	398	346	365	292	181	44	86			356	162	1000	649
珠海市地方税务局	1271	622	8	85	804	213	76	67	26	3	95	696	154	2	419	262	127	169	279	235	134	42	65			296	493	395	87
汕头市地方税务局	1296	420	3	46	726	367	82	64	11		42	972	22	3	299	176	106	181	278	217	173	41	165	1		412	148	689	47
韶关市地方税务局	1210	485	19	22	668	419	39	35	27		40	775	78	2	355	212	126	126	233	209	201	62	103			399	164	610	37
河源市地方税务局	1201	458	9	12	455	448	105	127	54		14	661	100	1	439	231	120	105	234	230	177	57	104			372	85	447	297
梅州市地方税务局	1586	571	2	13	779	560	84	111	39		11	1034	101	1	450	332	151	131	245	278	297	59	152			541	117	864	64
惠州市地方税务局	1698	692	7	87	735	708	52	98	18		65	1027	159	1	511	342	271	203	300	268	214	66	100			470	122	1029	77
汕尾市地方税务局	803	233		14	340	319	54	43	33		7	530	50	2	221	126	73	71	157	134	120	19	120		2	340	112	306	45
东莞市地方税务局	1474	718	2	68	973	173	11	46	203	1	77	782	168	1	523	305	270	265	294	201	105	5	34			120	42	1298	14
中山市地方税务局	758	371	77	55	592	36	10	45	20	1	95	508	37	2	211	111	125	152	201	90	59	15	20			92	39	539	88

续表

单位	总计	女	少数民族	学历：研究生	学历：大学本科	学历：大学专科	学历：中专	学历：高中 技校 职高	学历：初中及以下	学位：博士	学位：硕士	政治情况：共产党员	政治情况：共青团员	政治情况：民主党派	政治情况：无党派或群众	年龄：30岁以下	年龄：31岁至35岁	年龄：36岁至40岁	年龄：41岁至45岁	年龄：46岁至50岁	年龄：51岁至54岁	年龄：女	年龄：55岁至59岁	年龄：女	年龄：60岁以上	人员分布：局机关	人员分布：直属机构	人员分布：派出机构	人员分布：事业单位
	1	2	3	4	5	6	7	8	9	10	11	12	13	14	15	16	17	18	19	20	21	22	23	24	25	26	27	28	29
江门市地方税务局	1831	862	6	37	941	570	77	117	89		26	1001	174	3	653	408	219	224	371	296	185	47	128	5		538	138	798	357
阳江市地方税务局	1124	405	7	32	633	318	30	93	18		16	741	74	1	308	163	121	120	270	244	136	39	70	1		270	267	494	93
湛江市地方税务局	1791	644	6	67	933	578	97	91	25	1	28	1179	91	6	515	252	123	152	451	376	242	71	195			572	155	560	504
茂名市地方税务局	1503	549	3	30	888	491	44	47	3		17	1055	143		305	308	181	126	269	264	204	46	151			308	193	707	295
肇庆市地方税务局	1269	540	10	31	642	427	38	66	65		20	680	122		467	296	155	124	259	195	149	38	91	1		403	154	402	310
清远市地方税务局	1217	535	99	29	772	323	52	16	25		35	792	101		324	249	170	186	201	192	128	39	91			343	99	623	152
潮州市地方税务局	770	234	1	12	459	240	34	17	8		12	608	55		107	115	64	50	182	100	139	31	120			175	182	317	96
揭阳市地方税务局	1131	363	1	16	676	293	42	70	34		16	872	83	3	173	219	131	121	226	151	140	29	138	5	5	266	129	697	39
云浮市地方税务局	794	293	3	12	427	231	29	48	47	1	12	439	75		280	166	67	124	184	106	96	17	51	1		271	86	360	77
横琴新区地方税务局	90	47	1	16	55	6	1	4	8	1	21	38	30		22	46	12	11	13	5	1		2			90			
深汕特别合作区地方税务局	8	2		1	6	1					1	5	3			3		1	2				2			8			
顺德区地方税务局	930	463	3	21	523	191	21	72	102	1	30	329	101		500	180	195	198	169	98	72	18	18			135	64	731	
深圳市地方税务局	3443	1576	46	461	1770	964	107	117	24	14	448	1696	446	15	1286	922	444	330	596	572	400	154	179	10		134	1547	212	1550

广东省地税系统从业人员基本情况统计表(2017年)(不含临时工)

统计截止时间:2017年12月31日

单位	总计	女	少数民族	学历						学位		政治情况				年龄										人员分布			
				研究生	大学本科	大学专科	中专	高中 技校 职高	初中及以下	博士	硕士	共产党员	共青团员	民主党派	无党派或群众	30岁以下	31岁至35岁	36岁至40岁	41岁至45岁	46岁至50岁	51岁至54岁	女	55岁至59岁	女	60岁以上	局机关	直属机构	派出机构	事业单位
	1	2	3	4	5	6	7	8	9	10	11	12	13	14	15	16	17	18	19	20	21	22	23	24	25	26	27	28	29
统计汇总	25464	9851	222	2043	16779	5613	623	360	46	50	1975	18923	1336	66	5139	3917	2534	2748	5365	4886	3769	1122	2243	22	2	6675	6379	10930	1480
广东省地方税务局机关	342	126	5	103	214	20	1	4		14	110	274	4	2	62	22	55	57	79	53	50	18	24	4	2	156	108		78
广州市地方税务局	3608	1881	2	695	2647	211	19	33	3	11	644	2321	258	18	1011	766	448	370	583	847	422	177	172	5		566	2095	841	106
佛山市地方税务局	1091	445	10	84	790	198	8	9	2	2	96	822	41	3	225	123	122	183	236	204	156	44	67			297	134	597	63
珠海市地方税务局	913	373	8	85	675	132	15	5	1	3	95	643	36	2	232	115	67	108	230	199	129	42	65			246	310	270	87
汕头市地方税务局	1153	369	3	46	700	278	78	46	5		42	916	21	3	213	152	89	145	240	194	170	41	163	1		379	148	593	33
韶关市地方税务局	1042	390	16	22	638	346	22	14			40	764	61	2	215	165	90	94	207	194	196	62	96			359	164	495	24
河源市地方税务局	902	321	9	12	430	362	82	15	1		14	640	53	1	208	144	66	54	190	186	166	57	96			316	85	429	72
梅州市地方税务局	1221	367	1	13	733	440	22	13			11	998	79	1	143	220	72	77	192	237	274	57	149			399	112	689	21
惠州市地方税务局	1193	453	7	87	656	384	27	37	2		65	935	62	1	195	163	143	121	236	233	200	66	97			394	118	625	56
汕尾市地方税务局	695	169		14	331	277	46	23	4		7	522	37	2	134	90	50	59	142	123	114	15	117			279	103	274	39
东莞市地方税务局	919	414	2	68	779	68		4		1	77	723	48	1	147	137	205	187	200	118	58	4	14			108	42	755	14
中山市地方税务局	684	333	3	55	590	31		7	1	1	95	505	29	2	148	96	120	132	178	81	58	15	19			92	39	539	14

续表

单位	总计	女	少数民族	学历						学位		政治情况				年龄										人员分布			
				研究生	大学本科	大学专科	中专	高中 技校 职高	初中及以下	博士	硕士	共产党员	共青团员	民主党派	无党派或群众	30岁以下	31岁至35岁	36岁至40岁	41岁至45岁	46岁至50岁	51岁至54岁	女	55岁至59岁	女	60岁以上	局机关	直属机构	派出机构	事业单位
	1	2	3	4	5	6	7	8	9	10	11	12	13	14	15	16	17	18	19	20	21	22	23	24	25	26	27	28	29
江门市地方税务局	1243	506	6	37	830	336	20	18	2		26	925	82	3	233	210	94	140	297	229	171	46	102			441	125	637	40
阳江市地方税务局	845	291	7	32	586	201	13	12	1		16	681	34	1	129	101	60	66	228	206	121	39	63			215	221	378	31
湛江市地方税务局	1481	493	6	67	891	458	52	10	3	1	28	1148	44	6	283	161	78	111	382	325	234	71	190			572	155	560	194
茂名市地方税务局	1210	389	2	30	829	326	18	6	1		17	981	75		154	195	107	90	230	240	199	46	149			260	185	684	81
肇庆市地方税务局	912	344	10	31	581	275	15	9	1		20	657	44		211	147	75	84	219	163	137	38	87	1		362	154	350	46
清远市地方税务局	1002	386	77	29	714	223	32	3	1		35	766	54		182	147	106	169	189	181	122	37	88			328	99	505	70
潮州市地方税务局	734	225	1	12	456	221	28	10	7		12	598	55		81	115	59	44	169	94	134	31	119			175	182	310	67
揭阳市地方税务局	1020	324	1	16	659	257	38	40	10		16	821	82	3	114	210	117	89	199	139	135	28	131			244	125	621	30
云浮市地方税务局	638	226	3	12	411	183	14	18		1	12	429	46		163	106	48	109	163	81	87	16	44	1		219	83	317	19
横琴新区地方税务局	51	22	1	16	33	1		1		1	21	38	4		9	22	6	9	7	4	1		2			51			
深汕特别合作区地方税务局	8	2		1	6	1					1	5	3			3		1	2				2			8			
顺德区地方税务局	371	189	3	20	328	22			1	1	29	270	21		80	80	41	52	92	50	47	18	9			75	45	251	
深圳市地方税务局	2186	813	39	456	1272	362	73	23		14	446	1541	63	15	567	227	216	197	475	505	388	154	178	10		134	1547	212	293

广东省地税系统税务公务员岗位分布情况统计表(2017年)(含深圳、顺德)

统计截止时间:2017年12月31日

项目	编号	行政管理人员									税收业务人员														
		小计	局领导	综合办公岗位	人事岗位	教育培训岗位	纪检监察岗位	巡视岗位	党群岗位	其他岗位	小计	法制岗位	征管岗位	货物和劳务税岗位	所得税岗位	财产和行为税岗位	涉外税岗位	进出口税收岗位	收入核算岗位	财务审计岗位	稽查岗位	税源管理岗位	征收服务岗位	基金费征收岗位	其他岗位
甲		1	2	3	4	5	6	7	8	9	10	11	12	13	14	15	16	17	18	19	20	21	22	23	24
总　计	1	4910	919	1804	542	173	548		296	628	18373	492	2037	141	315	139	86	1	494	382	3183	6297	3811	387	608
总局	2																								
省(自治区、直辖市)	3	70	10	22	14	8	7		9		194	9	14		7	8	7		9	14	42	66	9	9	
计划单列市	4	394	6	161	38	15	22		17	135	1499	9	16	6	12	9	7		9	8	279	225	833		86
副省级城市	5	638	10	430	88	22	64		24		1717	42	88	58	56		13		62	5	270	838	227	58	
地(市、州、盟)	6	1004	215	283	88	43	114		113	148	3352	152	217	15	43	35	23	1	102	65	754	1026	567	57	295
直辖市区	7																								
计划单列市区	8																								
副省级城市区	9	182	49	79	20	6	22		6		965		31	16	16				43	66	697	70	26		
地(市、州、盟)区	10	1058	245	337	104	33	123		44	172	4323	98	905	22	56	31	24		83	76	445	1509	893	103	78
县(市、旗)	11	1564	384	492	190	46	196		83	173	6323	182	766	24	125	56	12		186	148	696	2563	1256	160	149

注:1. 本表统计范围是公务员。

2. 本表数据关系:编号1=编号2+…+编号11;甲1=甲2+…+甲9;甲10=甲11+…+甲24。

广东省地税系统税务公务员岗位分布情况统计表(2017年)(不含深圳、顺德)

统计截止时间:2017年12月31日

项目	编号	行政管理人员									税收业务人员														
		小计	局领导	综合办公岗位	人事岗位	教育培训岗位	纪检监察岗位	巡视岗位	党群岗位	其他岗位	小计	法制岗位	征管岗位	货物和劳务税岗位	所得税岗位	财产和行为税岗位	涉外税岗位	进出口税收岗位	收入核算岗位	财务审计岗位	稽查岗位	税源管理岗位	征收服务岗位	基金费征收岗位	其他岗位
甲		1	2	3	4	5	6	7	8	9	10	11	12	13	14	15	16	17	18	19	20	21	22	23	24
总计	1	4488	908	1632	497	157	526		275	493	16550	470	1858	124	292	120	68	1	468	360	2882	6061	2952	372	522
总局	2																								
省(自治区、直辖市)	3	70	10	22	14	8	7		9		194	9	14		7	8	7		9	14	42	66	9	9	
计划单列市	4																								
副省级城市	5	638	10	430	88	22	64		24		1717	42	88	58	56		13		62	5	270	838	227	58	
地(市、州、盟)	6	1004	215	283	88	43	114		113	148	3352	152	217	15	43	35	23	1	102	65	754	1026	567	57	295
直辖市区	7																								
计划单列市区	8																								
副省级城市区	9	182	49	79	20	6	22		6		965		31	16	16				43	66	697	70	26		
地(市、州、盟)区	10	1030	240	326	97	32	123		40	172	3999	85	742	11	45	21	13		66	62	423	1498	867	88	78
县(市、旗)	11	1564	384	492	190	46	196		83	173	6323	182	766	24	125	56	12		186	148	696	2563	1256	160	149

注:1. 本表统计范围是公务员。

2. 本表数据关系:编号1=编号2+…+编号11;甲1=甲2+…+甲9;甲10=甲11+…+甲24。

广东省地税系统税务人员分单位情况统计表(2017年)(含深圳、顺德)

统计截止时间:2017年12月31日

项目		编号	合计	省(自治区、直辖市)局	计划单列市局	副省级城市局	地(市、州、盟)局	副省级城市区局	地(市、州、盟)区局	县(市、旗)局
甲			1	2	3	4	5	6	7	8
总计		1	25464	342	2186	2432	4738	1176	5870	8720
局机关		2	6675	156	134	211	1605	355	1849	2365
直属机构	合计	3	6379	108	1547	1931	1312	164	582	735
	稽查局	4	2818	42	279	460	783	53	483	718
	直属税务分局	5	2126	66		1394	502	67	80	17
	车辆购置税征收管理分局	6								
	其他直属机构	7	1435		1268	77	27	44	19	
派出机构	合计	8	10930		212	213	1499	628	3233	5145
	税务分局	9	10443				1499	628	3233	5083
	其中:设在开发区	10	362				54	160	128	20
	税务所	11	487		212	213				62
事业单位	合计	12	1480	78	293	77	322	29	206	475
	信息中心	13	70	27	37		6			
	机关服务中心	14	665	34	235	57	248	14	77	
	注册税务师管理中心	15								
	税务干部学校(培训中心)	16	3	3						
	税收科学研究所	17	9	9						
	票证中心	18	5	5						
	报社、杂志社	19								
	采购中心	20								
	其他事业单位	21	728		21	20	68	15	129	475

注:1. 本表统计范围为正式职工。

2. “机关党委办公室”“离退休干部处(科)”和“工会”的人员统计在局机关。

广东省地税系统税务人员分单位情况统计表（2017年）（不含深圳、顺德）

统计截止时间:2017年12月31日

项目		编号	合计	省(自治区、直辖市)局	副省级城市局	地(市、州、盟)局	副省级城市区局	地(市、州、盟)区局	县(市、旗)局
甲			1	2	3	4	5	6	7
总计		1	22907	342	2432	4738	1176	5499	8720
局机关		2	6466	156	211	1605	355	1774	2365
直属机构	合计	3	4787	108	1931	1312	164	537	735
	稽查局	4	2515	42	460	783	53	459	718
	直属税务分局	5	2112	66	1394	502	67	66	17
	车辆购置税征收管理分局	6							
	其他直属机构	7	160		77	27	44	12	
派出机构	合计	8	10469		213	1499	628	2984	5145
	税务分局	9	10194			1499	628	2984	5083
	其中:设在开发区	10	362			54	160	128	20
	税务所	11	275		213				62
事业单位	合计	12	1185	78	77	322	29	204	475
	信息中心	13	33	27		6			
	机关服务中心	14	430	34	57	248	14	77	
	注册税务师管理中心	15							
	税务干部学校(培训中心)	16	3	3					
	税收科学研究所	17	9	9					
	票证中心	18	5	5					
	报社、杂志社	19							
	采购中心	20							
	其他事业单位	21	705		20	68	15	127	475

注:1. 本表统计范围为正式职工。

2. "机关党委办公室""离退休干部处(科)"和"工会"的人员统计在局机关。

第七篇

税费统计

1994—2017 年广东地税组织税费收入情况表

年份	税费收入			税收收入											社保费收入	
				税收收入（含深圳）					税收收入（不含深圳）			省级税收收入				
	收入规模（亿元）	占地区生产总值比重（%）	增长率（%）	收入规模（亿元）	占地区生产总值比重（%）	占全国地税比重（%）	按实际入库额计算增长率（%）	剔除“营改增”影响可比增长率（%）	收入规模（亿元）	按实际入库额计算增长率（%）	剔除“营改增”影响可比增长率（%）	收入规模（亿元）	按实际入库额计算增长率（%）	剔除“营改增”影响可比增长率（%）	收入规模（亿元）	增长率（%）
1994				184.00												
1995	212.80	3.6		207.62	3.5	13.0	12.8		151.67			26.29				
1996	288.62	4.2	35.6	275.37	4.0	13.1	32.6		202.08	33.2		82.35	213.3			
1997	363.19	4.7	25.8	348.37	4.5	13.4	26.5		252.98	25.2		115.63	40.4			
1998	416.35	4.9	14.6	402.46	4.7	13.6	15.5		282.42	11.6		122.36	5.8			
1999	500.54	5.4	20.2	481.67	5.2	14.5	19.7		345.65	22.4		145.16	18.6			
2000	745.14	6.9	48.9	564.26	5.3	15.1	17.1		410.24	18.7		166.62	14.8		149.63	36.0
2001	973.91	8.1	30.7	739.59	6.1	15.7	31.1		539.46	31.5		227.84	36.7		201.5	34.7
2002	1170.17	8.7	20.2	863.48	6.4	16.3	16.8		613.11	13.7		185.66	-18.5		270.9	34.4
2003	1377.01	8.7	17.7	1000.27	6.3	15.9	15.8		715.18	16.6		202.24	8.9		339.86	25.5
2004	1608.84	8.5	16.8	1154.63	6.1	14.7	15.4		823.25	15.1		226.52	12.0		403.21	18.6
2005	1891.52	8.4	17.6	1351.36	6.0	14.2	17.0		972.06	18.1		265.25	17.1		479.91	19.0
2006	2305.48	8.7	21.9	1627.64	6.1	14.2	20.4		1155.21	18.8		315.95	19.1		605.07	26.1
2007	2877.24	9.1	24.8	2053.58	6.5	13.7	26.2		1440.62	24.7		405.36	28.3		728.25	20.4

续表

年份	税费收入			税收收入												社保费收入	
				税收收入（含深圳）					税收收入（不含深圳）			省级税收收入					
	收入规模（亿元）	占地区生产总值比重（%）	增长率（%）	收入规模（亿元）	占地区生产总值比重（%）	占全国地税比重（%）	按实际入库额计算增长率（%）	剔除“营改增”影响可比增长率（%）	收入规模（亿元）	按实际入库额计算增长率（%）	剔除“营改增”影响可比增长率（%）	收入规模（亿元）	按实际入库额计算增长率（%）	剔除“营改增”影响可比增长率（%）		收入规模（亿元）	增长率（%）
2008	3552.40	9.7	23.5	2554.18	6.9	14.0	24.4		1757.21	22.0		482.25	19.0			873.06	19.9
2009	3821.04	9.7	7.6	2725.81	6.9	13.2	6.7		1868.89	6.4		523.23	8.5			960.46	10.0
2010	4670.66	10.1	22.2	3315.96	7.2	12.8	21.7		2249.72	20.4		620.29	18.6			1172.51	22.1
2011	6092.29	11.4	30.4	4248.35	8.0	12.8	28.1		2960.80	31.6		891.30	43.7			1477.58	26.0
2012	6804.35	11.9	11.7	4641.64	8.1	11.0	9.3	9.9	3236.62	9.3	9.9	992.22	11.3	12.3		1732.42	17.2
2013	7523.92	12.0	10.6	5084.69	8.1	10.8	9.6	16.2	3621.97	11.9	17.5	1088.66	9.7	19.2		1947.61	12.4
2014	8360.10	12.3	11.1	5700.49	8.4	11.1	12.1	13.0	3988.09	10.1	10.9	1199.43	10.2	11.6		2134.45	9.6
2015	9629.05	13.2	15.2	6615.56	9.1	12.1	16.1	16.6	4339.38	8.8	9.4	1308.02	9.1	10.0		2461.25	15.3
2016	9891.83	12.4	2.7	6574.80	8.3	12.9	-0.6	20.3	4100.88	-5.5	15.1	1011.15	-22.7	18.4		2783.93	13.1
2017	10003.79	11.1	1.1	6346.38	7.1	13.9	-3.5	15.9	4041.91	-1.4	19.3	703.86	-30.4	24.4		3116.77	12.0
合计	85080.23	10.7	年均增长19.1%	58878.16	7.4	12.6	年均增长16.8%		40069.40	年均增长16.1%		11307.66	年均增长16.1%			21838.37	年均增长19.6%

备注：1994年广东国地税税收收入合并核算，1994年广东地税的税收收入按照报表测算得出，非实际由地税部门组织的税收收入；自1995年起广东地税税费收入均为独立核算数。

2017 年广东省地方税务局入库税金明细年报表

编报机关:广东省地方税务局　　　　单位:万元

序号	项　目	合　计				中央	省级	市级	县(区)级
		合　计	其中:本年新欠入库	2001 年 5 月 1 日以后陈欠入库	2001 年 5 月 1 日以前陈欠入库				
1	总　计	68868966	448334	250678	123	21814106	7515999	19759625	19779236
2	一、税收收入合计	63463829	425786	236403	122	21814106	7038624	16834165	17776934
3	1. 增值税	1151161	1379	503		575589	191281	192610	191681
4	2. 消费税收入								
5	国内消费税								
6	其中:成品油消费税								
7	进口消费品消费税								
8	其中:进口成品油消费税								
9	3. 营业税	320806	31499	55579	108	160405	63106	58945	38350
10	铁路运输企业营业税								
11	金融保险业营业税	74035	11063	5345		37020	18526	18313	176
12	其他营业税	246771	20436	50234	108	123385	44580	40632	38174
13	4. 企业所得税	16119772	109351	33902	8	9773420	1780155	2489548	2076649
14	(1)一般企业所得税	15264703	107790	33896	8	9162090	1741662	2361724	1999227
15	内资企业	12020846	104282	33681	8	7215767	1521590	1693710	1589779
16	外资企业	3243857	3508	215		1946323	220072	668014	409448
17	(2)分支机构预缴所得税	264073	74			158446	7221	62730	35676
18	跨省	252411	70			151449	4889	61510	34563

续表

序号	项目	合计				中央	省级	市级	县(区)级
		合计	其中:本年新欠入库	2001年5月1日以后陈欠入库	2001年5月1日以前陈欠入库				
19	内资企业	156561	70			93936	4039	37630	20956
20	外资企业	95850				57513	850	23880	13607
21	省内跨市	11662	4			6997	2332	1220	1113
22	内资企业	11075	4			6645	2215	1178	1037
23	外资企业	587				352	117	42	76
24	市内跨县区								
25	内资企业								
26	外资企业								
27	(3)总机构预缴所得税	323319	228	3		239641	20937	37446	25295
28	跨省	289571	212	3		217197	13458	35752	23164
29	内资企业	185969	210	3		139497	10885	20092	15495
30	外资企业	103602	2			77700	2573	15660	7669
31	省内跨市	33748	16			22444	7479	1694	2131
32	内资企业	28888	16			19204	6400	1427	1857
33	外资企业	4860				3240	1079	267	274
34	市内跨县区								
35	内资企业								
36	外资企业								

续表

序号	项目	合计				中央	省级	市级	县(区)级
		合计	其中:本年新欠入库	2001年5月1日以后陈欠入库	2001年5月1日以前陈欠入库				
37	(4)分支机构汇算清缴所得税	58174	522	1		34908	916	14472	7878
38	跨省	56819	522	1		34093	644	14351	7731
39	内资企业	38655	477	1		23194	624	10064	4773
40	外资企业	18164	45			10899	20	4287	2958
41	省内跨市	1355				815	272	121	147
42	内资企业	1314				790	263	117	144
43	外资企业	41				25	9	4	3
44	市内跨县区								
45	内资企业								
46	外资企业								
47	(5)总机构汇算清缴所得税	107136	548	1		80031	5356	13176	8573
48	跨省	103268	542			77451	4498	12948	8371
49	内资企业	76506	477			57380	3571	9136	6419
50	外资企业	26762	65			20071	927	3812	1952
51	省内跨市	3868	6	1		2580	858	228	202
52	内资企业	3804	6	1		2538	844	223	199
53	外资企业	64				42	14	5	3
54	市内跨县区								
55	内资企业								

续表

序号	项目	合计				中央	省级	市级	县(区)级
		合计	其中:本年新欠入库	2001年5月1日以后陈欠入库	2001年5月1日以前陈欠入库				
56	外资企业								
57	(6)企业所得税待分配收入	102367	189	1		98304	4063		
58	跨省	98304	188	1		98304			
59	内资企业	65712	171	1		65712			
60	外资企业	32592	17			32592			
61	省内跨市	4063	1				4063		
62	内资企业	3516	1				3516		
63	外资企业	547					547		
64	5. 个人所得税	18841155	59290	16078		11304692	2104660	3433957	1997846
65	6. 资源税	141771	3966	2713				9360	132411
66	7. 固定资产投资方向调节税								
67	8. 城市维护建设税	5660105	27274	10582	1		482	1703804	3955819
68	9. 房产税	2992787	29048	24973	2			1428546	1564241
69	10. 印花税	1419169	7404	2772				274995	1144174
70	11. 城镇土地使用税	1118664	29547	20939	3			364327	754337
71	12. 土地增值税	8391052	103783	48148			2898940	3078861	2413251
72	13. 车船税	843501	213	180				573972	269529
73	14. 车辆购置税								
74	15. 烟叶税	13777							13777
75	16. 耕地占用税	662597	12582	258				104567	558030

续表

序号	项　　目	合　　计				中央	省级	市级	县(区)级
		合　计	其中:本年新欠入库	2001年5月1日以后陈欠入库	2001年5月1日以前陈欠入库				
76	17. 契税	5787512	10450	19776				3120673	2666839
77	18. 屠宰税								
78	19. 其他税收								
79	二、其他收入合计	5405137	22548	14275	1		477375	2925460	2002302
80	1. 教育费附加收入	2510073	12532	7620	1		288	1503967	1005818
81	2. 文化事业建设费收入	178	12	20			50	112	16
82	3. 税务部门罚没收入	4265	24	122			1	3193	1071
83	4. 堤围费	5402	302	1410				4887	515
84	5. 价格调节基金	643	4	332				423	220
85	6. 残疾人基金	344395	10	249			74031	145492	124872
86	7. 地方教育附加	1673928	7731	4014			403005	961686	309237
87	8. 交通建设附加								
88	9. 社会保险基金收入								
89	基本养老保险基金收入								
90	失业保险基金收入								
91	基本医疗保险基金收入								
92	工伤保险基金收入								
93	生育保险基金收入								
94	10. 工会会费	866181	1933	508				305700	560481
95	11. 其他非税收入	72							72

2017年广州市地方税务局入库税金明细年报表

编报机关:广州市地方税务局　　　　单位:万元

序号	项目	合计				中央	省级	市级	县(区)级
		合计	其中:本年新欠入库	2001年5月1日以后陈欠入库	2001年5月1日以前陈欠入库				
1	总计	14650454	72505	56543		4199734	2538255	4503905	3408560
2	一、税收收入合计	13271900	68883	55012		4199734	2373014	4007146	2692006
3	1. 增值税	326571	190	3		163286	81643	26351	55291
4	2. 消费税收入								
5	国内消费税								
6	其中:成品油消费税								
7	进口消费品消费税								
8	其中:进口成品油消费税								
9	3. 营业税	56650	12715	4440		28325	14163	5777	8385
10	铁路运输企业营业税								
11	金融保险业营业税								
12	其他营业税	56650	12715	4440		28325	14163	5777	8385
13	4. 企业所得税	2102738	16592	8155		1273576	415901	142253	271008
14	(1)一般企业所得税	2016314	16313	8151		1209791	403262	137202	266059
15	内资企业	1893157	16311	8144		1135897	378630	129429	249201
16	外资企业	123157	2	7		73894	24632	7773	16858
17	(2)分支机构预缴所得税	12003	31			7202	2401	1196	1204
18	跨省	9632	31			5780	1927	916	1009

续表

序号	项　　目	合　计				中央	省级	市级	县(区)级
		合　计	其中:本年新欠入库	2001年5月1日以后陈欠入库	2001年5月1日以前陈欠入库				
19	内资企业	9478	31			5687	1896	895	1000
20	外资企业	154				93	31	21	9
21	省内跨市	2371				1422	474	280	195
22	内资企业	2367				1420	473	279	195
23	外资企业	4				2	1	1	
24	市内跨县区								
25	内资企业								
26	外资企业								
27	(3)总机构预缴所得税	44722	191	3		32749	6515	2838	2620
28	跨省	34972	178	3		26249	4349	2380	1994
29	内资企业	33425	178	3		25089	4155	2241	1940
30	外资企业	1547				1160	194	139	54
31	省内跨市	9750	13			6500	2166	458	626
32	内资企业	9700	13			6467	2155	456	622
33	外资企业	50				33	11	2	4
34	市内跨县区								
35	内资企业								
36	外资企业								

续表

序号	项　目	合　计				中央	省级	市级	县(区)级
		合　计	其中:本年新欠入库	2001年5月1日以后陈欠入库	2001年5月1日以前陈欠入库				
37	(4)分支机构汇算清缴所得税	1573				944	314	125	190
38	跨省	1396				837	280	103	176
39	内资企业	1392				835	279	102	176
40	外资企业	4				2	1	1	
41	省内跨市	177				107	34	22	14
42	内资企业	177				107	34	22	14
43	外资企业								
44	市内跨县区								
45	内资企业								
46	外资企业								
47	(5)总机构汇算清缴所得税	14871	9			10956	2088	892	935
48	跨省	12503	4			9377	1563	767	796
49	内资企业	11852	4			8889	1482	708	773
50	外资企业	651				488	81	59	23
51	省内跨市	2368	5			1579	525	125	139
52	内资企业	2368	5			1579	525	125	139
53	外资企业								
54	市内跨县区								
55	内资企业								

续表

序号	项目	合计				中央	省级	市级	县(区)级
		合计	其中:本年新欠入库	2001年5月1日以后陈欠入库	2001年5月1日以前陈欠入库				
56	外资企业								
57	(6)企业所得税待分配收入	13255	48	1		11934	1321		
58	跨省	11934	46	1		11934			
59	内资企业	11384	46	1		11384			
60	外资企业	550				550			
61	省内跨市	1321	2				1321		
62	内资企业	1315	2				1315		
63	外资企业	6					6		
64	5. 个人所得税	4557578	8777	3557		2734547	911516	875313	36202
65	6. 资源税	2702							2702
66	7. 固定资产投资方向调节税								
67	8. 城市维护建设税	1393656	4842	1057				352100	1041556
68	9. 房产税	894797	8781	13652				404594	490203
69	10. 印花税	374385	1528	228					374385
70	11. 城镇土地使用税	55318	2121	2584					55318
71	12. 土地增值税	1899582	12570	2899			949791	878798	70993
72	13. 车船税	163686	13	1				126607	37079
73	14. 车辆购置税								
74	15. 烟叶税								
75	16. 耕地占用税	65110	251						65110

续表

序号	项　目	合　计				中央	省级	市级	县(区)级
		合　计	其中:本年新欠入库	2001 年 5 月 1 日以后陈欠入库	2001 年 5 月 1 日以前陈欠入库				
76	17. 契税	1379127	503	18436				1195353	183774
77	18. 屠宰税								
78	19. 其他税收								
79	二、其他收入合计	1378554	3622	1531			165241	496759	716554
80	1. 教育费附加收入	591272	1662	481				224509	366763
81	2. 文化事业建设费收入	122	12	2			37	76	9
82	3. 税务部门罚没收入	1139	-1	3				794	345
83	4. 堤围费	697	52	511				210	487
84	5. 价格调节基金	48						48	
85	6. 残疾人基金	92164		44			33834	31092	27238
86	7. 地方教育附加	394150	1098	317			131370	240030	22750
87	8. 交通建设附加								
88	9. 社会保险基金收入								
89	基本养老保险基金收入								
90	失业保险基金收入								
91	基本医疗保险基金收入								
92	工伤保险基金收入								
93	生育保险基金收入								
94	10. 工会会费	298962	799	173					298962
95	11. 其他非税收入								

2017 年深圳市地方税务局入库税金明细年报表

编报机关:深圳市地方税务局　　　　单位:万元

序号	项　目	合　计				中央	省级	市级	县(区)级
		合　计	其中:本年新欠入库	2001 年 5 月 1 日以后陈欠入库	2001 年 5 月 1 日以前陈欠入库				
1	总　计	24343145	93800	50320		9772721		7914327	6656097
2	一、税收收入合计	23044687	90860	48399		9772721		6615869	6656097
3	1. 增值税	386041	168	379		193024		116222	76795
4	2. 消费税收入								
5	国内消费税								
6	其中:成品油消费税								
7	进口消费品消费税								
8	其中:进口成品油消费税								
9	3. 营业税	104273	9495	16772		52139		38943	13191
10	铁路运输企业营业税								
11	金融保险业营业税	32063	7442	4766		16035		16028	
12	其他营业税	72210	2053	12006		36104		22915	13191
13	4. 企业所得税	7457539	41168	11906		4536850		1783633	1137056
14	(1)一般企业所得税	6864655	39953	11905		4118849		1670493	1075313
15	内资企业	4721145	38051	11760		2832737		1145850	742558
16	外资企业	2143510	1902	145		1286112		524643	332755
17	(2)分支机构预缴所得税	227966	13			136781		59253	31932
18	跨省	227966	13			136781		59253	31932

续表

序号	项　　目	合　　计				中央	省级	市级	县(区)级
		合　计	其中:本年新欠入库	2001 年 5 月 1 日以后陈欠入库	2001 年 5 月 1 日以前陈欠入库				
19	内资企业	136365	13			81820		35804	18741
20	外资企业	91601				54961		23449	13191
21	省内跨市								
22	内资企业								
23	外资企业								
24	市内跨县区								
25	内资企业								
26	外资企业								
27	(3)总机构预缴所得税	181738	8			136301		29138	16299
28	跨省	181738	8			136301		29138	16299
29	内资企业	98722	8			74041		15306	9375
30	外资企业	83016				62260		13832	6924
31	省内跨市								
32	内资企业								
33	外资企业								
34	市内跨县区								
35	内资企业								
36	外资企业								

续表

序号	项　目	合　计				中央	省级	市级	县(区)级
		合　计	其中:本年新欠入库	2001 年 5 月 1 日以后陈欠入库	2001 年 5 月 1 日以前陈欠入库				
37	(4)分支机构汇算清缴所得税	53593	522	1		32156		14091	7346
38	跨省	53593	522	1		32156		14091	7346
39	内资企业	35530	477	1		21318		9823	4389
40	外资企业	18063	45			10838		4268	2957
41	省内跨市								
42	内资企业								
43	外资企业								
44	市内跨县区								
45	内资企业								
46	外资企业								
47	(5)总机构汇算清缴所得税	67298	536			50474		10658	6166
48	跨省	67298	536			50474		10658	6166
49	内资企业	47954	471			35967		7375	4612
50	外资企业	19344	65			14507		3283	1554
51	省内跨市								
52	内资企业								
53	外资企业								
54	市内跨县区								
55	内资企业								

续表

序号	项　　目	合　　计				中央	省级	市级	县(区)级
		合　计	其中:本年新欠入库	2001年5月1日以后陈欠入库	2001年5月1日以前陈欠入库				
56	外资企业								
57	(6)企业所得税待分配收入	62289	136			62289			
58	跨省	62289	136			62289			
59	内资企业	36699	120			36699			
60	外资企业	25590	16			25590			
61	省内跨市								
62	内资企业								
63	外资企业								
64	5. 个人所得税	8317848	27174	6091		4990708		1999178	1327962
65	6. 资源税	41						41	
66	7. 固定资产投资方向调节税								
67	8. 城市维护建设税	1551893	4038	2486					1551893
68	9. 房产税	609272	4409	2958				335751	273521
69	10. 印花税	431955	1607	839					431955
70	11. 城镇土地使用税	108142	2354	174					108142
71	12. 土地增值税	2593182	383	6749				1453470	1139712
72	13. 车船税	176374	30	19				176374	
73	14. 车辆购置税								
74	15. 烟叶税								
75	16. 耕地占用税								

续表

序号	项　　目	合　　计				中央	省级	市级	县(区)级
		合　计	其中:本年新欠入库	2001年5月1日以后陈欠入库	2001年5月1日以前陈欠入库				
76	17. 契税	1308127	34	26				712257	595870
77	18. 屠宰税								
78	19. 其他税收								
79	二、其他收入合计	1298458	2940	1921				1298458	
80	1. 教育费附加收入	660321	1719	1079				660321	
81	2. 文化事业建设费收入	9		8				9	
82	3. 税务部门罚没收入	1161	2	123				1161	
83	4. 堤围费								
84	5. 价格调节基金								
85	6. 残疾人基金								
86	7. 地方教育附加	440228	1155	690				440228	
87	8. 交通建设附加								
88	9. 社会保险基金收入								
89	基本养老保险基金收入								
90	失业保险基金收入								
91	基本医疗保险基金收入								
92	工伤保险基金收入								
93	生育保险基金收入								
94	10. 工会会费	196739	64	21				196739	
95	11. 其他非税收入								

2017年珠海市地方税务局入库税金明细年报表

编报机关:珠海市地方税务局　　　　单位:万元

序号	项　目	合计				中央	省级	市级	县(区)级
		合　计	其中:本年新欠入库	2001年5月1日以后陈欠入库	2001年5月1日以前陈欠入库				
1	总　计	2770472	16220	1381		1002221	463267	611185	693799
2	一、税收收入合计	2550491	15461	1248		1002221	440836	527325	580109
3	1. 增值税	23216	1			11608	5804	2549	3255
4	2. 消费税收入								
5	国内消费税								
6	其中:成品油消费税								
7	进口消费品消费税								
8	其中:进口成品油消费税								
9	3. 营业税	13637	4	103		6818	3410	1898	1511
10	铁路运输企业营业税								
11	金融保险业营业税	5395				2697	1349	939	410
12	其他营业税	8242	4	103		4121	2061	959	1101
13	4. 企业所得税	1160337	4304	57		699424	231033	112890	116990
14	(1)一般企业所得税	1136561	4301	57		681937	227312	111693	115619
15	内资企业	820130	3281	15		492078	164026	89918	74108
16	外资企业	316431	1020	42		189859	63286	21775	41511
17	(2)分支机构预缴所得税	1645				987	330	202	126
18	跨省	1169				702	234	151	82

续表

序号	项　　目	合　　计				中央	省级	市级	县(区)级
		合　计	其中:本年新欠入库	2001 年 5 月 1 日以后陈欠入库	2001 年 5 月 1 日以前陈欠入库				
19	内资企业	858				515	172	108	63
20	外资企业	311				187	62	43	19
21	省内跨市	476				285	96	51	44
22	内资企业	437				262	88	48	39
23	外资企业	39				23	8	3	5
24	市内跨县区								
25	内资企业								
26	外资企业								
27	(3)总机构预缴所得税	10507	2			7460	1803	666	578
28	跨省	5463	2			4097	683	428	255
29	内资企业	3315				2486	415	271	143
30	外资企业	2148	2			1611	268	157	112
31	省内跨市	5044				3363	1120	238	323
32	内资企业	1590				1060	353	124	53
33	外资企业	3454				2303	767	114	270
34	市内跨县区								
35	内资企业								
36	外资企业								

续表

序号	项目	合计				中央	省级	市级	县(区)级
		合计	其中:本年新欠入库	2001年5月1日以后陈欠入库	2001年5月1日以前陈欠入库				
37	(4)分支机构汇算清缴所得税	284				172	57	38	17
38	跨省	240				145	48	33	14
39	内资企业	218				131	44	30	13
40	外资企业	22				14	4	3	1
41	省内跨市	44				27	9	5	3
42	内资企业	43				26	9	5	3
43	外资企业	1				1			
44	市内跨县区								
45	内资企业								
46	外资企业								
47	(5)总机构汇算清缴所得税	7546				5649	956	291	650
48	跨省	7412				5560	926	282	644
49	内资企业	5898				4424	737	155	582
50	外资企业	1514				1136	189	127	62
51	省内跨市	134				89	30	9	6
52	内资企业	76				51	17	5	3
53	外资企业	58				38	13	4	3
54	市内跨县区								
55	内资企业								

续表

序号	项　　目	合　计				中央	省级	市级	县(区)级
		合　计	其中:本年新欠入库	2001年5月1日以后陈欠入库	2001年5月1日以前陈欠入库				
56	外资企业								
57	(6)企业所得税待分配收入	3794	1			3219	575		
58	跨省	3219	1			3219			
59	内资企业	2303				2303			
60	外资企业	916	1			916			
61	省内跨市	575					575		
62	内资企业	185					185		
63	外资企业	390					390		
64	5. 个人所得税	473951	348	32		284371	94790	44747	50043
65	6. 资源税	51						17	34
66	7. 固定资产投资方向调节税								
67	8. 城市维护建设税	210072	946	100				92945	117127
68	9. 房产税	124385	1003	304				56686	67699
69	10. 印花税	46963	169	65				17118	29845
70	11. 城镇土地使用税	32099	695	181				9772	22327
71	12. 土地增值税	211598	7972	397			105799	47354	58445
72	13. 车船税	21575						21575	
73	14. 车辆购置税								
74	15. 烟叶税								
75	16. 耕地占用税	9915						2385	7530

续表

序号	项　　目	合　　计				中央	省级	市级	县(区)级
		合　计	其中:本年新欠入库	2001年5月1日以后陈欠入库	2001年5月1日以前陈欠入库				
76	17. 契税	222692	19	9				117389	105303
77	18. 屠宰税								
78	19. 其他税收								
79	二、其他收入合计	219981	759	133			22431	83860	113690
80	1. 教育费附加收入	89287	390	42				33017	56270
81	2. 文化事业建设费收入	1		1				1	
82	3. 税务部门罚没收入	58						18	40
83	4. 堤围费	24	1	6				7	17
84	5. 价格调节基金								
85	6. 残疾人基金	16141		32			2835	5590	7716
86	7. 地方教育附加	59517	258	30			19596	15940	23981
87	8. 交通建设附加								
88	9. 社会保险基金收入								
89	基本养老保险基金收入								
90	失业保险基金收入								
91	基本医疗保险基金收入								
92	工伤保险基金收入								
93	生育保险基金收入								
94	10. 工会会费	54953	110	22				29287	25666
95	11. 其他非税收入								

2017 年汕头市地方税务局入库税金明细年报表

编报机关:汕头市地方税务局　　　　单位:万元

序号	项　目	合　计				中央	省级	市级	县(区)级
		合　计	其中:本年新欠入库	2001 年 5 月 1 日以后陈欠入库	2001 年 5 月 1 日以前陈欠入库				
1	总　计	1184477	12982	9945		349961	195552	287507	351457
2	一、税收收入合计	1098621	10795	7676		349961	185850	263524	299286
3	1. 增值税	6482				3241	1621	687	933
4	2. 消费税收入								
5	国内消费税								
6	其中:成品油消费税								
7	进口消费品消费税								
8	其中:进口成品油消费税								
9	3. 营业税	3345	132	1013		1672	837	214	622
10	铁路运输企业营业税								
11	金融保险业营业税	950		48		475	238	136	101
12	其他营业税	2395	132	965		1197	599	78	521
13	4. 企业所得税	388048	3400	1553		235779	76161	28089	48019
14	(1)一般企业所得税	372560	3398	1553		223536	74512	27204	47308
15	内资企业	358607	3388	1553		215164	71721	25669	46053
16	外资企业	13953	10			8372	2791	1535	1255
17	(2)分支机构预缴所得税	411				247	82	49	33
18	跨省	194				117	39	23	15

续表

序号	项　目	合　计				中央	省级	市级	县(区)级
		合　计	其中:本年新欠入库	2001年5月1日以后陈欠入库	2001年5月1日以前陈欠入库				
19	内资企业	191				115	38	23	15
20	外资企业	3				2	1		
21	省内跨市	217				130	43	26	18
22	内资企业	209				125	42	25	17
23	外资企业	8				5	1	1	1
24	市内跨县区								
25	内资企业								
26	外资企业								
27	(3)总机构预缴所得税	10390	2			7773	1321	734	562
28	跨省	10160				7620	1270	719	551
29	内资企业	10160				7620	1270	719	551
30	外资企业								
31	省内跨市	230	2			153	51	15	11
32	内资企业	230	2			153	51	15	11
33	外资企业								
34	市内跨县区								
35	内资企业								
36	外资企业								

续表

序号	项　　目	合　　计				中央	省级	市级	县(区)级
		合　计	其中:本年新欠入库	2001 年 5 月 1 日以后陈欠入库	2001 年 5 月 1 日以前陈欠入库				
37	(4)分支机构汇算清缴所得税	57				34	12	7	4
38	跨省	5				3	1	1	
39	内资企业	5				3	1	1	
40	外资企业								
41	省内跨市	52				31	11	6	4
42	内资企业	52				31	11	6	4
43	外资企业								
44	市内跨县区								
45	内资企业								
46	外资企业								
47	(5)总机构汇算清缴所得税	1652				1238	207	95	112
48	跨省	1643				1232	205	94	112
49	内资企业	1643				1232	205	94	112
50	外资企业								
51	省内跨市	9				6	2	1	
52	内资企业	9				6	2	1	
53	外资企业								
54	市内跨县区								
55	内资企业								

续表

序号	项目	合计				中央	省级	市级	县(区)级
		合计	其中:本年新欠入库	2001年5月1日以后陈欠入库	2001年5月1日以前陈欠入库				
56	外资企业								
57	(6)企业所得税待分配收入	2978				2951	27		
58	跨省	2951				2951			
59	内资企业	2951				2951			
60	外资企业								
61	省内跨市	27					27		
62	内资企业	27					27		
63	外资企业								
64	5. 个人所得税	182115	1121	738		109269	36423	17118	19305
65	6. 资源税	5200	7	30				9	5191
66	7. 固定资产投资方向调节税								
67	8. 城市维护建设税	97181	1696	430				33518	63663
68	9. 房产税	58450	1639	1737				18566	39884
69	10. 印花税	25102	223	61				432	24670
70	11. 城镇土地使用税	33214	1737	1583				10633	22581
71	12. 土地增值税	141615	736	435			70808	30160	40647
72	13. 车船税	25172	3	3				16203	8969
73	14. 车辆购置税								
74	15. 烟叶税								
75	16. 耕地占用税	4450	6					1073	3377

续表

序号	项　　目	合　　计				中央	省级	市级	县(区)级
		合　计	其中:本年新欠入库	2001 年 5 月 1 日以后陈欠入库	2001 年 5 月 1 日以前陈欠入库				
76	17. 契税	128247	95	93				106822	21425
77	18. 屠宰税								
78	19. 其他税收								
79	二、其他收入合计	85856	2187	2269			9702	23983	52171
80	1. 教育费附加收入	40148	1561	1723				13460	26688
81	2. 文化事业建设费收入	1		1				1	
82	3. 税务部门罚没收入	94	2	3				59	35
83	4. 堤围费	118	5	84				25	93
84	5. 价格调节基金	16	1	7				8	8
85	6. 残疾人基金	5272	10	148			791	4481	
86	7. 地方教育附加	26778	540	291			8911	5911	11956
87	8. 交通建设附加								
88	9. 社会保险基金收入								
89	基本养老保险基金收入								
90	失业保险基金收入								
91	基本医疗保险基金收入								
92	工伤保险基金收入								
93	生育保险基金收入								
94	10. 工会会费	13429	68	12				38	13391
95	11. 其他非税收入								

2017 年佛山市地方税务局入库税金明细年报表

编报机关:佛山市地方税务局　　　　单位:万元

序号	项　目	合　计				中央	省级	市级	县(区)级
		合　计	其中:本年新欠入库	2001 年 5 月 1 日以后陈欠入库	2001 年 5 月 1 日以前陈欠入库				
1	总　计	3680267	12105	9593	123	916087	599684	86542	2077954
2	一、税收收入合计	3375991	10986	9280	122	916087	564961	83346	1811597
3	1. 增值税	78318	148	1		39159	19580	767	18812
4	2. 消费税收入								
5	国内消费税								
6	其中:成品油消费税								
7	进口消费品消费税								
8	其中:进口成品油消费税								
9	3. 营业税	7938	49	3086	108	3969	1983	-60	2046
10	铁路运输企业营业税								
11	金融保险业营业税	-2792				-1396	-699	-201	-496
12	其他营业税	10730	49	3086	108	5365	2682	141	2542
13	4. 企业所得税	763136	2833	93	8	458226	152603	12033	140274
14	(1)一般企业所得税	757741	2807	93	8	454646	151550	11894	139651
15	内资企业	730908	2807	93	8	438545	146183	10051	136129
16	外资企业	26833				16101	5367	1843	3522
17	(2)分支机构预缴所得税	1615	24			968	322	56	269
18	跨省	857	21			514	171	42	130

续表

序号	项目	合计				中央	省级	市级	县(区)级
		合计	其中:本年新欠入库	2001年5月1日以后陈欠入库	2001年5月1日以前陈欠入库				
19	内资企业	857	21			514	171	42	130
20	外资企业								
21	省内跨市	758	3			454	151	14	139
22	内资企业	713	3			427	142	11	133
23	外资企业	45				27	9	3	6
24	市内跨县区								
25	内资企业								
26	外资企业								
27	(3)总机构预缴所得税	2647	2			1878	455	51	263
28	跨省	1365	2			1024	170	5	166
29	内资企业	1365	2			1024	170	5	166
30	外资企业								
31	省内跨市	1282				854	285	46	97
32	内资企业	1282				854	285	46	97
33	外资企业								
34	市内跨县区								
35	内资企业								
36	外资企业								

续表

序号	项　目	合　计				中央	省级	市级	县(区)级
		合　计	其中:本年新欠入库	2001年5月1日以后陈欠入库	2001年5月1日以前陈欠入库				
37	(4)分支机构汇算清缴所得税	578				347	115	29	87
38	跨省	225				135	44	11	35
39	内资企业	225				135	44	11	35
40	外资企业								
41	省内跨市	353				212	71	18	52
42	内资企业	335				201	67	17	50
43	外资企业	18				11	4	1	2
44	市内跨县区								
45	内资企业								
46	外资企业								
47	(5)总机构汇算清缴所得税	63				43	13	3	4
48	跨省	13				10	2	1	
49	内资企业	13				10	2	1	
50	外资企业								
51	省内跨市	50				33	11	2	4
52	内资企业	50				33	11	2	4
53	外资企业								
54	市内跨县区								
55	内资企业								

续表

序号	项　　目	合　计				中央	省级	市级	县(区)级
		合　计	其中:本年新欠入库	2001年5月1日以后陈欠入库	2001年5月1日以前陈欠入库				
56	外资企业								
57	(6)企业所得税待分配收入	492				344	148		
58	跨省	344				344			
59	内资企业	344				344			
60	外资企业								
61	省内跨市	148					148		
62	内资企业	148					148		
63	外资企业								
64	5. 个人所得税	691220	2337	282		414733	138244	18307	119936
65	6. 资源税	433							433
66	7. 固定资产投资方向调节税								
67	8. 城市维护建设税	304322	1212	522	1			7005	297317
68	9. 房产税	199429	1727	1415	2			19712	179717
69	10. 印花税	72937	185	50				7390	65547
70	11. 城镇土地使用税	138248	1723	2320	3			4242	134006
71	12. 土地增值税	505102	673	1083			252551	6235	246316
72	13. 车船税	68646	2					2082	66564
73	14. 车辆购置税								
74	15. 烟叶税								
75	16. 耕地占用税	35329	51					1953	33376

续表

序号	项目	合计				中央	省级	市级	县(区)级
		合计	其中:本年新欠入库	2001年5月1日以后陈欠入库	2001年5月1日以前陈欠入库				
76	17. 契税	510933	46	428				3680	507253
77	18. 屠宰税								
78	19. 其他税收								
79	二、其他收入合计	304276	1119	313	1		34723	3196	266357
80	1. 教育费附加收入	128795	490	167	1			901	127894
81	2. 文化事业建设费收入	4					2		2
82	3. 税务部门罚没收入	106	1						106
83	4. 堤围费	-1335	114	36					-1335
84	5. 价格调节基金	59						17	42
85	6. 残疾人基金	44082					6782	1890	35410
86	7. 地方教育附加	85813	328	99			27939	388	57486
87	8. 交通建设附加								
88	9. 社会保险基金收入								
89	基本养老保险基金收入								
90	失业保险基金收入								
91	基本医疗保险基金收入								
92	工伤保险基金收入								
93	生育保险基金收入								
94	10. 工会会费	46752	186	11					46752
95	11. 其他非税收入								

2017 年韶关市地方税务局入库税金明细年报表

编报机关:韶关市地方税务局　　单位:万元

序号	项　目	合　计				中央	省级	市级	县(区)级
		合　计	其中:本年新欠入库	2001 年 5 月 1 日以后陈欠入库	2001 年 5 月 1 日以前陈欠入库				
1	总　计	567234	10333	3101		107721	67584	158127	233802
2	一、税收收入合计	502430	10161	2972		107721	60623	129011	205075
3	1. 增值税	4922	2			2462	1231	362	867
4	2. 消费税收入								
5	国内消费税								
6	其中:成品油消费税								
7	进口消费品消费税								
8	其中:进口成品油消费税								
9	3. 营业税	3891	140	1314		1946	974	313	658
10	铁路运输企业营业税								
11	金融保险业营业税	-184				-91	-47	-24	-22
12	其他营业税	4075	140	1314		2037	1021	337	680
13	4. 企业所得税	64377	763	238		41462	11460	3571	7884
14	(1)一般企业所得税	58433	763	238		37677	10374	3158	7224
15	内资企业	58308	741	238		37602	10348	3155	7203
16	外资企业	125	22			75	26	3	21
17	(2)分支机构预缴所得税	4666				2801	932	299	634
18	跨省	2736				1642	547	2	545

续表

序号	项　　目	合　计				中央	省级	市级	县(区)级
		合　计	其中:本年新欠入库	2001年5月1日以后陈欠入库	2001年5月1日以前陈欠入库				
19	内资企业	2736				1642	547	2	545
20	外资企业								
21	省内跨市	1930				1159	385	297	89
22	内资企业	1866				1120	372	291	83
23	外资企业	64				39	13	6	6
24	市内跨县区								
25	内资企业								
26	外资企业								
27	(3)总机构预缴所得税	707				526	94	82	5
28	跨省	648				486	81	79	2
29	内资企业	648				486	81	79	2
30	外资企业								
31	省内跨市	59				40	13	3	3
32	内资企业	59				40	13	3	3
33	外资企业								
34	市内跨县区								
35	内资企业								
36	外资企业								

续表

序号	项　　目	合　　计				中央	省级	市级	县(区)级
		合　计	其中:本年新欠入库	2001 年 5 月 1 日以后陈欠入库	2001 年 5 月 1 日以前陈欠入库				
37	(4)分支机构汇算清缴所得税	137				83	27	6	21
38	跨省	3				2	1		
39	内资企业	3				2	1		
40	外资企业								
41	省内跨市	134				81	26	6	21
42	内资企业	128				78	25	5	20
43	外资企业	6				3	1	1	1
44	市内跨县区								
45	内资企业								
46	外资企业								
47	(5)总机构汇算清缴所得税	213				160	27	26	
48	跨省	213				160	27	26	
49	内资企业	213				160	27	26	
50	外资企业								
51	省内跨市								
52	内资企业								
53	外资企业								
54	市内跨县区								
55	内资企业								

续表

序号	项　　目	合　　计				中央	省级	市级	县(区)级
		合　计	其中:本年新欠入库	2001年5月1日以后陈欠入库	2001年5月1日以前陈欠入库				
56	外资企业								
57	(6)企业所得税待分配收入	221				215	6		
58	跨省	215				215			
59	内资企业	215				215			
60	外资企业								
61	省内跨市	6					6		
62	内资企业	6					6		
63	外资企业								
64	5. 个人所得税	103083	188	33		61851	20616	6619	13997
65	6. 资源税	10496	1691	82				649	9847
66	7. 固定资产投资方向调节税								
67	8. 城市维护建设税	68075	253	92				39774	28301
68	9. 房产税	30897	563	110				10583	20314
69	10. 印花税	11445	93	32				3908	7537
70	11. 城镇土地使用税	22160	730	414				11258	10902
71	12. 土地增值税	52681	404	657			26342	11407	14932
72	13. 车船税	10988						5997	4991
73	14. 车辆购置税								
74	15. 烟叶税	8767							8767
75	16. 耕地占用税	64725	5308					12222	52503

续表

序号	项　　目	合　　计				中央	省级	市级	县(区)级
		合　计	其中:本年新欠入库	2001 年 5 月 1 日以后陈欠入库	2001 年 5 月 1 日以前陈欠入库				
76	17. 契税	45923	26					22348	23575
77	18. 屠宰税								
78	19. 其他税收								
79	二、其他收入合计	64804	172	129			6961	29116	28727
80	1. 教育费附加收入	31005	93	48				19209	11796
81	2. 文化事业建设费收入								
82	3. 税务部门罚没收入	24						17	7
83	4. 堤围费	59	4	34					59
84	5. 价格调节基金	-8						1	-9
85	6. 残疾人基金	2655					525	1446	684
86	7. 地方教育附加	20666	64	34			6436	7814	6416
87	8. 交通建设附加								
88	9. 社会保险基金收入								
89	基本养老保险基金收入								
90	失业保险基金收入								
91	基本医疗保险基金收入								
92	工伤保险基金收入								
93	生育保险基金收入								
94	10. 工会会费	10403	11	13				629	9774
95	11. 其他非税收入								

2017年河源市地方税务局入库税金明细年报表

编报机关:河源市地方税务局　　　　单位:万元

序号	项　目	合计				中央	省级	市级	县(区)级
		合　计	其中:本年新欠入库	2001年5月1日以后陈欠入库	2001年5月1日以前陈欠入库				
1	总　计	495376	6503	3817		80949	63777	83356	267294
2	一、税收收入合计	456430	6124	3511		80949	59307	73308	242866
3	1. 增值税	10845				5423	2711	827	1884
4	2. 消费税收入								
5	国内消费税								
6	其中:成品油消费税								
7	进口消费品消费税								
8	其中:进口成品油消费税								
9	3. 营业税	8908	973	1764		4454	2227	784	1443
10	铁路运输企业营业税								
11	金融保险业营业税	-465				-233	-116	11	-127
12	其他营业税	9373	973	1764		4687	2343	773	1570
13	4. 企业所得税	50499	840	247		30302	11699	3139	5359
14	(1)一般企业所得税	50282	839	247		30169	11654	3124	5335
15	内资企业	50264	839	247		30158	11650	3124	5332
16	外资企业	18				11	4		3
17	(2)分支机构预缴所得税	139	1			83	27	9	20
18	跨省	9				5	1	1	2

续表

序号	项　　目	合　计				中央	省级	市级	县(区)级
		合　计	其中:本年新欠入库	2001 年 5 月 1 日以后陈欠入库	2001 年 5 月 1 日以前陈欠入库				
19	内资企业	9				5	1	1	2
20	外资企业								
21	省内跨市	130	1			78	26	8	18
22	内资企业	130	1			78	26	8	18
23	外资企业								
24	市内跨县区								
25	内资企业								
26	外资企业								
27	(3)总机构预缴所得税	39				27	7	3	2
28	跨省	9				7	1	1	
29	内资企业	9				7	1	1	
30	外资企业								
31	省内跨市	30				20	6	2	2
32	内资企业	30				20	6	2	2
33	外资企业								
34	市内跨县区								
35	内资企业								
36	外资企业								

续表

序号	项　　目	合　　计				中央	省级	市级	县(区)级
		合　计	其中:本年新欠入库	2001 年 5 月 1 日以后陈欠入库	2001 年 5 月 1 日以前陈欠入库				
37	(4)分支机构汇算清缴所得税	29				18	6	3	2
38	跨省	1				1			
39	内资企业	1				1			
40	外资企业								
41	省内跨市	28				17	6	3	2
42	内资企业	28				17	6	3	2
43	外资企业								
44	市内跨县区								
45	内资企业								
46	外资企业								
47	(5)总机构汇算清缴所得税	4				3	1		
48	跨省								
49	内资企业								
50	外资企业								
51	省内跨市	4				3	1		
52	内资企业	4				3	1		
53	外资企业								
54	市内跨县区								
55	内资企业								

续表

序号	项　　目	合　计				中央	省级	市级	县(区)级
		合　计	其中:本年新欠入库	2001年5月1日以后陈欠入库	2001年5月1日以前陈欠入库				
56	外资企业								
57	(6)企业所得税待分配收入	6				2	4		
58	跨省	2				2			
59	内资企业	2				2			
60	外资企业								
61	省内跨市	4					4		
62	内资企业	4					4		
63	外资企业								
64	5. 个人所得税	67949	163	33		40770	13590	4547	9042
65	6. 资源税	11263	247	57				254	11009
66	7. 固定资产投资方向调节税								
67	8. 城市维护建设税	35641	492	239				11214	24427
68	9. 房产税	19945	409	13				6562	13383
69	10. 印花税	9516	136	148				2368	7148
70	11. 城镇土地使用税	35013	1150	29				9570	25443
71	12. 土地增值税	58159	1622	867			29080	8855	20224
72	13. 车船税	9151						3910	5241
73	14. 车辆购置税								
74	15. 烟叶税								
75	16. 耕地占用税	74884	79	101				1072	73812

续表

序号	项　　目	合　　计				中央	省级	市级	县(区)级
		合　计	其中:本年新欠入库	2001年5月1日以后陈欠入库	2001年5月1日以前陈欠入库				
76	17. 契税	64657	13	13				20206	44451
77	18. 屠宰税								
78	19. 其他税收								
79	二、其他收入合计	38946	379	306			4470	10048	24428
80	1. 教育费附加收入	17627	223	145				6149	11478
81	2. 文化事业建设费收入	1		1				1	
82	3. 税务部门罚没收入	40						12	28
83	4. 堤围费	240	5	37				80	160
84	5. 价格调节基金	6		6					6
85	6. 残疾人基金	3268		10			590	1063	1615
86	7. 地方教育附加	11746	136	107			3880	2743	5123
87	8. 交通建设附加								
88	9. 社会保险基金收入								
89	基本养老保险基金收入								
90	失业保险基金收入								
91	基本医疗保险基金收入								
92	工伤保险基金收入								
93	生育保险基金收入								
94	10. 工会会费	6018	15						6018
95	11. 其他非税收入								

2017 年梅州市地方税务局入库税金明细年报表

编报机关:梅州市地方税务局　　　　单位:万元

序号	项　目	合　计				中央	省级	市级	县(区)级
		合　计	其中:本年新欠入库	2001 年 5 月 1 日以后陈欠入库	2001 年 5 月 1 日以前陈欠入库				
1	总　计	913543	15200	8692		190977	133077	167710	421779
2	一、税收收入合计	845507	14837	8416		190977	125530	135150	393850
3	1. 增值税	7134	1			3569	1782	563	1220
4	2. 消费税收入								
5	国内消费税								
6	其中:成品油消费税								
7	进口消费品消费税								
8	其中:进口成品油消费税								
9	3. 营业税	2434	201	1190		1218	609	96	511
10	铁路运输企业营业税								
11	金融保险业营业税	-514				-257	-129	-32	-96
12	其他营业税	2948	201	1190		1475	738	128	607
13	4. 企业所得税	188511	2799	2189		113416	38329	10035	26731
14	(1)一般企业所得税	184641	2799	2189		110783	37533	10019	26306
15	内资企业	184539	2799	2189		110722	37512	10019	26286
16	外资企业	102				61	21		20
17	(2)分支机构预缴所得税	511				305	103	15	88
18	跨省								

续表

序号	项　目	合　计				中央	省级	市级	县(区)级
		合　计	其中:本年新欠入库	2001年5月1日以后陈欠入库	2001年5月1日以前陈欠入库				
19	内资企业								
20	外资企业								
21	省内跨市	511				305	103	15	88
22	内资企业	489				293	98	15	83
23	外资企业	22				12	5		5
24	市内跨县区								
25	内资企业								
26	外资企业								
27	(3)总机构预缴所得税	2631				1840	484		307
28	跨省	1032				774	129		129
29	内资企业	1032				774	129		129
30	外资企业								
31	省内跨市	1599				1066	355		178
32	内资企业	1599				1066	355		178
33	外资企业								
34	市内跨县区								
35	内资企业								
36	外资企业								

续表

序号	项目	合计				中央	省级	市级	县(区)级
		合计	其中:本年新欠入库	2001年5月1日以后陈欠入库	2001年5月1日以前陈欠入库				
37	(4)分支机构汇算清缴所得税	16				10	3	1	2
38	跨省								
39	内资企业								
40	外资企业								
41	省内跨市	16				10	3	1	2
42	内资企业	16				10	3	1	2
43	外资企业								
44	市内跨县区								
45	内资企业								
46	外资企业								
47	(5)总机构汇算清缴所得税	221				165	28		28
48	跨省	221				165	28		28
49	内资企业	221				165	28		28
50	外资企业								
51	省内跨市								
52	内资企业								
53	外资企业								
54	市内跨县区								
55	内资企业								

续表

序号	项目	合计				中央	省级	市级	县(区)级
		合计	其中:本年新欠入库	2001年5月1日以后陈欠入库	2001年5月1日以前陈欠入库				
56	外资企业								
57	(6)企业所得税待分配收入	491				313	178		
58	跨省	313				313			
59	内资企业	313				313			
60	外资企业								
61	省内跨市	178					178		
62	内资企业	178					178		
63	外资企业								
64	5. 个人所得税	121290	954	933		72774	24259	7329	16928
65	6. 资源税	47904	1021	2036				265	47639
66	7. 固定资产投资方向调节税								
67	8. 城市维护建设税	71081	271	265				43489	27592
68	9. 房产税	37952	274	95				7684	30268
69	10. 印花税	13662	49	39				4106	9556
70	11. 城镇土地使用税	46894	932	645				5088	41806
71	12. 土地增值税	121105	3987	985			60551	15514	45040
72	13. 车船税	12548						5333	7215
73	14. 车辆购置税								
74	15. 烟叶税	4616							4616
75	16. 耕地占用税	78049	4159					1851	76198

续表

序号	项目	合计				中央	省级	市级	县(区)级
		合计	其中:本年新欠入库	2001年5月1日以后陈欠入库	2001年5月1日以前陈欠入库				
76	17. 契税	92327	189	39				33797	58530
77	18. 屠宰税								
78	19. 其他税收								
79	二、其他收入合计	68036	363	276			7547	32560	27929
80	1. 教育费附加收入	32895	301	167				18604	14291
81	2. 文化事业建设费收入								
82	3. 税务部门罚没收入	27						6	21
83	4. 堤围费	190		13				68	122
84	5. 价格调节基金	4		1				−2	6
85	6. 残疾人基金	3244					630	1087	1527
86	7. 地方教育附加	21934	56	82			6917	8483	6534
87	8. 交通建设附加								
88	9. 社会保险基金收入								
89	基本养老保险基金收入								
90	失业保险基金收入								
91	基本医疗保险基金收入								
92	工伤保险基金收入								
93	生育保险基金收入								
94	10. 工会会费	9742	6	13				4314	5428
95	11. 其他非税收入								

2017 年惠州市地方税务局入库税金明细年报表

编报机关:惠州市地方税务局　　单位:万元

序号	项目	合计				中央	省级	市级	县(区)级
		合计	其中:本年新欠入库	2001 年 5 月 1 日以后陈欠入库	2001 年 5 月 1 日以前陈欠入库				
1	总计	2378879	19920	13924		454784	400821	359516	1163758
2	一、税收收入合计	2134564	17577	13043		454784	372915	318461	988404
3	1. 增值税	29808				14904	7452	2043	5409
4	2. 消费税收入								
5	国内消费税								
6	其中:成品油消费税								
7	进口消费品消费税								
8	其中:进口成品油消费税								
9	3. 营业税	11198	105	2459		5599	2799	398	2402
10	铁路运输企业营业税								
11	金融保险业营业税	-108				-54	-27	-7	-20
12	其他营业税	11306	105	2459		5653	2826	405	2422
13	4. 企业所得税	234217	1916	2445		140543	46841	10465	36368
14	(1)一般企业所得税	228529	1911	2445		137118	45706	10323	35382
15	内资企业	226118	1911	2445		135671	45224	10231	34992
16	外资企业	2411				1447	482	92	390
17	(2)分支机构预缴所得税	4768	5			2861	954	114	839
18	跨省	3618	5			2171	724	41	682

续表

序号	项　　目	合　计				中央	省级	市级	县(区)级
		合　计	其中:本年新欠入库	2001 年 5 月 1 日以后陈欠入库	2001 年 5 月 1 日以前陈欠入库				
19	内资企业	1724	5			1034	345	40	305
20	外资企业	1894				1137	379	1	377
21	省内跨市	1150				690	230	73	157
22	内资企业	1042				625	209	73	135
23	外资企业	108				65	21		22
24	市内跨县区								
25	内资企业								
26	外资企业								
27	(3)总机构预缴所得税	21				14	5	2	
28	跨省								
29	内资企业								
30	外资企业								
31	省内跨市	21				14	5	2	
32	内资企业	21				14	5	2	
33	外资企业								
34	市内跨县区								
35	内资企业								
36	外资企业								

续表

序号	项目	合计				中央	省级	市级	县(区)级
		合计	其中:本年新欠入库	2001年5月1日以后陈欠入库	2001年5月1日以前陈欠入库				
37	(4)分支机构汇算清缴所得税	819				491	163	22	143
38	跨省	628				377	126		125
39	内资企业	628				377	126		125
40	外资企业								
41	省内跨市	191				114	37	22	18
42	内资企业	191				114	37	22	18
43	外资企业								
44	市内跨县区								
45	内资企业								
46	外资企业								
47	(5)总机构汇算清缴所得税	63				46	9	4	4
48	跨省	50				37	6	3	4
49	内资企业	50				37	6	3	4
50	外资企业								
51	省内跨市	13				9	3	1	
52	内资企业	13				9	3	1	
53	外资企业								
54	市内跨县区								
55	内资企业								

续表

序号	项　　目	合　计				中央	省级	市级	县(区)级
		合　计	其中:本年新欠入库	2001年5月1日以后陈欠入库	2001年5月1日以前陈欠入库				
56	外资企业								
57	(6)企业所得税待分配收入	17				13	4		
58	跨省	13				13			
59	内资企业	13				13			
60	外资企业								
61	省内跨市	4					4		
62	内资企业	4					4		
63	外资企业								
64	5. 个人所得税	489563	2578	334		293738	97912	27201	70712
65	6. 资源税	5738	4	3				211	5527
66	7. 固定资产投资方向调节税								
67	8. 城市维护建设税	257947	3231	600				93233	164714
68	9. 房产税	123134	1265	740				30870	92264
69	10. 印花税	59124	292	87				17412	41712
70	11. 城镇土地使用税	107185	2566	1488				14781	92404
71	12. 土地增值税	435822	5582	4591			217911	39688	178223
72	13. 车船税	34380		133				12769	21611
73	14. 车辆购置税								
74	15. 烟叶税								
75	16. 耕地占用税	51606						3423	48183

续表

序号	项　　目	合　计				中央	省级	市级	县(区)级
		合　计	其中:本年新欠入库	2001年5月1日以后陈欠入库	2001年5月1日以前陈欠入库				
76	17. 契税	294842	38	163				65967	228875
77	18. 屠宰税								
78	19. 其他税收								
79	二、其他收入合计	244315	2343	881			27906	41055	175354
80	1. 教育费附加收入	116719	1356	401				20702	96017
81	2. 文化事业建设费收入	2		2			1		1
82	3. 税务部门罚没收入	147	4	2				64	83
83	4. 堤围费	24		8				4	20
84	5. 价格调节基金	167		167				167	
85	6. 残疾人基金	18213		4			2815	10744	4654
86	7. 地方教育附加	77759	903	268			25090	9374	43295
87	8. 交通建设附加								
88	9. 社会保险基金收入								
89	基本养老保险基金收入								
90	失业保险基金收入								
91	基本医疗保险基金收入								
92	工伤保险基金收入								
93	生育保险基金收入								
94	10. 工会会费	31284	80	29					31284
95	11. 其他非税收入								

2017 年汕尾市地方税务局入库税金明细年报表

编报机关:汕尾市地方税务局

单位:万元

序号	项目	合计				中央	省级	市级	县(区)级
		合计	其中:本年新欠入库	2001 年 5 月 1 日以后陈欠入库	2001 年 5 月 1 日以前陈欠入库				
1	总计	244040	1492	444		48748	37880	50888	106524
2	一、税收收入合计	223488	1389	422		48748	35556	45542	93642
3	1. 增值税	2633	21			1317	658	188	470
4	2. 消费税收入								
5	国内消费税								
6	其中:成品油消费税								
7	进口消费品消费税								
8	其中:进口成品油消费税								
9	3. 营业税	286	6	7		142	72	16	56
10	铁路运输企业营业税								
11	金融保险业营业税	-77				-39	-19		-19
12	其他营业税	363	6	7		181	91	16	75
13	4. 企业所得税	40486	145	62		24291	8097	1880	6218
14	(1)一般企业所得税	40423	145	62		24254	8085	1875	6209
15	内资企业	40391	145	62		24235	8078	1873	6205
16	外资企业	32				19	7	2	4
17	(2)分支机构预缴所得税	62				37	12	5	8
18	跨省	37				22	7		8

续表

序号	项目	合计				中央	省级	市级	县(区)级
		合计	其中:本年新欠入库	2001年5月1日以后陈欠入库	2001年5月1日以前陈欠入库				
19	内资企业	37				22	7		8
20	外资企业								
21	省内跨市	25				15	5	5	
22	内资企业	25				15	5	5	
23	外资企业								
24	市内跨县区								
25	内资企业								
26	外资企业								
27	(3)总机构预缴所得税								
28	跨省								
29	内资企业								
30	外资企业								
31	省内跨市								
32	内资企业								
33	外资企业								
34	市内跨县区								
35	内资企业								
36	外资企业								

续表

序号	项目	合计				中央	省级	市级	县(区)级
		合计	其中:本年新欠入库	2001年5月1日以后陈欠入库	2001年5月1日以前陈欠入库				
37	(4)分支机构汇算清缴所得税	1							1
38	跨省	1							1
39	内资企业	1							1
40	外资企业								
41	省内跨市								
42	内资企业								
43	外资企业								
44	市内跨县区								
45	内资企业								
46	外资企业								
47	(5)总机构汇算清缴所得税								
48	跨省								
49	内资企业								
50	外资企业								
51	省内跨市								
52	内资企业								
53	外资企业								
54	市内跨县区								
55	内资企业								

续表

序号	项　　目	合　　计				中央	省级	市级	县(区)级
		合　计	其中:本年新欠入库	2001 年 5 月 1 日以后陈欠入库	2001 年 5 月 1 日以前陈欠入库				
56	外资企业								
57	(6)企业所得税待分配收入								
58	跨省								
59	内资企业								
60	外资企业								
61	省内跨市								
62	内资企业								
63	外资企业								
64	5. 个人所得税	38331	70	28		22998	7666	3010	4657
65	6. 资源税	185	1					81	104
66	7. 固定资产投资方向调节税								
67	8. 城市维护建设税	20411	65	8				7600	12811
68	9. 房产税	10189	25	12				4553	5636
69	10. 印花税	5375	23	2				2765	2610
70	11. 城镇土地使用税	8891	444	110				2504	6387
71	12. 土地增值税	38126	561				19063	2908	16155
72	13. 车船税	5188						1174	4014
73	14. 车辆购置税								
74	15. 烟叶税								
75	16. 耕地占用税	17173						6042	11131

续表

序号	项　　目	合　　计				中央	省级	市级	县(区)级
		合　计	其中:本年新欠入库	2001 年 5 月 1 日以后陈欠入库	2001 年 5 月 1 日以前陈欠入库				
76	17. 契税	36214	28	193				12821	23393
77	18. 屠宰税								
78	19. 其他税收								
79	二、其他收入合计	20552	103	22			2324	5346	12882
80	1. 教育费附加收入	10017	54	3				3544	6473
81	2. 文化事业建设费收入								
82	3. 税务部门罚没收入	13						4	9
83	4. 堤围费	30	1	4				6	24
84	5. 价格调节基金	–1							–1
85	6. 残疾人基金	1000					150	416	434
86	7. 地方教育附加	6713	36	2			2174	1376	3163
87	8. 交通建设附加								
88	9. 社会保险基金收入								
89	基本养老保险基金收入								
90	失业保险基金收入								
91	基本医疗保险基金收入								
92	工伤保险基金收入								
93	生育保险基金收入								
94	10. 工会会费	2780	12	13					2780
95	11. 其他非税收入								

2017年东莞市地方税务局入库税金明细年报表

编报机关:东莞市地方税务局　　　　单位:万元

序号	项目	合计				中央	省级	市级	县(区)级
		合计	其中:本年新欠入库	2001年5月1日以后陈欠入库	2001年5月1日以前陈欠入库				
1	总计	5339995	24917	21120		1601481	864030	2874484	
2	一、税收收入合计	4777654	22482	19455		1601481	794388	2381785	
3	1. 增值税	74170	19	74		37086	18542	18542	
4	2. 消费税收入								
5	国内消费税								
6	其中:成品油消费税								
7	进口消费品消费税								
8	其中:进口成品油消费税								
9	3. 营业税	17948	296	4629		8974	4487	4487	
10	铁路运输企业营业税								
11	金融保险业营业税	5621	321	147		2811	1405	1405	
12	其他营业税	12327	-25	4482		6163	3082	3082	
13	4. 企业所得税	1237342	8588	625		748653	244558	244131	
14	(1)一般企业所得税	1197855	8585	624		718713	239572	239570	
15	内资企业	660364	8035	603		396218	132074	132072	
16	外资企业	537491	550	21		322495	107498	107498	
17	(2)分支机构预缴所得税	5565				3341	1112	1112	
18	跨省	4570				2742	914	914	

续表

序号	项目	合计				中央	省级	市级	县(区)级
		合计	其中:本年新欠入库	2001年5月1日以后陈欠入库	2001年5月1日以前陈欠入库				
19	内资企业	2740				1644	548	548	
20	外资企业	1830				1098	366	366	
21	省内跨市	995				599	198	198	
22	内资企业	918				552	183	183	
23	外资企业	77				47	15	15	
24	市内跨县区								
25	内资企业								
26	外资企业								
27	(3)总机构预缴所得税	20216	2			15005	2710	2501	
28	跨省	18324	2			13744	2290	2290	
29	内资企业	6066	2			4550	758	758	
30	外资企业	12258				9194	1532	1532	
31	省内跨市	1892				1261	420	211	
32	内资企业	536				357	119	60	
33	外资企业	1356				904	301	151	
34	市内跨县区								
35	内资企业								
36	外资企业								

续表

序号	项　　目	合　　计				中央	省级	市级	县(区)级
		合　计	其中:本年新欠入库	2001年5月1日以后陈欠入库	2001年5月1日以前陈欠入库				
37	(4)分支机构汇算清缴所得税	557				333	112	112	
38	跨省	474				284	95	95	
39	内资企业	399				239	80	80	
40	外资企业	75				45	15	15	
41	省内跨市	83				49	17	17	
42	内资企业	73				43	15	15	
43	外资企业	10				6	2	2	
44	市内跨县区								
45	内资企业								
46	外资企业								
47	(5)总机构汇算清缴所得税	6689	1	1		5014	839	836	
48	跨省	6664				4998	833	833	
49	内资企业	3919				2939	490	490	
50	外资企业	2745				2059	343	343	
51	省内跨市	25	1	1		16	6	3	
52	内资企业	19	1	1		12	5	2	
53	外资企业	6				4	1	1	
54	市内跨县区								
55	内资企业								

续表

序号	项　　目	合　　计				中央	省级	市级	县(区)级
		合　计	其中:本年新欠入库	2001 年 5 月 1 日以后陈欠入库	2001 年 5 月 1 日以前陈欠入库				
56	外资企业								
57	(6)企业所得税待分配收入	6460				6247	213		
58	跨省	6247				6247			
59	内资企业	2496				2496			
60	外资企业	3751				3751			
61	省内跨市	213					213		
62	内资企业	62					62		
63	外资企业	151					151		
64	5. 个人所得税	1344614	2316	735		806768	268923	268923	
65	6. 资源税	220						220	
66	7. 固定资产投资方向调节税								
67	8. 城市维护建设税	523704	2503	1328				523704	
68	9. 房产税	280332	2927	1274				280332	
69	10. 印花税	139771	669	606				139771	
70	11. 城镇土地使用税	169426	1870	788				169426	
71	12. 土地增值税	515756	2856	9343			257878	257878	
72	13. 车船税	105713						105713	
73	14. 车辆购置税								
74	15. 烟叶税								
75	16. 耕地占用税	35017	194	1				35017	

续表

序号	项目	合计				中央	省级	市级	县(区)级
		合计	其中:本年新欠入库	2001年5月1日以后陈欠入库	2001年5月1日以前陈欠入库				
76	17. 契税	333641	244	52				333641	
77	18. 屠宰税								
78	19. 其他税收								
79	二、其他收入合计	562341	2435	1665			69642	492699	
80	1. 教育费附加收入	278768	1390	908				278768	
81	2. 文化事业建设费收入	2						2	
82	3. 税务部门罚没收入	747	2	7				747	
83	4. 堤围费	301	10	116				301	
84	5. 价格调节基金								
85	6. 残疾人基金	64815					9768	55047	
86	7. 地方教育附加	186314	930	627			59874	126440	
87	8. 交通建设附加								
88	9. 社会保险基金收入								
89	基本养老保险基金收入								
90	失业保险基金收入								
91	基本医疗保险基金收入								
92	工伤保险基金收入								
93	生育保险基金收入								
94	10. 工会会费	31394	103	7				31394	
95	11. 其他非税收入								

2017 年中山市地方税务局入库税金明细年报表

编报机关:中山市地方税务局　　　　单位:万元

序号	项　　目	合　计				中央	省级	市级	县(区)级
		合　计	其中:本年新欠入库	2001 年 5 月 1 日以后陈欠入库	2001 年 5 月 1 日以前陈欠入库				
1	总　　计	2327751	23323	13852		533860	388663	1217675	187553
2	一、税收收入合计	2098636	21986	13133		533860	362436	1038489	163851
3	1. 增值税	81084	377			40542	20271	18963	1308
4	2. 消费税收入								
5	国内消费税								
6	其中:成品油消费税								
7	进口消费品消费税								
8	其中:进口成品油消费税								
9	3. 营业税	9746	134	4281		4873	2437	2353	83
10	铁路运输企业营业税								
11	金融保险业营业税	-69				-34	-17	-18	
12	其他营业税	9815	134	4281		4907	2454	2371	83
13	4. 企业所得税	312375	2560	1066		187879	62307	51512	10677
14	(1)一般企业所得税	308259	2558	1066		184955	61651	51086	10567
15	内资企业	300757	2558	1066		180454	60151	49757	10395
16	外资企业	7502				4501	1500	1329	172
17	(2)分支机构预缴所得税	1083				650	217	195	21
18	跨省	369				221	75	65	8

续表

序号	项　目	合　计				中央	省级	市级	县(区)级
		合　计	其中:本年新欠入库	2001年5月1日以后陈欠入库	2001年5月1日以前陈欠入库				
19	内资企业	369				221	75	65	8
20	外资企业								
21	省内跨市	714				429	142	130	13
22	内资企业	691				415	138	125	13
23	外资企业	23				14	4	5	
24	市内跨县区								
25	内资企业								
26	外资企业								
27	(3)总机构预缴所得税	1749				1269	269	203	8
28	跨省	1232				924	154	146	8
29	内资企业	1232				924	154	146	8
30	外资企业								
31	省内跨市	517				345	115	57	
32	内资企业	517				345	115	57	
33	外资企业								
34	市内跨县区								
35	内资企业								
36	外资企业								

续表

序号	项目	合计				中央	省级	市级	县(区)级
		合计	其中:本年新欠入库	2001年5月1日以后陈欠入库	2001年5月1日以前陈欠入库				
37	(4)分支机构汇算清缴所得税	177				106	36	19	16
38	跨省	138				83	27	12	16
39	内资企业	138				83	27	12	16
40	外资企业								
41	省内跨市	39				23	9	7	
42	内资企业	39				23	9	7	
43	外资企业								
44	市内跨县区								
45	内资企业								
46	外资企业								
47	(5)总机构汇算清缴所得税	594	2			445	75	9	65
48	跨省	583	2			437	73	8	65
49	内资企业	583	2			437	73	8	65
50	外资企业								
51	省内跨市	11				8	2	1	
52	内资企业	11				8	2	1	
53	外资企业								
54	市内跨县区								
55	内资企业								

续表

序号	项目	合计				中央	省级	市级	县(区)级
		合计	其中:本年新欠入库	2001年5月1日以后陈欠入库	2001年5月1日以前陈欠入库				
56	外资企业								
57	(6)企业所得税待分配收入	513				454	59		
58	跨省	454				454			
59	内资企业	454				454			
60	外资企业								
61	省内跨市	59					59		
62	内资企业	59					59		
63	外资企业								
64	5. 个人所得税	500944	3166	525		300566	100189	86054	14135
65	6. 资源税	24						24	
66	7. 固定资产投资方向调节税								
67	8. 城市维护建设税	193886	1301	770				162202	31684
68	9. 房产税	190903	1054	611				162831	28072
69	10. 印花税	47335	308	55				38325	9010
70	11. 城镇土地使用税	76060	1559	1569				67630	8430
71	12. 土地增值税	354464	9960	4256			177232	155663	21569
72	13. 车船税	36581	1					36502	79
73	14. 车辆购置税								
74	15. 烟叶税								
75	16. 耕地占用税	13790						11179	2611

续表

序号	项　　目	合　　计				中央	省级	市级	县(区)级
		合　计	其中:本年新欠入库	2001 年 5 月 1 日以后陈欠入库	2001 年 5 月 1 日以前陈欠入库				
76	17. 契税	281444	1566					245251	36193
77	18. 屠宰税								
78	19. 其他税收								
79	二、其他收入合计	229115	1337	719			26227	179186	23702
80	1. 教育费附加收入	98027	715	384				87538	10489
81	2. 文化事业建设费收入	28		2			8	20	
82	3. 税务部门罚没收入	132	11	-20				118	14
83	4. 堤围费	189	5	57				187	2
84	5. 价格调节基金								
85	6. 残疾人基金	28427					4750	20112	3565
86	7. 地方教育附加	65330	478	240			21469	40370	3491
87	8. 交通建设附加								
88	9. 社会保险基金收入								
89	基本养老保险基金收入								
90	失业保险基金收入								
91	基本医疗保险基金收入								
92	工伤保险基金收入								
93	生育保险基金收入								
94	10. 工会会费	36982	128	56				30841	6141
95	11. 其他非税收入								

2017年江门市地方税务局入库税金明细年报表

编报机关:江门市地方税务局 单位:万元

序号	项目	合计				中央	省级	市级	县(区)级
		合计	其中:本年新欠入库	2001年5月1日以后陈欠入库	2001年5月1日以前陈欠入库				
1	总计	1662625	18553	8575		351663	271280	220150	819532
2	一、税收收入合计	1499897	17615	8003		351663	253997	201043	693194
3	1. 增值税	18704	41			9352	4676	1053	3623
4	2. 消费税收入								
5	国内消费税								
6	其中:成品油消费税								
7	进口消费品消费税								
8	其中:进口成品油消费税								
9	3. 营业税	6632	176	1853		3316	1658	330	1328
10	铁路运输企业营业税								
11	金融保险业营业税	1360		39		680	340	77	263
12	其他营业税	5272	176	1814		2636	1318	253	1065
13	4. 企业所得税	272338	2890	1113		163403	54543	12318	42074
14	(1)一般企业所得税	270993	2890	1113		162596	54198	12275	41924
15	内资企业	268822	2888	1113		161293	53764	12256	41509
16	外资企业	2171	2			1303	434	19	415
17	(2)分支机构预缴所得税	509				305	102	37	65
18	跨省	81				48	16	8	9

续表

序号	项　　目	合　计				中央	省级	市级	县(区)级
		合　计	其中:本年新欠入库	2001年5月1日以后陈欠入库	2001年5月1日以前陈欠入库				
19	内资企业	81				48	16	8	9
20	外资企业								
21	省内跨市	428				257	86	29	56
22	内资企业	367				220	74	27	46
23	外资企业	61				37	12	2	10
24	市内跨县区								
25	内资企业								
26	外资企业								
27	(3)总机构预缴所得税	682				455	152	1	74
28	跨省								
29	内资企业								
30	外资企业								
31	省内跨市	682				455	152	1	74
32	内资企业	682				455	152	1	74
33	外资企业								
34	市内跨县区								
35	内资企业								
36	外资企业								

续表

序号	项　　目	合　计				中央	省级	市级	县(区)级
		合　计	其中:本年新欠入库	2001年5月1日以后陈欠入库	2001年5月1日以前陈欠入库				
37	(4)分支机构汇算清缴所得税	78				47	15	5	11
38	跨省	26				15	5		6
39	内资企业	26				15	5		6
40	外资企业								
41	省内跨市	52				32	10	5	5
42	内资企业	51				31	10	5	5
43	外资企业	1				1			
44	市内跨县区								
45	内资企业								
46	外资企业								
47	(5)总机构汇算清缴所得税								
48	跨省								
49	内资企业								
50	外资企业								
51	省内跨市								
52	内资企业								
53	外资企业								
54	市内跨县区								
55	内资企业								

续表

序号	项目	合计				中央	省级	市级	县(区)级
		合计	其中:本年新欠入库	2001年5月1日以后陈欠入库	2001年5月1日以前陈欠入库				
56	外资企业								
57	(6)企业所得税待分配收入	76					76		
58	跨省								
59	内资企业								
60	外资企业								
61	省内跨市	76					76		
62	内资企业	76					76		
63	外资企业								
64	5. 个人所得税	292654	1279	476		175592	58531	14801	43730
65	6. 资源税	6613	113	48				929	5684
66	7. 固定资产投资方向调节税								
67	8. 城市维护建设税	156107	1312	568				36551	119556
68	9. 房产税	101995	1716	558				27023	74972
69	10. 印花税	39031	713	100				9873	29158
70	11. 城镇土地使用税	90555	4439	1967				13988	76567
71	12. 土地增值税	269179	2603	1125			134589	30936	103654
72	13. 车船税	28001	23					7030	20971
73	14. 车辆购置税								
74	15. 烟叶税								
75	16. 耕地占用税	16048	1430	132				1637	14411

续表

序号	项　目	合　计				中央	省级	市级	县(区)级
		合　计	其中:本年新欠入库	2001年5月1日以后陈欠入库	2001年5月1日以前陈欠入库				
76	17. 契税	202040	880	63				44574	157466
77	18. 屠宰税								
78	19. 其他税收								
79	二、其他收入合计	162728	938	572			17283	19107	126338
80	1. 教育费附加收入	71172	473	213				11538	59634
81	2. 文化事业建设费收入	1						1	
82	3. 税务部门罚没收入	67	2	1					67
83	4. 堤围费	-342	7	99				-156	-186
84	5. 价格调节基金	33		33				32	1
85	6. 残疾人基金	13213		3			1992	2640	8581
86	7. 地方教育附加	47397	320	140			15291	5052	27054
87	8. 交通建设附加								
88	9. 社会保险基金收入								
89	基本养老保险基金收入								
90	失业保险基金收入								
91	基本医疗保险基金收入								
92	工伤保险基金收入								
93	生育保险基金收入								
94	10. 工会会费	31187	136	83					31187
95	11. 其他非税收入								

2017 年阳江市地方税务局入库税金明细年报表

编报机关:阳江市地方税务局　　　　单位:万元

序号	项目	合计				中央	省级	市级	县(区)级
		合计	其中:本年新欠入库	2001 年 5 月 1 日以后陈欠入库	2001 年 5 月 1 日以前陈欠入库				
1	总计	435000	11881	9280		86744	79042	63756	205458
2	一、税收收入合计	399605	11665	8394		86744	74897	57643	180321
3	1. 增值税	3944	67	27		1972	986	293	693
4	2. 消费税收入								
5	国内消费税								
6	其中:成品油消费税								
7	进口消费品消费税								
8	其中:进口成品油消费税								
9	3. 营业税	6938	1764	2556		3469	1734	223	1512
10	铁路运输企业营业税								
11	金融保险业营业税	-147		-2		-74	-37	-2	-34
12	其他营业税	7085	1764	2558		3543	1771	225	1546
13	4. 企业所得税	68422	2711	1310		41052	13768	3602	10000
14	(1)一般企业所得税	67077	2711	1310		40246	13416	3533	9882
15	内资企业	67067	2711	1310		40240	13414	3533	9880
16	外资企业	10				6	2		2
17	(2)分支机构预缴所得税	519				311	104	7	97
18	跨省	31				19	6	4	2

续表

序号	项目	合计				中央	省级	市级	县(区)级
		合计	其中:本年新欠入库	2001年5月1日以后陈欠入库	2001年5月1日以前陈欠入库				
19	内资企业	31				19	6	4	2
20	外资企业								
21	省内跨市	488				292	98	3	95
22	内资企业	464				278	93	3	90
23	外资企业	24				14	5		5
24	市内跨县区								
25	内资企业								
26	外资企业								
27	(3)总机构预缴所得税	743				495	165	62	21
28	跨省								
29	内资企业								
30	外资企业								
31	省内跨市	743				495	165	62	21
32	内资企业	743				495	165	62	21
33	外资企业								
34	市内跨县区								
35	内资企业								
36	外资企业								

续表

序号	项目	合计				中央	省级	市级	县(区)级
		合计	其中:本年新欠入库	2001年5月1日以后陈欠入库	2001年5月1日以前陈欠入库				
37	(4)分支机构汇算清缴所得税								
38	跨省								
39	内资企业								
40	外资企业								
41	省内跨市								
42	内资企业								
43	外资企业								
44	市内跨县区								
45	内资企业								
46	外资企业								
47	(5)总机构汇算清缴所得税								
48	跨省								
49	内资企业								
50	外资企业								
51	省内跨市								
52	内资企业								
53	外资企业								
54	市内跨县区								
55	内资企业								

续表

序号	项目	合计				中央	省级	市级	县(区)级
		合计	其中:本年新欠入库	2001年5月1日以后陈欠入库	2001年5月1日以前陈欠入库				
56	外资企业								
57	(6)企业所得税待分配收入	83					83		
58	跨省								
59	内资企业								
60	外资企业								
61	省内跨市	83					83		
62	内资企业	83					83		
63	外资企业								
64	5. 个人所得税	67085	207	141		40251	13417	3689	9728
65	6. 资源税	4601	199	90				471	4130
66	7. 固定资产投资方向调节税								
67	8. 城市维护建设税	36457	772	359				9280	27177
68	9. 房产税	21826	369	350				4299	17527
69	10. 印花税	9507	100	111				1345	8162
70	11. 城镇土地使用税	22172	965	1317				3221	18951
71	12. 土地增值税	89983	4368	2007			44992	6246	38745
72	13. 车船税	11401		4				4770	6631
73	14. 车辆购置税								
74	15. 烟叶税								
75	16. 耕地占用税	21590						5868	15722

续表

序号	项目	合计				中央	省级	市级	县(区)级
		合计	其中:本年新欠入库	2001年5月1日以后陈欠入库	2001年5月1日以前陈欠入库				
76	17. 契税	35679	143	122				14336	21343
77	18. 屠宰税								
78	19. 其他税收								
79	二、其他收入合计	35395	216	886			4145	6113	25137
80	1. 教育费附加收入	17137	125	726				3844	13293
81	2. 文化事业建设费收入	1							1
82	3. 税务部门罚没收入	6						3	3
83	4. 堤围费	206	3	75				22	184
84	5. 价格调节基金	15						15	
85	6. 残疾人基金	1896					330	621	945
86	7. 地方教育附加	11424	84	81			3815	1608	6001
87	8. 交通建设附加								
88	9. 社会保险基金收入								
89	基本养老保险基金收入								
90	失业保险基金收入								
91	基本医疗保险基金收入								
92	工伤保险基金收入								
93	生育保险基金收入								
94	10. 工会会费	4710	4	4					4710
95	11. 其他非税收入								

2017年湛江市地方税务局入库税金明细年报表

编报机关：湛江市地方税务局　　　　单位：万元

序号	项　目	合　计				中央	省级	市级	县(区)级
		合　计	其中：本年新欠入库	2001年5月1日以后陈欠入库	2001年5月1日以前陈欠入库				
1	总　计	852067	6151	6346		165139	134220	204571	348137
2	一、税收收入合计	736372	5730	5004		165139	121511	162730	286992
3	1. 增值税	5365	71			2683	1341	299	1042
4	2. 消费税收入								
5	国内消费税								
6	其中：成品油消费税								
7	进口消费品消费税								
8	其中：进口成品油消费税								
9	3. 营业税	4884	86	2398		2442	1222	635	585
10	铁路运输企业营业税								
11	金融保险业营业税	-846		1		-423	-211	-109	-103
12	其他营业税	5730	86	2397		2865	1433	744	688
13	4. 企业所得税	116336	695	264		69878	23239	6552	16667
14	(1)一般企业所得税	115235	695	264		69141	23047	6456	16591
15	内资企业	105130	695	264		63078	21026	5411	15615
16	外资企业	10105				6063	2021	1045	976
17	(2)分支机构预缴所得税	560				336	112	69	43
18	跨省	354				212	71	53	18

续表

序号	项目	合计				中央	省级	市级	县(区)级
		合计	其中:本年新欠入库	2001年5月1日以后陈欠入库	2001年5月1日以前陈欠入库				
19	内资企业	354				212	71	53	18
20	外资企业								
21	省内跨市	206				124	41	16	25
22	内资企业	205				123	41	16	25
23	外资企业	1				1			
24	市内跨县区								
25	内资企业								
26	外资企业								
27	(3)总机构预缴所得税	394				288	58	21	27
28	跨省	303				227	38	14	24
29	内资企业	303				227	38	14	24
30	外资企业								
31	省内跨市	91				61	20	7	3
32	内资企业	91				61	20	7	3
33	外资企业								
34	市内跨县区								
35	内资企业								
36	外资企业								

续表

序号	项　　目	合　　计				中央	省级	市级	县(区)级
		合　计	其中:本年新欠入库	2001 年 5 月 1 日以后陈欠入库	2001 年 5 月 1 日以前陈欠入库				
37	(4)分支机构汇算清缴所得税	56				33	11	6	6
38	跨省	31				18	6	4	3
39	内资企业	31				18	6	4	3
40	外资企业								
41	省内跨市	25				15	5	2	3
42	内资企业	25				15	5	2	3
43	外资企业								
44	市内跨县区								
45	内资企业								
46	外资企业								
47	(5)总机构汇算清缴所得税	4				3	1		
48	跨省	4				3	1		
49	内资企业	4				3	1		
50	外资企业								
51	省内跨市								
52	内资企业								
53	外资企业								
54	市内跨县区								
55	内资企业								

续表

序号	项目	合计				中央	省级	市级	县(区)级
		合计	其中:本年新欠入库	2001年5月1日以后陈欠入库	2001年5月1日以前陈欠入库				
56	外资企业								
57	(6)企业所得税待分配收入	87				77	10		
58	跨省	77				77			
59	内资企业	77				77			
60	外资企业								
61	省内跨市	10					10		
62	内资企业	10					10		
63	外资企业								
64	5. 个人所得税	150226	254	84		90136	30045	10928	19117
65	6. 资源税	2243	50	28				74	2169
66	7. 固定资产投资方向调节税								
67	8. 城市维护建设税	126974	467	318			14	55990	70970
68	9. 房产税	30733	358	173				11969	18764
69	10. 印花税	17909	98	11				6138	11771
70	11. 城镇土地使用税	22266	557	159				7606	14660
71	12. 土地增值税	131300	2992	1538			65650	19296	46354
72	13. 车船税	17326						11357	5969
73	14. 车辆购置税								
74	15. 烟叶税								
75	16. 耕地占用税	15320							15320

续表

序号	项　　目	合　　计				中央	省级	市级	县(区)级
		合　计	其中:本年新欠入库	2001 年 5 月 1 日以后陈欠入库	2001 年 5 月 1 日以前陈欠入库				
76	17. 契税	95490	102	31				31886	63604
77	18. 屠宰税								
78	19. 其他税收								
79	二、其他收入合计	115695	421	1342			12709	41841	61145
80	1. 教育费附加收入	55996	213	568			7	25728	30261
81	2. 文化事业建设费收入	2		1			1		1
82	3. 税务部门罚没收入	216	1	2				106	110
83	4. 堤围费	288	4	154				105	183
84	5. 价格调节基金								
85	6. 残疾人基金	5451		3			819	3954	678
86	7. 地方教育附加	37560	148	612			11882	11948	13730
87	8. 交通建设附加								
88	9. 社会保险基金收入								
89	基本养老保险基金收入								
90	失业保险基金收入								
91	基本医疗保险基金收入								
92	工伤保险基金收入								
93	生育保险基金收入								
94	10. 工会会费	16182	55	2					16182
95	11. 其他非税收入								

2017年茂名市地方税务局入库税金明细年报表

编报机关:茂名市地方税务局　　　　单位:万元

序号	项目	合计				中央	省级	市级	县(区)级
		合计	其中:本年新欠入库	2001年5月1日以后陈欠入库	2001年5月1日以前陈欠入库				
1	总计	1068631	55690	6370		162146	200105	337924	368456
2	一、税收收入合计	925165	54967	6156		162146	183954	240509	338556
3	1. 增值税	9100	98			4550	2275	229	2046
4	2. 消费税收入								
5	国内消费税								
6	其中:成品油消费税								
7	进口消费品消费税								
8	其中:进口成品油消费税								
9	3. 营业税	5164	35	1747		2583	1291	207	1083
10	铁路运输企业营业税								
11	金融保险业营业税	-595				-297	-149	8	-157
12	其他营业税	5759	35	1747		2880	1440	199	1240
13	4. 企业所得税	162193	4332	947		98211	32328	8519	23135
14	(1)一般企业所得税	153256	4332	947		91954	30651	8214	22437
15	内资企业	153011	4332	947		91807	30602	8185	22417
16	外资企业	245				147	49	29	20
17	(2)分支机构预缴所得税	255				153	51	26	25
18	跨省	116				70	23	15	8

续表

序号	项目	合计				中央	省级	市级	县(区)级
		合计	其中:本年新欠入库	2001年5月1日以后陈欠入库	2001年5月1日以前陈欠入库				
19	内资企业	116				70	23	15	8
20	外资企业								
21	省内跨市	139				83	28	11	17
22	内资企业	139				83	28	11	17
23	外资企业								
24	市内跨县区								
25	内资企业								
26	外资企业								
27	(3)总机构预缴所得税	7429	1			5195	1285	278	671
28	跨省	3575				2681	447	39	408
29	内资企业	3575				2681	447	39	408
30	外资企业								
31	省内跨市	3854	1			2514	838	239	263
32	内资企业	3854	1			2514	838	239	263
33	外资企业								
34	市内跨县区								
35	内资企业								
36	外资企业								

续表

序号	项　目	合　计				中央	省级	市级	县(区)级
		合　计	其中:本年新欠入库	2001 年 5 月 1 日以后陈欠入库	2001 年 5 月 1 日以前陈欠入库				
37	(4)分支机构汇算清缴所得税	14				8	3	1	2
38	跨省								
39	内资企业								
40	外资企业								
41	省内跨市	14				8	3	1	2
42	内资企业	14				8	3	1	2
43	外资企业								
44	市内跨县区								
45	内资企业								
46	外资企业								
47	(5)总机构汇算清缴所得税	7				6	1		
48	跨省	6				5	1		
49	内资企业	6				5	1		
50	外资企业								
51	省内跨市	1				1			
52	内资企业	1				1			
53	外资企业								
54	市内跨县区								
55	内资企业								

续表

序号	项　目	合　计				中央	省级	市级	县(区)级
		合　计	其中:本年新欠入库	2001年5月1日以后陈欠入库	2001年5月1日以前陈欠入库				
56	外资企业								
57	(6)企业所得税待分配收入	1232	-1			895	337		
58	跨省	895				895			
59	内资企业	895				895			
60	外资企业								
61	省内跨市	337	-1				337		
62	内资企业	337	-1				337		
63	外资企业								
64	5. 个人所得税	94670	4818	610		56802	18934	7169	11765
65	6. 资源税	4799	107	28				648	4151
66	7. 固定资产投资方向调节税								
67	8. 城市维护建设税	176543	958	121				147462	29081
68	9. 房产税	22037	820	201				7797	14240
69	10. 印花税	10909	261	58				3674	7235
70	11. 城镇土地使用税	24606	803	591				13736	10870
71	12. 土地增值税	258251	36386	1827			129126	14802	114323
72	13. 车船税	18723	137	20				6447	12276
73	14. 车辆购置税								
74	15. 烟叶税								
75	16. 耕地占用税	34348							34348

续表

序号	项　　目	合　　计				中央	省级	市级	县(区)级
		合　计	其中:本年新欠入库	2001年5月1日以后陈欠入库	2001年5月1日以前陈欠入库				
76	17. 契税	103822	6212	6				29819	74003
77	18. 屠宰税								
78	19. 其他税收								
79	二、其他收入合计	143466	723	214			16151	97415	29900
80	1. 教育费附加收入	75695	414	72				63046	12649
81	2. 文化事业建设费收入								
82	3. 税务部门罚没收入	93		1				54	39
83	4. 堤围费	3855	3	34				3660	195
84	5. 价格调节基金	44		42				2	42
85	6. 残疾人基金	2968					679	1380	909
86	7. 地方教育附加	50478	267	48			15472	29273	5733
87	8. 交通建设附加								
88	9. 社会保险基金收入								
89	基本养老保险基金收入								
90	失业保险基金收入								
91	基本医疗保险基金收入								
92	工伤保险基金收入								
93	生育保险基金收入								
94	10. 工会会费	10261	39	17					10261
95	11. 其他非税收入	72							72

2017年肇庆市地方税务局入库税金明细年报表

编报机关:肇庆市地方税务局　　　　单位:万元

序号	项　　目	合　　计				中央	省级	市级	县(区)级
		合　计	其中:本年新欠入库	2001年5月1日以后陈欠入库	2001年5月1日以前陈欠入库				
1	总　　计	790518	11439	10191		162240	144755	126511	357012
2	一、税收收入合计	717144	10876	9951		162240	137364	106092	311448
3	1. 增值税	12364	166	2		6183	3091	737	2353
4	2. 消费税收入								
5	国内消费税								
6	其中:成品油消费税								
7	进口消费品消费税								
8	其中:进口成品油消费税								
9	3. 营业税	4334	71	1394		2166	1084	371	713
10	铁路运输企业营业税								
11	金融保险业营业税	642				320	160	177	-15
12	其他营业税	3692	71	1394		1846	924	194	728
13	4. 企业所得税	122425	2841	741		73689	24371	7074	17291
14	(1)一般企业所得税	120590	2841	741		72353	24118	6959	17160
15	内资企业	116747	2841	741		70047	23349	6947	16404
16	外资企业	3843				2306	769	12	756
17	(2)分支机构预缴所得税	607				363	121	41	82
18	跨省	75				44	15	4	12

续表

序号	项　　目	合　计				中央	省级	市级	县(区)级
		合　计	其中:本年新欠入库	2001 年 5 月 1 日以后陈欠入库	2001 年 5 月 1 日以前陈欠入库				
19	内资企业	75				44	15	4	12
20	外资企业								
21	省内跨市	532				319	106	37	70
22	内资企业	485				291	96	35	63
23	外资企业	47				28	10	2	7
24	市内跨县区								
25	内资企业								
26	外资企业								
27	(3)总机构预缴所得税	809				605	104	65	35
28	跨省	781				586	98	63	34
29	内资企业	781				586	98	63	34
30	外资企业								
31	省内跨市	28				19	6	2	1
32	内资企业	28				19	6	2	1
33	外资企业								
34	市内跨县区								
35	内资企业								
36	外资企业								

续表

序号	项目	合计				中央	省级	市级	县(区)级
		合计	其中:本年新欠入库	2001年5月1日以后陈欠入库	2001年5月1日以前陈欠入库				
37	(4)分支机构汇算清缴所得税	26				17	5	2	2
38	跨省	1				1			
39	内资企业	1				1			
40	外资企业								
41	省内跨市	25				16	5	2	2
42	内资企业	23				15	4	2	2
43	外资企业	2				1	1		
44	市内跨县区								
45	内资企业								
46	外资企业								
47	(5)总机构汇算清缴所得税	156				117	20	7	12
48	跨省	155				116	20	7	12
49	内资企业	155				116	20	7	12
50	外资企业								
51	省内跨市	1				1			
52	内资企业	1				1			
53	外资企业								
54	市内跨县区								
55	内资企业								

续表

序号	项　　目	合　　计				中央	省级	市级	县(区)级
		合　计	其中:本年新欠入库	2001 年 5 月 1 日以后陈欠入库	2001 年 5 月 1 日以前陈欠入库				
56	外资企业								
57	(6)企业所得税待分配收入	237				234	3		
58	跨省	234				234			
59	内资企业	234				234			
60	外资企业								
61	省内跨市	3					3		
62	内资企业	3					3		
63	外资企业								
64	5. 个人所得税	133672	318	217		80202	26735	8234	18501
65	6. 资源税	9241	43	2				26	9215
66	7. 固定资产投资方向调节税								
67	8. 城市维护建设税	63702	504	244				18115	45587
68	9. 房产税	27800	248	60				8221	19579
69	10. 印花税	15575	97	56				4024	11551
70	11. 城镇土地使用税	19383	1704	3672				3952	15431
71	12. 土地增值税	164169	3546	3469			82083	26806	55280
72	13. 车船税	16299						4968	11331
73	14. 车辆购置税								
74	15. 烟叶税								
75	16. 耕地占用税	23671	1104	24				846	22825

续表

序号	项目	合计				中央	省级	市级	县(区)级
		合计	其中:本年新欠入库	2001年5月1日以后陈欠入库	2001年5月1日以前陈欠入库				
76	17. 契税	104509	234	70				22718	81791
77	18. 屠宰税								
78	19. 其他税收								
79	二、其他收入合计	73374	563	240			7391	20419	45564
80	1. 教育费附加收入	30318	294	95				7982	22336
81	2. 文化事业建设费收入								
82	3. 税务部门罚没收入	38						13	25
83	4. 堤围费	117	3	36				46	71
84	5. 价格调节基金	99		28				51	48
85	6. 残疾人基金	5360		2			839	1534	2987
86	7. 地方教育附加	20241	206	64			6552	3562	10127
87	8. 交通建设附加								
88	9. 社会保险基金收入								
89	基本养老保险基金收入								
90	失业保险基金收入								
91	基本医疗保险基金收入								
92	工伤保险基金收入								
93	生育保险基金收入								
94	10. 工会会费	17201	60	15				7231	9970
95	11. 其他非税收入								

2017 年清远市地方税务局入库税金明细年报表

编报机关:清远市地方税务局　　　　单位:万元

序号	项目	合计				中央	省级	市级	县(区)级
		合计	其中:本年新欠入库	2001 年 5 月 1 日以后陈欠入库	2001 年 5 月 1 日以前陈欠入库				
1	总计	806449	6940	5443		180691	143896	275917	205945
2	一、税收收入合计	738051	6632	5277		180691	136406	246506	174448
3	1. 增值税	13295	1			6646	3325	1190	2134
4	2. 消费税收入								
5	国内消费税								
6	其中:成品油消费税								
7	进口消费品消费税								
8	其中:进口成品油消费税								
9	3. 营业税	6460	1073	2210		3230	1616	464	1150
10	铁路运输企业营业税								
11	金融保险业营业税	-63	1			-32	-15	-24	8
12	其他营业税	6523	1072	2210		3262	1631	488	1142
13	4. 企业所得税	139160	1834	283		84075	27976	18280	8829
14	(1)一般企业所得税	136636	1834	283		82557	27252	18034	8793
15	内资企业	136409	1834	283		82421	27207	18019	8762
16	外资企业	227				136	45	15	31
17	(2)分支机构预缴所得税	308				187	60	25	36
18	跨省	103				63	20	9	11

续表

序号	项目	合计				中央	省级	市级	县(区)级
		合计	其中:本年新欠入库	2001年5月1日以后陈欠入库	2001年5月1日以前陈欠入库				
19	内资企业	46				28	9	9	
20	外资企业	57				35	11		11
21	省内跨市	205				124	40	16	25
22	内资企业	184				111	36	16	21
23	外资企业	21				13	4		4
24	市内跨县区								
25	内资企业								
26	外资企业								
27	(3)总机构预缴所得税	1974				1316	439	219	
28	跨省								
29	内资企业								
30	外资企业								
31	省内跨市	1974				1316	439	219	
32	内资企业	1974				1316	439	219	
33	外资企业								
34	市内跨县区								
35	内资企业								
36	外资企业								

续表

序号	项目	合计				中央	省级	市级	县(区)级
		合计	其中:本年新欠入库	2001年5月1日以后陈欠入库	2001年5月1日以前陈欠入库				
37	(4)分支机构汇算清缴所得税	17				11	4	2	
38	跨省	1				1			
39	内资企业	1				1			
40	外资企业								
41	省内跨市	16				10	4	2	
42	内资企业	16				10	4	2	
43	外资企业								
44	市内跨县区								
45	内资企业								
46	外资企业								
47	(5)总机构汇算清缴所得税	5				4	1		
48	跨省								
49	内资企业								
50	外资企业								
51	省内跨市	5				4	1		
52	内资企业	5				4	1		
53	外资企业								
54	市内跨县区								
55	内资企业								

续表

序号	项目	合计				中央	省级	市级	县(区)级
		合计	其中:本年新欠入库	2001年5月1日以后陈欠入库	2001年5月1日以前陈欠入库				
56	外资企业								
57	(6)企业所得税待分配收入	220					220		
58	跨省								
59	内资企业								
60	外资企业								
61	省内跨市	220					220		
62	内资企业	220					220		
63	外资企业								
64	5. 个人所得税	144567	310	68		86740	28913	16821	12093
65	6. 资源税	10151	93	74				1304	8847
66	7. 固定资产投资方向调节税								
67	8. 城市维护建设税	66785	381	268				33542	33243
68	9. 房产税	27790	116	187				14244	13546
69	10. 印花税	15929	54	40				9562	6367
70	11. 城镇土地使用税	11401	809	248				3342	8059
71	12. 土地增值税	149145	1902	1895			74576	51694	22875
72	13. 车船税	14613	4					8460	6153
73	14. 车辆购置税								
74	15. 烟叶税	394							394
75	16. 耕地占用税	16967						12171	4796

续表

序号	项　　目	合　计				中央	省级	市级	县(区)级
		合　计	其中:本年新欠入库	2001年5月1日以后陈欠入库	2001年5月1日以前陈欠入库				
76	17. 契税	121394	55	4				75432	45962
77	18. 屠宰税								
78	19. 其他税收								
79	二、其他收入合计	68398	308	166			7490	29411	31497
80	1. 教育费附加收入	32785	162	73				15694	17091
81	2. 文化事业建设费收入								
82	3. 税务部门罚没收入	47						6	41
83	4. 堤围费	97	17	28				32	65
84	5. 价格调节基金	25	2	13				20	5
85	6. 残疾人基金	2983					503	1531	949
86	7. 地方教育附加	21868	109	48			6987	6959	7922
87	8. 交通建设附加								
88	9. 社会保险基金收入								
89	基本养老保险基金收入								
90	失业保险基金收入								
91	基本医疗保险基金收入								
92	工伤保险基金收入								
93	生育保险基金收入								
94	10. 工会会费	10593	18	4				5169	5424
95	11. 其他非税收入								

2017年潮州市地方税务局入库税金明细年报表

编报机关:潮州市地方税务局　　　　单位:万元

序号	项目	合计				中央	省级	市级	县(区)级
		合计	其中:本年新欠入库	2001年5月1日以后陈欠入库	2001年5月1日以前陈欠入库				
1	总计	338348	4906	3005		82344	50282	76596	129126
2	一、税收收入合计	309119	4575	2703		82344	46710	69704	110361
3	1. 增值税	2339				1169	585	329	256
4	2. 消费税收入								
5	国内消费税								
6	其中:成品油消费税								
7	进口消费品消费税								
8	其中:进口成品油消费税								
9	3. 营业税	2448	77	694		1223	612	365	248
10	铁路运输企业营业税								
11	金融保险业营业税	-237	1			-119	-59	-25	-34
12	其他营业税	2685	76	694		1342	671	390	282
13	4. 企业所得税	67188	289	239		40313	13438	8372	5065
14	(1)一般企业所得税	67163	289	239		40298	13432	8372	5061
15	内资企业	67003	289	239		40202	13400	8350	5051
16	外资企业	160				96	32	22	10
17	(2)分支机构预缴所得税	23				14	5		4
18	跨省								

续表

序号	项目	合计				中央	省级	市级	县(区)级
		合计	其中:本年新欠入库	2001年5月1日以后陈欠入库	2001年5月1日以前陈欠入库				
19	内资企业								
20	外资企业								
21	省内跨市	23				14	5		4
22	内资企业	23				14	5		4
23	外资企业								
24	市内跨县区								
25	内资企业								
26	外资企业								
27	(3)总机构预缴所得税								
28	跨省								
29	内资企业								
30	外资企业								
31	省内跨市								
32	内资企业								
33	外资企业								
34	市内跨县区								
35	内资企业								
36	外资企业								

续表

序号	项目	合计				中央	省级	市级	县(区)级
		合计	其中:本年新欠入库	2001年5月1日以后陈欠入库	2001年5月1日以前陈欠入库				
37	(4)分支机构汇算清缴所得税	2				1	1		
38	跨省								
39	内资企业								
40	外资企业								
41	省内跨市	2				1	1		
42	内资企业	2				1	1		
43	外资企业								
44	市内跨县区								
45	内资企业								
46	外资企业								
47	(5)总机构汇算清缴所得税								
48	跨省								
49	内资企业								
50	外资企业								
51	省内跨市								
52	内资企业								
53	外资企业								
54	市内跨县区								
55	内资企业								

续表

序号	项目	合计				中央	省级	市级	县(区)级
		合计	其中:本年新欠入库	2001年5月1日以后陈欠入库	2001年5月1日以前陈欠入库				
56	外资企业								
57	(6)企业所得税待分配收入								
58	跨省								
59	内资企业								
60	外资企业								
61	省内跨市								
62	内资企业								
63	外资企业								
64	5. 个人所得税	66065	1423	571		39639	13212	7046	6168
65	6. 资源税	9873	332	184				2049	7824
66	7. 固定资产投资方向调节税								
67	8. 城市维护建设税	31197	396	218				10996	20201
68	9. 房产税	20637	649	202				5849	14788
69	10. 印花税	7760	158	65				2504	5256
70	11. 城镇土地使用税	15971	961	271				4558	11413
71	12. 土地增值税	37727	290	259			18863	11056	7808
72	13. 车船税	11067						4178	6889
73	14. 车辆购置税								
74	15. 烟叶税								
75	16. 耕地占用税	15875							15875

续表

序号	项目	合计				中央	省级	市级	县(区)级
		合计	其中:本年新欠入库	2001年5月1日以后陈欠入库	2001年5月1日以前陈欠入库				
76	17. 契税	20972						12402	8570
77	18. 屠宰税								
78	19. 其他税收								
79	二、其他收入合计	29229	331	302			3572	6892	18765
80	1. 教育费附加收入	14045	187	157				4744	9301
81	2. 文化事业建设费收入	2		2			1		1
82	3. 税务部门罚没收入	15							15
83	4. 堤围费	56	2	26				2	54
84	5. 价格调节基金								
85	6. 残疾人基金	2257					528	5	1724
86	7. 地方教育附加	9376	139	115			3043	2083	4250
87	8. 交通建设附加								
88	9. 社会保险基金收入								
89	基本养老保险基金收入								
90	失业保险基金收入								
91	基本医疗保险基金收入								
92	工伤保险基金收入								
93	生育保险基金收入								
94	10. 工会会费	3478	3	2				58	3420
95	11. 其他非税收入								

2017 年揭阳市地方税务局入库税金明细年报表

编报机关：揭阳市地方税务局　　　　单位：万元

序号	项　目	合　计				中央	省级	市级	县(区)级
		合　计	其中：本年新欠入库	2001 年 5 月 1 日以后陈欠入库	2001 年 5 月 1 日以前陈欠入库				
1	总　计	495471	10455	3535		124220	76743	59871	234637
2	一、税收收入合计	440280	9637	3257		124220	70367	56765	188928
3	1. 增值税	3750				1875	938	119	818
4	2. 消费税收入								
5	国内消费税								
6	其中：成品油消费税								
7	进口消费品消费税								
8	其中：进口成品油消费税								
9	3. 营业税	-1						17	-18
10	铁路运输企业营业税								
11	金融保险业营业税	-184				-92	-46		-46
12	其他营业税	183				92	46	17	28
13	4. 企业所得税	125680	6324	20		75408	25136	2291	22845
14	(1)一般企业所得税	125392	6324	20		75235	25079	2278	22800
15	内资企业	125032	6324	20		75019	25007	2250	22756
16	外资企业	360				216	72	28	44
17	(2)分支机构预缴所得税	245				147	49	10	39
18	跨省	212				127	42	9	34

续表

序号	项　　目	合　　计				中央	省级	市级	县(区)级
		合　计	其中:本年新欠入库	2001 年 5 月 1 日以后陈欠入库	2001 年 5 月 1 日以前陈欠入库				
19	内资企业	212				127	42	9	34
20	外资企业								
21	省内跨市	33				20	7	1	5
22	内资企业	33				20	7	1	5
23	外资企业								
24	市内跨县区								
25	内资企业								
26	外资企业								
27	(3)总机构预缴所得税	2				2			
28	跨省	1				1			
29	内资企业	1				1			
30	外资企业								
31	省内跨市	1				1			
32	内资企业	1				1			
33	外资企业								
34	市内跨县区								
35	内资企业								
36	外资企业								

续表

序号	项目	合计				中央	省级	市级	县(区)级
		合计	其中:本年新欠入库	2001年5月1日以后陈欠入库	2001年5月1日以前陈欠入库				
37	(4)分支机构汇算清缴所得税	41				24	8	3	6
38	跨省	8				5	2	1	
39	内资企业	8				5	2	1	
40	外资企业								
41	省内跨市	33				19	6	2	6
42	内资企业	33				19	6	2	6
43	外资企业								
44	市内跨县区								
45	内资企业								
46	外资企业								
47	(5)总机构汇算清缴所得税								
48	跨省								
49	内资企业								
50	外资企业								
51	省内跨市								
52	内资企业								
53	外资企业								
54	市内跨县区								
55	内资企业								

续表

序号	项　　目	合　　计				中央	省级	市级	县(区)级
		合　计	其中:本年新欠入库	2001年5月1日以后陈欠入库	2001年5月1日以前陈欠入库				
56	外资企业								
57	(6)企业所得税待分配收入								
58	跨省								
59	内资企业								
60	外资企业								
61	省内跨市								
62	内资企业								
63	外资企业								
64	5. 个人所得税	78229	190	38		46937	15646	3851	11795
65	6. 资源税	2832	40	14				383	2449
66	7. 固定资产投资方向调节税								
67	8. 城市维护建设税	61947	931	290				14373	47574
68	9. 房产税	18841	54	127				5220	13621
69	10. 印花税	14176	272	83				3067	11109
70	11. 城镇土地使用税	18385	266	301				4649	13736
71	12. 土地增值税	57293	1549	2384			28647	4071	24575
72	13. 车船税	16150						9276	6874
73	14. 车辆购置税								
74	15. 烟叶税								
75	16. 耕地占用税	6449							6449

续表

序号	项目	合计				中央	省级	市级	县(区)级
		合计	其中:本年新欠入库	2001年5月1日以后陈欠入库	2001年5月1日以前陈欠入库				
76	17. 契税	36549	11					9448	27101
77	18. 屠宰税								
78	19. 其他税收								
79	二、其他收入合计	55191	818	278			6376	3106	45709
80	1. 教育费附加收入	27046	449	132				1801	25245
81	2. 文化事业建设费收入								
82	3. 税务部门罚没收入	37							37
83	4. 堤围费	658	64	50				271	387
84	5. 价格调节基金								
85	6. 残疾人基金	2996					482	224	2290
86	7. 地方教育附加	18038	302	95			5894	810	11334
87	8. 交通建设附加								
88	9. 社会保险基金收入								
89	基本养老保险基金收入								
90	失业保险基金收入								
91	基本医疗保险基金收入								
92	工伤保险基金收入								
93	生育保险基金收入								
94	10. 工会会费	6416	3	1					6416
95	11. 其他非税收入								

2017年云浮市地方税务局入库税金明细年报表

编报机关:云浮市地方税务局　　　　单位:万元

序号	项　目	合　计				中央	省级	市级	县(区)级
		合　计	其中:本年新欠入库	2001年5月1日以后陈欠入库	2001年5月1日以前陈欠入库				
1	总　计	473860	5437	4463		136229	79023	62077	196531
2	一、税收收入合计	446026	5214	4378		136229	75995	57187	176615
3	1. 增值税	5151		17		2575	1288	297	991
4	2. 消费税收入								
5	国内消费税								
6	其中:成品油消费税								
7	进口消费品消费税								
8	其中:进口成品油消费税								
9	3. 营业税	1383	258	1319		691	346	1114	-768
10	铁路运输企业营业税								
11	金融保险业营业税	-268				-134	-67	-26	-41
12	其他营业税	1651	258	1319		825	413	1140	-727
13	4. 企业所得税	42758	710	223		25655	8557	2430	6116
14	(1)一般企业所得税	42501	710	223		25501	8500	2420	6080
15	内资企业	42413	710	223		25448	8482	2420	6063
16	外资企业	88				53	18		17
17	(2)分支机构预缴所得税	168				100	35	10	23
18	跨省	37				22	8		7

续表

序号	项　　目	合　　计				中央	省级	市级	县(区)级
		合　计	其中:本年新欠入库	2001年5月1日以后陈欠入库	2001年5月1日以前陈欠入库				
19	内资企业	37				22	8		7
20	外资企业								
21	省内跨市	131				78	27	10	16
22	内资企业	88				53	18	6	11
23	外资企业	43				25	9	4	5
24	市内跨县区								
25	内资企业								
26	外资企业								
27	(3)总机构预缴所得税	29				19	7		3
28	跨省								
29	内资企业								
30	外资企业								
31	省内跨市	29				19	7		3
32	内资企业	29				19	7		3
33	外资企业								
34	市内跨县区								
35	内资企业								
36	外资企业								

续表

序号	项　　目	合　　计				中央	省级	市级	县(区)级
		合　计	其中:本年新欠入库	2001年5月1日以后陈欠入库	2001年5月1日以前陈欠入库				
37	(4)分支机构汇算清缴所得税	57				35	12		10
38	跨省	4				3	1		
39	内资企业	4				3	1		
40	外资企业								
41	省内跨市	53				32	11		10
42	内资企业	50				30	10		10
43	外资企业	3				2	1		
44	市内跨县区								
45	内资企业								
46	外资企业								
47	(5)总机构汇算清缴所得税								
48	跨省								
49	内资企业								
50	外资企业								
51	省内跨市								
52	内资企业								
53	外资企业								
54	市内跨县区								
55	内资企业								

续表

序号	项目	合计				中央	省级	市级	县(区)级
		合计	其中:本年新欠入库	2001年5月1日以后陈欠入库	2001年5月1日以前陈欠入库				
56	外资企业								
57	(6)企业所得税待分配收入	3					3		
58	跨省								
59	内资企业								
60	外资企业								
61	省内跨市	3					3		
62	内资企业	3					3		
63	外资企业								
64	5. 个人所得税	178847	698	499		107308	35769	3072	32698
65	6. 资源税	7161	18	37				1705	5456
66	7. 固定资产投资方向调节税								
67	8. 城市维护建设税	25714	369	272				10711	15003
68	9. 房产税	17999	178	107				5200	12799
69	10. 印花税	5105	33	26				1213	3892
70	11. 城镇土地使用税	11890	880	491				4371	7519
71	12. 土地增值税	60069	2061	1359			30035	6024	24010
72	13. 车船税	7967						2696	5271
73	14. 车辆购置税								
74	15. 烟叶税								
75	16. 耕地占用税	37303						7828	29475

续表

序号	项目	合计				中央	省级	市级	县(区)级
		合计	其中:本年新欠入库	2001年5月1日以后陈欠入库	2001年5月1日以前陈欠入库				
76	17. 契税	44679	9	28				10526	34153
77	18. 屠宰税								
78	19. 其他税收								
79	二、其他收入合计	27834	223	85			3028	4890	19916
80	1. 教育费附加收入	11885	127	22				2868	9017
81	2. 文化事业建设费收入	1						1	
82	3. 税务部门罚没收入	23						11	12
83	4. 堤围费	21						17	4
84	5. 价格调节基金	136	1	35				64	72
85	6. 残疾人基金	2234		3			412	635	1187
86	7. 地方教育附加	7942	85	15			2616	1294	4032
87	8. 交通建设附加								
88	9. 社会保险基金收入								
89	基本养老保险基金收入								
90	失业保险基金收入								
91	基本医疗保险基金收入								
92	工伤保险基金收入								
93	生育保险基金收入								
94	10. 工会会费	5592	10	10					5592
95	11. 其他非税收入								

2017 年横琴新区地方税务局入库税金明细年报表

编报机关:横琴新区地方税务局　　　　单位:万元

序号	项　目	合　计				中央	省级	市级	县(区)级
		合　计	其中:本年新欠入库	2001 年 5 月 1 日以后陈欠入库	2001 年 5 月 1 日以前陈欠入库				
1	总　计	772173	1213	32		335628	161080	551	274914
2	一、税收收入合计	751969	1163	27		335628	158352	551	257438
3	1. 增值税	185				93	46		46
4	2. 消费税收入								
5	国内消费税								
6	其中:成品油消费税								
7	进口消费品消费税								
8	其中:进口成品油消费税								
9	3. 营业税	4607	139	4		2304	1152		1151
10	铁路运输企业营业税								
11	金融保险业营业税	486	139			243	122		121
12	其他营业税	4121		4		2061	1030		1030
13	4. 企业所得税	224229	503	1		136115	44402		43712
14	(1)一般企业所得税	212791	503	1		127675	42558		42558
15	内资企业	210213	503	1		126128	42043		42042
16	外资企业	2578				1547	515		516
17	(2)分支机构预缴所得税	83				50	17		16
18	跨省	70				42	14		14

续表

序号	项　目	合　计				中央	省级	市级	县(区)级
		合　计	其中:本年新欠入库	2001 年 5 月 1 日以后陈欠入库	2001 年 5 月 1 日以前陈欠入库				
19	内资企业	70				42	14		14
20	外资企业								
21	省内跨市	13				8	3		2
22	内资企业	13				8	3		2
23	外资企业								
24	市内跨县区								
25	内资企业								
26	外资企业								
27	(3)总机构预缴所得税	9346				6754	1466		1126
28	跨省	6284				4713	785		786
29	内资企业	6284				4713	785		786
30	外资企业								
31	省内跨市	3062				2041	681		340
32	内资企业	3062				2041	681		340
33	外资企业								
34	市内跨县区								
35	内资企业								
36	外资企业								

续表

序号	项　　目	合　　计				中央	省级	市级	县(区)级
		合　计	其中:本年新欠入库	2001年5月1日以后陈欠入库	2001年5月1日以前陈欠入库				
37	(4)分支机构汇算清缴所得税	16				10	3		3
38	跨省	16				10	3		3
39	内资企业	16				10	3		3
40	外资企业								
41	省内跨市								
42	内资企业								
43	外资企业								
44	市内跨县区								
45	内资企业								
46	外资企业								
47	(5)总机构汇算清缴所得税	71				49	13		9
48	跨省	27				20	3		4
49	内资企业	27				20	3		4
50	外资企业								
51	省内跨市	44				29	10		5
52	内资企业	44				29	10		5
53	外资企业								
54	市内跨县区								
55	内资企业								

续表

序号	项　　目	合　计				中央	省级	市级	县(区)级
		合　计	其中:本年新欠入库	2001年5月1日以后陈欠入库	2001年5月1日以前陈欠入库				
56	外资企业								
57	(6)企业所得税待分配收入	1922				1577	345		
58	跨省	1577				1577			
59	内资企业	1577				1577			
60	外资企业								
61	省内跨市	345					345		
62	内资企业	345					345		
63	外资企业								
64	5. 个人所得税	328527	119	9		197116	65705		65706
65	6. 资源税								
66	7. 固定资产投资方向调节税								
67	8. 城市维护建设税	23804	66	6					23804
68	9. 房产税	14009	1						14009
69	10. 印花税	13256	310	7					13256
70	11. 城镇土地使用税	3930							3930
71	12. 土地增值税	94093	25				47047		47046
72	13. 车船税	551						551	
73	14. 车辆购置税								
74	15. 烟叶税								
75	16. 耕地占用税	4							4

续表

序号	项目	合计				中央	省级	市级	县(区)级
		合计	其中:本年新欠入库	2001年5月1日以后陈欠入库	2001年5月1日以前陈欠入库				
76	17. 契税	44774							44774
77	18. 屠宰税								
78	19. 其他税收								
79	二、其他收入合计	20204	50	5			2728		17476
80	1. 教育费附加收入	10155	26	3					10155
81	2. 文化事业建设费收入								
82	3. 税务部门罚没收入	14							14
83	4. 堤围费		2						
84	5. 价格调节基金								
85	6. 残疾人基金	402					82		320
86	7. 地方教育附加	6690	18	2			2646		4044
87	8. 交通建设附加								
88	9. 社会保险基金收入								
89	基本养老保险基金收入								
90	失业保险基金收入								
91	基本医疗保险基金收入								
92	工伤保险基金收入								
93	生育保险基金收入								
94	10. 工会会费	2943	4						2943
95	11. 其他非税收入								

2017年顺德区地方税务局入库税金明细年报表

编报机关:顺德区地方税务局　　　　单位:万元

序号	项　目	合　计				中央	省级	市级	县(区)级
		合　计	其中:本年新欠入库	2001年5月1日以后陈欠入库	2001年5月1日以前陈欠入库				
1	总　计	1771236	2738	360		465573	249958		1055705
2	一、税收收入合计	1613316	2540	340		465573	231099		916644
3	1. 增值税	45740	8			22870	11435		11435
4	2. 消费税收入								
5	国内消费税								
6	其中:成品油消费税								
7	进口消费品消费税								
8	其中:进口成品油消费税								
9	3. 营业税	1835	85			918	459		458
10	铁路运输企业营业税								
11	金融保险业营业税	1933				967	483		483
12	其他营业税	-98	85			-49	-24		-25
13	4. 企业所得税	309288	168	125		190909	59254		59125
14	(1)一般企业所得税	281555	168	125		168933	56311		56311
15	内资企业	235048	168	125		141029	47010		47009
16	外资企业	46507				27904	9301		9302
17	(2)分支机构预缴所得税	362				217	73		72
18	跨省	175				105	35		35

续表

序号	项　　目	合　　计				中央	省级	市级	县(区)级
		合　计	其中:本年新欠入库	2001 年 5 月 1 日以后陈欠入库	2001 年 5 月 1 日以前陈欠入库				
19	内资企业	175				105	35		35
20	外资企业								
21	省内跨市	187				112	38		37
22	内资企业	187				112	38		37
23	外资企业								
24	市内跨县区								
25	内资企业								
26	外资企业								
27	(3)总机构预缴所得税	18719				13991	2396		2332
28	跨省	18140				13605	2268		2267
29	内资企业	13507				10130	1689		1688
30	外资企业	4633				3475	579		579
31	省内跨市	579				386	128		65
32	内资企业	579				386	128		65
33	外资企业								
34	市内跨县区								
35	内资企业								
36	外资企业								

续表

序号	项目	合计				中央	省级	市级	县(区)级
		合计	其中:本年新欠入库	2001年5月1日以后陈欠入库	2001年5月1日以前陈欠入库				
37	(4)分支机构汇算清缴所得税	46				28	9		9
38	跨省	28				17	5		6
39	内资企业	28				17	5		6
40	外资企业								
41	省内跨市	18				11	4		3
42	内资企业	18				11	4		3
43	外资企业								
44	市内跨县区								
45	内资企业								
46	外资企业								
47	(5)总机构汇算清缴所得税	3206				2404	401		401
48	跨省	3204				2403	401		400
49	内资企业	696				522	87		87
50	外资企业	2508				1881	314		313
51	省内跨市	2				1			1
52	内资企业	2				1			1
53	外资企业								
54	市内跨县区								
55	内资企业								

续表

序号	项　目	合　计				中央	省级	市级	县(区)级
		合　计	其中:本年新欠入库	2001年5月1日以后陈欠入库	2001年5月1日以前陈欠入库				
56	外资企业								
57	(6)企业所得税待分配收入	5400				5336	64		
58	跨省	5336				5336			
59	内资企业	3551				3551			
60	外资企业	1785				1785			
61	省内跨市	64					64		
62	内资企业	64					64		
63	外资企业								
64	5. 个人所得税	418127	482	44		250876	83625		83626
65	6. 资源税								
66	7. 固定资产投资方向调节税								
67	8. 城市维护建设税	162538	268	21					162538
68	9. 房产税	109435	463	87					109435
69	10. 印花税	32442	26	3					32442
70	11. 城镇土地使用税	45455	282	37					45455
71	12. 土地增值税	152651	755	23			76326		76325
72	13. 车船税	31401							31401
73	14. 车辆购置税								
74	15. 烟叶税								
75	16. 耕地占用税	24974							24974

续表

序号	项目	合计				中央	省级	市级	县(区)级
		合计	其中:本年新欠入库	2001年5月1日以后陈欠入库	2001年5月1日以前陈欠入库				
76	17. 契税	279430	3						279430
77	18. 屠宰税								
78	19. 其他税收								
79	二、其他收入合计	157920	198	20			18859		139061
80	1. 教育费附加收入	68677	108	11					68677
81	2. 文化事业建设费收入	1							1
82	3. 税务部门罚没收入	20							20
83	4. 堤围费	-91		2					-91
84	5. 价格调节基金								
85	6. 残疾人基金	25354					3895		21459
86	7. 地方教育附加	45779	71	7			14964		30815
87	8. 交通建设附加								
88	9. 社会保险基金收入								
89	基本养老保险基金收入								
90	失业保险基金收入								
91	基本医疗保险基金收入								
92	工伤保险基金收入								
93	生育保险基金收入								
94	10. 工会会费	18180	19						18180
95	11. 其他非税收入								

2017年广东省地方税务局直属分局入库税金明细年报表

编报机关：广东省地方税务局直属分局　　单位：万元

序号	项　目	合　计				中央	省级	市级	县(区)级
		合　计	其中：本年新欠入库	2001年5月1日以后陈欠入库	2001年5月1日以前陈欠入库				
1	总　计	506955	3631	346		302245	173025	16479	15206
2	一、税收收入合计	506486	3631	346		302245	172556	16479	15206
3	1. 增值税								
4	2. 消费税收入								
5	国内消费税								
6	其中：成品油消费税								
7	进口消费品消费税								
8	其中：进口成品油消费税								
9	3. 营业税	35868	3485	346		17934	17934		
10	铁路运输企业营业税								
11	金融保险业营业税	32134	3159	346		16067	16067		
12	其他营业税	3734	326			1867	1867		
13	4. 企业所得税	470150	146			284311	154154	16479	15206
14	(1)一般企业所得税	455261	121			273173	151889	15542	14657
15	内资企业	449263	121			269574	150689	15191	13809
16	外资企业	5998				3599	1200	351	848
17	(2)分支机构预缴所得税								
18	跨省								

续表

序号	项　目	合　计				中央	省级	市级	县(区)级
		合　计	其中:本年新欠入库	2001年5月1日以后陈欠入库	2001年5月1日以前陈欠入库				
19	内资企业								
20	外资企业								
21	省内跨市								
22	内资企业								
23	外资企业								
24	市内跨县区								
25	内资企业								
26	外资企业								
27	(3)总机构预缴所得税	7825	20			5679	1202	582	362
28	跨省	5544	20			4158	695	450	241
29	内资企业	5544	20			4158	695	450	241
30	外资企业								
31	省内跨市	2281				1521	507	132	121
32	内资企业	2281				1521	507	132	121
33	外资企业								
34	市内跨县区								
35	内资企业								
36	外资企业								

续表

序号	项　目	合　计				中央	省级	市级	县(区)级
		合　计	其中:本年新欠入库	2001年5月1日以后陈欠入库	2001年5月1日以前陈欠入库				
37	(4)分支机构汇算清缴所得税								
38	跨省								
39	内资企业								
40	外资企业								
41	省内跨市								
42	内资企业								
43	外资企业								
44	市内跨县区								
45	内资企业								
46	外资企业								
47	(5)总机构汇算清缴所得税	4473				3255	676	355	187
48	跨省	3272				2454	409	269	140
49	内资企业	3272				2454	409	269	140
50	外资企业								
51	省内跨市	1201				801	267	86	47
52	内资企业	1201				801	267	86	47
53	外资企业								
54	市内跨县区								
55	内资企业								

续表

序号	项　目	合　计				中央	省级	市级	县(区)级
		合　计	其中:本年新欠入库	2001 年 5 月 1 日以后陈欠入库	2001 年 5 月 1 日以前陈欠入库				
56	外资企业								
57	(6)企业所得税待分配收入	2591	5			2204	387		
58	跨省	2204	5			2204			
59	内资企业	2204	5			2204			
60	外资企业								
61	省内跨市	387					387		
62	内资企业	387					387		
63	外资企业								
64	5. 个人所得税								
65	6. 资源税								
66	7. 固定资产投资方向调节税								
67	8. 城市维护建设税	468					468		
68	9. 房产税								
69	10. 印花税								
70	11. 城镇土地使用税								
71	12. 土地增值税								
72	13. 车船税								
73	14. 车辆购置税								
74	15. 烟叶税								
75	16. 耕地占用税								

续表

序号	项　　目	合　　计				中央	省级	市级	县(区)级
		合　计	其中:本年新欠入库	2001 年 5 月 1 日以后陈欠入库	2001 年 5 月 1 日以前陈欠入库				
76	17. 契税								
77	18. 屠宰税								
78	19. 其他税收								
79	二、其他收入合计	469					469		
80	1. 教育费附加收入	281					281		
81	2. 文化事业建设费收入								
82	3. 税务部门罚没收入	1					1		
83	4. 堤围费								
84	5. 价格调节基金								
85	6. 残疾人基金								
86	7. 地方教育附加	187					187		
87	8. 交通建设附加								
88	9. 社会保险基金收入								
89	基本养老保险基金收入								
90	失业保险基金收入								
91	基本医疗保险基金收入								
92	工伤保险基金收入								
93	生育保险基金收入								
94	10. 工会会费								
95	11. 其他非税收入								

2017年广东省地方税务局税收收入分行业分税种统计年报总表

编报机关:广东省地方税务局

单位:万元

序号	项目	税收收入合计	国内增值税	一般纳税人增值税	国内消费税	营业税	企业所得税		个人所得税	资源税	城市维护建设税	房产税	印花税	城镇土地使用税	土地增值税	车辆购置税	车船税	耕地占用税	契税	其他各税
							内资企业	外资企业												
1	合　计	63463829	1151161	-5		320806	12592846	3526926	18841155	141771	5660105	2992787	1419169	1118664	8391052		843501	662597	5787512	13777
2	一、农、林、牧、渔业	91910	651			290	14128	717	41774	152	3924	5927	4579	10833	4664		676	603	2991	1
3	二、采矿业	142434	43			155	19226	5372	15119	48099	30842	4108	1648	7188	10000		20	13	601	
4	1. 煤炭开采和洗选业	1136	9				953		42		36	10	23	1	80				-18	
5	2. 石油和天然气开采业	30721	11				47		5176		23911	225	267	658	59		3		364	
6	3. 黑色金属矿采选业	14436	3				2062		513	9306	847	324	250	1086	19		2		24	
7	4. 有色金属矿采选业	28028				11	7911	27	5348	10420	1905	630	226	69	1480				1	
8	5. 非金属矿采选业	31496	20			144	3273		2458	19743	2445	1122	376	1282	483		3	13	134	
9	6. 开采辅助活动	24931					4559	5345	712	243	672	1645	358	3506	7879		12			
10	7. 其他采矿业	11686					421		870	8387	1026	152	148	586					96	
11	三、制造业	11649104	75717			13163	1536690	1350218	4038273	36184	2767519	699830	463454	305935	275615		1679	1559	82309	959
12	1. 农副食品加工业	113045	1429			45	18623	13696	28293	9	11488	12344	8505	5535	11719		22	6	1331	
13	2. 食品制造业	268483	711			79	25106	28813	98463	97	77569	20644	7456	5337	1666		32		2510	
14	3. 酒、饮料和精制茶制造业	99311	27			4	6697	25175	20329	140	30259	9166	3608	3174	241		21	3	467	
15	4. 烟草制品业	219805					20654	467	23277		164478	5744	2652	1548			10		16	959
16	5. 纺织业	160441	2889			1271	20220	18071	33034	1	32976	22073	6138	12714	8012		34	12	2996	
17	6. 纺织服装、服饰业	251012	4329			174	30794	20856	59760		69749	28060	9827	13725	9448		50	27	4213	
18	7. 皮革、毛皮、羽毛及其制品和制鞋业	133221	3736			-627	6099	10548	30325	1	40795	15469	6465	8728	10717		35		930	
19	8. 木材加工和木竹藤棕草制品业	48794	1700			-2	7594	1553	8319	16	12531	5385	1985	4357	5042		7	19	288	

续表

序号	项　目	税收收入合计	国内增值税	一般纳税人增值税	国内消费税	营业税	企业所得税		个人所得税	资源税	城市维护建设税	房产税	印花税	城镇土地使用税	土地增值税	车辆购置税	车船税	耕地占用税	契税	其他各税
							内资企业	外资企业												
20	9. 家具制造业	124432	6210			-3	9283	5592	30163		36273	16324	5476	9221	4632		32		1229	
21	10. 造纸和纸制品业	207240	2215				29080	54729	35327	6	42493	19127	8585	9674	4792		58		1154	
22	11. 印刷和记录媒介复制业	131725	1745			70	15950	24458	37464		26672	10998	4025	4810	4738		23		772	
23	12. 文教、工美、体育和娱乐用品制造业	176471	2342			660	22914	37635	30383	7	36668	20368	7435	10021	6715		28	14	1281	
24	13. 石油加工、炼焦和核燃料加工业	394308	4			2202	1565	46198	13745		307687	4162	4805	7866	2522		18		3534	
25	14. 化学原料和化学制品制造业	359825	2558			184	48214	32003	128271	78	82488	26864	15508	12829	7176		87	425	3140	
26	15. 医药制造业	385174	1758			3380	129834	81274	66545		58013	16632	7422	4771	9030		23		6492	
27	16. 化学纤维制造业	23532					389	11618	4267		3117	2402	440	641	563		2		93	
28	17. 橡胶和塑料制品业	484739	4906			604	67737	45547	147047	55	114199	42619	20279	23506	15246		100	35	2859	
29	18. 非金属矿物制品业	335784	1670			605	49674	13518	79751	33816	74652	32090	12557	28826	4079		364	676	3506	
30	19. 黑色金属冶炼和压延加工业	63900	1089			1068	2369	896	13124	56	14900	10141	7338	9819	2646		20		434	
31	20. 有色金属冶炼和压延加工业	99281	1817				23730	5866	24653	1164	17355	9895	6610	4592	1765		18	4	1812	
32	21. 金属制品业	557319	9776			1674	98765	45649	148665	69	128138	45718	24014	26885	21498		109		6359	
33	22. 通用设备制造业	325995	2363			-464	35028	81529	94614	1	65585	19264	12022	6839	6992		53		2169	
34	23. 专用设备制造业	444654	2631			26	60731	55048	187206	114	87367	21610	13973	7905	5243		51	50	2699	
35	24. 汽车制造业	558883	467			235	17410	8896	197725		251685	35556	34684	6535	633		84	180	4793	
36	25. 铁路、船舶、航空航天和其他运输设备制造业	97963	1034			453	5271	13001	29002	2	17953	16835	4268	4739	4326		48		1031	

续表

序号	项目	税收收入合计	国内增值税	一般纳税人增值税	国内消费税	营业税	企业所得税		个人所得税	资源税	城市维护建设税	房产税	印花税	城镇土地使用税	土地增值税	车辆购置税	车船税	耕地占用税	契税	其他各税
							内资企业	外资企业												
37	26. 电气机械和器材制造业	1311318	7661			44	478052	107352	306994	1	231709	70095	42092	22904	38163		86	6	6159	
38	27. 计算机、通信和其他电子设备制造业	3278836	6817			943	184195	408382	1828166	16	542480	106379	146419	26194	16304		101		12440	
39	28. 仪表仪器制造业	282980	106			40	22604	44345	109256	14	25421	11278	6195	2823	60509		11		378	
40	29. 其他制造业	676612	2742			483	93624	104960	211643	495	156717	39159	30982	18159	10536		97	102	6913	
41	30. 废弃资源综合利用业	21256	985			4	4349	2503	5073	26	3434	1850	1253	989	662		14		114	
42	31. 金属制品、机械和设备修理业	12765				11	135	40	7389		2668	1579	436	269			41		197	
43	四、电力、热力、燃气及水的生产和供应业	1297676	500			311	489620	224883	253113	214	166608	81758	28643	31965	5759		365	9695	4242	
44	1. 电力、热力生产和供应业	1054619	243			290	415686	141329	220674	36	144363	70118	24748	20745	5500		311	7618	2958	
45	2. 燃气生产和供应业	55283	48			8	22273	1590	12064		11970	2044	2571	1536	127		34	11	1007	
46	3. 水的生产和供应业	187774	209			13	51661	81964	20375	178	10275	9596	1324	9684	132		20	2066	277	
47	五、建筑业	2338818	5274			21718	1055471	43686	679846	14917	284100	40897	78520	20955	50572		317	19536	23009	
48	1. 房屋建筑业	592193	698			6236	324252	16250	127886	7056	63923	9104	17982	2843	9406		42	643	5872	
49	2. 土木工程建筑业	321180	1457			1259	143069	42	100567	1868	34462	6891	16483	1992	8146		56	3184	1704	
50	3. 建筑安装业	819224	657			6507	309602	22279	278603	4383	117123	13264	25380	6967	22033		131	5971	6324	
51	4. 建筑装饰和其他建筑业	606221	2462			7716	278548	5115	172790	1610	68592	11638	18675	9153	10987		88	9738	9109	
52	六、批发和零售业	4036242	22173			35368	901761	139429	1292648	27039	781573	244085	272449	88046	158891		1308	2462	56193	12817
53	1. 批发业	2888695	16337			23737	706607	79418	940948	20102	538020	155713	204211	45907	114048		736	644	31708	10559
54	2. 零售业	1147547	5836			11631	195154	60011	351700	6937	243553	88372	68238	42139	44843		572	1818	24485	2258
55	七、交通运输、仓储和邮政业	1228992	2132			5989	368918	94779	443964	103	73561	104579	37996	24319	50199		5542	3465	13446	

续表

序号	项目	税收收入合计	国内增值税	一般纳税人增值税	国内消费税	营业税	企业所得税		个人所得税	资源税	城市维护建设税	房产税	印花税	城镇土地使用税	土地增值税	车辆购置税	车船税	耕地占用税	契税	其他各税
							内资企业	外资企业												
56	1. 铁路运输业	86659	928			3269	39029	391	27689		7347	851	2624	515	3845		42	103	26	
57	2. 道路运输业	392171	497			-3	130273	16173	125633	44	27433	27525	14738	5678	35127		3104	3174	2775	
58	3. 水上运输业	114637	48			1566	29712	27315	36441	24	3601	7955	3250	2647	870		602		606	
59	4. 航空运输业	225642				338	67065	13520	107899		11839	19975	3373	1112	55		81		385	
60	5. 管道运输业	1718					34	39	1244		111	239	120	-70			1			
61	6. 装卸搬运和运输代理业	246102	57			212	71927	31235	94877	35	15671	11969	9313	5939	962		1260	10	2635	
62	7. 仓储业	113497	577			609	28629	5664	18316		5915	25776	4209	7304	8925		427	178	6968	
63	8. 邮政业	48566	25			-2	2249	442	31865		1644	10289	369	1194	415		25		51	
64	八、住宿和餐饮业	295085	9412			2018	41688	17768	111328	330	23897	61540	2848	13192	7232		51	42	3739	
65	1. 住宿业	140551	8778			726	17049	5082	36270	299	9367	45417	1294	8771	4170		29	41	3258	
66	2. 餐饮业	154534	634			1292	24639	12686	75058	31	14530	16123	1554	4421	3062		22	1	481	
67	九、信息传输、软件和信息技术服务业	2520799	2140			1843	282749	643580	1286994	4	161501	61468	40266	7635	25216		124	-27	7306	
68	1. 电信、广播电视和卫星传输服务	245382	359			519	52717	76	118627		21429	39261	5522	3619	1974		46		1233	
69	2. 互联网和相关服务	59189	47			2	1264	8333	42844		2196	2410	887	574	426		2		204	
70	3. 软件和信息技术服务业	2216228	1734			1322	228768	635171	1125523	4	137876	19797	33857	3442	22816		76	-27	5869	
71	十、金融业	5251997	7398			4656	571975	97476	3058905	9	417883	122502	93971	12230	34620		797488	189	32695	
72	1. 货币金融服务	1845276	6689			-1883	143077	5712	1209378		295730	94703	53475	7823	13733		601	27	16211	
73	2. 资本市场服务	1386719	214			449	266363	28896	1002162	9	48893	9145	13198	2226	8346		3	162	6653	
74	3. 保险业	1602393	45			-11251	14655	32	721004		52982	9019	17666	472	86		795992		1691	
75	4. 其他金融业	417609	450			17341	147880	62836	126361		20278	9635	9632	1709	12455		892		8140	

续表

序号	项　　目	税收收入合计	国内增值税	一般纳税人增值税	国内消费税	营业税	企业所得税		个人所得税	资源税	城市维护建设税	房产税	印花税	城镇土地使用税	土地增值税	车辆购置税	车船税	耕地占用税	契税	其他各税
							内资企业	外资企业												
76	十一、房地产业	18337049	426346			105178	4996180	456108	1143089	361	472161	771657	189590	332400	6900227		496	72462	2470794	
77	1. 房地产开发经营	13115473	27599			76602	4023207	323116	591919	285	354962	351235	156367	242818	5881270		228	31357	1054508	
78	2. 物业管理	692553	5956			2595	246204	24622	118612	15	35388	111543	6454	23332	76748		214	1115	39755	
79	3. 房地产中介服务	247400	590			1327	96264	2037	90102	20	10159	8222	1576	2158	29188		16		5741	
80	4. 自有房地产经营活动	257924	28865			842	24816	6001	31489	9	9439	96892	2748	10524	24519		19	4385	17376	
81	5. 其他房地产业	4023699	363336			23812	605689	100332	310967	32	62213	203765	22445	53568	888502		19	35605	1353414	
82	十二、租赁和商务服务业	5421532	16357			106996	1535935	255216	2342731	259	201568	312618	96413	109603	249683		1236	39149	153768	
83	1. 租赁业	110353	1188			61	33642	1398	20486	17	8897	16018	7099	2861	13437		149	44	5056	
84	2. 商务服务业	5311179	15169			106935	1502293	253818	2322245	242	192671	296600	89314	106742	236246		1087	39105	148712	
85	十三、科学研究和技术服务业	1449702	1703			7707	301062	37608	733515	205	130263	46081	35056	10757	101937		307	27049	16452	
86	1. 研究和试验发展	425749	719			-32	58688	21632	233702	1	54939	20338	17113	5190	6248		120		7091	
87	2. 专业技术服务业	961353	543			7893	233196	15090	467061	147	68160	21641	15777	4620	95702		176	27026	4321	
88	3. 科技推广和应用服务业	62600	441			-154	9178	886	32752	57	7164	4102	2166	947	-13		11	23	5040	
89	十四、水利、环境和公共设施管理业	191457	258			-5	57538	33390	46419	298	14231	10229	3461	5679	117		132	16734	2976	
90	1. 水利管理业	41348	2			4	3922	20651	8035	240	1718	431	710	810			10	4776	39	
91	2. 生态保护和环境治理业	29050	254				5538	21	9646	1	6380	2736	1269	1351	90		7	860	897	
92	3. 公共设施管理业	121059	2			-9	48078	12718	28738	57	6133	7062	1482	3518	27		115	11098	2040	
93	十五、居民服务、修理和其他服务业	2282957	81156	-3		11579	264854	112421	1173740	333	70817	246987	22381	45155	137454		3019	97747	15314	
94	1. 居民服务业	393823	54601			1038	41134	2572	91239	26	10778	134511	7600	9686	26141		284	11611	2602	
95	2. 机动车、电子产品和日用产品修理业	34156	35			15	5389	1950	14724		7261	2215	1371	725	211		16	51	193	

续表

序号	项　　目	税收收入合计	国内增值税	一般纳税人增值税	国内消费税	营业税	企业所得税		个人所得税	资源税	城市维护建设税	房产税	印花税	城镇土地使用税	土地增值税	车辆购置税	车船税	耕地占用税	契税	其他各税
							内资企业	外资企业												
96	3. 其他服务业	1854978	26520	-3		10526	218331	107899	1067777	307	52778	110261	13410	34744	111102		2719	86085	12519	
97	十六、教育	516240	612			604	37747	617	453272		5680	9718	837	1029	3391		439	826	1468	
98	1. 学前教育	23467	10			75	4673	54	18073		137	216	56	40	6		93		34	
99	2. 初等教育	58105	145			15	4257	26	50662		196	1978	85	138	138		108	116	241	
100	3. 中等教育	87639	438			55	4073	3	78706		348	1715	84	121	1265		55	535	241	
101	4. 高等教育	185027	14			31	2205	20	177293		860	3706	201	144	113		29	133	278	
102	5. 特殊教育	545					4		533		5	2	1							
103	6. 技能培训、教育辅助及其他	161457	5			428	22535	514	128005		4134	2101	410	586	1869		154	42	674	
104	十七、卫生和社会工作	599316	86			-3	31906	1461	547459	4	1205	4975	1533	848	8260		145	202	1235	
105	1. 卫生	591256	86			-3	31641	1461	541068	4	1045	4445	1490	821	8260		140	202	596	
106	2. 社会工作	8060					265		6391		160	530	43	27			5		639	
107	十八、文化、体育和娱乐业	346629	1274			744	40555	11965	199839	39	9708	14305	2470	27708	33896		52		4074	
108	1. 新闻和出版业	46906	24			1	19189	42	22129		1523	3092	340	465	41		10		50	
109	2. 广播、电视、电影和影视录音制作业	47868	8			26	6678	314	33333		2521	2309	883	1632	14		20		130	
110	3. 文化艺术业	31604				-1	5089	1	19802		2416	2289	715	-113	3		13		1390	
111	4. 体育	150457	1021			384	6008	698	97650	5	1676	3185	281	10492	27594		6		1457	
112	5. 娱乐业	69794	221			334	3591	10910	26925	34	1572	3430	251	15232	6244		3		1047	
113	十九、公共管理、社会保障和社会组织	5459552	497929	-2		2380	44595	24	973953	13221	43032	149474	43035	63009	333323		30087	370590	2894900	
114	二十、其他行业	6338				115	248	208	5174		32	49	19	178	-4		18	301		

2017 年广州市地方税务局税收收入分行业分税种统计年报总表

编报机关:广州市地方税务局　　　　单位:万元

序号	项　目	税收收入合计	国内增值税	一般纳税人增值税	国内消费税	营业税	企业所得税		个人所得税	资源税	城市维护建设税	房产税	印花税	城镇土地使用税	土地增值税	车辆购置税	车船税	耕地占用税	契税	其他各税
							内资企业	外资企业												
1	合　计	13271900	326571			56650	1976615	126123	4557578	2702	1393656	894797	374385	55318	1899582		163686	65110	1379127	
2	一、农、林、牧、渔业	4723	22			12	937	-16	2349		263	423	314	69	303		6		41	
3	二、采矿业	3667	14				1178		793	1109	280	174	32	8	78				1	
4	1. 煤炭开采和洗选业	1015					953		29		22	9	2							
5	2. 石油和天然气开采业	73	11						1		2				59					
6	3. 黑色金属矿采选业	23	3									1			19					
7	4. 有色金属矿采选业	108							87			7	14							
8	5. 非金属矿采选业	1722					225		106	1109	199	66	15	1					1	
9	6. 开采辅助活动	250							116		45	87	1	1						
10	7. 其他采矿业	476							454		12	4		6						
11	三、制造业	1615342	8483			243	167504	10078	545963	1395	633848	120500	80402	13569	15911		700	20	16726	
12	1. 农副食品加工业	20628					5144	221	8564		2144	2124	1993	161	248		11		18	
13	2. 食品制造业	107536	13			3	7975		57147		31881	6922	2765	226	128		23		453	
14	3. 酒、饮料和精制茶制造业	22370	26				659		8826	16	8645	2009	1613	191	240		10		135	
15	4. 烟草制品业	100220							14762		79716	2877	2214	648			3			
16	5. 纺织业	14677	77				3386		2526		4337	3115	790	119	240		9		78	
17	6. 纺织服装、服饰业	37264	1270			48	1386		10083		14241	4471	1969	615	2876		27	20	258	
18	7. 皮革、毛皮、羽毛及其制品和制鞋业	19460	8			4	649		5090		9253	2301	1575	340	37		16		187	
19	8. 木材加工和木竹藤棕草制品业	10834					5969		2493		1620	453	184	104			2		9	

续表

序号	项目	税收收入合计	国内增值税	一般纳税人增值税	国内消费税	营业税	企业所得税		个人所得税	资源税	城市维护建设税	房产税	印花税	城镇土地使用税	土地增值税	车辆购置税	车船税	耕地占用税	契税	其他各税
							内资企业	外资企业												
20	9. 家具制造业	16919	120				494		8425		4926	1490	898	194	255		14		103	
21	10. 造纸和纸制品业	13982	573				2562		3705		3713	1588	996	131	657		17		40	
22	11. 印刷和记录媒介复制业	6937					964		2121		2100	1202	362	92			8		88	
23	12. 文教、工美、体育和娱乐用品制造业	18954	1215			26	2339	11	4648		4502	3547	1130	342	1086		17		91	
24	13. 石油加工、炼焦和核燃料加工业	88961					10		2558		85031	941	365	37			13		6	
25	14. 化学原料和化学制品制造业	130172	299			108	18255	40	63222		33693	6469	5639	835	863		40		709	
26	15. 医药制造业	59569	481				7539	4860	20606		15430	3125	2038	170			20		5300	
27	16. 化学纤维制造业	837					1		345		283	154	46	7			1			
28	17. 橡胶和塑料制品业	70276	881			27	9810	695	27902		16840	7139	3316	1124	2420		44		78	
29	18. 非金属矿物制品业	19892	57			1	3253		5894	1371	6096	1915	820	310	49		63		63	
30	19. 黑色金属冶炼和压延加工业	15333	266				600		3765		3554	2965	2311	1550	282		10		30	
31	20. 有色金属冶炼和压延加工业	6084					106		2356		1446	1267	856	33			5		15	
32	21. 金属制品业	58719	433				12906	51	23132		13542	4477	2497	956	569		39		117	
33	22. 通用设备制造业	74575	1233			3	16433		28197		15660	5613	2618	537	3788		26		467	
34	23. 专用设备制造业	30523	502				2715	10	13584		8424	2916	1356	213	527		23		253	
35	24. 汽车制造业	388759	16				4539		131010		201848	20622	26735	1418	64		72		2435	
36	25. 铁路、船舶、航空航天和其他运输设备制造业	33216	192			7	1778		12530		7862	7412	1554	1013	330		42		496	

续表

序号	项目	税收收入合计	国内增值税	一般纳税人增值税	国内消费税	营业税	企业所得税		个人所得税	资源税	城市维护建设税	房产税	印花税	城镇土地使用税	土地增值税	车辆购置税	车船税	耕地占用税	契税	其他各税
							内资企业	外资企业												
37	26. 电气机械和器材制造业	62901	573			14	12999		19508		16251	7587	4015	474	649		31		800	
38	27. 计算机、通信和其他电子设备制造业	104656	48			3	4843	1856	44014		30269	11171	7789	470	93		37		4063	
39	28. 仪表仪器制造业	6458	2				917		2837		1635	724	252	43	19		5		24	
40	29. 其他制造业	61599	198			-1	39087	66	10023	8	6480	2307	1308	1204	491		24		404	
41	30. 废弃资源综合利用业	4193					167	2268	438		716	414	169	8			7		6	
42	31. 金属制品、机械和设备修理业	8838					19		5652		1710	1183	229	4			41			
43	四、电力、热力、燃气及水的生产和供应业	152456	115			-134	19176	560	71100	49	31280	14956	10353	662	296		149	3237	657	
44	1. 电力、热力生产和供应业	111284	115			-140	1212	560	61738	36	24889	10647	9604	533	296		121	1171	502	
45	2. 燃气生产和供应业	20887				6	10153		4942		4520	575	598	62			11		20	
46	3. 水的生产和供应业	20285					7811		4420	13	1871	3734	151	67			17	2066	135	
47	五、建筑业	406731	508			1648	163155	245	145565		53753	14010	21843	479	2517		174	545	2289	
48	1. 房屋建筑业	105636	164			-205	47929	33	32242		12984	5662	5742	254	482		24		325	
49	2. 土木工程建筑业	78098				82	32610		27343		7152	2521	7285	40	451		40	462	112	
50	3. 建筑安装业	116184	270			336	38660	123	47956		18929	2326	5054	45	1147		71	83	1184	
51	4. 建筑装饰和其他建筑业	106813	74			1435	43956	89	38024		14688	3501	3762	140	437		39		668	
52	六、批发和零售业	917967	3383			1759	162520	8933	335521	36	218174	49657	100533	4325	14433		769	653	17271	
53	1. 批发业	675604	2441			1840	116595	7432	251261	4	157198	34627	79619	3238	11502		392	447	9008	
54	2. 零售业	242363	942			-81	45925	1501	84260	32	60976	15030	20914	1087	2931		377	206	8263	
55	七、交通运输、仓储和邮政业	312315	1285			1648	37707	1293	168349		26751	44469	15675	2467	3507		1910	2061	5193	

续表

序号	项目	税收收入合计	国内增值税	一般纳税人增值税	国内消费税	营业税	企业所得税		个人所得税	资源税	城市维护建设税	房产税	印花税	城镇土地使用税	土地增值税	车辆购置税	车船税	耕地占用税	契税	其他各税
							内资企业	外资企业												
56	1. 铁路运输业	28422	890				10	79	20521		3626	563	2257	105	350		20		1	
57	2. 道路运输业	102378	276			-6	16361	844	49092		8999	13738	5752	672	2475		1125	2061	989	
58	3. 水上运输业	37962	44			1543	5414		20389		1413	5633	2121	359	377		135		534	
59	4. 航空运输业	62275					2079		43430		6201	8505	1620				73		367	
60	5. 管道运输业	6					1		3		2									
61	6. 装卸搬运和运输代理业	43267	26			151	6534	52	21594		4657	3882	2912	655	189		515		2100	
62	7. 仓储业	22827	49			-38	5901	318	3444		1231	8959	937	676	116		29		1205	
63	8. 邮政业	15178				-2	1407		9876		622	3189	76				13		-3	
64	八、住宿和餐饮业	93566	7606			223	13069	19	41324	18	7457	18617	1024	1482	1500		35	31	1161	
65	1. 住宿业	51923	7544			13	5345		14506	18	3667	17016	468	1292	1124		22	31	877	
66	2. 餐饮业	41643	62			210	7724	19	26818		3790	1601	556	190	376		13		284	
67	九、信息传输、软件和信息技术服务业	507824	1685			106	38331	10391	386665		38109	18320	9478	182	1023		64		3470	
68	1. 电信、广播电视和卫星传输服务	80593	86			-5	4247	3	52314		7379	13097	2859	38	288		12		275	
69	2. 互联网和相关服务	16246					175	8327	6633		779	48	170				1		113	
70	3. 软件和信息技术服务业	410985	1599			111	33909	2061	327718		29951	5175	6449	144	735		51		3082	
71	十、金融业	1005113	863			8	49849	13710	635297		98968	33239	18101	117	4097		147286		3578	
72	1. 货币金融服务	417279	486			-19	12850		287289		74845	27361	9530	43	1917		404		2573	
73	2. 资本市场服务	179907	171				14241	3	155344		6473	547	2015	19	989		2		103	
74	3. 保险业	336327	7			12	767		172202		11019	1907	3075	7	23		146877		431	
75	4. 其他金融业	71600	199			15	21991	13707	20462		6631	3424	3481	48	1168		3		471	

续表

序号	项目	税收收入合计	国内增值税	一般纳税人增值税	国内消费税	营业税	企业所得税		个人所得税	资源税	城市维护建设税	房产税	印花税	城镇土地使用税	土地增值税	车辆购置税	车船税	耕地占用税	契税	其他各税
							内资企业	外资企业												
76	十一、房地产业	3638104	8026			10068	802217	61779	221891	15	99293	307824	41836	11383	1713741		180	5608	354243	
77	1. 房地产开发经营	3112888	4845			7836	676883	57615	138011	15	72595	160196	33719	7847	1664881		107	372	287966	
78	2. 物业管理	197509	371			-98	54585	105	31869		14088	58903	2475	2271	7000		39	125	25776	
79	3. 房地产中介服务	71897	377			879	18478	366	33513		4018	3796	756	80	6846		15		2773	
80	4. 自有房地产经营活动	90981	725			-199	17187	4383	5766		2856	33235	1090	558	10477		10	54	14839	
81	5. 其他房地产业	164829	1708			1650	35084	-690	12732		5736	51694	3796	627	24537		9	5057	22889	
82	十二、租赁和商务服务业	1187472	3747			40338	270178	15088	575030	74	66085	92223	30672	3474	22922		767	17884	48990	
83	1. 租赁业	25232	410			-21	3319	3	6475		4742	4055	3250	353	2446		61		139	
84	2. 商务服务业	1162240	3337			40359	266859	15085	568555	74	61343	88168	27422	3121	20476		706	17884	48851	
85	十三、科学研究和技术服务业	652169	474			-160	88258	80	367618		72285	24389	19789	3268	70157		256		5755	
86	1. 研究和试验发展	276915	320			72	40228	4	161686		42049	12930	11786	2745	1492		115		3488	
87	2. 专业技术服务业	347276	147			-20	42313	51	189687		27076	9887	7325	469	68710		131		1500	
88	3. 科技推广和应用服务业	27978	7			-212	5717	25	16245		3160	1572	678	54	-45		10		767	
89	十四、水利、环境和公共设施管理业	47902	13			-50	17736		19245		4987	3972	690	331	86		101	592	199	
90	1. 水利管理业	1409				4	273		860		144	49	46	27			5		1	
91	2. 生态保护和环境治理业	8045	13				1216		1705		3147	763	238	87	86		2	592	196	
92	3. 公共设施管理业	38448				-54	16247		16680		1696	3160	406	217			94		2	
93	十五、居民服务、修理和其他服务业	474476	39146			796	69484	3168	217346		13438	107384	9856	6134	2753		1279	1409	2283	
94	1. 居民服务业	231923	36618			635	27145	113	58103		4889	92170	6420	4581	349		13	169	718	
95	2. 机动车、电子产品和日用产品修理业	8153	1			1	583	11	5092		1610	438	345	31			9		32	

续表

序号	项　　目	税收收入合计	国内增值税	一般纳税人增值税	国内消费税	营业税	企业所得税		个人所得税	资源税	城市维护建设税	房产税	印花税	城镇土地使用税	土地增值税	车辆购置税	车船税	耕地占用税	契税	其他各税
							内资企业	外资企业												
96	3. 其他服务业	234400	2527			160	41756	3044	154151		6939	14776	3091	1522	2404		1257	1240	1533	
97	十六、教育	221874	185			61	14708	96	198197		2685	4623	325	221	113		223	291	146	
98	1. 学前教育	8938				30	1808		6893		100	35	11	9			34		18	
99	2. 初等教育	17292				11	1343	26	15486		148	77	40	4			41	116		
100	3. 中等教育	33608	171			34	968		31251		185	876	40	56			26		1	
101	4. 高等教育	123955	14			11	1253		118147		678	3226	130	128	113		26	133	96	
102	5. 特殊教育	278					1		275		1	1								
103	6. 技能培训、教育辅助及其他	37803				-25	9335	70	26145		1573	408	104	24			96	42	31	
104	十七、卫生和社会工作	220908				-146	10276	669	206093	4	573	1575	773	80			67		944	
105	1. 卫生	217597				-145	10156	669	204071	4	487	1180	735	65			62		313	
106	2. 社会工作	3311				-1	120		2022		86	395	38	15			5		631	
107	十八、文化、体育和娱乐业	159619	24			12	28265	25	116657		4283	4826	941	4018	24		31		513	
108	1. 新闻和出版业	32393	18				16958	2	12526		957	1346	266	270	11		7		32	
109	2. 广播、电视、电影和影视录音制作业	17103	6				3681		10340		921	446	336	1288	13		7		65	
110	3. 文化艺术业	12433				-3	1816		7933		1113	1095	167	82			9		221	
111	4. 体育	86638				1	4302	4	76989		1076	1749	139	2372			6			
112	5. 娱乐业	11052				14	1508	19	8869		216	190	33	6			2		195	
113	十九、公共管理、社会保障和社会组织	1645665	250992			231	22067	5	298552	2	21146	33616	11745	3049	46125		9689	32779	915667	
114	二十、其他行业	4007				-13			4023		-2		3		-4					

2017年深圳市地方税务局税收收入分行业分税种统计年报总表

编报机关:深圳市地方税务局　　　　单位:万元

序号	项目	税收收入合计	国内增值税	一般纳税人增值税	国内消费税	营业税	企业所得税		个人所得税	资源税	城市维护建设税	房产税	印花税	城镇土地使用税	土地增值税	车辆购置税	车船税	耕地占用税	契税	其他各税
							内资企业	外资企业												
1	合计	23044687	386041			104273	5076415	2381124	8317848	41	1551893	609272	431955	108142	2593182		176374		1308127	
2	一、农、林、牧、渔业	15404	9			48	7886	640	3147		952	755	337	274	1356					
3	二、采矿业	27398					9362	5364	3755		99	177	53	11	8576		1			
4	1. 煤炭开采和洗选业	4									1		3							
5	2. 石油和天然气开采业	33							26		3	3	1							
6	3. 黑色金属矿采选业																			
7	4. 有色金属矿采选业	9553					4835	19	3486		2	117	25	9	1060					
8	5. 非金属矿采选业	32							17		7	7		1						
9	6. 开采辅助活动	17766					4527	5345	225		86	41	24	1	7516		1			
10	7. 其他采矿业	10							1			9								
11	三、制造业	4055712	3731			-1783	399855	715043	1914065	41	636376	108600	134203	23603	120785		144		1049	
12	1. 农副食品加工业	21666					1011	9780	3161		799	1328	655	395	4537					
13	2. 食品制造业	30508				2	3419	13994	6027		4127	818	950	230	940		1			
14	3. 酒、饮料和精制茶制造业	20953				2	10	14886	2875	4	2088	701	190	196			1			
15	4. 烟草制品业	47816					18788		1959		26142	548	200	179						
16	5. 纺织业	37387				332	9497	14111	7580		3659	1215	571	422						
17	6. 纺织服装、服饰业	52674				8	3501	13784	19011		12412	1923	1070	447	518					
18	7. 皮革、毛皮、羽毛及其制品和制鞋业	14733				-756	929	5158	3905		3641	1041	436	378			1			
19	8. 木材加工和木竹藤棕草制品业	2416				-1	310	162	324		514	715	77	242	72		1			

续表

序号	项目	税收收入合计	国内增值税	一般纳税人增值税	国内消费税	营业税	企业所得税		个人所得税	资源税	城市维护建设税	房产税	印花税	城镇土地使用税	土地增值税	车辆购置税	车船税	耕地占用税	契税	其他各税
							内资企业	外资企业												
20	9. 家具制造业	12801					375	2227	2883		4261	2009	561	483			2			
21	10. 造纸和纸制品业	27039	263				7386	2421	7649		5850	948	871	387	1261		3			
22	11. 印刷和记录媒介复制业	40895				18	6618	11536	10818		8269	2106	1017	491	20		2			
23	12. 文教、工美、体育和娱乐用品制造业	42768				7	1927	21130	6989		6405	2530	1618	479	1680		3			
24	13. 石油加工、炼焦和核燃料加工业	49685					3	45416	235		3510	77	425	19						
25	14. 化学原料和化学制品制造业	55581				34	8822	15624	19115		7534	2235	1417	656	139		5			
26	15. 医药制造业	104056	392			-422	29716	34566	16804		12948	3996	1857	789	3410					
27	16. 化学纤维制造业	1019					1	118	434		319	70	27	50						
28	17. 橡胶和塑料制品业	122283	13			344	32092	28016	23664		23496	3281	3463	1346	6556		12			
29	18. 非金属矿物制品业	28057				447	1616	10079	9338		4430	1045	748	316			38			
30	19. 黑色金属冶炼和压延加工业	229						55	41		35	65	17	16						
31	20. 有色金属冶炼和压延加工业	6147					2544	2210	553		487	112	215	26						
32	21. 金属制品业	121985	403			18	28296	28178	33123		22263	4243	3096	1313	1043		9			
33	22. 通用设备制造业	116824				-639	5004	55768	29469		20222	2344	3861	645	148		2			
34	23. 专用设备制造业	245244				2	35434	44693	116428		36841	3780	4952	679	2433		2			
35	24. 汽车制造业	42996					2014	5044	28162		3110	3065	990	611						
36	25. 铁路、船舶、航空航天和其他运输设备制造业	21532	116			434	2179	4766	5634		2335	2049	362	715	2942					

续表

序号	项　　目	税收收入合计	国内增值税	一般纳税人增值税	国内消费税	营业税	企业所得税		个人所得税	资源税	城市维护建设税	房产税	印花税	城镇土地使用税	土地增值税	车辆购置税	车船税	耕地占用税	契税	其他各税
							内资企业	外资企业												
37	26. 电气机械和器材制造业	202994	2543			16	13996	40094	67479		35694	6465	6198	1597	28748		4		160	
38	27. 计算机、通信和其他电子设备制造业	2007255	1			-1802	129147	190248	1268560		291242	40292	79533	6489	2638		26		881	
39	28. 仪表仪器制造业	230366				40	18347	35290	90602		14767	5830	4515	777	60196		2			
40	29. 其他制造业	339173				133	33254	65442	127441	37	78436	13478	14254	3156	3504		30		8	
41	30. 废弃资源综合利用业	7904					3552	235	3523		226	278	25	65						
42	31. 金属制品、机械和设备修理业	726					67	12	279		314	13	32	9						
43	四、电力、热力、燃气及水的生产和供应业	347085					56591	193076	36384		37825	9425	4438	4903	4442		1			
44	1. 电力、热力生产和供应业	238894					50160	110724	26739		33546	7792	3874	1617	4442					
45	2. 燃气生产和供应业	5045					22	459	1785		2007	267	394	110			1			
46	3. 水的生产和供应业	103146					6409	81893	7860		2272	1366	170	3176						
47	五、建筑业	528435	11			1446	214600	22350	183669		53217	9703	16506	1582	25307		40		4	
48	1. 房屋建筑业	45370				34	9147	16063	15599		3063	346	1057	59			2			
49	2. 土木工程建筑业	98231				356	45352	39	31858		8527	2333	2946	290	6520		7		3	
50	3. 建筑安装业	190490	11			-6	54426	1419	83407		23454	4064	6309	779	16614		13			
51	4. 建筑装饰和其他建筑业	194344				1062	105675	4829	52805		18173	2960	6194	454	2173		18		1	
52	六、批发和零售业	1575729	6891			22095	382434	107617	597582		219487	83892	77723	12268	65508		217		15	
53	1. 批发业	1297631	5444			17638	336791	55375	501830		180474	68827	67743	10406	52940		162		1	
54	2. 零售业	278098	1447			4457	45643	52242	95752		39013	15065	9980	1862	12568		55		14	
55	七、交通运输、仓储和邮政业	593889	12			2646	198328	78141	193357		26058	28183	14523	8036	42898		1697		10	

续表

序号	项　目	税收收入合计	国内增值税	一般纳税人增值税	国内消费税	营业税	企业所得税		个人所得税	资源税	城市维护建设税	房产税	印花税	城镇土地使用税	土地增值税	车辆购置税	车船税	耕地占用税	契税	其他各税
							内资企业	外资企业												
56	1. 铁路运输业	51571				2215	38797	297	3030		3028	209	254	298	3436		7			
57	2. 道路运输业	127946	12			1	22374	10759	43692		7521	4193	5665	1401	31590		738			
58	3. 水上运输业	50653				14	16231	19027	10994		898	1295	736	1169	32		247		10	
59	4. 航空运输业	154319				338	61356	13509	60982		5382	10267	1596	886			3			
60	5. 管道运输业	275							255		19		1							
61	6. 装卸搬运和运输代理业	146016				5	40714	30330	58427		6243	2995	4904	1885	195		318			
62	7. 仓储业	55414				73	18749	4219	9822		2745	8183	1333	2262	7645		383			
63	8. 邮政业	7695					107		6155		222	1041	34	135			1			
64	八、住宿和餐饮业	76367	558			335	12618	14137	30158		6589	9475	865	1182	446		4			
65	1. 住宿业	31722	421			143	4100	4367	10923		2417	8070	347	933			1			
66	2. 餐饮业	44645	137			192	8518	9770	19235		4172	1405	518	249	446		3			
67	九、信息传输、软件和信息技术服务业	1839335	28			1188	233588	628469	805986		106952	15722	24912	1820	20565		20		85	
68	1. 电信、广播电视和卫星传输服务	91918				481	47592	70	26127		10988	5189	798	563	109		1			
69	2. 互联网和相关服务	34832					662	1	32504		901	92	399	13	260					
70	3. 软件和信息技术服务业	1712585	28			707	185334	628398	747355		95063	10441	23715	1244	20196		19		85	
71	十、金融业	2442985	20			4390	400987	40912	1531254		204993	28882	51027	1775	6430		172303		12	
72	1. 货币金融服务	912611	1			279	108968	5612	603057		142832	17936	29081	1142	3702		2		-1	
73	2. 资本市场服务	880817				407	215006	14962	596339		35402	6756	9238	391	2316					
74	3. 保险业	467625				-1354	4724	32	260919		18759	3773	8250	221			172301			
75	4. 其他金融业	181932	19			5058	72289	20306	70939		8000	417	4458	21	412				13	

续表

序号	项　　目	税收收入合计	国内增值税	一般纳税人增值税	国内消费税	营业税	企业所得税		个人所得税	资源税	城市维护建设税	房产税	印花税	城镇土地使用税	土地增值税	车辆购置税	车船税	耕地占用税	契税	其他各税
							内资企业	外资企业												
76	十一、房地产业	6823786	332284			25261	1974289	246457	546055		112930	112426	50991	20848	2103473		7		1298765	
77	1. 房地产开发经营	3111785	1408			9499	1269468	124557	204597		56823	37694	35106	8977	1364456		3		-803	
78	2. 物业管理	277467	394			1322	138477	23067	65567		10129	21394	1555	4150	11408		4			
79	3. 房地产中介服务	122899	19			121	63673	1431	38252		3284	589	378	101	15051					
80	4. 自有房地产经营活动	24180	3640			80	2459	155	5640		846	7695	449	472	2734				10	
81	5. 其他房地产业	3287455	326823			14239	500212	97247	231999		41848	45054	13503	7148	709824				1299558	
82	十二、租赁和商务服务业	2811253	2110			33912	916825	196032	1354543		79035	72323	34990	14616	106011		69		787	
83	1. 租赁业	66404	618			-7	28894	1349	8297		2524	8732	3341	1620	10909		19		108	
84	2. 商务服务业	2744849	1492			33919	887931	194683	1346246		76511	63591	31649	12996	95102		50		679	
85	十三、科学研究和技术服务业	540384	432			7352	137346	35740	277461		35882	10041	8404	1526	26186		14			
86	1. 研究和试验发展	93758				-161	12104	21497	52378		4244	1365	1381	332	617		1			
87	2. 专业技术服务业	431802				7513	123797	14241	215614		29751	7837	6448	1019	25569		13			
88	3. 科技推广和应用服务业	14824	432				1445	2	9469		1887	839	575	175						
89	十四、水利、环境和公共设施管理业	58715					6911	33189	13255		2216	2570	301	253	16		1		3	
90	1. 水利管理业	25879					1104	20468	4007		160	67	33	37					3	
91	2. 生态保护和环境治理业	11919					3296	3	6345		1392	569	228	81	4		1			
92	3. 公共设施管理业	20917					2511	12718	2903		664	1934	40	135	12					
93	十五、居民服务、修理和其他服务业	708239	33362			7106	96827	52719	336816		24177	90652	5391	6573	51563		24		3029	
94	1. 居民服务业	71374	15217			94	3338	514	13977		2558	31114	522	554	3125		1		360	
95	2. 机动车、电子产品和日用产品修理业	11951	1				3729	61	4845		2370	413	451	70	9		2			

续表

序号	项　目	税收收入合计	国内增值税	一般纳税人增值税	国内消费税	营业税	企业所得税		个人所得税	资源税	城市维护建设税	房产税	印花税	城镇土地使用税	土地增值税	车辆购置税	车船税	耕地占用税	契税	其他各税
							内资企业	外资企业												
96	3. 其他服务业	624914	18144			7012	89760	52144	317994		19249	59125	4418	5949	48429		21		2669	
97	十六、教育	165421				121	10031	345	151521		1783	1166	239	213			2			
98	1. 学前教育	3431					351	5	3060		3	6	5				1			
99	2. 初等教育	16672					66		16598		1	2	5							
100	3. 中等教育	21157					744	3	20320		53	20	7	10						
101	4. 高等教育	28297				1	233	3	27968		60	19	11	2						
102	5. 特殊教育	73							72		1									
103	6. 技能培训、教育辅助及其他	95791				120	8637	334	83503		1665	1119	211	201			1			
104	十七、卫生和社会工作	206602				110	9082	621	194535		304	1550	179	218			3			
105	1. 卫生	205776				110	9024	621	193863		268	1499	176	212			3			
106	2. 社会工作	826					58		672		36	51	3	6						
107	十八、文化、体育和娱乐业	85110				9	7141	10064	49014		2272	3724	847	6341	5697		1			
108	1. 新闻和出版业	9505					1857	3	5984		316	1217	30	98						
109	2. 广播、电视、电影和影视录音制作业	20714					1767	291	16458		622	1082	355	139						
110	3. 文化艺术业	11456					1571		8526		576	379	325	78			1			
111	4. 体育	17412					1462	70	15499		207	53	50	71						
112	5. 娱乐业	26023				9	484	9700	2547		551	993	87	5955	5697					
113	十九、公共管理、社会保障和社会组织	142599	6593			37	1714		95263		744	20005	6026	2100	3923		1826		4368	
114	二十、其他行业	239						208	28		2	1								

2017年珠海市地方税务局税收收入分行业分税种统计年报总表

编报机关:珠海市地方税务局　　　　单位:万元

序号	项目	税收收入合计	国内增值税	一般纳税人增值税	国内消费税	营业税	企业所得税		个人所得税	资源税	城市维护建设税	房产税	印花税	城镇土地使用税	土地增值税	车辆购置税	车船税	耕地占用税	契税	其他各税
							内资企业	外资企业												
1	合计	2550491	23216			13637	835053	325284	473951	51	210072	124385	46963	32099	211598		21575	9915	222692	
2	一、农、林、牧、渔业	1286	11			25	296	5	151		98	465	10	178	1			32	14	
3	二、采矿业	605	9				30		13		5	81	1	14	80		1		371	
4	1. 煤炭开采和洗选业	91	9								1	1			80					
5	2. 石油和天然气开采业	364																	364	
6	3. 黑色金属矿采选业																			
7	4. 有色金属矿采选业																			
8	5. 非金属矿采选业	14							1		3	7		3						
9	6. 开采辅助活动	129					30		12		1	73	1	11			1			
10	7. 其他采矿业	7																	7	
11	三、制造业	895753	1762			639	398408	169985	144712	17	110097	35821	18052	10323	2425		13		3499	
12	1. 农副食品加工业	3183	25				128	355	1396		337	504	179	152	107					
13	2. 食品制造业	10186	52			8	263	3383	2632		2279	932	242	269	10				116	
14	3. 酒、饮料和精制茶制造业	1991					371		379	15	534	393	36	165			1		97	
15	4. 烟草制品业	625					2	467	1		2	127	26							
16	5. 纺织业	3242				508	2	281	598		704	836	112	195					6	
17	6. 纺织服装、服饰业	12815	110				6339	1855	1479		1311	1159	158	213	191					
18	7. 皮革、毛皮、羽毛及其制品和制鞋业	1359						63	242		448	392	45	169						
19	8. 木材加工和木竹藤棕草制品业	395						-7	166		176	24	25	11						

续表

序号	项　目	税收收入合计	国内增值税	一般纳税人增值税	国内消费税	营业税	企业所得税		个人所得税	资源税	城市维护建设税	房产税	印花税	城镇土地使用税	土地增值税	车辆购置税	车船税	耕地占用税	契税	其他各税
							内资企业	外资企业												
20	9. 家具制造业	2309	1				1	151	537		692	588	22	296					21	
21	10. 造纸和纸制品业	4257					226	553	807		1046	1040	248	336			1			
22	11. 印刷和记录媒介复制业	2547					398	960	302		541	259	29	50					8	
23	12. 文教、工美、体育和娱乐用品制造业	1832				1	2	188	192		302	796	64	282					5	
24	13. 石油加工、炼焦和核燃料加工业	2104	4				3	622	290		423	332	378	18	33				1	
25	14. 化学原料和化学制品制造业	18848					273	6911	4576		2870	1990	1545	681			2			
26	15. 医药制造业	60225	732				3192	38890	6172		6844	1943	820	754	600		1		277	
27	16. 化学纤维制造业	14382						11495	1321		658	709	59	140						
28	17. 橡胶和塑料制品业	8325	34				550	1504	1897		2136	1242	326	381	255					
29	18. 非金属矿物制品业	4455	161				744	226	754	2	1330	645	152	379	51				11	
30	19. 黑色金属冶炼和压延加工业	4539	77				21	501	1036		1879	242	172	390	221					
31	20. 有色金属冶炼和压延加工业	1196							438		411	119	114	114						
32	21. 金属制品业	9145	407			7	206	1128	2523		2035	1914	225	569			1		130	
33	22. 通用设备制造业	21339	27				120	17325	1476		990	466	412	213	222				88	
34	23. 专用设备制造业	23005				4	3024	4878	6298		5070	1724	594	378	610				425	
35	24. 汽车制造业	15139					7225	1431	2519		1934	652	492	171					715	
36	25. 铁路、船舶、航空航天和其他运输设备制造业	12577					12	6144	2659		1065	1649	592	456						

续表

序号	项目	税收收入合计	国内增值税	一般纳税人增值税	国内消费税	营业税	企业所得税		个人所得税	资源税	城市维护建设税	房产税	印花税	城镇土地使用税	土地增值税	车辆购置税	车船税	耕地占用税	契税	其他各税
							内资企业	外资企业												
37	26. 电气机械和器材制造业	492456	122			111	367683	12055	52162		47137	5423	6257	1279	80		4		143	
38	27. 计算机、通信和其他电子设备制造业	124176	5				5063	43998	41817		20371	6993	3605	1310	16		1		997	
39	28. 仪表仪器制造业	9823					700	5457	1468		1366	551	131	150						
40	29. 其他制造业	28608	5				1779	9171	8482		5128	1880	976	697	29		2		459	
41	30. 废弃资源综合利用业	349					81		37		50	173	8							
42	31. 金属制品、机械和设备修理业	321							56		28	124	8	105						
43	四、电力、热力、燃气及水的生产和供应业	51617	14				5455	31303	5397	1	6684	1497	779	330	57		1		99	
44	1. 电力、热力生产和供应业	43073	7				154	30172	4562		6076	1225	572	205			1		99	
45	2. 燃气生产和供应业	1779	7				6	1131	98		264	46	153	17	57					
46	3. 水的生产和供应业	6765					5295		737	1	344	226	54	108						
47	五、建筑业	105900	2037			295	68390	1292	11039		13138	1854	2437	671	393		5	1948	2401	
48	1. 房屋建筑业	31708				43	25324	66	2503		2739	290	664	109			3	241	-274	
49	2. 土木工程建筑业	4644				152	1317		1785		803	128	131	112				201	15	
50	3. 建筑安装业	31510	68			80	17066	1224	3659		6746	661	924	123	371		1	291	296	
51	4. 建筑装饰和其他建筑业	38038	1969			20	24683	2	3092		2850	775	718	327	22		1	1215	2364	
52	六、批发和零售业	202774	819			416	78726	4720	32665	7	32322	18445	10421	4294	15101		15	11	4812	
53	1. 批发业	143946	426			29	71045	376	18926		17249	10605	7989	3059	11011		9	11	3211	
54	2. 零售业	58828	393			387	7681	4344	13739	7	15073	7840	2432	1235	4090		6		1601	
55	七、交通运输、仓储和邮政业	35826	486				9056	8436	9364		1979	3637	943	712	332		66		815	

续表

序号	项目	税收收入合计	国内增值税	一般纳税人增值税	国内消费税	营业税	企业所得税		个人所得税	资源税	城市维护建设税	房产税	印花税	城镇土地使用税	土地增值税	车辆购置税	车船税	耕地占用税	契税	其他各税
							内资企业	外资企业												
56	1. 铁路运输业	10						3	1		6									
57	2. 道路运输业	7595					2469	129	2615		712	1320	119	112			45		74	
58	3. 水上运输业	10390					2232	6481	1230		152	195	86	4	3		7			
59	4. 航空运输业	5855					2871		2263		144	343	138	77			1		18	
60	5. 管道运输业	434						39	197			165	33							
61	6. 装卸搬运和运输代理业	4574	22				1397	509	946		530	435	147	87	12		12		477	
62	7. 仓储业	5032	464				85	833	1286		334	673	398	395	317		1		246	
63	8. 邮政业	1936					2	442	826		101	506	22	37						
64	八、住宿和餐饮业	9550				29	1333	1391	2496		794	3071	71	257			2		106	
65	1. 住宿业	6318				13	998	681	989		329	2943	46	232			2		85	
66	2. 餐饮业	3232				16	335	710	1507		465	128	25	25					21	
67	九、信息传输、软件和信息技术服务业	33718	21			2	3608	1774	20993		2865	1864	1664	234	21				672	
68	1. 电信、广播电视和卫星传输服务	4173	14			2	1		2483		420	962	82	52					157	
69	2. 互联网和相关服务	106					1		74		29		2							
70	3. 软件和信息技术服务业	29439	7				3606	1774	18436		2416	902	1580	182	21				515	
71	十、金融业	98252	73			711	1471	3626	51547		9063	4151	1505	259	3390		21097		1359	
72	1. 货币金融服务	40107	21			679	528	1	26132		7449	3607	1102	112					476	
73	2. 资本市场服务	7206					5	50	6106		296	76	42	2					629	
74	3. 保险业	37151				28	1		14230		1219	250	320	6			21097			
75	4. 其他金融业	13788	52			4	937	3575	5079		99	218	41	139	3390				254	

续表

序号	项 目	税收收入合计	国内增值税	一般纳税人增值税	国内消费税	营业税	企业所得税		个人所得税	资源税	城市维护建设税	房产税	印花税	城镇土地使用税	土地增值税	车辆购置税	车船税	耕地占用税	契税	其他各税
							内资企业	外资企业												
76	十一、房地产业	666425	5550			9730	205146	87996	36441	16	16180	27401	5720	8668	179441		3	781	83352	
77	1. 房地产开发经营	590951	242			6740	195207	85507	21895	16	13453	17366	5448	7706	160625		3	781	75962	
78	2. 物业管理	10534	483			618	2260	603	1694		843	2179	86	385	865				518	
79	3. 房地产中介服务	6474	25			266	181	195	4228		248	215	20	42	196				858	
80	4. 自有房地产经营活动	9244	624			-2	198		677		888	4077	47	247	2454				34	
81	5. 其他房地产业	49222	4176			2108	7300	1691	7947		748	3564	119	288	15301				5980	
82	十二、租赁和商务服务业	91855	443			145	21613	6274	26761		6739	8272	1718	2464	1762		51	358	15255	
83	1. 租赁业	7389				5	223	10	807		168	1158	51	296			1	44	4626	
84	2. 商务服务业	84466	443			140	21390	6264	25954		6571	7114	1667	2168	1762		50	314	10629	
85	十三、科学研究和技术服务业	26289	2			1	5800	355	11716		2920	1254	1946	369	5		1		1920	
86	1. 研究和试验发展	11542					66	127	5955		1864	902	1800	273	1				554	
87	2. 专业技术服务业	12341	2			1	5728	77	4954		885	324	98	76	4		1		191	
88	3. 科技推广和应用服务业	2406					6	151	807		171	28	48	20					1175	
89	十四、水利、环境和公共设施管理业	1105					368		425		117	123	15	56			1			
90	1. 水利管理业	208					15		125		55	11	2							
91	2. 生态保护和环境治理业	131					14		63		21	22	1	10						
92	3. 公共设施管理业	766					339		237		41	90	12	46			1			
93	十五、居民服务、修理和其他服务业	127313	44			1631	33757	7869	58697	10	5619	9928	919	1359	1149		6	3014	3311	
94	1. 居民服务业	10542	1			15	3352	593	4199	10	623	1435	29	129	5		1		150	
95	2. 机动车、电子产品和日用产品修理业	2823	31				282	1426	292		259	192	50	4	197				90	

续表

序号	项　　目	税收收入合计	国内增值税	一般纳税人增值税	国内消费税	营业税	企业所得税		个人所得税	资源税	城市维护建设税	房产税	印花税	城镇土地使用税	土地增值税	车辆购置税	车船税	耕地占用税	契税	其他各税
							内资企业	外资企业												
96	3. 其他服务业	113948	12			1616	30123	5850	54206		4737	8301	840	1226	947		5	3014	3071	
97	十六、教育	11814	2			5	555		10940		134	83	27	6	8		1		53	
98	1. 学前教育	846					62		779		3	1	1							
99	2. 初等教育	1964					89		1854		3	9	3	5			1			
100	3. 中等教育	715	2				9		690		6				8					
101	4. 高等教育	6810				5			6703		31	53	18							
102	5. 特殊教育	15							14			1								
103	6. 技能培训、教育辅助及其他	1464					395		900		91	19	5	1					53	
104	十七、卫生和社会工作	7292					360		6849		23	47	9	3			1			
105	1. 卫生	7246					359		6806		22	47	9	2			1			
106	2. 社会工作	46					1		43		1			1						
107	十八、文化、体育和娱乐业	5740	2			1	76	258	2480		295	1001	48	1468			1		110	
108	1. 新闻和出版业	656	2				10		306		34	300	1	3						
109	2. 广播、电视、电影和影视录音制作业	925							862		47	6	9				1			
110	3. 文化艺术业	1766					57		984		140	411	26	38					110	
111	4. 体育	367				1	2	17	160		28	144	7	8						
112	5. 娱乐业	2026					7	241	168		46	140	5	1419						
113	十九、公共管理、社会保障和社会组织	177370	11941			7	605		41261		999	5390	676	434	7433		310	3771	104543	
114	二十、其他行业	7							4		1		2							

2017年汕头市地方税务局税收收入分行业分税种统计年报总表

编报机关:汕头市地方税务局　　　　单位:万元

序号	项目	税收收入合计	国内增值税	一般纳税人增值税	国内消费税	营业税	企业所得税		个人所得税	资源税	城市维护建设税	房产税	印花税	城镇土地使用税	土地增值税	车辆购置税	车船税	耕地占用税	契税	其他各税
							内资企业	外资企业												
1	合计	1098621	6482			3345	374084	13964	182115	5200	97181	58450	25102	33214	141615		25172	4450	128247	
2	一、农、林、牧、渔业	2011					383		1149	2	78	83	74	137				105		
3	二、采矿业	426	15				30		27	115	18	24	18	67	112					
4	1. 煤炭开采和洗选业	22							1		6		15							
5	2. 石油和天然气开采业																			
6	3. 黑色金属矿采选业																			
7	4. 有色金属矿采选业																			
8	5. 非金属矿采选业	288	15				30		20	82	12	2	2	13	112					
9	6. 开采辅助活动	78							2			22		54						
10	7. 其他采矿业	38							4	33			1							
11	三、制造业	191498	1440			68	59005	7390	34050	299	41538	19810	5997	15558	4053		33	33	2224	
12	1. 农副食品加工业	2896					567	1	549	9	919	409	213	228			1			
13	2. 食品制造业	6045	51				743	1	3302		1044	223	184	241			1		255	
14	3. 酒、饮料和精制茶制造业	611					17		74		232	162	18	108						
15	4. 烟草制品业	3863					706		430		2148	309	140	130						
16	5. 纺织业	11241					3177		1373		2058	1858	335	2295	100		1	12	32	
17	6. 纺织服装、服饰业	34057	52				12450	45	4908		7082	4214	1056	3205	817		4	7	217	
18	7. 皮革、毛皮、羽毛及其制品和制鞋业	569					148		50		129	146	16	78			2			
19	8. 木材加工和木竹藤棕草制品业	3503					5		357		2377	559	146	38					21	

续表

序号	项目	税收收入合计	国内增值税	一般纳税人增值税	国内消费税	营业税	企业所得税		个人所得税	资源税	城市维护建设税	房产税	印花税	城镇土地使用税	土地增值税	车辆购置税	车船税	耕地占用税	契税	其他各税
							内资企业	外资企业												
20	9. 家具制造业	257					14		45		129	24	12	28					5	
21	10. 造纸和纸制品业	6074					2144		1186		1289	544	221	502			3		185	
22	11. 印刷和记录媒介复制业	14820	398			51	1056	6245	3836		1459	838	186	444	259		2		46	
23	12. 文教、工美、体育和娱乐用品制造业	24044	471				10063	617	2100	1	4423	2368	523	1799	1548		3	14	114	
24	13. 石油加工、炼焦和核燃料加工业	52					17		3		5	20	1	6						
25	14. 化学原料和化学制品制造业	8180					2887		1725		1566	747	244	961			1		49	
26	15. 医药制造业	8660					3435		2364		2060	364	156	266			1		14	
27	16. 化学纤维制造业	84					50		4		2	9		19						
28	17. 橡胶和塑料制品业	19207	124				5972		2084		4462	2708	779	2376	545		4		153	
29	18. 非金属矿物制品业	1161					416		92	99	214	99	46	193			2			
30	19. 黑色金属冶炼和压延加工业	279					54		3		40	22	11	17					132	
31	20. 有色金属冶炼和压延加工业	132					5		43		28	5	39	12						
32	21. 金属制品业	1202					86	116	186		287	210	47	187					83	
33	22. 通用设备制造业	1798					323		662		410	225	77	88			1		12	
34	23. 专用设备制造业	2586	108				1013		249	3	463	256	61	288	80				65	
35	24. 汽车制造业	2388	202				55	363	599		740	18	118	174					119	
36	25. 铁路、船舶、航空航天和其他运输设备制造业	502					20		32		21	42	15	114	11				247	

续表

序号	项目	税收收入合计	国内增值税	一般纳税人增值税	国内消费税	营业税	企业所得税		个人所得税	资源税	城市维护建设税	房产税	印花税	城镇土地使用税	土地增值税	车辆购置税	车船税	耕地占用税	契税	其他各税
							内资企业	外资企业												
37	26. 电气机械和器材制造业	6498					3866		880		817	526	279	129					1	
38	27. 计算机、通信和其他电子设备制造业	6042					1165		1948		1137	363	204	320	606		1		298	
39	28. 仪表仪器制造业	572	20				94		9		41	310	5	93						
40	29. 其他制造业	23630	14			17	8448	2	4877	187	5723	2144	831	1154	87		6		140	
41	30. 废弃资源综合利用业	433							66		228	43	33	63						
42	31. 金属制品、机械和设备修理业	112					9		14		5	45	1	2					36	
43	四、电力、热力、燃气及水的生产和供应业	20490					1922	1	8587		4733	2645	797	1527			8	11	259	
44	1. 电力、热力生产和供应业	19590					1781	1	8417		4584	2543	761	1249			8		246	
45	2. 燃气生产和供应业	301					4		76		76	25	8	88				11	13	
46	3. 水的生产和供应业	599					137		94		73	77	28	190						
47	五、建筑业	138671				965	99350	2	15606	4478	10313	417	3458	1418	795		5		1864	
48	1. 房屋建筑业	94685				472	71889		7764	3150	6899	208	1984	220	539		2		1558	
49	2. 土木工程建筑业	3364				89	409		1374	227	635	5	624	1						
50	3. 建筑安装业	13199				373	4687	2	3940	904	1982	162	657	237			2		253	
51	4. 建筑装饰和其他建筑业	27423				31	22365		2528	197	797	42	193	960	256		1		53	
52	六、批发和零售业	87707	277			926	38707	411	13902	178	15943	6274	5991	3379	237		23	5	1454	
53	1. 批发业	74416	277			924	36018	280	10310	103	13322	4721	5005	2159	223		13	5	1056	
54	2. 零售业	13291				2	2689	131	3592	75	2621	1553	986	1220	14		10		398	
55	七、交通运输、仓储和邮政业	8655	7			1	1192		4276	30	673	1155	626	310			132	235	18	

续表

序号	项　目	税收收入合计	国内增值税	一般纳税人增值税	国内消费税	营业税	企业所得税		个人所得税	资源税	城市维护建设税	房产税	印花税	城镇土地使用税	土地增值税	车辆购置税	车船税	耕地占用税	契税	其他各税
							内资企业	外资企业												
56	1. 铁路运输业	44	7				1		7		14	6	7	1					1	
57	2. 道路运输业	3076				1	651		588	2	386	584	493	40			96	235		
58	3. 水上运输业	462					65		163	20	67	97	21	24			5			
59	4. 航空运输业	3					1		2											
60	5. 管道运输业	651							618		1		30	2						
61	6. 装卸搬运和运输代理业	3123					315		2350	8	136	139	53	92			30			
62	7. 仓储业	212					6		19		16	29	4	121					17	
63	8. 邮政业	1084					153		529		53	300	18	30			1			
64	八、住宿和餐饮业	4381				41	843		1377	1	327	1436	15	297					44	
65	1. 住宿业	2227				18	186		396	1	150	1238	8	188					42	
66	2. 餐饮业	2154				23	657		981		177	198	7	109					2	
67	九、信息传输、软件和信息技术服务业	7896					325		2826		508	3217	138	238			2		642	
68	1. 电信、广播电视和卫星传输服务	6028					10		2407		282	3028	80	164			1		56	
69	2. 互联网和相关服务	250					65		27		51	72	9	26						
70	3. 软件和信息技术服务业	1618					250		392		175	117	49	48			1		586	
71	十、金融业	68149				83	6315	3276	24721		4933	2394	1566	567			23903		391	
72	1. 货币金融服务	14457				-9	51		7841		3345	1638	883	460			28		220	
73	2. 资本市场服务	7972					96	3276	3807		269	76	301	75					72	
74	3. 保险业	40900				7	4950		10429		1073	293	266	7			23875			
75	4. 其他金融业	4820				85	1218		2644		246	387	116	25					99	

续表

序号	项目	税收收入合计	国内增值税	一般纳税人增值税	国内消费税	营业税	企业所得税		个人所得税	资源税	城市维护建设税	房产税	印花税	城镇土地使用税	土地增值税	车辆购置税	车船税	耕地占用税	契税	其他各税
							内资企业	外资企业												
76	十一、房地产业	339079	3060			1076	131418	2859	20820	41	13469	9464	4628	4666	129488		4	94	17992	
77	1. 房地产开发经营	302890	68			1073	128463	2859	6468	26	10630	2713	4019	2490	126183		4		17894	
78	2. 物业管理	3164				2	938		503	1	192	959	294	237					38	
79	3. 房地产中介服务	484	8				41		136		12	141	2	144						
80	4. 自有房地产经营活动	13188	982			1	20		4722		2231	4410	67	722				33		
81	5. 其他房地产业	19353	2002				1956		8991	14	404	1241	246	1073	3305			61	60	
82	十二、租赁和商务服务业	43732	46			115	27871	14	6374	14	2316	2960	960	752	1980		5		325	
83	1. 租赁业	379					4		47	12	21	277	13	3			2			
84	2. 商务服务业	43353	46			115	27867	14	6327	2	2295	2683	947	749	1980		3		325	
85	十三、科学研究和技术服务业	2232				10	734	4	534	2	293	303	86	133			3		130	
86	1. 研究和试验发展	1257					396	1	383	1	127	194	37	67			1		50	
87	2. 专业技术服务业	730				10	252	3	126	1	104	77	20	55			2		80	
88	3. 科技推广和应用服务业	245					86		25		62	32	29	11						
89	十四、水利、环境和公共设施管理业	2112				1	697		244	3	261	99	102	283			1		421	
90	1. 水利管理业	318					149		51		98	4	10	1			1		4	
91	2. 生态保护和环境治理业	1103					105		80	1	98	55	79	275					410	
92	3. 公共设施管理业	691				1	443		113	2	65	40	13	7					7	
93	十五、居民服务、修理和其他服务业	41426	102			28	4690	1	23775	36	1441	1831	323	1599	4606		19	2652	323	
94	1. 居民服务业	2265	2			1	367		1293		113	114	15	60			1	108	191	
95	2. 机动车、电子产品和日用产品修理业	192					34		77		34	11	9	25			2			

续表

序号	项　目	税收收入合计	国内增值税	一般纳税人增值税	国内消费税	营业税	企业所得税		个人所得税	资源税	城市维护建设税	房产税	印花税	城镇土地使用税	土地增值税	车辆购置税	车船税	耕地占用税	契税	其他各税
							内资企业	外资企业												
96	3. 其他服务业	38969	100			27	4289	1	22405	36	1294	1706	299	1514	4606		16	2544	132	
97	十六、教育	6017	5			9	104	3	5770		22	55	2	20	5		22			
98	1. 学前教育	1152	5				12		1105		1	7	1	6	5		10			
99	2. 初等教育	431				2	5		407		1	7		2			7			
100	3. 中等教育	811					6		776		1	23		1			4			
101	4. 高等教育	3381					24	3	3342		9	1		2						
102	5. 特殊教育																			
103	6. 技能培训、教育辅助及其他	242				7	57		140		10	17	1	9			1			
104	十七、卫生和社会工作	8103	4				65		7729		8	134	96	63			2		2	
105	1. 卫生	7049	4				61		6692		7	123	96	62			2		2	
106	2. 社会工作	1054					4		1037		1	11		1						
107	十八、文化、体育和娱乐业	4038				6	286	3	2678		146	237	45	118			1		518	
108	1. 新闻和出版业	73							31		21	18	2	1						
109	2. 广播、电视、电影和影视录音制作业	511					10	3	395		51	30	9	13						
110	3. 文化艺术业	321					28		205		18	34	5	9					22	
111	4. 体育	1034					17		988		4	15	1	2					7	
112	5. 娱乐业	2099				6	231		1059		52	140	28	93			1		489	
113	十九、公共管理、社会保障和社会组织	121986	1526			16	147		7667	1	161	5900	180	2085	339		1009	1315	101640	
114	二十、其他行业	12							3			12		-3						

2017年佛山市地方税务局税收收入分行业分税种统计年报总表

编报机关：佛山市地方税务局　　　　单位：万元

序号	项目	税收收入合计	国内增值税	一般纳税人增值税	国内消费税	营业税	企业所得税		个人所得税	资源税	城市维护建设税	房产税	印花税	城镇土地使用税	土地增值税	车辆购置税	车船税	耕地占用税	契税	其他各税
							内资企业	外资企业												
1	合　计	3375991	78318			7938	736240	26896	691220	433	304322	199429	72937	138248	505102		68646	35329	510933	
2	一、农、林、牧、渔业	3538	2			-75	2169		859		70	261	116	153	-66		3		46	
3	二、采矿业	237							15	178	35		8	1						
4	1. 煤炭开采和洗选业																			
5	2. 石油和天然气开采业																			
6	3. 黑色金属矿采选业																			
7	4. 有色金属矿采选业																			
8	5. 非金属矿采选业	108							10	71	20		7							
9	6. 开采辅助活动																			
10	7. 其他采矿业	129							5	107	15		1	1						
11	三、制造业	570847	9741			296	96780	21757	156824	19	161042	52781	24487	24493	17015		188		5424	
12	1. 农副食品加工业	5971					3303		1112		363	474	293	268			2		156	
13	2. 食品制造业	28600					989		16055		8325	2192	650	295					94	
14	3. 酒、饮料和精制茶制造业	16598					2134		2812	18	8255	2071	533	700			1		74	
15	4. 烟草制品业	71										51		20						
16	5. 纺织业	24599	228			89	2168		7739		6579	3694	878	1580	1499		10		135	
17	6. 纺织服装、服饰业	5848					402		1137		1989	609	315	391	379		5		621	
18	7. 皮革、毛皮、羽毛及其制品和制鞋业	10256	994				1034		2574		2761	714	386	332	1455		6			
19	8. 木材加工和木竹藤棕草制品业	2131					197		580		716	306	96	235			1			

续表

序号	项目	税收收入合计	国内增值税	一般纳税人增值税	国内消费税	营业税	企业所得税		个人所得税	资源税	城市维护建设税	房产税	印花税	城镇土地使用税	土地增值税	车辆购置税	车船税	耕地占用税	契税	其他各税
							内资企业	外资企业												
20	9. 家具制造业	14193	342				2042		4295		4608	1028	710	679	321		5		163	
21	10. 造纸和纸制品业	6707	3				730	4	2451		2203	494	370	361	16		5		70	
22	11. 印刷和记录媒介复制业	5536	2				784		2534		1310	462	209	226	6		3			
23	12. 文教、工美、体育和娱乐用品制造业	4835	104			98	476		1534		1178	596	256	296	95		1		201	
24	13. 石油加工、炼焦和核燃料加工业	6505				60	1588		330		4010	40	81	343	53					
25	14. 化学原料和化学制品制造业	14283	125				2934		3756		3710	1448	740	1291	6		16		257	
26	15. 医药制造业	17741					10958		2709		2893	711	269	152					49	
27	16. 化学纤维制造业	1547							517		619	294	70	46			1			
28	17. 橡胶和塑料制品业	38819	422			1	8860		13705		8745	3338	1490	1294	588		14		362	
29	18. 非金属矿物制品业	58897	122				17952	38	14124	1	16200	4158	1961	3638	127		24		552	
30	19. 黑色金属冶炼和压延加工业	3157	212				165		1079		726	299	166	294	213		3			
31	20. 有色金属冶炼和压延加工业	31861	1696				7939		6294		6815	3193	2190	1743	1484		8		499	
32	21. 金属制品业	47414	1928			18	4228	1	14262		14079	4496	2394	2807	2902		23		276	
33	22. 通用设备制造业	22252	122				1346	7	9179		6572	2778	865	953	62		11		357	
34	23. 专用设备制造业	21765	198				6492		6494		4823	1323	1197	740	155		7		336	
35	24. 汽车制造业	58574				5	3378		15923		27399	6500	3315	1972			8		74	
36	25. 铁路、船舶、航空航天和其他运输设备制造业	1619					218		349		568	239	77	166			2			

续表

序号	项　目	税收收入合计	国内增值税	一般纳税人增值税	国内消费税	营业税	企业所得税		个人所得税	资源税	城市维护建设税	房产税	印花税	城镇土地使用税	土地增值税	车辆购置税	车船税	耕地占用税	契税	其他各税
							内资企业	外资企业												
37	26. 电气机械和器材制造业	71028	1069			15	5810	21615	13543		13842	5546	2501	1995	4513		20		559	
38	27. 计算机、通信和其他电子设备制造业	25172	951				8956	11	4553		4527	2917	1150	693	1255		3		156	
39	28. 仪表仪器制造业	5376	1				929		1960		1266	830	150	192			2		46	
40	29. 其他制造业	16054	319			10	412	81	4948		5356	1748	855	645	1294		2		384	
41	30. 废弃资源综合利用业	3087	903				355		90		510	193	305	134	592		5			
42	31. 金属制品、机械和设备修理业	351					1		186		95	39	15	12					3	
43	四、电力、热力、燃气及水的生产和供应业	47391				155	13036	71	14012		8942	7803	993	2361			11		7	
44	1. 电力、热力生产和供应业	27083				155	9		11547		6894	6609	492	1364			6		7	
45	2. 燃气生产和供应业	5653					3490		561		1097	242	117	142			4			
46	3. 水的生产和供应业	14655					9537	71	1904		951	952	384	855			1			
47	五、建筑业	108481	1436			1908	36230	15	44600		16888	1560	2662	1250	1179		26	23	704	
48	1. 房屋建筑业	26100	24			33	10706		8734		4766	203	609	37	865		1		122	
49	2. 土木工程建筑业	14916	1362			2	4488		5271		2217	669	678	93	84		5	23	24	
50	3. 建筑安装业	45733	18			1748	14387	3	21458		6156	314	684	810	30		10		115	
51	4. 建筑装饰和其他建筑业	21732	32			125	6649	12	9137		3749	374	691	310	200		10		443	
52	六、批发和零售业	154785	2891			1910	23224	155	31331	137	38829	10500	15469	7224	20449		85		2581	
53	1. 批发业	125003	2835			1632	18079	48	23394	8	30709	7470	12810	6283	20183		69		1483	
54	2. 零售业	29782	56			278	5145	107	7937	129	8120	3030	2659	941	266		16		1098	
55	七、交通运输、仓储和邮政业	29710	9			4	7500		9457		2530	4389	614	2198	56		193	91	2669	

续表

序号	项　目	税收收入合计	国内增值税	一般纳税人增值税	国内消费税	营业税	企业所得税		个人所得税	资源税	城市维护建设税	房产税	印花税	城镇土地使用税	土地增值税	车辆购置税	车船税	耕地占用税	契税	其他各税
							内资企业	外资企业												
56	1. 铁路运输业	369							185		68	23	1	1				91		
57	2. 道路运输业	14725					4935		5162		1580	2035	360	492			132		29	
58	3. 水上运输业	1755					102		996		175	169	35	250			28			
59	4. 航空运输业	17							9		8									
60	5. 管道运输业																			
61	6. 装卸搬运和运输代理业	6013	9			1	2274		1381		510	580	133	1038	55		30		2	
62	7. 仓储业	5026				1	167		542		142	1093	80	362			1		2638	
63	8. 邮政业	1805				2	22		1182		47	489	5	55	1		2			
64	八、住宿和餐饮业	10724	2			95	1465	6	4355	42	1124	2842	97	670	34		2		-10	
65	1. 住宿业	4576	2			33	328	6	1071	42	357	2223	27	462	34		1		-10	
66	2. 餐饮业	6148				62	1137		3284		767	619	70	208			1			
67	九、信息传输、软件和信息技术服务业	17766	3			30	522	3	10580		1403	3810	442	359	375		8		231	
68	1. 电信、广播电视和卫星传输服务	8449				12	26		5482		97	2313	227	274			6		12	
69	2. 互联网和相关服务	1572	3				52		309		29	1147	19	8	5					
70	3. 软件和信息技术服务业	7745				18	444	3	4789		1277	350	196	77	370		2		219	
71	十、金融业	221756	216			-3492	7438	2	120284		14478	11109	2977	991	316		63129		4308	
72	1. 货币金融服务	85093	207			189	3455		53201		10898	10182	1981	831	308		10		3831	
73	2. 资本市场服务	12655				24	663		11218		398	150	39	104					59	
74	3. 保险业	116677				-3731	179		52368		2981	632	794	5			63118		331	
75	4. 其他金融业	7331	9			26	3141	2	3497		201	145	163	51	8		1		87	

续表

序号	项目	税收收入合计	国内增值税	一般纳税人增值税	国内消费税	营业税	企业所得税		个人所得税	资源税	城市维护建设税	房产税	印花税	城镇土地使用税	土地增值税	车辆购置税	车船税	耕地占用税	契税	其他各税
							内资企业	外资企业												
76	十一、房地产业	1318267	13280			4874	491803	1991	49612		41301	68808	14190	62108	409796		41	2744	157719	
77	1. 房地产开发经营	1178520	4506			4111	467100	1926	31092		35408	29551	12699	41152	397539		23	312	153101	
78	2. 物业管理	30720	32			36	5911	63	3759		2262	6173	443	6505	4608		5	45	878	
79	3. 房地产中介服务	11222	66			-6	3592		4647		732	1399	110	198	155		1		328	
80	4. 自有房地产经营活动	20227	3134			111	2593		1810		275	10226	64	1011	1		9	961	32	
81	5. 其他房地产业	77578	5542			622	12607	2	8304		2624	21459	874	13242	7493		3	1426	3380	
82	十二、租赁和商务服务业	123244	271			1677	29366	18	38258		5753	13710	3100	19616	4583		50	1630	5212	
83	1. 租赁业	1578	19				107		899		196	64	87	30	73		27		76	
84	2. 商务服务业	121666	252			1677	29259	18	37359		5557	13646	3013	19586	4510		23	1630	5136	
85	十三、科学研究和技术服务业	30159	38			6	7790	5	12440	56	3451	1064	823	1395	1098		11		1982	
86	1. 研究和试验发展	8175	19			1	957		3158		1023	279	397	141	1063		1		1136	
87	2. 专业技术服务业	19195	17			5	6534		8310		1767	487	260	1176	35		10		594	
88	3. 科技推广和应用服务业	2789	2				299	5	972	56	661	298	166	78					252	
89	十四、水利、环境和公共设施管理业	5375	2			5	891	200	1291		1462	530	217	391	1		4	360	21	
90	1. 水利管理业	638					2	182	141		49	22	24	217			1			
91	2. 生态保护和环境治理业	646					28	18	73		171	8	29	52				267		
92	3. 公共设施管理业	4091	2			5	861		1077		1242	500	164	122	1		3	93	21	
93	十五、居民服务、修理和其他服务业	107664	362			18	3407	2670	91294	1	1867	2021	397	3490	-19		23	1661	472	
94	1. 居民服务业	5533	112				939		1211		211	491	50	2190	-50		5	356	18	
95	2. 机动车、电子产品和日用产品修理业	1440					72		769		395	114	59	29			2			

续表

序号	项　目	税收收入合计	国内增值税	一般纳税人增值税	国内消费税	营业税	企业所得税		个人所得税	资源税	城市维护建设税	房产税	印花税	城镇土地使用税	土地增值税	车辆购置税	车船税	耕地占用税	契税	其他各税
							内资企业	外资企业												
96	3. 其他服务业	100691	250			18	2396	2670	89314	1	1261	1416	288	1271	31		16	1305	454	
97	十六、教育	13035	6			29	4251		7900		222	271	31	27			56		242	
98	1. 学前教育	1287				30	803		425		12	6	4	1			6			
99	2. 初等教育	2679					1222		1423		9	8	2				15			
100	3. 中等教育	4041	1				755		3071		11	69	3	4			8		119	
101	4. 高等教育	2120					70		2005		8	34	2				1			
102	5. 特殊教育	14					1		12		1									
103	6. 技能培训、教育辅助及其他	2894	5			-1	1400		964		181	154	20	22			26		123	
104	十七、卫生和社会工作	20489				1	4918		14905		50	548	28	27			12			
105	1. 卫生	20414				1	4906		14866		43	531	28	27			12			
106	2. 社会工作	75					12		39		7	17								
107	十八、文化、体育和娱乐业	40516	781			388	675	3	7829		333	603	89	2343	27389		4		79	
108	1. 新闻和出版业	132							14		6	75	1	35			1			
109	2. 广播、电视、电影和影视录音制作业	1230	1				46		934		108	60	17	18			3		43	
110	3. 文化艺术业	754					355		304		39	40	8	8						
111	4. 体育	32599	780			374	57	3	1186		141	346	49	2270	27389				4	
112	5. 娱乐业	5801				14	217		5391		39	82	14	12					32	
113	十九、公共管理、社会保障和社会组织	552003	49278			109	4775		75370		4542	16819	6197	9151	22896		4800	28820	329246	
114	二十、其他行业	4							4											

2017年韶关市地方税务局税收收入分行业分税种统计年报总表

编报机关:韶关市地方税务局　　　　单位:万元

序号	项目	税收收入合计	国内增值税	一般纳税人增值税	国内消费税	营业税	企业所得税		个人所得税	资源税	城市维护建设税	房产税	印花税	城镇土地使用税	土地增值税	车辆购置税	车船税	耕地占用税	契税	其他各税
							内资企业	外资企业												
1	合计	502430	4922			3891	64182	195	103083	10496	68075	30897	11445	22160	52681		10988	64725	45923	8767
2	一、农、林、牧、渔业	1924	2			18	31	62	1023		120	273	120	235	8		1		31	
3	二、采矿业	14900					2051	8	1669	8164	1944	450	111	454	49					
4	1. 煤炭开采和洗选业	9							9											
5	2. 石油和天然气开采业																			
6	3. 黑色金属矿采选业	2394					293		448	687	395	110	35	426						
7	4. 有色金属矿采选业	10188					1738	8	1053	5579	1395	309	41	16	49					
8	5. 非金属矿采选业	1938					20		124	1612	123	30	17	12						
9	6. 开采辅助活动																			
10	7. 其他采矿业	371							35	286	31	1	18							
11	三、制造业	84821	936			982	6593		12286	798	36228	10305	3839	9425	1845		9	186	1389	
12	1. 农副食品加工业	410					27		24		24	63	27	64					181	
13	2. 食品制造业	329							72		23	137	12	62	10				13	
14	3. 酒、饮料和精制茶制造业	396					12		28		188	117	15	36						
15	4. 烟草制品业	25428							2162		21908	867	21	451			3		16	
16	5. 纺织业	1404	2				2		214		498	114	77	425					72	
17	6. 纺织服装、服饰业	425							8		51	156	12	154			1		43	
18	7. 皮革、毛皮、羽毛及其制品和制鞋业	233	1						29		85	65	12	41						
19	8. 木材加工和木竹藤棕草制品业	1190	48			-1	5		132		394	221	55	294					42	

续表

序号	项目	税收收入合计	国内增值税	一般纳税人增值税	国内消费税	营业税	企业所得税		个人所得税	资源税	城市维护建设税	房产税	印花税	城镇土地使用税	土地增值税	车辆购置税	车船税	耕地占用税	契税	其他各税
							内资企业	外资企业												
20	9. 家具制造业	161							39		61	12	8	24					17	
21	10. 造纸和纸制品业	723					2		136		210	185	59	70			1		60	
22	11. 印刷和记录媒介复制业	162					5		26		39	59	4	29						
23	12. 文教、工美、体育和娱乐用品制造业	3093					46		355		1410	573	225	439			1		44	
24	13. 石油加工、炼焦和核燃料加工业																			
25	14. 化学原料和化学制品制造业	4486	72				82		396	3	944	1046	314	1065	301		1	91	171	
26	15. 医药制造业	4540							2539		838	602	142	419						
27	16. 化学纤维制造业	7												7						
28	17. 橡胶和塑料制品业	649					19		110		211	126	30	98				29	26	
29	18. 非金属矿物制品业	3315							415	760	686	330	143	701	3				277	
30	19. 黑色金属冶炼和压延加工业	13267				982			1799		4498	2010	1395	2533					50	
31	20. 有色金属冶炼和压延加工业	8018					3133		1353		431	1497	484	1064					56	
32	21. 金属制品业	1083	10			1	41		146		283	251	96	215					40	
33	22. 通用设备制造业	3067					148		416		838	644	130	252	556				83	
34	23. 专用设备制造业	2428	637				168		168		315	140	44	189	748		1		18	
35	24. 汽车制造业	265							112		49	42	13	49						
36	25. 铁路、船舶、航空航天和其他运输设备制造业	396							230	2	92	11	12	48			1			

续表

序号	项目	税收收入合计	国内增值税	一般纳税人增值税	国内消费税	营业税	企业所得税		个人所得税	资源税	城市维护建设税	房产税	印花税	城镇土地使用税	土地增值税	车辆购置税	车船税	耕地占用税	契税	其他各税
							内资企业	外资企业												
37	26. 电气机械和器材制造业	1968					241		356		492	482	82	215					100	
38	27. 计算机、通信和其他电子设备制造业	2465	166						512	15	813	207	275	244	212				21	
39	28. 仪表仪器制造业	496							288	14	133	18	29	14						
40	29. 其他制造业	4078					2662		165	4	506	311	91	199	15			66	59	
41	30. 废弃资源综合利用业	321							47		204	19	32	19						
42	31. 金属制品、机械和设备修理业	18							9		4			5						
43	四、电力、热力、燃气及水的生产和供应业	31300	3			115	8791		11846		4716	2715	752	1045	295		3	739	280	
44	1. 电力、热力生产和供应业	29545	3			115	8004		11560		4266	2620	716	950	295		3	739	274	
45	2. 燃气生产和供应业	544					1		111		349	32	11	34					6	
46	3. 水的生产和供应业	1211					786		175		101	63	25	61						
47	五、建筑业	42033	7			653	19189	42	11210	757	5745	438	975	482	1425		2	972	136	
48	1. 房屋建筑业	19565	1			197	12526		2835	319	1760	89	312	83	1418				25	
49	2. 土木工程建筑业	5351				-22	1000		2205	96	770	44	194	39				972	53	
50	3. 建筑安装业	12210				430	4834	42	3773	211	2261	141	295	201			2		20	
51	4. 建筑装饰和其他建筑业	4907	6			48	829		2397	131	954	164	174	159	7				38	
52	六、批发和零售业	42763	7			-15	1493		15096	643	9092	3042	2032	2000	77		10	101	418	8767
53	1. 批发业	28921	6			-39	682		9364	237	6026	1630	1251	1095	44		4	101	263	8257
54	2. 零售业	13842	1			24	811		5732	406	3066	1412	781	905	33		6		155	510
55	七、交通运输、仓储和邮政业	8952	1				1528		3451	3	731	731	295	512	737		87	834	42	

续表

序号	项　目	税收收入合计	国内增值税	一般纳税人增值税	国内消费税	营业税	企业所得税		个人所得税	资源税	城市维护建设税	房产税	印花税	城镇土地使用税	土地增值税	车辆购置税	车船税	耕地占用税	契税	其他各税
							内资企业	外资企业												
56	1. 铁路运输业	1842	1						1752		17	13	42	11			4		2	
57	2. 道路运输业	5342					1338		940	3	595	377	233	199	737		67	834	19	
58	3. 水上运输业	145					75		6		33		7				9		15	
59	4. 航空运输业	2							1				1							
60	5. 管道运输业																			
61	6. 装卸搬运和运输代理业	410					39		251		66	26	10	6			6		6	
62	7. 仓储业	508					70		54		6	101	2	275						
63	8. 邮政业	703					6		447		14	214		21			1			
64	八、住宿和餐饮业	3590				22	430		517	27	198	1614	19	464	111				188	
65	1. 住宿业	2215				3	74		212	27	90	1151	14	345	111				188	
66	2. 餐饮业	1375				19	356		305		108	463	5	119						
67	九、信息传输、软件和信息技术服务业	2520				183	71		1033		146	754	63	241	16		3		10	
68	1. 电信、广播电视和卫星传输服务	1985				4	4		891		64	734	45	221	16		3		3	
69	2. 互联网和相关服务	40					4		18		5	4	1	6					2	
70	3. 软件和信息技术服务业	495				179	63		124		77	16	17	14					5	
71	十、金融业	27220	9			-175	440		12136		1955	1099	473	146	121		10266	162	588	
72	1. 货币金融服务	8478	8			-83	298		5349		1341	992	251	83	113		2		124	
73	2. 资本市场服务	1335							579		65		32	28	6			162	463	
74	3. 保险业	16253				-95			6053		469	80	119	16			9610		1	
75	4. 其他金融业	1154	1			3	142		155		80	27	71	19	2		654			

续表

序号	项　目	税收收入合计	国内增值税	一般纳税人增值税	国内消费税	营业税	企业所得税		个人所得税	资源税	城市维护建设税	房产税	印花税	城镇土地使用税	土地增值税	车辆购置税	车船税	耕地占用税	契税	其他各税
							内资企业	外资企业												
76	十一、房地产业	100924	517			1964	18534	83	4248	63	4949	5709	1863	4930	45036		3	3611	9414	
77	1. 房地产开发经营	87959	14			1863	17913		3351	63	4596	2125	1751	3856	44338		2		8087	
78	2. 物业管理	3002				1	247	83	247		184	986	20	44	325			854	11	
79	3. 房地产中介服务	535					8		6		6	2	10						503	
80	4. 自有房地产经营活动	6460	318			13	10		218		35	1746	32	859	91			2757	381	
81	5. 其他房地产业	2968	185			87	356		426		128	850	50	171	282		1		432	
82	十二、租赁和商务服务业	10851	433			33	1391		2738	12	649	1156	431	972	1225		4	702	1105	
83	1. 租赁业	313					6		190		45	47	14	10			1			
84	2. 商务服务业	10538	433			33	1385		2548	12	604	1109	417	962	1225		3	702	1105	
85	十三、科学研究和技术服务业	3126	10			72	1018		1262		311	97	43	195	28				90	
86	1. 研究和试验发展	207					5		75		18	23	5	16					65	
87	2. 专业技术服务业	2631	10			72	1010		1158		252	49	27	41	11				1	
88	3. 科技推广和应用服务业	288					3		29		41	25	11	138	17				24	
89	十四、水利、环境和公共设施管理业	794					132		184		298	60	18	101			1			
90	1. 水利管理业	394					116		60		188	13	7	10						
91	2. 生态保护和环境治理业	152					2		24		65	26	4	30			1			
92	3. 公共设施管理业	248					14		100		45	21	7	61						
93	十五、居民服务、修理和其他服务业	28334	13			10	1798		4247	3	651	879	88	501	296		5	19794	49	
94	1. 居民服务业	5712	2			4	140		319		61	190	11	168	58		1	4755	3	
95	2. 机动车、电子产品和日用产品修理业	266					5		63		58	79	7	54						

续表

序号	项　目	税收收入合计	国内增值税	一般纳税人增值税	国内消费税	营业税	企业所得税		个人所得税	资源税	城市维护建设税	房产税	印花税	城镇土地使用税	土地增值税	车辆购置税	车船税	耕地占用税	契税	其他各税
							内资企业	外资企业												
96	3. 其他服务业	22356	11			6	1653		3865	-3	532	610	70	279	238		4	15039	46	
97	十六、教育	1869	5			17	164		1560		31	63	2	22			1		4	
98	1. 学前教育	61	5			9	11		28		1	3		2			1		1	
99	2. 初等教育	257					87		139			31								
100	3. 中等教育	292					13		248		3	21		7						
101	4. 高等教育	997					1		989		1	5							1	
102	5. 特殊教育																			
103	6. 技能培训、教育辅助及其他	262				8	52		156		26	3	2	13					2	
104	十七、卫生和社会工作	8400					31		8282		6	41	4	17			2		17	
105	1. 卫生	8382					24		8281		6	40	3	17			2		9	
106	2. 社会工作	18					7		1			1	1						8	
107	十八、文化、体育和娱乐业	622	93			11	60		289		44	32	4	89						
108	1. 新闻和出版业	9							9											
109	2. 广播、电视、电影和影视录音制作业	154					2		119		14	17	1	1						
110	3. 文化艺术业	165					22		111		16	5	1	10						
111	4. 体育	192	93				3		10		7	6	1	72						
112	5. 娱乐业	102				11	33		40		7	4	1	6						
113	十九、公共管理、社会保障和社会组织	87504	2886			17	437		10006	26	262	1439	313	329	1412		591	37624	32162	
114	二十、其他行业	-17				-16					-1									

2017年河源市地方税务局税收收入分行业分税种统计年报总表

编报机关:河源市地方税务局　　　　单位:万元

序号	项　目	税收收入合计	国内增值税	一般纳税人增值税	国内消费税	营业税	企业所得税		个人所得税	资源税	城市维护建设税	房产税	印花税	城镇土地使用税	土地增值税	车辆购置税	车船税	耕地占用税	契税	其他各税
							内资企业	外资企业												
1	合　计	456430	10845			8908	50481	18	67949	11263	35641	19945	9516	35013	58159		9151	74884	64657	
2	一、农、林、牧、渔业	3655				32	408	17	529	1	135	160	277	855	553		2	208	478	
3	二、采矿业	12987					1972		537	8466	839	303	272	434			2	1	161	
4	1. 煤炭开采和洗选业																			
5	2. 石油和天然气开采业	46							21		16		9							
6	3. 黑色金属矿采选业	2981					1768		39	898	96	78	64	14					24	
7	4. 有色金属矿采选业	1308							4	1266	7	18	3	10						
8	5. 非金属矿采选业	2709					83		317	1623	114	174	122	144			2	1	129	
9	6. 开采辅助活动	14							1	9	2	1	1							
10	7. 其他采矿业	5929					121		155	4670	604	32	73	266					8	
11	三、制造业	34413	43			65	1546		7437	338	9910	5499	2771	4991	514		11	638	650	
12	1. 农副食品加工业	340				6	26		22		31	59	8	112	14				62	
13	2. 食品制造业	93				4			21		28	14	8	18						
14	3. 酒、饮料和精制茶制造业	155					3		5		20	7	5	9					106	
15	4. 烟草制品业																			
16	5. 纺织业	400							76		115	105	33	71						
17	6. 纺织服装、服饰业	1419				1			332		468	206	137	153	106				16	
18	7. 皮革、毛皮、羽毛及其制品和制鞋业	1844							108		626	472	222	404			1		11	
19	8. 木材加工和木竹藤棕草制品业	415							63		109	64	32	128				19		

续表

序号	项　目	税收收入合计	国内增值税	一般纳税人增值税	国内消费税	营业税	企业所得税		个人所得税	资源税	城市维护建设税	房产税	印花税	城镇土地使用税	土地增值税	车辆购置税	车船税	耕地占用税	契税	其他各税
							内资企业	外资企业												
20	9. 家具制造业	283							22		145	41	16	43	16					
21	10. 造纸和纸制品业	408							16		61	62	24	155	90					
22	11. 印刷和记录媒介复制业	290				1	3		34		95	103	12	42						
23	12. 文教、工美、体育和娱乐用品制造业	3623				17	12		707		1444	694	281	463					5	
24	13. 石油加工、炼焦和核燃料加工业																			
25	14. 化学原料和化学制品制造业	171							30		42	5	12	38	44					
26	15. 医药制造业	888					15		157		323	186	64	142			1			
27	16. 化学纤维制造业	13												4	9					
28	17. 橡胶和塑料制品业	2404							303		988	513	162	382					56	
29	18. 非金属矿物制品业	4759					340		868	278	904	588	218	884			8	599	72	
30	19. 黑色金属冶炼和压延加工业	502					174		46	56	85	36	89	16						
31	20. 有色金属冶炼和压延加工业	888					486		107		104	42	42	107						
32	21. 金属制品业	1138				9	443		98	1	220	139	77	131	7				13	
33	22. 通用设备制造业	404					13		96		133	36	33	85					8	
34	23. 专用设备制造业	3596				5	4		1592	2	972	411	122	274					214	
35	24. 汽车制造业	70							4		15	35	4	2			1		9	
36	25. 铁路、船舶、航空航天和其他运输设备制造业	10							1		2	1		6						

续表

序号	项目	税收收入合计	国内增值税	一般纳税人增值税	国内消费税	营业税	企业所得税		个人所得税	资源税	城市维护建设税	房产税	印花税	城镇土地使用税	土地增值税	车辆购置税	车船税	耕地占用税	契税	其他各税
							内资企业	外资企业												
37	26. 电气机械和器材制造业	4558				7			1543		1215	924	510	336					23	
38	27. 计算机、通信和其他电子设备制造业	4059	42				26		980		1344	474	540	427	212				14	
39	28. 仪表仪器制造业	958	1						123		245	156	52	357	16				8	
40	29. 其他制造业	523							75	1	173	92	44	93				20	25	
41	30. 废弃资源综合利用业	153				4			7		1	33		108						
42	31. 金属制品、机械和设备修理业	49				11	1		1		2	1	24	1					8	
43	四、电力、热力、燃气及水的生产和供应业	19448	16			1	8282		4538	6	3232	1414	393	404	40		19	1063	40	
44	1. 电力、热力生产和供应业	16885				1	7308		3955		2634	1267	298	300			19	1063	40	
45	2. 燃气生产和供应业	1055	16				768		87		94	22	14	14	40					
46	3. 水的生产和供应业	1508					206		496	6	504	125	81	90						
47	五、建筑业	39622	55			4830	12524	1	7794	1852	4584	277	1021	2487	428		1	2132	1636	
48	1. 房屋建筑业	8587	33			1680	3454		1106	445	878	58	153	99	332				349	
49	2. 土木工程建筑业	4767				199	2093		1139	421	730	14	151						20	
50	3. 建筑安装业	9145				299	3335	1	2798	616	1592	62	363	53	14				12	
51	4. 建筑装饰和其他建筑业	17123	22			2652	3642		2751	370	1384	143	354	2335	82		1	2132	1255	
52	六、批发和零售业	20038	33			42	3668		3371	286	6419	1479	910	1825	810		1	103	1091	
53	1. 批发业	8624	9			3	1415		1293	185	3843	262	311	524	239			50	490	
54	2. 零售业	11414	24			39	2253		2078	101	2576	1217	599	1301	571		1	53	601	
55	七、交通运输、仓储和邮政业	2430					80		1334		266	264	88	293	16		22	17	50	

续表

序号	项目	税收收入合计	国内增值税	一般纳税人增值税	国内消费税	营业税	企业所得税		个人所得税	资源税	城市维护建设税	房产税	印花税	城镇土地使用税	土地增值税	车辆购置税	车船税	耕地占用税	契税	其他各税
							内资企业	外资企业												
56	1. 铁路运输业	591							590		1									
57	2. 道路运输业	1005					74		418		231	139	43	25	16		19	7	33	
58	3. 水上运输业	48							31		1	7		8			1			
59	4. 航空运输业																			
60	5. 管道运输业	6							2		3		1							
61	6. 装卸搬运和运输代理业	161					5		92		22	1	28	1			2	10		
62	7. 仓储业	273					1		6		1	4	16	228					17	
63	8. 邮政业	346							195		7	113		31						
64	八、住宿和餐饮业	2223	30			261	211		667	31	230	534	16	156	39			10	38	
65	1. 住宿业	897				245	35		189	23	77	226	8	44	9			10	31	
66	2. 餐饮业	1326	30			16	176		478	8	153	308	8	112	30				7	
67	九、信息传输、软件和信息技术服务业	3094	1			268	77		839		198	704	92	637	206			-27	99	
68	1. 电信、广播电视和卫星传输服务	1427	1				3		702		77	509	27	105					3	
69	2. 互联网和相关服务	629					10		77		35	187	13	198	97				12	
70	3. 软件和信息技术服务业	1038				268	64		60		86	8	52	334	109			-27	84	
71	十、金融业	28234	71			-516	478		12281		2079	1668	580	742	470		8661		1720	
72	1. 货币金融服务	7059	48			-335	193		4242		1396	782	306	25	47		87		268	
73	2. 资本市场服务	1690							249		52	2	24	572	396				395	
74	3. 保险业	14405	1			9			5156		356	84	99	9	1		8543		147	
75	4. 其他金融业	5080	22			-190	285		2634		275	800	151	136	26		31		910	

续表

序号	项　目	税收收入合计	国内增值税	一般纳税人增值税	国内消费税	营业税	企业所得税		个人所得税	资源税	城市维护建设税	房产税	印花税	城镇土地使用税	土地增值税	车辆购置税	车船税	耕地占用税	契税	其他各税
							内资企业	外资企业												
76	十一、房地产业	143119	441			2742	18753		4358	48	5148	3881	1926	9029	46311		4	43833	6645	
77	1. 房地产开发经营	117958	217			2730	17220		3751	28	4692	1755	1698	7534	45493		4	26360	6476	
78	2. 物业管理	1568	5			8	350		198		135	297	15	505	9				46	
79	3. 房地产中介服务	1376					714		49	20	79	13	27	33	429				12	
80	4. 自有房地产经营活动	1525	191			1	1		182		13	1086	9	42						
81	5. 其他房地产业	20692	28			3	468		178		229	730	177	915	380			17473	111	
82	十二、租赁和商务服务业	25026	14			1045	936		1642	20	793	743	328	10922	2625		19	3490	2449	
83	1. 租赁业	404				21	3		152		26	100	13	5			1		83	
84	2. 商务服务业	24622	14			1024	933		1490	20	767	643	315	10917	2625		18	3490	2366	
85	十三、科学研究和技术服务业	3576	109			13	1209		739	134	261	88	78	230	109		1	549	56	
86	1. 研究和试验发展	95							14		21	9	7	8					36	
87	2. 专业技术服务业	3373	109			13	1186		691	134	221	70	60	220	109		1	549	10	
88	3. 科技推广和应用服务业	108					23		34		19	9	11	2					10	
89	十四、水利、环境和公共设施管理业	892					85		86	15	121	18	29	45					493	
90	1. 水利管理业	49							10		32		6						1	
91	2. 生态保护和环境治理业	23							4		4	1	6	8						
92	3. 公共设施管理业	820					85		72	15	85	17	17	37					492	
93	十五、居民服务、修理和其他服务业	11528	69			113	162		5953	45	645	521	205	229	308		248	3005	25	
94	1. 居民服务业	1584				1	18		1018		40	134	41	35			248	49		
95	2. 机动车、电子产品和日用产品修理业	209				4	1		51		51	22	39	41						

续表

序号	项目	税收收入合计	国内增值税	一般纳税人增值税	国内消费税	营业税	企业所得税		个人所得税	资源税	城市维护建设税	房产税	印花税	城镇土地使用税	土地增值税	车辆购置税	车船税	耕地占用税	契税	其他各税
							内资企业	外资企业												
96	3. 其他服务业	9735	69			108	143		4884	45	554	365	125	153	308			2956	25	
97	十六、教育	1101					8		1035		14	25	1	8			10			
98	1. 学前教育	36					3		31								2			
99	2. 初等教育	73					1		68		1						3			
100	3. 中等教育	772					2		764		2	1					3			
101	4. 高等教育	88					1		86		1									
102	5. 特殊教育																			
103	6. 技能培训、教育辅助及其他	132					1		86		10	24	1	8			2			
104	十七、卫生和社会工作	3101					43		2997		2	10	11	23			3		12	
105	1. 卫生	3100					43		2996		2	10	11	23			3		12	
106	2. 社会工作	1							1											
107	十八、文化、体育和娱乐业	782				3	16		512		42	19	10	24					156	
108	1. 新闻和出版业	209							191		17	1								
109	2. 广播、电视、电影和影视录音制作业	270					1		241		12	13	1						2	
110	3. 文化艺术业	59					5		35		6	3	6	4						
111	4. 体育	22							2		1			19						
112	5. 娱乐业	222				3	10		43		6	2	3	1					154	
113	十九、公共管理、社会保障和社会组织	101161	9963			9	23		11300	21	723	2338	508	1679	5730		147	19862	48858	
114	二十、其他行业																			

2017年梅州市地方税务局税收收入分行业分税种统计年报总表

编报机关：梅州市地方税务局　　　　单位：万元

序号	项目	税收收入合计	国内增值税	一般纳税人增值税	国内消费税	营业税	企业所得税		个人所得税	资源税	城市维护建设税	房产税	印花税	城镇土地使用税	土地增值税	车辆购置税	车船税	耕地占用税	契税	其他各税
							内资企业	外资企业												
1	合计	845507	7134			2434	188387	124	121290	47904	71081	37952	13662	46894	121105		12548	78049	92327	4616
2	一、农、林、牧、渔业	7551				9	62		1883	121	437	800	199	2741	365		626	50	257	1
3	二、采矿业	13403					693		222	11412	298	143	161	162	331		1		-20	
4	1. 煤炭开采和洗选业	-14							2		2		1	1					-20	
5	2. 石油和天然气开采业																			
6	3. 黑色金属矿采选业	7401							1	7255	17	5	123							
7	4. 有色金属矿采选业	3696					533		113	2483	149	71	12	4	331					
8	5. 非金属矿采选业	1340					7		94	1130	78	4	18	8			1			
9	6. 开采辅助活动	10									9	1								
10	7. 其他采矿业	970					153		12	544	43	62	7	149						
11	三、制造业	86418				90	16591	60	8763	5523	37882	5100	2337	5841	1842		18	130	1282	959
12	1. 农副食品加工业	266					3		20		28	35	26	125	8				21	
13	2. 食品制造业	432					23		5		67	13	25	29	205				65	
14	3. 酒、饮料和精制茶制造业	2712					2108		61	4	230	204	22	74					9	
15	4. 烟草制品业	33633					1157		2465		28284	667	25	72			4			959
16	5. 纺织业	209					6		5		117	46	15	20						
17	6. 纺织服装、服饰业	474					7		64		181	122	38	53					9	
18	7. 皮革、毛皮、羽毛及其制品和制鞋业	299							9		261	13	3	13						
19	8. 木材加工和木竹藤棕草制品业	1048					220		23		379	58	72	258	37		1			

续表

序号	项　　目	税收收入合计	国内增值税	一般纳税人增值税	国内消费税	营业税	企业所得税		个人所得税	资源税	城市维护建设税	房产税	印花税	城镇土地使用税	土地增值税	车辆购置税	车船税	耕地占用税	契税	其他各税
							内资企业	外资企业												
20	9. 家具制造业	423					1		18		291	35	25	44	9					
21	10. 造纸和纸制品业	122					1		5		23	10	17	40					26	
22	11. 印刷和记录媒介复制业	186					9		18		62	9	7	34	40				7	
23	12. 文教、工美、体育和娱乐用品制造业	333					3		2		110	24	105	56					33	
24	13. 石油加工、炼焦和核燃料加工业																			
25	14. 化学原料和化学制品制造业	2949					1622		947		86	19	9	66	66			117	17	
26	15. 医药制造业	1761					366		161		343	393	55	340					103	
27	16. 化学纤维制造业	1									1									
28	17. 橡胶和塑料制品业	1185					161		178		333	155	65	283					10	
29	18. 非金属矿物制品业	15788				90	4593	60	1450	4338	1773	809	453	1670	384		12	13	143	
30	19. 黑色金属冶炼和压延加工业	625					19		203		79	7	15	302						
31	20. 有色金属冶炼和压延加工业	2009					215		267	1163	156	123	66	19						
32	21. 金属制品业	2968					1723		182	1	342	193	150	342	6		1		28	
33	22. 通用设备制造业	4317					3262		124		330	195	134	157	99				16	
34	23. 专用设备制造业	573					2		43		244	85	48	151						
35	24. 汽车制造业	1915							439		608	212	87	201	102				266	
36	25. 铁路、船舶、航空航天和其他运输设备制造业	33									2	7	3	5					16	

续表

序号	项目	税收收入合计	国内增值税	一般纳税人增值税	国内消费税	营业税	企业所得税		个人所得税	资源税	城市维护建设税	房产税	印花税	城镇土地使用税	土地增值税	车辆购置税	车船税	耕地占用税	契税	其他各税
							内资企业	外资企业												
37	26. 电气机械和器材制造业	2156					40		588		650	265	215	171					227	
38	27. 计算机、通信和其他电子设备制造业	8486					639		1376		2577	1313	586	1145	653				197	
39	28. 仪表仪器制造业	235					18		20		83	20	11	31					52	
40	29. 其他制造业	1225					393		61	17	221	68	58	137	233				37	
41	30. 废弃资源综合利用业	18									14		1	3						
42	31. 金属制品、机械和设备修理业	37							29		7		1							
43	四、电力、热力、燃气及水的生产和供应业	37886					16727		6712		4105	3309	462	6134	343		36		58	
44	1. 电力、热力生产和供应业	37224					16701		6376		3958	3233	445	6085	343		35		48	
45	2. 燃气生产和供应业	118							72		14	8	8	15			1			
46	3. 水的生产和供应业	544					26		264		133	68	9	34					10	
47	五、建筑业	81173				1328	52224	36	12156	1350	6840	708	2404	1366	2029		6		726	
48	1. 房屋建筑业	17264				416	10551		2404	472	1546	26	452	84	1171				142	
49	2. 土木工程建筑业	7870				-10	5045		1397	196	727	110	330	39					36	
50	3. 建筑安装业	46172				918	32330	36	5824	556	3657	536	1304	78	847		4		82	
51	4. 建筑装饰和其他建筑业	9867				4	4298		2531	126	910	36	318	1165	11		2		466	
52	六、批发和零售业	74972				3	26013		10411	16312	8898	1939	2146	2814	1792		16	105	867	3656
53	1. 批发业	39926					10814		2162	16130	5275	498	835	732	1116		8		448	1908
54	2. 零售业	35046				3	15199		8249	182	3623	1441	1311	2082	676		8	105	419	1748
55	七、交通运输、仓储和邮政业	4155					1295		1139	1	401	410	90	86	564		95		74	

续表

序号	项　目	税收收入合计	国内增值税	一般纳税人增值税	国内消费税	营业税	企业所得税		个人所得税	资源税	城市维护建设税	房产税	印花税	城镇土地使用税	土地增值税	车辆购置税	车船税	耕地占用税	契税	其他各税
							内资企业	外资企业												
56	1. 铁路运输业	1										1								
57	2. 道路运输业	2265					1120		415		315	146	64	47			84		74	
58	3. 水上运输业	35							24	1	8		2							
59	4. 航空运输业	212							107			49	1		55					
60	5. 管道运输业																			
61	6. 装卸搬运和运输代理业	383					135		35		36	17	12	5	134		9			
62	7. 仓储业	128					35		50		19	6	2	16						
63	8. 邮政业	1131					5		508		23	191	9	18	375		2			
64	八、住宿和餐饮业	3264				4	127		531	11	164	1305	15	1006	41				60	
65	1. 住宿业	1951				1	69		173	11	63	663	4	910					57	
66	2. 餐饮业	1313				3	58		358		101	642	11	96	41				3	
67	九、信息传输、软件和信息技术服务业	2860				1	116		1113	3	348	750	143	36	290		8		52	
68	1. 电信、广播电视和卫星传输服务	1715				1	6		882		94	641	69	11			8		3	
69	2. 互联网和相关服务	118					1		57		24	35	1							
70	3. 软件和信息技术服务业	1027					109		174	3	230	74	73	25	290				49	
71	十、金融业	47248				-514	7		31675		1900	1259	653	129	169		11232		738	
72	1. 货币金融服务	10740				-466	30		7314		1332	1145	415	67	157		11		735	
73	2. 资本市场服务	18791							18523		88	45	89	43					3	
74	3. 保险业	17595				-48			5750		456	66	132	18			11221			
75	4. 其他金融业	122					-23		88		24	3	17	1	12					

续表

序号	项　目	税收收入合计	国内增值税	一般纳税人增值税	国内消费税	营业税	企业所得税		个人所得税	资源税	城市维护建设税	房产税	印花税	城镇土地使用税	土地增值税	车辆购置税	车船税	耕地占用税	契税	其他各税
							内资企业	外资企业												
76	十一、房地产业	223665	6998			1252	65325	24	6765	68	7140	4128	2406	7102	98530		3	192	23732	
77	1. 房地产开发经营	189444	82			1089	55343		4224	68	6332	2191	2203	4130	90279		3	150	23350	
78	2. 物业管理	806	8				228	24	105		158	100	12	6	2				163	
79	3. 房地产中介服务	99					14		53		13	6	1	12						
80	4. 自有房地产经营活动	4059	462				59		1472		56	1091	19	72	722				106	
81	5. 其他房地产业	29257	6446			163	9681		911		581	740	171	2882	7527			42	113	
82	十二、租赁和商务服务业	34809	136				6262	2	1812	22	1053	14286	1437	320	3424		4	137	5914	
83	1. 租赁业	400	136				37		162		45	1	13	2			1		3	
84	2. 商务服务业	34409					6225	2	1650	22	1008	14285	1424	318	3424		3	137	5911	
85	十三、科学研究和技术服务业	21261					1491	2	438	6	248	42	43	78	2266		1	16574	72	
86	1. 研究和试验发展	2358					2		9		9	4	7	11	2266				50	
87	2. 专业技术服务业	18843					1489	2	426	6	230	26	34	64			1	16551	14	
88	3. 科技推广和应用服务业	60							3		9	12	2	3				23	8	
89	十四、水利、环境和公共设施管理业	3538					447		824	168	153	194	134	1254				44	320	
90	1. 水利管理业	1069					364		312	168	53	45	113	16					-2	
91	2. 生态保护和环境治理业	155					26		24		66	12	9	6					12	
92	3. 公共设施管理业	2314					57		488		34	137	12	1232				44	310	
93	十五、居民服务、修理和其他服务业	25580				2	411		10423	2	422	1522	276	9442	456		5	1922	697	
94	1. 居民服务业	387					28		120	1	59	66	3	7			1	6	96	
95	2. 机动车、电子产品和日用产品修理业	227							52		32	11	5	23				51	53	

续表

序号	项　目	税收收入合计	国内增值税	一般纳税人增值税	国内消费税	营业税	企业所得税		个人所得税	资源税	城市维护建设税	房产税	印花税	城镇土地使用税	土地增值税	车辆购置税	车船税	耕地占用税	契税	其他各税
							内资企业	外资企业												
96	3. 其他服务业	24966				2	383		10251	1	331	1445	268	9412	456		4	1865	548	
97	十六、教育	5088				2	65		3126		12	1724	2	135			8		14	
98	1. 学前教育	753					2		714			35					2			
99	2. 初等教育	2605				1			836			1645		123						
100	3. 中等教育	1073					1		1060		-1	9	1	2			1			
101	4. 高等教育	309							292		1	15					1			
102	5. 特殊教育	1							1											
103	6. 技能培训、教育辅助及其他	347				1	62		223		12	20	1	10			4		14	
104	十七、卫生和社会工作	6460				2	212		6073		30	18	28	18	14		4	1	60	
105	1. 卫生	6460				2	212		6073		30	18	28	18	14		4	1	60	
106	2. 社会工作																			
107	十八、文化、体育和娱乐业	1969					9		1212		329	48	88	101	2		2		178	
108	1. 新闻和出版业	10							1		7		1				1			
109	2. 广播、电视、电影和影视录音制作业	142							75		35	26	2	3			1			
110	3. 文化艺术业	600					1		40		278	16	83	3	2				177	
111	4. 体育	344							299		7	3	1	34						
112	5. 娱乐业	873					8		797		2	3	1	61					1	
113	十九、公共管理、社会保障和社会组织	163814				49	137		16012	12905	407	267	638	8129	8647		483	58894	57246	
114	二十、其他行业	393				206	173				14									

2017年惠州市地方税务局税收收入分行业分税种统计年报总表

编报机关:惠州市地方税务局　　　　单位:万元

序号	项目	税收收入合计	国内增值税	一般纳税人增值税	国内消费税	营业税	企业所得税		个人所得税	资源税	城市维护建设税	房产税	印花税	城镇土地使用税	土地增值税	车辆购置税	车船税	耕地占用税	契税	其他各税
							内资企业	外资企业												
1	合　计	2134564	29808			11198	229804	4413	489563	5738	257947	123134	59124	107185	435822		34380	51606	294842	
2	一、农、林、牧、渔业	2265	15			-1	59		917		110	443	151	459	3		1		108	
3	二、采矿业	31477					3		4698	1516	23984	190	277	809						
4	1. 煤炭开采和洗选业																			
5	2. 石油和天然气开采业	29200							4498		23704	127	243	628						
6	3. 黑色金属矿采选业	78							3	23	22		1	29						
7	4. 有色金属矿采选业	90							10	62	17		1							
8	5. 非金属矿采选业	1325					3		148	878	188	45	27	36						
9	6. 开采辅助活动	12									1	9		2						
10	7. 其他采矿业	772							39	553	52	9	5	114						
11	三、制造业	373895	5369			1342	13947	2863	112477	3273	116204	47234	26008	25658	10065		37	459	8959	
12	1. 农副食品加工业	1822					588		384		137	307	154	202			3	6	41	
13	2. 食品制造业	1938	105				339		243	92	721	85	89	109	80				75	
14	3. 酒、饮料和精制茶制造业	1027					3		198	48	461	152	90	75						
15	4. 烟草制品业																			
16	5. 纺织业	2886				30	2		235		555	571	158	993	231		1		110	
17	6. 纺织服装、服饰业	9487	278			15	8		1046		2792	2568	453	1430	642				255	
18	7. 皮革、毛皮、羽毛及其制品和制鞋业	7172	227				192		1139		2869	1243	401	878	102				121	
19	8. 木材加工和木竹藤棕草制品业	1316					4		135		445	147	89	368	116				12	

续表

序号	项目	税收收入合计	国内增值税	一般纳税人增值税	国内消费税	营业税	企业所得税		个人所得税	资源税	城市维护建设税	房产税	印花税	城镇土地使用税	土地增值税	车辆购置税	车船税	耕地占用税	契税	其他各税
							内资企业	外资企业												
20	9. 家具制造业	10401	860			-143	1		1987		3247	2123	419	1497	287		3		120	
21	10. 造纸和纸制品业	2906	209				31		650		819	524	146	442	84		1			
22	11. 印刷和记录媒介复制业	2770	2				178		431		1105	483	149	373	17				32	
23	12. 文教、工美、体育和娱乐用品制造业	13006	156				1960		2093		3078	2700	474	1617	854		1		73	
24	13. 石油加工、炼焦和核燃料加工业	33755					105		5955		17262	1657	2529	462	2436		2		3347	
25	14. 化学原料和化学制品制造业	12713	109			1	245		3629		3857	2059	980	1192	250		2	217	172	
26	15. 医药制造业	6406					1156	2860	523		915	590	61	172					129	
27	16. 化学纤维制造业	252							26		39	85	13	74					15	
28	17. 橡胶和塑料制品业	18751	401			173	108		3296		5295	4033	1091	2878	1240		2		234	
29	18. 非金属矿物制品业	36503	251				7051		12937	3114	4686	2659	1815	3282	219		9		480	
30	19. 黑色金属冶炼和压延加工业	1776							86		137	1281	48	224						
31	20. 有色金属冶炼和压延加工业	986	104				3		129		177	246	45	103	179					
32	21. 金属制品业	16627	334			65	13		3780		5308	3083	1009	1746	495		2		792	
33	22. 通用设备制造业	3392	88			172	1		1063		745	634	121	240	133				195	
34	23. 专用设备制造业	13666	219			2	202		4559		4915	1689	748	824	245		4	40	219	
35	24. 汽车制造业	5895							3084		1665	396	322	109				180	139	
36	25. 铁路、船舶、航空航天和其他运输设备制造业	2520	726						47		143	503	48	64	989					

续表

序号	项目	税收收入合计	国内增值税	一般纳税人增值税	国内消费税	营业税	企业所得税		个人所得税	资源税	城市维护建设税	房产税	印花税	城镇土地使用税	土地增值税	车辆购置税	车船税	耕地占用税	契税	其他各税
							内资企业	外资企业												
37	26. 电气机械和器材制造业	30023	296				115		13926		8418	3280	2105	1541	181		1		160	
38	27. 计算机、通信和其他电子设备制造业	113309	938			1027	1631		44017		39500	10643	11028	2914	1191		5		415	
39	28. 仪表仪器制造业	1174							314		275	374	58	149					4	
40	29. 其他制造业	20809	9				11	3	6477	19	6384	3068	1336	1656	25		1	16	1804	
41	30. 废弃资源综合利用业	496	57						58		226	27	25	19	69				15	
42	31. 金属制品、机械和设备修理业	111							30		28	24	4	25						
43	四、电力、热力、燃气及水的生产和供应业	38674				3	11095		11860	149	6855	3644	879	1430			40	2386	333	
44	1. 电力、热力生产和供应业	32736				3	8907		10936		5691	3060	748	889			34	2386	82	
45	2. 燃气生产和供应业	3000					1719		418		394	142	78	97			6		146	
46	3. 水的生产和供应业	2938					469		506	149	770	442	53	444					105	
47	五、建筑业	118517	293			1298	36988	60	39044	26	21017	2430	4284	2753	2773		9	1420	6122	
48	1. 房屋建筑业	23118	37			667	6772		7843	1	4676	443	979	283	790		1		626	
49	2. 土木工程建筑业	13843	25			2	2805	2	5186	13	2908	114	680	364	699		1		1044	
50	3. 建筑安装业	48141	204			332	10389	45	17758		9253	1021	1657	1648	468		3	1420	3943	
51	4. 建筑装饰和其他建筑业	33415	27			297	17022	13	8257	12	4180	852	968	458	816		4		509	
52	六、批发和零售业	120813	584			204	11527	16	33449	604	27236	12011	6048	12039	10147		12	304	6632	
53	1. 批发业	44147	192			18	3240		18918	268	9778	3291	1768	3235	1426		3	6	2004	
54	2. 零售业	76666	392			186	8287	16	14531	336	17458	8720	4280	8804	8721		9	298	4628	
55	七、交通运输、仓储和邮政业	16827	28			8	2668		6193	17	1940	3089	965	1152	173		66	178	350	

续表

序号	项　目	税收收入合计	国内增值税	一般纳税人增值税	国内消费税	营业税	企业所得税		个人所得税	资源税	城市维护建设税	房产税	印花税	城镇土地使用税	土地增值税	车辆购置税	车船税	耕地占用税	契税	其他各税
							内资企业	外资企业												
56	1. 铁路运输业	274	28						81		18		2	97	47				1	
57	2. 道路运输业	8050					2177		3262	4	1120	730	247	313	48		50		99	
58	3. 水上运输业	333					15		237		35	37	4	5						
59	4. 航空运输业	5							5											
60	5. 管道运输业	163							92		99	35	4	-67						
61	6. 装卸搬运和运输代理业	2226				8	455		895	13	261	353	83	143			15			
62	7. 仓储业	4351					17		1127		369	1102	603	626	78		1	178	250	
63	8. 邮政业	1425					4		494		38	832	22	35						
64	八、住宿和餐饮业	10268	299			121	475	15	3312	66	973	2585	139	1193	976		1		113	
65	1. 住宿业	4444	9			22	76	15	1308	62	345	1075	101	598	725				108	
66	2. 餐饮业	5824	290			99	399		2004	4	628	1510	38	595	251		1		5	
67	九、信息传输、软件和信息技术服务业	8954	31			4	500	5	5007		1009	1338	285	503	151		2		119	
68	1. 电信、广播电视和卫星传输服务	4962	18			3	395		3084		157	965	167	169			2		2	
69	2. 互联网和相关服务	193	13				1		51		39	27	7	15	28				12	
70	3. 软件和信息技术服务业	3799				1	104	5	1872		813	346	111	319	123				105	
71	十、金融业	109652	187			-230	1329		52126		9711	2765	1706	968	3340		33651	27	4072	
72	1. 货币金融服务	34459	58			-117	700		22226		6562	2361	987	486	365		12	27	792	
73	2. 资本市场服务	13074	9				414		6528		448	146	163	423	2689				2254	
74	3. 保险业	58091				3	8		21361		1708	139	447	8			33639		778	
75	4. 其他金融业	4028	120			-116	207		2011		993	119	109	51	286				248	

续表

序号	项目	税收收入合计	国内增值税	一般纳税人增值税	国内消费税	营业税	企业所得税		个人所得税	资源税	城市维护建设税	房产税	印花税	城镇土地使用税	土地增值税	车辆购置税	车船税	耕地占用税	契税	其他各税
							内资企业	外资企业												
76	十一、房地产业	788016	5168			8297	135577	770	45602	26	38327	36282	14285	51641	383297		24	510	68210	
77	1. 房地产开发经营	727160	2094			7985	127412	557	35743	23	34778	20882	13675	46855	372078		24	332	64722	
78	2. 物业管理	13873	185			49	4937	209	1513	3	1211	2022	140	805	1310				1489	
79	3. 房地产中介服务	2448				3	243		1055		328	284	22	164	35				314	
80	4. 自有房地产经营活动	13170	1758			21	6		1201		327	6452	79	861	1983			66	416	
81	5. 其他房地产业	31365	1131			239	2979	4	6090		1683	6642	369	2956	7891			112	1269	
82	十二、租赁和商务服务业	41017	299			67	4983	398	18034	7	3251	3322	1211	4145	2043		16		3241	
83	1. 租赁业	824				1	24		336	3	163	130	53	84			11		19	
84	2. 商务服务业	40193	299			66	4959	398	17698	4	3088	3192	1158	4061	2043		5		3222	
85	十三、科学研究和技术服务业	6622	7			29	1359	50	2021		740	653	120	185	151		2	934	371	
86	1. 研究和试验发展	688	1				85		192		27	47	17	14	3				302	
87	2. 专业技术服务业	5532	6			29	1240		1709		642	538	86	135	148		2	934	63	
88	3. 科技推广和应用服务业	402					34	50	120		71	68	17	36					6	
89	十四、水利、环境和公共设施管理业	6178	242				3585		1071	19	453	290	97	376			1	26	18	
90	1. 水利管理业	762	1				333		251		55	95	7	20						
91	2. 生态保护和环境治理业	1283	241				501		131		239	80	19	71				1		
92	3. 公共设施管理业	4133					2751		689	19	159	115	71	285			1	25	18	
93	十五、居民服务、修理和其他服务业	112885	330			28	3731	236	60411	35	4363	4160	1073	1572	1180		114	34062	1590	
94	1. 居民服务业	4298	1			12	618		1890	6	284	627	47	356	100		1		356	
95	2. 机动车、电子产品和日用产品修理业	392				1	16		142		115	27	28	51					12	

续表

序号	项　目	税收收入合计	国内增值税	一般纳税人增值税	国内消费税	营业税	企业所得税 内资企业	企业所得税 外资企业	个人所得税	资源税	城市维护建设税	房产税	印花税	城镇土地使用税	土地增值税	车辆购置税	车船税	耕地占用税	契税	其他各税
96	3. 其他服务业	108195	329			15	3097	236	58379	29	3964	3506	998	1165	1080		113	34062	1222	
97	十六、教育	4870				38	291		4366		69	76	6	7			4		13	
98	1. 学前教育	167					26		136		1	2		1			1			
99	2. 初等教育	1029					1		1015		1	11					1			
100	3. 中等教育	1847				4	45		1768		15	13	1				1			
101	4. 高等教育	1310				14	148		1101		16	29	2							
102	5. 特殊教育	4							4											
103	6. 技能培训、教育辅助及其他	513				20	71		342		36	21	3	6			1		13	
104	十七、卫生和社会工作	12277					1363		10666		13	136	56	1			7		35	
105	1. 卫生	12192					1363		10595		11	124	56	1			7		35	
106	2. 社会工作	85							71		2	12								
107	十八、文化、体育和娱乐业	1901	222			2	53		620		102	130	27	549			1		195	
108	1. 新闻和出版业	16	1						1		2	1							11	
109	2. 广播、电视、电影和影视录音制作业	378					1		363		16	-28	15	7			1		3	
110	3. 文化艺术业	174					14		93		14	1	3	14					35	
111	4. 体育	112					2		37		13	49	1	10						
112	5. 娱乐业	1221	221			2	36		126		57	107	8	518					146	
113	十九、公共管理、社会保障和社会组织	329320	16734			-12	201		77669		1582	2324	1501	1745	21523		392	11300	194361	
114	二十、其他行业	136					70		20		8	32	6							

2017年汕尾市地方税务局税收收入分行业分税种统计年报总表

编报机关：汕尾市地方税务局　　　　单位：万元

序号	项目	税收收入合计	国内增值税	一般纳税人增值税	国内消费税	营业税	企业所得税		个人所得税	资源税	城市维护建设税	房产税	印花税	城镇土地使用税	土地增值税	车辆购置税	车船税	耕地占用税	契税	其他各税
							内资企业	外资企业												
1	合　计	223488	2633			286	40454	32	38331	185	20411	10189	5375	8891	38126		5188	17173	36214	
2	一、农、林、牧、渔业	846	6				192		78		72	36	15	114	259				74	
3	二、采矿业	151					6		72	21	38	12	2							
4	1. 煤炭开采和洗选业																			
5	2. 石油和天然气开采业	96							53		30	11	2							
6	3. 黑色金属矿采选业																			
7	4. 有色金属矿采选业																			
8	5. 非金属矿采选业	55					6		19	21	8	1								
9	6. 开采辅助活动																			
10	7. 其他采矿业																			
11	三、制造业	21600	708				438		5528	36	3185	1927	1687	2722	4055		1		1313	
12	1. 农副食品加工业	717					3		34		80	195	18	215	67				105	
13	2. 食品制造业	104					1		8		46	9	5	24					11	
14	3. 酒、饮料和精制茶制造业	86					46		2		19	9	6	4						
15	4. 烟草制品业																			
16	5. 纺织业	4234					2		282		267	222	93	87	3263				18	
17	6. 纺织服装、服饰业	1168	16				292		81		293	113	24	184	132				33	
18	7. 皮革、毛皮、羽毛及其制品和制鞋业	880	187				1				21	21	3	410	225				12	
19	8. 木材加工和木竹藤棕草制品业	62							7		21	7	3	24						

续表

序号	项　　目	税收收入合计	国内增值税	一般纳税人增值税	国内消费税	营业税	企业所得税		个人所得税	资源税	城市维护建设税	房产税	印花税	城镇土地使用税	土地增值税	车辆购置税	车船税	耕地占用税	契税	其他各税
							内资企业	外资企业												
20	9. 家具制造业	33							9		7	1	1	5					10	
21	10. 造纸和纸制品业	348					1		6		31	58	9	191					52	
22	11. 印刷和记录媒介复制业	85					2		9		21	6	1	9	10				27	
23	12. 文教、工美、体育和娱乐用品制造业	736					29		80		162	119	70	226					50	
24	13. 石油加工、炼焦和核燃料加工业																			
25	14. 化学原料和化学制品制造业	263					23		39		60	5	5	48	81				2	
26	15. 医药制造业	243										70	4	125					44	
27	16. 化学纤维制造业																			
28	17. 橡胶和塑料制品业	725	16						10		133	60	14	250	186				56	
29	18. 非金属矿物制品业	4802							2533	36	789	248	928	208			1		59	
30	19. 黑色金属冶炼和压延加工业																			
31	20. 有色金属冶炼和压延加工业	140	17						4		3	9	7	82	18					
32	21. 金属制品业	233					18		33		24	22	5	66					65	
33	22. 通用设备制造业	78					4		23		37	5	1	8						
34	23. 专用设备制造业	490					2		94		101	108	24	86					75	
35	24. 汽车制造业	798							191		535		43						29	
36	25. 铁路、船舶、航空航天和其他运输设备制造业	95					3		5		21	2	1	9	54					

续表

序号	项目	税收收入合计	国内增值税	一般纳税人增值税	国内消费税	营业税	企业所得税		个人所得税	资源税	城市维护建设税	房产税	印花税	城镇土地使用税	土地增值税	车辆购置税	车船税	耕地占用税	契税	其他各税
							内资企业	外资企业												
37	26. 电气机械和器材制造业	475							12		85	62	13	52					251	
38	27. 计算机、通信和其他电子设备制造业	3882	472				7		1799		241	375	351	275	16				346	
39	28. 仪表仪器制造业	818							249		172	190	56	105					46	
40	29. 其他制造业	73					2		14		15	11	2	26	3					
41	30. 废弃资源综合利用业	23					1												22	
42	31. 金属制品、机械和设备修理业	9					1		4		1			3						
43	四、电力、热力、燃气及水的生产和供应业	16643				34	2536		5477		4231	2743	701	883			1		37	
44	1. 电力、热力生产和供应业	15360				22	2210		5415		4150	2672	698	164			1		28	
45	2. 燃气生产和供应业	70					12		24		13	5	2	5					9	
46	3. 水的生产和供应业	1213				12	314		38		68	66	1	714						
47	五、建筑业	20354				43	8132	23	6891	116	3735	35	844	33	104			3	395	
48	1. 房屋建筑业	4381					1803	18	1387	1	613	3	193	18	11				334	
49	2. 土木工程建筑业	1777					180	1	1010	77	395		110	4						
50	3. 建筑安装业	11027				29	5174	9	3325	5	2002	21	414	7	7				34	
51	4. 建筑装饰和其他建筑业	3169				14	975	-5	1169	33	725	11	127	4	86			3	27	
52	六、批发和零售业	18497	15				9117		1402	3	4256	948	349	763	1138		1		505	
53	1. 批发业	14648	12				8624		1002	3	3635	115	243	226	588		1		199	
54	2. 零售业	3849	3				493		400		621	833	106	537	550				306	
55	七、交通运输、仓储和邮政业	1617					541		520		154	177	32	30				37	126	

续表

序号	项　目	税收收入合计	国内增值税	一般纳税人增值税	国内消费税	营业税	企业所得税		个人所得税	资源税	城市维护建设税	房产税	印花税	城镇土地使用税	土地增值税	车辆购置税	车船税	耕地占用税	契税	其他各税
							内资企业	外资企业												
56	1. 铁路运输业																			
57	2. 道路运输业	731					211		164		113	50	30					37	126	
58	3. 水上运输业	54							38		15	1								
59	4. 航空运输业																			
60	5. 管道运输业																			
61	6. 装卸搬运和运输代理业	525					328		151		13	9	1	23						
62	7. 仓储业	9									1	4		4						
63	8. 邮政业	298					2		167		12	113	1	3						
64	八、住宿和餐饮业	1683	95			9	117	7	293	1	160	335	12	238	45				371	
65	1. 住宿业	1046	95			1	16	7	82	1	64	197	10	202					371	
66	2. 餐饮业	637				8	101		211		96	138	2	36	45					
67	九、信息传输、软件和信息技术服务业	3049	10			2	34		1472		103	832	91	83	240				182	
68	1. 电信、广播电视和卫星传输服务	2132				1	2		1130		33	781	67	50					68	
69	2. 互联网和相关服务	432	10			1	21		264		14	50	3	33	36					
70	3. 软件和信息技术服务业	485					11		78		56	1	21		204				114	
71	十、金融业	13404				-92	345		4808		970	584	245	30			5156		1358	
72	1. 货币金融服务	3319				-94	69		1888		728	548	88	30					62	
73	2. 资本市场服务	1666							247		28		95						1296	
74	3. 保险业	8114				2	45		2615		199	36	61				5156			
75	4. 其他金融业	305					231		58		15		1							

续表

序号	项目	税收收入合计	国内增值税	一般纳税人增值税	国内消费税	营业税	企业所得税		个人所得税	资源税	城市维护建设税	房产税	印花税	城镇土地使用税	土地增值税	车辆购置税	车船税	耕地占用税	契税	其他各税
							内资企业	外资企业												
76	十一、房地产业	61280	97			281	14821	2	2148		2459	1220	982	2829	24741		1	1127	10572	
77	1. 房地产开发经营	57346	2			114	14554		997		2133	273	948	2520	24360		1	1127	10317	
78	2. 物业管理	782				1	160		72		62	187	15	104	1				180	
79	3. 房地产中介服务	117							13		6		1	1	96					
80	4. 自有房地产经营活动	803	3			98			133		32	284	2	162	89					
81	5. 其他房地产业	2232	92			68	107	2	933		226	476	16	42	195				75	
82	十二、租赁和商务服务业	4136	2				918		472		189	276	43	232	1474			82	448	
83	1. 租赁业	61					1		41		8	4		6	1					
84	2. 商务服务业	4075	2				917		431		181	272	43	226	1473			82	448	
85	十三、科学研究和技术服务业	928				2	383		204		121	61	22	81					54	
86	1. 研究和试验发展	226							39		2	56	5	75					49	
87	2. 专业技术服务业	694				2	383		158		118	5	17	6					5	
88	3. 科技推广和应用服务业	8							7		1									
89	十四、水利、环境和公共设施管理业	567					228		85		110	6	55	23					60	
90	1. 水利管理业	350					226		39		43		2	20					20	
91	2. 生态保护和环境治理业	113					1		9		53	6	1	3					40	
92	3. 公共设施管理业	104					1		37		14		52							
93	十五、居民服务、修理和其他服务业	7029	4			6	166		3501		394	683	34	655	1443		2		141	
94	1. 居民服务业	331					14		85		63	63	4						102	
95	2. 机动车、电子产品和日用产品修理业	28							9		12	2		5						

续表

序号	项目	税收收入合计	国内增值税	一般纳税人增值税	国内消费税	营业税	企业所得税		个人所得税	资源税	城市维护建设税	房产税	印花税	城镇土地使用税	土地增值税	车辆购置税	车船税	耕地占用税	契税	其他各税
							内资企业	外资企业												
96	3. 其他服务业	6670	4			6	152		3407		319	618	30	650	1443		2		39	
97	十六、教育	2291					-4		294		10	15	4	7	1869				96	
98	1. 学前教育	2							2											
99	2. 初等教育	158							151			6		1						
100	3. 中等教育	123					1		113			8		1						
101	4. 高等教育	8							8											
102	5. 特殊教育																			
103	6. 技能培训、教育辅助及其他	2000					-5		20		10	1	4	5	1869				96	
104	十七、卫生和社会工作	977					8		945		1	19	3				1			
105	1. 卫生	977					8		945		1	19	3				1			
106	2. 社会工作																			
107	十八、文化、体育和娱乐业	184					5		39		28	54	1	57						
108	1. 新闻和出版业	9					2		3		4									
109	2. 广播、电视、电影和影视录音制作业	27							14		13									
110	3. 文化艺术业	6							3		2	1								
111	4. 体育	96					1		9		5	48	1	32						
112	5. 娱乐业	46					2		10		4	5		25						
113	十九、公共管理、社会保障和社会组织	48250	1696			1	2469		4102	8	195	226	253	111	2758		25	15924	20482	
114	二十、其他行业	2					2													

2017 年东莞市地方税务局税收收入分行业分税种统计年报总表

编报机关:东莞市地方税务局　　　　单位:万元

序号	项目	税收收入合计	国内增值税	一般纳税人增值税	国内消费税	营业税	企业所得税		个人所得税	资源税	城市维护建设税	房产税	印花税	城镇土地使用税	土地增值税	车辆购置税	车船税	耕地占用税	契税	其他各税
							内资企业	外资企业												
1	合　计	4777654	74170			17948	677592	559750	1344614	220	523704	280332	139771	169426	515756		105713	35017	333641	
2	一、农、林、牧、渔业	2552	318			167	147	2	378		103	139	221	758	319					
3	二、采矿业	1759					2		228	209	355	182	305	115	363					
4	1. 煤炭开采和洗选业	1											1							
5	2. 石油和天然气开采业	103					2					77		24						
6	3. 黑色金属矿采选业																			
7	4. 有色金属矿采选业	3									1	1		1						
8	5. 非金属矿采选业	251							13	182	26	8		22						
9	6. 开采辅助活动	1333					2		212		296	96	296	68	363					
10	7. 其他采矿业	68					-2		3	27	32		8							
11	三、制造业	1859438	25871			1423	114634	416139	655778	11	342884	106376	84068	61832	42166		156	6	8094	
12	1. 农副食品加工业	13238	357				378	3336	2268		616	2189	2604	1132	357		1			
13	2. 食品制造业	27974	286				1552	11435	4620		4202	3485	797	1386			3		208	
14	3. 酒、饮料和精制茶制造业	16286					226	10289	1250	11	2523	1051	333	596			7			
15	4. 烟草制品业																			
16	5. 纺织业	22396	1539			36	351	3667	5911		4745	2689	1004	1516	787		3		148	
17	6. 纺织服装、服饰业	40576	1357				2398	5154	8860		11336	4518	2126	2823	1614		4		386	
18	7. 皮革、毛皮、羽毛及其制品和制鞋业	42072	1848				1244	5324	9631		9185	4224	1633	2756	6146		5		76	
19	8. 木材加工和木竹藤棕草制品业	11294	1532				51	1398	1542		1328	816	258	412	3957					

续表

序号	项　目	税收收入合计	国内增值税	一般纳税人增值税	国内消费税	营业税	企业所得税		个人所得税	资源税	城市维护建设税	房产税	印花税	城镇土地使用税	土地增值税	车辆购置税	车船税	耕地占用税	契税	其他各税
							内资企业	外资企业												
20	9. 家具制造业	34896	4286			140	1343	3211	5693		7493	4676	1495	3676	2468		5		410	
21	10. 造纸和纸制品业	104896	1022				4237	51751	9939		19173	8773	3552	4628	1703		23		95	
22	11. 印刷和记录媒介复制业	21699					473	5281	7051		4860	1624	1020	1168			3		219	
23	12. 文教、工美、体育和娱乐用品制造业	44151				510	4182	15711	7934		7859	3381	1537	2634			2		401	
24	13. 石油加工、炼焦和核燃料加工业	1028					40	160	359		286	33	63	42					45	
25	14. 化学原料和化学制品制造业	24750				4	1414	9167	5751		3635	2151	963	1511	12		2		140	
26	15. 医药制造业	10260	151				5587	17	2206		1208	586	227	278						
27	16. 化学纤维制造业	1047					2	5	419		286	203	67	65						
28	17. 橡胶和塑料制品业	114537	1774			36	4295	15332	48317		23760	7937	5034	5975	1844		12	6	215	
29	18. 非金属矿物制品业	23428	792				1528	3031	4814		4788	3249	793	2328	1772		17		316	
30	19. 黑色金属冶炼和压延加工业	2099					23	340	989		466	119	77	85						
31	20. 有色金属冶炼和压延加工业	3386					45	63	1948		655	306	182	186			1			
32	21. 金属制品业	138496	4456			3	39478	16067	26831		23795	7393	4982	4784	9875		11		821	
33	22. 通用设备制造业	36204	557				1112	8421	10373		8934	2232	1775	1695	783		3		319	
34	23. 专用设备制造业	49532	379			3	5697	5441	19164		11467	2570	2825	1580	227		4		175	
35	24. 汽车制造业	11830					22	2058	4815		3291	632	682	330						
36	25. 铁路、船舶、航空航天和其他运输设备制造业	5845					56	2083	1428		817	812	223	425			1			

续表

序号	项　目	税收收入合计	国内增值税	一般纳税人增值税	国内消费税	营业税	企业所得税		个人所得税	资源税	城市维护建设税	房产税	印花税	城镇土地使用税	土地增值税	车辆购置税	车船税	耕地占用税	契税	其他各税
							内资企业	外资企业												
37	26. 电气机械和器材制造业	129633	647			-1	23966	32621	31948		22119	7656	5411	3720	912		7		627	
38	27. 计算机、通信和其他电子设备制造业	778429	3681			557	9521	172206	388166		127702	21833	35413	8943	8078		21		2308	
39	28. 仪表仪器制造业	17106	31				76	3598	7256		3242	1648	589	605			1		60	
40	29. 其他制造业	131568	1176			135	5322	28968	35894		32850	9570	8354	6523	1631		20		1125	
41	30. 废弃资源综合利用业	328					13		190		80	13	7	25						
42	31. 金属制品、机械和设备修理业	454					2	4	211		183	7	42	5						
43	四、电力、热力、燃气及水的生产和供应业	45380	200				8586	-128	13494		11689	7130	1099	2896	52		16		346	
44	1. 电力、热力生产和供应业	32083					1529	-128	11525		10118	6228	917	1535			15		344	
45	2. 燃气生产和供应业	3092					812		1028		732	146	140	232					2	
46	3. 水的生产和供应业	10205	200				6245		941		839	756	42	1129	52		1			
47	五、建筑业	89344	181			710	30474	841	31471		15278	3198	3308	2044	1550		9		280	
48	1. 房屋建筑业	19908	132			-1	7544	69	6456		3225	159	551	401	1274		1		97	
49	2. 土木工程建筑业	5107					1720		2068		869	184	184	70					12	
50	3. 建筑安装业	38820	4			221	13719	713	14016		6335	1743	1073	954	15		6		21	
51	4. 建筑装饰和其他建筑业	25509	45			490	7491	59	8931		4849	1112	1500	619	261		2		150	
52	六、批发和零售业	256925	4000			1029	34738	4172	83444		67708	18974	20111	12793	2943		46		6967	
53	1. 批发业	111311	2310			37	9437	2794	44620		26863	5808	9082	3361	2163		16		4820	
54	2. 零售业	145614	1690			992	25301	1378	38824		40845	13166	11029	9432	780		30		2147	
55	七、交通运输、仓储和邮政业	56446	65			576	21537	4228	14652		3094	5385	1531	3584			365	12	1417	

续表

序号	项目	税收收入合计	国内增值税	一般纳税人增值税	国内消费税	营业税	企业所得税		个人所得税	资源税	城市维护建设税	房产税	印花税	城镇土地使用税	土地增值税	车辆购置税	车船税	耕地占用税	契税	其他各税
							内资企业	外资企业												
56	1. 铁路运输业	200	1				3	12	121		15	25	10	1				12		
57	2. 道路运输业	16117	63			1	2335	3780	6427		1248	699	523	852			183		6	
58	3. 水上运输业	1593					88	259	432		116	164	71	453			10			
59	4. 航空运输业	575					471	11	41		35	9	4				4			
60	5. 管道运输业	83					33		24		14	4	5	2			1			
61	6. 装卸搬运和运输代理业	22913				2	16278	14	2911		1116	1275	515	638			164			
62	7. 仓储业	9941	1			573	2235	152	793		416	2705	323	1390			3		1350	
63	8. 邮政业	5024					94		3903		134	504	80	248					61	
64	八、住宿和餐饮业	21544				117	1179	2089	8433		1689	5417	152	2424	5		3		36	
65	1. 住宿业	6357				7	234	1	2497		404	2130	34	1014			1		35	
66	2. 餐饮业	15187				110	945	2088	5936		1285	3287	118	1410	5		2		1	
67	九、信息传输、软件和信息技术服务业	38882	24			21	2489	2886	21478		5189	3873	895	1198	616		3		210	
68	1. 电信、广播电视和卫星传输服务	11929				3	5	3	8552		385	2054	291	627			1		8	
69	2. 互联网和相关服务	3094	21			1	16	5	2027		116	453	149	247			1		58	
70	3. 软件和信息技术服务业	23859	3			17	2468	2878	10899		4688	1366	455	324	616		1		144	
71	十、金融业	306465	4547			479	6869	998	148540		21724	8339	4534	1133	3932		102839		2531	
72	1. 货币金融服务	103300	4518			388	1009	13	66674		14514	6975	2600	851	3465		4		2289	
73	2. 资本市场服务	13814	12			5	715	314	10190		963	596	156	163	467				233	
74	3. 保险业	180685				-85	3369		67113		5266	611	1492	85			102834			
75	4. 其他金融业	8666	17			171	1776	671	4563		981	157	286	34			1		9	

续表

序号	项目	税收收入合计	国内增值税	一般纳税人增值税	国内消费税	营业税	企业所得税		个人所得税	资源税	城市维护建设税	房产税	印花税	城镇土地使用税	土地增值税	车辆购置税	车船税	耕地占用税	契税	其他各税
							内资企业	外资企业												
76	十一、房地产业	1118346	16562			7210	350788	50729	59253		28248	58399	10045	37170	445163		10	2268	52501	
77	1. 房地产开发经营	937715	84			6568	334147	49699	35223		22685	25092	8161	21986	392603		5	307	41155	
78	2. 物业管理	27745	197			34	5956	178	4907		1610	4764	297	2926	3540		3		3333	
79	3. 房地产中介服务	11511	16			2	639	45	4221		529	1020	59	1065	3877				38	
80	4. 自有房地产经营活动	36532	11094			111	222	640	4663		848	14550	460	3658	161				125	
81	5. 其他房地产业	104843	5171			495	9824	167	10239		2576	12973	1068	7535	44982		2	1961	7850	
82	十二、租赁和商务服务业	272294	2135			5930	58849	30529	56294		11896	45778	5586	25283	10803		82	3057	16072	
83	1. 租赁业	1038	4			19	109	36	487		192	57	96	29	-1		10			
84	2. 商务服务业	271256	2131			5911	58740	30493	55807		11704	45721	5490	25254	10804		72	3057	16072	
85	十三、科学研究和技术服务业	46404	248			142	9163	1274	18704		5802	4666	1960	1503	1131		4		1807	
86	1. 研究和试验发展	14587					460	3	5055		3232	3296	1321	937	207				76	
87	2. 专业技术服务业	25159	248			88	8614	696	10971		2033	625	289	320	924		3		348	
88	3. 科技推广和应用服务业	6658				54	89	575	2678		537	745	350	246			1		1383	
89	十四、水利、环境和公共设施管理业	31256				20	23839		4218		963	219	1200	593			4		200	
90	1. 水利管理业	2161					324		1267		84	21	397	68						
91	2. 生态保护和环境治理业	1747					106		392		287	64	399	305			1		193	
92	3. 公共设施管理业	27348				20	23409		2559		592	134	404	220			3		7	
93	十五、居民服务、修理和其他服务业	177464	404			112	9398	44260	103695		5289	6299	1250	3266	1592		12	1771	116	
94	1. 居民服务业	4320	88			17	1315	4	1451		653	397	161	237			2		-5	
95	2. 机动车、电子产品和日用产品修理业	2130				1	44	452	741		495	141	142	114						

续表

序号	项　　目	税收收入合计	国内增值税	一般纳税人增值税	国内消费税	营业税	企业所得税		个人所得税	资源税	城市维护建设税	房产税	印花税	城镇土地使用税	土地增值税	车辆购置税	车船税	耕地占用税	契税	其他各税
							内资企业	外资企业												
96	3. 其他服务业	171014	316			94	8039	43804	101503		4141	5761	947	2915	1592		10	1771	121	
97	十六、教育	13412	38			3	1970	12	10741		130	109	60	32			62		255	
98	1. 学前教育	2821					554	12	2171		9	24	14	10			27			
99	2. 初等教育	3137					727		2340		5	21	18	1			25			
100	3. 中等教育	1573	38				214		1265		5	17	13	16			5			
101	4. 高等教育	3680					2		3394		16	41	7	3					217	
102	5. 特殊教育	69					1		66		2									
103	6. 技能培训、教育辅助及其他	2132				3	472		1505		93	6	8	2			5		38	
104	十七、卫生和社会工作	15285	1			5	1880	171	12243		53	404	72	219			6	201	30	
105	1. 卫生	15171	1			5	1867	171	12158		42	401	72	217			6	201	30	
106	2. 社会工作	114					13		85		11	3		2						
107	十八、文化、体育和娱乐业	13396	148			5	267	1548	2602		363	1271	45	6911	201				35	
108	1. 新闻和出版业	270							225		31	10	3	1						
109	2. 广播、电视、电影和影视录音制作业	732				-1	75	2	448		70	78	14	46						
110	3. 文化艺术业	457					55	1	266		32	55	8	12					28	
111	4. 体育	3901	148			6	40	595	1291		68	192	9	1344	201				7	
112	5. 娱乐业	8036					97	950	372		162	936	11	5508						
113	十九、公共管理、社会保障和社会组织	411013	19428			-1	781		98962		1240	4170	3325	5663	4920		2079	27702	242744	
114	二十、其他行业	49					2		6		7	4	4	9			17			

2017年中山市地方税务局税收收入分行业分税种统计年报总表

编报机关:中山市地方税务局　　　　单位:万元

序号	项目	税收收入合计	国内增值税	一般纳税人增值税	国内消费税	营业税	企业所得税		个人所得税	资源税	城市维护建设税	房产税	印花税	城镇土地使用税	土地增值税	车辆购置税	车船税	耕地占用税	契税	其他各税
							内资企业	外资企业												
1	合　计	2098636	81084			9746	304850	7525	500944	24	193886	190903	47335	76060	354464		36581	13790	281444	
2	一、农、林、牧、渔业	997	23				218		494		55	71	69	10	36				21	
3	二、采矿业	608							120		151	170	1	166						
4	1. 煤炭开采和洗选业																			
5	2. 石油和天然气开采业																			
6	3. 黑色金属矿采选业																			
7	4. 有色金属矿采选业																			
8	5. 非金属矿采选业																			
9	6. 开采辅助活动	608							120		151	170	1	166						
10	7. 其他采矿业																			
11	三、制造业	433454	3459			-72	49411	1628	142959	13	117983	61468	22724	17049	10684		29		6119	
12	1. 农副食品加工业	5277	4				2383		1109		446	648	122	164	324		2		75	
13	2. 食品制造业	6452	9				341		2160		1741	1638	316	247						
14	3. 酒、饮料和精制茶制造业	4291				1	202		1304	12	2014	324	334	100						
15	4. 烟草制品业																			
16	5. 纺织业	9976	89			2	451		2435		2476	2524	782	988	140		2		87	
17	6. 纺织服装、服饰业	19475	248				925	3	7109		5894	3245	855	961	222		3		10	
18	7. 皮革、毛皮、羽毛及其制品和制鞋业	8484	94				512		1427		1798	1882	327	565	1599				280	
19	8. 木材加工和木竹藤棕草制品业	2898					765		774		463	432	267	197						

续表

序号	项目	税收收入合计	国内增值税	一般纳税人增值税	国内消费税	营业税	企业所得税		个人所得税	资源税	城市维护建设税	房产税	印花税	城镇土地使用税	土地增值税	车辆购置税	车船税	耕地占用税	契税	其他各税
							内资企业	外资企业												
20	9. 家具制造业	7625					430		1847		2825	1368	390	600					165	
21	10. 造纸和纸制品业	8569					1218		3316		2124	1042	428	440			1			
22	11. 印刷和记录媒介复制业	8801					1097	436	3869		1960	855	255	271			1		57	
23	12. 文教、工美、体育和娱乐用品制造业	7894					1058		1674		2066	1442	561	394	590				109	
24	13. 石油加工、炼焦和核燃料加工业	91					3		3		43	28	3	11						
25	14. 化学原料和化学制品制造业	30908					1933		10826		12880	3238	897	919	1		1		213	
26	15. 医药制造业	7450				3	901		1469		2599	1569	668	176	3				62	
27	16. 化学纤维制造业	718					1		104		49	450	19	95						
28	17. 橡胶和塑料制品业	31084	136			3	2011		11618		8585	4972	1313	1517	124		4		801	
29	18. 非金属矿物制品业	8097					1571		2377		2133	1196	287	531			2			
30	19. 黑色金属冶炼和压延加工业	2453					69		616		503	819	87	175					184	
31	20. 有色金属冶炼和压延加工业	2370							972		878	350	106	64						
32	21. 金属制品业	43325	986			7	1930		15515		11681	4766	1911	1693	4255		2		579	
33	22. 通用设备制造业	8431	1				372		3636		2540	889	550	259	2		1		181	
34	23. 专用设备制造业	17932	177				680		6789		5479	3371	516	683	54		1		182	
35	24. 汽车制造业	6832				5	29		1840		2798	1189	777	170					24	
36	25. 铁路、船舶、航空航天和其他运输设备制造业	3588					3		1368		523	1161	202	331						

续表

序号	项目	税收收入合计	国内增值税	一般纳税人增值税	国内消费税	营业税	企业所得税		个人所得税	资源税	城市维护建设税	房产税	印花税	城镇土地使用税	土地增值税	车辆购置税	车船税	耕地占用税	契税	其他各税
							内资企业	外资企业												
37	26. 电气机械和器材制造业	110552	741			-166	25734		33742		24436	14373	5101	3643	1846		5		1097	
38	27. 计算机、通信和其他电子设备制造业	38921	301			73	3349	10	13869		9698	4865	3991	1047	18		2		1698	
39	28. 仪表仪器制造业	5711	49				577		3183		1149	224	214	81	234					
40	29. 其他制造业	24623	624				815	1179	7768	1	8013	2576	1418	640	1272		2		315	
41	30. 废弃资源综合利用业	321					49		107		65	18	17	65						
42	31. 金属制品、机械和设备修理业	305					2		133		124	14	10	22						
43	四、电力、热力、燃气及水的生产和供应业	28537	104			1	6448		6371	1	7469	5055	1363	1322	168		2		233	
44	1. 电力、热力生产和供应业	17253	96				339		5104		5681	4407	582	737	89		1		217	
45	2. 燃气生产和供应业	3684					828		651		1206	194	711	77			1		16	
46	3. 水的生产和供应业	7600	8			1	5281		616	1	582	454	70	508	79					
47	五、建筑业	48188	51			555	20587	12	12084		9295	1586	1791	1181	319		10		717	
48	1. 房屋建筑业	10044	15			236	4717	1	1510		2491	331	232	335	143		1		32	
49	2. 土木工程建筑业	3361				1	785		1333		479	121	172	191					279	
50	3. 建筑安装业	19662	16			9	9188	8	4217		3954	943	943	261	48		7		68	
51	4. 建筑装饰和其他建筑业	15121	20			309	5897	3	5024		2371	191	444	394	128		2		338	
52	六、批发和零售业	80997	1488			1044	12488	1046	22233	1	19287	8360	5314	3776	3991		12		1957	
53	1. 批发业	41241	1179			229	4946	1033	11517	1	10801	3840	2845	1505	2127		7		1211	
54	2. 零售业	39756	309			815	7542	13	10716		8486	4520	2469	2271	1864		5		746	
55	七、交通运输、仓储和邮政业	15843				1	3336		6517		1451	2641	391	1200			109		197	

续表

序号	项　　目	税收收入合计	国内增值税	一般纳税人增值税	国内消费税	营业税	企业所得税		个人所得税	资源税	城市维护建设税	房产税	印花税	城镇土地使用税	土地增值税	车辆购置税	车船税	耕地占用税	契税	其他各税
							内资企业	外资企业												
56	1. 铁路运输业	32					4		5		1		1						21	
57	2. 道路运输业	6976					1398		3458		847	717	163	332			61			
58	3. 水上运输业	617					10		308		60	110	11	106			12			
59	4. 航空运输业	70					1		44		1	20	2	2						
60	5. 管道运输业	1							1											
61	6. 装卸搬运和运输代理业	4917				1	1824		1795		414	504	141	206			32			
62	7. 仓储业	1776					25		191		67	851	22	440			4		176	
63	8. 邮政业	1454					74		715		61	439	51	114						
64	八、住宿和餐饮业	11965	395			38	939	21	4559	3	867	3240	86	519	475		1		822	
65	1. 住宿业	5528	393			1	316	4	783	3	290	2035	40	385	469		1		808	
66	2. 餐饮业	6437	2			37	623	17	3776		577	1205	46	134	6				14	
67	九、信息传输、软件和信息技术服务业	12558	307			4	959		5467		961	2247	305	367	1709				232	
68	1. 电信、广播电视和卫星传输服务	6149	211			2	23		2027		406	1607	123	193	1557					
69	2. 互联网和相关服务	715					92		378		64	126	36	16					3	
70	3. 软件和信息技术服务业	5694	96			2	844		3062		491	514	146	158	152				229	
71	十、金融业	114781	455			-68	5331	105	52714		9444	7327	1931	458	576		35734		774	
72	1. 货币金融服务	45130	428			-7	1651		25937		7261	6864	1311	398	544		4		739	
73	2. 资本市场服务	3715	20				590		2737		140	112	69	10	21				16	
74	3. 保险业	61219				-56	19		22924		1915	193	477	14			35730		3	
75	4. 其他金融业	4717	7			-5	3071	105	1116		128	158	74	36	11				16	

续表

序号	项目	税收收入合计	国内增值税	一般纳税人增值税	国内消费税	营业税	企业所得税		个人所得税	资源税	城市维护建设税	房产税	印花税	城镇土地使用税	土地增值税	车辆购置税	车船税	耕地占用税	契税	其他各税
							内资企业	外资企业												
76	十一、房地产业	636333	17388			5352	156751	2845	21818		15858	33155	7335	23557	259586		13		92675	
77	1. 房地产开发经营	507776	8764			4713	134468	110	12234		13177	13732	6464	18283	210778		12		85041	
78	2. 物业管理	28629	3837			80	10542	13	1831		1080	2616	287	1264	4251		1		2827	
79	3. 房地产中介服务	9138	4			11	5544		1595		337	89	42	101	837				578	
80	4. 自有房地产经营活动	10928	1464			-7	709	821	879		174	3325	75	595	2859				34	
81	5. 其他房地产业	79862	3319			555	5488	1901	5279		1090	13393	467	3314	40861				4195	
82	十二、租赁和商务服务业	154866	5891			1774	40620	1752	26757		4478	26787	1776	11053	20378		10	153	13437	
83	1. 租赁业	1718				-2	289		674		153	444	21	137			2			
84	2. 商务服务业	153148	5891			1776	40331	1752	26083		4325	26343	1755	10916	20378		8	153	13437	
85	十三、科学研究和技术服务业	8464	1			3	1481		4011		1084	999	271	169	1		1		443	
86	1. 研究和试验发展	2409					136		1017		339	564	120	87					146	
87	2. 专业技术服务业	4043	1			3	1268		1969		459	124	65	34	1		1		118	
88	3. 科技推广和应用服务业	2012					77		1025		286	311	86	48					179	
89	十四、水利、环境和公共设施管理业	1512					314		586		171	237	26	168			2		8	
90	1. 水利管理业	167					5		132		12	4	8	6						
91	2. 生态保护和环境治理业	479					187		131		73	65	7	16						
92	3. 公共设施管理业	866					122		323		86	168	11	146			2		8	
93	十五、居民服务、修理和其他服务业	103403	1532			260	3326	97	79053		2020	12034	485	1923	2332		81	185	75	
94	1. 居民服务业	12238	531			149	1472		2507		217	5437	57	802	1037		1	14	14	
95	2. 机动车、电子产品和日用产品修理业	3238	1			1	299		1309		933	470	141	84						

续表

序号	项　目	税收收入合计	国内增值税	一般纳税人增值税	国内消费税	营业税	企业所得税		个人所得税	资源税	城市维护建设税	房产税	印花税	城镇土地使用税	土地增值税	车辆购置税	车船税	耕地占用税	契税	其他各税
							内资企业	外资企业												
96	3. 其他服务业	87927	1000			110	1555	97	75237		870	6127	287	1037	1295		80	171	61	
97	十六、教育	10066	73			2	1264		8267		84	77	21	16	33		6		223	
98	1. 学前教育	938					446		485		3	2	1	1						
99	2. 初等教育	2213	52				342		1681		4	1	5				1		127	
100	3. 中等教育	3812	21				241		3494		3	19		1	33					
101	4. 高等教育	864					1		826		6	27	3	1						
102	5. 特殊教育	1							1											
103	6. 技能培训、教育辅助及其他	2238				2	234		1780		68	28	12	13			5		96	
104	十七、卫生和社会工作	8551	12				280		8134		8	70	16	11	14		4		2	
105	1. 卫生	8522	12				278		8107		8	70	16	11	14		4		2	
106	2. 社会工作	29					2		27											
107	十八、文化、体育和娱乐业	10337				185	413		6241	6	225	762	54	2371			1		79	
108	1. 新闻和出版业	293					13		220		20	33	3	4						
109	2. 广播、电视、电影和影视录音制作业	1217					53		981		52	105	12	14						
110	3. 文化艺术业	536				2	87		300		29	54	5	9			1		49	
111	4. 体育	1557					12		237		36	245	2	1025						
112	5. 娱乐业	6734				183	248		4503	6	88	325	32	1319					30	
113	十九、公共管理、社会保障和社会组织	417166	49905			667	684	19	92553		2993	24617	3374	10744	54162		566	13452	163430	
114	二十、其他行业	10							6		2		2							

2017 年江门市地方税务局税收收入分行业分税种统计年报总表

编报机关:江门市地方税务局　　　　单位:万元

序号	项目	税收收入合计	国内增值税	一般纳税人增值税	国内消费税	营业税	企业所得税		个人所得税	资源税	城市维护建设税	房产税	印花税	城镇土地使用税	土地增值税	车辆购置税	车船税	耕地占用税	契税	其他各税
							内资企业	外资企业												
1	合　计	1499897	18704			6632	270105	2233	292654	6613	156107	101995	39031	90555	269179		28001	16048	202040	
2	一、农、林、牧、渔业	3642	98			1	149	7	1890		71	266	204	542	232		1	152	29	
3	二、采矿业	4062					5		163	3648	143	14	31	58						
4	1. 煤炭开采和洗选业																			
5	2. 石油和天然气开采业																			
6	3. 黑色金属矿采选业																			
7	4. 有色金属矿采选业	17									7	2	1	7						
8	5. 非金属矿采选业	3233					5		159	2892	107	4	23	43						
9	6. 开采辅助活动	14							2		4	5	1	2						
10	7. 其他采矿业	798							2	756	25	3	6	6						
11	三、制造业	293873	2794			413	37088	317	61438	1276	87797	37226	16217	28371	12309		90		8537	
12	1. 农副食品加工业	6991	104				1196	3	2025		1705	589	421	451	323		1		173	
13	2. 食品制造业	24731	136			4	2227		1322		17521	1668	563	644	69		3		574	
14	3. 酒、饮料和精制茶制造业	2219	1				47		686	2	876	302	93	210	1		1			
15	4. 烟草制品业	905							343		388	108	25	41						
16	5. 纺织业	15185	7			28	496	12	1935		2644	3069	671	3049	1498		5		1771	
17	6. 纺织服装、服饰业	8962	125			-5	827		840		2425	1110	443	754	302		1		2140	
18	7. 皮革、毛皮、羽毛及其制品和制鞋业	5566	202			93	155		1091		1541	768	285	818	577				36	
19	8. 木材加工和木竹藤棕草制品业	2451	53				18		376		634	420	138	743	68		1			

续表

序号	项目	税收收入合计	国内增值税	一般纳税人增值税	国内消费税	营业税	企业所得税		个人所得税	资源税	城市维护建设税	房产税	印花税	城镇土地使用税	土地增值税	车辆购置税	车船税	耕地占用税	契税	其他各税
							内资企业	外资企业												
20	9. 家具制造业	8041	55				3434	3	893		1497	1116	241	800			1		1	
21	10. 造纸和纸制品业	14671	144				5601		2195		2068	1915	819	846	947		2		134	
22	11. 印刷和记录媒介复制业	6527	237				385		1740		1537	1192	352	497	583		4			
23	12. 文教、工美、体育和娱乐用品制造业	1854	7				321		229		500	220	79	248	250					
24	13. 石油加工、炼焦和核燃料加工业	384					1		241		118	1	21	2						
25	14. 化学原料和化学制品制造业	19420	397				5578	262	4600	2	4133	1567	1042	1389	93		6		351	
26	15. 医药制造业	7005	2				3130		1897		1524	278	89	58	5				22	
27	16. 化学纤维制造业	2255					331		371		492	338	82	87	554					
28	17. 橡胶和塑料制品业	12139	229				844		2467		3901	1554	808	1709	515		6		106	
29	18. 非金属矿物制品业	15848	11			74	1191		2271	1185	4170	2371	590	3117	637		14		217	
30	19. 黑色金属冶炼和压延加工业	4760	113				771		328		511	926	213	196	1697		5			
31	20. 有色金属冶炼和压延加工业	2208					657		423		514	196	204	214						
32	21. 金属制品业	44882	412			18	4667	13	10678		12755	6065	2682	5522	1361		15		694	
33	22. 通用设备制造业	5035	68				274		1289		1208	890	402	598	219		1		86	
34	23. 专用设备制造业	5392				-1	216		2007		1575	602	483	408			8		94	
35	24. 汽车制造业	7062					82		2465		2946	658	415	443			1		52	
36	25. 铁路、船舶、航空航天和其他运输设备制造业	13827				12	835	8	4307		3781	2551	985	1146			1		201	

续表

序号	项目	税收收入合计	国内增值税	一般纳税人增值税	国内消费税	营业税	企业所得税		个人所得税	资源税	城市维护建设税	房产税	印花税	城镇土地使用税	土地增值税	车辆购置税	车船税	耕地占用税	契税	其他各税
							内资企业	外资企业												
37	26. 电气机械和器材制造业	29260	140			12	2502	1	7262		8845	4433	2524	2382	536		5		618	
38	27. 计算机、通信和其他电子设备制造业	14165	1				644	5	4529		5318	1349	834	864	473		3		145	
39	28. 仪表仪器制造业	1023					46		391		291	114	64	72			1		44	
40	29. 其他制造业	10069	350			178	551	10	1738	87	2287	748	567	1002	1601		5		945	
41	30. 废弃资源综合利用业	179					33		26		57	20	21	18					4	
42	31. 金属制品、机械和设备修理业	857					28		473		35	88	61	43					129	
43	四、电力、热力、燃气及水的生产和供应业	27046	11			118	2694		11941	1	5466	3578	1072	2012	15		54		84	
44	1. 电力、热力生产和供应业	21337	10			118	350		10466		4746	3238	884	1417	14		50		44	
45	2. 燃气生产和供应业	1550					391		606		287	50	84	96			3		33	
46	3. 水的生产和供应业	4159	1				1953		869	1	433	290	104	499	1		1		7	
47	五、建筑业	93286	394			910	45991	95	23593		10688	959	2509	1914	844		11	4414	964	
48	1. 房屋建筑业	27927	99			337	17061		5309		3038	228	571	271	541		4		468	
49	2. 土木工程建筑业	6731	69			43	1614		2999		1132	76	501	73	183		1		40	
50	3. 建筑安装业	41051	10			190	24112	7	9844		4571	291	935	1047	27		2		15	
51	4. 建筑装饰和其他建筑业	17577	216			340	3204	88	5441		1947	364	502	523	93		4	4414	441	
52	六、批发和零售业	64786	285			196	8163		11426	1477	20958	5405	5792	4504	4931		32	11	1606	
53	1. 批发业	33662	91			186	3873		5286	752	12727	2324	2811	1594	3381		15	11	611	
54	2. 零售业	31124	194			10	4290		6140	725	8231	3081	2981	2910	1550		17		995	
55	七、交通运输、仓储和邮政业	33840	35			2	24414	400	4896		1109	1304	357	1026	46		127		124	

续表

序号	项目	税收收入合计	国内增值税	一般纳税人增值税	国内消费税	营业税	企业所得税 内资企业	企业所得税 外资企业	个人所得税	资源税	城市维护建设税	房产税	印花税	城镇土地使用税	土地增值税	车辆购置税	车船税	耕地占用税	契税	其他各税
56	1. 铁路运输业	28					18		4		3	2	1							
57	2. 道路运输业	28022					23829	400	2068		578	638	129	225			93		62	
58	3. 水上运输业	1175					154		502		163	66	49	190			11		40	
59	4. 航空运输业																			
60	5. 管道运输业	2							2											
61	6. 装卸搬运和运输代理业	2065					238		859		261	141	96	449			21			
62	7. 仓储业	483	11				30		100		37	99	67	108	7		2		22	
63	8. 邮政业	2065	24			2	145		1361		67	358	15	54	39					
64	八、住宿和餐饮业	8802	89			109	500	10	2855	98	695	2865	87	1136	282		2		74	
65	1. 住宿业	4561	44			113	354		594	79	262	2160	46	707	178				24	
66	2. 餐饮业	4241	45			-4	146	10	2261	19	433	705	41	429	104		2		50	
67	九、信息传输、软件和信息技术服务业	8389	15			5	302		4353		513	1751	319	561			8		562	
68	1. 电信、广播电视和卫星传输服务	5305	14			3	107		2281		320	1489	261	373			8		449	
69	2. 互联网和相关服务	135					65		34		21	6	5	1					3	
70	3. 软件和信息技术服务业	2949	1			2	130		2038		172	256	53	187					110	
71	十、金融业	81869	75			1091	2341	1	40085		6272	4057	1271	2159	468		22980		1069	
72	1. 货币金融服务	30214	38			-43	667		19282		3587	2926	743	2063	103		7		841	
73	2. 资本市场服务	2490					103		1958		147	116	57	39					70	
74	3. 保险业	41219	35			-123	13		16434		1295	188	330	16	61		22970			
75	4. 其他金融业	7946	2			1257	1558	1	2411		1243	827	141	41	304		3		158	

续表

序号	项目	税收收入合计	国内增值税	一般纳税人增值税	国内消费税	营业税	企业所得税		个人所得税	资源税	城市维护建设税	房产税	印花税	城镇土地使用税	土地增值税	车辆购置税	车船税	耕地占用税	契税	其他各税
							内资企业	外资企业												
76	十一、房地产业	498043	3282			2352	132632	89	12473	22	16488	19125	6901	25535	224619		6	1197	53322	
77	1. 房地产开发经营	451450	642			1629	123412	1	8877	22	14402	10468	6216	19550	214912		6	1161	50152	
78	2. 物业管理	15622	337			169	4780	86	951		931	4118	236	993	2025				996	
79	3. 房地产中介服务	1400	3			44	130		364		66	252	20	145	147				229	
80	4. 自有房地产经营活动	4305	1582			29	79	2	825		345	874	115	314	49			31	60	
81	5. 其他房地产业	25266	718			481	4231		1456		744	3413	314	4533	7486			5	1885	
82	十二、租赁和商务服务业	46986	302			468	5379	1266	16578	59	1688	5273	2070	7179	4407		12	25	2280	
83	1. 租赁业	1534				1	286		292		107	652	52	138			6			
84	2. 商务服务业	45452	302			467	5093	1266	16286	59	1581	4621	2018	7041	4407		6	25	2280	
85	十三、科学研究和技术服务业	11487	379			39	5088		2372		857	604	345	647	593		3		560	
86	1. 研究和试验发展	3546	379			37	1406		156		202	293	50	260	593		1		169	
87	2. 专业技术服务业	6932				2	3326		2063		600	245	267	371			2		56	
88	3. 科技推广和应用服务业	1009					356		153		55	66	28	16					335	
89	十四、水利、环境和公共设施管理业	5253					288		578		353	1174	244	234			7	1617	758	
90	1. 水利管理业	248					126		87		15	7	7	1					5	
91	2. 生态保护和环境治理业	1747					41		177		239	976	104	209			1			
92	3. 公共设施管理业	3258					121		314		99	191	133	24			6	1617	753	
93	十五、居民服务、修理和其他服务业	73041	816			334	2559	11	54026	6	1838	1920	322	2944	6243		46	1108	868	
94	1. 居民服务业	1357	54			6	380	1	495		223	134	28	88	-57		3		2	
95	2. 机动车、电子产品和日用产品修理业	410					54		148		108	50	18	32						

续表

序号	项　目	税收收入合计	国内增值税	一般纳税人增值税	国内消费税	营业税	企业所得税		个人所得税	资源税	城市维护建设税	房产税	印花税	城镇土地使用税	土地增值税	车辆购置税	车船税	耕地占用税	契税	其他各税
							内资企业	外资企业												
96	3. 其他服务业	71274	762			328	2125	10	53383	6	1507	1736	276	2824	6300		43	1108	866	
97	十六、教育	6036				3	714	37	4840		66	175	22	40			10		129	
98	1. 学前教育	977					114	37	804			14	4	1			3			
99	2. 初等教育	1073					82		859		8	25	2	1			2		94	
100	3. 中等教育	1780				-1	246		1462		7	45	3	16			2			
101	4. 高等教育	1674					14		1561		8	86	1	4						
102	5. 特殊教育	25							25											
103	6. 技能培训、教育辅助及其他	507				4	258		129		43	5	12	18			3		35	
104	十七、卫生和社会工作	10294	38				369		9581		29	89	25	108			9		46	
105	1. 卫生	10267	38			1	360		9564		27	89	25	108			9		46	
106	2. 社会工作	27				-1	9		17		2									
107	十八、文化、体育和娱乐业	2375	3			5	446		1036	26	145	263	31	379	34		4		3	
108	1. 新闻和出版业	222	3				1		154		4	27	2	1	30					
109	2. 广播、电视、电影和影视录音制作业	744					54		532		68	63	13	8			3		3	
110	3. 文化艺术业	575					363		118		22	41	4	26			1			
111	4. 体育	347				2	9		57	5	8	11	3	248	4					
112	5. 娱乐业	487				3	19		175	21	43	121	9	96						
113	十九、公共管理、社会保障和社会组织	225240	10088			574	983		27470		930	15947	1212	11034	14156		4598	7223	131025	
114	二十、其他行业	1547				12			1060		1			172			1	301		

2017年阳江市地方税务局税收收入分行业分税种统计年报总表

编报机关:阳江市地方税务局　　　　单位:万元

序号	项目	税收收入合计	国内增值税	一般纳税人增值税	国内消费税	营业税	企业所得税		个人所得税	资源税	城市维护建设税	房产税	印花税	城镇土地使用税	土地增值税	车辆购置税	车船税	耕地占用税	契税	其他各税
							内资企业	外资企业												
1	合计	399605	3944			6938	68388	34	67085	4601	36457	21826	9507	22172	89983		11401	21590	35679	
2	一、农、林、牧、渔业	1517					8		720		85	118	77	42	427				40	
3	二、采矿业	814					16		66	616	62	22	11	15					6	
4	1. 煤炭开采和洗选业	7									4		1						2	
5	2. 石油和天然气开采业																			
6	3. 黑色金属矿采选业	16								14	2									
7	4. 有色金属矿采选业	3											1	2						
8	5. 非金属矿采选业	582					16		37	440	49	21	7	8					4	
9	6. 开采辅助活动	12							7		2		1	2						
10	7. 其他采矿业	194							22	162	5	1	1	3						
11	三、制造业	39607	368			140	5294	27	7833	1640	10765	6090	2945	3161	155		1		1188	
12	1. 农副食品加工业	2279	131				78		556		295	748	301	156	4				10	
13	2. 食品制造业	1655					282		178	1	551	315	96	152					80	
14	3. 酒、饮料和精制茶制造业	1275					7		136	1	751	189	62	129						
15	4. 烟草制品业	13					1				8	2		2						
16	5. 纺织业	236							10		115	44	7	58	2					
17	6. 纺织服装、服饰业	574					104		29		267	77	26	47					24	
18	7. 皮革、毛皮、羽毛及其制品和制鞋业	391					3	3	37		112	136	18	81			1			
19	8. 木材加工和木竹藤棕草制品业	1166	64				21		390		345	107	52	124					63	

续表

序号	项目	税收收入合计	国内增值税	一般纳税人增值税	国内消费税	营业税	企业所得税		个人所得税	资源税	城市维护建设税	房产税	印花税	城镇土地使用税	土地增值税	车辆购置税	车船税	耕地占用税	契税	其他各税
							内资企业	外资企业												
20	9. 家具制造业	144					20		2		39	45	5	33						
21	10. 造纸和纸制品业	478					106		70		122	49	23	74					34	
22	11. 印刷和记录媒介复制业	501	33				155		70		138	33	13	59						
23	12. 文教、工美、体育和娱乐用品制造业	171					3		8		80	66	5	9						
24	13. 石油加工、炼焦和核燃料加工业																			
25	14. 化学原料和化学制品制造业	276					28		71		105	40	10	11					11	
26	15. 医药制造业	343					26		18		111	37	15	136						
27	16. 化学纤维制造业	1									1									
28	17. 橡胶和塑料制品业	1527					216		213		536	183	54	218					107	
29	18. 非金属矿物制品业	5194	94				15		468	1586	1171	1043	171	513					133	
30	19. 黑色金属冶炼和压延加工业	3077					34		1096		610	669	546	111					11	
31	20. 有色金属冶炼和压延加工业	1166					-4		291		337	353	120	69						
32	21. 金属制品业	12405	28			140	1343		2310	51	4213	1626	1277	902	52				463	
33	22. 通用设备制造业	4977					2786		1550		350	73	77	61					80	
34	23. 专用设备制造业	250					52		47		66	20	7	58						
35	24. 汽车制造业	24							2		4	9	1	8						
36	25. 铁路、船舶、航空航天和其他运输设备制造业	37							1				1	2					33	

续表

序号	项目	税收收入合计	国内增值税	一般纳税人增值税	国内消费税	营业税	企业所得税		个人所得税	资源税	城市维护建设税	房产税	印花税	城镇土地使用税	土地增值税	车辆购置税	车船税	耕地占用税	契税	其他各税
							内资企业	外资企业												
37	26. 电气机械和器材制造业	339					3		38		129	138	12	19						
38	27. 计算机、通信和其他电子设备制造业	59					2		7		21	6	8	4					11	
39	28. 仪表仪器制造业	54					3				5	17		29						
40	29. 其他制造业	644	18				10		59	1	215	28	28	60	97				128	
41	30. 废弃资源综合利用业	115							17		28	35	7	28						
42	31. 金属制品、机械和设备修理业	236						24	159		40	2	3	8						
43	四、电力、热力、燃气及水的生产和供应业	20518					936		7360		6985	2984	1654	575			1		23	
44	1. 电力、热力生产和供应业	19480					664		7038		6784	2878	1625	472			1		18	
45	2. 燃气生产和供应业	498					63		256		117	30	12	15					5	
46	3. 水的生产和供应业	540					209		66		84	76	17	88						
47	五、建筑业	36974	1			592	19495	7	8649	1572	4475	590	913	422	2			234	22	
48	1. 房屋建筑业	9389				263	5224		1741	592	1055	367	143	4						
49	2. 土木工程建筑业	7070				113	3901		1516	244	785	27	192	58				234		
50	3. 建筑安装业	15518				211	8299	5	3751	450	1873	161	424	344						
51	4. 建筑装饰和其他建筑业	4997	1			5	2071	2	1641	286	762	35	154	16	2				22	
52	六、批发和零售业	20004	3			352	6795		3074	596	4756	1132	893	1510	492		8		393	
53	1. 批发业	10571	2			1	3915		1408	450	3078	599	543	333	115		8		119	
54	2. 零售业	9433	1			351	2880		1666	146	1678	533	350	1177	377				274	
55	七、交通运输、仓储和邮政业	8241	48				4983		1920	11	385	379	117	94	70		31		203	

续表

序号	项　目	税收收入合计	国内增值税	一般纳税人增值税	国内消费税	营业税	企业所得税		个人所得税	资源税	城市维护建设税	房产税	印花税	城镇土地使用税	土地增值税	车辆购置税	车船税	耕地占用税	契税	其他各税
							内资企业	外资企业												
56	1. 铁路运输业	138					104		20		12		2							
57	2. 道路运输业	4013					2690		626		216	174	71	18			15		203	
58	3. 水上运输业	1396					1271		83		28	1	4				9			
59	4. 航空运输业	419					271		110		9	1	8	20						
60	5. 管道运输业																			
61	6. 装卸搬运和运输代理业	492					179		178	11	83	10	18	6			7			
62	7. 仓储业	825	48				466		180		18	27	12	4	70					
63	8. 邮政业	958					2		723		19	166	2	46						
64	八、住宿和餐饮业	3241	95			114	674		1069	13	271	618	36	294					57	
65	1. 住宿业	948	95				134		198	13	55	230	6	160					57	
66	2. 餐饮业	2293				114	540		871		216	388	30	134						
67	九、信息传输、软件和信息技术服务业	1932				-3	29		1157		50	565	49	81	1				3	
68	1. 电信、广播电视和卫星传输服务	1770				-3	1		1073		12	559	44	80	1				3	
69	2. 互联网和相关服务	3							1		2									
70	3. 软件和信息技术服务业	159					28		83		36	6	5	1						
71	十、金融业	27210	16			5	144		9930		1926	674	290	972	1579		11255		419	
72	1. 货币金融服务	6745	16			-130	10		4388		1383	570	148	177	84				99	
73	2. 资本市场服务	979							608		26	5	6	41					293	
74	3. 保险业	16730				-15			4807		497	56	121	9			11255			
75	4. 其他金融业	2756				150	134		127		20	43	15	745	1495				27	

续表

序号	项目	税收收入合计	国内增值税	一般纳税人增值税	国内消费税	营业税	企业所得税		个人所得税	资源税	城市维护建设税	房产税	印花税	城镇土地使用税	土地增值税	车辆购置税	车船税	耕地占用税	契税	其他各税
							内资企业	外资企业												
76	十一、房地产业	150351	803			5609	25479		3996	2	5100	5405	2032	13057	81925		1		6942	
77	1. 房地产开发经营	142510	590			5606	24832		2686	2	4915	2967	1827	11979	80390		1		6715	
78	2. 物业管理	736					208		152		90	64	9	94	119					
79	3. 房地产中介服务	38					7		19		9		3							
80	4. 自有房地产经营活动	1531	11						106		16	114	-1	103	1144				38	
81	5. 其他房地产业	5536	202			3	432		1033		70	2260	194	881	272				189	
82	十二、租赁和商务服务业	9349	254			30	2093		2718		753	1154	117	580	1035				615	
83	1. 租赁业	364				1	18		243		74	8	8	3	9					
84	2. 商务服务业	8985	254			29	2075		2475		679	1146	109	577	1026				615	
85	十三、科学研究和技术服务业	12568				18	836		2574	1	194	167	132	30				8611	5	
86	1. 研究和试验发展	107					1		74		9	12	4	2					5	
87	2. 专业技术服务业	12438				18	834		2483	1	184	153	127	27				8611		
88	3. 科技推广和应用服务业	23					1		17		1	2	1	1						
89	十四、水利、环境和公共设施管理业	571					109		131	1	77	57	15	181						
90	1. 水利管理业	99					29		24	1	12	19	10	4						
91	2. 生态保护和环境治理业	63					2		41		11	6	1	2						
92	3. 公共设施管理业	409					78		66		54	32	4	175						
93	十五、居民服务、修理和其他服务业	10456	10			-5	647		2289	15	267	436	30	232	277		1	6248	9	
94	1. 居民服务业	325	3			1	70		200		27	18	1	5						
95	2. 机动车、电子产品和日用产品修理业	115					3		73		26	5	4	4						

续表

序号	项　目	税收收入合计	国内增值税	一般纳税人增值税	国内消费税	营业税	企业所得税		个人所得税	资源税	城市维护建设税	房产税	印花税	城镇土地使用税	土地增值税	车辆购置税	车船税	耕地占用税	契税	其他各税
							内资企业	外资企业												
96	3. 其他服务业	10016	7			-6	574		2016	15	214	413	25	223	277		1	6248	9	
97	十六、教育	2652	205			1	133		904		38	138	5	4	1224					
98	1. 学前教育	32					8		18		1	5								
99	2. 初等教育	64					1		59			4								
100	3. 中等教育	2257	205				15		662		23	123	3	2	1224					
101	4. 高等教育	23							23											
102	5. 特殊教育	11							11											
103	6. 技能培训、教育辅助及其他	265				1	109		131		14	6	2	2						
104	十七、卫生和社会工作	4242				2	264		3948		2	10	9	7						
105	1. 卫生	4239					264		3948		2	10	8	7						
106	2. 社会工作	3				2							1							
107	十八、文化、体育和娱乐业	1538				80	87		1113		39	109	3	107						
108	1. 新闻和出版业	85				1	1		76		3	4								
109	2. 广播、电视、电影和影视录音制作业	178					28		118		20	10	1	1						
110	3. 文化艺术业	29					2		15		2	7	1	2						
111	4. 体育	21					8		4		1	6	1	1						
112	5. 娱乐业	1225				79	48		900		13	82		103						
113	十九、公共管理、社会保障和社会组织	47820	2141			3	366		7634	134	227	1178	179	808	2796		103	6497	25754	
114	二十、其他行业																			

2017年湛江市地方税务局税收收入分行业分税种统计年报总表

编报机关:湛江市地方税务局　　　　单位:万元

序号	项目	税收收入合计	国内增值税	一般纳税人增值税	国内消费税	营业税	企业所得税		个人所得税	资源税	城市维护建设税	房产税	印花税	城镇土地使用税	土地增值税	车辆购置税	车船税	耕地占用税	契税	其他各税
							内资企业	外资企业												
1	合　计	736372	5365	-2		4884	106230	10106	150226	2243	126974	30733	17909	22266	131300		17326	15320	95490	
2	一、农、林、牧、渔业	4807	7			27	157		1486		305	424	1837	397	55		34		78	
3	二、采矿业	1420					332		74	759	149	49	39	18						
4	1. 煤炭开采和洗选业																			
5	2. 石油和天然气开采业	66					45		9		8	2		2						
6	3. 黑色金属矿采选业	3												3						
7	4. 有色金属矿采选业	17								5	9		1	2						
8	5. 非金属矿采选业	908					141		45	555	88	46	30	3						
9	6. 开采辅助活动	2									2									
10	7. 其他采矿业	424					146		20	199	42	1	8	8						
11	三、制造业	127808	864			315	6501		13145	360	81252	4666	3852	8114	7161		3		1575	
12	1. 农副食品加工业	15117	798			39	1088		3152		1452	1221	701	834	5730				102	
13	2. 食品制造业	780					9		39	3	225	96	49	109					250	
14	3. 酒、饮料和精制茶制造业	1856				1	612		246		544	252	105	96						
15	4. 烟草制品业	7199							1154		5858	183	1	3						
16	5. 纺织业	607				244			4		42	6	9	19					283	
17	6. 纺织服装、服饰业	322							97		87	43	7	88						
18	7. 皮革、毛皮、羽毛及其制品和制鞋业	1640					99		854		448	143	37	59						
19	8. 木材加工和木竹藤棕草制品业	2425					3		60		832	206	87	445	792					

续表

序号	项　目	税收收入合计	国内增值税	一般纳税人增值税	国内消费税	营业税	企业所得税		个人所得税	资源税	城市维护建设税	房产税	印花税	城镇土地使用税	土地增值税	车辆购置税	车船税	耕地占用税	契税	其他各税
							内资企业	外资企业												
20	9. 家具制造业	1007					7		17		694	90	115	84						
21	10. 造纸和纸制品业	6439					3574		638		1039	532	163	262	12				219	
22	11. 印刷和记录媒介复制业	555					36		130		228	102	18	18					23	
23	12. 文教、工美、体育和娱乐用品制造业	98					1		12		47	9	29							
24	13. 石油加工、炼焦和核燃料加工业	68414					3		670		65655	124	229	1615			1		117	
25	14. 化学原料和化学制品制造业	177					7		49		51	15	13	35					7	
26	15. 医药制造业	5106					143		3611		501	568	89	194						
27	16. 化学纤维制造业	14									4	8		2						
28	17. 橡胶和塑料制品业	1011					73		214	1	348	157	40	124	5				49	
29	18. 非金属矿物制品业	2582	1			-7	2		378	330	972	289	169	320	1		2		125	
30	19. 黑色金属冶炼和压延加工业	5739					44		708		37		1697	3253						
31	20. 有色金属冶炼和压延加工业	174							1		4	4	4	5					156	
32	21. 金属制品业	1593	44				129		34		397	180	56	151	420				182	
33	22. 通用设备制造业	307					2		36		101	23	7	29	106				3	
34	23. 专用设备制造业	425	1			11	26		67	1	91	83	59	48	14				24	
35	24. 汽车制造业	682					20		229		379	7	46	1						
36	25. 铁路、船舶、航空航天和其他运输设备制造业	218					25		63		82	10	4	34						

续表

序号	项目	税收收入合计	国内增值税	一般纳税人增值税	国内消费税	营业税	企业所得税		个人所得税	资源税	城市维护建设税	房产税	印花税	城镇土地使用税	土地增值税	车辆购置税	车船税	耕地占用税	契税	其他各税
							内资企业	外资企业												
37	26. 电气机械和器材制造业	1887	19			27	435		167		848	121	82	166	22					
38	27. 计算机、通信和其他电子设备制造业	600					15		381		98	62	11	26	7					
39	28. 仪表仪器制造业	19							2		8	3		6						
40	29. 其他制造业	723	1				148		112	25	139	127	22	83	52				14	
41	30. 废弃资源综合利用业	22							6		12	2	1	1						
42	31. 金属制品、机械和设备修理业	70							14		29		2	4					21	
43	四、电力、热力、燃气及水的生产和供应业	13062				4	1821		5180		2566	2136	571	709					75	
44	1. 电力、热力生产和供应业	9908				2	11		4889		2203	1981	530	238					54	
45	2. 燃气生产和供应业	285				2	7		42		123	8	10	84					9	
46	3. 水的生产和供应业	2869					1803		249		240	147	31	387					12	
47	五、建筑业	75484				461	29677	2	30067	108	9197	623	2543	1008	1174		1		623	
48	1. 房屋建筑业	26739				44	15040		7986	5	2146	141	900	49	277		1		150	
49	2. 土木工程建筑业	4843				-42	1557		1823	1	902	106	276	188	32					
50	3. 建筑安装业	32117				464	12012	2	13076	35	4636	151	1018	79	546				98	
51	4. 建筑装饰和其他建筑业	11785				-5	1068		7182	67	1513	225	349	692	319				375	
52	六、批发和零售业	53447	137			252	6371	8107	10093	896	12329	3209	3166	4160	1656		7		3064	
53	1. 批发业	31423	85			58	3106	8107	4244	196	7010	1294	1407	3033	526		3		2354	
54	2. 零售业	22024	52			194	3265		5849	700	5319	1915	1759	1127	1130		4		710	
55	七、交通运输、仓储和邮政业	14598				13	4553	1878	3870	5	930	1679	243	258	1053		104		12	

续表

序号	项　　目	税收收入合计	国内增值税	一般纳税人增值税	国内消费税	营业税	企业所得税		个人所得税	资源税	城市维护建设税	房产税	印花税	城镇土地使用税	土地增值税	车辆购置税	车船税	耕地占用税	契税	其他各税
							内资企业	外资企业												
56	1. 铁路运输业	148							144		2	2								
57	2. 道路运输业	2277					309		1223	5	315	267	58	57			43			
58	3. 水上运输业	6115					3686	1548	574		151	94	17	9			31		5	
59	4. 航空运输业	22							2		3	15	2							
60	5. 管道运输业	56							26		1	35	1	-7						
61	6. 装卸搬运和运输代理业	3319					548	330	666		390	777	136	66	377		29			
62	7. 仓储业	1121					5		130		43	175	25	59	676		1		7	
63	8. 邮政业	1540				13	5		1105		25	314	4	74						
64	八、住宿和餐饮业	6708				45	944	1	1593	8	448	1034	41	258	2203				133	
65	1. 住宿业	2274				13	427	1	298	8	141	465	25	187	603				106	
66	2. 餐饮业	4434				32	517		1295		307	569	16	71	1600				27	
67	九、信息传输、软件和信息技术服务业	2403				3	172		1015		135	766	64	169					79	
68	1. 电信、广播电视和卫星传输服务	1573				1	5		660		1	659	26	165					56	
69	2. 互联网和相关服务	213					2		91		6	104	9	1						
70	3. 软件和信息技术服务业	617				2	165		264		128	3	29	3					23	
71	十、金融业	43438	59			-798	129	111	19846		4002	1915	869	173	293		16732		107	
72	1. 货币金融服务	14512	58			-251	34	20	8511		3163	1791	638	164	293				91	
73	2. 资本市场服务	1008	1						903		76	4	21						3	
74	3. 保险业	27431				-548	1		10287		737	90	196	4			16664			
75	4. 其他金融业	487				1	94	91	145		26	30	14	5			68		13	

续表

序号	项目	税收收入合计	国内增值税	一般纳税人增值税	国内消费税	营业税	企业所得税		个人所得税	资源税	城市维护建设税	房产税	印花税	城镇土地使用税	土地增值税	车辆购置税	车船税	耕地占用税	契税	其他各税
							内资企业	外资企业												
76	十一、房地产业	201143	1401			4325	43987		4254		10902	9625	3046	4774	109341		2	137	9349	
77	1. 房地产开发经营	164179	331			1512	36265		2765		8286	4810	2578	3679	96995		1	46	6911	
78	2. 物业管理	6497				313	527		228		596	278	162	157	3754		1	91	390	
79	3. 房地产中介服务	2677					1757		29		168	3	14	4	699				3	
80	4. 自有房地产经营活动	3461	571			13	132		353		83	2120	21	117	8				43	
81	5. 其他房地产业	24329	499			2487	5306		879		1769	2414	271	817	7885				2002	
82	十二、租赁和商务服务业	24160				115	2403	1	5691	15	2073	1899	818	1371	2373		4	3995	3402	
83	1. 租赁业	505					9		251	1	73	158	11	2						
84	2. 商务服务业	23655				115	2394	1	5440	14	2000	1741	807	1369	2373		4	3995	3402	
85	十三、科学研究和技术服务业	7309					869		4261		960	679	148	288					104	
86	1. 研究和试验发展	489					6		253		27	88	10	105						
87	2. 专业技术服务业	6685				-1	855		3962		921	589	128	167					64	
88	3. 科技推广和应用服务业	135				1	8		46		12	2	10	16					40	
89	十四、水利、环境和公共设施管理业	1427					112	1	526		147	98	14	104				420	5	
90	1. 水利管理业	107					14	1	51		30	3		3					5	
91	2. 生态保护和环境治理业	314							231		22	16	12	33						
92	3. 公共设施管理业	1006					98		244		95	79	2	68				420		
93	十五、居民服务、修理和其他服务业	17569	52			42	5903	5	6747	80	1102	685	195	238	131		150	2193	46	
94	1. 居民服务业	576	20			3	49		166		51	196	16	5				56	14	
95	2. 机动车、电子产品和日用产品修理业	196					22		72		94	2	2	4						

续表

序号	项目	税收收入合计	国内增值税	一般纳税人增值税	国内消费税	营业税	企业所得税		个人所得税	资源税	城市维护建设税	房产税	印花税	城镇土地使用税	土地增值税	车辆购置税	车船税	耕地占用税	契税	其他各税
							内资企业	外资企业												
96	3. 其他服务业	16797	32			39	5832	5	6509	80	957	487	177	229	131		150	2137	32	
97	十六、教育	9974					87		9429		44	297	30	9					78	
98	1. 学前教育	58					1		56			1								
99	2. 初等教育	1358					1		1286		7	55							9	
100	3. 中等教育	2048					15		1963		7	61	2							
101	4. 高等教育	5392					11		5254		11	92	22	2						
102	5. 特殊教育	16							15				1							
103	6. 技能培训、教育辅助及其他	1102					59		855		19	88	5	7					69	
104	十七、卫生和社会工作	18457	2			18	1702		16582		8	80	36	19	9		1			
105	1. 卫生	18450	2			18	1702		16578		8	77	36	19	9		1			
106	2. 社会工作	7							4			3								
107	十八、文化、体育和娱乐业	1541				7	384		701		135	254	5	55						
108	1. 新闻和出版业	337					88		164		53	17	2	13						
109	2. 广播、电视、电影和影视录音制作业	495				2	127		257		38	59	3	9						
110	3. 文化艺术业	62					5		25		6	26								
111	4. 体育	374					30		202		11	111		20						
112	5. 娱乐业	273				5	134		53		27	41		13						
113	十九、公共管理、社会保障和社会组织	111617	2843	-2		55	126		15666	12	290	615	392	144	5851		288	8575	76760	
114	二十、其他行业																			

2017年茂名市地方税务局税收收入分行业分税种统计年报总表

编报机关：茂名市地方税务局　　　　单位：万元

序号	项目	税收收入合计	国内增值税	一般纳税人增值税	国内消费税	营业税	企业所得税		个人所得税	资源税	城市维护建设税	房产税	印花税	城镇土地使用税	土地增值税	车辆购置税	车船税	耕地占用税	契税	其他各税
							内资企业	外资企业												
1	合　计	925165	9100			5164	161948	245	94670	4799	176543	22037	10909	24606	258251		18723	34348	103822	
2	一、农、林、牧、渔业	2252	5				54		341		75	143	58	100	92			55	1329	
3	二、采矿业	9830				144	45		394	3293	307	1280	44	3856	366		9	11	81	
4	1. 煤炭开采和洗选业																			
5	2. 石油和天然气开采业	86									84	1	1							
6	3. 黑色金属矿采选业	728							2			121	6	599						
7	4. 有色金属矿采选业	21							21											
8	5. 非金属矿采选业	4365				144	43		343	3171	196	22	15	54	366			11		
9	6. 开采辅助活动	4360									1	1135	20	3195			9			
10	7. 其他采矿业	270					2		28	122	26	1	2	8					81	
11	三、制造业	159019	53			534	2936	26	6356	645	135952	2843	1493	6867	311		12	46	945	
12	1. 农副食品加工业	2304					40		1024		395	417	153	244					31	
13	2. 食品制造业	619				1	85		118		97	111	6	199					2	
14	3. 酒、饮料和精制茶制造业	54								5	6	22		16				3	2	
15	4. 烟草制品业	17							1		10	4		2						
16	5. 纺织业	181	26				13		1	1	14	12		1	113					
17	6. 纺织服装、服饰业	184							55		97	13	6	13						
18	7. 皮革、毛皮、羽毛及其制品和制鞋业	411					7		2		265	39	31	51	8				8	
19	8. 木材加工和木竹藤棕草制品业	495							48		310	29	15	93						

续表

序号	项　　目	税收收入合计	国内增值税	一般纳税人增值税	国内消费税	营业税	企业所得税		个人所得税	资源税	城市维护建设税	房产税	印花税	城镇土地使用税	土地增值税	车辆购置税	车船税	耕地占用税	契税	其他各税
							内资企业	外资企业												
20	9. 家具制造业	39							6		20	5	1	7						
21	10. 造纸和纸制品业	395					96		6	2	233	20	15	23						
22	11. 印刷和记录媒介复制业	201					4		75		96	22	1	3						
23	12. 文教、工美、体育和娱乐用品制造业	580					127		82		250	19	12	60					30	
24	13. 石油加工、炼焦和核燃料加工业	140442					37		3087		131141	870	668	4619			2		18	
25	14. 化学原料和化学制品制造业	1739					140		377		264	216	289	336					117	
26	15. 医药制造业	937					345		47		317	72	23	51					82	
27	16. 化学纤维制造业	3									1	1		1						
28	17. 橡胶和塑料制品业	1102					4		133	1	211	363	18	350					22	
29	18. 非金属矿物制品业	3469					815		585	620	761	210	63	381			5	29		
30	19. 黑色金属冶炼和压延加工业	1									1									
31	20. 有色金属冶炼和压延加工业	217					72		19		31	5	7	43				4	36	
32	21. 金属制品业	1826				522	135		96		368	65	54	90					496	
33	22. 通用设备制造业	102							15		62	10	2	13						
34	23. 专用设备制造业	2700					935	26	520	1	732	183	78	88	100			10	27	
35	24. 汽车制造业																			
36	25. 铁路、船舶、航空航天和其他运输设备制造业	7									6	1								

续表

序号	项目	税收收入合计	国内增值税	一般纳税人增值税	国内消费税	营业税	企业所得税		个人所得税	资源税	城市维护建设税	房产税	印花税	城镇土地使用税	土地增值税	车辆购置税	车船税	耕地占用税	契税	其他各税
							内资企业	外资企业												
37	26. 电气机械和器材制造业	162					4		7		65	15	7	64						
38	27. 计算机、通信和其他电子设备制造业	301	27				63		11		58	18	6	28	90					
39	28. 仪表仪器制造业	8					1				6	1								
40	29. 其他制造业	487				11	13		37	15	123	93	33	83			5		74	
41	30. 废弃资源综合利用业	27									9	5	5	8						
42	31. 金属制品、机械和设备修理业	9							4		3	2								
43	四、电力、热力、燃气及水的生产和供应业	11093				3	713		3541	1	1931	1373	239	979	2			2209	102	
44	1. 电力、热力生产和供应业	10314				3	639		3312		1778	1262	204	804	2			2209	101	
45	2. 燃气生产和供应业	172					27		53		42	23	12	14					1	
46	3. 水的生产和供应业	607					47		176	1	111	88	23	161						
47	五、建筑业	111811	48			1057	80438	5	9595	2	9418	203	2473	545	6647			602	778	
48	1. 房屋建筑业	56538	14			229	45149		4023		4371	97	1364	147	133			402	609	
49	2. 土木工程建筑业	22816	1			42	19374		1209		1471	18	357	124				197	23	
50	3. 建筑安装业	17267				389	10237	3	2776		2669	65	511	88	504				25	
51	4. 建筑装饰和其他建筑业	15190	33			397	5678	2	1587	2	907	23	241	186	6010			3	121	
52	六、批发和零售业	44502	49			29	10818		6846	788	12625	2569	1401	2542	3510		11	1137	2177	
53	1. 批发业	26326				13	6736		3304	84	8724	927	749	1115	3121		4		1549	
54	2. 零售业	18176	49			16	4082		3542	704	3901	1642	652	1427	389		7	1137	628	
55	七、交通运输、仓储和邮政业	6800				44	1954		1839		552	601	157	520			136		997	

续表

序号	项目	税收收入合计	国内增值税	一般纳税人增值税	国内消费税	营业税	企业所得税		个人所得税	资源税	城市维护建设税	房产税	印花税	城镇土地使用税	土地增值税	车辆购置税	车船税	耕地占用税	契税	其他各税
							内资企业	外资企业												
56	1. 铁路运输业	7							3		2	2								
57	2. 道路运输业	3960					1354		443		354	270	68	397			117		957	
58	3. 水上运输业	135					26		28		53		16	1			11			
59	4. 航空运输业																			
60	5. 管道运输业	36							19		-28		45							
61	6. 装卸搬运和运输代理业	335				44	61		61		68	17	10	20			6		48	
62	7. 仓储业	674					511		17		58	40	7	42					-1	
63	8. 邮政业	1653					2		1268		45	272	11	60			2		-7	
64	八、住宿和餐饮业	2444	60			15	195		877		225	880	5	173				1	13	
65	1. 住宿业	702					93		162		43	311	3	81					9	
66	2. 餐饮业	1742	60			15	102		715		182	569	2	92				1	4	
67	九、信息传输、软件和信息技术服务业	3081	10			9	51		1458		358	796	68	330					1	
68	1. 电信、广播电视和卫星传输服务	2549	10			9			1324		290	760	59	96					1	
69	2. 互联网和相关服务	17					2		4		6	5								
70	3. 软件和信息技术服务业	515					49		130		62	31	9	234						
71	十、金融业	53337	165			-745	608		16441		2717	3882	730	185	5567		18359		5428	
72	1. 货币金融服务	10505	163			-680	114		6957		1810	1311	411	164	226		2		27	
73	2. 资本市场服务	712							670		20	15	3	4						
74	3. 保险业	28037				12	16		8701		754	98	186	15			18255			
75	4. 其他金融业	14083	2			-77	478		113		133	2458	130	2	5341		102		5401	

续表

序号	项目	税收收入合计	国内增值税	一般纳税人增值税	国内消费税	营业税	企业所得税 内资企业	企业所得税 外资企业	个人所得税	资源税	城市维护建设税	房产税	印花税	城镇土地使用税	土地增值税	车辆购置税	车船税	耕地占用税	契税	其他各税
76	十一、房地产业	179181	1359			3692	40538	201	3686		8069	3187	2853	5872	95812			10	13902	
77	1. 房地产开发经营	168873	92			3525	38636	201	1915		7562	1902	2724	5107	93509				13700	
78	2. 物业管理	652				2	137		115		69	52	3	27	247					
79	3. 房地产中介服务	391					3		341		5	32		9					1	
80	4. 自有房地产经营活动	2190	413			63	65		551		70	500	11	49	468					
81	5. 其他房地产业	7075	854			102	1697		764		363	701	115	680	1588			10	201	
82	十二、租赁和商务服务业	15221	1			3	3793	10	1470		637	737	307	499			53	4314	3397	
83	1. 租赁业	405				1	116		182		33	63	7	3						
84	2. 商务服务业	14816	1			2	3677	10	1288		604	674	300	496			53	4314	3397	
85	十三、科学研究和技术服务业	712					80		197	1	148	51	43	50	15				127	
86	1. 研究和试验发展	37							25		5	1	6							
87	2. 专业技术服务业	361					62		68	1	93	22	17	20					78	
88	3. 科技推广和应用服务业	314					18		104		50	28	20	30	15				49	
89	十四、水利、环境和公共设施管理业	5288					336		110		80	18	27	104				4576	37	
90	1. 水利管理业	358					167		76		30	17	10	58						
91	2. 生态保护和环境治理业	76					1		3		1		8	26					37	
92	3. 公共设施管理业	4854					168		31		49	1	9	20				4576		
93	十五、居民服务、修理和其他服务业	117106	4394			133	18277	3	17381	56	2593	2469	393	1615	61941		16	7317	518	
94	1. 居民服务业	33748	1883			55	1063		910	8	421	1441	104	165	21524		4	6087	83	
95	2. 机动车、电子产品和日用产品修理业	185				7	27		39		36	44	2	21	4				5	

续表

序号	项　目	税收收入合计	国内增值税	一般纳税人增值税	国内消费税	营业税	企业所得税		个人所得税	资源税	城市维护建设税	房产税	印花税	城镇土地使用税	土地增值税	车辆购置税	车船税	耕地占用税	契税	其他各税
							内资企业	外资企业												
96	3. 其他服务业	83173	2511			71	17187	3	16432	48	2136	984	287	1429	40413		12	1230	430	
97	十六、教育	6043				23	278		4570		38	426	11	108	1			535	53	
98	1. 学前教育	882				1	28		773		2	59	2	1	1				15	
99	2. 初等教育	795				1	1		780			11	2							
100	3. 中等教育	1688				17	32		776		7	280	3					535	38	
101	4. 高等教育	2113					2		2084		5	18	3	1						
102	5. 特殊教育	3							3											
103	6. 技能培训、教育辅助及其他	562				4	215		154		24	58	1	106						
104	十七、卫生和社会工作	18017	26				40		9566		42	81	46	4	8205		5		2	
105	1. 卫生	18014	26				40		9563		42	81	46	4	8205		5		2	
106	2. 社会工作	3							3											
107	十八、文化、体育和娱乐业	1340					466		699		71	91	2	10			1			
108	1. 新闻和出版业	51					43		3		4						1			
109	2. 广播、电视、电影和影视录音制作业	646					393		170		27	53	1	2						
110	3. 文化艺术业	146					23		72		31	19	1							
111	4. 体育	416					1		405		2	2		6						
112	5. 娱乐业	81					6		49		7	17		2						
113	十九、公共管理、社会保障和社会组织	178088	2930			223	328		9303	13	705	407	559	247	75782		121	13535	73935	
114	二十、其他行业																			

2017年肇庆市地方税务局税收收入分行业分税种统计年报总表

编报机关:肇庆市地方税务局　　　　单位:万元

序号	项目	税收收入合计	国内增值税	一般纳税人增值税	国内消费税	营业税	企业所得税		个人所得税	资源税	城市维护建设税	房产税	印花税	城镇土地使用税	土地增值税	车辆购置税	车船税	耕地占用税	契税	其他各税
							内资企业	外资企业												
1	合　计	717144	12364			4334	118533	3892	133672	9241	63702	27800	15575	19383	164169		16299	23671	104509	
2	一、农、林、牧、渔业	2277	46			3	195		952		167	188	86	309	303			1	27	
3	二、采矿业	4482					940		240	2640	417	76	63	103			2		1	
4	1. 煤炭开采和洗选业																			
5	2. 石油和天然气开采业																			
6	3. 黑色金属矿采选业	587							6	374	185	3	17	1			1			
7	4. 有色金属矿采选业	1244					793		141	299	7	1		2					1	
8	5. 非金属矿采选业	2169					147		67	1632	137	66	31	89						
9	6. 开采辅助活动	86							9	10	56	1	9				1			
10	7. 其他采矿业	396							17	325	32	5	6	11						
11	三、制造业	100107	2401			1525	14333	3629	22299	4224	24170	7951	5078	5097	5864		47	6	3483	
12	1. 农副食品加工业	1231					348		314		180	112	122	25					130	
13	2. 食品制造业	2706					271		663		1022	203	131	222			1		193	
14	3. 酒、饮料和精制茶制造业	804							136		571	20	28	26					23	
15	4. 烟草制品业	14									14									
16	5. 纺织业	1206	3				38		136		523	248	84	135	-13		2		50	
17	6. 纺织服装、服饰业	1193	101				16		118		273	346	44	110	172		2		11	
18	7. 皮革、毛皮、羽毛及其制品和制鞋业	1195	1				43		205		614	90	81	149			2		10	
19	8. 木材加工和木竹藤棕草制品业	618	3						150		292	37	53	50			1		32	

续表

序号	项　　目	税收收入合计	国内增值税	一般纳税人增值税	国内消费税	营业税	企业所得税		个人所得税	资源税	城市维护建设税	房产税	印花税	城镇土地使用税	土地增值税	车辆购置税	车船税	耕地占用税	契税	其他各税
							内资企业	外资企业												
20	9. 家具制造业	4641	382				5		1281		1218	409	151	61	1068				66	
21	10. 造纸和纸制品业	936					6		237		420	39	115	82	18		1		18	
22	11. 印刷和记录媒介复制业	286					38		32		152	28	19	17						
23	12. 文教、工美、体育和娱乐用品制造业	449					2		43		154	132	26	92						
24	13. 石油加工、炼焦和核燃料加工业	70							11		23	22	7	7						
25	14. 化学原料和化学制品制造业	9011	1174			37	579		1531		1660	650	373	257	2516		8		226	
26	15. 医药制造业	3981				799	1463	1	706		514	214	168	108					8	
27	16. 化学纤维制造业	33					2		1		13	6	1	10						
28	17. 橡胶和塑料制品业	3424	232			5	25		422		1144	313	229	520	369		1		164	
29	18. 非金属矿物制品业	14722	45				452		1675	4195	4891	1457	636	1133	126		10		102	
30	19. 黑色金属冶炼和压延加工业	642							291		242	45	38	25			1			
31	20. 有色金属冶炼和压延加工业	19279					6605	3593	5734		1331	589	689	128			4		606	
32	21. 金属制品业	8710	215				373	3	2003	2	2802	981	704	795	302		3		527	
33	22. 通用设备制造业	4214	195				791		793		1032	162	116	153	816		1		155	
34	23. 专用设备制造业	1896					74		789		703	58	102	50			1		119	
35	24. 汽车制造业	2931	6			229	4		629		600	96	192	252	218		1		704	
36	25. 铁路、船舶、航空航天和其他运输设备制造业	430					71		25		197	3	129	4			1			

续表

序号	项目	税收收入合计	国内增值税	一般纳税人增值税	国内消费税	营业税	企业所得税		个人所得税	资源税	城市维护建设税	房产税	印花税	城镇土地使用税	土地增值税	车辆购置税	车船税	耕地占用税	契税	其他各税
							内资企业	外资企业												
37	26. 电气机械和器材制造业	4128					474		1178		1791	263	225	174			3	6	14	
38	27. 计算机、通信和其他电子设备制造业	5961				455	1748		1705		707	932	165	116	131		2			
39	28. 仪表仪器制造业	1191					768		285		89	12	19	6					12	
40	29. 其他制造业	3029	19				108	32	1041	27	636	298	162	253	140				313	
41	30. 废弃资源综合利用业	1085	25				24		133		350	158	267	125	1		2			
42	31. 金属制品、机械和设备修理业	91					5		32		12	28	2	12						
43	四、电力、热力、燃气及水的生产和供应业	17687	2				4836		7275		3311	1728	285	130	2		3		115	
44	1. 电力、热力生产和供应业	16569	2				4549		6981		3050	1583	222	65	2		3		112	
45	2. 燃气生产和供应业	331					89		78		95	22	37	7					3	
46	3. 水的生产和供应业	787					198		216		166	123	26	58						
47	五、建筑业	46215	29			519	15643	9	15951	93	7462	403	1269	434	1257		15	2018	1113	
48	1. 房屋建筑业	8871				123	3139		2892		1458	37	237	23	203		1		758	
49	2. 土木工程建筑业	4198					731		2365	34	768	28	35	168			2	51	16	
50	3. 建筑安装业	21141	26			191	9615	1	6298	11	3248	149	521	81	968		9		23	
51	4. 建筑装饰和其他建筑业	12005	3			205	2158	8	4396	48	1988	189	476	162	86		3	1967	316	
52	六、批发和零售业	39925	651			101	13426	6	5838	2255	9620	2958	1764	1546	881		16	13	850	
53	1. 批发业	20352	576				11323	6	2208	277	2917	1110	615	438	391		6	13	472	
54	2. 零售业	19573	75			101	2103		3630	1978	6703	1848	1149	1108	490		10		378	
55	七、交通运输、仓储和邮政业	7190	2				1420		3062		662	1248	405	94	127		139		31	

续表

序号	项　　目	税收收入合计	国内增值税	一般纳税人增值税	国内消费税	营业税	企业所得税		个人所得税	资源税	城市维护建设税	房产税	印花税	城镇土地使用税	土地增值税	车辆购置税	车船税	耕地占用税	契税	其他各税
							内资企业	外资企业												
56	1. 铁路运输业	1214							1141		55	3	5				10			
57	2. 道路运输业	2957					1041		678		424	198	353	21	117		96		29	
58	3. 水上运输业	405					165		130		51	10	10	16			23			
59	4. 航空运输业	3							2		1									
60	5. 管道运输业	2							2											
61	6. 装卸搬运和运输代理业	731					191		376		91	27	13	23			8		2	
62	7. 仓储业	835	2						120		19	648	23	12	10		1			
63	8. 邮政业	1043					23		613		21	362	1	22			1			
64	八、住宿和餐饮业	3000				234	350	3	979		315	643	32	423	19		1		1	
65	1. 住宿业	1277				-1	197		139		105	449	11	375			1		1	
66	2. 餐饮业	1723				235	153	3	840		210	194	21	48	19					
67	九、信息传输、软件和信息技术服务业	6008	1			1	93	16	3555		1278	370	590	43	3		6		52	
68	1. 电信、广播电视和卫星传输服务	1708	1			1	13		1180		98	271	80	6	3		4		51	
69	2. 互联网和相关服务	79					2		30		5	34	3	5						
70	3. 软件和信息技术服务业	4221					78	16	2345		1175	65	507	32			2		1	
71	十、金融业	38399	6			-584	1650	93	16233	9	3123	689	782	190	45		14576		1587	
72	1. 货币金融服务	11963	5			-363	472		7416		2286	576	584	167	44		15		761	
73	2. 资本市场服务	2315					918	93	644	9	134	7	12				1		497	
74	3. 保险业	22988	1			-224			7799		656	44	177	3	1		14531			
75	4. 其他金融业	1133				3	260		374		47	62	9	20			29		329	

续表

序号	项目	税收收入合计	国内增值税	一般纳税人增值税	国内消费税	营业税	企业所得税		个人所得税	资源税	城市维护建设税	房产税	印花税	城镇土地使用税	土地增值税	车辆购置税	车船税	耕地占用税	契税	其他各税
							内资企业	外资企业												
76	十一、房地产业	269880	2075			1714	54687	67	12971	17	9685	6653	3264	8401	143545		178	898	25725	
77	1. 房地产开发经营	219881	564			1678	53126	4	11450		8959	3207	2968	6978	106585		14		24348	
78	2. 物业管理	40363	87			17	843	59	403		474	1247	87	1088	35782		161		115	
79	3. 房地产中介服务	1876	27				672		164		57	131	23	31	694				77	
80	4. 自有房地产经营活动	4744	1100			1	3		535		76	1083	138	93	91			483	1141	
81	5. 其他房地产业	3016	297			18	43	4	419	17	119	985	48	211	393		3	415	44	
82	十二、租赁和商务服务业	17451	54			-132	5087	-30	2884		745	1274	584	-164	3567		78	1629	1875	
83	1. 租赁业	318	1				6		156		52	9	12	80			2			
84	2. 商务服务业	17133	53			-132	5081	-30	2728		693	1265	572	-244	3567		76	1629	1875	
85	十三、科学研究和技术服务业	4530				70	982	81	1262		383	240	131	99	190		7	381	704	
86	1. 研究和试验发展	517				-1	13		131		36	204	22	68			1		43	
87	2. 专业技术服务业	3732				71	952	3	1014		326	32	81	15	190		6	381	661	
88	3. 科技推广和应用服务业	281					17	78	117		21	4	28	16						
89	十四、水利、环境和公共设施管理业	6821					555		550		451	106	28	389			7	4729	6	
90	1. 水利管理业	5639					546		234		110	15	4	5			3	4722		
91	2. 生态保护和环境治理业	315					5		82		185	4	8	31						
92	3. 公共设施管理业	867					4		234		156	87	16	353			4	7	6	
93	十五、居民服务、修理和其他服务业	30434	37			553	2753	18	12482	1	1068	595	352	1052	408		41	10394	680	
94	1. 居民服务业	1941	11			5	129	4	1319		102	132	43	164	30		2			
95	2. 机动车、电子产品和日用产品修理业	632					18		250		265	40	31	28						

续表

序号	项　目	税收收入合计	国内增值税	一般纳税人增值税	国内消费税	营业税	企业所得税		个人所得税	资源税	城市维护建设税	房产税	印花税	城镇土地使用税	土地增值税	车辆购置税	车船税	耕地占用税	契税	其他各税
							内资企业	外资企业												
96	3. 其他服务业	27861	26			548	2606	14	10913	1	701	423	278	860	378		39	10394	680	
97	十六、教育	5471	1				246		5055		38	132	7	8	1		15		-32	
98	1. 学前教育	99					25		66		1	2	1				4			
99	2. 初等教育	1629	1				8		1578		1	37			1		3			
100	3. 中等教育	1387					16		1325		6	34	1	1			3		1	
101	4. 高等教育	1622					24		1611		5	15	2				1		-36	
102	5. 特殊教育	9					1		8											
103	6. 技能培训、教育辅助及其他	725					172		467		25	44	3	7			4		3	
104	十七、卫生和社会工作	5417	3				32		5201		12	79	61	4	13		12			
105	1. 卫生	5367	3				31		5193		7	45	61	2	13		12			
106	2. 社会工作	50					1		8		5	34		2						
107	十八、文化、体育和娱乐业	2055				1	106		683		95	333	34	798	1		2		2	
108	1. 新闻和出版业	33					2		20		10		1							
109	2. 广播、电视、电影和影视录音制作业	532					37		289		55	113	27	7			2		2	
110	3. 文化艺术业	140					-1		120		2	17		1	1					
111	4. 体育	962					11		69		10	84	4	784						
112	5. 娱乐业	388				1	57		185		18	119	2	6						
113	十九、公共管理、社会保障和社会组织	109780	7056			329	1198		16186	2	700	2134	760	427	7943		1154	3602	68289	
114	二十、其他行业	15					1		14											

2017 年清远市地方税务局税收收入分行业分税种统计年报总表

编报机关:清远市地方税务局　　　　单位:万元

序号	项目	税收收入合计	国内增值税	一般纳税人增值税	国内消费税	营业税	企业所得税		个人所得税	资源税	城市维护建设税	房产税	印花税	城镇土地使用税	土地增值税	车辆购置税	车船税	耕地占用税	契税	其他各税
							内资企业	外资企业												
1	合　计	738051	13295	-3		6460	138855	305	144567	10151	66785	27790	15929	11401	149145		14613	16967	121394	394
2	一、农、林、牧、渔业	2851	34			20	84		2095	28	113	174	105	136			1		61	
3	二、采矿业	4545	5			11	18		555	2479	793	272	165	197	45		4	1		
4	1. 煤炭开采和洗选业																			
5	2. 石油和天然气开采业	90							14		63	3	3	4			3			
6	3. 黑色金属矿采选业	205							5	48	128	6	4	13			1			
7	4. 有色金属矿采选业	943				11	12		323	202	201	18	120	16	40					
8	5. 非金属矿采选业	2501	5				5		145	1645	298	221	25	151	5			1		
9	6. 开采辅助活动	245							4	224	15		2							
10	7. 其他采矿业	561					1		64	360	88	24	11	13						
11	三、制造业	72478	1792			84	3659		12603	6345	23005	8989	4729	3612	4356		162	11	3131	
12	1. 农副食品加工业	892					94		235		265	99	106	73					20	
13	2. 食品制造业	1155				52	326		190		181	212	89	14	33				58	
14	3. 酒、饮料和精制茶制造业	2121					199		334		623	677	77	190					21	
15	4. 烟草制品业																			
16	5. 纺织业	2471	891				1		157		673	424	142	144			1		38	
17	6. 纺织服装、服饰业	979					21		77		314	157	45	23	338				4	
18	7. 皮革、毛皮、羽毛及其制品和制鞋业	7139	167			32	2		1923		2803	736	387	403	535		1		150	
19	8. 木材加工和木竹藤棕草制品业	533					18		140		176	59	37	53					50	

续表

序号	项　目	税收收入合计	国内增值税	一般纳税人增值税	国内消费税	营业税	企业所得税		个人所得税	资源税	城市维护建设税	房产税	印花税	城镇土地使用税	土地增值税	车辆购置税	车船税	耕地占用税	契税	其他各税
							内资企业	外资企业												
20	9. 家具制造业	550					-1		153		130	139	27						102	
21	10. 造纸和纸制品业	891					7		140		399	137	130	23					55	
22	11. 印刷和记录媒介复制业	5040	713				30		156		289	118	34	82	3446				172	
23	12. 文教、工美、体育和娱乐用品制造业	1011							259		299	216	45	83					109	
24	13. 石油加工、炼焦和核燃料加工业	5									2	2	1							
25	14. 化学原料和化学制品制造业	3454	13				25		826	7	732	731	313	188					619	
26	15. 医药制造业	2557					1585		256		539	104	35	1					37	
27	16. 化学纤维制造业	2									2									
28	17. 橡胶和塑料制品业	2445					69		615		825	369	227	174					166	
29	18. 非金属矿物制品业	19622	4				53		2040	6258	6837	2075	870	1156	5		152	11	161	
30	19. 黑色金属冶炼和压延加工业	584					2		100		222	74	95	91						
31	20. 有色金属冶炼和压延加工业	4291							967	1	1763	428	621	88					423	
32	21. 金属制品业	1200					13		143		503	225	208	15	-3				96	
33	22. 通用设备制造业	2198	2				3		841		873	161	215	65	2		7		29	
34	23. 专用设备制造业	740							199	70	178	96	89	41					67	
35	24. 汽车制造业	1625							620		393	311	88	165			1		47	
36	25. 铁路、船舶、航空航天和其他运输设备制造业	104					2		15		30	12	3	4					38	

续表

序号	项目	税收收入合计	国内增值税	一般纳税人增值税	国内消费税	营业税	企业所得税		个人所得税	资源税	城市维护建设税	房产税	印花税	城镇土地使用税	土地增值税	车辆购置税	车船税	耕地占用税	契税	其他各税
							内资企业	外资企业												
37	26. 电气机械和器材制造业	3931					1206		824		1007	416	339	39					100	
38	27. 计算机、通信和其他电子设备制造业	3130					3		830		1330	486	100	170					211	
39	28. 仪表仪器制造业	97	2						15		47	21	5	5					2	
40	29. 其他制造业	2062					1		345	7	1110	131	96	74					298	
41	30. 废弃资源综合利用业	1646							200	2	460	373	305	248					58	
42	31. 金属制品、机械和设备修理业	3							3											
43	四、电力、热力、燃气及水的生产和供应业	24561	10			4	13244		6495		2970	680	371	474	17		3		293	
44	1. 电力、热力生产和供应业	19377	10			3	9024		6181		2708	577	332	251	17		2		272	
45	2. 燃气生产和供应业	4035					3698		141		129	31	16	6			1		13	
46	3. 水的生产和供应业	1149				1	522		173		133	72	23	217					8	
47	五、建筑业	53490	29			921	19363	18	19718	45	9448	364	1383	164	174			369	1494	
48	1. 房屋建筑业	10911	24			605	4304		3544	4	1686	40	377	139	170				18	
49	2. 土木工程建筑业	4869				-1	1751		1713	12	815	83	120	1				369	6	
50	3. 建筑安装业	26347				276	11523	15	8733	17	4974	141	536	15	4				113	
51	4. 建筑装饰和其他建筑业	11363	5			41	1785	3	5728	12	1973	100	350	9					1357	
52	六、批发和零售业	32095	185				9155		4717	1086	8160	2101	1329	738	3573		9	1	647	394
53	1. 批发业	18088	88				7284		2210	600	5152	796	523	199	524		4		314	394
54	2. 零售业	14007	97				1871		2507	486	3008	1305	806	539	3049		5	1	333	
55	七、交通运输、仓储和邮政业	5353				-17	2110		1407	24	760	527	126	56	59		133		168	

续表

序号	项目	税收收入合计	国内增值税	一般纳税人增值税	国内消费税	营业税	企业所得税		个人所得税	资源税	城市维护建设税	房产税	印花税	城镇土地使用税	土地增值税	车辆购置税	车船税	耕地占用税	契税	其他各税
							内资企业	外资企业												
56	1. 铁路运输业	112							62		7		42				1			
57	2. 道路运输业	3908					1998		879	23	592	280	57	16			53		10	
58	3. 水上运输业	291					52		26		78	1	12	1	59		62			
59	4. 航空运输业	2							1		1									
60	5. 管道运输业	1							1											
61	6. 装卸搬运和运输代理业	270					46		132	1	63	5	7	1			15			
62	7. 仓储业	216					6		18		4	22	7				1		158	
63	8. 邮政业	553				-17	8		288		15	219	1	38			1			
64	八、住宿和餐饮业	3864				1	892		1120		332	1026	16	27					450	
65	1. 住宿业	2242				-1	518		381		143	728	7	16					450	
66	2. 餐饮业	1622				2	374		739		189	298	9	11						
67	九、信息传输、软件和信息技术服务业	2807				2	34		1531		130	705	89	33					283	
68	1. 电信、广播电视和卫星传输服务	2133				2	25		1308		49	663	66						20	
69	2. 互联网和相关服务	59							42		13	2	1						1	
70	3. 软件和信息技术服务业	615					9		181		68	40	22	33					262	
71	十、金融业	36088	33			-71	673		16777		3067	1041	562	17	128		13552		309	
72	1. 货币金融服务	12057	33			22	87		7961		2278	915	352	7	128		4		270	
73	2. 资本市场服务	546							454		44		8	1					39	
74	3. 保险业	22846				-93	540		7817		724	120	183	7			13548			
75	4. 其他金融业	639					46		545		21	6	19	2						

续表

序号	项　目	税收收入合计	国内增值税	一般纳税人增值税	国内消费税	营业税	企业所得税		个人所得税	资源税	城市维护建设税	房产税	印花税	城镇土地使用税	土地增值税	车辆购置税	车船税	耕地占用税	契税	其他各税
							内资企业	外资企业												
76	十一、房地产业	284523	810			4463	81284	166	20910	20	12639	4798	4735	3044	130214		10		21430	
77	1. 房地产开发经营	274793	164			3686	78939	80	19583		12121	3254	4539	2635	128411		10		21371	
78	2. 物业管理	1242	5			32	168	86	345	11	206	223	102	14	17				33	
79	3. 房地产中介服务	447	3			1	123		189		66	13	10	11	15				16	
80	4. 自有房地产经营活动	1609	132			-1	320		131	9	49	352	13	26	499				79	
81	5. 其他房地产业	6432	506			745	1734		662		197	956	71	358	1272				-69	
82	十二、租赁和商务服务业	20199	67			374	3385	14	5365	27	2367	1876	677	1073	2921		6		2047	
83	1. 租赁业	333				42	21		164		88		15				1		2	
84	2. 商务服务业	19866	67			332	3364	14	5201	27	2279	1876	662	1073	2921		5		2045	
85	十三、科学研究和技术服务业	4590				69	2465		990		442	121	53	20					430	
86	1. 研究和试验发展	116					1		68		14	3	5						25	
87	2. 专业技术服务业	4233				69	2443		909		411	112	43	20					226	
88	3. 科技推广和应用服务业	241					21		13		17	6	5						179	
89	十四、水利、环境和公共设施管理业	1354	1			-1	117		363	6	532	93	17	146	14			64	2	
90	1. 水利管理业	822	1				108		214		406	24	13					54	2	
91	2. 生态保护和环境治理业	87							28		55	16	1	-13						
92	3. 公共设施管理业	445				-1	9		121	6	71	53	3	159	14			10		
93	十五、居民服务、修理和其他服务业	23543	109	-3		245	1831	1	16162	26	1138	917	360	835	617		268	780	254	
94	1. 居民服务业	835	3			29	265		321	1	63	55	20	41					37	
95	2. 机动车、电子产品和日用产品修理业	250					59		84		67	17	19	4						

续表

序号	项　目	税收收入合计	国内增值税	一般纳税人增值税	国内消费税	营业税	企业所得税		个人所得税	资源税	城市维护建设税	房产税	印花税	城镇土地使用税	土地增值税	车辆购置税	车船税	耕地占用税	契税	其他各税
							内资企业	外资企业												
96	3. 其他服务业	22458	106	-3		216	1507	1	15757	25	1008	845	321	790	617		268	780	217	
97	十六、教育	12848				268	112	106	12150		47	64	6	90			3		2	
98	1. 学前教育	133				5	5		113			8	1	1						
99	2. 初等教育	619					4		591			21					3			
100	3. 中等教育	823					7		810		1	4	1							
101	4. 高等教育	606							606											
102	5. 特殊教育	7							7											
103	6. 技能培训、教育辅助及其他	10660				263	96	106	10023		46	31	4	89					2	
104	十七、卫生和社会工作	7663					23		7595		15	23	1	1			2		3	
105	1. 卫生	5818					23		5750		15	23	1	1			2		3	
106	2. 社会工作	1845							1845											
107	十八、文化、体育和娱乐业	1817	1			25	97		437		113	252	43	-241	548				542	
108	1. 新闻和出版业	7					6		1											
109	2. 广播、电视、电影和影视录音制作业	562	1			25	77		206		36	151	2	64	1				-1	
110	3. 文化艺术业	309					1		46		42	64	36	-423					543	
111	4. 体育	168					4		19		11	17		117						
112	5. 娱乐业	771					9		165		24	20	5	1	547					
113	十九、公共管理、社会保障和社会组织	143380	10219			62	309		13575	65	714	3767	1162	979	6479		460	15741	89848	
114	二十、其他行业	2							2											

2017年潮州市地方税务局税收收入分行业分税种统计年报总表

编报机关:潮州市地方税务局　　　　单位:万元

序号	项目	税收收入合计	国内增值税	一般纳税人增值税	国内消费税	营业税	企业所得税		个人所得税	资源税	城市维护建设税	房产税	印花税	城镇土地使用税	土地增值税	车辆购置税	车船税	耕地占用税	契税	其他各税
							内资企业	外资企业												
1	合计	309119	2339			2448	67028	160	66065	9873	31197	20637	7760	15971	37727		11067	15875	20972	
2	一、农、林、牧、渔业	462					24		86		73	81	47	25					126	
3	二、采矿业	951					172		220	341	53	59	10	96						
4	1. 煤炭开采和洗选业																			
5	2. 石油和天然气开采业	32							29			1	2							
6	3. 黑色金属矿采选业	1												1						
7	4. 有色金属矿采选业																			
8	5. 非金属矿采选业	902					172		188	337	52	55	7	91						
9	6. 开采辅助活动	11							2		1	3	1	4						
10	7. 其他采矿业	5							1	4										
11	三、制造业	108240	166			103	31337	123	27103	6772	15987	11316	3423	9720	423		1		1766	
12	1. 农副食品加工业	668					37		192		200	93	57	72					17	
13	2. 食品制造业	8012	17				2857		1622	1	1708	874	272	516	86				59	
14	3. 酒、饮料和精制茶制造业	100					5		28	3	9	25	5	25						
15	4. 烟草制品业																			
16	5. 纺织业	391					48		126		29	67	7	70					44	
17	6. 纺织服装、服饰业	2952	12			103	307		816		793	517	104	272	24				4	
18	7. 皮革、毛皮、羽毛及其制品和制鞋业	3894					987		1220	1	741	440	130	375						
19	8. 木材加工和木竹藤棕草制品业	221							109	16	51	19	14	12						

续表

序号	项　目	税收收入合计	国内增值税	一般纳税人增值税	国内消费税	营业税	企业所得税		个人所得税	资源税	城市维护建设税	房产税	印花税	城镇土地使用税	土地增值税	车辆购置税	车船税	耕地占用税	契税	其他各税
							内资企业	外资企业												
20	9. 家具制造业	438					171		72		69	66	11	49						
21	10. 造纸和纸制品业	2821					466		1038	4	414	386	108	332					73	
22	11. 印刷和记录媒介复制业	6495	3				2175		2048		907	621	199	464					78	
23	12. 文教、工美、体育和娱乐用品制造业	449					40		129	6	81	91	16	86						
24	13. 石油加工、炼焦和核燃料加工业																			
25	14. 化学原料和化学制品制造业	1704					385		542	64	252	194	68	186					13	
26	15. 医药制造业	1062					70		401		300	75	62	64					90	
27	16. 化学纤维制造业																			
28	17. 橡胶和塑料制品业	3297					376		1073	52	423	671	104	575					23	
29	18. 非金属矿物制品业	37684	34				3873	84	9528	6533	5848	5358	846	5017	61		1		501	
30	19. 黑色金属冶炼和压延加工业	46							23		8	3	8	4						
31	20. 有色金属冶炼和压延加工业	3232					1527		179		828	81	432	175					10	
32	21. 金属制品业	7152					979		2523	13	1004	1002	648	950					33	
33	22. 通用设备制造业	140					3		76	1	33	13	6	8						
34	23. 专用设备制造业	618					141		188	30	81	74	17	87						
35	24. 汽车制造业	70					30		17		9	7	2	5						
36	25. 铁路、船舶、航空航天和其他运输设备制造业	7					1		2		1	1	1	1						

续表

序号	项目	税收收入合计	国内增值税	一般纳税人增值税	国内消费税	营业税	企业所得税		个人所得税	资源税	城市维护建设税	房产税	印花税	城镇土地使用税	土地增值税	车辆购置税	车船税	耕地占用税	契税	其他各税
							内资企业	外资企业												
37	26. 电气机械和器材制造业	1466					474		283		279	217	67	110					36	
38	27. 计算机、通信和其他电子设备制造业	23895	91				16372	39	4536	1	1558	253	177	83	202				583	
39	28. 仪表仪器制造业	79					1		2		51	17	4	4						
40	29. 其他制造业	1292	9				12		320	46	279	147	54	173	50				202	
41	30. 废弃资源综合利用业	47							6	1	31	2	4	3						
42	31. 金属制品、机械和设备修理业	8							4			2		2						
43	四、电力、热力、燃气及水的生产和供应业	12854	25			-216	2454		3399	2	3245	1989	498	717	30		13		698	
44	1. 电力、热力生产和供应业	10225				-216	1645		3036		3077	1867	416	376			8		16	
45	2. 燃气生产和供应业	1325	25				28		217		107	34	75	122	30		5		682	
46	3. 水的生产和供应业	1304					781		146	2	61	88	7	219						
47	五、建筑业	23737	1			1005	9990	2	4538	2547	2378	194	619	179	574			1702	8	
48	1. 房屋建筑业	13551				1002	7447		1784	1319	984	119	232	111	553					
49	2. 土木工程建筑业	2315				-15	860		478	269	427	13	124	14				145		
50	3. 建筑安装业	6191				18	1158	2	1615	828	779	33	162	17	21			1557	1	
51	4. 建筑装饰和其他建筑业	1680	1				525		661	131	188	29	101	37					7	
52	六、批发和零售业	15010	5				1376	23	4266	137	4836	1640	929	1037	307		4		450	
53	1. 批发业	8378					985	23	1663	91	3746	385	484	482	307		3		209	
54	2. 零售业	6632	5				391		2603	46	1090	1255	445	555			1		241	
55	七、交通运输、仓储和邮政业	2914	2				674		745	7	253	616	250	356			11			

续表

序号	项目	税收收入合计	国内增值税	一般纳税人增值税	国内消费税	营业税	企业所得税		个人所得税	资源税	城市维护建设税	房产税	印花税	城镇土地使用税	土地增值税	车辆购置税	车船税	耕地占用税	契税	其他各税
							内资企业	外资企业												
56	1. 铁路运输业																			
57	2. 道路运输业	1603	1				525		355	7	139	367	69	130			10			
58	3. 水上运输业	161					28		12		46	39	22	14						
59	4. 航空运输业																			
60	5. 管道运输业																			
61	6. 装卸搬运和运输代理业	312					31		75		27	46	12	120			1			
62	7. 仓储业	200							27		19	7	143	4						
63	8. 邮政业	638	1				90		276		22	157	4	88						
64	八、住宿和餐饮业	2311	183			115	315		428		103	450	64	280	373					
65	1. 住宿业	1498	175			97	208		160		45	196	60	191	366					
66	2. 餐饮业	813	8			18	107		268		58	254	4	89	7					
67	九、信息传输、软件和信息技术服务业	2418	4				10		1232	1	97	780	56	236					2	
68	1. 电信、广播电视和卫星传输服务	2108	4						1148		38	719	38	159					2	
69	2. 互联网和相关服务	32					1		10		4	12	2	3						
70	3. 软件和信息技术服务业	278					9		74	1	55	49	16	74						
71	十、金融业	26749	2			-236	647		12764		1228	1086	426	130			10616		86	
72	1. 货币金融服务	4185	1			-135	164		2134		731	954	164	112					60	
73	2. 资本市场服务	6133							5976		51	22	56	2					26	
74	3. 保险业	15355	1			2			4102		409	33	187	5			10616			
75	4. 其他金融业	1076				-103	483		552		37	77	19	11						

续表

序号	项目	税收收入合计	国内增值税	一般纳税人增值税	国内消费税	营业税	企业所得税		个人所得税	资源税	城市维护建设税	房产税	印花税	城镇土地使用税	土地增值税	车辆购置税	车船税	耕地占用税	契税	其他各税
							内资企业	外资企业												
76	十一、房地产业	67595	603			1660	18575		3045	21	2001	995	625	1630	35069			246	3125	
77	1. 房地产开发经营	64615	1			1641	18492		2276	21	1891	260	557	1457	34712			246	3061	
78	2. 物业管理	529	9			16	77		79		65	186	49	41	7					
79	3. 房地产中介服务	8					4		1		1	2								
80	4. 自有房地产经营活动	1182	222			3	1		486		18	358	11	71	12					
81	5. 其他房地产业	1261	371				1		203		26	189	8	61	338				64	
82	十二、租赁和商务服务业	4900	8			1	260	12	714	3	197	243	171	886	142			1204	1059	
83	1. 租赁业	177					7		69	1	14	42	7	37						
84	2. 商务服务业	4723	8			1	253	12	645	2	183	201	164	849	142			1204	1059	
85	十三、科学研究和技术服务业	1403				3	539		254	4	136	83	58	212					114	
86	1. 研究和试验发展	32					6		7		3	6	2	2					6	
87	2. 专业技术服务业	1063					500		185	3	122	57	20	176						
88	3. 科技推广和应用服务业	308				3	33		62	1	11	20	36	34					108	
89	十四、水利、环境和公共设施管理业	1310				5	34		435	19	198	92	43	73					411	
90	1. 水利管理业	189					4		57	6	113	4	4	1						
91	2. 生态保护和环境治理业	117							6		55	8	18	30						
92	3. 公共设施管理业	1004				5	30		372	13	30	80	21	42					411	
93	十五、居民服务、修理和其他服务业	2954	290			8	104		1048	1	215	830	72	259	10			116	1	
94	1. 居民服务业	223				6	13		96		12	65	6	14	10				1	
95	2. 机动车、电子产品和日用产品修理业	186					6		87		21	40	6	26						

续表

序号	项目	税收收入合计	国内增值税	一般纳税人增值税	国内消费税	营业税	企业所得税		个人所得税	资源税	城市维护建设税	房产税	印花税	城镇土地使用税	土地增值税	车辆购置税	车船税	耕地占用税	契税	其他各税
							内资企业	外资企业												
96	3. 其他服务业	2545	290			2	85		865	1	182	725	60	219				116		
97	十六、教育	1910					280		1532		52	29	1	16						
98	1. 学前教育	9							9											
99	2. 初等教育	62							62											
100	3. 中等教育	486					1		484			1								
101	4. 高等教育	988					9		959		2	17		1						
102	5. 特殊教育																			
103	6. 技能培训、教育辅助及其他	365					270		18		50	11	1	15						
104	十七、卫生和社会工作	864					3		847		2	1	10	1						
105	1. 卫生	864					3		847		2	1	10	1						
106	2. 社会工作																			
107	十八、文化、体育和娱乐业	1768					33		171		35	51	7	32					1439	
108	1. 新闻和出版业	29							19		9		1							
109	2. 广播、电视、电影和影视录音制作业	129					6		83		16	11	4	9						
110	3. 文化艺术业	27					7		12		4	2	2							
111	4. 体育	1458							13		1	3		2					1439	
112	5. 娱乐业	125					20		44		5	35		21						
113	十九、公共管理、社会保障和社会组织	30769	1050				201		3238	18	108	102	451	86	799		422	12607	11687	
114	二十、其他行业																			

2017 年揭阳市地方税务局税收收入分行业分税种统计年报总表

编报机关:揭阳市地方税务局　　单位:万元

序号	项目	税收收入合计	国内增值税	一般纳税人增值税	国内消费税	营业税	企业所得税		个人所得税	资源税	城市维护建设税	房产税	印花税	城镇土地使用税	土地增值税	车辆购置税	车船税	耕地占用税	契税	其他各税
							内资企业	外资企业												
1	合　计	440280	3750			-1	125320	360	78229	2832	61947	18841	14176	18385	57293		16150	6449	36549	
2	一、农、林、牧、渔业	563	2				31		253		141	19	102	15						
3	二、采矿业	1477							641	709	69	9	13	36						
4	1. 煤炭开采和洗选业																			
5	2. 石油和天然气开采业	531							525				6							
6	3. 黑色金属矿采选业																			
7	4. 有色金属矿采选业																			
8	5. 非金属矿采选业	685							115	470	50	9	6	35						
9	6. 开采辅助活动																			
10	7. 其他采矿业	261							1	239	19		1	1						
11	三、制造业	137936	529			10	65644	95	11579	122	31767	6622	5555	8239	6093		8		1673	
12	1. 农副食品加工业	1742					210		378		455	236	153	205					105	
13	2. 食品制造业	3396					1640		305		934	211	131	175						
14	3. 酒、饮料和精制茶制造业	758							44		358	203	35	118						
15	4. 烟草制品业																			
16	5. 纺织业	2660					377		430		1246	233	228	146						
17	6. 纺织服装、服饰业	10169	341				1035	15	1642		3725	914	645	1166	502		2		182	
18	7. 皮革、毛皮、羽毛及其制品和制鞋业	4296					28		494		2733	315	397	290					39	
19	8. 木材加工和木竹藤棕草制品业	1440					4		86		915	20	234	127					54	

续表

序号	项　　目	税收收入合计	国内增值税	一般纳税人增值税	国内消费税	营业税	企业所得税		个人所得税	资源税	城市维护建设税	房产税	印花税	城镇土地使用税	土地增值税	车辆购置税	车船税	耕地占用税	契税	其他各税
							内资企业	外资企业												
20	9. 家具制造业	846					10		68		530	41	105	92						
21	10. 造纸和纸制品业	910					148		73		290	111	110	129					49	
22	11. 印刷和记录媒介复制业	992					431		116		241	93	34	66					11	
23	12. 文教、工美、体育和娱乐用品制造业	2936	188			1	277		185		1368	112	230	164	411					
24	13. 石油加工、炼焦和核燃料加工业	694									2	10	1	681						
25	14. 化学原料和化学制品制造业	1721					303		199		529	217	241	226	6					
26	15. 医药制造业	75356					59045	80	3171		6752	359	488	198	5012				251	
27	16. 化学纤维制造业	1255							717		327	73	54	32					52	
28	17. 橡胶和塑料制品业	6410					442		728		3052	784	620	726					58	
29	18. 非金属矿物制品业	2404					290		448	113	779	175	123	472			4			
30	19. 黑色金属冶炼和压延加工业	1731					199		51		713	164	232	371			1			
31	20. 有色金属冶炼和压延加工业	1269					242		146		293	308	80	116	84					
32	21. 金属制品业	7020					300		713	1	2660	760	546	1627					413	
33	22. 通用设备制造业	494					6		68		171	95	29	125						
34	23. 专用设备制造业	2665					209		748	7	693	405	141	358					104	
35	24. 汽车制造业	104					9				6	5	2	11					71	
36	25. 铁路、船舶、航空航天和其他运输设备制造业	21					1		5		6	2	1	6						

续表

序号	项　目	税收收入合计	国内增值税	一般纳税人增值税	国内消费税	营业税	企业所得税		个人所得税	资源税	城市维护建设税	房产税	印花税	城镇土地使用税	土地增值税	车辆购置税	车船税	耕地占用税	契税	其他各税
							内资企业	外资企业												
37	26. 电气机械和器材制造业	3851				9	385		487	1	1606	577	313	284	22		1		166	
38	27. 计算机、通信和其他电子设备制造业	950					38		130		392	83	125	151					31	
39	28. 仪表仪器制造业	263					13		4		124	26	11	41	44					
40	29. 其他制造业	1504					2		132		829	85	237	120	12				87	
41	30. 废弃资源综合利用业	68							9		35	3	9	12						
42	31. 金属制品、机械和设备修理业	11							2		3	2		4						
43	四、电力、热力、燃气及水的生产和供应业	18725					4972		6494	4	3362	1981	466	1128			3	37	278	
44	1. 电力、热力生产和供应业	16978					4442		6021		3160	1848	396	794			2	37	278	
45	2. 燃气生产和供应业	848					16		400		46	86	60	239			1			
46	3. 水的生产和供应业	899					514		73	4	156	47	10	95						
47	五、建筑业	31832	8			6	16908		7634	1879	3596	139	1012	72	406		1		171	
48	1. 房屋建筑业	6486					3090		1632	658	640	10	294	8					154	
49	2. 土木工程建筑业	2251					246		893	276	589	20	157	23	36				11	
50	3. 建筑安装业	19043					11681		3748	750	1901	86	465	33	372		1		6	
51	4. 建筑装饰和其他建筑业	4052	8			6	1891		1361	195	466	23	96	8	-2					
52	六、批发和零售业	33689	36				5661	279	5313	88	14376	1522	4070	1607	511		4	11	211	
53	1. 批发业	25512	34				4630		3338	42	11697	873	3198	1038	487		3		172	
54	2. 零售业	8177	2				1031	279	1975	46	2679	649	872	569	24		1	11	39	
55	七、交通运输、仓储和邮政业	5353	1				577		1974	3	456	1482	91	519			31		219	

续表

序号	项目	税收收入合计	国内增值税	一般纳税人增值税	国内消费税	营业税	企业所得税		个人所得税	资源税	城市维护建设税	房产税	印花税	城镇土地使用税	土地增值税	车辆购置税	车船税	耕地占用税	契税	其他各税
							内资企业	外资企业												
56	1. 铁路运输业	12							10			1		1						
57	2. 道路运输业	1316	1				271		316		266	185	34	150			28		65	
58	3. 水上运输业	58					10		15	3	6	1	1	22						
59	4. 航空运输业	1862					15		899		54	766	1	127						
60	5. 管道运输业																			
61	6. 装卸搬运和运输代理业	551					105		45		47	192	12	148			2			
62	7. 仓储业	529					165		89		31	42	33	15					154	
63	8. 邮政业	1025					11		600		52	295	10	56			1			
64	八、住宿和餐饮业	2855				14	481		1042		195	750	15	293	46				19	
65	1. 住宿业	1512				3	282		231		93	628	13	198	46				18	
66	2. 餐饮业	1343				11	199		811		102	122	2	95					1	
67	九、信息传输、软件和信息技术服务业	3126				1	117		1515		291	844	115	76					167	
68	1. 电信、广播电视和卫星传输服务	2624				1			1448		193	816	79	68					19	
69	2. 互联网和相关服务	114					46		29		23	4	10	2						
70	3. 软件和信息技术服务业	388					71		38		75	24	26	6					148	
71	十、金融业	37789				-181	819	-14	15617		2673	1269	580	294	634		15837		261	
72	1. 货币金融服务	11525				-183	52		8015		1865	1180	383	161			4		48	
73	2. 资本市场服务	2693					597		1050		150	4	21	120	634				117	
74	3. 保险业	23215				2	1		6469		650	81	167	12			15833			
75	4. 其他金融业	356					169	-14	83		8	4	9	1					96	

续表

序号	项　目	税收收入合计	国内增值税	一般纳税人增值税	国内消费税	营业税	企业所得税		个人所得税	资源税	城市维护建设税	房产税	印花税	城镇土地使用税	土地增值税	车辆购置税	车船税	耕地占用税	契税	其他各税
							内资企业	外资企业												
76	十一、房地产业	94706	704			139	21280		3390	2	2938	2335	1297	3488	45897		1		13235	
77	1. 房地产开发经营	88953	29			117	21013		1080	1	2742	664	1248	3141	45690		1		13227	
78	2. 物业管理	489					231		118		84	48	6	2						
79	3. 房地产中介服务	8					3		1		1	2		1						
80	4. 自有房地产经营活动	1215	208			4	2		528		15	386	7	39	26					
81	5. 其他房地产业	4041	467			18	31		1663	1	96	1235	36	305	181				8	
82	十二、租赁和商务服务业	15986	3			5	7459		1096	6	1007	830	354	493	2493		3	269	1968	
83	1. 租赁业	68					8		27		18	9	3	1			2			
84	2. 商务服务业	15918	3			5	7451		1069	6	989	821	351	492	2493		1	269	1968	
85	十三、科学研究和技术服务业	1222					334		246	1	238	74	66	133			1		129	
86	1. 研究和试验发展	173							26		24	4	9	17					93	
87	2. 专业技术服务业	989					334		206	1	187	67	44	113			1		36	
88	3. 科技推广和应用服务业	60							14		27	3	13	3						
89	十四、水利、环境和公共设施管理业	350					15		164	3	61	23	41	34					9	
90	1. 水利管理业	32					3		6	2	14	5	2							
91	2. 生态保护和环境治理业	115					4		28		14	13	32	15					9	
92	3. 公共设施管理业	203					8		130	1	33	5	7	19						
93	十五、居民服务、修理和其他服务业	5283	68			3	339		2873	1	441	256	112	880	10		1	116	183	
94	1. 居民服务业	1321	55				85		982		40	74	13	40	10			11	11	
95	2. 机动车、电子产品和日用产品修理业	181					3		47		87	12	3	29						

续表

序号	项　目	税收收入合计	国内增值税	一般纳税人增值税	国内消费税	营业税	企业所得税		个人所得税	资源税	城市维护建设税	房产税	印花税	城镇土地使用税	土地增值税	车辆购置税	车船税	耕地占用税	契税	其他各税
							内资企业	外资企业												
96	3. 其他服务业	3781	13			3	251		1844	1	314	170	96	811			1	105	172	
97	十六、教育	789				2	124		469		40	15	15	12			16		96	
98	1. 学前教育	6											4				2			
99	2. 初等教育	103					1		92				4				6			
100	3. 中等教育	351				1	3		271		2	10	2				2		60	
101	4. 高等教育	37							37											
102	5. 特殊教育	2							2											
103	6. 技能培训、教育辅助及其他	290				1	120		67		38	5	5	12			6		36	
104	十七、卫生和社会工作	8442				3	361		7950		1	10	41	12			2		62	
105	1. 卫生	7970				3	361		7478		1	10	41	12			2		62	
106	2. 社会工作	472							472											
107	十八、文化、体育和娱乐业	1026					63		339		58	83	19	462			2			
108	1. 新闻和出版业	74					8		62		4									
109	2. 广播、电视、电影和影视录音制作业	177							127		34	8	6	1			1			
110	3. 文化艺术业	58					8		33		8	2	3	3			1			
111	4. 体育	454							11		1	46		396						
112	5. 娱乐业	263					47		106		11	27	10	62						
113	十九、公共管理、社会保障和社会组织	39125	2399			-3	135		9636	14	237	578	210	592	1203		240	6016	17868	
114	二十、其他行业	6							4				2							

2017 年云浮市地方税务局税收收入分行业分税种统计年报总表

编报机关：云浮市地方税务局　　　　单位：万元

序号	项目	税收收入合计	国内增值税		国内消费税	营业税	企业所得税		个人所得税	资源税	城市维护建设税	房产税	印花税	城镇土地使用税	土地增值税	车辆购置税	车船税	耕地占用税	契税	其他各税
				一般纳税人增值税			内资企业	外资企业												
1	合　计	446026	5151			1383	42624	134	178847	7161	25714	17999	5105	11890	60069		7967	37303	44679	
2	一、农、林、牧、渔业	23978	50				494		20844		339	509	137	956	418				231	
3	二、采矿业	7233					2371		616	2424	802	421	31	568						
4	1. 煤炭开采和洗选业																			
5	2. 石油和天然气开采业																			
6	3. 黑色金属矿采选业	19					1		9	7	2									
7	4. 有色金属矿采选业	837							110	524	110	86	7							
8	5. 非金属矿采选业	6369					2370		490	1893	690	334	24	568						
9	6. 开采辅助活动	1										1								
10	7. 其他采矿业	7							7											
11	三、制造业	34822	638			87	1702	86	7408	3037	7692	4367	1277	3432	3899		1	24	1172	
12	1. 农副食品加工业	1514					2		1163		145	88	44	72						
13	2. 食品制造业	413	36				41		84		76	33	10	28	105					
14	3. 酒、饮料和精制茶制造业	32							1	1	16	9		5						
15	4. 烟草制品业	1										1								
16	5. 纺织业	224							28		148	20	11	16	1					
17	6. 纺织服装、服饰业	1734	135			1	59		183		617	168	43	228	300					
18	7. 皮革、毛皮、羽毛及其制品和制鞋业	22							2		5	9	1	5						
19	8. 木材加工和木竹藤棕草制品业	161							28		48	57	15	8					5	

续表

序号	项目	税收收入合计	国内增值税	一般纳税人增值税	国内消费税	营业税	企业所得税		个人所得税	资源税	城市维护建设税	房产税	印花税	城镇土地使用税	土地增值税	车辆购置税	车船税	耕地占用税	契税	其他各税
							内资企业	外资企业												
20	9. 家具制造业	32							1		2	11	3	15						
21	10. 造纸和纸制品业	773					90		188		69	270	86	26					44	
22	11. 印刷和记录媒介复制业	69					6		2		18	10	1	28					4	
23	12. 文教、工美、体育和娱乐用品制造业	170							21		106	6	16	5					16	
24	13. 石油加工、炼焦和核燃料加工业																			
25	14. 化学原料和化学制品制造业	5059	368				213		300	2	529	405	75	321	2794				52	
26	15. 医药制造业	1201					266		113		235	448	14	101					24	
27	16. 化学纤维制造业	26																	26	
28	17. 橡胶和塑料制品业	419					16		45	1	211	88	22	6					30	
29	18. 非金属矿物制品业	12934	98				107		1716	2997	2973	1641	413	2028	644			24	293	
30	19. 黑色金属冶炼和压延加工业	159				86	35		6		25	5	2							
31	20. 有色金属冶炼和压延加工业	203					27		79		26	20	8	32					11	
32	21. 金属制品业	3871	1				8	86	1269		1142	470	202	303	55		1		334	
33	22. 通用设备制造业	515					29		60		116	150	9	61					90	
34	23. 专用设备制造业	658					15		361		53	116	41	41					31	
35	24. 汽车制造业	1005							536		250	127	32	10					50	
36	25. 铁路、船舶、航空航天和其他运输设备制造业	8					1		1		4	1		1						

续表

序号	项目	税收收入合计	国内增值税	一般纳税人增值税	国内消费税	营业税	企业所得税		个人所得税	资源税	城市维护建设税	房产税	印花税	城镇土地使用税	土地增值税	车辆购置税	车船税	耕地占用税	契税	其他各税
							内资企业	外资企业												
37	26. 电气机械和器材制造业	1792					246		708		453	78	158	18					131	
38	27. 计算机、通信和其他电子设备制造业	369							59		201	79	13	17						
39	28. 仪表仪器制造业	14										1		13						
40	29. 其他制造业	1259					541		402	13	143	41	50	38					31	
41	30. 废弃资源综合利用业	173							44	23	79	14	8	5						
42	31. 金属制品、机械和设备修理业	12							8		2	1		1						
43	四、电力、热力、燃气及水的生产和供应业	9407					1522		2962		2033	1721	334	647			1	13	174	
44	1. 电力、热力生产和供应业	8582					1360		2797		1933	1659	321	337			1	13	161	
45	2. 燃气生产和供应业	312					139		73		42	9	7	29					13	
46	3. 水的生产和供应业	513					23		92		58	53	6	281						
47	五、建筑业	31652	36			588	11560		11477	92	3186	261	490	198	418		1	3091	254	
48	1. 房屋建筑业	14629	36			55	6300		6429	90	887	49	118	34	378				253	
49	2. 土木工程建筑业	2577				256	346		842	2	371	79	117	57	40			467		
50	3. 建筑安装业	10400				12	3954		2163		1354	88	169	39				2620	1	
51	4. 建筑装饰和其他建筑业	4046				265	960		2043		574	45	86	68			1	4		
52	六、批发和零售业	21346	3			34	6477		4142	1509	4608	951	507	878	1861		2	7	367	
53	1. 批发业	15403				30	6201		2894	671	3483	335	292	300	1083		1		113	
54	2. 零售业	5943	3			4	276		1248	838	1125	616	215	578	778		1	7	254	
55	七、交通运输、仓储和邮政业	4497					1067		2404	2	304	380	30	78	208		22		2	

续表

序号	项目	税收收入合计	国内增值税	一般纳税人增值税	国内消费税	营业税	企业所得税		个人所得税	资源税	城市维护建设税	房产税	印花税	城镇土地使用税	土地增值税	车辆购置税	车船税	耕地占用税	契税	其他各税
							内资企业	外资企业												
56	1. 铁路运输业	9							6		3									
57	2. 道路运输业	3160					999		1645		213	220	20	44			19			
58	3. 水上运输业	261					11		7		11	5	2	15	208				2	
59	4. 航空运输业	1							1											
60	5. 管道运输业	2							2											
61	6. 装卸搬运和运输代理业	513					46		372	2	62	14	7	7			3			
62	7. 仓储业	107					10		38		5	49		5						
63	8. 邮政业	444					1		333		10	92	1	7						
64	八、住宿和餐饮业	2048				68	141		499	11	136	779	14	205	132				63	
65	1. 住宿业	926					29		130	11	33	570	3	149					1	
66	2. 餐饮业	1122				68	112		369		103	209	11	56	132				62	
67	九、信息传输、软件和信息技术服务业	2071				1	50		1105		54	698	36	95					32	
68	1. 电信、广播电视和卫星传输服务	1853				1	30		953		23	690	31	93					32	
69	2. 互联网和相关服务	11					6		1		1	2	1							
70	3. 软件和信息技术服务业	207					14		151		30	6	4	2						
71	十、金融业	109208	22			-242	1193		96460		1527	823	275	149	733		7827		441	
72	1. 货币金融服务	8712	22			-159	1		5739		1082	642	182	101	733				369	
73	2. 资本市场服务	87596					927		86479		69		4	45					72	
74	3. 保险业	12281				29			3866		316	159	82	2			7827			
75	4. 其他金融业	619				-112	265		376		60	22	7	1						

续表

序号	项目	税收收入合计	国内增值税	一般纳税人增值税	国内消费税	营业税	企业所得税		个人所得税	资源税	城市维护建设税	房产税	印花税	城镇土地使用税	土地增值税	车辆购置税	车船税	耕地占用税	契税	其他各税
							内资企业	外资企业												
76	十一、房地产业	88958	227			760	13431	46	5718		3369	2523	1176	2306	41980		1	7979	9442	
77	1. 房地产开发经营	72648	3			164	12312		3447		3059	924	1097	1926	40397		1		9318	
78	2. 物业管理	2643				-8	716	46	141		106	325	16	213	976				112	
79	3. 房地产中介服务	51					13		28		6	1	1						2	
80	4. 自有房地产经营活动	1526	12			497	4		245		74	578	2	113	1					
81	5. 其他房地产业	12090	212			107	386		1857		124	695	60	54	606			7979	10	
82	十二、租赁和商务服务业	17772	12			44	1563		3946		537	1197	269	594	3302			197	6111	
83	1. 租赁业	115							72		18	2	1	22						
84	2. 商务服务业	17657	12			44	1563		3874		519	1195	268	572	3302			197	6111	
85	十三、科学研究和技术服务业	2598	2			17	445		1033		163	76	56	43			1		762	
86	1. 研究和试验发展	632							136		5	33	11	15					432	
87	2. 专业技术服务业	1329	2			17	444		574		121	21	18	25			1		106	
88	3. 科技推广和应用服务业	637					1		323		37	22	27	3					224	
89	十四、水利、环境和公共设施管理业	5096					25		96	64	105	75	19	399			2	4306	5	
90	1. 水利管理业	418					-1		27	63	9	4	1	315						
91	2. 生态保护和环境治理业	153							34		68	18	7	25			1			
92	3. 公共设施管理业	4525					26		35	1	28	53	11	59			1	4306	5	
93	十五、居民服务、修理和其他服务业	5002				1	198	2	3769	15	406	330	41	68	157		4		11	
94	1. 居民服务业	238				1	17		91		13	88	7	21						
95	2. 机动车、电子产品和日用产品修理业	137					3		68		32	17	3	13					1	

续表

序号	项目	税收收入合计	国内增值税	一般纳税人增值税	国内消费税	营业税	企业所得税		个人所得税	资源税	城市维护建设税	房产税	印花税	城镇土地使用税	土地增值税	车辆购置税	车船税	耕地占用税	契税	其他各税
							内资企业	外资企业												
96	3. 其他服务业	4627					178	2	3610	15	361	225	31	34	157		4		10	
97	十六、教育	4616				20	291		4147		54	78	6	20						
98	1. 学前教育	110					91		11			2		6						
99	2. 初等教育	1857					1		1850			4	2							
100	3. 中等教育	1968					4		1915		2	45	2							
101	4. 高等教育	322					2		297		1	22								
102	5. 特殊教育	5							5											
103	6. 技能培训、教育辅助及其他	354				20	193		69		51	5	2	14						
104	十七、卫生和社会工作	3167				2	10		3082		5	27	12	2	5		2		20	
105	1. 卫生	3156				2	7		3077		5	24	12	2	5		2		20	
106	2. 社会工作	11					3		5			3								
107	十八、文化、体育和娱乐业	227				3	13		135	7	26	22	3	6					12	
108	1. 新闻和出版业	74					4		52		10		1						7	
109	2. 广播、电视、电影和影视录音制作业	42					2		16		8	8	1	2					5	
110	3. 文化艺术业	55					1		44		4	4	1	1						
111	4. 体育	14					3		6		1	3		1						
112	5. 娱乐业	42				3	3		17	7	3	7		2						
113	十九、公共管理、社会保障和社会组织	72328	4161				71		9004		368	2761	392	1246	6956		103	21686	25580	
114	二十、其他行业																			

2017 年横琴新区地方税务局税收收入分行业分税种统计年报总表

编报机关：横琴新区地方税务局　　　　单位：万元

序号	项目	税收收入合计	国内增值税	一般纳税人增值税	国内消费税	营业税	企业所得税		个人所得税	资源税	城市维护建设税	房产税	印花税	城镇土地使用税	土地增值税	车辆购置税	车船税	耕地占用税	契税	其他各税
							内资企业	外资企业												
1	合　计	751969	185			4607	221651	2578	328527		23804	14009	13256	3930	94093		551	4	44774	
2	一、农、林、牧、渔业	9				-1	2		2		1	5								
3	二、采矿业	2							1		1									
4	1. 煤炭开采和洗选业	1							1											
5	2. 石油和天然气开采业	1									1									
6	3. 黑色金属矿采选业																			
7	4. 有色金属矿采选业																			
8	5. 非金属矿采选业																			
9	6. 开采辅助活动																			
10	7. 其他采矿业																			
11	三、制造业	3383				3000			86		249		48							
12	1. 农副食品加工业																			
13	2. 食品制造业																			
14	3. 酒、饮料和精制茶制造业																			
15	4. 烟草制品业																			
16	5. 纺织业																			
17	6. 纺织服装、服饰业																			
18	7. 皮革、毛皮、羽毛及其制品和制鞋业																			
19	8. 木材加工和木竹藤棕草制品业																			

续表

序号	项目	税收收入合计	国内增值税	一般纳税人增值税	国内消费税	营业税	企业所得税		个人所得税	资源税	城市维护建设税	房产税	印花税	城镇土地使用税	土地增值税	车辆购置税	车船税	耕地占用税	契税	其他各税
							内资企业	外资企业												
20	9. 家具制造业	1									1									
21	10. 造纸和纸制品业																			
22	11. 印刷和记录媒介复制业																			
23	12. 文教、工美、体育和娱乐用品制造业																			
24	13. 石油加工、炼焦和核燃料加工业	44							1		11		32							
25	14. 化学原料和化学制品制造业	1									1									
26	15. 医药制造业	3240				3000			16		212		12							
27	16. 化学纤维制造业																			
28	17. 橡胶和塑料制品业																			
29	18. 非金属矿物制品业	2									1		1							
30	19. 黑色金属冶炼和压延加工业																			
31	20. 有色金属冶炼和压延加工业																			
32	21. 金属制品业	5									5									
33	22. 通用设备制造业	9							4		4		1							
34	23. 专用设备制造业	3									2		1							
35	24. 汽车制造业																			
36	25. 铁路、船舶、航空航天和其他运输设备制造业	1									1									

续表

序号	项目	税收收入合计	国内增值税	一般纳税人增值税	国内消费税	营业税	企业所得税		个人所得税	资源税	城市维护建设税	房产税	印花税	城镇土地使用税	土地增值税	车辆购置税	车船税	耕地占用税	契税	其他各税
							内资企业	外资企业												
37	26. 电气机械和器材制造业	53							52		1									
38	27. 计算机、通信和其他电子设备制造业	9							6		3									
39	28. 仪表仪器制造业																			
40	29. 其他制造业	15							7		7		1							
41	30. 废弃资源综合利用业																			
42	31. 金属制品、机械和设备修理业																			
43	四、电力、热力、燃气及水的生产和供应业	1955					225		1637		20	6	52						15	
44	1. 电力、热力生产和供应业	1948					225		1632		19	6	51						15	
45	2. 燃气生产和供应业	7							5		1		1							
46	3. 水的生产和供应业																			
47	五、建筑业	23062				5	12461		5892		3062	387	1026	107					122	
48	1. 房屋建筑业	770				5	21		49		443		128	2					122	
49	2. 土木工程建筑业	1458					169		597		222	5	465							
50	3. 建筑安装业	7228					1719		3841		1474	13	181							
51	4. 建筑装饰和其他建筑业	13606					10552		1405		923	369	252	105						
52	六、批发和零售业	53583				1	1333		42172		4122	116	1769	34	3634		1		401	
53	1. 批发业	16209				1	878		11614		2202	103	1194	19					198	
54	2. 零售业	37374					455		30558		1920	13	575	15	3634		1		203	
55	七、交通运输、仓储和邮政业	847					19		156		287	12	182		189		2			

续表

序号	项目	税收收入合计	国内增值税	一般纳税人增值税	国内消费税	营业税	企业所得税		个人所得税	资源税	城市维护建设税	房产税	印花税	城镇土地使用税	土地增值税	车辆购置税	车船税	耕地占用税	契税	其他各税
							内资企业	外资企业												
56	1. 铁路运输业																			
57	2. 道路运输业	200					19		40		16	12	112				1			
58	3. 水上运输业	276							56		9		22		189					
59	4. 航空运输业																			
60	5. 管道运输业																			
61	6. 装卸搬运和运输代理业	70							11		55		3				1			
62	7. 仓储业	301							49		207		45							
63	8. 邮政业																			
64	八、住宿和餐饮业	573					1		482		15	73	2							
65	1. 住宿业	520					1		444		1	73	1							
66	2. 餐饮业	53							38		14		1							
67	九、信息传输、软件和信息技术服务业	5790					123	35	4680		524		337						91	
68	1. 电信、广播电视和卫星传输服务	1											1							
69	2. 互联网和相关服务	227							163		18		46							
70	3. 软件和信息技术服务业	5562					123	35	4517		506		290						91	
71	十、金融业	158588				94	52782	856	98828		4123		1321	24			547		13	
72	1. 货币金融服务	1569				-53		66	708		576		272							
73	2. 资本市场服务	123867				13	31849		88494		2846		652						13	
74	3. 保险业	3108					2		2313		96		150				547			
75	4. 其他金融业	30044				134	20931	790	7313		605		247	24						

续表

序号	项目	税收收入合计	国内增值税	一般纳税人增值税	国内消费税	营业税	企业所得税		个人所得税	资源税	城市维护建设税	房产税	印花税	城镇土地使用税	土地增值税	车辆购置税	车船税	耕地占用税	契税	其他各税
							内资企业	外资企业												
76	十一、房地产业	153731	90			-23	68060	4	14127		2527	2047	1862	832	40348				23857	
77	1. 房地产开发经营	147040				-23	68047		11409		2397	1821	1689	738	40348				20614	
78	2. 物业管理	225					2		36		30		1	5					151	
79	3. 房地产中介服务	255					4		210		40		1							
80	4. 自有房地产经营活动	390	33						158		39	137	1	20					2	
81	5. 其他房地产业	5821	57				7	4	2314		21	89	170	69					3090	
82	十二、租赁和商务服务业	283268				1531	85869	1662	110218		6059	10796	6300	1690	49881			4	9258	
83	1. 租赁业	190							138		31		21							
84	2. 商务服务业	283078				1531	85869	1662	110080		6028	10796	6279	1690	49881			4	9258	
85	十三、科学研究和技术服务业	8373					19	9	6093		1532	86	110	13					511	
86	1. 研究和试验发展	3316							1866		1234		57						159	
87	2. 专业技术服务业	4313					19	9	3838		286	77	33						51	
88	3. 科技推广和应用服务业	744							389		12	9	20	13					301	
89	十四、水利、环境和公共设施管理业	336					226		85		20	3	2							
90	1. 水利管理业	2										2								
91	2. 生态保护和环境治理业	7							6		1									
92	3. 公共设施管理业	327					226		79		19	1	2							
93	十五、居民服务、修理和其他服务业	45351					231	1	42953		984	407	133	170					472	
94	1. 居民服务业	458					1		5		1								451	
95	2. 机动车、电子产品和日用产品修理业	17							14		2		1							

续表

序号	项目	税收收入合计	国内增值税	一般纳税人增值税	国内消费税	营业税	企业所得税		个人所得税	资源税	城市维护建设税	房产税	印花税	城镇土地使用税	土地增值税	车辆购置税	车船税	耕地占用税	契税	其他各税
							内资企业	外资企业												
96	3. 其他服务业	44876					230	1	42934		981	407	132	170					21	
97	十六、教育	32						2	25		5									
98	1. 学前教育																			
99	2. 初等教育	8							8											
100	3. 中等教育	15							15											
101	4. 高等教育																			
102	5. 特殊教育																			
103	6. 技能培训、教育辅助及其他	9						2	2		5									
104	十七、卫生和社会工作	9							4				5							
105	1. 卫生	6							1				5							
106	2. 社会工作	3							3											
107	十八、文化、体育和娱乐业	2481					300	9	513		266	54	80	1054					205	
108	1. 新闻和出版业	23							12		11									
109	2. 广播、电视、电影和影视录音制作业	106							12		48		46							
110	3. 文化艺术业	1014					298		452		22	6	22	9					205	
111	4. 体育	1162					2	9	37		9	48	12	1045						
112	5. 娱乐业	176									176									
113	十九、公共管理、社会保障和社会组织	10596	95						573		7	17	27	6	41		1		9829	
114	二十、其他行业																			

2017 年顺德区地方税务局税收收入分行业分税种统计年报总表

编报机关:顺德区地方税务局　　　　单位:万元

序号	项目	税收收入合计	国内增值税	一般纳税人增值税	国内消费税	营业税	企业所得税		个人所得税	资源税	城市维护建设税	房产税	印花税	城镇土地使用税	土地增值税	车辆购置税	车船税	耕地占用税	契税	其他各税
							内资企业	外资企业												
1	合　计	1613316	45740			1835	253855	55433	418127		162538	109435	32442	45455	152651		31401	24974	279430	
2	一、农、林、牧、渔业	2785	1			5	127		148		61	91	23	2328			1			
3	二、采矿业																			
4	1. 煤炭开采和洗选业																			
5	2. 石油和天然气开采业																			
6	3. 黑色金属矿采选业																			
7	4. 有色金属矿采选业																			
8	5. 非金属矿采选业																			
9	6. 开采辅助活动																			
10	7. 其他采矿业																			
11	三、制造业	344971	4569			2169	41304	973	127581		101706	34339	12262	14258	3684		15		2111	
12	1. 农副食品加工业	3595	10				1671		611		472	406	155	185			1		84	
13	2. 食品制造业	4814	6				1723		1650		770	453	66	142					4	
14	3. 酒、饮料和精制茶制造业	2616					36		904		1296	267	8	105						
15	4. 烟草制品业																			
16	5. 纺织业	4629	27			2	203		1233		1432	961	131	365	151				124	
17	6. 纺织服装、服饰业	8256	284			3	712		1785		3101	1411	251	395	313		1			
18	7. 皮革、毛皮、羽毛及其制品和制鞋业	1306	7				66		293		456	279	39	133	33					
19	8. 木材加工和木竹藤棕草制品业	1782					4		336		386	629	36	391						

续表

序号	项　目	税收收入合计	国内增值税	一般纳税人增值税	国内消费税	营业税	企业所得税		个人所得税	资源税	城市维护建设税	房产税	印花税	城镇土地使用税	土地增值税	车辆购置税	车船税	耕地占用税	契税	其他各税
							内资企业	外资企业												
20	9. 家具制造业	8392	164				936		1870		3388	1007	260	511	208		2		46	
21	10. 造纸和纸制品业	2895	1				448		876		897	400	75	194	4					
22	11. 印刷和记录媒介复制业	6301	357				1073		2046		1245	773	103	347	357					
23	12. 文教、工美、体育和娱乐用品制造业	3484	201				46	-22	1107		844	727	133	247	201					
24	13. 石油加工、炼焦和核燃料加工业	2074				2142	-245		2		165	5	1	4						
25	14. 化学原料和化学制品制造业	13997	1				2503		5764		3355	1417	319	617	4		3		14	
26	15. 医药制造业	2587					896		599		607	342	66	77						
27	16. 化学纤维制造业	36					1		8		21	2	2	2						
28	17. 橡胶和塑料制品业	24101	644			15	1175		8053		8564	2633	1074	1200	599		1		143	
29	18. 非金属矿物制品业	11903					3546		5046		2220	530	311	249					1	
30	19. 黑色金属冶炼和压延加工业	2902	421				159		858		529	390	119	166	233				27	
31	20. 有色金属冶炼和压延加工业	4097					200		2350		637	642	99	169						
32	21. 金属制品业	25447	119				1443	6	9085		8430	3157	1148	1721	159		2		177	
33	22. 通用设备制造业	14831	70				2504	8	5168		4224	1626	581	594	56					
34	23. 专用设备制造业	17504	410				3167		6818		4079	1600	468	641	50				271	
35	24. 汽车制造业	9923	243				3		4529		3106	973	328	433	249				59	
36	25. 铁路、船舶、航空航天和其他运输设备制造业	1370					66		300		394	366	55	189						

续表

序号	项目	税收收入合计	国内增值税	一般纳税人增值税	国内消费税	营业税	企业所得税		个人所得税	资源税	城市维护建设税	房产税	印花税	城镇土地使用税	土地增值税	车辆购置税	车船税	耕地占用税	契税	其他各税
							内资企业	外资企业												
37	26. 电气机械和器材制造业	149194	1511				17860	966	60301		45529	11248	5678	4496	654		5		946	
38	27. 计算机、通信和其他电子设备制造业	11827	93			7	868	9	4361		3373	1665	515	458	413				65	
39	28. 仪表仪器制造业	1139					114		248		426	191	30	50					80	
40	29. 其他制造业	3565					53	6	1225		1664	208	205	143					61	
41	30. 废弃资源综合利用业	267					73		69		53	27	4	32					9	
42	31. 金属制品、机械和设备修理业	137							86		43	4	2	2						
43	四、电力、热力、燃气及水的生产和供应业	9174				-1	3095		1051		2958	1246	92	697					36	
44	1. 电力、热力生产和供应业	4204							447		2418	916	60	363						
45	2. 燃气生产和供应业	692							340		215	47	23	31					36	
46	3. 水的生产和供应业	4278				-1	3095		264		325	283	9	303						
47	五、建筑业	64231	149			-27	12509	18629	21603		7387	558	2750	166	257		1	63	186	
48	1. 房屋建筑业	7690	119			1	2789		2114		1575	198	690	73	126		1		4	
49	2. 土木工程建筑业	9666				12	3659		4163		768	193	654	43	101			63	10	
50	3. 建筑安装业	36313	30			-13	2782	18619	10627		3323	92	781	28	30				14	
51	4. 建筑装饰和其他建筑业	10562				-27	3279	10	4699		1721	75	625	22					158	
52	六、批发和零售业	59448	431			216	11789	20	14354		17532	6961	3782	1990	909		7		1457	
53	1. 批发业	39466	330			214	6950	20	8182		12111	5273	2894	1533	551		5		1403	
54	2. 零售业	19982	101			2	4839		6172		5421	1688	888	457	358		2		54	
55	七、交通运输、仓储和邮政业	11416	151				3035		3082		1367	1821	265	738	164		64		729	

续表

序号	项　　目	税收收入合计	国内增值税	一般纳税人增值税	国内消费税	营业税	企业所得税		个人所得税	资源税	城市维护建设税	房产税	印花税	城镇土地使用税	土地增值税	车辆购置税	车船税	耕地占用税	契税	其他各税
							内资企业	外资企业												
56	1. 铁路运输业	21	1						6		1	1			12					
57	2. 道路运输业	5212	144				2719		1127		653	186	75	135	144		29			
58	3. 水上运输业	264	4				33		160		32	30	1	1	2		1			
59	4. 航空运输业																			
60	5. 管道运输业																			
61	6. 装卸搬运和运输代理业	2907					175		1274		520	524	60	320			34			
62	7. 仓储业	2444	2				22		214		127	957	127	260	6				729	
63	8. 邮政业	568					86		301		34	123	2	22						
64	八、住宿和餐饮业	7122				8	1397	69	2362		590	1951	25	215	505					
65	1. 住宿业	2024				2	166		404		193	640	12	102	505					
66	2. 餐饮业	5098				6	1231	69	1958		397	1311	13	113						
67	九、信息传输、软件和信息技术服务业	3609					454	1	1934		280	762	35	113					30	
68	1. 电信、广播电视和卫星传输服务	2081					5		1171		23	755	2	112					13	
69	2. 互联网和相关服务	41					9		20		11		1							
70	3. 软件和信息技术服务业	1487					440	1	743		246	7	32	1					17	
71	十、金融业	131243	579			-106	11156	33799	38541		7007	4250	1567	622	2332		29950		1546	
72	1. 货币金融服务	49515	578			-107	9726		27117		4466	3447	1063	179	1504		5		1537	
73	2. 资本市场服务	15576	1				77	10198	3059		708	466	95	144	828					
74	3. 保险业	39128				2	20		7289		1428	86	355	3			29945			
75	4. 其他金融业	27024				-1	1333	23601	1076		405	251	54	296					9	

续表

序号	项目	税收收入合计	国内增值税	一般纳税人增值税	国内消费税	营业税	企业所得税 内资企业	企业所得税 外资企业	个人所得税	资源税	城市维护建设税	房产税	印花税	城镇土地使用税	土地增值税	车辆购置税	车船税	耕地占用税	契税	其他各税
76	十一、房地产业	483781	5621			-514	125886		39508		13141	46267	5592	19530	112874		4	1227	114645	
77	1. 房地产开发经营	392906	2857			-148	107616		28845		11326	7388	5033	12292	105708		3	163	111823	
78	2. 物业管理	26554	6			1	12722		3779		783	4422	144	1496	502				2699	
79	3. 房地产中介服务	2049	42			6	421		988		148	232	76	16	111				9	
80	4. 自有房地产经营活动	3736	186			5	8		208		73	2213	37	320	650				36	
81	5. 其他房地产业	58536	2530			-378	5119		5688		811	32012	302	5406	5903		1	1064	78	
82	十二、租赁和商务服务业	125439	129			56	19642	583	83336		3268	5503	2494	1553	332		3	19	8521	
83	1. 租赁业	591					142		325		106	6	10				2			
84	2. 商务服务业	124848	129			56	19500	583	83011		3162	5497	2484	1553	332		1	19	8521	
85	十三、科学研究和技术服务业	34260	1			1	14357	8	17085		1812	243	329	90	7		1		326	
86	1. 研究和试验发展	1752					21		999		425	25	54	15	6				207	
87	2. 专业技术服务业	32371	1			1	14325	8	15986		1371	217	270	71	1		1		119	
88	3. 科技推广和应用服务业	137					11		100		16	1	5	4						
89	十四、水利、环境和公共设施管理业	3510				15	293		1867		895	172	127	141						
90	1. 水利管理业	15							4		6		4	1						
91	2. 生态保护和环境治理业	260					3		29		113	8	58	49						
92	3. 公共设施管理业	3235				15	290		1834		776	164	65	91						
93	十五、居民服务、修理和其他服务业	22814	12			5	953	1349	18799		439	228	74	119	1		674		161	
94	1. 居民服务业	2262				4	284	1343	481		54	70	2	24						
95	2. 机动车、电子产品和日用产品修理业	797	1				128		400		159	68	6	33	1		1			

续表

序号	项目	税收收入合计	国内增值税	一般纳税人增值税	国内消费税	营业税	企业所得税		个人所得税	资源税	城市维护建设税	房产税	印花税	城镇土地使用税	土地增值税	车辆购置税	车船税	耕地占用税	契税	其他各税
							内资企业	外资企业												
96	3. 其他服务业	19755	11			1	541	6	17918		226	90	66	62			673		161	
97	十六、教育	8357	92				1435	2	6434		62	77	14	8	137				96	
98	1. 学前教育	714					308		394			4	7	1						
99	2. 初等教育	2024	92				272		1499		7	3	2	1	137				11	
100	3. 中等教育	4846					569		4203		10	36	2	4					22	
101	4. 高等教育	7									1	6								
102	5. 特殊教育	12							12											
103	6. 技能培训、教育辅助及其他	754					286	2	326		44	28	3	2					63	
104	十七、卫生和社会工作	4080					365		3652		18	23	12	10						
105	1. 卫生	4016					346		3616		9	23	12	10						
106	2. 社会工作	64					19		36		9									
107	十八、文化、体育和娱乐业	5374				1	476		3839		263	86	44	656			1		8	
108	1. 新闻和出版业	2089					-74		2055			43	26	39						
109	2. 广播、电视、电影和影视录音制作业	834					316		293		210	-2	8				1		8	
110	3. 文化艺术业	118					27		65		10	7	8	1						
111	4. 体育	804					39		120		28	4		613						
112	5. 娱乐业	1529				1	168		1306		15	34	2	3						
113	十九、公共管理、社会保障和社会组织	291702	34005			7	5582		32951		3752	4857	2955	2221	31449		680	23665	149578	
114	二十、其他行业																			

2017年广东省地方税务局直属分局税收收入分行业分税种统计年报总表

编报机关：广东省地方税务局直属分局　　　　单位：万元

序号	项目	税收收入合计	国内增值税	一般纳税人增值税	国内消费税	营业税	企业所得税		个人所得税	资源税	城市维护建设税	房产税	印花税	城镇土地使用税	土地增值税	车辆购置税	车船税	耕地占用税	契税	其他各税
							内资企业	外资企业												
1	合　计	506486				35868	464152	5998			468									
2	一、农、林、牧、渔业	15					15													
3	二、采矿业																			
4	1. 煤炭开采和洗选业																			
5	2. 石油和天然气开采业																			
6	3. 黑色金属矿采选业																			
7	4. 有色金属矿采选业																			
8	5. 非金属矿采选业																			
9	6. 开采辅助活动																			
10	7. 其他采矿业																			
11	三、制造业	3669				1490	2180	-1												
12	1. 农副食品加工业	298					298													
13	2. 食品制造业	5				5														
14	3. 酒、饮料和精制茶制造业																			
15	4. 烟草制品业																			
16	5. 纺织业																			
17	6. 纺织服装、服饰业	5					5													
18	7. 皮革、毛皮、羽毛及其制品和制鞋业																			
19	8. 木材加工和木竹藤棕草制品业																			

续表

序号	项目	税收收入合计	国内增值税	一般纳税人增值税	国内消费税	营业税	企业所得税		个人所得税	资源税	城市维护建设税	房产税	印花税	城镇土地使用税	土地增值税	车辆购置税	车船税	耕地占用税	契税	其他各税
							内资企业	外资企业												
20	9. 家具制造业																			
21	10. 造纸和纸制品业																			
22	11. 印刷和记录媒介复制业	30					30													
23	12. 文教、工美、体育和娱乐用品制造业																			
24	13. 石油加工、炼焦和核燃料加工业																			
25	14. 化学原料和化学制品制造业	-38					-37	-1												
26	15. 医药制造业																			
27	16. 化学纤维制造业																			
28	17. 橡胶和塑料制品业	619					619													
29	18. 非金属矿物制品业	266					266													
30	19. 黑色金属冶炼和压延加工业																			
31	20. 有色金属冶炼和压延加工业	-72					-72													
32	21. 金属制品业	873				866	7													
33	22. 通用设备制造业	492					492													
34	23. 专用设备制造业	463					463													
35	24. 汽车制造业	-4				-4														
36	25. 铁路、船舶、航空航天和其他运输设备制造业																			

续表

序号	项　目	税收收入合计	国内增值税	一般纳税人增值税	国内消费税	营业税	企业所得税		个人所得税	资源税	城市维护建设税	房产税	印花税	城镇土地使用税	土地增值税	车辆购置税	车船税	耕地占用税	契税	其他各税
							内资企业	外资企业												
37	26. 电气机械和器材制造业	13					13													
38	27. 计算机、通信和其他电子设备制造业	718				623	95													
39	28. 仪表仪器制造业																			
40	29. 其他制造业																			
41	30. 废弃资源综合利用业	1					1													
42	31. 金属制品、机械和设备修理业																			
43	四、电力、热力、燃气及水的生产和供应业	294687				224	294463													
44	1. 电力、热力生产和供应业	294687				224	294463													
45	2. 燃气生产和供应业																			
46	3. 水的生产和供应业																			
47	五、建筑业	19595				2	19593													
48	1. 房屋建筑业	2326					2326													
49	2. 土木工程建筑业	11057					11057													
50	3. 建筑安装业	4315					4315													
51	4. 建筑装饰和其他建筑业	1897				2	1895													
52	六、批发和零售业	44440				4774	35742	3924												
53	1. 批发业	37887				923	33040	3924												
54	2. 零售业	6553				3851	2702													
55	七、交通运输、仓储和邮政业	41278				1063	39344	403			468									

续表

序号	项目	税收收入合计	国内增值税	一般纳税人增值税	国内消费税	营业税	企业所得税		个人所得税	资源税	城市维护建设税	房产税	印花税	城镇土地使用税	土地增值税	车辆购置税	车船税	耕地占用税	契税	其他各税
							内资企业	外资企业												
56	1. 铁路运输业	1614				1054	92				468									
57	2. 道路运输业	39337					39076	261												
58	3. 水上运输业	53				9	44													
59	4. 航空运输业																			
60	5. 管道运输业																			
61	6. 装卸搬运和运输代理业	9					9													
62	7. 仓储业	265					123	142												
63	8. 邮政业																			
64	八、住宿和餐饮业	2992					2992													
65	1. 住宿业	2863					2863													
66	2. 餐饮业	129					129													
67	九、信息传输、软件和信息技术服务业	709				15	694													
68	1. 电信、广播电视和卫星传输服务	217					217													
69	2. 互联网和相关服务	31					31													
70	3. 软件和信息技术服务业	461				15	446													
71	十、金融业	24820				5845	18974	1												
72	1. 货币金融服务	1742				-206	1948													
73	2. 资本市场服务	162					162													
74	3. 保险业	-4987				-4987														
75	4. 其他金融业	27903				11038	16864	1												

续表

序号	项目	税收收入合计	国内增值税	一般纳税人增值税	国内消费税	营业税	企业所得税		个人所得税	资源税	城市维护建设税	房产税	印花税	城镇土地使用税	土地增值税	车辆购置税	车船税	耕地占用税	契税	其他各税
							内资企业	外资企业												
76	十一、房地产业	7813				2894	4919													
77	1. 房地产开发经营	5233				2894	2339													
78	2. 物业管理	1202					1202													
79	3. 房地产中介服务																			
80	4. 自有房地产经营活动	738					738													
81	5. 其他房地产业	640					640													
82	十二、租赁和商务服务业	40246				19465	19190	1591												
83	1. 租赁业	13					13													
84	2. 商务服务业	40233				19465	19177	1591												
85	十三、科学研究和技术服务业	19036				20	19016													
86	1. 研究和试验发展	2815				20	2795													
87	2. 专业技术服务业	15288					15288													
88	3. 科技推广和应用服务业	933					933													
89	十四、水利、环境和公共设施管理业	195					195													
90	1. 水利管理业	15					15													
91	2. 生态保护和环境治理业																			
92	3. 公共设施管理业	180					180													
93	十五、居民服务、修理和其他服务业	4063				150	3902	11												
94	1. 居民服务业	32					32													
95	2. 机动车、电子产品和日用产品修理业	1					1													

续表

序号	项　目	税收收入合计	国内增值税	一般纳税人增值税	国内消费税	营业税	企业所得税		个人所得税	资源税	城市维护建设税	房产税	印花税	城镇土地使用税	土地增值税	车辆购置税	车船税	耕地占用税	契税	其他各税
							内资企业	外资企业												
96	3. 其他服务业	4030				150	3869	11												
97	十六、教育	654					640	14												
98	1. 学前教育	15					15													
99	2. 初等教育	3					3													
100	3. 中等教育	166					166													
101	4. 高等教育	424					410	14												
102	5. 特殊教育																			
103	6. 技能培训、教育辅助及其他	46					46													
104	十七、卫生和社会工作	219					219													
105	1. 卫生	203					203													
106	2. 社会工作	16					16													
107	十八、文化、体育和娱乐业	873					818	55												
108	1. 新闻和出版业	307					270	37												
109	2. 广播、电视、电影和影视录音制作业	20					2	18												
110	3. 文化艺术业	344					344													
111	4. 体育	3					3													
112	5. 娱乐业	199					199													
113	十九、公共管理、社会保障和社会组织	1256					1256													
114	二十、其他行业	-74				-74														

2017年广东省地方税务局税收收入分企业类型分税种统计年报表

编报机关:广东省地方税务局　　　　单位:万元

序号	项　目	税收收入合计	国内增值税	一般纳税人	国内消费税	营业税	企业所得税	个人所得税	资源税	城市维护建设税	房产税	印花税	城镇土地使用税	土地增值税	车船税	车辆购置税	耕地占用税	契税	其他税收
1	合　计	63463829	1151161	-5		320806	16119772	18841155	141771	5660105	2992787	1419169	1118664	8391052	843501		662597	5787512	13777
2	一、内资企业	45861358	532290	-5		298398	12592846	13545635	123491	3994109	2039135	1054109	817453	6702403	801014		659488	2687210	13777
3	(一)国有企业	1761697	5912			17436	504288	315438	2564	93622	87332	18171	30098	656735	8467		10211	11423	
4	(二)集体企业	548036	13322			5497	230132	64151	5300	28110	64676	6454	50059	70159	120		3511	6545	
5	(三)股份合作企业	143063	114			4736	35778	40235	118	8938	19654	2105	6296	21976	53			3060	
6	(四)联营企业	33751	531	-3		250	9961	4837	80	2072	2460	288	3123	8566	4			1579	
7	其中:国有控股	16577	435	-3		162	4485	3207	79	1273	1493	178	1038	2692	1			1534	
8	1. 国有联营企业	9342				21	3319	2935	79	980	1143	87	738	30	4			6	
9	2. 集体联营企业	7060	4			95	3524	589	1	389	378	63	1889	102				26	
10	3. 国有与集体联营企业	963					439	140		100	161	32	77					14	
11	4. 其他联营企业	16386	527	-3		134	2679	1173		603	778	106	419	8434				1533	
12	(五)有限责任公司	24709249	55449			175727	8587415	5780270	77565	2157555	960404	614317	497046	4414538	58543		87977	1231571	10872
13	其中:国有控股	2834256	4631			28281	896511	557249	5068	293402	175819	96417	89463	400170	8647		35965	238624	4009
14	1. 国有独资企业	768495	1284			21733	229425	110554	1671	68008	68212	23272	41357	114829	211		42570	45369	
15	2. 其他有限责任公司	23940754	54165			153994	8357990	5669716	75894	2089547	892192	591045	455689	4299709	58332		45407	1186202	10872
16	(六)股份有限公司	7198296	13691			5381	1436142	3433482	7184	840119	279239	132043	42412	259680	692038		231	56654	
17	其中:国有控股	3013060	1322			610	597002	1243764	5980	485641	124878	50425	16195	135776	342187		165	9115	
18	(七)私营企业	6501191	28520			80993	1448683	2117780	17018	802657	283627	235941	128640	940172	15035		6746	395379	
19	1. 私营独资企业	213619	978			409	496	130221	8682	30197	13307	4617	13058	4770	149		55	6680	
20	2. 私营合伙企业	442499	104			771	58	401050	1085	15748	3190	16259	998	1293	16		6	1921	

续表

序号	项目	税收收入合计	国内增值税	一般纳税人	国内消费税	营业税	企业所得税	个人所得税	资源税	城市维护建设税	房产税	印花税	城镇土地使用税	土地增值税	车船税	车辆购置税	耕地占用税	契税	其他税收
21	3. 私营有限责任公司	5503718	26661			79598	1357391	1418812	7225	719491	249940	206918	107865	927397	12761		6685	382974	
22	4. 私营股份有限公司	341355	777			215	90738	167697	26	37221	17190	8147	6719	6712	2109			3804	
23	(八)其它企业	4966075	414751	-2		8378	340447	1789442	13662	61036	341743	44790	59779	330577	26754		550812	980999	2905
24	二、港、澳、台商投资企业	6534285	81037			15620	1864373	1806716	12424	777314	451263	150785	157949	1021362	1416		1538	192488	
25	其中:国有控股	255040	1283			162	75513	72315	1372	27925	23259	7857	7023	29339	110		-236	9118	
26	1. 合资经营企业(港或澳、台资)	1359205	3110			4786	482417	321611	3281	156159	110738	32052	37059	196206	296		217	11273	
27	2. 合作经营企业(港或澳、台资)	494721	1747			2017	55336	27379	607	85421	31653	3636	21854	260274	39			4758	
28	3. 港、澳、台商独资经营企业	3808021	35749			5711	863137	1286020	8522	507389	276914	106902	90032	539331	936		1331	86047	
29	4. 港、澳、台商投资股份有限公司	180851	358			-1	60515	78391	14	21872	8779	5635	3199	1312	25		-25	777	
30	5. 其他港、澳、台商投资企业	691487	40073			3107	402968	93315		6473	23179	2560	5805	24239	120		15	89633	
31	三、外商投资企业	5574161	32165			-831	1662553	1891862	1500	803175	334977	185485	81889	469382	17972		12	94020	
32	其中:国有控股	468445	1152			-5708	94584	140979	616	128646	25614	29236	4162	27993	1087			20084	
33	1. 中外合资经营企业	1697922	5811			-5001	276215	679985	261	338291	107660	68914	28728	162597	9875			24586	
34	2. 中外合作经营企业	272739	588			298	166056	22694	658	17807	9826	2880	3946	45698	8			2280	
35	3. 外资企业	2768590	17698			4331	613652	1066100	577	428363	195271	107175	46689	224840	3516		12	60366	
36	4. 外商投资股份有限公司	119192	584			73	38833	38351	3	13646	8461	2643	1119	10592	4541			346	
37	5. 其他外商投资企业	715718	7484			-532	567797	84732	1	5068	13759	3873	1407	25655	32			6442	
38	四、个体经营	5494025	505669			7619		1596942	4356	85507	167412	28790	61373	197905	23099		1559	2813794	
39	1. 个体户	5491055	505632			7618		1595313	4236	85314	167347	28770	61027	197370	23098		1559	2813771	
40	2. 个人合伙	2970	37			1		1629	120	193	65	20	346	535	1			23	

2017年广州市地方税务局税收收入分企业类型分税种统计年报表

编报机关:广州市地方税务局

单位:万元

序号	项目	税收收入合计	国内增值税	一般纳税人	国内消费税	营业税	企业所得税	个人所得税	资源税	城市维护建设税	房产税	印花税	城镇土地使用税	土地增值税	车船税	车辆购置税	耕地占用税	契税	其他税收
1	合计	13271900	326571			56650	2102738	4557578	2702	1393656	894797	374385	55318	1899582	163686		65110	1379127	
2	一、内资企业	9041167	67775			54812	1976615	3154284	1327	906640	618069	268303	41482	1315029	151418		65098	420315	
3	(一)国有企业	902006	1889			529	48495	138039	10	18803	44652	8536	2336	631667	913		2644	3493	
4	(二)集体企业	96677	3191			364	42841	8307		5015	27128	990	1680	5208	50		778	1125	
5	(三)股份合作企业	19790	14			93	8389	5286	1	2191	2646	457	407	48	27			231	
6	(四)联营企业	7654	21			7	2961	1751	13	452	1322	62	814	248	1			2	
7	其中:国有控股	5990				7	2346	1383	13	248	1124	39	755	75					
8	1. 国有联营企业	5338				9	2053	1577	13	235	740	23	657	30	1				
9	2. 集体联营企业	640					356	50		78	141	10	5						
10	3. 国有与集体联营企业	266					68	13		36	84	6	59						
11	4. 其他联营企业	1410	21			-2	484	111		103	357	23	93	218				2	
12	(五)有限责任公司	3944979	6760			6546	1230580	1039634	328	419920	249871	155751	15058	514088	7806		3872	294765	
13	其中:国有控股	1147231	907			2550	332400	338556		92623	86383	53448	5255	90663	605		1210	142631	
14	1. 国有独资企业	161915	498			-792	54404	46960		6846	31955	7901	552	9848	28		1491	2224	
15	2. 其他有限责任公司	3783064	6262			7338	1176176	992674	328	413074	217916	147850	14506	504240	7778		2381	292541	
16	(六)股份有限公司	1404724	1408			115	112813	812634		208777	69956	26706	1737	22208	136335		165	11870	
17	其中:国有控股	790351	393			5	31655	425332		164606	40570	15901	1012	11203	98459		165	1050	
18	(七)私营企业	1527200	5972			45666	373527	503239	939	235704	76822	59655	7853	119973	4255		659	92936	
19	1. 私营独资企业	21527	113			152	85	13982	5	3802	1735	626	532	200	56			239	
20	2. 私营合伙企业	62313	6			167		54655		3829	584	1575	111	49	10			1327	

续表

序号	项　　目	税收收入合计	国内增值税	一般纳税人	国内消费税	营业税	企业所得税	个人所得税	资源税	城市维护建设税	房产税	印花税	城镇土地使用税	土地增值税	车船税	车辆购置税	耕地占用税	契税	其他税收
21	3. 私营有限责任公司	1358036	5842			45349	351604	391695	934	215818	71126	55106	7107	119695	2168		659	90933	
22	4. 私营股份有限公司	85324	11			-2	21838	42907		12255	3377	2348	103	29	2021			437	
23	(八)其它企业	1138137	48520			1492	157009	645394	36	15778	145672	16146	11597	21589	2031		56980	15893	
24	二、港、澳、台商投资企业	1202166	29815			1247	72450	422814	843	119799	131271	29125	6819	363992	357			23634	
25	其中:国有控股	89931	30			-270	20899	23932		9928	8689	2632	250	20073	25			3743	
26	1. 合资经营企业(港或澳、台资)	174203	899			271	16247	47291	627	25969	28449	5666	1493	45728	104			1459	
27	2. 合作经营企业(港或澳、台资)	230250	278			1064	342	15424		8596	21179	1719	3179	173850	28			4591	
28	3. 港、澳、台商独资经营企业	683676	11403			-72	24249	323733	216	78713	74716	20319	1764	137783	176			10676	
29	4. 港、澳、台商投资股份有限公司	24388	121			-2	1897	15607		4031	1109	1068		419	19			119	
30	5. 其他港、澳、台商投资企业	89649	17114			-14	29715	20759		2490	5818	353	383	6212	30			6789	
31	三、外商投资企业	1524535	9430			363	53673	665703	532	344514	141942	70874	5843	197950	3829		12	29870	
32	其中:国有控股	286650	12				10621	113106		94924	13533	23137	1031	24437	457			5392	
33	1. 中外合资经营企业	626402	1470			21	16382	224269		190271	52173	33914	2902	97463	1118			6419	
34	2. 中外合作经营企业	35411	59			-8		6409		3274	4701	516	459	19844	5			152	
35	3. 外资企业	737910	1722			1033	11024	376333	529	145093	72583	34862	2267	70166	963		12	21323	
36	4. 外商投资股份有限公司	53786	23				9675	24645	3	4238	4086	917	212	8146	1732			109	
37	5. 其他外商投资企业	71026	6156			-683	16592	34047		1638	8399	665	3	2331	11			1867	
38	四、个体经营	1504032	219551			228		314777		22703	3515	6083	1174	22611	8082			905308	
39	1. 个体户	1503742	219551			228		314554		22683	3511	6082	1132	22611	8082			905308	
40	2. 个人合伙	290						223		20	4	1	42						

2017年深圳市地方税务局税收收入分企业类型分税种统计年报表

编报机关：深圳市地方税务局　　　　单位：万元

序号	项目	税收收入合计	国内增值税	一般纳税人	国内消费税	营业税	企业所得税	个人所得税	资源税	城市维护建设税	房产税	印花税	城镇土地使用税	土地增值税	车船税	车辆购置税	耕地占用税	契税	其他税收
1	合计	23044687	386041			104273	7457539	8317848	41	1551893	609272	431955	108142	2593182	176374			1308127	
2	一、内资企业	17618658	355107			99351	5076415	6589182	4	1159054	442650	335335	68508	2112122	169548			1211382	
3	(一)国有企业	465269	231			11204	338611	60788		32550	8777	2423	2172	7662	7			844	
4	(二)集体企业	54940				1	20143	25189		2989	3014	310	936	55	7			2296	
5	(三)股份合作企业	68187				5538	21506	6551		1943	9587	334	2543	19700	1			484	
6	(四)联营企业	16009	509			-5	3246	1237		405	671	99	172	8139	3			1533	
7	其中:国有控股	6070	438			3	772	377		173	59	67	33	2617	1			1530	
8	1. 国有联营企业	1762				-2	1135	273		93	172	32	54		3			2	
9	2. 集体联营企业	1543					977	336		80	119	11	20						
10	3. 国有与集体联营企业	140					65	8		6	51	2	8						
11	4. 其他联营企业	12564	509			-3	1069	620		226	329	54	90	8139				1531	
12	(五)有限责任公司	9853091	2769			72778	3610018	3356184	4	662725	201876	195343	41723	1507834	13447			188390	
13	其中:国有控股	146504				5850	55438	14122		5183	8482	5209	1214	25639	-1			25368	
14	1. 国有独资企业	258907				7331	117958	26471		8078	12851	9107	2273	43763	3			31072	
15	2. 其他有限责任公司	9594184	2769			65447	3492060	3329713	4	654647	189025	186236	39450	1464071	13444			157318	
16	(六)股份有限公司	3275161	2354			6725	664223	1757003		284329	95482	61568	14642	206909	154895			27031	
17	其中:国有控股	1091353				1979	189401	541466		88127	36599	17403	6373	119575	87786			2644	
18	(七)私营企业	1560327	178			2855	320263	665796		144108	39126	61239	4730	284313	435			37284	
19	1. 私营独资企业	4120				44	13	2786		1089	94	74	18		2				
20	2. 私营合伙企业	261530				49		243228		6759	1126	9298	25	1044	1				

续表

序号	项目	税收收入合计	国内增值税	一般纳税人	国内消费税	营业税	企业所得税	个人所得税	资源税	城市维护建设税	房产税	印花税	城镇土地使用税	土地增值税	车船税	车辆购置税	耕地占用税	契税	其他税收
21	3. 私营有限责任公司	1278260	178			2762	317209	408191		135021	37796	51499	4663	283225	432			37284	
22	4. 私营股份有限公司	16417					3041	11591		1239	110	368	24	44					
23	(八)其它企业	2325674	349066			255	98405	716434		30005	84117	14019	1590	77510	753			953520	
24	二、港、澳、台商投资企业	2961731	7198			2917	1286519	868591	37	234551	83422	50334	19335	349683	112			59032	
25	其中:国有控股	607					512	93				2							
26	1. 合资经营企业(港或澳、台资)	765504	270			3286	368857	187146		45970	24536	11410	7357	112848	39			3785	
27	2. 合作经营企业(港或澳、台资)	49887	231			-15	6935	2919		1849	2466	220	557	34709				16	
28	3. 港、澳、台商独资经营企业	1835137	2837			-2066	628268	665060	37	185762	50911	38386	10808	201302	57			53775	
29	4. 港、澳、台商投资股份有限公司	5699					24	5498		60	91	8	18						
30	5. 其他港、澳、台商投资企业	305504	3860			1712	282435	7968		910	5418	310	595	824	16			1456	
31	三、外商投资企业	2200441	3175			98	1094605	673946		153629	57615	44791	17692	122338	5640			26912	
32	其中:国有控股	13329				-516	13745	98		1		1							
33	1. 中外合资经营企业	588362	392			-1683	191430	254041		45163	19130	14156	7267	48190	5566			4710	
34	2. 中外合作经营企业	186363				311	140323	12032		8157	2243	1792	1514	19986				5	
35	3. 外资企业	932686	2540			1646	298520	399101		99243	33208	27405	8696	40144	72			22111	
36	4. 外商投资股份有限公司	673	62				21	165		18	18	4	2	383					
37	5. 其他外商投资企业	492357	181			-176	464311	8607		1048	3016	1434	213	13635	2			86	
38	四、个体经营	263857	20561			1907		186129		4659	25585	1495	2607	9039	1074			10801	
39	1. 个体户	263524	20561			1907		185802		4653	25585	1495	2607	9039	1074			10801	
40	2. 个人合伙	333						327		6									

2017年珠海市地方税务局税收收入分企业类型分税种统计年报表

编报机关:珠海市地方税务局　　　　单位:万元

序号	项目	税收收入合计	国内增值税	一般纳税人	国内消费税	营业税	企业所得税	个人所得税	资源税	城市维护建设税	房产税	印花税	城镇土地使用税	土地增值税	车船税	车辆购置税	耕地占用税	契税	其他税收
1	合　计	2550491	23216			13637	1160337	473951	51	210072	124385	46963	32099	211598	21575		9915	222692	
2	一、内资企业	1730681	4158			12425	835053	311973	23	149368	76545	34453	20336	155713	21073		9915	99646	
3	(一)国有企业	25366	296			159	4855	7398		1928	3043	656	386	5195	2		161	1287	
4	(二)集体企业	12328	52			293	4534	342		503	1372	108	962	3866			104	192	
5	(三)股份合作企业	8680				953	3021	109	4	406	2090	82	164	1437				414	
6	(四)联营企业	86					55	5		9	17								
7	其中:国有控股	73					54	2		1	16								
8	1. 国有联营企业	18					2	1		4	11								
9	2. 集体联营企业	1									1								
10	3. 国有与集体联营企业	58					52	1			5								
11	4. 其他联营企业	9					1	3		5									
12	(五)有限责任公司	893045	3169			6489	410696	112349	14	70513	46706	22724	14412	123423	431		2655	79464	
13	其中:国有控股	122050	97			49	63081	18884		7321	5700	2580	3500	14695	5		16	6122	
14	1. 国有独资企业	41994	84			9	28454	5072		2432	2000	474	389	1004	1			2075	
15	2. 其他有限责任公司	851051	3085			6480	382242	107277	14	68081	44706	22250	14023	122419	430		2655	77389	
16	(六)股份有限公司	569688	144			263	359843	125185		60427	11272	7445	1437	1096	1755			821	
17	其中:国有控股	461915					347066	58204		45157	5809	5105	428	61	15			70	
18	(七)私营企业	141370	219			1720	43958	32703	5	14549	8345	3244	2681	17474	20		76	16376	
19	1. 私营独资企业	444				9		121		139	91	7	63					14	
20	2. 私营合伙企业	10054	8					9709		241	28	45	1	22					

续表

序号	项目	税收收入合计	国内增值税	一般纳税人	国内消费税	营业税	企业所得税	个人所得税	资源税	城市维护建设税	房产税	印花税	城镇土地使用税	土地增值税	车船税	车辆购置税	耕地占用税	契税	其他税收
21	3. 私营有限责任公司	119249	211			1590	36748	20798	5	12912	7867	3006	2521	17178	20		76	16317	
22	4. 私营股份有限公司	11623				121	7210	2075		1257	359	186	96	274				45	
23	(八)其它企业	80118	278			2548	8091	33882		1033	3700	194	294	3222	18865		6919	1092	
24	二、港、澳、台商投资企业	288058	2691			1153	132889	43584	26	23995	24196	4419	5723	31562	11			17809	
25	其中:国有控股	21494	6				15829	975		1213	1221	228	253	580	1			1188	
26	1. 合资经营企业(港或澳、台资)	67714	6			14	37169	10856		7321	6476	1471	989	1850	1			1561	
27	2. 合作经营企业(港或澳、台资)	30771	37				19800	1230	10	1014	1692	280	1101	5511				96	
28	3. 港、澳、台商独资经营企业	117398	144			869	36102	21354	16	12370	13988	2026	3398	22796	6			4329	
29	4. 港、澳、台商投资股份有限公司	31866					24432	3118		3044	492	505	112					163	
30	5. 其他港、澳、台商投资企业	40309	2504			270	15386	7026		246	1548	137	123	1405	4			11660	
31	三、外商投资企业	337794	1654			-39	192395	53998	2	34285	17964	7481	5690	17746	205			6413	
32	其中:国有控股	56419					47672	2430		4296	1063	394	365	55				144	
33	1. 中外合资经营企业	53306	718			-3	17768	9986		5673	6775	2425	2347	2265	194			5158	
34	2. 中外合作经营企业	28389					24562	81		2925	101	109	611						
35	3. 外资企业	205674	779			-36	106153	40109	2	25208	10434	4824	2658	15205	11			327	
36	4. 外商投资股份有限公司	1568					407	557		323	185	58	35	3					
37	5. 其他外商投资企业	48857	157				43505	3265		156	469	65	39	273				928	
38	四、个体经营	193958	14713			98		64396		2424	5680	610	350	6577	286			98824	
39	1. 个体户	193864	14713			98		64313		2413	5680	610	350	6577	286			98824	
40	2. 个人合伙	94						83		11									

2017 年汕头市地方税务局税收收入分企业类型分税种统计年报表

编报机关:汕头市地方税务局

单位:万元

序号	项目	税收收入合计	国内增值税	一般纳税人	国内消费税	营业税	企业所得税	个人所得税	资源税	城市维护建设税	房产税	印花税	城镇土地使用税	土地增值税	车船税	车辆购置税	耕地占用税	契税	其他税收
1	合计	1098621	6482			3345	388048	182115	5200	97181	58450	25102	33214	141615	25172		4450	128247	
2	一、内资企业	884743	3583			3166	374084	142292	5104	80965	43342	22098	25782	131551	23706		4445	24625	
3	(一)国有企业	68124	1252			817	34801	15567	1063	4832	3848	902	821	4080	19		67	55	
4	(二)集体企业	32114	285			425	23701	1389	623	1741	649	476	1084	1135	4		232	370	
5	(三)股份合作企业	4367					646	2261	3	590	387	115	299		1			65	
6	(四)联营企业	425					45	158		133	33	16	22					18	
7	其中:国有控股	390					43	157		130	33	15	8					4	
8	1. 国有联营企业	318					33	118		100	32	13	18					4	
9	2. 集体联营企业	1					1												
10	3. 国有与集体联营企业	22					1	1		2	1	1	2					14	
11	4. 其他联营企业	84					10	39		31		2	2						
12	(五)有限责任公司	464528	654			1687	209145	46756	2871	46323	16319	13125	10738	99745	1956		1691	13518	
13	其中:国有控股	35693	1				9933	7597	30	5111	1624	719	651	8796	609			622	
14	1. 国有独资企业	6283					1246	1384	262	497	702	114	398				1680		
15	2. 其他有限责任公司	458245	654			1687	207899	45372	2609	45826	15617	13011	10340	99745	1956		11	13518	
16	(六)股份有限公司	135737	89			7	58546	31773	15	12209	6209	3706	911	267	21649		38	318	
17	其中:国有控股	37872				4	6474	12987		2684	3921	670	234		10845			53	
18	(七)私营企业	126648	782			196	44769	13325	495	14725	9760	3240	8222	21324	29		28	9753	
19	1. 私营独资企业	7787	105			10	35	3697	90	955	1093	146	1153	467	2		14	20	
20	2. 私营合伙企业	1349				19		1039	2	111	74	44	60						

续表

序号	项　目	税收收入合计	国内增值税	一般纳税人	国内消费税	营业税	企业所得税	个人所得税	资源税	城市维护建设税	房产税	印花税	城镇土地使用税	土地增值税	车船税	车辆购置税	耕地占用税	契税	其他税收
21	3. 私营有限责任公司	105662	91			167	40691	6499	403	12195	7231	2816	6547	19336	26		14	9646	
22	4. 私营股份有限公司	11850	586				4043	2090		1464	1362	234	462	1521	1			87	
23	(八)其它企业	52800	521			34	2431	31063	34	412	6137	518	3685	5000	48		2389	528	
24	二、港、澳、台商投资企业	42841	177			2	6529	9253	1	6909	4365	1429	2472	8075	10			3619	
25	其中:国有控股	3109						1345		1120	387	156	88	12	1				
26	1. 合资经营企业(港或澳、台资)	10103	9				431	3181	1	2783	900	351	806	1580	2			59	
27	2. 合作经营企业(港或澳、台资)	3139						207		646	294	86	172	1732	2				
28	3. 港、澳、台商独资经营企业	17948	47			1	2822	2848		2548	1946	609	1199	4761	3			1164	
29	4. 港、澳、台商投资股份有限公司	4223						1923		896	819	351	200					34	
30	5. 其他港、澳、台商投资企业	7428	121			1	3276	1094		36	406	32	95	2	3			2362	
31	三、外商投资企业	31048	4			20	7435	6394	4	8055	3739	1195	1370	1652	466			714	
32	其中:国有控股	661					4	233		172	122	15	115						
33	1. 中外合资经营企业	4930				16	1	2105	1	859	980	125	688	153	1			1	
34	2. 中外合作经营企业	685						113		331	119	36	85					1	
35	3. 外资企业	10766				4	129	2653	2	3347	1602	492	348	1496	145			548	
36	4. 外商投资股份有限公司	12948					6092	1203		3507	1018	536	232		320			40	
37	5. 其他外商投资企业	1719	4				1213	320	1	11	20	6	17	3				124	
38	四、个体经营	139989	2718			157		24176	91	1252	7004	380	3590	337	990		5	99289	
39	1. 个体户	139868	2718			157		24130	42	1237	7000	378	3585	337	990		5	99289	
40	2. 个人合伙	121						46	49	15	4	2	5						

2017年佛山市地方税务局税收收入分企业类型分税种统计年报表

编报机关:佛山市地方税务局　　　　单位:万元

序号	项目	税收收入合计	国内增值税	一般纳税人	国内消费税	营业税	企业所得税	个人所得税	资源税	城市维护建设税	房产税	印花税	城镇土地使用税	土地增值税	车船税	车辆购置税	耕地占用税	契税	其他税收
1	合　计	3375991	78318			7938	763136	691220	433	304322	199429	72937	138248	505102	68646		35329	510933	
2	一、内资企业	2385163	16545			10181	736240	427312	421	209592	132083	56091	111493	410123	60687		35329	179066	
3	(一)国有企业	14171	48			300	2249	4339		1610	3255	149	1449	344	6		86	336	
4	(二)集体企业	39534	81			354	6467	4958		2038	2573	245	20114	2443	5		178	78	
5	(三)股份合作企业	1222	1				442	164		172	230	35	172	6					
6	(四)联营企业	2831	4				545	236	66	94	52	8	1822	4					
7	其中:国有控股	273					15	129	66	25	20	1	17						
8	1. 国有联营企业	298						172	66	40	15	1	4						
9	2. 集体联营企业	2406	4				492	40		29	29	4	1804	4					
10	3. 国有与集体联营企业	10					5	2		3									
11	4. 其他联营企业	117					48	22		22	8	3	14						
12	(五)有限责任公司	1547179	8084			5819	591249	153136	292	122570	68339	29912	66919	353520	2544		2154	142641	
13	其中:国有控股	144093	886			-1	44983	22343	96	13620	14321	2882	17570	25872	37		267	1217	
14	1. 国有独资企业	30275	27			31	4179	12198		4214	5769	549	2078	131	11		16	1072	
15	2. 其他有限责任公司	1516904	8057			5788	587070	140938	292	118356	62570	29363	64841	353389	2533		2138	141569	
16	(六)股份有限公司	260547	607			-118	22177	129030		20669	17030	4414	2207	2423	57823			4285	
17	其中:国有控股	80870	176			172	67	34642		7999	9382	1874	862	424	23402			1870	
18	(七)私营企业	395146	2556			3336	100162	99126	63	60461	24063	18076	12046	46271	275			28711	
19	1. 私营独资企业	38944	111			23	14	30782	1	5118	1048	752	876	133	12			74	
20	2. 私营合伙企业	15540	14					14176		697	244	251	97	3	1			57	

续表

序号	项　目	税收收入合计	国内增值税	一般纳税人	国内消费税	营业税	企业所得税	个人所得税	资源税	城市维护建设税	房产税	印花税	城镇土地使用税	土地增值税	车船税	车辆购置税	耕地占用税	契税	其他税收
21	3. 私营有限责任公司	306858	2431			3313	86536	44116	62	48778	20965	15765	10301	46135	248			28208	
22	4. 私营股份有限公司	33804					13612	10052		5868	1806	1308	772		14			372	
23	(八)其它企业	124533	5164			490	12949	36323		1978	16541	3252	6764	5112	34		32911	3015	
24	二、港、澳、台商投资企业	193344	6735			536	2069	33396		29954	24217	5176	14580	67981	56			8644	
25	其中:国有控股	8640					20	841		1681	869	283	1096	3228	1			621	
26	1. 合资经营企业(港或澳、台资)	45110	98			65	21	8357		9909	8060	1829	4261	11274	12			1224	
27	2. 合作经营企业(港或澳、台资)	41055	780			355		1900		1249	594	285	3101	32790	1				
28	3. 港、澳、台商独资经营企业	83388	4271			98	134	16712		17561	14241	2754	6742	20355	20			500	
29	4. 港、澳、台商投资股份有限公司	3749	9					1777		1071	509	172	193	18					
30	5. 其他港、澳、台商投资企业	20042	1577			18	1914	4650		164	813	136	283	3544	23			6920	
31	三、外商投资企业	185182	2408			-3386	24827	57602		57107	17941	7678	4726	11099	3193			1987	
32	其中:国有控股	29544				-2859	62	5857		19413	3909	1634	688	46	397			397	
33	1. 中外合资经营企业	50142	567			-2868	2	12241		28669	7176	2541	1115	16	463			220	
34	2. 中外合作经营企业	2568				-2		1024		844	270	153	233	46					
35	3. 外资企业	92086	1196			-516	1978	35340		25667	9353	4574	3318	8901	1416			859	
36	4. 外商投资股份有限公司	32310	474				21613	3557		1907	1057	289	40	1977	1313			83	
37	5. 其他外商投资企业	8076	171				1234	5440		20	85	121	20	159	1			825	
38	四、个体经营	612302	52630			607		172910	12	7669	25188	3992	7449	15899	4710			321236	
39	1. 个体户	612190	52630			607		172806	12	7662	25188	3992	7448	15899	4710			321236	
40	2. 个人合伙	112						104		7			1						

2017 年韶关市地方税务局税收收入分企业类型分税种统计年报表

编报机关:韶关市地方税务局　　　　单位:万元

序号	项目	税收收入合计	国内增值税	一般纳税人	国内消费税	营业税	企业所得税	个人所得税	资源税	城市维护建设税	房产税	印花税	城镇土地使用税	土地增值税	车船税	车辆购置税	耕地占用税	契税	其他税收
1	合　计	502430	4922			3891	64377	103083	10496	68075	30897	11445	22160	52681	10988		64725	45923	8767
2	一、内资企业	421843	1368			3833	64182	83647	9669	61320	25147	9852	19202	47202	10324		63898	13432	8767
3	(一)国有企业	17513	1			288	6579	5092	54	1885	1137	251	1092	268	118		556	192	
4	(二)集体企业	9343				166	4454	815	438	893	606	130	266	1568				7	
5	(三)股份合作企业	2482	8			-65	94	1514	10	224	298	47	181	111				60	
6	(四)联营企业	392				2	282	72		24	8	2	2						
7	其中:国有控股	340				2	253	65		13	5	1	1						
8	1. 国有联营企业																		
9	2. 集体联营企业	18					3	7		4	3		1						
10	3. 国有与集体联营企业	4					1			2	1								
11	4. 其他联营企业	370				2	278	65		18	4	2	1						
12	(五)有限责任公司	221143	1260			2584	42003	33180	3185	45739	14202	6255	14386	40754	634		1494	9605	5862
13	其中:国有控股	54689				37	5196	9005	1072	25786	4074	781	2128	2192	36		949	1132	2301
14	1. 国有独资企业	11054				831	875	3985	567	1157	1079	343	711				949	557	
15	2. 其他有限责任公司	210089	1260			1753	41128	29195	2618	44582	13123	5912	13675	40754	634		545	9048	5862
16	(六)股份有限公司	52825	2			-82	7523	14132	5220	8095	4682	1861	1579	18	9536			259	
17	其中:国有控股	42215				-92	6784	9734	5219	7255	4166	1651	1276	1	6185			36	
18	(七)私营企业	32849	63			705	1913	13829	743	3919	1686	1204	1428	4191	11		74	3083	
19	1. 私营独资企业	1555	3				5	758	290	261	74	25	72					67	
20	2. 私营合伙企业	1313	10			2	-1	814	24	239	38	59	36	30				62	

续表

序号	项　目	税收收入合计	国内增值税	一般纳税人	国内消费税	营业税	企业所得税	个人所得税	资源税	城市维护建设税	房产税	印花税	城镇土地使用税	土地增值税	车船税	车辆购置税	耕地占用税	契税	其他税收
21	3. 私营有限责任公司	29267	50			703	1791	12122	419	3288	1560	1105	1314	3876	11		74	2954	
22	4. 私营股份有限公司	714					118	135	10	131	14	15	6	285					
23	(八)其它企业	85296	34			235	1334	15013	19	541	2528	102	268	292	25		61774	226	2905
24	二、港、澳、台商投资企业	11784	223			19	125	1345		3299	2415	577	1769	707	1		739	565	
25	其中:国有控股	542						68		265	96	34	79						
26	1. 合资经营企业(港或澳、台资)	2899				19	62	299		1097	425	267	327	392				11	
27	2. 合作经营企业(港或澳、台资)	6								1	4	1							
28	3. 港、澳、台商独资经营企业	8195	167				23	943		2155	1943	283	1407	290	1		739	244	
29	4. 港、澳、台商投资股份有限公司	81						11		18	3	18	31						
30	5. 其他港、澳、台商投资企业	603	56				40	92		28	40	8	4	25				310	
31	三、外商投资企业	10980				9	70	2725	21	2089	1024	603	901	3256	76			206	
32	其中:国有控股	1119				1		564		285	138	50	77		3			1	
33	1. 中外合资经营企业	1906						473		669	389	243	79	51				2	
34	2. 中外合作经营企业	13								5	7		1						
35	3. 外资企业	8470				9	70	1794	21	1405	566	357	779	3205	67			197	
36	4. 外商投资股份有限公司	259						143		10	62	1	35		8				
37	5. 其他外商投资企业	332						315				2	7		1			7	
38	四、个体经营	57823	3331			30		15366	806	1367	2311	413	288	1516	587		88	31720	
39	1. 个体户	57564	3331			30		15199	806	1340	2308	412	285	1479	587		88	31699	
40	2. 个人合伙	259						167		27	3	1	3	37				21	

2017年河源市地方税务局税收收入分企业类型分税种统计年报表

编报机关:河源市地方税务局　　　　单位:万元

序号	项目	税收收入合计	国内增值税	一般纳税人	国内消费税	营业税	企业所得税	个人所得税	资源税	城市维护建设税	房产税	印花税	城镇土地使用税	土地增值税	车船税	车辆购置税	耕地占用税	契税	其他税收
1	合　计	456430	10845			8908	50499	67949	11263	35641	19945	9516	35013	58159	9151		74884	64657	
2	一、内资企业	335178	677			8332	50481	45703	10827	25859	13271	6389	30248	45132	8952		74045	15262	
3	(一)国有企业	14703	60			557	442	4924	289	1769	985	269	369	158	3259		1068	554	
4	(二)集体企业	6754	14			395	4292	583	113	498	75	77	147	541	4			15	
5	(三)股份合作企业	3985	7			-282		2132	2	279	693	165	17	11				961	
6	(四)联营企业	17					4	7		5		1							
7	其中:国有控股	1								1									
8	1. 国有联营企业	3					1	1		1									
9	2. 集体联营企业	1								1									
10	3. 国有与集体联营企业																		
11	4. 其他联营企业	13					3	6		3		1							
12	(五)有限责任公司	236166	349			6938	42354	17913	7848	19216	6881	4555	27189	41445	996		48519	11963	
13	其中:国有控股	59950	1			68	3776	2663	17	4697	1221	546	12021	7549	217		25064	2110	
14	1. 国有独资企业	44941					585	275	16	173	207	36	11329		1		32302	17	
15	2. 其他有限责任公司	191225	349			6938	41769	17638	7832	19043	6674	4519	15860	41445	995		16217	11946	
16	(六)股份有限公司	20144	36			4	2101	7385	1703	2064	850	425	483	315	4463			315	
17	其中:国有控股	6719	19			-222	2	2393	761	1238	453	167	48	20	1672			168	
18	(七)私营企业	13071	18			710	944	2269	812	1805	1169	580	719	2172	125		420	1328	
19	1. 私营独资企业	2199	16			13	23	630	552	359	141	73	149	56	60		1	126	
20	2. 私营合伙企业	284						214	6	39	12	4	9						

续表

序号	项　目	税收收入合计	国内增值税	一般纳税人	国内消费税	营业税	企业所得税	个人所得税	资源税	城市维护建设税	房产税	印花税	城镇土地使用税	土地增值税	车船税	车辆购置税	耕地占用税	契税	其他税收
21	3. 私营有限责任公司	10183				697	896	1353	249	1376	785	487	561	2114	47		419	1199	
22	4. 私营股份有限公司	405	2				25	72	5	31	231	16		2	18			3	
23	(八)其它企业	40338	193			10	344	10490	60	223	2618	317	1324	490	105		24038	126	
24	二、港、澳、台商投资企业	32670	70			107	18	6187	88	6707	4488	1988	3334	7585	33		740	1325	
25	其中:国有控股	593						502		156	56	56	54				-236	5	
26	1. 合资经营企业(港或澳、台资)	4581				79	1	1675	24	987	742	372	394	97			191	19	
27	2. 合作经营企业(港或澳、台资)	29						4		6	4	2	13						
28	3. 港、澳、台商独资经营企业	26944	1			27		4418	64	5698	3710	1603	2914	7451	33		564	461	
29	4. 港、澳、台商投资股份有限公司	39				1		8		10	9	3					-25	33	
30	5. 其他港、澳、台商投资企业	1077	69				17	82		6	23	8	13	37			10	812	
31	三、外商投资企业	4499	1			-1		1118		1442	707	532	604	2	19			75	
32	其中:国有控股	52				-1		5		8	39	1							
33	1. 中外合资经营企业	686				-1		227		183	193	33	37		14				
34	2. 中外合作经营企业	16						6		9		1							
35	3. 外资企业	3712	1					834		1247	504	498	565		5			58	
36	4. 外商投资股份有限公司	10								1	7		2						
37	5. 其他外商投资企业	75						51		2	3			2				17	
38	四、个体经营	84083	10097			470		14941	348	1633	1479	607	827	5440	147		99	47995	
39	1. 个体户	84052	10097			470		14928	347	1629	1476	607	817	5440	147		99	47995	
40	2. 个人合伙	31						13	1	4	3		10						

2017年梅州市地方税务局税收收入分企业类型分税种统计年报表

编报机关：梅州市地方税务局

单位：万元

序号	项目	税收收入合计	国内增值税	一般纳税人	国内消费税	营业税	企业所得税	个人所得税	资源税	城市维护建设税	房产税	印花税	城镇土地使用税	土地增值税	车船税	车辆购置税	耕地占用税	契税	其他税收
1	合计	845507	7134			2434	188511	121290	47904	71081	37952	13662	46894	121105	12548		78049	92327	4616
2	一、内资企业	710966	1282			2263	188387	87102	47082	65881	34147	11849	41097	102548	12023		77752	34937	4616
3	(一)国有企业	20219	12			166	4282	5226	403	2508	1776	235	4219	745	471		50	126	
4	(二)集体企业	11951	75			-207	4520	1731	2395	585	413	191	1192	720	4			332	
5	(三)股份合作企业	3664				-63	390	2442	47	266	199	57	4	282	2			38	
6	(四)联营企业	9					2	2		1	1			3					
7	其中:国有控股																		
8	1. 国有联营企业	1						1											
9	2. 集体联营企业	5					1				1			3					
10	3. 国有与集体联营企业																		
11	4. 其他联营企业	3					1	1		1									
12	(五)有限责任公司	454497	945			2474	163730	31188	27110	56295	18744	8560	23826	89106	1568		9533	16802	4616
13	其中:国有控股	29405				-1	7106	2675	2069	5756	1480	305	6346	1104	144		45	668	1708
14	1. 国有独资企业	36870					974	2347	10	23977	965	111	6112		11		1910	453	
15	2. 其他有限责任公司	417627	945			2474	162756	28841	27100	32318	17779	8449	17714	89106	1557		7623	16349	4616
16	(六)股份有限公司	60583	8			-147	8956	31275	7	3147	3174	1335	1481	583	9894			870	
17	其中:国有控股	12422				-70	-17	4883		1041	901	221	46		5139			278	
18	(七)私营企业	50880	25			-13	5751	2620	3782	2822	7570	1219	1724	9201	21		13	16145	
19	1. 私营独资企业	6020				14	6	560	3319	470	152	81	334	179				905	
20	2. 私营合伙企业	343						99	155	67	6	13	2		1				

续表

序号	项　　目	税收收入合计	国内增值税	一般纳税人	国内消费税	营业税	企业所得税	个人所得税	资源税	城市维护建设税	房产税	印花税	城镇土地使用税	土地增值税	车船税	车辆购置税	耕地占用税	契税	其他税收
21	3. 私营有限责任公司	43392	17			-27	5543	1662	308	2135	7084	1075	1367	9020	20		13	15175	
22	4. 私营股份有限公司	1125	8				202	299		150	328	50	21	2				65	
23	(八)其它企业	109163	217			53	756	12618	13338	257	2270	252	8651	1908	63		68156	624	
24	二、港、澳、台商投资企业	13050	386			114	82	1384	674	2178	1319	995	1200	3990	1			727	
25	其中:国有控股	58					1			7	3	45	2						
26	1. 合资经营企业(港或澳、台资)	2267	3			90	81	191	520	275	282	191	151	400				83	
27	2. 合作经营企业(港或澳、台资)	1094				24		63		207	94	21	526	159					
28	3. 港、澳、台商独资经营企业	8449	347					760	154	1592	879	770	516	3260				171	
29	4. 港、澳、台商投资股份有限公司	271						153		67	40	4	7						
30	5. 其他港、澳、台商投资企业	969	36				1	217		37	24	9		171	1			473	
31	三、外商投资企业	7504	67			46	42	1626	1	1779	435	194	527	2494	86			207	
32	其中:国有控股	448						55		4	168	4	157		30			30	
33	1. 中外合资经营企业	2229	11			46		832		575	278	83	238	166					
34	2. 中外合作经营企业	272								76	7	4	1	143				41	
35	3. 外资企业	4443	15					502	1	1099	146	103	288	2173	11			105	
36	4. 外商投资股份有限公司	213					24	88		21	3	2			75				
37	5. 其他外商投资企业	347	41				18	204		8	1	2		12				61	
38	四、个体经营	113987	5399			11		31178	147	1243	2051	624	4070	12073	438		297	56456	
39	1. 个体户	113035	5362			11		31017	147	1228	2051	618	3835	11575	438		297	56456	
40	2. 个人合伙	952	37					161		15		6	235	498					

2017年惠州市地方税务局税收收入分企业类型分税种统计年报表

编报机关:惠州市地方税务局　　　　单位:万元

序号	项目	税收收入合计	国内增值税	一般纳税人	国内消费税	营业税	企业所得税	个人所得税	资源税	城市维护建设税	房产税	印花税	城镇土地使用税	土地增值税	车船税	车辆购置税	耕地占用税	契税	其他税收
1	合计	2134564	29808			11198	234217	489563	5738	257947	123134	59124	107185	435822	34380		51606	294842	
2	一、内资企业	1444688	7127			5689	229804	269813	4882	179745	69306	37760	77021	383257	33354		51554	95376	
3	(一)国有企业	36478	87			18	3619	13321		5210	3120	813	3071	3884	1290		1015	1030	
4	(二)集体企业	16207	51			1	5442	4061	20	2087	1792	176	1456	764	6		161	190	
5	(三)股份合作企业	551					127	225		116	27	38	18						
6	(四)联营企业	2190				14	115	979		571	269	28	214						
7	其中:国有控股	1998				13	40	941		551	214	26	213						
8	1. 国有联营企业	1478				14	72	735		474	165	14	4						
9	2. 集体联营企业	83					27	13		6	34	2	1						
10	3. 国有与集体联营企业	12					1	1		5	4	1							
11	4. 其他联营企业	617					15	230		86	66	11	209						
12	(五)有限责任公司	952687	3217			3718	185604	125332	4108	124069	40373	25523	55886	313124	3263		1089	67381	
13	其中:国有控股	46946	145			1	2078	7590	172	20299	1922	1134	2046	6087	1497		59	3916	
14	1. 国有独资企业	26030	2			-8	3073	3099	186	14256	870	450	1214	2484	4		25	375	
15	2. 其他有限责任公司	926657	3215			3726	182531	122233	3922	109813	39503	25073	54672	310640	3259		1064	67006	
16	(六)股份有限公司	119952	94			-229	2183	60477	119	15239	6027	3177	1585	1285	28715		27	1253	
17	其中:国有控股	36208	52			-232	33	20053		6472	2077	1222	250	322	5766			193	
18	(七)私营企业	213910	3420			2050	30949	32937	635	31260	15305	7246	12825	51684	52		2361	23186	
19	1. 私营独资企业	7604	5				4	761	185	811	633	238	706	198	1			4062	
20	2. 私营合伙企业	7276	9					6649		152	90	29	37	34				276	

续表

序号	项目	税收收入合计	国内增值税	一般纳税人	国内消费税	营业税	企业所得税	个人所得税	资源税	城市维护建设税	房产税	印花税	城镇土地使用税	土地增值税	车船税	车辆购置税	耕地占用税	契税	其他税收
21	3. 私营有限责任公司	197959	3406			2050	30883	25242	450	30042	14487	6926	11921	51452	51		2361	18688	
22	4. 私营股份有限公司	1071					62	285		255	95	53	161					160	
23	(八)其它企业	102713	258			117	1765	32481		1193	2393	759	1966	12516	28		46901	2336	
24	二、港、澳、台商投资企业	186034	3926			5070	3799	45893	600	34586	27018	7835	17510	28110	22		48	11617	
25	其中:国有控股	6845				-39		1768		858	539	326	414	2756				223	
26	1. 合资经营企业(港或澳、台资)	36510	15				2887	8246	24	8746	5746	1450	5919	2958	7		26	486	
27	2. 合作经营企业(港或澳、台资)	3040					6	722	190	885	497	79	600	59	2				
28	3. 港、澳、台商独资经营企业	123313	2733			5070	167	30548	386	24265	19429	6125	10551	22843	11		21	1164	
29	4. 港、澳、台商投资股份有限公司	1175						462		343	234	46	90						
30	5. 其他港、澳、台商投资企业	21996	1178				739	5915		347	1112	135	350	2250	2		1	9967	
31	三、外商投资企业	148712	682			182	614	56311	153	38520	14698	11912	9037	11040	790			4773	
32	其中:国有控股	15278					160	7048		1742	1060	1835	22					3411	
33	1. 中外合资经营企业	72758				1	6	30440	111	18840	4046	6541	4644	3142	751			4236	
34	2. 中外合作经营企业	1023	38					290	42	43	98	16	108	388					
35	3. 外资企业	68926	625			177	130	21653		18697	10368	5137	4263	7494	27			355	
36	4. 外商投资股份有限公司	1925					108	1055		584	118	39	9		12				
37	5. 其他外商投资企业	4080	19			4	370	2873		356	68	179	13	16				182	
38	四、个体经营	355130	18073			257		117546	103	5096	12112	1617	3617	13415	214		4	183076	
39	1. 个体户	355021	18073			257		117510	103	5091	12074	1616	3588	13415	214		4	183076	
40	2. 个人合伙	109						36		5	38	1	29						

2017年汕尾市地方税务局税收收入分企业类型分税种统计年报表

编报机关:汕尾市地方税务局　　　　单位:万元

序号	项目	税收收入合计	国内增值税	一般纳税人	国内消费税	营业税	企业所得税	个人所得税	资源税	城市维护建设税	房产税	印花税	城镇土地使用税	土地增值税	车船税	车辆购置税	耕地占用税	契税	其他税收
1	合　计	223488	2633			286	40486	38331	185	20411	10189	5375	8891	38126	5188		17173	36214	
2	一、内资企业	158935	63			211	40454	22636	177	14855	5665	3346	6356	28286	5137		17173	14576	
3	(一)国有企业	5820				8	2407	1551		774	588	90	182	201				19	
4	(二)集体企业	4274				29	2434	410	1	622	68	45	48	610				7	
5	(三)股份合作企业	439				-94	101	274		94	44	8	12						
6	(四)联营企业																		
7	其中:国有控股																		
8	1. 国有联营企业																		
9	2. 集体联营企业																		
10	3. 国有与集体联营企业																		
11	4. 其他联营企业																		
12	(五)有限责任公司	80498	10			117	26872	7416	136	9966	2731	2327	4149	16423	3		1249	9099	
13	其中:国有控股	12924				20	3142	1078		1634	1419	775	1337	1415	1		82	2021	
14	1. 国有独资企业	724					29	50		47	1	13	275	200				109	
15	2. 其他有限责任公司	79774	10			117	26843	7366	136	9919	2730	2314	3874	16223	3		1249	8990	
16	(六)股份有限公司	8559				3	112	1260	3	905	817	185	28	67	5131			48	
17	其中:国有控股	5686				2		964		716	711	104	13		3128			48	
18	(七)私营企业	36032	46			48	8349	8084	37	2212	1041	651	1678	8553	1			5332	
19	1. 私营独资企业	702				6	1	152	3	81	51	5	381					22	
20	2. 私营合伙企业	65					1	40		11	6	1	6						

续表

序号	项　目	税收收入合计	国内增值税		国内消费税	营业税	企业所得税	个人所得税	资源税	城市维护建设税	房产税	印花税	城镇土地使用税	土地增值税	车船税	车辆购置税	耕地占用税	契税	其他税收
				一般纳税人															
21	3. 私营有限责任公司	29456	46			42	8238	2224	34	2104	974	639	1291	8553	1			5310	
22	4. 私营股份有限公司	5809					109	5668		16	10	6							
23	(八)其它企业	23313	7			100	179	3641		282	376	40	259	2432	2		15924	71	
24	二、港、澳、台商投资企业	23438	762				37	1126		4484	3352	1815	1971	7263	1			2627	
25	其中:国有控股	2015						1		687	254	932	118					23	
26	1. 合资经营企业(港或澳、台资)	633					24	48		45	70	19	5					422	
27	2. 合作经营企业(港或澳、台资)	336						2		51	40	8	2	233					
28	3. 港、澳、台商独资经营企业	18188	659					863		3678	2917	852	1803	6700	1			715	
29	4. 港、澳、台商投资股份有限公司	2043					1			695	282	926	137					2	
30	5. 其他港、澳、台商投资企业	2238	103				12	213		15	43	10	24	330				1488	
31	三、外商投资企业	1715	96			2	-5	216		646	364	101	199	1	26			69	
32	其中:国有控股	49				2	-5	13		11	1	1	1		25				
33	1. 中外合资经营企业	255	95			1		17		66	28	4	11					33	
34	2. 中外合作经营企业	55						1		40	10		4						
35	3. 外资企业	589				1	-5	10		38	276	54	184					31	
36	4. 外商投资股份有限公司	56								-20	50				26				
37	5. 其他外商投资企业	760	1					188		522		43		1				5	
38	四、个体经营	39400	1712			73		14353	8	426	808	113	365	2576	24			18942	
39	1. 个体户	39395	1712			73		14350	8	425	807	113	365	2576	24			18942	
40	2. 个人合伙	5						3		1	1								

2017年东莞市地方税务局税收收入分企业类型分税种统计年报表

编报机关:东莞市地方税务局　　　　单位:万元

序号	项目	税收收入合计	国内增值税	一般纳税人	国内消费税	营业税	企业所得税	个人所得税	资源税	城市维护建设税	房产税	印花税	城镇土地使用税	土地增值税	车船税	车辆购置税	耕地占用税	契税	其他税收
1	合计	4777654	74170			17948	1237342	1344614	220	523704	280332	139771	169426	515756	105713		35017	333641	
2	一、内资企业	2832547	20362			14464	677592	790232	193	345064	167400	92564	100211	415250	103052		34982	71181	
3	(一)国有企业	16894	6			2	2504	9375	19	1820	1591	581	608	385	1			2	
4	(二)集体企业	111854	3310			1077	41150	5287		2876	17516	1819	13051	24493	19		758	498	
5	(三)股份合作企业	806	6				9	408		7	249	51	76						
6	(四)联营企业	85					17	38		26	2		2						
7	其中:国有控股	9								8			1						
8	1. 国有联营企业	1						1											
9	2. 集体联营企业	10					3	6		1									
10	3. 国有与集体联营企业	54					10	21		19	2		2						
11	4. 其他联营企业	20					4	10		6									
12	(五)有限责任公司	1254159	7787			8211	385622	220732	160	168370	87547	41479	56580	240785	2086		496	34304	
13	其中:国有控股	340905	452			4638	143393	40089	159	39146	9611	8418	7647	75689	1452			10211	
14	1. 国有独资企业	6441				-199	2218	1832		264	1023	412	576	266	5			44	
15	2. 其他有限责任公司	1247718	7787			8410	383404	218900	160	168106	86524	41067	56004	240519	2081		496	34260	
16	(六)股份有限公司	344787	4843			307	26975	154701	1	28557	13782	6013	2425	3808	100573			2802	
17	其中:国有控股	87831				307	-1	41510		8194	3784	1155	435	362	30752			1333	
18	(七)私营企业	988969	4149			4850	203935	362274	13	141795	37891	41095	24826	134746	219		132	33044	
19	1. 私营独资企业	13759	75			33	249	8559	3	1929	1104	323	1145	25	3			311	
20	2. 私营合伙企业	5443				20		4114		546	241	167	234					121	

续表

序号	项　目	税收收入合计	国内增值税	一般纳税人	国内消费税	营业税	企业所得税	个人所得税	资源税	城市维护建设税	房产税	印花税	城镇土地使用税	土地增值税	车船税	车辆购置税	耕地占用税	契税	其他税收
21	3. 私营有限责任公司	929195	3925			4797	189054	334117	10	133509	34348	38985	22857	134721	215		132	32525	
22	4. 私营股份有限公司	40572	149				14632	15484		5811	2198	1620	590		1			87	
23	(八)其它企业	114993	261			17	17380	37417		1613	8822	1526	2643	11033	154		33596	531	
24	二、港、澳、台商投资企业	834119	13204			2713	317797	202209		99188	60958	23169	40233	62356	116		1	12175	
25	其中:国有控股	74355	581			465	32619	29456		3391	3621	1230	1918	592	4			478	
26	1. 合资经营企业(港或澳、台资)	101422	350			465	43904	13526		13647	13367	2934	5913	6869	32			415	
27	2. 合作经营企业(港或澳、台资)	49851				239	28253	1678		1187	1590	261	7480	9163					
28	3. 港、澳、台商独资经营企业	524614	9208			903	169944	134634		80459	40736	18420	23822	45392	60			1036	
29	4. 港、澳、台商投资股份有限公司	73792	5				30240	36370		3065	1807	1075	1225	1	4				
30	5. 其他港、澳、台商投资企业	84440	3641			1106	45456	16001		830	3458	479	1793	931	20		1	10724	
31	三、外商投资企业	587961	9138			23	241953	148726		69565	33771	19781	18642	32886	510			12966	
32	其中:国有控股	42100	101			-1	18574	6295		2382	2057	826	762	502	2			10600	
33	1. 中外合资经营企业	113277	748			-5	50122	36693		8824	4026	2679	3468	6137	467			118	
34	2. 中外合作经营企业	9113				-1	1169	1211		499	1227	49	324	4637				-2	
35	3. 外资企业	432877	8087			23	174139	100686		58617	27169	16068	13870	21939	40			12239	
36	4. 外商投资股份有限公司	5894					791	3102		1226	411	193	170		1				
37	5. 其他外商投资企业	26800	303			6	15732	7034		399	938	792	810	173	2			611	
38	四、个体经营	523027	31466			748		203447	27	9887	18203	4257	10340	5264	2035		34	237319	
39	1. 个体户	523011	31466			748		203440	27	9883	18202	4256	10337	5264	2035		34	237319	
40	2. 个人合伙	16						7		4	1	1	3						

2017年中山市地方税务局税收收入分企业类型分税种统计年报表

编报机关：中山市地方税务局

单位：万元

序号	项目	税收收入合计	国内增值税	一般纳税人	国内消费税	营业税	企业所得税	个人所得税	资源税	城市维护建设税	房产税	印花税	城镇土地使用税	土地增值税	车船税	车辆购置税	耕地占用税	契税	其他税收
1	合计	2098636	81084			9746	312375	500944	24	193886	190903	47335	76060	354464	36581		13790	281444	
2	一、内资企业	1317359	27033			7520	304850	250428	23	117731	133035	30834	52826	230685	35649		13784	112961	
3	（一）国有企业	3314	1				339	1601		459	532	205	181		1			-5	
4	（二）集体企业	54787	6075			52	19867	935		1391	5697	404	4571	14647	3		37	1108	
5	（三）股份合作企业	371					34	39		19	223	5	50	1					
6	（四）联营企业	408					267	17		28	28	15	22	10				21	
7	其中：国有控股	13					5	1		1	4		2						
8	1. 国有联营企业	10								10									
9	2. 集体联营企业	364					257	16		16	12	15	17	10				21	
10	3. 国有与集体联营企业	19					3				12		4						
11	4. 其他联营企业	15					7	1		2	4		1						
12	（五）有限责任公司	675831	8965			4642	190133	72553	20	59743	51516	16461	27223	155919	2286			86370	
13	其中：国有控股	118153	1483			1213	38818	11312		10286	13937	3775	7105	12903	897			16424	
14	1. 国有独资企业	21405	629			986	3958	1180		1272	5443	1347	3112	2946				532	
15	2. 其他有限责任公司	654426	8336			3656	186175	71373	20	58471	46073	15114	24111	152973	2286			85838	
16	（六）股份有限公司	159290	651			-1	25173	65775		13647	11260	3699	1412	2545	33288			1841	
17	其中：国有控股	50555	12			-4	443	18670		5243	3853	1082	249	15	20321			671	
18	（七）私营企业	293028	7283			1643	65794	73939	3	41314	16723	8358	9599	44957	38			23377	
19	1. 私营独资企业	42791	247			10		33292	2	5783	1689	771	843	152	2				
20	2. 私营合伙企业	7354						6536		505	111	94	75					33	

续表

序号	项　　目	税收收入合计	国内增值税	一般纳税人	国内消费税	营业税	企业所得税	个人所得税	资源税	城市维护建设税	房产税	印花税	城镇土地使用税	土地增值税	车船税	车辆购置税	耕地占用税	契税	其他税收
21	3. 私营有限责任公司	221115	7036			1631	60382	25767	1	31388	12660	6768	8350	44441	35			22656	
22	4. 私营股份有限公司	21768				2	5412	8344		3638	2263	725	331	364	1			688	
23	(八)其它企业	130330	4058			1184	3243	35569		1130	47056	1687	9768	12606	33		13747	249	
24	二、港、澳、台商投资企业	197338	8462			580	3232	49187		30125	28282	5895	12660	37160	29			21726	
25	其中:国有控股	13715	612				78	4392		2652	3372	573	796	1072	5			163	
26	1. 合资经营企业(港或澳、台资)	21056	3			533	2	5896		5306	5600	898	1498	725	10			585	
27	2. 合作经营企业(港或澳、台资)	3519	56			1		1000		404	376	116	1391	175					
28	3. 港、澳、台商独资经营企业	119442	1275			43	1148	28029		21588	19933	4001	8491	30777	14			4143	
29	4. 港、澳、台商投资股份有限公司	5624	35					1915		2364	457	541	93	116	1			102	
30	5. 其他港、澳、台商投资企业	47697	7093			3	2082	12347		463	1916	339	1187	5367	4			16896	
31	三、外商投资企业	167702	1686			1386	4293	45815		40500	20119	8419	4542	38725	345			1872	
32	其中:国有控股	2672	1				21	334		330	1678	96	212						
33	1. 中外合资经营企业	38171				1365	437	13825		14244	4033	1162	1210	1401	5			489	
34	2. 中外合作经营企业	1214	94			-7		205		77	291	18	114	421	1				
35	3. 外资企业	105578	1375			-45	2390	24151		24755	14259	6688	2925	28142	7			931	
36	4. 外商投资股份有限公司	6065				73	17	2750		1155	1160	411	167		332				
37	5. 其他外商投资企业	16674	217				1449	4884		269	376	140	126	8761				452	
38	四、个体经营	416237	43903			260		155514	1	5530	9467	2187	6032	47894	558		6	144885	
39	1. 个体户	416236	43903			260		155514	1	5529	9467	2187	6032	47894	558		6	144885	
40	2. 个人合伙	1								1									

2017年江门市地方税务局税收收入分企业类型分税种统计年报表

编报机关：江门市地方税务局　　　　单位：万元

序号	项目	税收收入合计	国内增值税	一般纳税人	国内消费税	营业税	企业所得税	个人所得税	资源税	城市维护建设税	房产税	印花税	城镇土地使用税	土地增值税	车船税	车辆购置税	耕地占用税	契税	其他税收
1	合计	1499897	18704			6632	272338	292654	6613	156107	101995	39031	90555	269179	28001		16048	202040	
2	一、内资企业	1028085	4914			5417	270105	162527	6128	91259	55405	27577	63333	233077	26454		15720	66169	
3	(一)国有企业	14162	50			694	1615	4724		2111	2545	175	892	434	715		152	55	
4	(二)集体企业	26995	131			670	8393	1415	2	1321	1775	274	1634	11225	4		12	139	
5	(三)股份合作企业	8667	11				22	5752		432	584	114	1718	15	2			17	
6	(四)联营企业	147					109	24		7	4	2	1						
7	其中:国有控股	109					87	15		2	3	1	1						
8	1. 国有联营企业	11						10				1							
9	2. 集体联营企业	2								1	1								
10	3. 国有与集体联营企业																		
11	4. 其他联营企业	134					109	14		6	3	1	1						
12	(五)有限责任公司	640318	2627			2853	199916	64285	3887	54225	30841	16892	41605	181125	2014		1383	38665	
13	其中:国有控股	64950	49			119	19343	7129	1	6158	3228	3051	5374	17227	553		516	2202	
14	1. 国有独资企业	13184				35	1711	611		315	1168	993	6261		4		516	1570	
15	2. 其他有限责任公司	627134	2627			2818	198205	63674	3887	53910	29673	15899	35344	181125	2010		867	37095	
16	(六)股份有限公司	85248	210			30	7690	36751		8875	5482	1960	1234	2181	19889			946	
17	其中:国有控股	19813	53			1	635	7436		2609	2593	374	305	1507	4246			54	
18	(七)私营企业	190778	1172			606	48655	26721	2239	23420	10021	7376	11847	33215	72			25434	
19	1. 私营独资企业	16489	113			1	29	6829	295	2037	616	434	2516	2850	5			764	
20	2. 私营合伙企业	2016	56				1	1403	22	193	80	65	87	103				6	

续表

序号	项　目	税收收入合计	国内增值税	一般纳税人	国内消费税	营业税	企业所得税	个人所得税	资源税	城市维护建设税	房产税	印花税	城镇土地使用税	土地增值税	车船税	车辆购置税	耕地占用税	契税	其他税收
21	3. 私营有限责任公司	168752	1003			605	47973	17581	1913	20551	8590	6564	9048	30262	62			24600	
22	4. 私营股份有限公司	3521					652	908	9	639	735	313	196		5			64	
23	(八)其它企业	61770	713			564	3705	22855		868	4153	784	4402	4882	3758		14173	913	
24	二、港、澳、台商投资企业	167869	2013			358	1642	47790	85	47399	22141	6908	13469	16318	47			9699	
25	其中:国有控股	5187					212	1167		1110	1250	310	800	192	2			144	
26	1. 合资经营企业(港或澳、台资)	29926	190			115	292	8056	24	8524	5617	1690	2537	2516	8			357	
27	2. 合作经营企业(港或澳、台资)	3603	50			95		479	17	1169	252	180	516	823	6			16	
28	3. 港、澳、台商独资经营企业	105006	680			140	58	25403	44	37028	14411	4748	9548	11333	23			1590	
29	4. 港、澳、台商投资股份有限公司	2010	1					1164		554	130	74	87						
30	5. 其他港、澳、台商投资企业	27324	1092			8	1292	12688		124	1731	216	781	1646	10			7736	
31	三、外商投资企业	76653	609			350	591	34846	13	13641	7941	3144	4740	6470	620			3688	
32	其中:国有控股	5056	8				2	1258		2731	382	390	190	24	71				
33	1. 中外合资经营企业	24440	2			27	40	9077	13	6086	3402	1363	1259	301	488			2382	
34	2. 中外合作经营企业	452						131		187	54	18	61		1				
35	3. 外资企业	32467	435			6	119	9642		6896	4142	1576	3185	5881	79			506	
36	4. 外商投资股份有限公司	1047	25				21	299		291	86	67	138	71	49				
37	5. 其他外商投资企业	18247	147			317	411	15697		181	257	120	97	217	3			800	
38	四、个体经营	227290	11168			507		47491	387	3808	16508	1402	9013	13314	880		328	122484	
39	1. 个体户	227268	11168			507		47470	387	3807	16508	1402	9013	13314	880		328	122484	
40	2. 个人合伙	22						21		1									

2017年阳江市地方税务局税收收入分企业类型分税种统计年报表

编报机关:阳江市地方税务局

单位:万元

序号	项目	税收收入合计	国内增值税	一般纳税人	国内消费税	营业税	企业所得税	个人所得税	资源税	城市维护建设税	房产税	印花税	城镇土地使用税	土地增值税	车船税	车辆购置税	耕地占用税	契税	其他税收
1	合计	399605	3944			6938	68422	67085	4601	36457	21826	9507	22172	89983	11401		21590	35679	
2	一、内资企业	331843	1507			4767	68388	51900	4086	32398	15644	8270	20044	82663	10814		21590	9772	
3	(一)国有企业	9978	48			124	1739	3031	78	1274	892	316	1958	384	117			17	
4	(二)集体企业	6752	2			388	3898	755	192	539	74	71	804	6				23	
5	(三)股份合作企业	540				-108	1	491		44	18	7	87						
6	(四)联营企业	7						4	1	1		1							
7	其中:国有控股																		
8	1. 国有联营企业	4						2		1		1							
9	2. 集体联营企业	3						2	1										
10	3. 国有与集体联营企业																		
11	4. 其他联营企业																		
12	(五)有限责任公司	173177	740			2731	35649	22164	3383	20586	9553	5579	10495	55673	1393		234	4997	
13	其中:国有控股	31635					6095	6955	124	7939	2792	1657	1118	1815	522			2618	
14	1. 国有独资企业	4382					416	739	7	119	179	20	447	1825				630	
15	2. 其他有限责任公司	168795	740			2731	35233	21425	3376	20467	9374	5559	10048	53848	1393		234	4367	
16	(六)股份有限公司	31108	16			192	4845	11499	7	2252	1144	374	1112	235	9295			137	
17	其中:国有控股	9241	16			-34		3787		1146	773	163	168	83	3096			43	
18	(七)私营企业	77198	456			1442	21546	5713	410	7465	3566	1684	5447	24924	5			4540	
19	1. 私营独资企业	2100				1	20	1150	31	506	142	43	200	2				5	
20	2. 私营合伙企业	293						164	2	78	13	5	31						

续表

序号	项目	税收收入合计	国内增值税	一般纳税人	国内消费税	营业税	企业所得税	个人所得税	资源税	城市维护建设税	房产税	印花税	城镇土地使用税	土地增值税	车船税	车辆购置税	耕地占用税	契税	其他税收
21	3. 私营有限责任公司	74563	456			1441	21487	4375	376	6820	3339	1626	5181	24922	5			4535	
22	4. 私营股份有限公司	242					39	24	1	61	72	10	35						
23	(八)其它企业	33083	245			-2	710	8243	15	237	397	238	141	1441	4		21356	58	
24	二、港、澳、台商投资企业	9304	125			1	6	1467	261	2345	1309	303	784	2272				431	
25	其中:国有控股	258						49		103	28	17	32					29	
26	1. 合资经营企业(港或澳、台资)	1794					6	278		482	106	80	327	482				33	
27	2. 合作经营企业(港或澳、台资)	1464				1		178		854	197	75	135	24					
28	3. 港、澳、台商独资经营企业	5254	18					904	261	937	819	137	315	1766				97	
29	4. 港、澳、台商投资股份有限公司	220						22		63	129	6							
30	5. 其他港、澳、台商投资企业	572	107					85		9	58	5	7					301	
31	三、外商投资企业	10014				2153	28	1837	1	903	1319	684	250	2330	486			23	
32	其中:国有控股	43						4		29	4	2	4						
33	1. 中外合资经营企业	453					25	214	1	159	25	14	15						
34	2. 中外合作经营企业	47						4		34	1	4	4						
35	3. 外资企业	9077				2153	3	1514		698	1272	414	225	2330	460			8	
36	4. 外商投资股份有限公司	54						7		3	12		6		26				
37	5. 其他外商投资企业	383						98		9	9	252						15	
38	四、个体经营	48444	2312			17		11881	253	811	3554	250	1094	2718	101			25453	
39	1. 个体户	48430	2312			17		11877	253	807	3553	250	1091	2718	101			25451	
40	2. 个人合伙	14						4		4	1		3					2	

2017年湛江市地方税务局税收收入分企业类型分税种统计年报表

编报机关:湛江市地方税务局　　　　单位:万元

序号	项目	税收收入合计	国内增值税	一般纳税人	国内消费税	营业税	企业所得税	个人所得税	资源税	城市维护建设税	房产税	印花税	城镇土地使用税	土地增值税	车船税	车辆购置税	耕地占用税	契税	其他税收
1	合计	736372	5365	-2		4884	116336	150226	2243	126974	30733	17909	22266	131300	17326		15320	95490	
2	一、内资企业	535778	878	-2		4508	106230	129139	1963	57004	24181	16286	20955	124159	16765		15319	18391	
3	(一)国有企业	36254	55			127	13138	11305	14	3220	1997	801	2452	836	28		369	1912	
4	(二)集体企业	13213	5			137	6832	3008	36	1153	231	339	227	1161	7			77	
5	(三)股份合作企业	2353				23	3	1388		365	306	110	78	76	4				
6	(四)联营企业	254					11	49		19	11	19	5	135				5	
7	其中:国有控股	57					11	1		18	8	19							
8	1. 国有联营企业	11						1		2	8								
9	2. 集体联营企业	116						47		1	2		3	58				5	
10	3. 国有与集体联营企业	46					11	1		15		19							
11	4. 其他联营企业	81								1	1		2	77					
12	(五)有限责任公司	301240	449			3726	69111	40462	1429	37660	13322	11060	14687	93699	2152		1460	12023	
13	其中:国有控股	66060	9			310	7916	13590	43	11578	4077	4183	7601	14226	522		1414	591	
14	1. 国有独资企业	12169				252	273	935		727	555	757	1549	5690	17		1414		
15	2. 其他有限责任公司	289071	449			3474	68838	39527	1429	36933	12767	10303	13138	88009	2135		46	12023	
16	(六)股份有限公司	46606	59			-652	1516	17656		4778	2728	1012	821	4041	14471			176	
17	其中:国有控股	14142	45			-680	183	5653		2430	1181	415	103	209	4578			25	
18	(七)私营企业	74519	89			816	13954	15992	466	9146	3743	2597	2503	21200	44			3969	
19	1. 私营独资企业	1541				7	2	641	11	356	149	27	136	210				2	
20	2. 私营合伙企业	658						419	14	176	14	18	16		1				

续表

序号	项　　目	税收收入合计	国内增值税	一般纳税人	国内消费税	营业税	企业所得税	个人所得税	资源税	城市维护建设税	房产税	印花税	城镇土地使用税	土地增值税	车船税	车辆购置税	耕地占用税	契税	其他税收
21	3. 私营有限责任公司	72059	89			809	13937	14741	440	8588	3576	2546	2335	20990	41			3967	
22	4. 私营股份有限公司	261					15	191	1	26	4	6	16		2				
23	(八)其它企业	61339	221	-2		331	1665	39279	18	663	1843	348	182	3011	59		13490	229	
24	二、港、澳、台商投资企业	86573	67			269	10099	3777	31	66789	2499	761	628	1120	1			532	
25	其中:国有控股	308				1		79		107	66	52	3						
26	1. 合资经营企业(港或澳、台资)	12227					9656	702	31	526	358	140	305	508	1				
27	2. 合作经营企业(港或澳、台资)	66230				244		422		65283	243	23	15						
28	3. 港、澳、台商独资经营企业	4213				25	1	1228		748	1201	432	284	204				90	
29	4. 港、澳、台商投资股份有限公司	2774					1	1347		225	659	163	22	347				10	
30	5. 其他港、澳、台商投资企业	1129	67				441	78		7	38	3	2	61				432	
31	三、外商投资企业	6682	764			-7	7	1776		1467	1225	433	334	3	329			351	
32	其中:国有控股	323				-7		193		26	57	5	28		21				
33	1. 中外合资经营企业	4255	754					1042		1043	587	329	270		230				
34	2. 中外合作经营企业	334						18		4	5	7	17					283	
35	3. 外资企业	1603	2			-7	1	484		382	602	93	43	3					
36	4. 外商投资股份有限公司	210					1	70		15	19	2	4		99				
37	5. 其他外商投资企业	280	8				5	162		23	12	2						68	
38	四、个体经营	107339	3656			114		15534	249	1714	2828	429	349	6018	231		1	76216	
39	1. 个体户	107317	3656			113		15530	249	1712	2821	429	341	6018	231		1	76216	
40	2. 个人合伙	22				1		4		2	7		8						

2017年茂名市地方税务局税收收入分企业类型分税种统计年报表

编报机关:茂名市地方税务局

单位:万元

序号	项目	税收收入合计	国内增值税	一般纳税人	国内消费税	营业税	企业所得税	个人所得税	资源税	城市维护建设税	房产税	印花税	城镇土地使用税	土地增值税	车船税	车辆购置税	耕地占用税	契税	其他税收
1	合计	925165	9100			5164	162193	94670	4799	176543	22037	10909	24606	258251	18723		34348	103822	
2	一、内资企业	815904	5659			4155	161948	77905	4391	173920	19246	10218	23773	252332	18417		33873	30067	
3	(一)国有企业	35296	1810			-85	6971	8438	11	3870	2894	436	7171	201	545		2242	792	
4	(二)集体企业	13017				148	9713	912	62	1033	235	221	146	121			416	10	
5	(三)股份合作企业	3417				-696	11	2812		387	612	189	64		12			26	
6	(四)联营企业	111					6	53		23	10		19						
7	其中:国有控股	24					4	1		11	2		6						
8	1. 国有联营企业	4						1		3									
9	2. 集体联营企业	82						51		11	8		12						
10	3. 国有与集体联营企业	2											2						
11	4. 其他联营企业	23					6	1		9	2		5						
12	(五)有限责任公司	362713	219			4378	123574	25587	3235	32299	10373	7308	12053	112639	2898		4330	23820	
13	其中:国有控股	50853	58			7	14013	3081	2	7287	610	896	2258	15848	74		2105	4614	
14	1. 国有独资企业	3131					566	268		215	58	71	1373	30	1			549	
15	2. 其他有限责任公司	359582	219			4378	123008	25319	3235	32084	10315	7237	10680	112609	2897		4330	23271	
16	(六)股份有限公司	187794	171			33	17078	16226		133135	1981	1101	2995	233	14840			1	
17	其中:国有控股	156826	163			-19	1396	9594		131901	1675	825	2940	222	8129				
18	(七)私营企业	14684	17				1328	3060	1080	2027	424	461	481	712	114		37	4943	
19	1. 私营独资企业	2250	11				8	1050	586	309	127	11	93				28	27	
20	2. 私营合伙企业	748					5	315	211	126	40	2	37				6	6	

续表

序号	项　目	税收收入合计	国内增值税	一般纳税人	国内消费税	营业税	企业所得税	个人所得税	资源税	城市维护建设税	房产税	印花税	城镇土地使用税	土地增值税	车船税	车辆购置税	耕地占用税	契税	其他税收
21	3. 私营有限责任公司	11437					1302	1602	283	1574	181	441	334	693	114		3	4910	
22	4. 私营股份有限公司	249	6				13	93		18	76	7	17	19					
23	(八)其它企业	198872	3442			377	3267	20817	3	1146	2717	502	844	138426	8		26848	475	
24	二、港、澳、台商投资企业	3537	28			142	216	1042	24	671	243	176	183	512	5			295	
25	其中:国有控股	374					200	66		-10	65	49	4						
26	1. 合资经营企业(港或澳、台资)	642				1	6	83		151	21	74	97	178	5			26	
27	2. 合作经营企业(港或澳、台资)	39						1		31	1	3	3						
28	3. 港、澳、台商独资经营企业	1519				140	200	205	10	385	129	49	52	319				30	
29	4. 港、澳、台商投资股份有限公司	37						7	14	8	2	1	5						
30	5. 其他港、澳、台商投资企业	1300	28			1	10	746		96	90	49	26	15				239	
31	三、外商投资企业	3561					29	1556		866	507	197	220		181			5	
32	其中:国有控股	802						203		284	130	132	53						
33	1. 中外合资经营企业	2567						1161		694	197	183	172		160				
34	2. 中外合作经营企业																		
35	3. 外资企业	930						381		168	310	14	48		9				
36	4. 外商投资股份有限公司	5						2		3									
37	5. 其他外商投资企业	59					29	12		1					12			5	
38	四、个体经营	102163	3413			867		14167	384	1086	2041	318	430	5407	120		475	73455	
39	1. 个体户	102066	3413			867		14160	314	1070	2040	318	427	5407	120		475	73455	
40	2. 个人合伙	97						7	70	16	1		3						

2017年肇庆市地方税务局税收收入分企业类型分税种统计年报表

编报机关:肇庆市地方税务局　　　　单位:万元

序号	项　目	税收收入合计	国内增值税	一般纳税人	国内消费税	营业税	企业所得税	个人所得税	资源税	城市维护建设税	房产税	印花税	城镇土地使用税	土地增值税	车船税	车辆购置税	耕地占用税	契税	其他税收
1	合　计	717144	12364			4334	122425	133672	9241	63702	27800	15575	19383	164169	16299		23671	104509	
2	一、内资企业	534782	2272			3621	118533	93796	5051	48955	19454	12674	14389	142707	14199		23586	35545	
3	(一)国有企业	8609	65			-54	2389	3147		1402	1497	242	-587	263	159			86	
4	(二)集体企业	3299	7			87	1371	635	5	424	212	45	348	141	4		13	7	
5	(三)股份合作企业	3112	1			6	23	1788		245	400	40	154	20	3			432	
6	(四)联营企业	152				18	33	32		16	20		25	8					
7	其中:国有控股	36					21	7		5	3								
8	1. 国有联营企业	33						24		9									
9	2. 集体联营企业	80				18	12			1	17		24	8					
10	3. 国有与集体联营企业	1								1									
11	4. 其他联营企业	38					21	8		5	3		1						
12	(五)有限责任公司	295609	1940			1956	79232	39764	4305	32182	10591	7793	9631	77132	1518		5726	23839	
13	其中:国有控股	49504	305			297	20808	5206	63	2899	1350	791	409	8024	590		3753	5009	
14	1. 国有独资企业	4987	44			3	71	348		177	405	60	703	379	125		1788	884	
15	2. 其他有限责任公司	290622	1896			1953	79161	39416	4305	32005	10186	7733	8928	76753	1393		3938	22955	
16	(六)股份有限公司	47431	35			909	5194	20546		4669	1584	1387	174	144	12313			476	
17	其中:国有控股	22710	1			1236	3046	9755		2248	1212	822	62	1	4264			63	
18	(七)私营企业	133738	126			269	27525	11029	706	9284	3035	2599	3762	61839	130		2934	10500	
19	1. 私营独资企业	2544	2			57		1277	238	539	109	75	198	45	2			2	
20	2. 私营合伙企业	994						342	234	128	29	244	11	6					

续表

序号	项　　目	税收收入合计	国内增值税	一般纳税人	国内消费税	营业税	企业所得税	个人所得税	资源税	城市维护建设税	房产税	印花税	城镇土地使用税	土地增值税	车船税	车辆购置税	耕地占用税	契税	其他税收
21	3. 私营有限责任公司	127042	124			212	26554	8353	234	7910	2865	2141	3533	61773	93		2934	10316	
22	4. 私营股份有限公司	3158					971	1057		707	32	139	20	15	35			182	
23	(八)其它企业	42832	98			430	2766	16855	35	733	2115	568	882	3160	72		14913	205	
24	二、港、澳、台商投资企业	29829	1517			-141	89	4600	4006	6957	3133	1236	1875	4812	28		7	1710	
25	其中:国有控股	909	9				-84	41	15	67	225	16	157	439	2			22	
26	1. 合资经营企业(港或澳、台资)	7695	924			-168	30	904	380	1965	602	343	63	2626	4			22	
27	2. 合作经营企业(港或澳、台资)	1169						97		156	85	13	769	49					
28	3. 港、澳、台商独资经营企业	17373	397			26		2597	3626	4654	2283	838	1022	1834	18		7	71	
29	4. 港、澳、台商投资股份有限公司	324					1	140		131	17	21	13		1				
30	5. 其他港、澳、台商投资企业	3268	196			1	58	862		51	146	21	8	303	5			1617	
31	三、外商投资企业	35520	400			98	3803	6336	88	5708	2311	1021	2419	11609	944			783	
32	其中:国有控股	5073	1				3724	238	86	650	159	131	73		7			4	
33	1. 中外合资经营企业	9272	1			112	1	1814	86	1648	336	385	1888	2097	310			594	
34	2. 中外合作经营企业	789					2	144		283	208	28	123		1				
35	3. 外资企业	20304	387			-14	3	3891	2	3642	1716	588	366	9498	85			140	
36	4. 外商投资股份有限公司	983					34	220		133	16	17	3	12	548				
37	5. 其他外商投资企业	4172	12				3763	267		2	35	3	39	2				49	
38	四、个体经营	117013	8175			756		28940	96	2082	2902	644	700	5041	1128		78	66471	
39	1. 个体户	116813	8175			756		28755	96	2069	2902	643	699	5041	1128		78	66471	
40	2. 个人合伙	200						185		13		1	1						

2017 年清远市地方税务局税收收入分企业类型分税种统计年报表

编报机关:清远市地方税务局　　　　单位:万元

序号	项目	税收收入合计	国内增值税	一般纳税人	国内消费税	营业税	企业所得税	个人所得税	资源税	城市维护建设税	房产税	印花税	城镇土地使用税	土地增值税	车船税	车辆购置税	耕地占用税	契税	其他税收
1	合计	738051	13295	-3		6460	139160	144567	10151	66785	27790	15929	11401	149145	14613		16967	121394	394
2	一、内资企业	548521	3454	-3		6209	138855	103380	5775	50376	20738	12753	8533	135922	13938		16957	31237	394
3	(一)国有企业	15844				151	3187	6513	119	3460	1270	313	207	4	172			448	
4	(二)集体企业	3209	2			1	1832	446	52	487	109	71	28	179	2				
5	(三)股份合作企业	2279	18			3	22	1684		251	184	43	4	24	1			45	
6	(四)联营企业	2809	-3	-3		214	2129	165		250	7	28		19					
7	其中:国有控股	1122	-3	-3		137	764	128		86	1	9							
8	1. 国有联营企业	25						17		7		1							
9	2. 集体联营企业	1647				77	1351	19		157	6	18		19					
10	3. 国有与集体联营企业	304					202	92		9	1								
11	4. 其他联营企业	833	-3	-3		137	576	37		77		9							
12	(五)有限责任公司	398900	1434			5539	119191	49461	4191	39212	11786	10091	6362	126400	3234		26	21579	394
13	其中:国有控股	33886	129			14	11909	4808	34	5786	1444	1028	519	5444	20			2751	
14	1. 国有独资企业	2109					92	220	9	275	471	14	794	226				8	
15	2. 其他有限责任公司	396791	1434			5539	119099	49241	4182	38937	11315	10077	5568	126174	3234		26	21571	394
16	(六)股份有限公司	36893	728			-11	2034	14958	1	2872	1373	503	52	3550	10485		1	347	
17	其中:国有控股	17428	6			25	157	8267		1671	969	264	33	28	5908			100	
18	(七)私营企业	33300	166			225	7717	5416	1345	3108	1207	1048	950	3803	35			8280	
19	1. 私营独资企业	2239	4			1	1	884	655	367	115	45	144	16				7	
20	2. 私营合伙企业	1561	1				1	838	281	279	76	41	35	2	2			5	

续表

序号	项　　目	税收收入合计	国内增值税	一般纳税人	国内消费税	营业税	企业所得税	个人所得税	资源税	城市维护建设税	房产税	印花税	城镇土地使用税	土地增值税	车船税	车辆购置税	耕地占用税	契税	其他税收
21	3. 私营有限责任公司	29313	161			190	7692	3626	409	2430	1005	958	771	3785	23			8263	
22	4. 私营股份有限公司	187				34	23	68		32	11	4			10			5	
23	(八)其它企业	55287	1109			87	2743	24737	67	736	4802	656	930	1943	9		16930	538	
24	二、港、澳、台商投资企业	36915	89				93	5923	3875	11107	4488	1705	1618	5568	130			2319	
25	其中:国有控股	4412						619	1354	1234	411	185	222		69			318	
26	1. 合资经营企业(港或澳、台资)	6972	1				16	763	1355	2251	503	292	421	1272	69			29	
27	2. 合作经营企业(港或澳、台资)	120	10					21		2		1	73	13					
28	3. 港、澳、台商独资经营企业	26034	6				8	4391	2520	8225	3704	1273	1071	4213	60			563	
29	4. 港、澳、台商投资股份有限公司	1865						561		604	251	121	14					314	
30	5. 其他港、澳、台商投资企业	1924	72				69	187		25	30	18	39	70	1			1413	
31	三、外商投资企业	12734	199			56	212	4190	6	3361	1439	677	498	1737	83			276	
32	其中:国有控股	989						287	5	273	239	52			74			59	
33	1. 中外合资经营企业	5340				-7		2015	5	1147	456	287	88	1196	79			74	
34	2. 中外合作经营企业	204						72		153	20	3	-44						
35	3. 外资企业	6228	169			63	83	1783	1	1890	865	277	454	538	4			101	
36	4. 外商投资股份有限公司	594						276		166	53	99							
37	5. 其他外商投资企业	368	30				129	44		5	45	11		3				101	
38	四、个体经营	139881	9553			195		31074	495	1941	1125	794	752	5918	462		10	87562	
39	1. 个体户	139724	9553			195		30953	495	1909	1124	793	750	5918	462		10	87562	
40	2. 个人合伙	157						121		32	1	1	2						

2017年潮州市地方税务局税收收入分企业类型分税种统计年报表

编报机关:潮州市地方税务局　　　　单位:万元

序号	项目	税收收入合计	国内增值税	一般纳税人	国内消费税	营业税	企业所得税	个人所得税	资源税	城市维护建设税	房产税	印花税	城镇土地使用税	土地增值税	车船税	车辆购置税	耕地占用税	契税	其他税收
1	合　计	309119	2339			2448	67188	66065	9873	31197	20637	7760	15971	37727	11067		15875	20972	
2	一、内资企业	272138	698			2341	67028	57136	8632	28301	16002	6762	12868	36163	11047		15875	9285	
3	(一)国有企业	9066					2695	1901	104	1106	980	72	406	1			1801		
4	(二)集体企业	10501				1100	6173	1122	943	647	105	204	94	113					
5	(三)股份合作企业	2989	39			-246	841	1072	51	349	430	104	154	135				60	
6	(四)联营企业	68					52	1		4	3	6	2						
7	其中:国有控股																		
8	1. 国有联营企业																		
9	2. 集体联营企业	43					32	1		2	3	3	2						
10	3. 国有与集体联营企业	24					19			2		3							
11	4. 其他联营企业	1					1												
12	(五)有限责任公司	155409	480			1485	36463	22681	4754	18941	9334	4197	8828	34588	6399		391	6868	
13	其中:国有控股	9907				1	1163	2775	64	2279	1389	385	601	135	199			916	
14	1. 国有独资企业	1298					250	353	13	193	352	26	92	19					
15	2. 其他有限责任公司	154111	480			1485	36213	22328	4741	18748	8982	4171	8736	34569	6399		391	6868	
16	(六)股份有限公司	49024				-17	18961	17167	72	4047	2040	868	589		4644			653	
17	其中:国有控股	5202				-17		2459		717	1103	180	209		547			4	
18	(七)私营企业	25421	8			15	1163	9350	2678	2950	2841	809	2659	1304	3			1641	
19	1. 私营独资企业	18781	8			2		8558	2267	2254	2531	616	2473	47	3			22	
20	2. 私营合伙企业	326					1	102	134	25	20	7	24					13	

续表

序号	项　目	税收收入合计	国内增值税	一般纳税人	国内消费税	营业税	企业所得税	个人所得税	资源税	城市维护建设税	房产税	印花税	城镇土地使用税	土地增值税	车船税	车辆购置税	耕地占用税	契税	其他税收
21	3. 私营有限责任公司	5683				13	938	608	277	557	196	165	120	1257				1552	
22	4. 私营股份有限公司	631					224	82		114	94	21	42					54	
23	(八)其它企业	19660	171			4	680	3842	30	257	269	502	136	22	1		13683	63	
24	二、港、澳、台商投资企业	5752	136				121	844	452	1620	999	282	904	303				91	
25	其中:国有控股	111						38	3	23	26	5	16						
26	1. 合资经营企业(港或澳、台资)	866					1	102		240	97	100	266					60	
27	2. 合作经营企业(港或澳、台资)	2159	7					254	390	666	428	80	327	7					
28	3. 港、澳、台商独资经营企业	2209	108					322	62	631	435	91	284	276					
29	4. 港、澳、台商投资股份有限公司	256						104		81	35	10	26						
30	5. 其他港、澳、台商投资企业	262	21				120	62		2	4	1	1	20				31	
31	三、外商投资企业	2822	106			97	39	810	154	458	457	249	448					4	
32	其中:国有控股	133						73		21	35	1	3						
33	1. 中外合资经营企业	311						18	43	59	75	12	104						
34	2. 中外合作经营企业	581						57	92	206	89	26	111						
35	3. 外资企业	1868	102			97		725	19	192	291	211	231						
36	4. 外商投资股份有限公司	2						1		1									
37	5. 其他外商投资企业	60	4				39	9			2		2					4	
38	四、个体经营	28407	1399			10		7275	635	818	3179	467	1751	1261	20			11592	
39	1. 个体户	28368	1399			10		7246	635	814	3178	463	1750	1261	20			11592	
40	2. 个人合伙	39						29		4	1	4	1						

2017年揭阳市地方税务局税收收入分企业类型分税种统计年报表

编报机关:揭阳市地方税务局　　　　单位:万元

序号	项目	税收收入合计	国内增值税	一般纳税人	国内消费税	营业税	企业所得税	个人所得税	资源税	城市维护建设税	房产税	印花税	城镇土地使用税	土地增值税	车船税	车辆购置税	耕地占用税	契税	其他税收
1	合　计	440280	3750			-1	125680	78229	2832	61947	18841	14176	18385	57293	16150		6449	36549	
2	一、内资企业	386931	425			-36	125320	63622	2617	55522	15028	13160	15447	54889	15855		6434	18648	
3	(一)国有企业	15905	1			-17	7053	4793	400	1530	825	324	354		642				
4	(二)集体企业	9861					7510	748	231	522	268	155	376	1	1			49	
5	(三)股份合作企业	1709				-60		1380		223	119	34	13						
6	(四)联营企业	4					1	2		1									
7	其中:国有控股	1					1												
8	1. 国有联营企业	2						1		1									
9	2. 集体联营企业																		
10	3. 国有与集体联营企业																		
11	4. 其他联营企业	2					1	1											
12	(五)有限责任公司	182098	101			132	42086	20208	1583	36478	8797	9059	9299	44506	438		354	9057	
13	其中:国有控股	24803				5	494	3458	8	9266	1972	1364	1202	6631	2		268	133	
14	1. 国有独资企业	1497					18	153	8	96	228	93	572				268	61	
15	2. 其他有限责任公司	180601	101			132	42068	20055	1575	36382	8569	8966	8727	44506	438		86	8996	
16	(六)股份有限公司	117514	317			-104	60698	18865	36	10467	2877	1345	2603	5361	14743			306	
17	其中:国有控股	15483					-14	4685		817	994	220	902		7879				
18	(七)私营企业	38412	6			9	7582	3838	360	6124	1655	2078	2620	5021	6		12	9101	
19	1. 私营独资企业	2050						937	102	504	164	80	251				12		
20	2. 私营合伙企业	207					45	121		30	4	7							

续表

序号	项　　目	税收收入合计	国内增值税	一般纳税人	国内消费税	营业税	企业所得税	个人所得税	资源税	城市维护建设税	房产税	印花税	城镇土地使用税	土地增值税	车船税	车辆购置税	耕地占用税	契税	其他税收
21	3. 私营有限责任公司	32266	6			9	5935	2383	258	5314	1410	1856	2296	3756	6			9037	
22	4. 私营股份有限公司	3889					1602	397		276	77	135	73	1265				64	
23	(八)其它企业	21428				4	390	13788	7	177	487	165	182		25		6068	135	
24	二、港、澳、台商投资企业	7496	216			1	15	874	3	2734	1091	477	851	1059	1			174	
25	其中:国有控股	490						153		174	146	11	6						
26	1. 合资经营企业(港或澳、台资)	1063						207	3	491	149	79	105	29					
27	2. 合作经营企业(港或澳、台资)	1243						52		492	154	103	442						
28	3. 港、澳、台商独资经营企业	3996				1		483		1529	768	274	297	608	1			35	
29	4. 港、澳、台商投资股份有限公司	951	187					93		219	14	20	7	411					
30	5. 其他港、澳、台商投资企业	243	29				15	39		3	6	1		11				139	
31	三、外商投资企业	3241	30			1	345	1232		735	405	191	162	26	62			52	
32	其中:国有控股	235						95		47	21	4	22					46	
33	1. 中外合资经营企业	323	23					50		84	49	9	15	19	28			46	
34	2. 中外合作经营企业	364						24		197	53	25	65						
35	3. 外资企业	2343				1	279	1045		446	303	148	82		34			5	
36	4. 外商投资股份有限公司	103						98		5									
37	5. 其他外商投资企业	108	7				66	15		3		9		7				1	
38	四、个体经营	42612	3079			33		12501	212	2956	2317	348	1925	1319	232		15	17675	
39	1. 个体户	42610	3079			33		12501	212	2955	2317	348	1925	1319	231		15	17675	
40	2. 个人合伙	2								1					1				

2017年云浮市地方税务局税收收入分企业类型分税种统计年报表

编报机关:云浮市地方税务局　　　　单位:万元

序号	项目	税收收入合计	国内增值税	一般纳税人	国内消费税	营业税	企业所得税	个人所得税	资源税	城市维护建设税	房产税	印花税	城镇土地使用税	土地增值税	车船税	车辆购置税	耕地占用税	契税	其他税收
1	合　计	446026	5151			1383	42758	178847	7161	25714	17999	5105	11890	60069	7967		37303	44679	
2	一、内资企业	290224	680			874	42624	82442	5116	19991	11419	3986	8629	50808	7856		37303	18496	
3	(一)国有企业	6507				82	1230	3026		777	878	73	237	23	1			180	
4	(二)集体企业	4486	41			16	2431	292	187	408	105	31	506	451				18	
5	(三)股份合作企业	3415	6			-266	96	2459		322	310	70	81	110				227	
6	(四)联营企业	3						1		1	1								
7	其中:国有控股	1									1								
8	1. 国有联营企业																		
9	2. 集体联营企业																		
10	3. 国有与集体联营企业																		
11	4. 其他联营企业	3						1		1	1								
12	(五)有限责任公司	145354	541			620	34214	26158	4722	14069	6450	2660	5456	34256	353		1235	14620	
13	其中:国有控股	11610				-3	4578	1925	1114	1410	1052	210	859	56	1		217	191	
14	1. 国有独资企业	7235				2	51	288	593	326	379	155	42	2898			211	2290	
15	2. 其他有限责任公司	138119	541			618	34163	25870	4129	13743	6071	2505	5414	31358	353		1024	12330	
16	(六)股份有限公司	43089	19			28	213	31713		1177	794	265	148	907	7493			332	
17	其中:国有控股	14075	14			22	112	7677		696	545	115	26	594	4269			5	
18	(七)私营企业	34832	2			353	3818	6347	207	2976	2215	711	1122	14032	6			3043	
19	1. 私营独资企业	1096				26		656	47	195	83	23	65		1				
20	2. 私营合伙企业	1418				58	5	1217		27	52	31	13					15	

续表

序号	项目	税收收入合计	国内增值税		国内消费税	营业税	企业所得税	个人所得税	资源税	城市维护建设税	房产税	印花税	城镇土地使用税	土地增值税	车船税	车辆购置税	耕地占用税	契税	其他税收
				一般纳税人															
21	3. 私营有限责任公司	30048	1			269	3720	2974	160	2679	1757	620	1029	13835	5			2999	
22	4. 私营股份有限公司	2270	1				93	1500		75	323	37	15	197				29	
23	(八)其它企业	52538	71			41	622	12446		261	666	176	1079	1029	3		36068	76	
24	二、港、澳、台商投资企业	16787	490			494	88	2342	1418	3207	2089	563	1395	3746				955	
25	其中:国有控股	1941				-3		427		279	530	64	151	346				147	
26	1. 合资经营企业(港或澳、台资)	3163				-3	2	666	292	701	645	99	220	346				195	
27	2. 合作经营企业(港或澳、台资)	1018						19		66	22	37	248	587				39	
28	3. 港、澳、台商独资经营企业	9402	135			497		1053	1126	2186	979	388	760	2042				236	
29	4. 港、澳、台商投资股份有限公司	701						69		210	285	24	113						
30	5. 其他港、澳、台商投资企业	2503	355				86	535		44	158	15	54	771				485	
31	三、外商投资企业	83393	10			8	46	80126	525	1143	911	189	204	68	10			153	
32	其中:国有控股	1150				2		164	525	151	235	14	59						
33	1. 中外合资经营企业	60703	1			2		59729	1	653	186	92	39						
34	2. 中外合作经营企业	957				5		121	524	143	152	10	2						
35	3. 外资企业	21299	1			1	17	20236		336	485	80	88	15	10			30	
36	4. 外商投资股份有限公司	304					29	6		10	86	3	56					114	
37	5. 其他外商投资企业	130	8					34		1	2	4	19	53				9	
38	四、个体经营	55622	3971			7		13937	102	1373	3580	367	1662	5447	101			25075	
39	1. 个体户	55612	3971			7		13931	102	1370	3580	366	1662	5447	101			25075	
40	2. 个人合伙	10						6		3		1							

2017年横琴新区地方税务局税收收入分企业类型分税种统计年报表

编报机关：横琴新区地方税务局　　　　单位：万元

序号	项目	税收收入合计	国内增值税	一般纳税人	国内消费税	营业税	企业所得税	个人所得税	资源税	城市维护建设税	房产税	印花税	城镇土地使用税	土地增值税	车船税	车辆购置税	耕地占用税	契税	其他税收
1	合计	751969	185			4607	224229	328527		23804	14009	13256	3930	94093	551		4	44774	
2	一、内资企业	664065				4608	221651	270451		21171	13724	11223	2540	90060	550		4	28083	
3	(一)国有企业	528					20	133		242	2	131							
4	(二)集体企业	21					1	1		15	3	1							
5	(三)股份合作企业	28								10	18								
6	(四)联营企业																		
7	其中:国有控股																		
8	1. 国有联营企业																		
9	2. 集体联营企业																		
10	3. 国有与集体联营企业																		
11	4. 其他联营企业																		
12	(五)有限责任公司	407480				4650	148248	142665		13347	13448	4296	2350	70190	538		4	7744	
13	其中:国有控股	120180					38035	27000		2441	776	1384	488	43360	372			6324	
14	1. 国有独资企业	48450					3813	580		140	358	100	313	43120				26	
15	2. 其他有限责任公司	359030				4650	144435	142085		13207	13090	4196	2037	27070	538		4	7718	
16	(六)股份有限公司	9727				-53	1111	7338		916	9	395			11				
17	其中:国有控股	2813				-53	364	1961		359		180			2				
18	(七)私营企业	245526				11	72256	119641		6618	227	6397	186	19870	1			20319	
19	1. 私营独资企业	24										24							
20	2. 私营合伙企业	58205				6		52836		1131		4232							

续表

序号	项　目	税收收入合计	国内增值税	一般纳税人	国内消费税	营业税	企业所得税	个人所得税	资源税	城市维护建设税	房产税	印花税	城镇土地使用税	土地增值税	车船税	车辆购置税	耕地占用税	契税	其他税收
21	3. 私营有限责任公司	186717				5	72255	66239		5475	227	2140	186	19870	1			20319	
22	4. 私营股份有限公司	580					1	566		12		1							
23	(八)其它企业	755					15	673		23	17	3	4					20	
24	二、港、澳、台商投资企业	26934	82			-1	2554	7682		1076	75	861	1191	3992				9422	
25	其中:国有控股	5826				-1	825	2351		325		307	5					2014	
26	1. 合资经营企业(港或澳、台资)	875						768		63		44							
27	2. 合作经营企业(港或澳、台资)	1101						31		13	33	2	1022						
28	3. 港、澳、台商独资经营企业	16800				-1	35	6277		988	6	573	169	3992				4761	
29	4. 港、澳、台商投资股份有限公司																		
30	5. 其他港、澳、台商投资企业	8158	82				2519	606		12	36	242						4661	
31	三、外商投资企业	11253					24	6584		1482	26	895	198					2044	
32	其中:国有控股	617					4	274		231		108							
33	1. 中外合资经营企业	1284					1	905		262		116							
34	2. 中外合作经营企业	2257						258		3	26	45	125					1800	
35	3. 外资企业	7125						4979		1217		712	73					144	
36	4. 外商投资股份有限公司																		
37	5. 其他外商投资企业	587					23	442				22						100	
38	四、个体经营	49717	103					43810		75	184	277	1	41	1			5225	
39	1. 个体户	49717	103					43810		75	184	277	1	41	1			5225	
40	2. 个人合伙																		

2017年顺德区地方税务局税收收入分企业类型分税种统计年报表

编报机关:顺德区地方税务局　　　　单位:万元

序号	项　目	税收收入合计	国内增值税	一般纳税人	国内消费税	营业税	企业所得税	个人所得税	资源税	城市维护建设税	房产税	印花税	城镇土地使用税	土地增值税	车船税	车辆购置税	耕地占用税	契税	其他税收
1	合　计	1613316	45740			1835	309288	418127		162538	109435	32442	45455	152651	31401		24974	279430	
2	一、内资企业	1068352	6723			1500	253855	278733		98670	67634	22326	32380	122725	30196		24852	128758	
3	(一)国有企业	2286					49	1206		482	248	178	122		1				
4	(二)集体企业	5875					2089	810		323	656	71	389	711			822	4	
5	(三)股份合作企业	10	3					4		3									
6	(四)联营企业	21					12	4		2	1	1	1						
7	其中:国有控股	1											1						
8	1. 国有联营企业	2										1	1						
9	2. 集体联营企业	15					12	1		1	1								
10	3. 国有与集体联营企业																		
11	4. 其他联营企业	4						3		1									
12	(五)有限责任公司	616430	2949			-910	186039	110462		52639	30804	13367	18191	88164	586		82	114057	
13	其中:国有控股	54005	109			-1124	18724	5408		4897	6955	896	2214	14800	293			833	
14	1. 国有独资企业	5763					12	1206		2212	1194	126	192					821	
15	2. 其他有限责任公司	610667	2949			-910	186027	109256		50427	29610	13241	17999	88164	586		82	113236	
16	(六)股份有限公司	121691	1900			-100	14282	50133		8866	18686	2299	2757	1504	19797			1567	
17	其中:国有控股	24558	372			1	723	11652		2315	1607	312	221	1149	5799			407	
18	(七)私营企业	240268	1767			2503	40718	100532		34865	15192	4374	8732	9393	9138			13054	
19	1. 私营独资企业	17053	165				1	12159		2333	1366	118	710	190				11	
20	2. 私营合伙企业	2759						2020		359	302	27	51						

续表

序号	项　　目	税收收入合计	国内增值税	一般纳税人	国内消费税	营业税	企业所得税	个人所得税	资源税	城市维护建设税	房产税	印花税	城镇土地使用税	土地增值税	车船税	车辆购置税	耕地占用税	契税	其他税收
21	3. 私营有限责任公司	125876	1588			2466	25198	22544		29027	9911	3684	4232	6508	9137			11581	
22	4. 私营股份有限公司	94580	14			37	15519	63809		3146	3613	545	3739	2695	1			1462	
23	(八)其它企业	81771	104			7	10666	15582		1490	2047	2036	2188	22953	674		23948	76	
24	二、港、澳、台商投资企业	150776	2625			29	17974	45406		37634	17893	4756	7445	13196	455		3	3360	
25	其中:国有控股	8978	45				69	3952		2555	1405	344	559	49					
26	1. 合资经营企业(港或澳、台资)	60294	342			19	1036	22370		18710	7987	2253	3605	3528	2			442	
27	2. 合作经营企业(港或澳、台资)	3589	298					676		594	1408	41	182	390					
28	3. 港、澳、台商独资经营企业	49522	1313			9	-22	13255		13689	6830	1951	2815	9034	452			196	
29	4. 港、澳、台商投资股份有限公司	14844						8042		4113	1405	478	806						
30	5. 其他港、澳、台商投资企业	22527	672			1	16960	1063		528	263	33	37	244	1		3	2722	
31	三、外商投资企业	122476	1706			39	37459	38389		21280	8117	4244	2643	7950	72			577	
32	其中:国有控股	8032	1029					2152		635	584	403	300	2929					
33	1. 中外合资经营企业	38575	1029					18811		12420	3120	2218	872		1			104	
34	2. 中外合作经营企业	1632	397					493		317	144	20	28	233					
35	3. 外资企业	61933	262			39	18619	18254		8080	4817	2000	1733	7710	71			348	
36	4. 外商投资股份有限公司	183						107		49	14	5	8						
37	5. 其他外商投资企业	20153	18				18840	724		414	22	1	2	7				125	
38	四、个体经营	271712	34686			267		55599		4954	15791	1116	2987	8780	678		119	146735	
39	1. 个体户	271628	34686			267		55517		4953	15791	1115	2987	8780	678		119	146735	
40	2. 个人合伙	84						82		1		1							

2017年广东省地方税务局直属分局税收收入分企业类型分税种统计年报表

编报机关:广东省地方税务局直属分局

单位:万元

序号	项目	税收收入合计	国内增值税	一般纳税人	国内消费税	营业税	企业所得税	个人所得税	资源税	城市维护建设税	房产税	印花税	城镇土地使用税	土地增值税	车船税	车辆购置税	耕地占用税	契税	其他税收
1	合计	506486				35868	470150			468									
2	一、内资企业	502807				38187	464152			468									
3	(一)国有企业	17385				2366	15019												
4	(二)集体企业	44					44												
5	(三)股份合作企业																		
6	(四)联营企业	69					69												
7	其中:国有控股	69					69												
8	1. 国有联营企业	23					23												
9	2. 集体联营企业																		
10	3. 国有与集体联营企业	1					1												
11	4. 其他联营企业	45					45												
12	(五)有限责任公司	452718				26564	425686			468									
13	其中:国有控股	58320				14231	44089												
14	1. 国有独资企业	17451				13252	4199												
15	2. 其他有限责任公司	435267				13312	421487			468									
16	(六)股份有限公司	10174				-1721	11895												
17	其中:国有控股	6772				-1721	8493												
18	(七)私营企业	13085				10978	2107												
19	1. 私营独资企业																		
20	2. 私营合伙企业	450				450													

续表

序号	项　目	税收收入合计	国内增值税	一般纳税人	国内消费税	营业税	企业所得税	个人所得税	资源税	城市维护建设税	房产税	印花税	城镇土地使用税	土地增值税	车船税	车辆购置税	耕地占用税	契税	其他税收
21	3. 私营有限责任公司	11330				10505	825												
22	4. 私营股份有限公司	1305				23	1282												
23	(八)其它企业	9332					9332												
24	二、港、澳、台商投资企业	5940				10	5930												
25	其中:国有控股	4342				9	4333												
26	1. 合资经营企业(港或澳、台资)	1686					1686												
27	2. 合作经营企业(港或澳、台资)	9				9													
28	3. 港、澳、台商独资经营企业	1				1													
29	4. 港、澳、台商投资股份有限公司	3919					3919												
30	5. 其他港、澳、台商投资企业	325					325												
31	三、外商投资企业	-2261				-2329	68												
32	其中:国有控股	-2329				-2329													
33	1. 中外合资经营企业	-2025				-2025													
34	2. 中外合作经营企业																		
35	3. 外资企业	-304				-304													
36	4. 外商投资股份有限公司																		
37	5. 其他外商投资企业	68					68												
38	四、个体经营																		
39	1. 个体户																		
40	2. 个人合伙																		

2017年广东省地方税务局企业所得税分行业分企业类型统计年报表

编报机关:广东省地方税务局

单位:万元

序号	项目	合计	内资企业										港澳台投资企业	国有控股	外商投资企业	国有控股
			小计	国有企业	集体企业	股份合作企业	联营企业	国有控股	股份公司	国有控股	私营企业	其他企业				
1	合计	16119772	12592846	504288	230132	35778	9961	4485	10023557	1493513	1448683	340447	1864373	75513	1662553	94584
2	(一)采矿业	24598	19226	837	235	2			17903	8665	226	23	5353		19	19
3	1. 煤炭开采和洗选业	953	953						953	843						
4	2. 石油和天然气开采业	47	47		2				45							
5	3. 黑色金属矿采选业	2062	2062	22	109				1931	1						
6	4. 有色金属矿采选业	7938	7911	532					7367	5470		12	8		19	19
7	5. 非金属矿采选业	3273	3273	177	123	2			2801	2308	160	10				
8	6. 其他采矿业	10325	4980	106	1				4806	43	66	1	5345			
9	(二)制造业	2886908	1536690	5348	14902	3303	410	194	1268746	476936	243578	403	652630	5231	697588	30888
10	1. 农副食品加工业	32319	18623	1663	37	2	2		11709	550	5210		6034	7	7662	
11	2. 食品制造业	53919	25106	297	34	73			21503	1175	3204	-5	18389		10424	
12	3. 酒、饮料和精制茶制造业	31872	6697	237	4				5974	203	482		8427	7	16748	
13	4. 烟草制品业	21121	20654						20652	588	2		467			
14	5. 纺织业	38291	20220	12	141	110			16384	2422	3573		16616	14	1455	
15	6. 纺织服装、服饰业	51650	30794	624	551	270	1		20284	413	9061	3	8308	85	12548	149
16	7. 皮革、毛皮、羽毛及其制品和制鞋业	16647	6099	8	1414	2			3392	129	1283		4586		5962	232
17	8. 木材加工和木竹藤棕草制品业	9147	7594	223	3	1			6858	5728	508	1	709		844	
18	9. 家具制造业	14875	9283	20	56	10			3313		5884		5121	1	471	
19	10. 造纸和纸制品业	83809	29080		284	110			25708	3629	2977	1	53806	27	923	

续表

序号	项目	合计	内资企业										港澳台投资企业	国有控股	外商投资企业	国有控股
			小计	国有企业	集体企业	股份合作企业	联营企业	国有控股	股份公司	国有控股	私营企业	其他企业				
20	11. 印刷和记录媒介复制业	40408	15950	237	204	211	2		13060	1607	2216	20	11151	1044	13307	
21	12. 文教、工美、体育和娱乐用品制造业	60549	22914	296	1061	-35			15814	1540	5778		21592	12	16043	5
22	13. 石油加工、炼焦和核燃料加工业	47763	1565	3	4				1768		-210		160		46038	
23	14. 化学原料和化学制品制造业	80217	48214	59	195	372	40	27	29640	4371	17908		15322	488	16681	1
24	15. 医药制造业	211108	129834	1	4	80	83		120698	18893	8968		56397	528	24877	7
25	16. 化学纤维制造业	12007	389		52				334	10	3		11618			
26	17. 橡胶和塑料制品业	113284	67737	31	1815	120			51411	2573	14360		38087	153	7460	11
27	18. 非金属矿物制品业	63192	49674	207	583	867	23	10	33349	1621	14645		9316	1	4202	
28	19. 黑色金属冶炼和压延加工业	3265	2369	35	19		1		1567	44	747		100		796	
29	20. 有色金属冶炼和压延加工业	29596	23730	26	104	2			18197	6189	5401		2234		3632	3593
30	21. 金属制品业	144414	98765	22	910	180	7	5	34297	616	63348	1	30905	65	14744	28
31	22. 通用设备制造业	116557	35028	33	271	17	3		30264	1082	4384	56	6915	277	74614	16642
32	23. 专用设备制造业	115779	60731	228	967	11			46198	8644	13321	6	36909	447	18139	288
33	24. 汽车制造业	26306	17410	403	22				15156	506	1829		4495		4401	3
34	25. 铁路、船舶、航空航天和其他运输设备制造业	18272	5271	1	10	1			3568	201	1691		5235		7766	
35	26. 电气机械和器材制造业	585404	478052	244	1367	147			454238	363960	21774	282	38599	143	68753	21
36	27. 计算机、通信和其他电子设备制造业	592577	184195	95	3067	305	231	151	156572	13422	23924	1	155134	1490	253248	1089
37	28. 仪表仪器制造业	66949	22604	228	137	27			21422	157	790		15892	8	28453	8438
38	29. 其他制造业	205611	98108	115	1586	420	17	1	85416	36663	10517	37	70106	434	37397	381

续表

序号	项目	合计	内资企业										港澳台投资企业	国有控股	外商投资企业	国有控股
			小计	国有企业	集体企业	股份合作企业	联营企业	国有控股	股份公司	国有控股	私营企业	其他企业				
39	(三)电力、热力、燃气及水的生产和供应业	714503	489620	17318	5250	190	889	529	457120	32950	7717	1136	67741	4979	157142	25064
40	1. 电力、热力生产和供应业	557015	415686	12944	2222	190	676	529	395725	13948	3658	271	65292	4979	76037	25064
41	2. 燃气生产和供应业	23863	22273	45	102				21872	3552	254		459		1131	
42	3. 水的生产和供应业	133625	51661	4329	2926		213		39523	15450	3805	865	1990		79974	
43	(四)建筑业	1099157	1055471	70987	81601	478	1819	570	752078	78050	142938	5570	19557	1	24129	21
44	1. 房屋建筑业	340502	324252	50799	50324	162	12	11	189937	21213	31601	1417	15356		894	
45	2. 土木工程建筑业	143111	143069	4676	3883	7	3		118870	22231	13881	1749	2		40	
46	3. 建筑安装业	331881	309602	11736	23204	261	1719	492	213552	19611	57913	1217	2971	1	19308	26
47	4. 建筑装饰和其他建筑业	283663	278548	3776	4190	48	85	67	229719	14995	39543	1187	1228		3887	-5
48	(五)批发和零售业	1041190	901761	75697	18034	17210	2851	918	678904	112435	107100	1965	92396	4032	47033	6234
49	1. 批发业	785984	706566	72379	5367	15673	1787	587	531092	98212	79465	803	65917	4025	13501	6040
50	2. 零售业	255206	195195	3318	12667	1537	1064	331	147812	14223	27635	1162	26479	7	33532	194
51	(六)交通运输、仓储和邮政业	463697	368918	5048	2885	263	113	87	309802	59620	38451	12356	44415	1676	50364	7848
52	1. 交通运输业	426713	338040	2555	1852	157	87	87	286391	58857	34726	12272	41571	1532	47102	7848
53	2. 仓储业	34293	28629	2490	1033	106	26		21566	763	3324	84	2843	144	2821	
54	3. 邮政业	2691	2249	3					1845		401		1		441	
55	(七)住宿和餐饮业	59456	41688	2888	611	808	79	3	25826	3749	11251	225	10113	82	7655	69
56	1. 住宿业	22131	17049	2624	396	22	79	3	11228	3339	2495	205	3682	12	1400	58
57	2. 餐饮业	37325	24639	264	215	786			14598	410	8756	20	6431	70	6255	11
58	(八)信息传输、软件和信息技术服务业	926329	282749	399	32	1	48	47	268664	9328	12229	1376	376322	38	267258	392

续表

序号	项目	合计	内资企业										港澳台投资企业		外商投资企业	
			小计	国有企业	集体企业	股份合作企业	联营企业	国有控股	股份公司	国有控股	私营企业	其他企业		国有控股		国有控股
59	1. 电信、广播电视和卫星传输服务业	52793	52717	183					51487	3040	971	76	70		6	
60	2. 互联网和相关服务	9597	1264	10					1030	37	137	87	8324		9	
61	3. 软件和信息技术服务业	863939	228768	206	32	1	48	47	216147	6251	11121	1213	367928	38	267243	392
62	（九）金融业	669451	571975	156693	4				364830	45494	49434	1014	50261	4831	47215	380
63	1. 货币金融服务	148789	143077	3	3				121396	19116	21674	1	4099		1613	2
64	2. 资本市场服务	295259	266363	156677					98036	7444	10649	1001	8352	-45	20544	3
65	3. 保险业	14687	14655						14382	3383	273				32	
66	4. 其他金融业	210716	147880	13	1				131016	15551	16838	12	37810	4876	25026	375
67	（十）房地产业	5452288	4996180	11278	47082	4951	196	24	4326482	382574	525728	80463	253019	25317	203089	3424
68	（十一）租赁和商务服务业	1791151	1535935	126439	32886	2651	1159	753	1097210	199451	220403	55187	145503	20952	109713	2479
69	1. 租赁业	35040	33642	1	569	864	182		29069	7040	2847	110	1058		340	
70	2. 商务服务业	1756111	1502293	126438	32317	1787	977	753	1068141	192411	217556	55077	144445	20952	109373	2479
71	（十二）科学研究和技术服务业	338670	301062	16063	4778	619	677	12	191238	25122	58867	28820	29815	5	7793	76
72	（十三）居民服务、修理和其他服务业	377275	264854	8582	18790	3055	417	46	164386	19174	12683	56941	71140	8359	41281	17723
73	（十四）教育	38364	37747	707	576	241			6748	966	802	28673	117	10	500	4
74	（十五）卫生和社会工作	33367	31906	62	343	1368			21824	1644	4795	3514	1290		171	
75	（十六）文化、体育和娱乐业	52520	40555	883	90	41	1303	1303	13660	4641	4865	19713	10841		1124	
76	（十七）公共管理、社会保障和社会组织	44619	44595	332	1557	42			2583	2449	15	40066	24			
77	（十八）其他行业	106229	71914	4733	477	555		-1	55548	30264	7602	2999	33836		479	-37

2017年广州市地方税务局企业所得税分行业分企业类型统计年报表

编报机关:广州市地方税务局

单位:万元

序号	项目	合计	内资企业										港澳台投资企业	国有控股	外商投资企业	国有控股
			小计	国有企业	集体企业	股份合作企业	联营企业	国有控股	股份公司	国有控股	私营企业	其他企业				
1	合计	2102738	1976615	48495	42841	8389	2961	2346	1343393	364055	373527	157009	72450	20899	53673	10621
2	(一)采矿业	1178	1178						1043	843	135					
3	1. 煤炭开采和洗选业	953	953						953	843						
4	2. 石油和天然气开采业															
5	3. 黑色金属矿采选业															
6	4. 有色金属矿采选业															
7	5. 非金属矿采选业	225	225						90		135					
8	6. 其他采矿业															
9	(二)制造业	177582	167504	2678	1784	1577	55	51	116594	54313	44815	1	2592	568	7486	564
10	1. 农副食品加工业	5365	5144	555	20	1			653	125	3915				221	
11	2. 食品制造业	7975	7975	272	10	1			7317	9	375					
12	3. 酒、饮料和精制茶制造业	659	659	236					281		142					
13	4. 烟草制品业															
14	5. 纺织业	3386	3386	12	23	1			3328	149	22					
15	6. 纺织服装、服饰业	1386	1386		270	15			229	1	872					
16	7. 皮革、毛皮、羽毛及其制品和制鞋业	649	649	1	49	1			60		538					
17	8. 木材加工和木竹藤棕草制品业	5969	5969						5663	5662	306					
18	9. 家具制造业	494	494	19	1	10			25		439					
19	10. 造纸和纸制品业	2562	2562		1	48			1789	1694	724					

续表

序号	项　目	合计	内资企业										港澳台投资企业	国有控股	外商投资企业	国有控股
			小计	国有企业	集体企业	股份合作企业	联营企业	国有控股	股份公司	国有控股	私营企业	其他企业				
20	11. 印刷和记录媒介复制业	964	964	187	9	43			353	264	371	1				
21	12. 文教、工美、体育和娱乐用品制造业	2350	2339	293	50	14			1704	1536	278				11	5
22	13. 石油加工、炼焦和核燃料加工业	10	10								10					
23	14. 化学原料和化学制品制造业	18295	18255		56	330			6232	2549	11637		40	40		
24	15. 医药制造业	12399	7539	1	1	34			6820	4645	683		528	528	4332	6
25	16. 化学纤维制造业	1	1								1					
26	17. 橡胶和塑料制品业	10505	9810	30	102	18			7891	2187	1769		599		96	
27	18. 非金属矿物制品业	3253	3253	-9	86	773	2		1609	1308	792					
28	19. 黑色金属冶炼和压延加工业	600	600		1				199		400					
29	20. 有色金属冶炼和压延加工业	106	106						50	35	56					
30	21. 金属制品业	12957	12906		46	55	7	5	6060		6738		51			
31	22. 通用设备制造业	16433	16433		42	5			14841	39	1545					
32	23. 专用设备制造业	2725	2715	226	4	7			1415	55	1063		10			
33	24. 汽车制造业	4539	4539	402					3029		1108					
34	25. 铁路、船舶、航空航天和其他运输设备制造业	1778	1778			1			401		1376					
35	26. 电气机械和器材制造业	12999	12999	210	101	133			9448	378	3107					
36	27. 计算机、通信和其他电子设备制造业	6699	4843		574	52	46	46	1243	640	2928		1299		557	553
37	28. 仪表仪器制造业	917	917	228	4	11			639	82	35					
38	29. 其他制造业	41607	39273	15	334	24			35315	32955	3585		65		2269	

续表

序号	项目	合计	内资企业										港澳台投资企业	国有控股	外商投资企业	国有控股
			小计	国有企业	集体企业	股份合作企业	联营企业	国有控股	股份公司	国有控股	私营企业	其他企业				
39	(三)电力、热力、燃气及水的生产和供应业	19736	19176	456	733				16932	3160	152	903	560			
40	1. 电力、热力生产和供应业	1772	1212		123				1029	656		60	560			
41	2. 燃气生产和供应业	10153	10153		56				10089		8					
42	3. 水的生产和供应业	7811	7811	456	554				5814	2504	144	843				
43	(四)建筑业	163400	163155	5540	2244	209	33		95313	28265	58054	1762	74		171	
44	1. 房屋建筑业	47962	47929	1642	1474	157			34499	4557	10126	31	2		31	
45	2. 土木工程建筑业	32610	32610	1542	66	1			23280	18167	6291	1430				
46	3. 建筑安装业	38783	38660	1274	186	20	31		12617	2759	24265	267	67		56	
47	4. 建筑装饰和其他建筑业	44045	43956	1082	518	31	2		24917	2782	17372	34	5		84	
48	(五)批发和零售业	171453	162520	4898	6917	1678	543	276	103730	24101	44586	168	2019		6914	6073
49	1. 批发业	124027	116595	4433	1723	536	44	30	72867	18796	36977	15	1413		6019	5879
50	2. 零售业	47426	45925	465	5194	1142	499	246	30863	5305	7609	153	606		895	194
51	(六)交通运输、仓储和邮政业	39000	37707	3074	1530	261	27	1	23625	8236	7305	1885	767	234	526	130
52	1. 交通运输业	31374	30399	1125	499	155	1	1	20023	8094	6726	1870	767	234	208	130
53	2. 仓储业	6219	5901	1949	1031	106	26		2437	142	337	15			318	
54	3. 邮政业	1407	1407						1165		242					
55	(七)住宿和餐饮业	13088	13069	950	381	786	3	3	5350	1712	5568	31	8		11	
56	1. 住宿业	5345	5345	889	303	20	3	3	3185	1415	915	30				
57	2. 餐饮业	7743	7724	61	78	766			2165	297	4653	1	8		11	
58	(八)信息传输、软件和信息技术服务业	48722	38331	179	26		47	47	28818	4888	8928	333	9637	1	754	376

续表

序号	项目	合计	内资企业										港澳台投资企业		外商投资企业	
			小计	国有企业	集体企业	股份合作企业	联营企业	国有控股	股份公司	国有控股	私营企业	其他企业	港澳台投资企业	国有控股	外商投资企业	国有控股
59	1. 电信、广播电视和卫星传输服务业	4250	4247	179					3210		858		3			
60	2. 互联网和相关服务	8502	175						135	36	40		8320		7	
61	3. 软件和信息技术服务业	35970	33909		26		47	47	25473	4852	8030	333	1314	1	747	376
62	(九)金融业	63559	49849	4					44444	8320	5401		3666	3664	10044	30
63	1. 货币金融服务	12850	12850						10469	988	2381					
64	2. 资本市场服务	14244	14241						13738	6446	503				3	3
65	3. 保险业	767	767						571	25	196					
66	4. 其他金融业	35698	21991	4					19666	861	2321		3666	3664	10041	27
67	(十)房地产业	863996	802217	8229	15461	153	98	4	681413	122230	92208	4655	41300	14420	20479	3269
68	(十一)租赁和商务服务业	285266	270178	10712	5357	169	773	666	140950	65432	66888	45329	10569	1677	4519	216
69	1. 租赁业	3322	3319		215	1			942	134	2140	21	2		1	
70	2. 商务服务业	281944	266859	10712	5142	168	773	666	140008	65298	64748	45308	10567	1677	4518	216
71	(十二)科学研究和技术服务业	88338	88258	5148	1309	414	87	4	44849	14803	29944	6507			80	
72	(十三)居民服务、修理和其他服务业	72652	69484	3241	6300	1498	-8	-9	13726	10945	2961	41766	488	335	2680	
73	(十四)教育	14804	14708	1	484	241			2372	330	639	10971	96			
74	(十五)卫生和社会工作	10945	10276	45	12	1365			5000	1423	2141	1713	669			
75	(十六)文化、体育和娱乐业	28290	28265	288	28	35	1303	1303	6127	4180	2872	17612			25	
76	(十七)公共管理、社会保障和社会组织	22072	22067	1	237				9	8		21820	5			
77	(十八)其他行业	18657	18673	3051	38	3			13098	10866	930	1553			-16	-37

2017年深圳市地方税务局企业所得税分行业分企业类型统计年报表

编报机关:深圳市地方税务局 单位:万元

序号	项目	合计	内资企业										港澳台投资企业		外商投资企业	
			小计	国有企业	集体企业	股份合作企业	联营企业	国有控股	股份公司	国有控股	私营企业	其他企业	港澳台投资企业	国有控股	外商投资企业	国有控股
1	合计	7457539	5076415	338611	20143	21506	3246	772	4274241	244839	320263	98405	1286519	512	1094605	13745
2	(一)采矿业	14726	9362						9328	3732	34		5345		19	19
3	1. 煤炭开采和洗选业															
4	2. 石油和天然气开采业															
5	3. 黑色金属矿采选业															
6	4. 有色金属矿采选业	4854	4835						4835	3732					19	19
7	5. 非金属矿采选业															
8	6. 其他采矿业	9872	4527						4493		34		5345			
9	(二)制造业	1114898	399855	30	2777	305	204	105	364113	36468	32422	4	344240	-398	370803	9068
10	1. 农副食品加工业	10791	1011			1			937	11	73		5880		3900	
11	2. 食品制造业	17413	3419						3239	-150	185	-5	5386		8608	
12	3. 酒、饮料和精制茶制造业	14896	10						10				8172		6714	
13	4. 烟草制品业	18788	18788						18788							
14	5. 纺织业	23608	9497						9496	2086	1		13263		848	
15	6. 纺织服装、服饰业	17285	3501	1	57				3300		143		3158		10626	
16	7. 皮革、毛皮、羽毛及其制品和制鞋业	6087	929		36				704		189		1880		3278	
17	8. 木材加工和木竹藤棕草制品业	472	310						265	43	45		116		46	
18	9. 家具制造业	2602	375						311		64		2141		86	
19	10. 造纸和纸制品业	9807	7386		3				7357	1359	26		2162		259	

续表

序号	项目	合计	内资企业										港澳台投资企业	国有控股	外商投资企业	国有控股
			小计	国有企业	集体企业	股份合作企业	联营企业	国有控股	股份公司	国有控股	私营企业	其他企业				
20	11. 印刷和记录媒介复制业	18154	6618		1		2		6610	1329	5		4860	-480	6676	
21	12. 文教、工美、体育和娱乐用品制造业	23057	1927		29				1851		47		18056		3074	
22	13. 石油加工、炼焦和核燃料加工业	45419	3						3						45416	
23	14. 化学原料和化学制品制造业	24446	8822						8663	882	159		6908		8716	1
24	15. 医药制造业	64282	29716						27594	3101	2122		14465		20101	
25	16. 化学纤维制造业	119	1						1				118			
26	17. 橡胶和塑料制品业	60108	32092		408	57			31592	282	35		24516		3500	
27	18. 非金属矿物制品业	11695	1616						1547	7	69		6123		3956	
28	19. 黑色金属冶炼和压延加工业	55													55	
29	20. 有色金属冶炼和压延加工业	4754	2544						2266	1417	278		2210			
30	21. 金属制品业	56474	28296		401	2			14363	347	13530		17154		11024	3
31	22. 通用设备制造业	60772	5004	28	39		1		4737	935	199		2722	53	53046	
32	23. 专用设备制造业	80127	35434	1					30388	8325	5045		32735		11958	286
33	24. 汽车制造业	7058	2014						2013	506	1		2168		2876	3
34	25. 铁路、船舶、航空航天和其他运输设备制造业	6945	2179		7				2126	201	46		4553		213	
35	26. 电气机械和器材制造业	54090	13996		599				12810	2595	578	9	18312	3	21782	
36	27. 计算机、通信和其他电子设备制造业	319395	129147		538	244	185	105	122583	10279	5597		90044	26	100204	337
37	28. 仪表仪器制造业	53637	18347						18044	106	303		13472		21818	8438
38	29. 其他制造业	102562	36873		659	1	16		32515	2807	3682		43666		22023	

续表

序号	项目	合计	内资企业										港澳台投资企业	国有控股	外商投资企业	国有控股
			小计	国有企业	集体企业	股份合作企业	联营企业	国有控股	股份公司	国有控股	私营企业	其他企业				
39	(三)电力、热力、燃气及水的生产和供应业	249667	56591				213		50370		6006	2	62201		130875	
40	1. 电力、热力生产和供应业	160884	50160						46901		3257	2	59752		50972	
41	2. 燃气生产和供应业	481	22						22				459			
42	3. 水的生产和供应业	88302	6409				213		3447		2749		1990		79903	
43	(四)建筑业	236950	214600	3268	722	14	6		198967	11192	11135	488	17287		5063	
44	1. 房屋建筑业	25210	9147	77	84	5			8027	1	929	25	15271		792	
45	2. 土木工程建筑业	45391	45352	373	181		1		43929	56	596	272			39	
46	3. 建筑安装业	55845	54426	2434	418	9	4		45099	1398	6387	75	879		540	
47	4. 建筑装饰和其他建筑业	110504	105675	384	39		1		101912	9737	3223	116	1137		3692	
48	(五)批发和零售业	490051	382434	61285	2405	15093	1801	548	281886	32913	19949	15	70455	2	37162	155
49	1. 批发业	392166	336791	60037	789	14882	1600	548	242626	31706	16843	14	49062	2	6313	155
50	2. 零售业	97885	45643	1248	1616	211	201		39260	1207	3106	1	21393		30849	
51	(六)交通运输、仓储和邮政业	276469	198328	517	1		86	86	169031	34004	18384	10309	39559	78	38582	2039
52	1. 交通运输业	253394	179472	133	1		86	86	151550	33958	17393	10309	36950	78	36972	2039
53	2. 仓储业	22968	18749	384					17374	46	991		2609		1610	
54	3. 邮政业	107	107						107							
55	(七)住宿和餐饮业	26755	12618	258	16	3	76		10713	76	1552		8055		6082	52
56	1. 住宿业	8467	4100	256	11	2	76		3073	75	682		2997		1370	52
57	2. 餐饮业	18288	8518	2	5	1			7640	1	870		5058		4712	
58	(八)信息传输、软件和信息技术服务业	862057	233588	5			1		231257	3761	1461	864	364954	2	263515	6

续表

序号	项　　目	合计	内资企业										港澳台投资企业	国有控股	外商投资企业	国有控股
			小计	国有企业	集体企业	股份合作企业	联营企业	国有控股	股份公司	国有控股	私营企业	其他企业				
59	1. 电信、广播电视和卫星传输服务业	47662	47592	2					47564	2775	26		65		5	
60	2. 互联网和相关服务	663	662						603		4	55	1			
61	3. 软件和信息技术服务业	813732	185334	3			1		183090	986	1431	809	364888	2	263510	6
62	(九)金融业	441899	400987	156677					207046	18316	36262	1002	25387	24	15525	259
63	1. 货币金融服务	114580	108968						92450	17390	16518		4005		1607	2
64	2. 资本市场服务	229968	215006	156677					50322	657	7006	1001	4661		10301	
65	3. 保险业	4756	4724						4704		20				32	
66	4. 其他金融业	92595	72289						59570	269	12718	1	16721	24	3585	257
67	(十)房地产业	2220746	1974289	-419	1922	2239	11	3	1825263	45847	85500	59773	132338	153	114119	152
68	(十一)租赁和商务服务业	1112857	916825	114415	5077	2444	318	30	707470	53231	82188	4913	100815	643	95217	1995
69	1. 租赁业	30243	28894	1	69	852	182		27278	6755	511	1	1020		329	
70	2. 商务服务业	1082614	887931	114414	5008	1592	136	30	680192	46476	81677	4912	99795	643	94888	1995
71	(十二)科学研究和技术服务业	173086	137346	1546	174	202	525		110461	3112	19171	5267	28993		6747	
72	(十三)居民服务、修理和其他服务业	149546	96827	143	6899	685	5		79893	1209	3164	6038	43509	8	9210	
73	(十四)教育	10376	10031	657					2974		14	6386	7		338	
74	(十五)卫生和社会工作	9703	9082	13	130				6748		2078	113	621			
75	(十六)文化、体育和娱乐业	17205	7141	74	20				5521	248	815	711	9185		879	
76	(十七)公共管理、社会保障和社会组织	1714	1714									1714				
77	(十八)其他行业	48834	14797	142		521			13200	730	128	806	33568		469	

2017 年珠海市地方税务局企业所得税分行业分企业类型统计年报表

编报机关:珠海市地方税务局　　　　单位:万元

序号	项目	合计	内资企业										港澳台投资企业		外商投资企业	
			小计	国有企业	集体企业	股份合作企业	联营企业	国有控股	股份公司	国有控股	私营企业	其他企业		国有控股		国有控股
1	合　计	1160337	835053	4855	4534	3021	55	54	770539	410147	43958	8091	132889	15829	192395	47672
2	(一)采矿业	30	30						30							
3	1. 煤炭开采和洗选业															
4	2. 石油和天然气开采业															
5	3. 黑色金属矿采选业															
6	4. 有色金属矿采选业															
7	5. 非金属矿采选业															
8	6. 其他采矿业	30	30						30							
9	(二)制造业	568393	398408	7	41				396252	362013	2106	2	78162	507	91823	16700
10	1. 农副食品加工业	483	128						35	31	93		153	7	202	
11	2. 食品制造业	3646	263						141		122		3315		68	
12	3. 酒、饮料和精制茶制造业	371	371	1	1				369							
13	4. 烟草制品业	469	2								2		467			
14	5. 纺织业	283	2		1						1		2		279	
15	6. 纺织服装、服饰业	8194	6339						6321		18		1757	22	98	
16	7. 皮革、毛皮、羽毛及其制品和制鞋业	63											19		44	44
17	8. 木材加工和木竹藤棕草制品业	-7													-7	
18	9. 家具制造业	152	1	1									198		-47	
19	10. 造纸和纸制品业	779	226						217	25	9		2		551	

续表

序号	项　目	合计	内　资　企　业										港澳台投资企业	国有控股	外商投资企业	国有控股
			小计	国有企业	集体企业	股份合作企业	联营企业	国有控股	股份公司	国有控股	私营企业	其他企业				
20	11. 印刷和记录媒介复制业	1358	398	1					315		82		938		22	
21	12. 文教、工美、体育和娱乐用品制造业	190	2								2		183		5	
22	13. 石油加工、炼焦和核燃料加工业	625	3	3											622	
23	14. 化学原料和化学制品制造业	7184	273						71	50	202		2157	249	4754	
24	15. 医药制造业	42082	3192						3185	16	7		38527		363	
25	16. 化学纤维制造业	11495											11495			
26	17. 橡胶和塑料制品业	2054	550		34				506	27	10		697		807	11
27	18. 非金属矿物制品业	970	744						477		267		210		16	
28	19. 黑色金属冶炼和压延加工业	522	21						21				94		407	
29	20. 有色金属冶炼和压延加工业															
30	21. 金属制品业	1334	206		2				99		105		200		928	
31	22. 通用设备制造业	17445	120						92		28		295	224	17030	16642
32	23. 专用设备制造业	7902	3024						2975		49		862		4016	
33	24. 汽车制造业	8656	7225						7225				397		1034	
34	25. 铁路、船舶、航空航天和其他运输设备制造业	6156	12						12				613		5531	
35	26. 电气机械和器材制造业	379738	367683	1					367350	359877	332		72	1	11983	
36	27. 计算机、通信和其他电子设备制造业	49061	5063		1				4391	1094	671		9028	4	34970	
37	28. 仪表仪器制造业	6157	700						687		13		1292		4165	
38	29. 其他制造业	11031	1860		2				1763	893	93	2	5189		3982	3

续表

序号	项目	合计	内资企业										港澳台投资企业	国有控股	外商投资企业	国有控股
			小计	国有企业	集体企业	股份合作企业	联营企业	国有控股	股份公司	国有控股	私营企业	其他企业				
39	(三)电力、热力、燃气及水的生产和供应业	36758	5455	15					5324	5250	116		5108	5107	26195	25064
40	1. 电力、热力生产和供应业	30326	154	15					139	65			5108	5107	25064	25064
41	2. 燃气生产和供应业	1137	6						6	6					1131	
42	3. 水的生产和供应业	5295	5295						5179	5179	116					
43	(四)建筑业	69682	68390	1249	498		1		62901	2425	3736	5	1234	1	58	
44	1. 房屋建筑业	25390	25324	136	146				24440	2045	598	4	23		43	
45	2. 土木工程建筑业	1317	1317	211	34				883	38	189					
46	3. 建筑安装业	18290	17066	706	150		1		13955	35	2254		1209	1	15	
47	4. 建筑装饰和其他建筑业	24685	24683	196	168				23623	307	695	1	2			
48	(五)批发和零售业	83446	78726	1664	721	77	54	54	67706	13168	8353	151	4047	5	673	
49	1. 批发业	71421	71045	1529	165	2			61387	13120	7818	144	141		235	
50	2. 零售业	12025	7681	135	556	75	54	54	6319	48	535	7	3906	5	438	
51	(六)交通运输、仓储和邮政业	17492	9056	49	3				8942	5724	62		242	113	8194	5674
52	1. 交通运输业	16130	8969	23	3				8904	5724	39		165	113	6996	5674
53	2. 仓储业	918	85	26					38		21		76		757	
54	3. 邮政业	444	2								2		1		441	
55	(七)住宿和餐饮业	2724	1333	335	3				793	23	201	1	1199	12	192	6
56	1. 住宿业	1679	998	335	1				605		56	1	673	12	8	6
57	2. 餐饮业	1045	335		2				188	23	145		526		184	
58	(八)信息传输、软件和信息技术服务业	5382	3608						3492	152	112	4	320		1454	

续表

序号	项　目	合计	内资企业										港澳台投资企业	国有控股	外商投资企业	国有控股
			小计	国有企业	集体企业	股份合作企业	联营企业	国有控股	股份公司	国有控股	私营企业	其他企业				
59	1. 电信、广播电视和卫星传输服务业	1	1									1				
60	2. 互联网和相关服务	1	1								1					
61	3. 软件和信息技术服务业	5380	3606						3492	152	111	3	320		1454	
62	(九)金融业	5097	1471	9					1459	73	3		270		3356	91
63	1. 货币金融服务	529	528						528				1			
64	2. 资本市场服务	55	5						4		1				50	
65	3. 保险业	1	1						1							
66	4. 其他金融业	4512	937	9					926	73	2		269		3306	91
67	(十)房地产业	293142	205146	47	330	2128			175531	12258	26050	1060	38256	10068	49740	
68	(十一)租赁和商务服务业	27887	21613	62	198	17			19606	8144	1601	129	220	14	6054	82
69	1. 租赁业	233	223		174	11			38						10	
70	2. 商务服务业	27654	21390	62	24	6			19568	8144	1601	129	220	14	6044	82
71	(十二)科学研究和技术服务业	6155	5800	137	109				2250	29	404	2900	144		211	
72	(十三)居民服务、修理和其他服务业	41626	33757	1129	2622	799			25524	635	1202	2481	3587	2	4282	55
73	(十四)教育	555	555						34	2	3	518				
74	(十五)卫生和社会工作	360	360	1	4				227	2		128				
75	(十六)文化、体育和娱乐业	334	76						55	37	5	16	100		158	
76	(十七)公共管理、社会保障和社会组织	605	605									605				
77	(十八)其他行业	669	664	151	5				413	212	4	91			5	

2017年汕头市地方税务局企业所得税分行业分企业类型统计年报表

编报机关:汕头市地方税务局　　　　单位:万元

序号	项目	合计	内资企业										港澳台投资企业	国有控股	外商投资企业	国有控股
			小计	国有企业	集体企业	股份合作企业	联营企业	国有控股	股份公司	国有控股	私营企业	其他企业				
1	合计	388048	374084	34801	23701	646	45	43	267691	16407	44769	2431	6529		7435	4
2	(一)采矿业	30	30						30							
3	1. 煤炭开采和洗选业															
4	2. 石油和天然气开采业															
5	3. 黑色金属矿采选业															
6	4. 有色金属矿采选业															
7	5. 非金属矿采选业	30	30						30							
8	6. 其他采矿业															
9	(二)制造业	66395	59005	77	345	438			41544	529	16601		315		7075	
10	1. 农副食品加工业	568	567	18					469		80				1	
11	2. 食品制造业	744	743	2					704		37				1	
12	3. 酒、饮料和精制茶制造业	17	17						16		1					
13	4. 烟草制品业	706	706						706							
14	5. 纺织业	3177	3177		2	70			609		2496					
15	6. 纺织服装、服饰业	12495	12450		1	242			5872	294	6335		45			
16	7. 皮革、毛皮、羽毛及其制品和制鞋业	148	148			1			59		88					
17	8. 木材加工和木竹藤棕草制品业	5	5						3		2					
18	9. 家具制造业	14	14						14							
19	10. 造纸和纸制品业	2144	2144		80	7			1027		1030					

续表

序号	项　　目	合计	内资企业										港澳台投资企业		外商投资企业	
			小计	国有企业	集体企业	股份合作企业	联营企业	国有控股	股份公司	国有控股	私营企业	其他企业		国有控股		国有控股
20	11. 印刷和记录媒介复制业	7301	1056		1	41			823		191		154		6091	
21	12. 文教、工美、体育和娱乐用品制造业	10680	10063		13	-50			9090		1010				617	
22	13. 石油加工、炼焦和核燃料加工业	17	17						17							
23	14. 化学原料和化学制品制造业	2887	2887		1	38			1322		1526					
24	15. 医药制造业	3435	3435			46			2965	219	424					
25	16. 化学纤维制造业	50	50		50											
26	17. 橡胶和塑料制品业	5972	5972	1	13	29			4243	5	1686					
27	18. 非金属矿物制品业	416	416						347		69					
28	19. 黑色金属冶炼和压延加工业	54	54								54					
29	20. 有色金属冶炼和压延加工业	5	5			2			3							
30	21. 金属制品业	202	86		3	3			74		6		116			
31	22. 通用设备制造业	323	323	2	4	3			304		10					
32	23. 专用设备制造业	1013	1013	1	82				318		612					
33	24. 汽车制造业	418	55						55						363	
34	25. 铁路、船舶、航空航天和其他运输设备制造业	20	20						20							
35	26. 电气机械和器材制造业	3866	3866	19					3760		87					
36	27. 计算机、通信和其他电子设备制造业	1165	1165						789	9	376					
37	28. 仪表仪器制造业	94	94		23				71							
38	29. 其他制造业	8459	8457	34	72	6			7864	2	481				2	

续表

序号	项目	合计	内资企业										港澳台投资企业	国有控股	外商投资企业	国有控股
			小计	国有企业	集体企业	股份合作企业	联营企业	国有控股	股份公司	国有控股	私营企业	其他企业				
39	(三)电力、热力、燃气及水的生产和供应业	1923	1922	1880	4	2			34	4	2				1	
40	1. 电力、热力生产和供应业	1782	1781	1751		2			28						1	
41	2. 燃气生产和供应业	4	4						2		2					
42	3. 水的生产和供应业	137	137	129	4				4	4						
43	(四)建筑业	99352	99350	30453	22029	2	7	5	43971	81	2810	78			2	
44	1. 房屋建筑业	71889	71889	28841	21246		6	5	19782	64	2014					
45	2. 土木工程建筑业	409	409	75	46		1		281	10	6					
46	3. 建筑安装业	4689	4687	512	667				2788	2	692	28			2	
47	4. 建筑装饰和其他建筑业	22365	22365	1025	70	2			21120	5	98	50				
48	(五)批发和零售业	39118	38707	1269	269	148	5	5	33716	637	3290	10	73		338	
49	1. 批发业	36298	36018	1200	143	106	5	5	31924	556	2630	10	65		215	
50	2. 零售业	2820	2689	69	126	42			1792	81	660		8		123	
51	(六)交通运输、仓储和邮政业	1192	1192	14	93	1			1000	81	84					
52	1. 交通运输业	1033	1033	14	92	1			843	81	83					
53	2. 仓储业	6	6		1				5							
54	3. 邮政业	153	153						152		1					
55	(七)住宿和餐饮业	843	843	3	17				590	6	214	19				
56	1. 住宿业	186	186	2	7				111	5	50	16				
57	2. 餐饮业	657	657	1	10				479	1	164	3				
58	(八)信息传输、软件和信息技术服务业	325	325			1			286	30	24	14				

续表

序号	项目	合计	内资企业										港澳台投资企业	国有控股	外商投资企业	国有控股
			小计	国有企业	集体企业	股份合作企业	联营企业	国有控股	股份公司	国有控股	私营企业	其他企业				
59	1. 电信、广播电视和卫星传输服务业	10	10						3			7				
60	2. 互联网和相关服务	65	65						55		10					
61	3. 软件和信息技术服务业	250	250			1			228	30	14	7				
62	(九)金融业	9591	6315						6008	5	307		3276			
63	1. 货币金融服务	51	51						51	5						
64	2. 资本市场服务	3372	96						96				3276			
65	3. 保险业	4950	4950						4950							
66	4. 其他金融业	1218	1218						911		307					
67	(十)房地产业	134277	131418	445	706				110080	8449	20149	38	2851		8	
68	(十一)租赁和商务服务业	27885	27871	85	5	18			26671	6304	984	108	14			
69	1. 租赁业	4	4						4							
70	2. 商务服务业	27881	27867	85	5	18			26667	6304	984	108	14			
71	(十二)科学研究和技术服务业	738	734	26	3	1			522	1	73	109			4	
72	(十三)居民服务、修理和其他服务业	4691	4690	466	210	34	33	33	2117	277	123	1707			1	1
73	(十四)教育	107	104						2		4	98			3	3
74	(十五)卫生和社会工作	65	65						19			46				
75	(十六)文化、体育和娱乐业	289	286	3	9	1			220	3	38	15			3	
76	(十七)公共管理、社会保障和社会组织	147	147		10							137				
77	(十八)其他行业	1080	1080	80	1				881		66	52				

2017年佛山市地方税务局企业所得税分行业分企业类型统计年报表

编报机关:佛山市地方税务局　　　　单位:万元

序号	项　目	合计	内资企业										港澳台投资企业		外商投资企业	
			小计	国有企业	集体企业	股份合作企业	联营企业	国有控股	股份公司	国有控股	私营企业	其他企业		国有控股		国有控股
1	合　计	763136	736240	2249	6467	442	545	15	613426	45050	100162	12949	2069	20	24827	62
2	(一)采矿业															
3	1. 煤炭开采和洗选业															
4	2. 石油和天然气开采业															
5	3. 黑色金属矿采选业															
6	4. 有色金属矿采选业															
7	5. 非金属矿采选业															
8	6. 其他采矿业															
9	(二)制造业	118537	96780	133	618	184	119	10	58498	11376	37228		5		21752	62
10	1. 农副食品加工业	3303	3303	131	2				3054		116					
11	2. 食品制造业	989	989						892	645	97					
12	3. 酒、饮料和精制茶制造业	2134	2134						2122		12					
13	4. 烟草制品业															
14	5. 纺织业	2168	2168		74	34			1589	2	471					
15	6. 纺织服装、服饰业	402	402			2	1		304	56	95					
16	7. 皮革、毛皮、羽毛及其制品和制鞋业	1034	1034		45				622	1	367					
17	8. 木材加工和木竹藤棕草制品业	197	197			1			88	23	108					
18	9. 家具制造业	2042	2042		2				1083		957					
19	10. 造纸和纸制品业	734	730		44	3			595		88		4			

续表

序号	项　目	合计	内资企业										港澳台投资企业	国有控股	外商投资企业	国有控股
			小计	国有企业	集体企业	股份合作企业	联营企业	国有控股	股份公司	国有控股	私营企业	其他企业				
20	11. 印刷和记录媒介复制业	784	784		4	24			186		570					
21	12. 文教、工美、体育和娱乐用品制造业	476	476		13	1			346		116					
22	13. 石油加工、炼焦和核燃料加工业	1588	1588						1588							
23	14. 化学原料和化学制品制造业	2934	2934		88	1	13		2485	370	347					
24	15. 医药制造业	10958	10958				83		10594	9982	281					
25	16. 化学纤维制造业															
26	17. 橡胶和塑料制品业	8860	8860		14	10			2026	20	6810					
27	18. 非金属矿物制品业	17990	17952		48		21	10	9462		8421				38	
28	19. 黑色金属冶炼和压延加工业	165	165				1		67		97					
29	20. 有色金属冶炼和压延加工业	7939	7939		76				3525	129	4338					
30	21. 金属制品业	4229	4228		55	64			3215		894		1			
31	22. 通用设备制造业	1353	1346	1	3	5			925	1	412				7	
32	23. 专用设备制造业	6492	6492		144	4			3414	146	2930					
33	24. 汽车制造业	3378	3378						2721		657					
34	25. 铁路、船舶、航空航天和其他运输设备制造业	218	218						150		68					
35	26. 电气机械和器材制造业	27425	5810	1	3	11			3772	－1	2023				21615	
36	27. 计算机、通信和其他电子设备制造业	8967	8956			8			2552	2	6396				11	
37	28. 仪表仪器制造业	929	929			16			621		292					
38	29. 其他制造业	849	768		3				500		265				81	62

续表

序号	项目	合计	内资企业										港澳台投资企业	国有控股	外商投资企业	国有控股
			小计	国有企业	集体企业	股份合作企业	联营企业	国有控股	股份公司	国有控股	私营企业	其他企业				
39	(三)电力、热力、燃气及水的生产和供应业	13107	13036		116				12909	5123	11				71	
40	1. 电力、热力生产和供应业	9	9								9					
41	2. 燃气生产和供应业	3490	3490						3488	3485	2					
42	3. 水的生产和供应业	9608	9537		116				9421	1638					71	
43	(四)建筑业	36245	36230	186	1226	2	4		21224	813	13373	215	12		3	
44	1. 房屋建筑业	10706	10706	10	523				5239		4829	105				
45	2. 土木工程建筑业	4488	4488	25	207				2935	773	1321					
46	3. 建筑安装业	14390	14387	61	449	2			8942	37	4902	31	1		2	
47	4. 建筑装饰和其他建筑业	6661	6649	90	47		4		4108	3	2321	79	11		1	
48	(五)批发和零售业	23379	23224	511	1923	150	26	4	13589	880	6305	720	155	20		
49	1. 批发业	18127	18079	439	789	139	26	4	10612	673	5630	444	48	20		
50	2. 零售业	5252	5145	72	1134	11			2977	207	675	276	107			
51	(六)交通运输、仓储和邮政业	7500	7500	120	2				6608	376	711	59				
52	1. 交通运输业	7311	7311		2				6562	376	690	57				
53	2. 仓储业	167	167	120					43		2	2				
54	3. 邮政业	22	22						3		19					
55	(七)住宿和餐饮业	1471	1465	19	51	19			511	3	864	1			6	
56	1. 住宿业	334	328	1	13				139	3	175				6	
57	2. 餐饮业	1137	1137	18	38	19			372		689	1				
58	(八)信息传输、软件和信息技术服务业	525	522	2					374	1	138	8			3	

续表

序号	项　　目	合计	内资企业										港澳台投资企业		外商投资企业	
			小计	国有企业	集体企业	股份合作企业	联营企业	国有控股	股份公司	国有控股	私营企业	其他企业		国有控股		国有控股
59	1. 电信、广播电视和卫星传输服务业	26	26	2					3		21					
60	2. 互联网和相关服务	52	52						41		11					
61	3. 软件和信息技术服务业	447	444						330	1	106	8			3	
62	（九）金融业	7440	7438						5096	1013	2340	2			2	
63	1. 货币金融服务	3455	3455						1199		2256					
64	2. 资本市场服务	663	663						661	120	2					
65	3. 保险业	179	179						141		38					
66	4. 其他金融业	3143	3141						3095	893	44	2			2	
67	（十）房地产业	493794	491803	52	1475	31	2		454410	21459	34767	1066	16		1975	
68	（十一）租赁和商务服务业	29384	29366	374	155	1			26922	2787	1813	101	10		8	
69	1. 租赁业	107	107						59		20	28				
70	2. 商务服务业	29277	29259	374	155	1			26863	2787	1793	73	10		8	
71	（十二）科学研究和技术服务业	7795	7790	453	9	1	46		3925	479	1120	2236			5	
72	（十三）居民服务、修理和其他服务业	6077	3407	44	471	7	348	1	1198	5	998	341	1686		984	
73	（十四）教育	4251	4251		49				708	618	12	3482				
74	（十五）卫生和社会工作	4918	4918						4737		14	167				
75	（十六）文化、体育和娱乐业	678	675	3	7	5			251	10	198	211	3			
76	（十七）公共管理、社会保障和社会组织	4775	4775		358	42			100			4275				
77	（十八）其他行业	3260	3060	352	7				2366	107	270	65	182		18	

2017年韶关市地方税务局企业所得税分行业分企业类型统计年报表

编报机关:韶关市地方税务局　　　　单位:万元

序号	项目	合计	内资企业										港澳台投资企业		外商投资企业	
			小计	国有企业	集体企业	股份合作企业	联营企业	国有控股	股份公司	国有控股	私营企业	其他企业	港澳台投资企业	国有控股	外商投资企业	国有控股
1	合　计	64377	64182	6579	4454	94	282	253	49526	11980	1913	1334	125		70	
2	(一)采矿业	2059	2051		128				1922	1738	1		8			
3	1. 煤炭开采和洗选业															
4	2. 石油和天然气开采业															
5	3. 黑色金属矿采选业	293	293		109				184							
6	4. 有色金属矿采选业	1746	1738						1738	1738			8			
7	5. 非金属矿采选业	20	20		19						1					
8	6. 其他采矿业															
9	(二)制造业	6593	6593	30	1	2	3		6530	3168	26	1				
10	1. 农副食品加工业	27	27				1		26	24						
11	2. 食品制造业															
12	3. 酒、饮料和精制茶制造业	12	12						12							
13	4. 烟草制品业															
14	5. 纺织业	2	2						2							
15	6. 纺织服装、服饰业															
16	7. 皮革、毛皮、羽毛及其制品和制鞋业															
17	8. 木材加工和木竹藤棕草制品业	5	5	4								1				
18	9. 家具制造业															
19	10. 造纸和纸制品业	2	2						2							

续表

序号	项目	合计	内资企业										港澳台投资企业		外商投资企业	
			小计	国有企业	集体企业	股份合作企业	联营企业	国有控股	股份公司	国有控股	私营企业	其他企业		国有控股		国有控股
20	11. 印刷和记录媒介复制业	5	5		1				2		2					
21	12. 文教、工美、体育和娱乐用品制造业	46	46						46							
22	13. 石油加工、炼焦和核燃料加工业															
23	14. 化学原料和化学制品制造业	82	82						79		3					
24	15. 医药制造业															
25	16. 化学纤维制造业															
26	17. 橡胶和塑料制品业	19	19						19	19						
27	18. 非金属矿物制品业															
28	19. 黑色金属冶炼和压延加工业															
29	20. 有色金属冶炼和压延加工业	3133	3133	26					3107	3097						
30	21. 金属制品业	41	41						41							
31	22. 通用设备制造业	148	148			2	2		134	27	10					
32	23. 专用设备制造业	168	168						167		1					
33	24. 汽车制造业															
34	25. 铁路、船舶、航空航天和其他运输设备制造业															
35	26. 电气机械和器材制造业	241	241						231		10					
36	27. 计算机、通信和其他电子设备制造业															
37	28. 仪表仪器制造业															
38	29. 其他制造业	2662	2662						2662	1						

续表

序号	项目	合计	内资企业										港澳台投资企业	国有控股	外商投资企业	国有控股
			小计	国有企业	集体企业	股份合作企业	联营企业	国有控股	股份公司	国有控股	私营企业	其他企业				
39	(三)电力、热力、燃气及水的生产和供应业	8791	8791	1605	480	91	199	174	6362	3280	54					
40	1. 电力、热力生产和供应业	8004	8004	912	479	91	199	174	6270	3207	53					
41	2. 燃气生产和供应业	1	1								1					
42	3. 水的生产和供应业	786	786	693	1				92	73						
43	(四)建筑业	19231	19189	3779	3558		1		11158	2735	662	31	42			
44	1. 房屋建筑业	12526	12526	3710	1352				7361	2572	103					
45	2. 土木工程建筑业	1000	1000	1	296		1		255	1	447					
46	3. 建筑安装业	4876	4834	67	1908				2812	129	16	31	42			
47	4. 建筑装饰和其他建筑业	829	829	1	2				730	33	96					
48	(五)批发和零售业	1493	1493	147	116	1			1169	98	43	17				
49	1. 批发业	682	682	107	62				504	22	9					
50	2. 零售业	811	811	40	54	1			665	76	34	17				
51	(六)交通运输、仓储和邮政业	1528	1528	35	5				1409	666	35	44				
52	1. 交通运输业	1452	1452	35	5				1377	639	34	1				
53	2. 仓储业	70	70						27	27		43				
54	3. 邮政业	6	6						5		1					
55	(七)住宿和餐饮业	430	430	11	20				180	13	218	1				
56	1. 住宿业	74	74	8	11				53		2					
57	2. 餐饮业	356	356	3	9				127	13	216	1				
58	(八)信息传输、软件和信息技术服务业	71	71						69		2					

续表

序号	项　目	合计	内　资　企　业										港澳台投资企业		外商投资企业	
			小计	国有企业	集体企业	股份合作企业	联营企业	国有控股	股份公司	国有控股	私营企业	其他企业		国有控股		国有控股
59	1. 电信、广播电视和卫星传输服务业	4	4						4							
60	2. 互联网和相关服务	4	4						4							
61	3. 软件和信息技术服务业	63	63						61		2					
62	(九)金融业	440	440		1				431	43		8				
63	1. 货币金融服务	298	298						298							
64	2. 资本市场服务															
65	3. 保险业															
66	4. 其他金融业	142	142		1				133	43		8				
67	(十)房地产业	18617	18534	294	45		17	17	17384	74	730	64	13		70	
68	(十一)租赁和商务服务业	1391	1391	52	2		57	57	1139	109	97	44				
69	1. 租赁业	6	6						4		1	1				
70	2. 商务服务业	1385	1385	52	2		57	57	1135	109	96	43				
71	(十二)科学研究和技术服务业	1018	1018	76	20		3	3	736			183				
72	(十三)居民服务、修理和其他服务业	1798	1798	548	70		2	2	864	56	42	272				
73	(十四)教育	164	164						4			160				
74	(十五)卫生和社会工作	31	31						6			25				
75	(十六)文化、体育和娱乐业	60	60	1					38		3	18				
76	(十七)公共管理、社会保障和社会组织	437	437									437				
77	(十八)其他行业	225	163	1	8				125			29	62			

2017年河源市地方税务局企业所得税分行业分企业类型统计年报表

编报机关：河源市地方税务局　　　　单位：万元

序号	项目	合计	内资企业										港澳台投资企业	国有控股	外商投资企业	国有控股
			小计	国有企业	集体企业	股份合作企业	联营企业	国有控股	股份公司	国有控股	私营企业	其他企业				
1	合　计	50499	50481	442	4292		4		44455	3778	944	344	18			
2	(一)采矿业	1972	1972	22	79				1871							
3	1. 煤炭开采和洗选业															
4	2. 石油和天然气开采业															
5	3. 黑色金属矿采选业	1768	1768	22					1746							
6	4. 有色金属矿采选业															
7	5. 非金属矿采选业	83	83		78				5							
8	6. 其他采矿业	121	121		1				120							
9	(二)制造业	1546	1546	8	327				1161	1	49	1				
10	1. 农副食品加工业	26	26	6					20							
11	2. 食品制造业															
12	3. 酒、饮料和精制茶制造业	3	3						3							
13	4. 烟草制品业															
14	5. 纺织业															
15	6. 纺织服装、服饰业															
16	7. 皮革、毛皮、羽毛及其制品和制鞋业															
17	8. 木材加工和木竹藤棕草制品业															
18	9. 家具制造业															
19	10. 造纸和纸制品业															

续表

序号	项　目	合计	内资企业										港澳台投资企业		外商投资企业	
			小计	国有企业	集体企业	股份合作企业	联营企业	联营企业：国有控股	股份公司	股份公司：国有控股	私营企业	其他企业		港澳台投资企业：国有控股		外商投资企业：国有控股
20	11. 印刷和记录媒介复制业	3	3	2					1							
21	12. 文教、工美、体育和娱乐用品制造业	12	12						12							
22	13. 石油加工、炼焦和核燃料加工业															
23	14. 化学原料和化学制品制造业															
24	15. 医药制造业	15	15						15	1						
25	16. 化学纤维制造业															
26	17. 橡胶和塑料制品业															
27	18. 非金属矿物制品业	340	340		327				12		1					
28	19. 黑色金属冶炼和压延加工业	174	174						146		28					
29	20. 有色金属冶炼和压延加工业	486	486						486							
30	21. 金属制品业	443	443						422		20	1				
31	22. 通用设备制造业	13	13						13							
32	23. 专用设备制造业	4	4						4							
33	24. 汽车制造业															
34	25. 铁路、船舶、航空航天和其他运输设备制造业															
35	26. 电气机械和器材制造业															
36	27. 计算机、通信和其他电子设备制造业	26	26						26							
37	28. 仪表仪器制造业															
38	29. 其他制造业	1	1						1							

续表

序号	项目	合计	内资企业										港澳台投资企业		外商投资企业	
			小计	国有企业	集体企业	股份合作企业	联营企业	国有控股	股份公司	国有控股	私营企业	其他企业		国有控股		国有控股
39	(三)电力、热力、燃气及水的生产和供应业	8282	8282	-967	85				9081	11	81	2				
40	1. 电力、热力生产和供应业	7308	7308	-967	83				8151	11	39	2				
41	2. 燃气生产和供应业	768	768						762		6					
42	3. 水的生产和供应业	206	206		2				168		36					
43	(四)建筑业	12525	12524	675	2921		3		8166	537	612	147	1			
44	1. 房屋建筑业	3454	3454	12	1750				1452		240					
45	2. 土木工程建筑业	2093	2093	551	162				1378	439	2					
46	3. 建筑安装业	3336	3335	6	446		3		2512	41	240	128	1			
47	4. 建筑装饰和其他建筑业	3642	3642	106	563				2824	57	130	19				
48	(五)批发和零售业	3668	3668	31	293		1		3267	1036	76					
49	1. 批发业	1415	1415		14				1355	1015	46					
50	2. 零售业	2253	2253	31	279		1		1912	21	30					
51	(六)交通运输、仓储和邮政业	80	80						74	9	6					
52	1. 交通运输业	79	79						73	8	6					
53	2. 仓储业	1	1						1	1						
54	3. 邮政业															
55	(七)住宿和餐饮业	211	211	25					184	1		2				
56	1. 住宿业	35	35						35							
57	2. 餐饮业	176	176	25					149	1		2				
58	(八)信息传输、软件和信息技术服务业	77	77						77							

续表

序号	项目	合计	内资企业										港澳台投资企业	国有控股	外商投资企业	国有控股
			小计	国有企业	集体企业	股份合作企业	联营企业	国有控股	股份公司	国有控股	私营企业	其他企业				
59	1. 电信、广播电视和卫星传输服务业	3	3						3							
60	2. 互联网和相关服务	10	10						10							
61	3. 软件和信息技术服务业	64	64						64							
62	(九)金融业	478	478						473	51	5					
63	1. 货币金融服务	193	193						188	20	5					
64	2. 资本市场服务															
65	3. 保险业															
66	4. 其他金融业	285	285						285	31						
67	(十)房地产业	18753	18753	22	476				18156	1803	98	1				
68	(十一)租赁和商务服务业	936	936	1					925	315	4	6				
69	1. 租赁业	3	3						3							
70	2. 商务服务业	933	933	1					922	315	4	6				
71	(十二)科学研究和技术服务业	1209	1209	602	88				411	10	5	103				
72	(十三)居民服务、修理和其他服务业	162	162	4	7				135	3	5	11				
73	(十四)教育	8	8						1			7				
74	(十五)卫生和社会工作	43	43	2								41				
75	(十六)文化、体育和娱乐业	16	16						15			1				
76	(十七)公共管理、社会保障和社会组织	23	23						5			18				
77	(十八)其他行业	510	493	17	16				453	1	3	4	17			

2017年梅州市地方税务局企业所得税分行业分企业类型统计年报表

编报机关：梅州市地方税务局　　单位：万元

序号	项目	合计	内资企业										港澳台投资企业	国有控股	外商投资企业	国有控股
			小计	国有企业	集体企业	股份合作企业	联营企业	国有控股	股份公司	国有控股	私营企业	其他企业				
1	合计	188511	188387	4282	4520	390	2		172686	7089	5751	756	82	1	42	
2	(一)采矿业	693	693	638	2				49	43	3	1				
3	1. 煤炭开采和洗选业															
4	2. 石油和天然气开采业															
5	3. 黑色金属矿采选业															
6	4. 有色金属矿采选业	533	533	532					1							
7	5. 非金属矿采选业	7	7		2				5							
8	6. 其他采矿业	153	153	106					43	43	3	1				
9	(二)制造业	16651	16591	431	17	389			15536	791	217	1	44		16	
10	1. 农副食品加工业	3	3						1		2					
11	2. 食品制造业	23	23						23							
12	3. 酒、饮料和精制茶制造业	2108	2108						2108	203						
13	4. 烟草制品业	1157	1157						1157	588						
14	5. 纺织业	6	6						6							
15	6. 纺织服装、服饰业	7	7						7							
16	7. 皮革、毛皮、羽毛及其制品和制鞋业															
17	8. 木材加工和木竹藤棕草制品业	220	220	218							2					
18	9. 家具制造业	1	1						1							
19	10. 造纸和纸制品业	1	1						1							

续表

序号	项目	合计	内资企业										港澳台投资企业	国有控股	外商投资企业	国有控股
			小计	国有企业	集体企业	股份合作企业	联营企业	国有控股	股份公司	国有控股	私营企业	其他企业				
20	11. 印刷和记录媒介复制业	9	9		2				1		6					
21	12. 文教、工美、体育和娱乐用品制造业	3	3						1		2					
22	13. 石油加工、炼焦和核燃料加工业															
23	14. 化学原料和化学制品制造业	1622	1622						1622							
24	15. 医药制造业	366	366						366							
25	16. 化学纤维制造业															
26	17. 橡胶和塑料制品业	161	161						93		68					
27	18. 非金属矿物制品业	4653	4593	213					4379		1		44		16	
28	19. 黑色金属冶炼和压延加工业	19	19		14				1		4					
29	20. 有色金属冶炼和压延加工业	215	215						82		133					
30	21. 金属制品业	1723	1723						1723							
31	22. 通用设备制造业	3262	3262						3261			1				
32	23. 专用设备制造业	2	2						2							
33	24. 汽车制造业															
34	25. 铁路、船舶、航空航天和其他运输设备制造业															
35	26. 电气机械和器材制造业	40	40						40							
36	27. 计算机、通信和其他电子设备制造业	639	639						639							
37	28. 仪表仪器制造业	18	18		1				17							
38	29. 其他制造业	393	393			389			5		-1					

续表

序号	项目	合计	内资企业										港澳台投资企业		外商投资企业	
			小计	国有企业	集体企业	股份合作企业	联营企业	国有控股	股份公司	国有控股	私营企业	其他企业		国有控股		国有控股
39	(三)电力、热力、燃气及水的生产和供应业	16727	16727	119	43				16501	3019	2	62				
40	1. 电力、热力生产和供应业	16701	16701	119	43				16475	3019	2	62				
41	2. 燃气生产和供应业															
42	3. 水的生产和供应业	26	26						26							
43	(四)建筑业	52260	52224	2619	3713		1		44533	1472	1343	15	36			
44	1. 房屋建筑业	10551	10551	2	2578				7462	38	507	2				
45	2. 土木工程建筑业	5045	5045	7	2				4920	1294	114	2				
46	3. 建筑安装业	32366	32330	2453	1033				28374	134	462	8	36			
47	4. 建筑装饰和其他建筑业	4298	4298	157	100		1		3777	6	260	3				
48	(五)批发和零售业	26013	26013	130	53	1			22616	1290	3205	8				
49	1. 批发业	10814	10814	110	50	1			10558	1290	95					
50	2. 零售业	15199	15199	20	3				12058		3110	8				
51	(六)交通运输、仓储和邮政业	1295	1295	202	2				1033	130	58					
52	1. 交通运输业	1255	1255	202	2				996	130	55					
53	2. 仓储业	35	35						35							
54	3. 邮政业	5	5						2		3					
55	(七)住宿和餐饮业	127	127	1	2				100	2	24					
56	1. 住宿业	69	69						53	1	16					
57	2. 餐饮业	58	58	1	2				47	1	8					
58	(八)信息传输、软件和信息技术服务业	116	116						111		5					

续表

序号	项目	合计	内资企业										港澳台投资企业	国有控股	外商投资企业	国有控股
			小计	国有企业	集体企业	股份合作企业	联营企业	国有控股	股份公司	国有控股	私营企业	其他企业				
59	1. 电信、广播电视和卫星传输服务业	6	6						5		1					
60	2. 互联网和相关服务	1	1								1					
61	3. 软件和信息技术服务业	109	109						106		3					
62	(九)金融业	7	7						6	3		1				
63	1. 货币金融服务	30	30						30							
64	2. 资本市场服务															
65	3. 保险业															
66	4. 其他金融业	-23	-23						-24	3		1				
67	(十)房地产业	65349	65325	13	104		1		64559	196	647	1			24	
68	(十一)租赁和商务服务业	6264	6262	4	65				6095	139	36	62			2	
69	1. 租赁业	37	37						37							
70	2. 商务服务业	6227	6225	4	65				6058	139	36	62			2	
71	(十二)科学研究和技术服务业	1493	1491	120	493				495		25	358	2	1		
72	(十三)居民服务、修理和其他服务业	411	411	1	2				367	1	13	28				
73	(十四)教育	65	65						14			51				
74	(十五)卫生和社会工作	212	212						212	2						
75	(十六)文化、体育和娱乐业	9	9						7		2					
76	(十七)公共管理、社会保障和社会组织	137	137						1			136				
77	(十八)其他行业	682	682	11	24				445		172	30				

2017年惠州市地方税务局企业所得税分行业分企业类型统计年报表

编报机关:惠州市地方税务局

单位:万元

序号	项目	合计	内资企业											港澳台投资企业	国有控股	外商投资企业	国有控股
			小计	国有企业	集体企业	股份合作企业	联营企业	国有控股	股份公司	国有控股	私营企业	其他企业					
1	合计	234217	229804	3619	5442	127	115	40	187787	2111	30949	1765		3799		614	160
2	(一)采矿业	3	3						3								
3	1. 煤炭开采和洗选业																
4	2. 石油和天然气开采业																
5	3. 黑色金属矿采选业																
6	4. 有色金属矿采选业																
7	5. 非金属矿采选业	3	3						3								
8	6. 其他采矿业																
9	(二)制造业	16810	13947	45	80	1	27	27	12637	338	1157			2862		1	
10	1. 农副食品加工业	588	588	5					583								
11	2. 食品制造业	339	339						338	337	1						
12	3. 酒、饮料和精制茶制造业	3	3		2						1						
13	4. 烟草制品业																
14	5. 纺织业	2	2						2								
15	6. 纺织服装、服饰业	8	8		1	1			4		2						
16	7. 皮革、毛皮、羽毛及其制品和制鞋业	192	192						152		40						
17	8. 木材加工和木竹藤棕草制品业	4	4	1					3								
18	9. 家具制造业	1	1						1								
19	10. 造纸和纸制品业	31	31						26		5						

续表

序号	项　　目	合计	内　资　企　业										港澳台投资企业	国有控股	外商投资企业	国有控股
			小计	国有企业	集体企业	股份合作企业	联营企业	国有控股	股份公司	国有控股	私营企业	其他企业				
20	11. 印刷和记录媒介复制业	178	178		3				163		12					
21	12. 文教、工美、体育和娱乐用品制造业	1960	1960		1				1956		3					
22	13. 石油加工、炼焦和核燃料加工业	105	105						105							
23	14. 化学原料和化学制品制造业	245	245	39			27	27	34		145					
24	15. 医药制造业	4016	1156						481		675		2860			
25	16. 化学纤维制造业															
26	17. 橡胶和塑料制品业	108	108		3				38		67					
27	18. 非金属矿物制品业	7051	7051		1				7050							
28	19. 黑色金属冶炼和压延加工业															
29	20. 有色金属冶炼和压延加工业	3	3						1	1	2					
30	21. 金属制品业	13	13						4		9					
31	22. 通用设备制造业	1	1		1											
32	23. 专用设备制造业	202	202		53				3		146					
33	24. 汽车制造业															
34	25. 铁路、船舶、航空航天和其他运输设备制造业															
35	26. 电气机械和器材制造业	115	115		12				93		10					
36	27. 计算机、通信和其他电子设备制造业	1631	1631						1599		32					
37	28. 仪表仪器制造业															
38	29. 其他制造业	14	11		3				1		7		2		1	

续表

序号	项目	合计	内资企业										港澳台投资企业		外商投资企业	
			小计	国有企业	集体企业	股份合作企业	联营企业	国有控股	股份公司	国有控股	私营企业	其他企业		国有控股		国有控股
39	(三)电力、热力、燃气及水的生产和供应业	11095	11095	142	60				10660	197	104	129				
40	1. 电力、热力生产和供应业	8907	8907	115	55				8606	197	2	129				
41	2. 燃气生产和供应业	1719	1719	1					1718							
42	3. 水的生产和供应业	469	469	26	5				336		102					
43	(四)建筑业	37048	36988	2330	3771	126	26	6	26956	425	3413	366	43		17	
44	1. 房屋建筑业	6772	6772	910	1850		6	6	3430	33	534	42				
45	2. 土木工程建筑业	2807	2805	938	213	3			1134	163	502	15	1		1	
46	3. 建筑安装业	10434	10389	375	1592	122	16		6769	224	1236	279	30		15	
47	4. 建筑装饰和其他建筑业	17035	17022	107	116	1	4		15623	5	1141	30	12		1	
48	(五)批发和零售业	11543	11527	200	1075		41	4	6567	652	3636	8			16	
49	1. 批发业	3240	3240	20	55		37		2798	358	322	8				
50	2. 零售业	8303	8287	180	1020		4	4	3769	294	3314				16	
51	(六)交通运输、仓储和邮政业	2668	2668	197	1				2271		192	7				
52	1. 交通运输业	2647	2647	197	1				2270		172	7				
53	2. 仓储业	17	17								17					
54	3. 邮政业	4	4						1		3					
55	(七)住宿和餐饮业	490	475	17	3				364		88	3	3		12	
56	1. 住宿业	91	76		3				56		17		3		12	
57	2. 餐饮业	399	399	17					308		71	3				
58	(八)信息传输、软件和信息技术服务业	505	500						431	44	67	2			5	

续表

序号	项　目	合计	内资企业										港澳台投资企业		外商投资企业	
			小计	国有企业	集体企业	股份合作企业	联营企业	国有控股	股份公司	国有控股	私营企业	其他企业		国有控股		国有控股
59	1. 电信、广播电视和卫星传输服务业	395	395						393	44		2				
60	2. 互联网和相关服务	1	1								1					
61	3. 软件和信息技术服务业	109	104						38		66				5	
62	(九)金融业	1329	1329						1163		166					
63	1. 货币金融服务	700	700						617		83					
64	2. 资本市场服务	414	414						414							
65	3. 保险业	8	8						8							
66	4. 其他金融业	207	207						124		83					
67	(十)房地产业	136347	135577	380	49				116113	200	19049	-14	566		204	
68	(十一)租赁和商务服务业	5381	4983	31	58		11		3432	149	1407	44	104		294	160
69	1. 租赁业	24	24						15		9					
70	2. 商务服务业	5357	4959	31	58		11		3417	149	1398	44	104		294	160
71	(十二)科学研究和技术服务业	1409	1359	218	14		1		189		295	642	50			
72	(十三)居民服务、修理和其他服务业	3967	3731	28	307		8	3	2994	23	357	37	171		65	
73	(十四)教育	291	291						3			288				
74	(十五)卫生和社会工作	1363	1363						956		374	33				
75	(十六)文化、体育和娱乐业	53	53		1				46	10	4	2				
76	(十七)公共管理、社会保障和社会组织	201	201	3	7							191				
77	(十八)其他行业	3714	3714	28	16		1		3002	73	640	27				

2017年汕尾市地方税务局企业所得税分行业分企业类型统计年报表

编报机关:汕尾市地方税务局　　　　单位:万元

序号	项目	合计	内资企业										港澳台投资企业	国有控股	外商投资企业	国有控股
			小计	国有企业	集体企业	股份合作企业	联营企业	国有控股	股份公司	国有控股	私营企业	其他企业				
1	合　计	40486	40454	2407	2434	101			26984	3142	8349	179	37		-5	-5
2	(一)采矿业	6	6								6					
3	1. 煤炭开采和洗选业															
4	2. 石油和天然气开采业															
5	3. 黑色金属矿采选业															
6	4. 有色金属矿采选业															
7	5. 非金属矿采选业	6	6								6					
8	6. 其他采矿业															
9	(二)制造业	438	438	5	5				95		333					
10	1. 农副食品加工业	3	3	2					1							
11	2. 食品制造业	1	1						1							
12	3. 酒、饮料和精制茶制造业	46	46						46							
13	4. 烟草制品业															
14	5. 纺织业	2	2								2					
15	6. 纺织服装、服饰业	292	292						4		288					
16	7. 皮革、毛皮、羽毛及其制品和制鞋业	1	1		1											
17	8. 木材加工和木竹藤棕草制品业															
18	9. 家具制造业															
19	10. 造纸和纸制品业	1	1								1					

续表

序号	项　　目	合计	内　资　企　业										港澳台投资企业		外商投资企业	
			小计	国有企业	集体企业	股份合作企业	联营企业	国有控股	股份公司	国有控股	私营企业	其他企业		国有控股		国有控股
20	11. 印刷和记录媒介复制业	2	2	1	1											
21	12. 文教、工美、体育和娱乐用品制造业	29	29		3				24		2					
22	13. 石油加工、炼焦和核燃料加工业															
23	14. 化学原料和化学制品制造业	23	23						1		22					
24	15. 医药制造业															
25	16. 化学纤维制造业															
26	17. 橡胶和塑料制品业															
27	18. 非金属矿物制品业															
28	19. 黑色金属冶炼和压延加工业															
29	20. 有色金属冶炼和压延加工业															
30	21. 金属制品业	18	18						4		14					
31	22. 通用设备制造业	4	4	1					3							
32	23. 专用设备制造业	2	2						2							
33	24. 汽车制造业															
34	25. 铁路、船舶、航空航天和其他运输设备制造业	3	3						3							
35	26. 电气机械和器材制造业															
36	27. 计算机、通信和其他电子设备制造业	7	7						4		3					
37	28. 仪表仪器制造业															
38	29. 其他制造业	4	4	1					2		1					

续表

序号	项目	合计	内资企业										港澳台投资企业	国有控股	外商投资企业	国有控股
			小计	国有企业	集体企业	股份合作企业	联营企业	国有控股	股份公司	国有控股	私营企业	其他企业				
39	(三)电力、热力、燃气及水的生产和供应业	2536	2536	2302	10				216		8					
40	1. 电力、热力生产和供应业	2210	2210	2056	6				147		1					
41	2. 燃气生产和供应业	12	12		2				3		7					
42	3. 水的生产和供应业	314	314	246	2				66							
43	(四)建筑业	8155	8132	63	2049	101			3331	327	2579	9	28		-5	-5
44	1. 房屋建筑业	1821	1803	3	954				598		248		18			
45	2. 土木工程建筑业	181	180	5	1				149		25		1			
46	3. 建筑安装业	5183	5174	51	972	101			2427	327	1616	7	9			
47	4. 建筑装饰和其他建筑业	970	975	4	122				157		690	2			-5	-5
48	(五)批发和零售业	9117	9117	24					8669	27	424					
49	1. 批发业	8624	8624	19					8576	27	29					
50	2. 零售业	493	493	5					93		395					
51	(六)交通运输、仓储和邮政业	541	541						500	2	41					
52	1. 交通运输业	539	539						498	2	41					
53	2. 仓储业															
54	3. 邮政业	2	2						2							
55	(七)住宿和餐饮业	124	117						55		62		7			
56	1. 住宿业	23	16						14		2		7			
57	2. 餐饮业	101	101						41		60					
58	(八)信息传输、软件和信息技术服务业	34	34						21		13					

续表

序号	项目	合计	内资企业										港澳台投资企业	国有控股	外商投资企业	国有控股
			小计	国有企业	集体企业	股份合作企业	联营企业	国有控股	股份公司	国有控股	私营企业	其他企业				
59	1. 电信、广播电视和卫星传输服务业	2	2								2					
60	2. 互联网和相关服务	21	21						21							
61	3. 软件和信息技术服务业	11	11								11					
62	(九)金融业	345	345						345							
63	1. 货币金融服务	69	69						69							
64	2. 资本市场服务															
65	3. 保险业	45	45						45							
66	4. 其他金融业	231	231						231							
67	(十)房地产业	14823	14821	1	53				10108	333	4533	126	2			
68	(十一)租赁和商务服务业	918	918	1	1				903	9	12	1				
69	1. 租赁业	1	1									1				
70	2. 商务服务业	917	917	1	1				903	9	12					
71	(十二)科学研究和技术服务业	383	383	1	88				173		120	1				
72	(十三)居民服务、修理和其他服务业	166	166	8	2				54		95	7				
73	(十四)教育	-4	-4						1			-5				
74	(十五)卫生和社会工作	8	8								6	2				
75	(十六)文化、体育和娱乐业	5	5								5					
76	(十七)公共管理、社会保障和社会组织	2469	2469	2					2441	2441		26				
77	(十八)其他行业	422	422		226				72	3	112	12				

2017年东莞市地方税务局企业所得税分行业分企业类型统计年报表

编报机关:东莞市地方税务局　　　　单位:万元

序号	项目	合计	内资企业										港澳台投资企业	国有控股	外商投资企业	国有控股
			小计	国有企业	集体企业	股份合作企业	联营企业	国有控股	股份公司	国有控股	私营企业	其他企业				
1	合计	1237342	677592	2504	41150	9	17		412597	143392	203935	17380	317797	32619	241953	18574
2	(一)采矿业	2	2		2											
3	1. 煤炭开采和洗选业															
4	2. 石油和天然气开采业	2	2		2											
5	3. 黑色金属矿采选业															
6	4. 有色金属矿采选业															
7	5. 非金属矿采选业															
8	6. 其他采矿业															
9	(二)制造业	530773	114634	647	7418	4			37084	120	69153	328	222958	4343	193181	880
10	1. 农副食品加工业	3714	378	21	5				315		37		1		3335	
11	2. 食品制造业	12987	1552		4				1208		340		9688		1747	
12	3. 酒、饮料和精制茶制造业	10515	226		1				48		177		255	7	10034	
13	4. 烟草制品业															
14	5. 纺织业	4018	351		38				282		31		3339	2	328	
15	6. 纺织服装、服饰业	7552	2398	623	171				1547	2	57		3330	63	1824	149
16	7. 皮革、毛皮、羽毛及其制品和制鞋业	6568	1244		786				433	1	25		2687		2637	188
17	8. 木材加工和木竹藤棕草制品业	1449	51		1				39		11		593		805	
18	9. 家具制造业	4554	1343		51				1065		227		2782	1	429	
19	10. 造纸和纸制品业	55988	4237		131				3492	21	614		51638	27	113	

续表

序号	项　目	合计	内资企业										港澳台投资企业	国有控股	外商投资企业	国有控股
			小计	国有企业	集体企业	股份合作企业	联营企业	国有控股	股份公司	国有控股	私营企业	其他企业				
20	11. 印刷和记录媒介复制业	5754	473		13				407		53		5199	1524	82	
21	12. 文教、工美、体育和娱乐用品制造业	19893	4182	3	882				97	2	3200		3375	12	12336	
22	13. 石油加工、炼焦和核燃料加工业	200	40						11		29		160			
23	14. 化学原料和化学制品制造业	10581	1414		4				307		1103		5956		3211	
24	15. 医药制造业	5604	5587		1				2112		3474		17			
25	16. 化学纤维制造业	7	2		2								5			
26	17. 橡胶和塑料制品业	19627	4295		1176	4			525		2590		12275	153	3057	
27	18. 非金属矿物制品业	4559	1528		17				1224		287		2855	1	176	
28	19. 黑色金属冶炼和压延加工业	363	23		2				5		16		6		334	
29	20. 有色金属冶炼和压延加工业	108	45						37		8		24		39	
30	21. 金属制品业	55545	39478		344				1546	86	37588		13284	65	2783	25
31	22. 通用设备制造业	9533	1112		172				735	7	150	55	3898		4523	
32	23. 专用设备制造业	11138	5697		674				1871	8	3152		3302	447	2139	2
33	24. 汽车制造业	2080	22		21				1				1930		128	
34	25. 铁路、船舶、航空航天和其他运输设备制造业	2139	56						56				61		2022	
35	26. 电气机械和器材制造业	56587	23966		594				13500	1	9599	273	19257	139	13364	21
36	27. 计算机、通信和其他电子设备制造业	181727	9521		1954				2773	21	4794		54739	1460	117467	199
37	28. 仪表仪器制造业	3674	76		107				-31	-31			1128	8	2470	
38	29. 其他制造业	34309	5337		267				3479	2	1591		21174	434	7798	296

续表

序号	项目	合计	内资企业										港澳台投资企业	国有控股	外商投资企业	国有控股
			小计	国有企业	集体企业	股份合作企业	联营企业	国有控股	股份公司	国有控股	私营企业	其他企业				
39	(三)电力、热力、燃气及水的生产和供应业	8458	8586		1535				6469	671	582		−128	−128		
40	1. 电力、热力生产和供应业	1401	1529						1527	293	2		−128	−128		
41	2. 燃气生产和供应业	812	812		2				776		34					
42	3. 水的生产和供应业	6245	6245		1533				4166	378	546					
43	(四)建筑业	31315	30474	228	3058	2	7		20219	1292	6686	274	745		96	26
44	1. 房屋建筑业	7613	7544	3	1088				4891	205	1544	18	42		27	
45	2. 土木工程建筑业	1720	1720	15	1				1329	121	375					
46	3. 建筑安装业	14432	13719	170	985	1	3		10465	673	2010	85	660		53	26
47	4. 建筑装饰和其他建筑业	7550	7491	40	984	1	4		3534	293	2757	171	43		16	
48	(五)批发和零售业	38910	34738	548	831				27910	1268	4766	683	2539	8	1633	
49	1. 批发业	12231	9437	199	243				7113	626	1883	−1	2093	6	701	
50	2. 零售业	26679	25301	349	588				20797	642	2883	684	446	2	932	
51	(六)交通运输、仓储和邮政业	25765	21537	3	26				12078	835	9428	2	1566	848	2662	5
52	1. 交通运输业	23284	19208	3	26				11529	388	7648	2	1550	846	2526	5
53	2. 仓储业	2387	2235						481	447	1754		16	2	136	
54	3. 邮政业	94	94						68		26					
55	(七)住宿和餐饮业	3268	1179		38				892	57	248	1	757		1332	
56	1. 住宿业	235	234		26				168	20	39	1	1			
57	2. 餐饮业	3033	945		12				724	37	209		756		1332	
58	(八)信息传输、软件和信息技术服务业	5375	2489						1941	21	493	55	1376		1510	

续表

序号	项目	合计	内资企业										港澳台投资企业	国有控股	外商投资企业	国有控股
			小计	国有企业	集体企业	股份合作企业	联营企业	国有控股	股份公司	国有控股	私营企业	其他企业				
59	1. 电信、广播电视和卫星传输服务业	8	5						3			2	2		1	
60	2. 互联网和相关服务	21	16						9	2	7		3		2	
61	3. 软件和信息技术服务业	5346	2468						1929	19	486	53	1371		1507	
62	(九)金融业	7867	6869		3				6273	3398	593		909	398	89	
63	1. 货币金融服务	1022	1009		3				1006	2			7		6	
64	2. 资本市场服务	1029	715						192	39	523		314			
65	3. 保险业	3369	3369						3369	3355						
66	4. 其他金融业	2447	1776						1706	2	70		588	398	83	
67	(十)房地产业	401517	350788	28	19424				235596	99208	87158	8582	35394	476	15335	1
68	(十一)租赁和商务服务业	89378	58849	11	7102				34655	16974	14151	2930	29178	18662	1351	1
69	1. 租赁业	145	109		10				95	1	4		36			
70	2. 商务服务业	89233	58740	11	7092				34560	16973	14147	2930	29142	18662	1351	1
71	(十二)科学研究和技术服务业	10437	9163	957	741		10		2168	103	4348	939	612		662	
72	(十三)居民服务、修理和其他服务业	53658	9398	17	692				6296	1014	1540	853	20332	8002	23928	17661
73	(十四)教育	1982	1970		8				7		8	1947	12	10		
74	(十五)卫生和社会工作	2051	1880		165	3			1462	215	157	93			171	
75	(十六)文化、体育和娱乐业	1815	267		2				203	8	43	19	1547		1	
76	(十七)公共管理、社会保障和社会组织	781	781	11	104				12			654				
77	(十八)其他行业	23990	23988	54	1				19332	18208	4581	20			2	

2017年中山市地方税务局企业所得税分行业分企业类型统计年报表

编报机关:中山市地方税务局

单位:万元

序号	项目	合计	内资企业										港澳台投资企业		外商投资企业	
			小计	国有企业	集体企业	股份合作企业	联营企业	国有控股	股份公司	国有控股	私营企业	其他企业		国有控股		国有控股
1	合计	312375	304850	339	19867	34	267	5	215306	39261	65794	3243	3232	78	4293	21
2	(一)采矿业															
3	1. 煤炭开采和洗选业															
4	2. 石油和天然气开采业															
5	3. 黑色金属矿采选业															
6	4. 有色金属矿采选业															
7	5. 非金属矿采选业															
8	6. 其他采矿业															
9	(二)制造业	51039	49411	3	728		1		36549	2030	12092	38	14		1614	
10	1. 农副食品加工业	2383	2383		2		1		2295	296	85					
11	2. 食品制造业	341	341						116		225					
12	3. 酒、饮料和精制茶制造业	202	202						54		148					
13	4. 烟草制品业															
14	5. 纺织业	451	451		1				336	152	114					
15	6. 纺织服装、服饰业	928	925		34				467		421	3	3			
16	7. 皮革、毛皮、羽毛及其制品和制鞋业	512	512		480				24		8					
17	8. 木材加工和木竹藤棕草制品业	765	765						765							
18	9. 家具制造业	430	430		1				347		82					
19	10. 造纸和纸制品业	1218	1218		23				1103	530	92					

续表

序号	项　　目	合计	内　资　企　业										港澳台投资企业	国有控股	外商投资企业	国有控股
			小计	国有企业	集体企业	股份合作企业	联营企业	国有控股	股份公司	国有控股	私营企业	其他企业				
20	11. 印刷和记录媒介复制业	1533	1097		60				697		340				436	
21	12. 文教、工美、体育和娱乐用品制造业	1058	1058		48				291	2	719					
22	13. 石油加工、炼焦和核燃料加工业	3	3						3							
23	14. 化学原料和化学制品制造业	1933	1933		2				667	49	1264					
24	15. 医药制造业	901	901						677	38	224					
25	16. 化学纤维制造业	1	1								1					
26	17. 橡胶和塑料制品业	2011	2011		61				1664		286					
27	18. 非金属矿物制品业	1571	1571						472		1099					
28	19. 黑色金属冶炼和压延加工业	69	69		1				30		38					
29	20. 有色金属冶炼和压延加工业															
30	21. 金属制品业	1930	1930	3	11				1293	44	623					
31	22. 通用设备制造业	372	372		1				313		58					
32	23. 专用设备制造业	680	680		2				637	107	41					
33	24. 汽车制造业	29	29						27		2					
34	25. 铁路、船舶、航空航天和其他运输设备制造业	3	3						2		1					
35	26. 电气机械和器材制造业	25734	25734		1				22794	811	2939					
36	27. 计算机、通信和其他电子设备制造业	3359	3349						662	1	2687		10			
37	28. 仪表仪器制造业	577	577						540		37					
38	29. 其他制造业	2045	866						273		558	35	1		1178	

续表

序号	项目	合计	内资企业										港澳台投资企业		外商投资企业	
			小计	国有企业	集体企业	股份合作企业	联营企业	国有控股	股份公司	国有控股	私营企业	其他企业		国有控股		国有控股
39	(三)电力、热力、燃气及水的生产和供应业	6448	6448		895				5538	1878	15					
40	1. 电力、热力生产和供应业	339	339		325						14					
41	2. 燃气生产和供应业	828	828						828							
42	3. 水的生产和供应业	5281	5281		570				4710	1878	1					
43	(四)建筑业	20599	20587	220	135	3	2		14054	1073	6128	45	6		6	
44	1. 房屋建筑业	4718	4717	18	73				2727	8	1899				1	
45	2. 土木工程建筑业	785	785	1	1	3			614	39	166					
46	3. 建筑安装业	9196	9188	100	39		1		6827	951	2213	8	3		5	
47	4. 建筑装饰和其他建筑业	5900	5897	101	22		1		3886	75	1850	37	3			
48	(五)批发和零售业	13534	12488	49	1664		260	5	9044	763	1471		1046	77		
49	1. 批发业	5979	4946	49	328		24		4011	256	534		1033	77		
50	2. 零售业	7555	7542		1336		236	5	5033	507	937		13			
51	(六)交通运输、仓储和邮政业	3336	3336		208				2647	61	476	5				
52	1. 交通运输业	3237	3237		208				2594	61	430	5				
53	2. 仓储业	25	25						20		5					
54	3. 邮政业	74	74						33		41					
55	(七)住宿和餐饮业	960	939		44				379	27	516		2	1	19	11
56	1. 住宿业	320	316		2				161	15	153				4	
57	2. 餐饮业	640	623		42				218	12	363		2	1	15	11
58	(八)信息传输、软件和信息技术服务业	959	959	10	6				437	208	506					

续表

序号	项　　目	合计	内资企业										港澳台投资企业		外商投资企业	
			小计	国有企业	集体企业	股份合作企业	联营企业	国有控股	股份公司	国有控股	私营企业	其他企业		国有控股		国有控股
59	1. 电信、广播电视和卫星传输服务业	23	23						22		1					
60	2. 互联网和相关服务	92	92	10					67		15					
61	3. 软件和信息技术服务业	844	844		6				348	208	490					
62	(九)金融业	5436	5331						4560	1574	771		105			
63	1. 货币金融服务	1651	1651						1649	651	2					
64	2. 资本市场服务	590	590						241	179	349					
65	3. 保险业	19	19						19							
66	4. 其他金融业	3176	3071						2651	744	420		105			
67	(十)房地产业	159596	156751		721		4		124091	26609	31399	536	1945		900	
68	(十一)租赁和商务服务业	42372	40620	52	14509				14378	4025	11555	126	95		1657	10
69	1. 租赁业	289	289						270	150	19					
70	2. 商务服务业	42083	40331	52	14509				14108	3875	11536	126	95		1657	10
71	(十二)科学研究和技术服务业	1481	1481		37				602	2	195	647				
72	(十三)居民服务、修理和其他服务业	3423	3326	3	246				2503	911	352	222			97	
73	(十四)教育	1264	1264	2	12				73	3	-35	1212				
74	(十五)卫生和社会工作	280	280		4				7	2	2	267				
75	(十六)文化、体育和娱乐业	413	413		4				162	49	175	72				
76	(十七)公共管理、社会保障和社会组织	703	684		635							49	19			
77	(十八)其他行业	532	532		19	31			282	46	176	24				

2017 年江门市地方税务局企业所得税分行业分企业类型统计年报表

编报机关:江门市地方税务局

单位:万元

序号	项目	合计	内资企业										港澳台投资企业		外商投资企业	
			小计	国有企业	集体企业	股份合作企业	联营企业	国有控股	股份公司	国有控股	私营企业	其他企业		国有控股		国有控股
1	合计	272338	270105	1615	8393	22	109	87	207606	19978	48655	3705	1642	212	591	2
2	(一)采矿业	5	5								5					
3	1. 煤炭开采和洗选业															
4	2. 石油和天然气开采业															
5	3. 黑色金属矿采选业															
6	4. 有色金属矿采选业															
7	5. 非金属矿采选业	5	5								5					
8	6. 其他采矿业															
9	(二)制造业	37405	37088	23	461				28090	551	8514		309	212	8	
10	1. 农副食品加工业	1199	1196	15	5				1159	59	17				3	
11	2. 食品制造业	2227	2227						2208		19					
12	3. 酒、饮料和精制茶制造业	47	47						47							
13	4. 烟草制品业															
14	5. 纺织业	508	496						430	20	66		12	12		
15	6. 纺织服装、服饰业	827	827		3				640	54	184					
16	7. 皮革、毛皮、羽毛及其制品和制鞋业	155	155	7	1				142	1	5					
17	8. 木材加工和木竹藤棕草制品业	18	18		1				7		10					
18	9. 家具制造业	3437	3434		2				31		3401				3	
19	10. 造纸和纸制品业	5601	5601						5497		104					

续表

序号	项目	合计	内资企业										港澳台投资企业		外商投资企业	
			小计	国有企业	集体企业	股份合作企业	联营企业	国有控股	股份公司	国有控股	私营企业	其他企业		国有控股		国有控股
20	11. 印刷和记录媒介复制业	385	385		31				249	8	105					
21	12. 文教、工美、体育和娱乐用品制造业	321	321		1				183		137					
22	13. 石油加工、炼焦和核燃料加工业	1	1						1							
23	14. 化学原料和化学制品制造业	5840	5578		13				5192	47	373		262	200		
24	15. 医药制造业	3130	3130		2				2833		295					
25	16. 化学纤维制造业	331	331						331	10						
26	17. 橡胶和塑料制品业	844	844		2				614	2	228					
27	18. 非金属矿物制品业	1191	1191		83				890		218					
28	19. 黑色金属冶炼和压延加工业	771	771		1				767		3					
29	20. 有色金属冶炼和压延加工业	657	657						272		385					
30	21. 金属制品业	4680	4667		45				3096	76	1526		13			
31	22. 通用设备制造业	274	274	1	3				239		31					
32	23. 专用设备制造业	216	216						202		14					
33	24. 汽车制造业	82	82		1				44		37					
34	25. 铁路、船舶、航空航天和其他运输设备制造业	843	835						713		122		8			
35	26. 电气机械和器材制造业	2503	2502		28				1511	271	963				1	
36	27. 计算机、通信和其他电子设备制造业	649	644						501		143		5			
37	28. 仪表仪器制造业	46	46						39		7					
38	29. 其他制造业	622	612		239				252	3	121		9		1	

续表

序号	项目	合计	内资企业										港澳台投资企业		外商投资企业	
			小计	国有企业	集体企业	股份合作企业	联营企业	国有控股	股份公司	国有控股	私营企业	其他企业		国有控股		国有控股
39	(三)电力、热力、燃气及水的生产和供应业	2694	2694		73		71	71	2302	609	246	2				
40	1. 电力、热力生产和供应业	350	350		5		71	71	269		4	1				
41	2. 燃气生产和供应业	391	391						252		139					
42	3. 水的生产和供应业	1953	1953		68				1781	609	103	1				
43	(四)建筑业	46086	45991	238	1022	16	1		36584	4011	7904	226	10		85	
44	1. 房屋建筑业	17061	17061	19	748				13938	1011	2356					
45	2. 土木工程建筑业	1614	1614	45	1				1368	2	194	6				
46	3. 建筑安装业	24119	24112	109	221	5			19299	2801	4385	93	6		1	
47	4. 建筑装饰和其他建筑业	3292	3204	65	52	11	1		1979	197	969	127	4		84	
48	(五)批发和零售业	8163	8163	43	338	3	21		4134	117	3618	6				
49	1. 批发业	3873	3873	45	35				2444	35	1349					
50	2. 零售业	4290	4290	-2	303	3	21		1690	82	2269	6				
51	(六)交通运输、仓储和邮政业	24814	24414	18	126				23707	3	560	3			400	
52	1. 交通运输业	24639	24239	9	126				23608	3	493	3			400	
53	2. 仓储业	30	30	6					2		22					
54	3. 邮政业	145	145	3					97		45					
55	(七)住宿和餐饮业	510	500	4	2				302	7	192		10			
56	1. 住宿业	354	354	1	2				275	7	76					
57	2. 餐饮业	156	146	3					27		116		10			
58	(八)信息传输、软件和信息技术服务业	302	302						131		110	61				

续表

序号	项目	合计	内资企业										港澳台投资企业	国有控股	外商投资企业	国有控股
			小计	国有企业	集体企业	股份合作企业	联营企业	国有控股	股份公司	国有控股	私营企业	其他企业				
59	1. 电信、广播电视和卫星传输服务业	107	107								46	61				
60	2. 互联网和相关服务	65	65						61		4					
61	3. 软件和信息技术服务业	130	130						70		60					
62	(九)金融业	2342	2341						2340	70	1		1			
63	1. 货币金融服务	667	667						667							
64	2. 资本市场服务	103	103						103							
65	3. 保险业	13	13						12	3	1					
66	4. 其他金融业	1559	1558						1558	67			1			
67	(十)房地产业	132721	132632	496	5201	2			101490	12321	25394	49	33		56	2
68	(十一)租赁和商务服务业	6645	5379	21	249	1			4250	182	723	135	1264		2	
69	1. 租赁业	286	286		100				123		6	57				
70	2. 商务服务业	6359	5093	21	149	1			4127	182	717	78	1264		2	
71	(十二)科学研究和技术服务业	5088	5088	454	502				2699	1752	684	749				
72	(十三)居民服务、修理和其他服务业	2570	2559	313	366		16	16	1162	347	137	565	8		3	
73	(十四)教育	751	714						188	7	26	500			37	
74	(十五)卫生和社会工作	369	369		27				1			341				
75	(十六)文化、体育和娱乐业	446	446	-1	3				9		385	50				
76	(十七)公共管理、社会保障和社会组织	983	983	6							7	970				
77	(十八)其他行业	444	437		23				217	1	149	48	7			

2017 年阳江市地方税务局企业所得税分行业分企业类型统计年报表

编报机关:阳江市地方税务局　　　　单位:万元

序号	项目	合计	内资企业										港澳台投资企业	国有控股	外商投资企业	国有控股
			小计	国有企业	集体企业	股份合作企业	联营企业	国有控股	股份公司	国有控股	私营企业	其他企业				
1	合　计	68422	68388	1739	3898	1			40494	6095	21546	710	6		28	
2	(一)采矿业	16	16						7		9					
3	1. 煤炭开采和洗选业															
4	2. 石油和天然气开采业															
5	3. 黑色金属矿采选业															
6	4. 有色金属矿采选业															
7	5. 非金属矿采选业	16	16						7		9					
8	6. 其他采矿业															
9	(二)制造业	5321	5294	17	71				3601	-3	1605				27	
10	1. 农副食品加工业	78	78	1					35	1	42					
11	2. 食品制造业	282	282						254		28					
12	3. 酒、饮料和精制茶制造业	7	7						7							
13	4. 烟草制品业	1	1						1							
14	5. 纺织业															
15	6. 纺织服装、服饰业	104	104						1		103					
16	7. 皮革、毛皮、羽毛及其制品和制鞋业	6	3						1		2				3	
17	8. 木材加工和木竹藤棕草制品业	21	21								21					
18	9. 家具制造业	20	20								20					
19	10. 造纸和纸制品业	106	106						99		7					

续表

序号	项目	合计	内资企业										港澳台投资企业	国有控股	外商投资企业	国有控股
			小计	国有企业	集体企业	股份合作企业	联营企业	国有控股	股份公司	国有控股	私营企业	其他企业				
20	11. 印刷和记录媒介复制业	155	155	4	40				62		49					
21	12. 文教、工美、体育和娱乐用品制造业	3	3		2						1					
22	13. 石油加工、炼焦和核燃料加工业															
23	14. 化学原料和化学制品制造业	28	28		27						1					
24	15. 医药制造业	26	26						25		1					
25	16. 化学纤维制造业															
26	17. 橡胶和塑料制品业	216	216						11		205					
27	18. 非金属矿物制品业	15	15		1						14					
28	19. 黑色金属冶炼和压延加工业	34	34						34							
29	20. 有色金属冶炼和压延加工业	-4	-4						-4	-4						
30	21. 金属制品业	1343	1343	12	1				302		1028					
31	22. 通用设备制造业	2786	2786						2767		19					
32	23. 专用设备制造业	52	52						5		47					
33	24. 汽车制造业															
34	25. 铁路、船舶、航空航天和其他运输设备制造业															
35	26. 电气机械和器材制造业	3	3								3					
36	27. 计算机、通信和其他电子设备制造业	2	2								2					
37	28. 仪表仪器制造业	3	3								3					
38	29. 其他制造业	34	10						1		9				24	

续表

序号	项目	合计	内资企业										港澳台投资企业		外商投资企业	
			小计	国有企业	集体企业	股份合作企业	联营企业	国有控股	股份公司	国有控股	私营企业	其他企业		国有控股		国有控股
39	(三)电力、热力、燃气及水的生产和供应业	936	936	174	48				608		105	1				
40	1. 电力、热力生产和供应业	664	664	1	12				580		70	1				
41	2. 燃气生产和供应业	63	63						28		35					
42	3. 水的生产和供应业	209	209	173	36											
43	(四)建筑业	19502	19495	521	3495	1			8456	682	6987	35	6		1	
44	1. 房屋建筑业	5224	5224		1008				1751	36	2446	19				
45	2. 土木工程建筑业	3901	3901	10	642				1086	42	2163					
46	3. 建筑安装业	8304	8299	510	1177	1			5276	603	1319	16	5			
47	4. 建筑装饰和其他建筑业	2073	2071	1	668				343	1	1059		1		1	
48	(五)批发和零售业	6795	6795	636	11				5471	4661	677					
49	1. 批发业	3915	3915	549	2				2887	2284	477					
50	2. 零售业	2880	2880	87	9				2584	2377	200					
51	(六)交通运输、仓储和邮政业	4983	4983	2	194				4639	192	148					
52	1. 交通运输业	4515	4515		194				4176	192	145					
53	2. 仓储业	466	466	2					463		1					
54	3. 邮政业	2	2								2					
55	(七)住宿和餐饮业	674	674	14	2				158	5	500					
56	1. 住宿业	134	134	3					51	1	80					
57	2. 餐饮业	540	540	11	2				107	4	420					
58	(八)信息传输、软件和信息技术服务业	29	29						9	-1	20					

续表

序号	项　目	合计	内资企业										港澳台投资企业	国有控股	外商投资企业	国有控股
			小计	国有企业	集体企业	股份合作企业	联营企业	国有控股	股份公司	国有控股	私营企业	其他企业				
59	1. 电信、广播电视和卫星传输服务业	1	1						1							
60	2. 互联网和相关服务								-1	-1	1					
61	3. 软件和信息技术服务业	28	28						9		19					
62	(九)金融业	144	144						137	14	7					
63	1. 货币金融服务	10	10						3		7					
64	2. 资本市场服务															
65	3. 保险业															
66	4. 其他金融业	134	134						134	14						
67	(十)房地产业	25479	25479	63	32				14869	159	10490	25				
68	(十一)租赁和商务服务业	2093	2093	2	10				1459	360	476	146				
69	1. 租赁业	18	18						10		8					
70	2. 商务服务业	2075	2075	2	10				1449	360	468	146				
71	(十二)科学研究和技术服务业	836	836		27				403	8	265	141				
72	(十三)居民服务、修理和其他服务业	647	647	1	6				537	17	46	57				
73	(十四)教育	133	133		2				4		96	31				
74	(十五)卫生和社会工作	264	264	1					100		23	140				
75	(十六)文化、体育和娱乐业	87	87						15		62	10				
76	(十七)公共管理、社会保障和社会组织	366	366	307					4			55				
77	(十八)其他行业	117	117	1					17	1	30	69				

2017年湛江市地方税务局企业所得税分行业分企业类型统计年报表

编报机关:湛江市地方税务局　　　　单位:万元

序号	项　目	合计	内资企业										港澳台投资企业	国有控股	外商投资企业	国有控股
			小计	国有企业	集体企业	股份合作企业	联营企业	国有控股	股份公司	国有控股	私营企业	其他企业				
1	合　计	116336	106230	13138	6832	3	11	11	70627	8099	13954	1665	10099		7	
2	(一)采矿业	332	332	1					303		28					
3	1. 煤炭开采和洗选业															
4	2. 石油和天然气开采业	45	45						45							
5	3. 黑色金属矿采选业															
6	4. 有色金属矿采选业															
7	5. 非金属矿采选业	141	141	1					140							
8	6. 其他采矿业	146	146						118		28					
9	(二)制造业	6501	6501	606	12				5637	46	238	8				
10	1. 农副食品加工业	1088	1088	533					472	2	83					
11	2. 食品制造业	9	9	1					7		1					
12	3. 酒、饮料和精制茶制造业	612	612						612							
13	4. 烟草制品业															
14	5. 纺织业															
15	6. 纺织服装、服饰业															
16	7. 皮革、毛皮、羽毛及其制品和制鞋业	99	99						99							
17	8. 木材加工和木竹藤棕草制品业	3	3						3							
18	9. 家具制造业	7	7						7							
19	10. 造纸和纸制品业	3574	3574						3571		2	1				

续表

序号	项　目	合计	内资企业										港澳台投资企业	国有控股	外商投资企业	国有控股
			小计	国有企业	集体企业	股份合作企业	联营企业	国有控股	股份公司	国有控股	私营企业	其他企业				
20	11. 印刷和记录媒介复制业	36	36		4				17		15					
21	12. 文教、工美、体育和娱乐用品制造业	1	1		1											
22	13. 石油加工、炼焦和核燃料加工业	3	3						3							
23	14. 化学原料和化学制品制造业	7	7	5					2							
24	15. 医药制造业	143	143						143							
25	16. 化学纤维制造业															
26	17. 橡胶和塑料制品业	73	73						42		31					
27	18. 非金属矿物制品业	2	2	1					1							
28	19. 黑色金属冶炼和压延加工业	44	44						44	44						
29	20. 有色金属冶炼和压延加工业															
30	21. 金属制品业	129	129						95		34					
31	22. 通用设备制造业	2	2						2							
32	23. 专用设备制造业	26	26		7				10		3	6				
33	24. 汽车制造业	20	20	1							19					
34	25. 铁路、船舶、航空航天和其他运输设备制造业	25	25								25					
35	26. 电气机械和器材制造业	435	435						424		11					
36	27. 计算机、通信和其他电子设备制造业	15	15								14	1				
37	28. 仪表仪器制造业															
38	29. 其他制造业	148	148	65					83							

续表

序号	项目	合计	内资企业										港澳台投资企业		外商投资企业	
			小计	国有企业	集体企业	股份合作企业	联营企业	国有控股	股份公司	国有控股	私营企业	其他企业		国有控股		国有控股
39	(三)电力、热力、燃气及水的生产和供应业	1821	1821	1668	4				144	125	3	2				
40	1. 电力、热力生产和供应业	11	11						6	1	3	2				
41	2. 燃气生产和供应业	7	7						7	1						
42	3. 水的生产和供应业	1803	1803	1668	4				131	123						
43	(四)建筑业	29679	29677	9428	5972	2			12070	2715	2070	135	2			
44	1. 房屋建筑业	15040	15040	8281	781				5087	2421	863	28				
45	2. 土木工程建筑业	1557	1557	620	277				367	11	293					
46	3. 建筑安装业	12014	12012	499	4659				6076	263	718	60	2			
47	4. 建筑装饰和其他建筑业	1068	1068	28	255	2			540	20	196	47				
48	(五)批发和零售业	14478	6371	140	73		11	11	4880	819	1266	1	8107			
49	1. 批发业	11213	3106	131	39				2273	799	663		8107			
50	2. 零售业	3265	3265	9	34		11	11	2607	20	603	1				
51	(六)交通运输、仓储和邮政业	6431	4553	24	481				3835	17	213		1878			
52	1. 交通运输业	6421	4543	24	481				3833	17	205		1878			
53	2. 仓储业	5	5						2		3					
54	3. 邮政业	5	5								5					
55	(七)住宿和餐饮业	945	944	317	5				325		296	1	1			
56	1. 住宿业	428	427	317	1				46		62	1	1			
57	2. 餐饮业	517	517		4				279		234					
58	(八)信息传输、软件和信息技术服务业	172	172	1					12		158	1				

续表

序号	项　目	合计	内资企业										港澳台投资企业	国有控股	外商投资企业	国有控股
			小计	国有企业	集体企业	股份合作企业	联营企业	国有控股	股份公司	国有控股	私营企业	其他企业				
59	1. 电信、广播电视和卫星传输服务业	5	5						1		3	1				
60	2. 互联网和相关服务	2	2								2					
61	3. 软件和信息技术服务业	165	165	1					11		153					
62	(九)金融业	240	129	3					123	1	3		111			
63	1. 货币金融服务	54	34	3					31	1			20			
64	2. 资本市场服务															
65	3. 保险业	1	1						1							
66	4. 其他金融业	185	94						91		3		91			
67	(十)房地产业	43987	43987	106	44				35567	4039	8128	142				
68	(十一)租赁和商务服务业	2404	2403	18		1			1244	322	909	231			1	
69	1. 租赁业	9	9						4		4	1				
70	2. 商务服务业	2395	2394	18		1			1240	322	905	230			1	
71	(十二)科学研究和技术服务业	869	869	214	64				216	15	121	254				
72	(十三)居民服务、修理和其他服务业	5908	5903	519	91				4320		383	590			5	
73	(十四)教育	87	87								1	86				
74	(十五)卫生和社会工作	1702	1702						1666			36				
75	(十六)文化、体育和娱乐业	384	384	89					147		118	30				
76	(十七)公共管理、社会保障和社会组织	126	126								8	118				
77	(十八)其他行业	270	269	4	86				138		11	30			1	

2017年茂名市地方税务局企业所得税分行业分企业类型统计年报表

编报机关:茂名市地方税务局

单位:万元

序号	项目	合计	内资企业										港澳台投资企业		外商投资企业	
			小计	国有企业	集体企业	股份合作企业	联营企业	国有控股	股份公司	国有控股	私营企业	其他企业		国有控股		国有控股
1	合计	162193	161948	6971	9713	11	6	4	140652	15409	1328	3267	216	200	29	
2	(一)采矿业	45	45						34		1	10				
3	1. 煤炭开采和洗选业															
4	2. 石油和天然气开采业															
5	3. 黑色金属矿采选业															
6	4. 有色金属矿采选业															
7	5. 非金属矿采选业	43	43						32		1	10				
8	6. 其他采矿业	2	2						2							
9	(二)制造业	2962	2936	52	28				2855	13	1				26	
10	1. 农副食品加工业	40	40	31					9							
11	2. 食品制造业	85	85	21					64							
12	3. 酒、饮料和精制茶制造业															
13	4. 烟草制品业															
14	5. 纺织业	13	13						13	13						
15	6. 纺织服装、服饰业															
16	7. 皮革、毛皮、羽毛及其制品和制鞋业	7	7		6				1							
17	8. 木材加工和木竹藤棕草制品业															
18	9. 家具制造业															
19	10. 造纸和纸制品业	96	96		1				95							

续表

序号	项目	合计	内资企业										港澳台投资企业	国有控股	外商投资企业	国有控股
			小计	国有企业	集体企业	股份合作企业	联营企业	国有控股	股份公司	国有控股	私营企业	其他企业				
20	11. 印刷和记录媒介复制业	4	4		2				2							
21	12. 文教、工美、体育和娱乐用品制造业	127	127		2				125							
22	13. 石油加工、炼焦和核燃料加工业	37	37		4				33							
23	14. 化学原料和化学制品制造业	140	140		1				139							
24	15. 医药制造业	345	345						345							
25	16. 化学纤维制造业															
26	17. 橡胶和塑料制品业	4	4						4							
27	18. 非金属矿物制品业	815	815		9				806							
28	19. 黑色金属冶炼和压延加工业															
29	20. 有色金属冶炼和压延加工业	72	72						72							
30	21. 金属制品业	135	135						135							
31	22. 通用设备制造业															
32	23. 专用设备制造业	961	935						935						26	
33	24. 汽车制造业															
34	25. 铁路、船舶、航空航天和其他运输设备制造业															
35	26. 电气机械和器材制造业	4	4		2				2							
36	27. 计算机、通信和其他电子设备制造业	63	63						62		1					
37	28. 仪表仪器制造业	1	1		1											
38	29. 其他制造业	13	13						13							

续表

序号	项目	合计	内资企业										港澳台投资企业		外商投资企业	
			小计	国有企业	集体企业	股份合作企业	联营企业	国有控股	股份公司	国有控股	私营企业	其他企业		国有控股		国有控股
39	(三)电力、热力、燃气及水的生产和供应业	713	713	4	74	1	4	3	591	46	32	7				
40	1. 电力、热力生产和供应业	639	639	4	74	1	4	3	517		32	7				
41	2. 燃气生产和供应业	27	27						27							
42	3. 水的生产和供应业	47	47						47	46						
43	(四)建筑业	80443	80438	5982	9108				63644	7541	585	1119	5			
44	1. 房屋建筑业	45149	45149	4742	6672				32521	5914	117	1097				
45	2. 土木工程建筑业	19374	19374		1454				17590	30	329	1				
46	3. 建筑安装业	10240	10237	1197	574				8348	1545	108	10	3			
47	4. 建筑装饰和其他建筑业	5680	5678	43	408				5185	52	31	11	2			
48	(五)批发和零售业	10818	10818	59	31		1	1	10681	5062	43	3				
49	1. 批发业	6736	6736	33	4				6664	3997	35					
50	2. 零售业	4082	4082	26	27		1	1	4017	1065	8	3				
51	(六)交通运输、仓储和邮政业	1954	1954	282	81				1590	441	1					
52	1. 交通运输业	1441	1441	282	81				1077	441	1					
53	2. 仓储业	511	511						511							
54	3. 邮政业	2	2						2							
55	(七)住宿和餐饮业	195	195	2					192		1					
56	1. 住宿业	93	93	2					90		1					
57	2. 餐饮业	102	102						102							
58	(八)信息传输、软件和信息技术服务业	51	51						51							

续表

序号	项目	合计	内资企业										港澳台投资企业	国有控股	外商投资企业	国有控股
			小计	国有企业	集体企业	股份合作企业	联营企业	国有控股	股份公司	国有控股	私营企业	其他企业				
59	1. 电信、广播电视和卫星传输服务业															
60	2. 互联网和相关服务	2	2						2							
61	3. 软件和信息技术服务业	49	49						49							
62	(九)金融业	608	608						528		80					
63	1. 货币金融服务	114	114						34		80					
64	2. 资本市场服务															
65	3. 保险业	16	16						16							
66	4. 其他金融业	478	478						478							
67	(十)房地产业	40739	40538	413	5	1			39909	2217	19	191	201	200		
68	(十一)租赁和商务服务业	3803	3793	1	7				3778	14	4	3	10			
69	1. 租赁业	116	116		1				115							
70	2. 商务服务业	3687	3677	1	6				3663	14	4	3	10			
71	(十二)科学研究和技术服务业	80	80	1	3				48	3	9	19				
72	(十三)居民服务、修理和其他服务业	18280	18277	130	375	9	1		16042	70	552	1168			3	
73	(十四)教育	278	278						199			79				
74	(十五)卫生和社会工作	40	40						34			6				
75	(十六)文化、体育和娱乐业	466	466	43					87	2		336				
76	(十七)公共管理、社会保障和社会组织	328	328	2					4			322				
77	(十八)其他行业	390	390		1				385			4				

2017年肇庆市地方税务局企业所得税分行业分企业类型统计年报表

编报机关:肇庆市地方税务局　　　　单位:万元

序号	项目	合计	内资企业										港澳台投资企业	国有控股	外商投资企业	国有控股
			小计	国有企业	集体企业	股份合作企业	联营企业	国有控股	股份公司	国有控股	私营企业	其他企业				
1	合计	122425	118533	2389	1371	23	33	21	84426	23854	27525	2766	89	-84	3803	3724
2	(一)采矿业	940	940	1	2				934	7	3					
3	1. 煤炭开采和洗选业															
4	2. 石油和天然气开采业															
5	3. 黑色金属矿采选业															
6	4. 有色金属矿采选业	793	793						793							
7	5. 非金属矿采选业	147	147	1	2				141	7	3					
8	6. 其他采矿业															
9	(二)制造业	17962	14333	73	17				13376	3261	867				3629	3614
10	1. 农副食品加工业	348	348	42					305		1					
11	2. 食品制造业	271	271						271							
12	3. 酒、饮料和精制茶制造业															
13	4. 烟草制品业															
14	5. 纺织业	38	38						38							
15	6. 纺织服装、服饰业	16	16		9				4		3					
16	7. 皮革、毛皮、羽毛及其制品和制鞋业	43	43						42		1					
17	8. 木材加工和木竹藤棕草制品业															
18	9. 家具制造业	5	5						4		1					
19	10. 造纸和纸制品业	6	6						5		1					

续表

序号	项　目	合计	内资企业										港澳台投资企业		外商投资企业	
			小计	国有企业	集体企业	股份合作企业	联营企业	国有控股	股份公司	国有控股	私营企业	其他企业		国有控股		国有控股
20	11. 印刷和记录媒介复制业	38	38	30					6		2					
21	12. 文教、工美、体育和娱乐用品制造业	2	2						2							
22	13. 石油加工、炼焦和核燃料加工业															
23	14. 化学原料和化学制品制造业	579	579	1					542	273	36					
24	15. 医药制造业	1464	1463						681		782				1	1
25	16. 化学纤维制造业	2	2						2							
26	17. 橡胶和塑料制品业	25	25		1				12		12					
27	18. 非金属矿物制品业	452	452		2				447		3					
28	19. 黑色金属冶炼和压延加工业															
29	20. 有色金属冶炼和压延加工业	10198	6605						6605	1586					3593	3593
30	21. 金属制品业	376	373						284	30	89				3	
31	22. 通用设备制造业	791	791						928		-137					
32	23. 专用设备制造业	74	74						13		61					
33	24. 汽车制造业	4	4						4							
34	25. 铁路、船舶、航空航天和其他运输设备制造业	71	71						71							
35	26. 电气机械和器材制造业	474	474						463		11					
36	27. 计算机、通信和其他电子设备制造业	1748	1748						1748	1372						
37	28. 仪表仪器制造业	768	768						768							
38	29. 其他制造业	169	137		5				131		1				32	20

续表

序号	项目	合计	内资企业										港澳台投资企业		外商投资企业	
			小计	国有企业	集体企业	股份合作企业	联营企业	国有控股	股份公司	国有控股	私营企业	其他企业		国有控股		国有控股
39	(三)电力、热力、燃气及水的生产和供应业	4836	4836	264	246		8	8	4152	3047	162	4				
40	1. 电力、热力生产和供应业	4549	4549	220	238		8	8	3921	3035	162					
41	2. 燃气生产和供应业	89	89	44	2				43	12						
42	3. 水的生产和供应业	198	198		6				188			4				
43	(四)建筑业	15652	15643	564	921				11231	4126	2513	414	6		3	
44	1. 房屋建筑业	3139	3139	319	849				1606		356	9				
45	2. 土木工程建筑业	731	731	54	43				460	4	172	2				
46	3. 建筑安装业	9616	9615	184	23				8033	4117	1350	25	1			
47	4. 建筑装饰和其他建筑业	2166	2158	7	6				1132	5	635	378	5		3	
48	(五)批发和零售业	13432	13426	118	44		22	10	12621	5217	621				6	6
49	1. 批发业	11329	11323	116	29				10888	4097	290				6	6
50	2. 零售业	2103	2103	2	15		22	10	1733	1120	331					
51	(六)交通运输、仓储和邮政业	1420	1420	11	1				1333	716	65	10				
52	1. 交通运输业	1397	1397	11	1				1312	716	63	10				
53	2. 仓储业															
54	3. 邮政业	23	23						21		2					
55	(七)住宿和餐饮业	353	350	31	1				223		86	9	2		1	
56	1. 住宿业	197	197	31	1				149		16					
57	2. 餐饮业	156	153						74		70	9	2		1	
58	(八)信息传输、软件和信息技术服务业	109	93						68	4	24	1			16	10

续表

序号	项目	合计	内资企业										港澳台投资企业	国有控股	外商投资企业	国有控股
			小计	国有企业	集体企业	股份合作企业	联营企业	国有控股	股份公司	国有控股	私营企业	其他企业				
59	1. 电信、广播电视和卫星传输服务业	13	13						12	4		1				
60	2. 互联网和相关服务	2	2								2					
61	3. 软件和信息技术服务业	94	78						56		22				16	10
62	(九)金融业	1743	1650						1308	156	342		93	-45		
63	1. 货币金融服务	472	472						130		342					
64	2. 资本市场服务	1011	918						918				93	-45		
65	3. 保险业															
66	4. 其他金融业	260	260						260	156						
67	(十)房地产业	54754	54687	458	17				31828	5090	22344	40	25		42	
68	(十一)租赁和商务服务业	5057	5087	73	2				4684	636	206	122	-44	-44	14	12
69	1. 租赁业	6	6						6							
70	2. 商务服务业	5051	5081	73	2				4678	636	206	122	-44	-44	14	12
71	(十二)科学研究和技术服务业	1063	982	75	22		3	3	226	90	128	528	4	4	77	76
72	(十三)居民服务、修理和其他服务业	2771	2753	51	83	23			2334	1502	137	125	3	1	15	6
73	(十四)教育	246	246						1		2	243				
74	(十五)卫生和社会工作	32	32									32				
75	(十六)文化、体育和娱乐业	106	106	65	11				20		1	9				
76	(十七)公共管理、社会保障和社会组织	1198	1198		4				1			1193				
77	(十八)其他行业	751	751	604	1				87	2	24	35				

2017年清远市地方税务局企业所得税分行业分企业类型统计年报表

编报机关:清远市地方税务局　　　　单位:万元

序号	项目	合计	内资企业										港澳台投资企业	国有控股	外商投资企业	国有控股
			小计	国有企业	集体企业	股份合作企业	联营企业	国有控股	股份公司	国有控股	私营企业	其他企业				
1	合　计	139160	138855	3187	1832	22	2129	764	121225	12066	7717	2743	93		212	
2	(一)采矿业	18	18	5							1	12				
3	1. 煤炭开采和洗选业															
4	2. 石油和天然气开采业															
5	3. 黑色金属矿采选业															
6	4. 有色金属矿采选业	12	12									12				
7	5. 非金属矿采选业	5	5	5												
8	6. 其他采矿业	1	1								1					
9	(二)制造业	3659	3659	16	33				3607	331	3					
10	1. 农副食品加工业	94	94						93		1					
11	2. 食品制造业	326	326						326	326						
12	3. 酒、饮料和精制茶制造业	199	199						199							
13	4. 烟草制品业															
14	5. 纺织业	1	1						1							
15	6. 纺织服装、服饰业	21	21		4				17	1						
16	7. 皮革、毛皮、羽毛及其制品和制鞋业	2	2		2											
17	8. 木材加工和木竹藤棕草制品业	18	18						18							
18	9. 家具制造业	-1	-1		-1											
19	10. 造纸和纸制品业	7	7						7							

续表

序号	项目	合计	内资企业										港澳台投资企业		外商投资企业	
			小计	国有企业	集体企业	股份合作企业	联营企业	国有控股	股份公司	国有控股	私营企业	其他企业		国有控股		国有控股
20	11. 印刷和记录媒介复制业	30	30		25				5	4						
21	12. 文教、工美、体育和娱乐用品制造业															
22	13. 石油加工、炼焦和核燃料加工业															
23	14. 化学原料和化学制品制造业	25	25	14					11							
24	15. 医药制造业	1585	1585						1585							
25	16. 化学纤维制造业															
26	17. 橡胶和塑料制品业	69	69						69							
27	18. 非金属矿物制品业	53	53	2					49		2					
28	19. 黑色金属冶炼和压延加工业	2	2						2							
29	20. 有色金属冶炼和压延加工业															
30	21. 金属制品业	13	13						13							
31	22. 通用设备制造业	3	3						3							
32	23. 专用设备制造业															
33	24. 汽车制造业															
34	25. 铁路、船舶、航空航天和其他运输设备制造业	2	2		2											
35	26. 电气机械和器材制造业	1206	1206						1206							
36	27. 计算机、通信和其他电子设备制造业	3	3						3							
37	28. 仪表仪器制造业															
38	29. 其他制造业	1	1		1											

续表

序号	项目	合计	内资企业										港澳台投资企业	国有控股	外商投资企业	国有控股
			小计	国有企业	集体企业	股份合作企业	联营企业	国有控股	股份公司	国有控股	私营企业	其他企业				
39	(三)电力、热力、燃气及水的生产和供应业	13244	13244	2175	477		393	273	10171	1837	10	18				
40	1. 电力、热力生产和供应业	9024	9024	2175	471		393	273	5978	1789	6	1				
41	2. 燃气生产和供应业	3698	3698		3				3691	48	4					
42	3. 水的生产和供应业	522	522		3				502			17				
43	(四)建筑业	19381	19363	354	1110	-1	1660	492	15343	112	772	125	18			
44	1. 房屋建筑业	4304	4304	2	874				3375	13	32	21				
45	2. 土木工程建筑业	1751	1751	14					1679		39	19				
46	3. 建筑安装业	11538	11523	229	237		1660	492	8739	56	611	47	15			
47	4. 建筑装饰和其他建筑业	1788	1785	109	-1	-1			1550	43	90	38	3			
48	(五)批发和零售业	9155	9155	29	51	23	14		9055	5618	-23	6				
49	1. 批发业	7243	7243	1	1				7271	5433	-30					
50	2. 零售业	1912	1912	28	50	23	14		1784	185	7	6				
51	(六)交通运输、仓储和邮政业	2110	2110		4				2106	6						
52	1. 交通运输业	2096	2096		4				2092	6						
53	2. 仓储业	6	6						6							
54	3. 邮政业	8	8						8							
55	(七)住宿和餐饮业	892	892	12	2				878	1						
56	1. 住宿业	518	518	12	2				504							
57	2. 餐饮业	374	374						374	1						
58	(八)信息传输、软件和信息技术服务业	34	34						33			1				

续表

序号	项目	合计	内资企业										港澳台投资企业		外商投资企业	
			小计	国有企业	集体企业	股份合作企业	联营企业	国有控股	股份公司	国有控股	私营企业	其他企业		国有控股		国有控股
59	1. 电信、广播电视和卫星传输服务业	25	25						24			1				
60	2. 互联网和相关服务															
61	3. 软件和信息技术服务业	9	9						9							
62	(九)金融业	673	673						672	59		1				
63	1. 货币金融服务	87	87						86	59		1				
64	2. 资本市场服务															
65	3. 保险业	540	540						540							
66	4. 其他金融业	46	46						46							
67	(十)房地产业	81450	81284	4	86		63		73677	4014	6915	539	75		91	
68	(十一)租赁和商务服务业	3399	3385	48	1				3166	48	13	157			14	
69	1. 租赁业	21	21						20		1					
70	2. 商务服务业	3378	3364	48	1				3146	48	12	157			14	
71	(十二)科学研究和技术服务业	2465	2465	396	67				881		16	1105				
72	(十三)居民服务、修理和其他服务业	1832	1831	79					1413	31	6	333			1	
73	(十四)教育	218	112		1				72	6		39			106	
74	(十五)卫生和社会工作	23	23									23				
75	(十六)文化、体育和娱乐业	97	97	68					19		3	7				
76	(十七)公共管理、社会保障和社会组织	309	309									309				
77	(十八)其他行业	201	201	1			-1	-1	132	3	1	68				

2017 年潮州市地方税务局企业所得税分行业分企业类型统计年报表

编报机关:潮州市地方税务局　　　　单位:万元

序号	项目	合计	内资企业										港澳台投资企业		外商投资企业	
			小计	国有企业	集体企业	股份合作企业	联营企业	国有控股	股份公司	国有控股	私营企业	其他企业	港澳台投资企业	国有控股	外商投资企业	国有控股
1	合　计	67188	67028	2695	6173	841	52		55424	1163	1163	680	121		39	
2	(一)采矿业	172	172	170		2										
3	1. 煤炭开采和洗选业															
4	2. 石油和天然气开采业															
5	3. 黑色金属矿采选业															
6	4. 有色金属矿采选业															
7	5. 非金属矿采选业	172	172	170		2										
8	6. 其他采矿业															
9	(二)制造业	31460	31337	3	15	403			30487	221	429		84		39	
10	1. 农副食品加工业	37	37		1				36							
11	2. 食品制造业	2857	2857	1		72			2784	1						
12	3. 酒、饮料和精制茶制造业	5	5						5							
13	4. 烟草制品业															
14	5. 纺织业	48	48			5			43							
15	6. 纺织服装、服饰业	307	307			10			296		1					
16	7. 皮革、毛皮、羽毛及其制品和制鞋业	987	987						980	126	7					
17	8. 木材加工和木竹藤棕草制品业															
18	9. 家具制造业	171	171						171							
19	10. 造纸和纸制品业	466	466			52			413		1					

续表

序号	项目	合计	内资企业										港澳台投资企业		外商投资企业	
			小计	国有企业	集体企业	股份合作企业	联营企业	国有控股	股份公司	国有控股	私营企业	其他企业		国有控股		国有控股
20	11. 印刷和记录媒介复制业	2175	2175	1	1	103			2069		1					
21	12. 文教、工美、体育和娱乐用品制造业	40	40						30		10					
22	13. 石油加工、炼焦和核燃料加工业															
23	14. 化学原料和化学制品制造业	385	385		3	3			378		1					
24	15. 医药制造业	70	70						70							
25	16. 化学纤维制造业															
26	17. 橡胶和塑料制品业	376	376			2			374	31						
27	18. 非金属矿物制品业	3957	3873		9	94			3493	26	277		84			
28	19. 黑色金属冶炼和压延加工业															
29	20. 有色金属冶炼和压延加工业	1527	1527						1527							
30	21. 金属制品业	979	979			56			801	33	122					
31	22. 通用设备制造业	3	3			2			1							
32	23. 专用设备制造业	141	141						141	3						
33	24. 汽车制造业	30	30						30							
34	25. 铁路、船舶、航空航天和其他运输设备制造业	1	1	1												
35	26. 电气机械和器材制造业	474	474			3			462		9					
36	27. 计算机、通信和其他电子设备制造业	16411	16372			1			16371	1					39	
37	28. 仪表仪器制造业	1	1		1											
38	29. 其他制造业	12	12						12							

续表

序号	项目	合计	内资企业										港澳台投资企业	国有控股	外商投资企业	国有控股
			小计	国有企业	集体企业	股份合作企业	联营企业	国有控股	股份公司	国有控股	私营企业	其他企业				
39	(三)电力、热力、燃气及水的生产和供应业	2454	2454	2133	264		1		56							
40	1. 电力、热力生产和供应业	1645	1645	1364	252		1		28							
41	2. 燃气生产和供应业	28	28						28							
42	3. 水的生产和供应业	781	781	769	12											
43	(四)建筑业	9992	9990	54	5579	1			3869	206	479	8	2			
44	1. 房屋建筑业	7447	7447	43	5274				1731	98	399					
45	2. 土木工程建筑业	860	860	1	230				619		8	2				
46	3. 建筑安装业	1160	1158	10	65				1028	108	50	5	2			
47	4. 建筑装饰和其他建筑业	525	525		10	1			491		22	1				
48	(五)批发和零售业	1399	1376	13	187	36	51		1073	429	15	1	23			
49	1. 批发业	1008	985	2	169	7	51		754	428	1	1	23			
50	2. 零售业	391	391	11	18	29			319	1	14					
51	(六)交通运输、仓储和邮政业	674	674		5	1			668							
52	1. 交通运输业	584	584		5	1			578							
53	2. 仓储业															
54	3. 邮政业	90	90						90							
55	(七)住宿和餐饮业	315	315	3	11				285	1	16					
56	1. 住宿业	208	208	1					207	1						
57	2. 餐饮业	107	107	2	11				78		16					
58	(八)信息传输、软件和信息技术服务业	10	10						10							

续表

序号	项目	合计	内资企业										港澳台投资企业		外商投资企业	
			小计	国有企业	集体企业	股份合作企业	联营企业	国有控股	股份公司	国有控股	私营企业	其他企业		国有控股		国有控股
59	1. 电信、广播电视和卫星传输服务业															
60	2. 互联网和相关服务	1	1						1							
61	3. 软件和信息技术服务业	9	9						9							
62	(九)金融业	647	647						647	223						
63	1. 货币金融服务	164	164						164							
64	2. 资本市场服务															
65	3. 保险业															
66	4. 其他金融业	483	483						483	223						
67	(十)房地产业	18575	18575	1	101	397			17838	81	210	28				
68	(十一)租赁和商务服务业	272	260	4	5				241	2	6	4	12			
69	1. 租赁业	7	7						7							
70	2. 商务服务业	265	253	4	5				234	2	6	4	12			
71	(十二)科学研究和技术服务业	539	539	267		1			81		3	187				
72	(十三)居民服务、修理和其他服务业	104	104	1	3				87		5	8				
73	(十四)教育	280	280	46								234				
74	(十五)卫生和社会工作	3	3						3							
75	(十六)文化、体育和娱乐业	33	33						28			5				
76	(十七)公共管理、社会保障和社会组织	201	201									201				
77	(十八)其他行业	58	58		3				51			4				

2017年揭阳市地方税务局企业所得税分行业分企业类型统计年报表

编报机关：揭阳市地方税务局　　　　单位：万元

序号	项目	合计	内资企业										港澳台投资企业	国有控股	外商投资企业	国有控股
			小计	国有企业	集体企业	股份合作企业	联营企业	国有控股	股份公司	国有控股	私营企业	其他企业				
1	合计	125680	125320	7053	7510		1	1	102784	480	7582	390	15		345	
2	(一)采矿业															
3	1. 煤炭开采和洗选业															
4	2. 石油和天然气开采业															
5	3. 黑色金属矿采选业															
6	4. 有色金属矿采选业															
7	5. 非金属矿采选业															
8	6. 其他采矿业															
9	(二)制造业	65739	65644	5	64				64209	35	1366		15		80	
10	1. 农副食品加工业	210	210	5	2				142		61					
11	2. 食品制造业	1640	1640		1				1578	7	61					
12	3. 酒、饮料和精制茶制造业															
13	4. 烟草制品业															
14	5. 纺织业	377	377		2				139		236					
15	6. 纺织服装、服饰业	1050	1035		1				889		145		15			
16	7. 皮革、毛皮、羽毛及其制品和制鞋业	28	28		8				20							
17	8. 木材加工和木竹藤棕草制品业	4	4		1				3							
18	9. 家具制造业	10	10						1		9					
19	10. 造纸和纸制品业	148	148						130		18					

续表

序号	项目	合计	内资企业										港澳台投资企业		外商投资企业	
			小计	国有企业	集体企业	股份合作企业	联营企业	国有控股	股份公司	国有控股	私营企业	其他企业		国有控股		国有控股
20	11. 印刷和记录媒介复制业	431	431		3				225		203					
21	12. 文教、工美、体育和娱乐用品制造业	277	277		16				14		247					
22	13. 石油加工、炼焦和核燃料加工业															
23	14. 化学原料和化学制品制造业	303	303						277		26					
24	15. 医药制造业	59125	59045						59045						80	
25	16. 化学纤维制造业															
26	17. 橡胶和塑料制品业	442	442						357		85					
27	18. 非金属矿物制品业	290	290						289		1					
28	19. 黑色金属冶炼和压延加工业	199	199						197		2					
29	20. 有色金属冶炼和压延加工业	242	242						166		76					
30	21. 金属制品业	300	300		2				181		117					
31	22. 通用设备制造业	6	6						6							
32	23. 专用设备制造业	209	209		1				188		20					
33	24. 汽车制造业	9	9						9							
34	25. 铁路、船舶、航空航天和其他运输设备制造业	1	1								1					
35	26. 电气机械和器材制造业	385	385		26				339	28	20					
36	27. 计算机、通信和其他电子设备制造业	38	38								38					
37	28. 仪表仪器制造业	13	13						13							
38	29. 其他制造业	2	2		1				1							

续表

序号	项目	合计	内资企业										港澳台投资企业	国有控股	外商投资企业	国有控股
			小计	国有企业	集体企业	股份合作企业	联营企业	国有控股	股份公司	国有控股	私营企业	其他企业				
39	（三）电力、热力、燃气及水的生产和供应业	4972	4972	4540	41				382	-14	5	4				
40	1. 电力、热力生产和供应业	4442	4442	4384	33				20	-14	1	4				
41	2. 燃气生产和供应业	16	16						12		4					
42	3. 水的生产和供应业	514	514	156	8				350							
43	（四）建筑业	16908	16908	2243	6925		1	1	7274	231	420	45				
44	1. 房屋建筑业	3090	3090	2029	429				607	50	25					
45	2. 土木工程建筑业	246	246	29	4				165		48					
46	3. 建筑安装业	11681	11681	157	6459				4766	124	296	3				
47	4. 建筑装饰和其他建筑业	1891	1891	28	33		1	1	1736	57	51	42				
48	（五）批发和零售业	5940	5661	169	177				5086	178	229				279	
49	1. 批发业	4630	4630	163	6				4264	177	197					
50	2. 零售业	1310	1031	6	171				822	1	32				279	
51	（六）交通运输、仓储和邮政业	577	577	83	90				203	19	199	2				
52	1. 交通运输业	401	401	83	90				189	19	37	2				
53	2. 仓储业	165	165						3		162					
54	3. 邮政业	11	11						11							
55	（七）住宿和餐饮业	481	481	2	12				442	1	25					
56	1. 住宿业	282	282		12				250		20					
57	2. 餐饮业	199	199	2					192	1	5					
58	（八）信息传输、软件和信息技术服务业	117	117						85	1	32					

续表

序号	项　目	合计	内　资　企　业										港澳台投资企业		外商投资企业	
			小计	国有企业	集体企业	股份合作企业	联营企业	国有控股	股份公司	国有控股	私营企业	其他企业		国有控股		国有控股
59	1. 电信、广播电视和卫星传输服务业															
60	2. 互联网和相关服务	46	46						15		31					
61	3. 软件和信息技术服务业	71	71						70	1	1					
62	(九)金融业	805	819						212		607				-14	
63	1. 货币金融服务	52	52						52							
64	2. 资本市场服务	597	597								597					
65	3. 保险业	1	1						1							
66	4. 其他金融业	155	169						159		10				-14	
67	(十)房地产业	21280	21280		1				16659	8	4587	33				
68	(十一)租赁和商务服务业	7459	7459	6	80				7285	18	42	46				
69	1. 租赁业	8	8						8							
70	2. 商务服务业	7451	7451	6	80				7277	18	42	46				
71	(十二)科学研究和技术服务业	334	334		52				153		50	79				
72	(十三)居民服务、修理和其他服务业	339	339	5	33				272	3	6	23				
73	(十四)教育	124	124		9				72		7	36				
74	(十五)卫生和社会工作	361	361						357			4				
75	(十六)文化、体育和娱乐业	63	63		1				47		7	8				
76	(十七)公共管理、社会保障和社会组织	135	135		25				4			106				
77	(十八)其他行业	46	46						42			4				

2017年云浮市地方税务局企业所得税分行业分企业类型统计年报表

编报机关:云浮市地方税务局

单位:万元

序号	项目	合计	内资企业										港澳台投资企业		外商投资企业	
			小计	国有企业	集体企业	股份合作企业	联营企业	国有控股	股份公司	国有控股	私营企业	其他企业		国有控股		国有控股
1	合计	42758	42624	1230	2431	96			34427	4690	3818	622	88		46	
2	(一)采矿业	2371	2371		22				2349	2302						
3	1. 煤炭开采和洗选业															
4	2. 石油和天然气开采业															
5	3. 黑色金属矿采选业	1	1						1	1						
6	4. 有色金属矿采选业															
7	5. 非金属矿采选业	2370	2370		22				2348	2301						
8	6. 其他采矿业															
9	(二)制造业	1788	1702	35	24				1400	34	243		86			
10	1. 农副食品加工业	2	2						2	1						
11	2. 食品制造业	41	41		19				19		3					
12	3. 酒、饮料和精制茶制造业															
13	4. 烟草制品业															
14	5. 纺织业															
15	6. 纺织服装、服饰业	59	59						57		2					
16	7. 皮革、毛皮、羽毛及其制品和制鞋业															
17	8. 木材加工和木竹藤棕草制品业															
18	9. 家具制造业															
19	10. 造纸和纸制品业	90	90								90					

续表

序号	项目	合计	内资企业										港澳台投资企业	国有控股	外商投资企业	国有控股
			小计	国有企业	集体企业	股份合作企业	联营企业	国有控股	股份公司	国有控股	私营企业	其他企业				
20	11. 印刷和记录媒介复制业	6	6		3				2		1					
21	12. 文教、工美、体育和娱乐用品制造业															
22	13. 石油加工、炼焦和核燃料加工业															
23	14. 化学原料和化学制品制造业	213	213						93	19	120					
24	15. 医药制造业	266	266						266							
25	16. 化学纤维制造业															
26	17. 橡胶和塑料制品业	16	16		1				15							
27	18. 非金属矿物制品业	107	107						107	14						
28	19. 黑色金属冶炼和压延加工业	35	35	35												
29	20. 有色金属冶炼和压延加工业	27	27								27					
30	21. 金属制品业	94	8						8				86			
31	22. 通用设备制造业	29	29						29							
32	23. 专用设备制造业	15	15						15							
33	24. 汽车制造业															
34	25. 铁路、船舶、航空航天和其他运输设备制造业	1	1		1											
35	26. 电气机械和器材制造业	246	246						246							
36	27. 计算机、通信和其他电子设备制造业															
37	28. 仪表仪器制造业															
38	29. 其他制造业	541	541						541							

续表

序号	项目	合计	内资企业										港澳台投资企业	国有控股	外商投资企业	国有控股
			小计	国有企业	集体企业	股份合作企业	联营企业	国有控股	股份公司	国有控股	私营企业	其他企业				
39	(三)电力、热力、燃气及水的生产和供应业	1522	1522	808	62	96			542	1	14					
40	1. 电力、热力生产和供应业	1360	1360	795	23	96			445	1	1					
41	2. 燃气生产和供应业	139	139		37				90		12					
42	3. 水的生产和供应业	23	23	13	2				7		1					
43	(四)建筑业	11560	11560	275	1545				7972	665	1747	21				
44	1. 房屋建筑业	6300	6300		571				5182	154	532	15				
45	2. 土木工程建筑业	346	346	159	22				151		14					
46	3. 建筑安装业	3954	3954	75	944				2068	398	861	6				
47	4. 建筑装饰和其他建筑业	960	960	41	8				571	113	340					
48	(五)批发和零售业	6477	6477	64	552				5798	1425	63					
49	1. 批发业	6201	6201	49	541				5572	1380	39					
50	2. 零售业	276	276	15	11				226	45	24					
51	(六)交通运输、仓储和邮政业	1067	1067	5	6				982	117	67	7				
52	1. 交通运输业	1056	1056	2	6				975	117	67	6				
53	2. 仓储业	10	10	3					6			1				
54	3. 邮政业	1	1						1							
55	(七)住宿和餐饮业	141	141	3					125		13					
56	1. 住宿业	29	29	3					22		4					
57	2. 餐饮业	112	112						103		9					
58	(八)信息传输、软件和信息技术服务业	50	50						39	2	11					

续表

序号	项目	合计	内资企业										港澳台投资企业	国有控股	外商投资企业	国有控股
			小计	国有企业	集体企业	股份合作企业	联营企业	国有控股	股份公司	国有控股	私营企业	其他企业				
59	1. 电信、广播电视和卫星传输服务业	30	30						22		8					
60	2. 互联网和相关服务	6	6						3		3					
61	3. 软件和信息技术服务业	14	14						14	2						
62	(九)金融业	1193	1193						1125		68					
63	1. 货币金融服务	1	1						1							
64	2. 资本市场服务	927	927						927							
65	3. 保险业															
66	4. 其他金融业	265	265						197		68					
67	(十)房地产业	13477	13431		20				12241		1127	43			46	
68	(十一)租赁和商务服务业	1563	1563						1121	120	428	14				
69	1. 租赁业															
70	2. 商务服务业	1563	1563						1121	120	428	14				
71	(十二)科学研究和技术服务业	445	445	9	191				128	1	9	108				
72	(十三)居民服务、修理和其他服务业	200	198	3					109	23	11	75	2			
73	(十四)教育	291	291		7				9		7	268				
74	(十五)卫生和社会工作	10	10						4			6				
75	(十六)文化、体育和娱乐业	13	13						6			7				
76	(十七)公共管理、社会保障和社会组织	71	71									71				
77	(十八)其他行业	519	519	28	2				477		10	2				

2017年横琴新区地方税务局企业所得税分行业分企业类型统计年报表

编报机关:横琴新区地方税务局　　　　单位:万元

序号	项目	合计	内资企业										港澳台投资企业		外商投资企业	
			小计	国有企业	集体企业	股份合作企业	联营企业	国有控股	股份公司	国有控股	私营企业	其他企业		国有控股		国有控股
1	合计	224229	221651	20	1				149359	38399	72256	15	2554	825	24	4
2	(一)采矿业															
3	1. 煤炭开采和洗选业															
4	2. 石油和天然气开采业															
5	3. 黑色金属矿采选业															
6	4. 有色金属矿采选业															
7	5. 非金属矿采选业															
8	6. 其他采矿业															
9	(二)制造业															
10	1. 农副食品加工业															
11	2. 食品制造业															
12	3. 酒、饮料和精制茶制造业															
13	4. 烟草制品业															
14	5. 纺织业															
15	6. 纺织服装、服饰业															
16	7. 皮革、毛皮、羽毛及其制品和制鞋业															
17	8. 木材加工和木竹藤棕草制品业															
18	9. 家具制造业															
19	10. 造纸和纸制品业															

续表

序号	项　　目	合计	内　资　企　业										港澳台投资企业	国有控股	外商投资企业	国有控股
			小计	国有企业	集体企业	股份合作企业	联营企业	国有控股	股份公司	国有控股	私营企业	其他企业				
20	11. 印刷和记录媒介复制业															
21	12. 文教、工美、体育和娱乐用品制造业															
22	13. 石油加工、炼焦和核燃料加工业															
23	14. 化学原料和化学制品制造业															
24	15. 医药制造业															
25	16. 化学纤维制造业															
26	17. 橡胶和塑料制品业															
27	18. 非金属矿物制品业															
28	19. 黑色金属冶炼和压延加工业															
29	20. 有色金属冶炼和压延加工业															
30	21. 金属制品业															
31	22. 通用设备制造业															
32	23. 专用设备制造业															
33	24. 汽车制造业															
34	25. 铁路、船舶、航空航天和其他运输设备制造业															
35	26. 电气机械和器材制造业															
36	27. 计算机、通信和其他电子设备制造业															
37	28. 仪表仪器制造业															
38	29. 其他制造业															

续表

序号	项目	合计	内资企业										港澳台投资企业	国有控股	外商投资企业	国有控股
			小计	国有企业	集体企业	股份合作企业	联营企业	国有控股	股份公司	国有控股	私营企业	其他企业				
39	(三)电力、热力、燃气及水的生产和供应业	225	225						225							
40	1. 电力、热力生产和供应业	225	225						225							
41	2. 燃气生产和供应业															
42	3. 水的生产和供应业															
43	(四)建筑业	12461	12461	19					7864	283	4572	6				
44	1. 房屋建筑业	21	21						19		1	1				
45	2. 土木工程建筑业	169	169						44	1	125					
46	3. 建筑安装业	1719	1719	19					566	90	1129	5				
47	4. 建筑装饰和其他建筑业	10552	10552						7235	192	3317					
48	(五)批发和零售业	1333	1333		1				1230	24	102					
49	1. 批发业	878	878		1				802	24	75					
50	2. 零售业	455	455						428		27					
51	(六)交通运输、仓储和邮政业	19	19						19							
52	1. 交通运输业	19	19						19							
53	2. 仓储业															
54	3. 邮政业															
55	(七)住宿和餐饮业	1	1						1							
56	1. 住宿业	1	1						1							
57	2. 餐饮业															
58	(八)信息传输、软件和信息技术服务业	158	123						65		58		35	35		

续表

序号	项目	合计	内资企业										港澳台投资企业	国有控股	外商投资企业	国有控股
			小计	国有企业	集体企业	股份合作企业	联营企业	国有控股	股份公司	国有控股	私营企业	其他企业				
59	1. 电信、广播电视和卫星传输服务业															
60	2. 互联网和相关服务															
61	3. 软件和信息技术服务业	158	123						65		58		35	35		
62	(九)金融业	53638	52782						50487	4332	2295		856	790		
63	1. 货币金融服务	66											66			
64	2. 资本市场服务	31849	31849						30197	3	1652					
65	3. 保险业	2	2						2							
66	4. 其他金融业	21721	20931						20288	4329	643		790	790		
67	(十)房地产业	68064	68060						28673	3	39387		4			
68	(十一)租赁和商务服务业	87531	85869	1					60141	33564	25718	9	1650		12	3
69	1. 租赁业															
70	2. 商务服务业	87531	85869	1					60141	33564	25718	9	1650		12	3
71	(十二)科学研究和技术服务业	28	19						19				9			
72	(十三)居民服务、修理和其他服务业	232	231						110	24	121				1	
73	(十四)教育	2													2	1
74	(十五)卫生和社会工作															
75	(十六)文化、体育和娱乐业	309	300						297	169	3				9	
76	(十七)公共管理、社会保障和社会组织															
77	(十八)其他行业	228	228						228							

2017 年顺德区地方税务局企业所得税分行业分企业类型统计年报表

编报机关:顺德区地方税务局　　　　单位:万元

序号	项　目	合计	内资企业										港澳台投资企业	国有控股	外商投资企业	国有控股
			小计	国有企业	集体企业	股份合作企业	联营企业	国有控股	股份公司	国有控股	私营企业	其他企业				
1	合　计	309288	253855	49	2089		12		200321	19447	40718	10666	17974	69	37459	
2	(一)采矿业															
3	1. 煤炭开采和洗选业															
4	2. 石油和天然气开采业															
5	3. 黑色金属矿采选业															
6	4. 有色金属矿采选业															
7	5. 非金属矿采选业															
8	6. 其他采矿业															
9	(二)制造业	42277	41304		36				27118	1029	14150		945		28	
10	1. 农副食品加工业	1671	1671						1067		604					
11	2. 食品制造业	1723	1723						13		1710					
12	3. 酒、饮料和精制茶制造业	36	36						35		1					
13	4. 烟草制品业															
14	5. 纺织业	203	203						70		133					
15	6. 纺织服装、服饰业	712	712						320		392					
16	7. 皮革、毛皮、羽毛及其制品和制鞋业	66	66						53		13					
17	8. 木材加工和木竹藤棕草制品业	4	4						1		3					
18	9. 家具制造业	936	936						252		684					
19	10. 造纸和纸制品业	448	448		1				282		165					

续表

序号	项　　目	合计	内资企业										港澳台投资企业	国有控股	外商投资企业	国有控股
			小计	国有企业	集体企业	股份合作企业	联营企业	国有控股	股份公司	国有控股	私营企业	其他企业				
20	11. 印刷和记录媒介复制业	1073	1073						865	2	208					
21	12. 文教、工美、体育和娱乐用品制造业	24	46						42		4		-22			
22	13. 石油加工、炼焦和核燃料加工业	-245	-245						4		-249					
23	14. 化学原料和化学制品制造业	2503	2503						1523	132	980					
24	15. 医药制造业	896	896						896	891						
25	16. 化学纤维制造业	1	1								1					
26	17. 橡胶和塑料制品业	1175	1175						697		478					
27	18. 非金属矿物制品业	3546	3546						422		3124					
28	19. 黑色金属冶炼和压延加工业	159	159						54		105					
29	20. 有色金属冶炼和压延加工业	200	200		28				74		98					
30	21. 金属制品业	1449	1443						538		905				6	
31	22. 通用设备制造业	2512	2504		6				439	1	2059				8	
32	23. 专用设备制造业	3167	3167						3030		137					
33	24. 汽车制造业	3	3						-2		5					
34	25. 铁路、船舶、航空航天和其他运输设备制造业	66	66						14		52					
35	26. 电气机械和器材制造业	18826	17860		1				15787		2072		958		8	
36	27. 计算机、通信和其他电子设备制造业	877	868						626	3	242		9			
37	28. 仪表仪器制造业	114	114						14		100					
38	29. 其他制造业	132	126						2		124				6	

续表

序号	项目	合计	内资企业										港澳台投资企业	国有控股	外商投资企业	国有控股
			小计	国有企业	集体企业	股份合作企业	联营企业	国有控股	股份公司	国有控股	私营企业	其他企业				
39	(三)电力、热力、燃气及水的生产和供应业	3095	3095						3088	3018	7					
40	1. 电力、热力生产和供应业															
41	2. 燃气生产和供应业															
42	3. 水的生产和供应业	3095	3095						3088	3018	7					
43	(四)建筑业	31138	12509	1					8235	87	4273				18629	
44	1. 房屋建筑业	2789	2789						1971	61	818					
45	2. 土木工程建筑业	3659	3659						3197	24	462					
46	3. 建筑安装业	21401	2782	1					1988	2	793				18619	
47	4. 建筑装饰和其他建筑业	3289	3279						1079		2200				10	
48	(五)批发和零售业	11809	11789	1	260				7143	181	4385		12		8	
49	1. 批发业	6970	6950	1	139				3257	172	3553		12		8	
50	2. 零售业	4839	4839		121				3886	9	832					
51	(六)交通运输、仓储和邮政业	3035	3035		26				2593	35	416					
52	1. 交通运输业	2927	2927		25				2504	35	398					
53	2. 仓储业	22	22		1				12		9					
54	3. 邮政业	86	86						77		9					
55	(七)住宿和餐饮业	1466	1397		1				829	19	567		69	69		
56	1. 住宿业	166	166		1				36	1	129					
57	2. 餐饮业	1300	1231						793	18	438		69	69		
58	(八)信息传输、软件和信息技术服务业	455	454						386		67	1			1	

续表

序号	项目	合计	内资企业										港澳台投资企业		外商投资企业	
			小计	国有企业	集体企业	股份合作企业	联营企业	国有控股	股份公司	国有控股	私营企业	其他企业		国有控股		国有控股
59	1. 电信、广播电视和卫星传输服务业	5	5								5					
60	2. 互联网和相关服务	9	9						4		4	1				
61	3. 软件和信息技术服务业	441	440						382		58				1	
62	(九)金融业	44955	11156						10973	1	183		15587		18212	
63	1. 货币金融服务	9726	9726						9726							
64	2. 资本市场服务	10275	77						61		16		8		10190	
65	3. 保险业	20	20						2		18					
66	4. 其他金融业	24934	1333						1184	1	149		15579		8022	
67	(十)房地产业	125886	125886	2	807				116802	15114	4790	3485				
68	(十一)租赁和商务服务业	20225	19642	9	3				9075	1	10460	95	15		568	
69	1. 租赁业	142	142						18		124					
70	2. 商务服务业	20083	19500	9	3				9057	1	10336	95	15		568	
71	(十二)科学研究和技术服务业	14365	14357	21	765				13068	2	554	-51	1		7	
72	(十三)居民服务、修理和其他服务业	2302	953		5		12		275	25	427	234	1343		6	
73	(十四)教育	1437	1435		4				10		18	1403	2			
74	(十五)卫生和社会工作	365	365		1				285			79				
75	(十六)文化、体育和娱乐业	476	476		4				336	-76	126	10				
76	(十七)公共管理、社会保障和社会组织	5582	5582		177							5405				
77	(十八)其他行业	420	420	15					105	11	295	5				

2017年广东省地方税务局直属分局企业所得税分行业分企业类型统计年报表

编报机关:广东省地方税务局直属分局　　　　单位:万元

序号	项　　目	合计	内　资　企　业										港澳台投资企业		外商投资企业	
			小计	国有企业	集体企业	股份合作企业	联营企业	国有控股	股份公司	国有控股	私营企业	其他企业		国有控股		国有控股
1	合　　计	470150	464152	15019	44		69	69	437581	52582	2107	9332	5930	4333	68	
2	(一)采矿业															
3	1. 煤炭开采和洗选业															
4	2. 石油和天然气开采业															
5	3. 黑色金属矿采选业															
6	4. 有色金属矿采选业															
7	5. 非金属矿采选业															
8	6. 其他采矿业															
9	(二)制造业	2179	2180	424			1	1	1773	271	-37	19	-1	-1		
10	1. 农副食品加工业	298	298	298												
11	2. 食品制造业															
12	3. 酒、饮料和精制茶制造业															
13	4. 烟草制品业															
14	5. 纺织业															
15	6. 纺织服装、服饰业	5	5						5	5						
16	7. 皮革、毛皮、羽毛及其制品和制鞋业															
17	8. 木材加工和木竹藤棕草制品业															
18	9. 家具制造业															
19	10. 造纸和纸制品业															

续表

序号	项　目	合计	内　资　企　业										港澳台投资企业		外商投资企业	
			小计	国有企业	集体企业	股份合作企业	联营企业	国有控股	股份公司	国有控股	私营企业	其他企业		国有控股		国有控股
20	11. 印刷和记录媒介复制业	30	30	11								19				
21	12. 文教、工美、体育和娱乐用品制造业															
22	13. 石油加工、炼焦和核燃料加工业															
23	14. 化学原料和化学制品制造业	-38	-37								-37		-1	-1		
24	15. 医药制造业															
25	16. 化学纤维制造业															
26	17. 橡胶和塑料制品业	619	619						619							
27	18. 非金属矿物制品业	266	266						266	266						
28	19. 黑色金属冶炼和压延加工业															
29	20. 有色金属冶炼和压延加工业	-72	-72						-72	-72						
30	21. 金属制品业	7	7	7												
31	22. 通用设备制造业	492	492						492	72						
32	23. 专用设备制造业	463	463						463							
33	24. 汽车制造业															
34	25. 铁路、船舶、航空航天和其他运输设备制造业															
35	26. 电气机械和器材制造业	13	13	13												
36	27. 计算机、通信和其他电子设备制造业	95	95	95												
37	28. 仪表仪器制造业															
38	29. 其他制造业	1	1				1	1								

续表

序号	项目	合计	内资企业										港澳台投资企业		外商投资企业	
			小计	国有企业	集体企业	股份合作企业	联营企业	国有控股	股份公司	国有控股	私营企业	其他企业		国有控股		国有控股
39	(三)电力、热力、燃气及水的生产和供应业	294463	294463						294463	1688						
40	1. 电力、热力生产和供应业	294463	294463						294463	1688						
41	2. 燃气生产和供应业															
42	3. 水的生产和供应业															
43	(四)建筑业	19593	19593	698			66	66	18743	6754	85	1				
44	1. 房屋建筑业	2326	2326						2241	1932	85					
45	2. 土木工程建筑业	11057	11057						11057	1016						
46	3. 建筑安装业	4315	4315	537					3778	2794						
47	4. 建筑装饰和其他建筑业	1895	1895	161			66	66	1667	1012		1				
48	(五)批发和零售业	39666	35742	3669	42				31863	11871		168	3920	3920	4	
49	1. 批发业	36964	33040	3147	40				29685	10941		168	3920	3920	4	
50	2. 零售业	2702	2702	522	2				2178	930						
51	(六)交通运输、仓储和邮政业	39747	39344	412					38909	7950		23	403	403		
52	1. 交通运输业	39482	39221	412					38809	7850			261	261		
53	2. 仓储业	265	123						100	100		23	142	142		
54	3. 邮政业															
55	(七)住宿和餐饮业	2992	2992	881					1955	1795		156				
56	1. 住宿业	2863	2863	763					1944	1795		156				
57	2. 餐饮业	129	129	118					11							
58	(八)信息传输、软件和信息技术服务业	694	694	202					461	217		31				

续表

序号	项目	合计	内资企业										港澳台投资企业	国有控股	外商投资企业	国有控股
			小计	国有企业	集体企业	股份合作企业	联营企业	国有控股	股份公司	国有控股	私营企业	其他企业				
59	1. 电信、广播电视和卫星传输服务业	217	217						217	217						
60	2. 互联网和相关服务	31	31									31				
61	3. 软件和信息技术服务业	446	446	202					244							
62	(九)金融业	18975	18974						18974	7842					1	
63	1. 货币金融服务	1948	1948						1948							
64	2. 资本市场服务	162	162						162							
65	3. 保险业															
66	4. 其他金融业	16865	16864						16864	7842					1	
67	(十)房地产业	4919	4919	643	2				4225	862	49					
68	(十一)租赁和商务服务业	20781	19190	456					17620	6566	682	432	1591			
69	1. 租赁业	13	13						13							
70	2. 商务服务业	20768	19177	456					17607	6566	682	432	1591			
71	(十二)科学研究和技术服务业	19016	19016	5342			2	2	6535	4712	1328	5809				
72	(十三)居民服务、修理和其他服务业	3913	3902	1848					2054	2053			11	11		
73	(十四)教育	654	640	1								639			14	
74	(十五)卫生和社会工作	219	219									219				
75	(十六)文化、体育和娱乐业	873	818	250					4	1		564	6		49	
76	(十七)公共管理、社会保障和社会组织	1256	1256						2			1254				
77	(十八)其他行业	210	210	193								17				

2017年广东省地方税务局个人所得税分项目统计年报表

编报机关:广东省地方税务局　　　　单位:万元

序号	项　　目	合　计	大　陆	港澳台	外　国
1	合　　计	18841155	15136588	1812027	1892540
2	1. 工资、薪金所得	13374132	10034469	1644992	1694671
3	按3%税率征收	1615663	1242851	186833	185979
4	按10%税率征收	1320811	997203	171027	152581
5	按20%税率征收	1709825	1326058	193508	190259
6	按25%税率征收	4619679	3550650	545611	523418
7	按30%税率征收	1241540	923497	154520	163523
8	按35%税率征收	718423	480165	108222	130036
9	按45%税率征收	2148191	1514045	285271	348875
10	2. 个体工商户生产、经营所得	461054	457352	2799	903
11	按5%税率征收	73132	70360	1896	876
12	按10%税率征收	9786	9630	155	1
13	按20%税率征收	28183	28107	71	5
14	按30%税率征收	39340	39245	91	4
15	按35%税率征收	298906	298316	573	17
16	核定征收	11707	11694	13	
17	3. 企事业单位承包、承租经营所得	37371	37360		11
18	按5%税率征收	36683	36683		
19	按10%税率征收	19	19		

续表

序号	项　目	合　计	大　陆	港澳台	外　国
20	按20%税率征收	34	33		1
21	按30%税率征收	34	34		
22	按35%税率征收	521	517		4
23	核定征收	80	74		6
24	4. 劳务报酬所得	669285	592181	23141	53963
25	按20%税率征收	453673	400987	16990	35696
26	按30%税率征收	89108	78594	1590	8924
27	按40%税率征收	126504	112600	4561	9343
28	5. 稿酬所得	3794	3626	114	54
29	6. 特许权使用费所得	1870	1783	80	7
30	7. 利息、股息、红利所得	1597364	1542362	21062	33940
31	其中:储蓄存款利息所得				
32	8. 财产租赁所得	126622	123324	3082	216
33	9. 财产转让所得	2313567	2105807	105709	102051
34	其中:限售股转让所得	179966	100930	282	78754
35	房屋转让所得	816469	774136	38027	4306
36	10. 偶然所得	143969	133111	8903	1955
37	11. 其他所得	77790	73179	867	3744
38	12. 税款滞纳金、罚款收入	34337	32034	1278	1025

2017年广州市地方税务局个人所得税分项目统计年报表

编报机关:广州市地方税务局　　　　单位:万元

序号	项　　目	合　计	大　陆	港澳台	外　国
1	合　　计	4557578	3469060	422815	665703
2	1. 工资、薪金所得	3600850	2588507	392218	620125
3	按3%税率征收	641733	479395	69067	93271
4	按10%税率征收	327947	260818	23791	43338
5	按20%税率征收	456715	365912	33473	57330
6	按25%税率征收	1126083	852032	95755	178296
7	按30%税率征收	261637	177768	28471	55398
8	按35%税率征收	164932	96154	23521	45257
9	按45%税率征收	621803	356428	118140	147235
10	2. 个体工商户生产、经营所得	86812	86584	221	7
11	按5%税率征收	7865	7850	9	6
12	按10%税率征收	1383	1373	10	
13	按20%税率征收	3840	3817	23	
14	按30%税率征收	4633	4613	20	
15	按35%税率征收	58983	58830	152	1
16	核定征收	10108	10101	7	
17	3. 企事业单位承包、承租经营所得	407	396		11
18	按5%税率征收	294	294		
19	按10%税率征收	1	1		

续表

序号	项　　目	合　计	大　陆	港澳台	外　国
20	按 20% 税率征收	10	9		1
21	按 30% 税率征收	4	4		
22	按 35% 税率征收	19	15		4
23	核定征收	79	73		6
24	4. 劳务报酬所得	171395	140404	5142	25849
25	按 20% 税率征收	119281	98066	3559	17656
26	按 30% 税率征收	18474	14668	441	3365
27	按 40% 税率征收	33640	27670	1142	4828
28	5. 稿酬所得	2757	2721	36	
29	6. 特许权使用费所得	788	754	30	4
30	7. 利息、股息、红利所得	176253	157454	6018	12781
31	其中:储蓄存款利息所得				
32	8. 财产租赁所得	60168	60154	12	2
33	9. 财产转让所得	388802	370169	15683	2950
34	其中:限售股转让所得	23267	23063	47	157
35	房屋转让所得	177804	168155	7303	2346
36	10. 偶然所得	36457	32285	3053	1119
37	11. 其他所得	23724	20939	242	2543
38	12. 税款滞纳金、罚款收入	9165	8693	160	312

2017年深圳市地方税务局个人所得税分项目统计年报表

编报机关:深圳市地方税务局　　　　单位:万元

序号	项　目	合　计	大　陆	港澳台	外　国
1	合　计	8317848	6775362	868558	673928
2	1. 工资、薪金所得	6267964	4789952	827704	650308
3	按3%税率征收	165115	131166	20341	13608
4	按10%税率征收	495857	366994	74399	54464
5	按20%税率征收	779425	602946	100353	76126
6	按25%税率征收	2512807	1937656	341679	233472
7	按30%税率征收	745955	573185	98666	74104
8	按35%税率征收	419555	298669	63465	57421
9	按45%税率征收	1149250	879336	128801	141113
10	2. 个体工商户生产、经营所得	72111	71910	174	27
11	按5%税率征收	4540	4503	10	27
12	按10%税率征收	1347	1340	7	
13	按20%税率征收	2733	2721	12	
14	按30%税率征收	4120	4096	24	
15	按35%税率征收	59338	59221	117	
16	核定征收	33	29	4	
17	3. 企事业单位承包、承租经营所得	2866	2866		
18	按5%税率征收	2852	2852		
19	按10%税率征收				

续表

序号	项　　目	合　计	大　陆	港澳台	外　国
20	按20%税率征收				
21	按30%税率征收				
22	按35%税率征收	14	14		
23	核定征收				
24	4. 劳务报酬所得	234848	220981	5795	8072
25	按20%税率征收	135193	128871	2178	4144
26	按30%税率征收	39677	37094	885	1698
27	按40%税率征收	59978	55016	2732	2230
28	5. 稿酬所得	863	732	77	54
29	6. 特许权使用费所得	702	667	35	
30	7. 利息、股息、红利所得	856850	843334	4820	8696
31	其中:储蓄存款利息所得				
32	8. 财产租赁所得	11818	11181	601	36
33	9. 财产转让所得	779307	750087	24306	4914
34	其中:限售股转让所得	14109	14105	4	
35	房屋转让所得	170049	169863	183	3
36	10. 偶然所得	37034	32362	4222	450
37	11. 其他所得	43541	42069	421	1051
38	12. 税款滞纳金、罚款收入	9944	9221	403	320

2017 年珠海市地方税务局个人所得税分项目统计年报表

编报机关:珠海市地方税务局

单位:万元

序号	项　目	合　计	大　陆	港澳台	外　国
1	合　计	473951	376368	43583	54000
2	1. 工资、薪金所得	312020	222492	37072	52456
3	按 3% 税率征收	57775	40921	7268	9586
4	按 10% 税率征收	45581	35467	4660	5454
5	按 20% 税率征收	49081	37306	5137	6638
6	按 25% 税率征收	101548	75951	10826	14771
7	按 30% 税率征收	22365	15728	2524	4113
8	按 35% 税率征收	13674	7445	2608	3621
9	按 45% 税率征收	21996	9674	4049	8273
10	2. 个体工商户生产、经营所得	7232	7154	66	12
11	按 5% 税率征收	2427	2403	23	1
12	按 10% 税率征收	85	84		1
13	按 20% 税率征收	257	256	1	
14	按 30% 税率征收	429	427	1	1
15	按 35% 税率征收	4035	3985	41	9
16	核定征收	-1	-1		
17	3. 企事业单位承包、承租经营所得				
18	按 5% 税率征收				
19	按 10% 税率征收				

续表

序号	项　　目	合　计	大　陆	港澳台	外　国
20	按 20% 税率征收				
21	按 30% 税率征收				
22	按 35% 税率征收				
23	核定征收				
24	4. 劳务报酬所得	14276	13536	191	549
25	按 20% 税率征收	10960	10509	115	336
26	按 30% 税率征收	1563	1428	15	120
27	按 40% 税率征收	1753	1599	61	93
28	5. 稿酬所得	13	13		
29	6. 特许权使用费所得	163	163		
30	7. 利息、股息、红利所得	51665	50469	792	404
31	其中:储蓄存款利息所得				
32	8. 财产租赁所得	1945	1645	275	25
33	9. 财产转让所得	81418	76025	5043	350
34	其中:限售股转让所得	204	204		
35	房屋转让所得	36468	31662	4464	342
36	10. 偶然所得	3876	3595	88	193
37	11. 其他所得	849	802	46	1
38	12. 税款滞纳金、罚款收入	494	474	10	10

2017年汕头市地方税务局个人所得税分项目统计年报表

编报机关:汕头市地方税务局 单位:万元

序号	项　目	合　计	大　陆	港澳台	外　国
1	合　计	182115	166523	9242	6350
2	1. 工资、薪金所得	89419	77741	6848	4830
3	按3%税率征收	19848	17537	1141	1170
4	按10%税率征收	16210	14328	1101	781
5	按20%税率征收	15049	13307	1079	663
6	按25%税率征收	26641	23542	2059	1040
7	按30%税率征收	4490	3772	495	223
8	按35%税率征收	2734	2080	307	347
9	按45%税率征收	4447	3175	666	606
10	2. 个体工商户生产、经营所得	10598	9495	1103	
11	按5%税率征收	1573	470	1103	
12	按10%税率征收	515	515		
13	按20%税率征收	1429	1429		
14	按30%税率征收	1343	1343		
15	按35%税率征收	5703	5703		
16	核定征收	35	35		
17	3. 企事业单位承包、承租经营所得	9922	9922		
18	按5%税率征收	9922	9922		
19	按10%税率征收				

续表

序号	项　　目	合　计	大　陆	港澳台	外　国
20	按20%税率征收				
21	按30%税率征收				
22	按35%税率征收				
23	核定征收				
24	4. 劳务报酬所得	9230	8694	205	331
25	按20%税率征收	7109	6733	112	264
26	按30%税率征收	976	935	12	29
27	按40%税率征收	1145	1026	81	38
28	5. 稿酬所得	8	8		
29	6. 特许权使用费所得	4	2	2	
30	7. 利息、股息、红利所得	19093	18546	245	302
31	其中:储蓄存款利息所得				
32	8. 财产租赁所得	7185	6566	573	46
33	9. 财产转让所得	33679	32638	202	839
34	其中:限售股转让所得	725	725		
35	房屋转让所得	17810	17721	50	39
36	10. 偶然所得	2114	2113		1
37	11. 其他所得	465	424	40	1
38	12. 税款滞纳金、罚款收入	398	374	24	

2017 年佛山市地方税务局个人所得税分项目统计年报表

编报机关:佛山市地方税务局　　　　单位:万元

序号	项　　目	合　计	大　陆	港澳台	外　国
1	合　　计	691220	600223	33394	57603
2	1. 工资、薪金所得	339955	267045	26268	46642
3	按 3% 税率征收	85658	71583	5503	8572
4	按 10% 税率征收	49743	39605	3659	6479
5	按 20% 税率征收	50424	39520	3764	7140
6	按 25% 税率征收	98561	78619	7740	12202
7	按 30% 税率征收	20535	15355	1906	3274
8	按 35% 税率征收	11679	7744	1097	2838
9	按 45% 税率征收	23355	14619	2599	6137
10	2. 个体工商户生产、经营所得	55031	54982	48	1
11	按 5% 税率征收	6134	6116	17	1
12	按 10% 税率征收	921	921		
13	按 20% 税率征收	3213	3210	3	
14	按 30% 税率征收	5373	5373		
15	按 35% 税率征收	39366	39338	28	
16	核定征收	24	24		
17	3. 企事业单位承包、承租经营所得	2	2		
18	按 5% 税率征收				
19	按 10% 税率征收				

续表

序号	项　　目	合　计	大　陆	港澳台	外　国
20	按 20% 税率征收				
21	按 30% 税率征收				
22	按 35% 税率征收	2	2		
23	核定征收				
24	4. 劳务报酬所得	41300	34186	357	6757
25	按 20% 税率征收	27950	23043	143	4764
26	按 30% 税率征收	4994	4005	27	962
27	按 40% 税率征收	8356	7138	187	1031
28	5. 稿酬所得	9	9		
29	6. 特许权使用费所得	50	50		
30	7. 利息、股息、红利所得	75803	72886	1597	1320
31	其中:储蓄存款利息所得				
32	8. 财产租赁所得	5669	5582	80	7
33	9. 财产转让所得	164007	157378	3880	2749
34	其中:限售股转让所得	29105	28996	108	1
35	房屋转让所得	63758	61369	2146	243
36	10. 偶然所得	6690	5544	1139	7
37	11. 其他所得	371	301	9	61
38	12. 税款滞纳金、罚款收入	2333	2258	16	59

2017 年韶关市地方税务局个人所得税分项目统计年报表

编报机关:韶关市地方税务局　　　　单位:万元

序号	项　目	合　计	大　陆	港澳台	外　国
1	合　计	103083	99014	1346	2723
2	1. 工资、薪金所得	60151	56337	1263	2551
3	按 3% 税率征收	17486	16533	362	591
4	按 10% 税率征收	10398	9848	286	264
5	按 20% 税率征收	10246	9756	234	256
6	按 25% 税率征收	17181	16371	275	535
7	按 30% 税率征收	1926	1742	59	125
8	按 35% 税率征收	1097	950	14	133
9	按 45% 税率征收	1817	1137	33	647
10	2. 个体工商户生产、经营所得	6570	6565	5	
11	按 5% 税率征收	1783	1778	5	
12	按 10% 税率征收	97	97		
13	按 20% 税率征收	285	285		
14	按 30% 税率征收	440	440		
15	按 35% 税率征收	3940	3940		
16	核定征收	25	25		
17	3. 企事业单位承包、承租经营所得	290	290		
18	按 5% 税率征收	290	290		
19	按 10% 税率征收				

续表

序号	项　　目	合　计	大　陆	港澳台	外　国
20	按 20% 税率征收				
21	按 30% 税率征收				
22	按 35% 税率征收				
23	核定征收				
24	4. 劳务报酬所得	5563	5401		162
25	按 20% 税率征收	4788	4636		152
26	按 30% 税率征收	471	468		3
27	按 40% 税率征收	304	297		7
28	5. 稿酬所得	11	11		
29	6. 特许权使用费所得				
30	7. 利息、股息、红利所得	17531	17518	8	5
31	其中:储蓄存款利息所得				
32	8. 财产租赁所得	496	490	6	
33	9. 财产转让所得	11316	11252	62	2
34	其中:限售股转让所得	24	24		
35	房屋转让所得	6130	6072	57	1
36	10. 偶然所得	986	983	1	2
37	11. 其他所得	-19	-19		
38	12. 税款滞纳金、罚款收入	188	186	1	1

2017年河源市地方税务局个人所得税分项目统计年报表

编报机关:河源市地方税务局　　　　单位:万元

序号	项目	合计	大陆	港澳台	外国
1	合计	67949	60644	6187	1118
2	1. 工资、薪金所得	42890	35763	6070	1057
3	按3%税率征收	13380	11904	1158	318
4	按10%税率征收	9686	8186	1252	248
5	按20%税率征收	6828	5591	1090	147
6	按25%税率征收	9190	7077	1913	200
7	按30%税率征收	1392	845	482	65
8	按35%税率征收	570	422	113	35
9	按45%税率征收	1844	1738	62	44
10	2. 个体工商户生产、经营所得	4242	4242		
11	按5%税率征收	2349	2349		
12	按10%税率征收	56	56		
13	按20%税率征收	196	196		
14	按30%税率征收	251	251		
15	按35%税率征收	1389	1389		
16	核定征收	1	1		
17	3. 企事业单位承包、承租经营所得	884	884		
18	按5%税率征收	884	884		
19	按10%税率征收				

续表

序号	项 目	合 计	大 陆	港澳台	外 国
20	按20%税率征收				
21	按30%税率征收				
22	按35%税率征收				
23	核定征收				
24	4. 劳务报酬所得	4566	4505	2	59
25	按20%税率征收	3894	3833	2	59
26	按30%税率征收	300	300		
27	按40%税率征收	372	372		
28	5. 稿酬所得	1	1		
29	6. 特许权使用费所得	16	16		
30	7. 利息、股息、红利所得	3095	3085	10	
31	其中:储蓄存款利息所得				
32	8. 财产租赁所得	671	667	3	1
33	9. 财产转让所得	9948	9878	69	1
34	其中:限售股转让所得	17	17		
35	房屋转让所得	6246	6184	62	
36	10. 偶然所得	1263	1237	26	
37	11. 其他所得	79	79		
38	12. 税款滞纳金、罚款收入	294	287	7	

2017年梅州市地方税务局个人所得税分项目统计年报表

编报机关:梅州市地方税务局　　　　单位:万元

序号	项　目	合　计	大　陆	港澳台	外　国
1	合　计	121290	118464	1202	1624
2	1. 工资、薪金所得	54842	52510	981	1351
3	按3%税率征收	17650	17164	188	298
4	按10%税率征收	10155	9784	169	202
5	按20%税率征收	8811	8487	166	158
6	按25%税率征收	12670	12073	322	275
7	按30%税率征收	1833	1682	89	62
8	按35%税率征收	989	910	18	61
9	按45%税率征收	2734	2410	29	295
10	2. 个体工商户生产、经营所得	5430	5429	1	
11	按5%税率征收	181	181		
12	按10%税率征收	76	76		
13	按20%税率征收	259	259		
14	按30%税率征收	384	383	1	
15	按35%税率征收	4495	4495		
16	核定征收	35	35		
17	3. 企事业单位承包、承租经营所得	14	14		
18	按5%税率征收	14	14		
19	按10%税率征收				

续表

序号	项　　目	合　计	大　陆	港澳台	外　国
20	按20%税率征收				
21	按30%税率征收				
22	按35%税率征收				
23	核定征收				
24	4. 劳务报酬所得	5629	5399	9	221
25	按20%税率征收	4585	4376	3	206
26	按30%税率征收	704	684	5	15
27	按40%税率征收	340	339	1	
28	5. 稿酬所得	1	1		
29	6. 特许权使用费所得	7	7		
30	7. 利息、股息、红利所得	10055	10055		
31	其中:储蓄存款利息所得				
32	8. 财产租赁所得	1939	1919	19	1
33	9. 财产转让所得	41781	41549	191	41
34	其中:限售股转让所得	20092	20092		
35	房屋转让所得	12170	11941	190	39
36	10. 偶然所得	856	852	1	3
37	11. 其他所得	180	180		
38	12. 税款滞纳金、罚款收入	556	549		7

2017年惠州市地方税务局个人所得税分项目统计年报表

编报机关:惠州市地方税务局

单位:万元

序号	项目	合计	大陆	港澳台	外国
1	合计	489563	387358	45892	56313
2	1. 工资、薪金所得	307431	211473	40829	55129
3	按3%税率征收	91649	68545	12956	10148
4	按10%税率征收	51185	31182	11787	8216
5	按20%税率征收	44825	30921	5457	8447
6	按25%税率征收	72765	51098	6874	14793
7	按30%税率征收	12928	8189	1349	3390
8	按35%税率征收	9858	5915	915	3028
9	按45%税率征收	24221	15623	1491	7107
10	2. 个体工商户生产、经营所得	8058	8014	44	
11	按5%税率征收	3760	3719	41	
12	按10%税率征收	172	172		
13	按20%税率征收	464	463	1	
14	按30%税率征收	676	676		
15	按35%税率征收	2985	2985		
16	核定征收	1	−1	2	
17	3. 企事业单位承包、承租经营所得				
18	按5%税率征收				
19	按10%税率征收				

续表

序号	项　　目	合　计	大　陆	港澳台	外　国
20	按20%税率征收				
21	按30%税率征收				
22	按35%税率征收				
23	核定征收				
24	4. 劳务报酬所得	18287	17180	157	950
25	按20%税率征收	14754	13869	126	759
26	按30%税率征收	1978	1835	22	121
27	按40%税率征收	1555	1476	9	70
28	5. 稿酬所得	15	15		
29	6. 特许权使用费所得				
30	7. 利息、股息、红利所得	19758	18820	933	5
31	其中:储蓄存款利息所得				
32	8. 财产租赁所得	2395	2255	137	3
33	9. 财产转让所得	125791	121961	3709	121
34	其中:限售股转让所得	508	489	19	
35	房屋转让所得	59811	56733	2976	102
36	10. 偶然所得	5744	5654	35	55
37	11. 其他所得	1519	1454	21	44
38	12. 税款滞纳金、罚款收入	565	532	27	6

2017年汕尾市地方税务局个人所得税分项目统计年报表

编报机关:汕尾市地方税务局　　　　单位:万元

序号	项　目	合　计	大　陆	港澳台	外　国
1	合　计	38331	30522	6814	995
2	1. 工资、薪金所得	26933	19670	6309	954
3	按3%税率征收	10326	8636	1518	172
4	按10%税率征收	4465	3339	1029	97
5	按20%税率征收	3328	2450	738	140
6	按25%税率征收	6165	3902	1914	349
7	按30%税率征收	1132	682	382	68
8	按35%税率征收	625	278	327	20
9	按45%税率征收	892	383	401	108
10	2. 个体工商户生产、经营所得	888	886	2	
11	按5%税率征收	388	388		
12	按10%税率征收	44	44		
13	按20%税率征收	64	64		
14	按30%税率征收	65	65		
15	按35%税率征收	308	306	2	
16	核定征收	19	19		
17	3. 企事业单位承包、承租经营所得	1	1		
18	按5%税率征收				
19	按10%税率征收				

续表

序号	项　　目	合　计	大　陆	港澳台	外　国
20	按20%税率征收				
21	按30%税率征收				
22	按35%税率征收				
23	核定征收	1	1		
24	4. 劳务报酬所得	2335	2288	6	41
25	按20%税率征收	1986	1944	1	41
26	按30%税率征收	243	238	5	
27	按40%税率征收	106	106		
28	5. 稿酬所得				
29	6. 特许权使用费所得				
30	7. 利息、股息、红利所得	315	315		
31	其中:储蓄存款利息所得				
32	8. 财产租赁所得	1270	1213	57	
33	9. 财产转让所得	3050	2825	225	
34	其中:限售股转让所得				
35	房屋转让所得	2536	2351	185	
36	10. 偶然所得	3228	3228		
37	11. 其他所得	37	30	7	
38	12. 税款滞纳金、罚款收入	274	66	208	

2017年东莞市地方税务局个人所得税分项目统计年报表

编报机关：东莞市地方税务局　　　　单位：万元

序号	项　目	合　计	大　陆	港澳台	外　国
1	合　计	1344614	993680	202210	148724
2	1. 工资、薪金所得	943972	638533	170143	135296
3	按3%税率征收	185191	118720	40358	26113
4	按10%税率征收	110548	64277	27626	18645
5	按20%税率征收	109564	68727	22752	18085
6	按25%税率征收	322737	244428	41859	36450
7	按30%税率征收	95748	68654	12532	14562
8	按35%税率征收	32289	15714	8892	7683
9	按45%税率征收	87895	58013	16124	13758
10	2. 个体工商户生产、经营所得	48672	47559	283	830
11	按5%税率征收	7299	6384	86	829
12	按10%税率征收	1391	1386	5	
13	按20%税率征收	4179	4164	14	1
14	按30%税率征收	6059	6033	26	
15	按35%税率征收	29673	29521	152	
16	核定征收	71	71		
17	3. 企事业单位承包、承租经营所得	3	3		
18	按5%税率征收				
19	按10%税率征收				

续表

序号	项　　目	合　计	大　陆	港澳台	外　国
20	按20%税率征收	1	1		
21	按30%税率征收	1	1		
22	按35%税率征收	1	1		
23	核定征收				
24	4. 劳务报酬所得	56104	52676	499	2929
25	按20%税率征收	41302	39008	286	2008
26	按30%税率征收	7628	7096	61	471
27	按40%税率征收	7174	6572	152	450
28	5. 稿酬所得	23	23		
29	6. 特许权使用费所得	9	8		1
30	7. 利息、股息、红利所得	89938	79101	2255	8582
31	其中：储蓄存款利息所得				
32	8. 财产租赁所得	6499	5830	642	27
33	9. 财产转让所得	185163	156350	27933	880
34	其中：限售股转让所得	197	93	104	
35	房屋转让所得	87673	79758	7596	319
36	10. 偶然所得	8344	8050	251	43
37	11. 其他所得	2353	2326	4	23
38	12. 税款滞纳金、罚款收入	3534	3221	200	113

2017 年中山市地方税务局个人所得税分项目统计年报表

编报机关:中山市地方税务局　　　　单位:万元

序号	项　　目	合　计	大　陆	港澳台	外　国
1	合　　计	500944	405940	49188	45816
2	1. 工资、薪金所得	227806	149879	37892	40035
3	按 3% 税率征收	49768	33918	8227	7623
4	按 10% 税率征收	42690	30504	6734	5452
5	按 20% 税率征收	37540	26625	5435	5480
6	按 25% 税率征收	60894	40890	10456	9548
7	按 30% 税率征收	12025	7249	2142	2634
8	按 35% 税率征收	9260	4125	1814	3321
9	按 45% 税率征收	15629	6568	3084	5977
10	2. 个体工商户生产、经营所得	52169	51884	267	18
11	按 5% 税率征收	6406	6194	200	12
12	按 10% 税率征收	1065	1064	1	
13	按 20% 税率征收	3636	3632	3	1
14	按 30% 税率征收	5530	5524	6	
15	按 35% 税率征收	35502	35440	57	5
16	核定征收	30	30		
17	3. 企事业单位承包、承租经营所得	228	228		
18	按 5% 税率征收				
19	按 10% 税率征收				

续表

序号	项　　目	合　计	大　陆	港澳台	外　国
20	按 20% 税率征收				
21	按 30% 税率征收				
22	按 35% 税率征收	228	228		
23	核定征收				
24	4. 劳务报酬所得	23135	18630	154	4351
25	按 20% 税率征收	15980	13649	59	2272
26	按 30% 税率征收	4139	2345	47	1747
27	按 40% 税率征收	3016	2636	48	332
28	5. 稿酬所得	14	14		
29	6. 特许权使用费所得	39	39		
30	7. 利息、股息、红利所得	36541	35293	260	988
31	其中:储蓄存款利息所得				
32	8. 财产租赁所得	9096	8846	247	3
33	9. 财产转让所得	145070	134464	10283	323
34	其中:限售股转让所得	82	82		
35	房屋转让所得	80609	70632	9655	322
36	10. 偶然所得	4573	4544	18	11
37	11. 其他所得	520	474	44	2
38	12. 税款滞纳金、罚款收入	1753	1645	23	85

2017年江门市地方税务局个人所得税分项目统计年报表

编报机关:江门市地方税务局　　　　单位:万元

序号	项　目	合　计	大　陆	港澳台	外　国
1	合　计	292654	210015	47792	34847
2	1. 工资、薪金所得	155628	108166	24211	23251
3	按3%税率征收	43255	33816	4978	4461
4	按10%税率征收	26212	19258	4441	2513
5	按20%税率征收	24406	17912	4197	2297
6	按25%税率征收	39437	28085	6224	5128
7	按30%税率征收	6471	3822	1228	1421
8	按35%税率征收	5170	1967	1279	1924
9	按45%税率征收	10677	3306	1864	5507
10	2. 个体工商户生产、经营所得	19536	19018	515	3
11	按5%税率征收	3730	3370	360	
12	按10%税率征收	798	666	132	
13	按20%税率征收	1854	1844	9	1
14	按30%税率征收	2497	2488	7	2
15	按35%税率征收	10636	10629	7	
16	核定征收	21	21		
17	3. 企事业单位承包、承租经营所得	199	199		
18	按5%税率征收	24	24		
19	按10%税率征收	16	16		

续表

序号	项　　目	合　计	大　陆	港澳台	外　国
20	按20%税率征收	20	20		
21	按30%税率征收	23	23		
22	按35%税率征收	116	116		
23	核定征收				
24	4. 劳务报酬所得	23769	12179	10314	1276
25	按20%税率征收	20552	9315	10280	957
26	按30%税率征收	1871	1677	21	173
27	按40%税率征收	1346	1187	13	146
28	5. 稿酬所得	5	5		
29	6. 特许权使用费所得				
30	7. 利息、股息、红利所得	21612	20810	779	23
31	其中:储蓄存款利息所得				
32	8. 财产租赁所得	1907	1747	135	25
33	9. 财产转让所得	65765	43953	11655	10157
34	其中:限售股转让所得	57	57		
35	房屋转让所得	19942	18060	1432	450
36	10. 偶然所得	2565	2547	7	11
37	11. 其他所得	276	248	17	11
38	12. 税款滞纳金、罚款收入	1392	1143	159	90

2017年阳江市地方税务局个人所得税分项目统计年报表

编报机关:阳江市地方税务局　　　　单位:万元

序号	项　目	合　计	大　陆	港澳台	外　国
1	合　计	67085	63781	1466	1838
2	1. 工资、薪金所得	44738	41665	1382	1691
3	按3%税率征收	14394	13796	296	302
4	按10%税率征收	7907	7245	241	421
5	按20%税率征收	7157	6585	232	340
6	按25%税率征收	12352	11472	398	482
7	按30%税率征收	1446	1341	60	45
8	按35%税率征收	678	562	27	89
9	按45%税率征收	804	664	128	12
10	2. 个体工商户生产、经营所得	4627	4627		
11	按5%税率征收	2159	2159		
12	按10%税率征收	110	110		
13	按20%税率征收	320	320		
14	按30%税率征收	472	472		
15	按35%税率征收	1564	1564		
16	核定征收	2	2		
17	3. 企事业单位承包、承租经营所得				
18	按5%税率征收				
19	按10%税率征收				

续表

序号	项　目	合　计	大　陆	港澳台	外　国
20	按20%税率征收				
21	按30%税率征收				
22	按35%税率征收				
23	核定征收				
24	4. 劳务报酬所得	4706	4578	1	127
25	按20%税率征收	4040	3912	1	127
26	按30%税率征收	423	423		
27	按40%税率征收	243	243		
28	5. 稿酬所得	42	42		
29	6. 特许权使用费所得				
30	7. 利息、股息、红利所得	3007	3005	2	
31	其中:储蓄存款利息所得				
32	8. 财产租赁所得	1440	1418	19	3
33	9. 财产转让所得	7113	7053	59	1
34	其中:限售股转让所得	283	283		
35	房屋转让所得	5208	5148	59	1
36	10. 偶然所得	1216	1211	3	2
37	11. 其他所得	20	18		2
38	12. 税款滞纳金、罚款收入	176	164		12

2017年湛江市地方税务局个人所得税分项目统计年报表

编报机关:湛江市地方税务局　　　　单位:万元

序号	项　目	合　计	大　陆	港澳台	外　国
1	合　计	150226	144672	3778	1776
2	1. 工资、薪金所得	91949	86863	3618	1468
3	按3%税率征收	24937	23631	941	365
4	按10%税率征收	18251	17142	852	257
5	按20%税率征收	17890	17070	608	212
6	按25%税率征收	25615	24268	897	450
7	按30%税率征收	2504	2277	136	91
8	按35%税率征收	1112	958	94	60
9	按45%税率征收	1640	1517	90	33
10	2. 个体工商户生产、经营所得	7497	7494	3	
11	按5%税率征收	2867	2867		
12	按10%税率征收	100	100		
13	按20%税率征收	287	287		
14	按30%税率征收	411	411		
15	按35%税率征收	2978	2975	3	
16	核定征收	854	854		
17	3. 企事业单位承包、承租经营所得	19465	19465		
18	按5%税率征收	19464	19464		
19	按10%税率征收				

续表

序号	项目	合计	大陆	港澳台	外国
20	按20%税率征收				
21	按30%税率征收	1	1		
22	按35%税率征收				
23	核定征收				
24	4. 劳务报酬所得	8694	8378	18	298
25	按20%税率征收	7085	6816	16	253
26	按30%税率征收	922	890	2	30
27	按40%税率征收	687	672		15
28	5. 稿酬所得				
29	6. 特许权使用费所得	6	6		
30	7. 利息、股息、红利所得	6923	6866	57	
31	其中:储蓄存款利息所得				
32	8. 财产租赁所得	522	517	4	1
33	9. 财产转让所得	11255	11181	70	4
34	其中:限售股转让所得	4	4		
35	房屋转让所得	7032	6958	70	4
36	10. 偶然所得	2888	2884	3	1
37	11. 其他所得	787	786		1
38	12. 税款滞纳金、罚款收入	240	232	5	3

2017年茂名市地方税务局个人所得税分项目统计年报表

编报机关:茂名市地方税务局　　　　单位:万元

序号	项　　目	合　计	大　陆	港澳台	外　国
1	合　　计	94670	92074	1041	1555
2	1. 工资、薪金所得	58203	56191	1019	993
3	按3%税率征收	17372	16920	122	330
4	按10%税率征收	12876	12554	214	108
5	按20%税率征收	10565	10218	193	154
6	按25%税率征收	14352	13649	412	291
7	按30%税率征收	1400	1317	57	26
8	按35%税率征收	463	377	21	65
9	按45%税率征收	1175	1156		19
10	2. 个体工商户生产、经营所得	5223	5223		
11	按5%税率征收	2763	2763		
12	按10%税率征收	85	85		
13	按20%税率征收	264	264		
14	按30%税率征收	396	396		
15	按35%税率征收	1666	1666		
16	核定征收	49	49		
17	3. 企事业单位承包、承租经营所得	3	3		
18	按5%税率征收	3	3		
19	按10%税率征收				

续表

序号	项　　目	合　计	大　陆	港澳台	外　国
20	按20%税率征收				
21	按30%税率征收				
22	按35%税率征收				
23	核定征收				
24	4. 劳务报酬所得	7510	6947	1	562
25	按20%税率征收	6154	5633	1	520
26	按30%税率征收	575	540		35
27	按40%税率征收	781	774		7
28	5. 稿酬所得				
29	6. 特许权使用费所得				
30	7. 利息、股息、红利所得	11169	11169		
31	其中:储蓄存款利息所得				
32	8. 财产租赁所得	1201	1200	1	
33	9. 财产转让所得	9150	9131	19	
34	其中:限售股转让所得	1	1		
35	房屋转让所得	4782	4763	19	
36	10. 偶然所得	1387	1387		
37	11. 其他所得	504	503	1	
38	12. 税款滞纳金、罚款收入	320	320		

2017 年肇庆市地方税务局个人所得税分项目统计年报表

编报机关:肇庆市地方税务局　　　　单位:万元

序号	项　　目	合　计	大　陆	港澳台	外　国
1	合　　计	133672	122733	4604	6335
2	1. 工资、薪金所得	77886	68475	3811	5600
3	按 3% 税率征收	25261	22859	1035	1367
4	按 10% 税率征收	15426	13360	965	1101
5	按 20% 税率征收	13206	11559	684	963
6	按 25% 税率征收	18687	16674	850	1163
7	按 30% 税率征收	2365	1961	116	288
8	按 35% 税率征收	1660	1295	27	338
9	按 45% 税率征收	1281	767	134	380
10	2. 个体工商户生产、经营所得	8923	8897	26	
11	按 5% 税率征收	4031	4006	25	
12	按 10% 税率征收	157	157		
13	按 20% 税率征收	420	419	1	
14	按 30% 税率征收	601	601		
15	按 35% 税率征收	3711	3711		
16	核定征收	3	3		
17	3. 企事业单位承包、承租经营所得	799	799		
18	按 5% 税率征收	753	753		
19	按 10% 税率征收				

续表

序号	项　　目	合　计	大　陆	港澳台	外　国
20	按20%税率征收				
21	按30%税率征收				
22	按35%税率征收	46	46		
23	核定征收				
24	4. 劳务报酬所得	6788	6337	12	439
25	按20%税率征收	5470	5100	10	360
26	按30%税率征收	609	560	2	47
27	按40%税率征收	709	677		32
28	5. 稿酬所得	1	1		
29	6. 特许权使用费所得	43	40	3	
30	7. 利息、股息、红利所得	5251	5011	11	229
31	其中:储蓄存款利息所得				
32	8. 财产租赁所得	870	826	41	3
33	9. 财产转让所得	29691	28964	687	40
34	其中:限售股转让所得	15	15		
35	房屋转让所得	11711	11406	285	20
36	10. 偶然所得	2466	2446	1	19
37	11. 其他所得	593	584	8	1
38	12. 税款滞纳金、罚款收入	361	353	4	4

2017 年清远市地方税务局个人所得税分项目统计年报表

编报机关:清远市地方税务局

单位:万元

序号	项　　目	合　计	大　陆	港澳台	外　国
1	合　　计	144567	134450	5929	4188
2	1. 工资、薪金所得	82771	73586	5756	3429
3	按 3% 税率征收	28810	26382	1492	936
4	按 10% 税率征收	12913	11048	1321	544
5	按 20% 税率征收	11671	9907	1195	569
6	按 25% 税率征收	16138	13879	1367	892
7	按 30% 税率征收	1898	1520	196	182
8	按 35% 税率征收	870	706	50	114
9	按 45% 税率征收	10471	10144	135	192
10	2. 个体工商户生产、经营所得	7662	7649	11	2
11	按 5% 税率征收	3172	3163	9	
12	按 10% 税率征收	142	142		
13	按 20% 税率征收	412	409	1	2
14	按 30% 税率征收	513	513		
15	按 35% 税率征收	3315	3314	1	
16	核定征收	108	108		
17	3. 企事业单位承包、承租经营所得	6	6		
18	按 5% 税率征收				
19	按 10% 税率征收				

续表

序号	项　　目	合　计	大　陆	港澳台	外　国
20	按 20% 税率征收				
21	按 30% 税率征收				
22	按 35% 税率征收	6	6		
23	核定征收				
24	4. 劳务报酬所得	7007	6622	1	384
25	按 20% 税率征收	5712	5392	1	319
26	按 30% 税率征收	754	708		46
27	按 40% 税率征收	541	522		19
28	5. 稿酬所得	4	4		
29	6. 特许权使用费所得	2	2		
30	7. 利息、股息、红利所得	19220	18871	2	347
31	其中:储蓄存款利息所得				
32	8. 财产租赁所得	1380	1371	9	
33	9. 财产转让所得	23875	23711	144	20
34	其中:限售股转让所得	4	4		
35	房屋转让所得	9223	9068	139	16
36	10. 偶然所得	2017	2008	6	3
37	11. 其他所得	300	297		3
38	12. 税款滞纳金、罚款收入	323	323		

2017 年潮州市地方税务局个人所得税分项目统计年报表

编报机关:潮州市地方税务局　　　　单位:万元

序号	项　目	合　计	大　陆	港澳台	外　国
1	合　计	66065	64607	683	775
2	1. 工资、薪金所得	19661	18560	382	719
3	按 3% 税率征收	6369	6133	110	126
4	按 10% 税率征收	3931	3731	71	129
5	按 20% 税率征收	3329	3110	66	153
6	按 25% 税率征收	4366	3975	105	286
7	按 30% 税率征收	674	629	25	20
8	按 35% 税率征收	611	601	5	5
9	按 45% 税率征收	381	381		
10	2. 个体工商户生产、经营所得	12399	12399		
11	按 5% 税率征收	1204	1204		
12	按 10% 税率征收	505	505		
13	按 20% 税率征收	1682	1682		
14	按 30% 税率征收	1807	1807		
15	按 35% 税率征收	7175	7175		
16	核定征收	26	26		
17	3. 企事业单位承包、承租经营所得	1455	1455		
18	按 5% 税率征收	1434	1434		
19	按 10% 税率征收	2	2		

续表

序号	项目	合计	大陆	港澳台	外国
20	按20%税率征收	2	2		
21	按30%税率征收	3	3		
22	按35%税率征收	14	14		
23	核定征收				
24	4. 劳务报酬所得	3583	3568	11	4
25	按20%税率征收	3078	3069	5	4
26	按30%税率征收	291	285	6	
27	按40%税率征收	214	214		
28	5. 稿酬所得				
29	6. 特许权使用费所得				
30	7. 利息、股息、红利所得	16022	15751	228	43
31	其中:储蓄存款利息所得				
32	8. 财产租赁所得	1103	1100	2	1
33	9. 财产转让所得	10674	10614	55	5
34	其中:限售股转让所得	5224	5224		
35	房屋转让所得	1841	1812	24	5
36	10. 偶然所得	593	592		1
37	11. 其他所得	172	169	3	
38	12. 税款滞纳金、罚款收入	403	399	2	2

2017年揭阳市地方税务局个人所得税分项目统计年报表

编报机关:揭阳市地方税务局　　单位:万元

序号	项　目	合　计	大　陆	港澳台	外　国
1	合　计	78229	76125	874	1230
2	1. 工资、薪金所得	46704	44867	750	1087
3	按3%税率征收	14213	13855	150	208
4	按10%税率征收	10166	9741	189	236
5	按20%税率征收	8330	7959	170	201
6	按25%税率征收	11511	11012	186	313
7	按30%税率征收	1233	1174	8	51
8	按35%税率征收	513	442	24	47
9	按45%税率征收	738	684	23	31
10	2. 个体工商户生产、经营所得	5997	5997		
11	按5%税率征收	2567	2567		
12	按10%税率征收	193	193		
13	按20%税率征收	599	599		
14	按30%税率征收	546	546		
15	按35%税率征收	2082	2082		
16	核定征收	10	10		
17	3. 企事业单位承包、承租经营所得	825	825		
18	按5%税率征收	747	747		
19	按10%税率征收				

续表

序号	项　　目	合　计	大　陆	港澳台	外　国
20	按20%税率征收	1	1		
21	按30%税率征收	2	2		
22	按35%税率征收	75	75		
23	核定征收				
24	4. 劳务报酬所得	5477	5359	1	117
25	按20%税率征收	4565	4461	1	103
26	按30%税率征收	509	501		8
27	按40%税率征收	403	397		6
28	5. 稿酬所得	1	1		
29	6. 特许权使用费所得	10		10	
30	7. 利息、股息、红利所得	10509	10430	66	13
31	其中:储蓄存款利息所得				
32	8. 财产租赁所得	2048	2041	7	
33	9. 财产转让所得	5227	5179	35	13
34	其中:限售股转让所得				
35	房屋转让所得	4258	4219	26	13
36	10. 偶然所得	1049	1048	1	
37	11. 其他所得	156	156		
38	12. 税款滞纳金、罚款收入	226	222	4	

2017年云浮市地方税务局个人所得税分项目统计年报表

编报机关：云浮市地方税务局　　　　单位：万元

序号	项　目	合　计	大　陆	港澳台	外　国
1	合　计	178847	96378	2342	80127
2	1. 工资、薪金所得	44978	41675	1823	1480
3	按3%税率征收	12308	11564	435	309
4	按10%税率征收	9138	8582	365	191
5	按20%税率征收	6743	6226	358	159
6	按25%税率征收	11778	11034	439	305
7	按30%税率征收	2781	2596	79	106
8	按35%税率征收	912	723	32	157
9	按45%税率征收	1318	950	115	253
10	2. 个体工商户生产、经营所得	5375	5371	4	
11	按5%税率征收	2064	2060	4	
12	按10%税率征收	101	101		
13	按20%税率征收	305	305		
14	按30%税率征收	439	439		
15	按35%税率征收	2167	2167		
16	核定征收	299	299		
17	3. 企事业单位承包、承租经营所得	2	2		
18	按5%税率征收	2	2		
19	按10%税率征收				

续表

序号	项　　目	合　计	大　陆	港澳台	外　国
20	按20%税率征收				
21	按30%税率征收				
22	按35%税率征收				
23	核定征收				
24	4. 劳务报酬所得	4048	4015	15	18
25	按20%税率征收	3000	2982	1	17
26	按30%税率征收	388	381	6	1
27	按40%税率征收	660	652	8	
28	5. 稿酬所得				
29	6. 特许权使用费所得				
30	7. 利息、股息、红利所得	24220	24220		
31	其中:储蓄存款利息所得				
32	8. 财产租赁所得	2871	2689	153	29
33	9. 财产转让所得	95386	16447	339	78600
34	其中:限售股转让所得	86008	7412		78596
35	房屋转让所得	2770	2638	132	
36	10. 偶然所得	1351	1349	2	
37	11. 其他所得	52	52		
38	12. 税款滞纳金、罚款收入	564	558	6	

2017年横琴新区地方税务局个人所得税分项目统计年报表

编报机关:横琴新区地方税务局　　　　单位:万元

序号	项　目	合　计	大　陆	港澳台	外　国
1	合　计	328527	314261	7682	6584
2	1. 工资、薪金所得	213495	199612	7368	6515
3	按3%税率征收	27021	25163	1408	450
4	按10%税率征收	3445	3316	84	45
5	按20%税率征收	6991	6685	209	97
6	按25%税率征收	32608	30270	1278	1060
7	按30%税率征收	17714	16486	776	452
8	按35%税率征收	21862	20380	1052	430
9	按45%税率征收	103854	97312	2561	3981
10	2. 个体工商户生产、经营所得	919	916		3
11	按5%税率征收	131	131		
12	按10%税率征收	5	5		
13	按20%税率征收	20	20		
14	按30%税率征收	36	35		1
15	按35%税率征收	726	724		2
16	核定征收	1	1		
17	3. 企事业单位承包、承租经营所得				
18	按5%税率征收				
19	按10%税率征收				

续表

序号	项　　目	合　计	大　陆	港澳台	外　国
20	按20%税率征收				
21	按30%税率征收				
22	按35%税率征收				
23	核定征收				
24	4. 劳务报酬所得	3348	3154	128	66
25	按20%税率征收	839	770	24	45
26	按30%税率征收	627	594	18	15
27	按40%税率征收	1882	1790	86	6
28	5. 稿酬所得	6	6		
29	6. 特许权使用费所得	4	4		
30	7. 利息、股息、红利所得	75135	75135		
31	其中:储蓄存款利息所得				
32	8. 财产租赁所得	133	108	25	
33	9. 财产转让所得	20288	20131	157	
34	其中:限售股转让所得	29	29		
35	房屋转让所得	164	56	108	
36	10. 偶然所得	13894	13894		
37	11. 其他所得	1231	1230	1	
38	12. 税款滞纳金、罚款收入	74	71	3	

2017年顺德区地方税务局个人所得税分项目统计年报表

编报机关：顺德区地方税务局　　单位：万元

序号	项　　目	合　计	大　陆	港澳台	外　国
1	合　计	418127	334334	45405	38388
2	1. 工资、薪金所得	263886	184907	41275	37704
3	按3%税率征收	46144	32710	7779	5655
4	按10%税率征收	26081	16894	5791	3396
5	按20%税率征收	27701	17279	5918	4504
6	按25%税率征收	65593	42693	11783	11117
7	按30%税率征收	21088	15523	2742	2823
8	按35%税率征收	17310	11748	2520	3042
9	按45%税率征收	59969	48060	4742	7167
10	2. 个体工商户生产、经营所得	25083	25057	26	
11	按5%税率征收	3739	3735	4	
12	按10%税率征收	438	438		
13	按20%税率征收	1465	1462	3	
14	按30%税率征收	2319	2313	6	
15	按35%税率征收	17169	17156	13	
16	核定征收	-47	-47		
17	3. 企事业单位承包、承租经营所得				
18	按5%税率征收				
19	按10%税率征收				

续表

序号	项　　目	合　计	大　陆	港澳台	外　国
20	按20%税率征收				
21	按30%税率征收				
22	按35%税率征收				
23	核定征收				
24	4. 劳务报酬所得	7687	7164	122	401
25	按20%税率征收	5396	5000	66	330
26	按30%税率征收	992	939	15	38
27	按40%税率征收	1299	1225	41	33
28	5. 稿酬所得	20	19	1	
29	6. 特许权使用费所得	27	25		2
30	7. 利息、股息、红利所得	47399	44218	2979	202
31	其中:储蓄存款利息所得				
32	8. 财产租赁所得	3996	3959	34	3
33	9. 财产转让所得	65811	64867	903	41
34	其中:限售股转让所得	11	11		
35	房屋转让所得	28474	27567	866	41
36	10. 偶然所得	3378	3298	46	34
37	11. 其他所得	80	77	3	
38	12. 税款滞纳金、罚款收入	760	743	16	1

2017年广东省地方税务局涉外税收分行业分税种统计年报表

编报机关:广东省地方税务局

单位:万元

序号	项目	合计	增值税	消费税	营业税	企业所得税	个人所得税	城市维护建设税	房产税	城镇土地使用税	车船税	其他各税
1	一、涉外税收收入	12108446	113202		14790	3526930	3698578	1580486	786245	239829	19388	2128998
2	(一)中外合资经营企业	3057086	8924		-207	758564	1001600	494450	218405	65784	10175	499391
3	1. 采矿业	828					29	198	188	27	1	385
4	2. 制造业	1444215	7577		475	286958	514848	394257	109396	27690	340	102674
5	3. 电力、热力、燃气及水的生产和供应业	176925			106	112154	22050	18578	10965	5446	11	7615
6	4. 建筑业	38329	62		23	20068	13444	1587	1460	516	2	1167
7	5. 批发和零售业	154260	451		11	63450	45664	24206	6266	1508	21	12683
8	6. 交通运输、仓储和邮政业	164516	20			59565	74207	9350	12120	4997	208	4049
9	7. 住宿和餐饮业	14923	121		112	3467	4876	1057	2946	572	2	1770
10	8. 信息传输、软件和信息技术服务业	38743			40	13536	20492	1889	1534	367	1	884
11	9. 金融业	219135	1		-6214	13758	187647	10445	324	72	9567	3535
12	10. 房地产业	450694	680		5037	79071	24632	16462	44035	16590	7	264180
13	11. 租赁和商务服务业	110543	3		24	30071	44745	4998	16667	2041	9	11985
14	12. 科学研究和技术服务业	142551			9	29791	30824	6191	4622	532	3	70579
15	13. 文化、体育和娱乐业	24212			55	9395	2777	687	1313	4239	1	5745
16	14. 其他行业	77212	9		115	37280	15365	4545	6569	1187	2	12140
17	(二)中外合作经营企业	766405	2334		2323	220328	50076	103232	41473	25801	49	320789
18	1. 采矿业	1344					305	177	92	2		768

续表

序号	项目	合计	增值税	消费税	营业税	企业所得税	个人所得税	城市维护建设税	房产税	城镇土地使用税	车船税	其他各税
19	2. 制造业	125209	811		337	17043	14989	80671	4776	2341	18	4223
20	3. 电力、热力、燃气及水的生产和供应业	109566	10			97626	3626	5210	1778	849		467
21	4. 建筑业	1637			−10	225	585	268	37	228	1	303
22	5. 批发和零售业	6326	37			3278	1206	1047	427	81		250
23	6. 交通运输、仓储和邮政业	5177			10	1120	2254	1141	392	143	10	107
24	7. 住宿和餐饮业	5126	52		13	331	1078	360	2861	260	2	169
25	8. 信息传输、软件和信息技术服务业	808			−1		570	80	149	3		7
26	9. 金融业	151					34	68	3			46
27	10. 房地产业	431391	631		1529	88212	14233	10901	24996	6126	11	284752
28	11. 租赁和商务服务业	12853	13		−22	2299	4515	1192	1666	1041	1	2148
29	12. 科学研究和技术服务业	278					231	39				8
30	13. 文化、体育和娱乐业	44958	780		320	778	741	286	1403	13195	1	27454
31	14. 其他行业	21581			147	9416	5709	1792	2893	1532	5	87
32	(三)外资企业	6868501	54778		10487	1555550	2472112	973648	490627	141708	9021	1160570
33	1. 采矿业	14271	5		140	5345	330	251	71	47		8082
34	2. 制造业	3137427	38273		1167	799779	964361	713611	266959	94916	441	257920
35	3. 电力、热力、燃气及水的生产和供应业	21250	21		2	1002	7815	5900	2651	1184	4	2671
36	4. 建筑业	39311			−11	20970	12127	3184	929	537	7	1568
37	5. 批发和零售业	529421	429		1712	63178	286772	107478	17656	3776	31	48389

续表

序号	项目	合计	增值税	消费税	营业税	企业所得税	个人所得税	城市维护建设税	房产税	城镇土地使用税	车船税	其他各税
38	6. 交通运输、仓储和邮政业	67844	104		545	15040	32741	2881	10512	1545	68	4408
39	7. 住宿和餐饮业	55229	7549		80	13155	17893	2827	9634	1453	5	2633
40	8. 信息传输、软件和信息技术服务业	829282	34		334	259241	498753	46215	15159	1151	15	8380
41	9. 金融业	128481	52		-862	10407	96733	9241	1166	45	8360	3339
42	10. 房地产业	1330868	7040		11078	227196	131080	41554	130133	26328	30	756429
43	11. 租赁和商务服务业	403066	684		-3833	92425	251659	18090	15757	2476	32	25776
44	12. 科学研究和技术服务业	140439	232		2	5961	107742	14193	5375	478	10	6446
45	13. 文化、体育和娱乐业	8645	221		19	643	1032	480	771	5305		174
46	14. 其他行业	162967	134		114	41208	63074	7743	13854	2467	18	34355
47	（四）非居民企业	1093575	1430		1659	992488	36030	5813	21001	2027	8	33119
48	1. 外国企业常驻代表机构	23963			-913	657	22165	1465	329	79	5	176
49	2. 提供劳务、承包工程作业	2997			-18	66	580	118	2145	16		90
50	3. 金融和保险	793					670	28	7			88
51	4. 国际运输收入											
52	5. 支付单位扣缴	996101	372		1702	976002	5343	650	1186	134	2	10710
53	6. 其他	69721	1058		888	15763	7272	3552	17334	1798	1	22055
54	（五）外籍个人	322879	45736		528		138760	3343	14739	4509	135	115129
55	（六）进口货物税收											
56	二、出口货物退税											

2017年广东省地方税务局资源税分税目分企业类型统计年报表

编报机关:广东省地方税务局　　　　单位:万元

序号	项目	合计	内资企业										港澳台投资企业		外商投资企业		个体经营
			小计	国有企业	集体企业	股份合作企业	联营企业	国有控投	股份公司	国有控投	私营企业	其他企业		国有控投		国有控投	
1	合计	141771	123491	2564	5300	118	80	79	84749	11048	17018	13662	12424	1372	1500	616	4356
2	一、能源矿	868	765	3			13	13	580	42	161	8	87		15		1
3	1. 煤炭																
4	2. 原油	132	132						132	30							
5	3. 天然气	20	20						20	4							
6	4. 煤层(成)气																
7	5. 地热	716	613	3			13	13	428	8	161	8	87		15		1
8	6. 其他能源矿																
9	二、金属矿	18875	17971	388	2191				14942	6093	450		365		524	524	15
10	1. 铁矿	7079	6699	38	2191				4369	761	101		365				15
11	2. 金矿	312	312						312								
12	3. 铜矿	698	698	209					487		2						
13	4. 铝土矿																
14	5. 铅锌矿	6136	5612	140					5137	5084	335				524	524	
15	6. 镍矿																
16	7. 锡矿	31	31						31								
17	8. 中重稀土矿	3635	3635						3635								
18	9. 轻稀土矿																
19	10. 钨矿	967	967						967	248							
20	11. 钼矿																
21	12. 锰矿	3	3						3								
22	13. 银矿	2	2	1					1								
23	14. 其他金属矿	12	12								12						
24	三、非金属矿	114238	97204	2165	3080	115	67	66	61926	4789	16239	13612	11788	1371	959	92	4287

续表

序号	项目	合计	内资企业										港澳台投资企业		外商投资企业		个体经营
			小计	国有企业	集体企业	股份合作企业	联营企业	国有控投	股份公司	国有控投	私营企业	其他企业		国有控投		国有控投	
25	1. 石墨	1	1						1								
26	2. 硅藻土																
27	3. 高岭土	27207	25185	5	11	42			9797	46	3781	11549	1182	19	158	5	682
28	4. 萤石	214	195						191		4						19
29	5. 石灰石	35194	24557	55	629	10			20843	838	1347	1673	9543	1338	548		546
30	6. 硫铁矿	1090	1088						1088	1083							2
31	7. 磷矿																
32	8. 氯化钾																
33	9. 硫酸钾																
34	10. 粘土	1199	760	5	6				508	17	240	1	140		14	14	285
35	11. 砂石	22690	20631	1805	2083	52	1		13660	96	2693	337	390	11	124	73	1545
36	12. 井矿盐	288	288				66	66	222	221							
37	13. 湖盐																
38	14. 海盐	29	29	11	2				4		12						
39	15. 地下卤水晒制的盐																
40	16. 矿泉水	533	356	7	6	6			254	2	53	30	62		115		
41	17. 大理岩	899	884						559		325		3				12
42	18. 花岗岩	18586	17112	155	282	4			10892	35	5770	9	405				1069
43	19. 耐火粘土	97	49			1			43	1	5		39				9
44	20. 芒硝																
45	21. 其他非金属矿	6211	6069	122	61				3864	2450	2009	13	24	3			118
46	四、水资源																
47	1. 地表水																
48	2. 地下水																
49	五、其他	562	562						532		30						
50	六、税款滞纳金、罚款收入	7228	6989	8	29	3			6769	124	138	42	184	1	2		53

2017年广东省地方税务局应收、实收社会保险基金明细年报表

编报机关:广东省地方税务局

单位:万元

序号	项目	本年基数征缴累计				往年欠费追缴累计			
		合计	省级	市级	县(区)级	合计	省级	市级	县(区)级
1	一、应收合计	31069028	2214342	19532298	9322388	845597	6265	477880	361452
2	1. 企业职工基本养老保险养老保险	20418795	2188827	12063669	6166299	569242	6035	258564	304643
3	单位	12642945	1368316	7483345	3791284	347443	4292	148136	195015
4	个人	7775850	820511	4580324	2375015	221799	1743	110428	109628
5	2. 机关事业单位养老保险	805076	7934	616812	180330	4252		43	4209
6	基本养老保险	700642	7934	512421	180287	2220		25	2195
7	单位	488711	14	365006	123691	1360		13	1347
8	个人	211931	7920	147415	56596	860		12	848
9	职业年金	104434		104391	43	2032		18	2014
10	单位	69618		69594	24	1263		12	1251
11	个人	34816		34797	19	769		6	763
12	3. 医疗保险	8169266		5643628	2525638	238512	11	201397	37104
13	单位	6280472		4296645	1983827	194288	9	164577	29702
14	个人	1888794		1346983	541811	44224	2	36820	7402
15	4. 失业保险	608389		449019	159370	17159	2	8580	8577
16	单位	459665		337485	122180	12961	1	6749	6211
17	个人	148724		111534	37190	4198	1	1831	2366
18	5. 工伤保险	460054	17579	279894	162581	9730	148	5579	4003
19	6. 生育保险	607448	2	479276	128170	6702	69	3717	2916
20	二、入库合计	31053084	2418238	19510594	9124252	114609	686	58906	55017
21	1. 企业职工基本养老保险养老保险	20431047	2392732	12046412	5991903	93589	684	45614	47291
22	单位	12608605	1334514	7521802	3752289	48967	510	19348	29109
23	个人	7778532	801928	4614408	2362196	43813	168	25569	18076
24	滞纳金	39944	831	22453	16660	809	6	697	106
25	利息	3966	16	1023	2927				

续表

序号	项目	本年基数征缴累计				往年欠费追缴累计			
		合计	省级	市级	县(区)级	合计	省级	市级	县(区)级
26	地市级上划调剂金		112700	-112700					
27	县级上划调剂金		142743	-574	-142169				
28	2. 机关事业单位养老保险	805687	7933	616448	181306	31		31	
29	基本养老保险	701291	7933	512052	181306	17		17	
30	单位	487959	14	364820	123125	12		12	
31	个人	213332	7919	147232	58181	5		5	
32	职业年金	104396		104396		14		14	
33	单位	69597		69597		9		9	
34	个人	34799		34799		5		5	
35	3. 医疗保险	8146087		5640414	2505673	16758		10662	6096
36	单位	6247058		4275641	1971417	13027		8410	4617
37	个人	1888580		1356466	532114	3537		2093	1444
38	滞纳金	10091		8251	1840	194		159	35
39	利息	358		56	302				
40	4. 失业保险	606215		449555	156660	1762		1018	744
41	单位	455911		336185	119726	1279		733	546
42	个人	147980		111619	36361	440		249	191
43	滞纳金	2246		1735	511	43		36	7
44	利息	78		16	62				
45	5. 工伤保险	458929	17571	279736	161622	1227	2	767	458
46	单位	458174	17557	279224	161393	1198	2	742	454
47	滞纳金	730	14	506	210	29		25	4
48	利息	25		6	19				
49	6. 生育保险	605119	2	478029	127088	1242		814	428
50	单位	604124	1	477196	126927	1226		800	426
51	滞纳金	985	1	830	154	16		14	2
52	利息	10		3	7				

2017 年广州市地方税务局应收、实收社会保险基金明细年报表

编报机关:广州市地方税务局　　　　单位:万元

序号	项目	本年基数征缴累计				往年欠费追缴累计			
		合计	省级	市级	县(区)级	合计	省级	市级	县(区)级
1	一、应收合计	9538344		9538306	38	354515	23	354102	390
2	1. 企业职工基本养老保险养老保险	5350743		5350712	31	164510	10	164247	253
3	单位	3324413		3324393	20	88465	6	88315	144
4	个人	2026330		2026319	11	76045	4	75932	109
5	2. 机关事业单位养老保险	59		59					
6	基本养老保险	59		59					
7	单位	42		42					
8	个人	17		17					
9	职业年金								
10	单位								
11	个人								
12	3. 医疗保险	3597124		3597121	3	180767	11	180640	116
13	单位	2722565		2722562	3	148735	9	148624	102
14	个人	874559		874559		32032	2	32016	14
15	4. 失业保险	205986		205982	4	4137	2	4122	13
16	单位	152264		152261	3	3192	1	3180	11
17	个人	53722		53721	1	945	1	942	2
18	5. 工伤保险	87676		87676		2805		2802	3
19	6. 生育保险	296756		296756		2296		2291	5
20	二、入库合计	9590408		9590365	43	35901		35897	4
21	1. 企业职工基本养老保险养老保险	5402706		5402674	32	28163		28160	3
22	单位	3342497		3342479	18	8947		8945	2
23	个人	2045712		2045701	11	19111		19110	1
24	滞纳金	14497		14494	3	105		105	
25	利息								

续表

序号	项　目	本年基数征缴累计				往年欠费追缴累计			
		合计	省级	市级	县(区)级	合计	省级	市级	县(区)级
26	地市级上划调剂金								
27	县级上划调剂金								
28	2. 机关事业单位养老保险	59		59					
29	基本养老保险	59		59					
30	单位	42		42					
31	个人	17		17					
32	职业年金								
33	单位								
34	个人								
35	3. 医疗保险	3597169		3597165	4	6510		6510	
36	单位	2705045		2705043	2	5250		5250	
37	个人	884871		884870	1	1208		1208	
38	滞纳金	7253		7252	1	52		52	
39	利息								
40	4. 失业保险	206575		206570	5	442		441	1
41	单位	151442		151439	3	321		320	1
42	个人	53836		53835	1	113		113	
43	滞纳金	1297		1296	1	8		8	
44	利息								
45	5. 工伤保险	88032		88031	1	292		292	
46	单位	87691		87690	1	289		289	
47	滞纳金	341		341		3		3	
48	利息								
49	6. 生育保险	295867		295866	1	494		494	
50	单位	295210		295209	1	490		490	
51	滞纳金	657		657		4		4	
52	利息								

2017 年深圳市地方税务局应收、实收社会保险基金明细年报表

编报机关:深圳市地方税务局　　　　单位:万元

序号	项　　目	本年基数征缴累计				往年欠费追缴累计			
		合计	省级	市级	县(区)级	合计	省级	市级	县(区)级
1	一、应收合计	114478	114478			1	1		
2	1. 企业职工基本养老保险养老保险	114423	114423			1	1		
3	单位	73695	73695			1	1		
4	个人	40728	40728						
5	2. 机关事业单位养老保险								
6	基本养老保险								
7	单位								
8	个人								
9	职业年金								
10	单位								
11	个人								
12	3. 医疗保险								
13	单位								
14	个人								
15	4. 失业保险								
16	单位								
17	个人								
18	5. 工伤保险	55	55						
19	6. 生育保险								
20	二、入库合计	114478	114478			1	1		
21	1. 企业职工基本养老保险养老保险	114423	114423			1	1		
22	单位	73695	73695			1	1		
23	个人	40728	40728						
24	滞纳金								
25	利息								

续表

序号	项目	本年基数征缴累计				往年欠费追缴累计			
		合计	省级	市级	县(区)级	合计	省级	市级	县(区)级
26	地市级上划调剂金								
27	县级上划调剂金								
28	2. 机关事业单位养老保险								
29	基本养老保险								
30	单位								
31	个人								
32	职业年金								
33	单位								
34	个人								
35	3. 医疗保险								
36	单位								
37	个人								
38	滞纳金								
39	利息								
40	4. 失业保险								
41	单位								
42	个人								
43	滞纳金								
44	利息								
45	5. 工伤保险	55	55						
46	单位	55	55						
47	滞纳金								
48	利息								
49	6. 生育保险								
50	单位								
51	滞纳金								
52	利息								

2017 年珠海市地方税务局应收、实收社会保险基金明细年报表

编报机关:珠海市地方税务局　　　　单位:万元

序号	项　目	本年基数征缴累计				往年欠费追缴累计			
		合计	省级	市级	县(区)级	合计	省级	市级	县(区)级
1	一、应收合计	1472816	23298	1449518		30867		30867	
2	1. 企业职工基本养老保险养老保险	1013718	23298	990420		21375		21375	
3	单位	626329	15005	611324		13683		13683	
4	个人	387389	8293	379096		7692		7692	
5	2. 机关事业单位养老保险	12348		12348					
6	基本养老保险	12348		12348					
7	单位	8820		8820					
8	个人	3528		3528					
9	职业年金								
10	单位								
11	个人								
12	3. 医疗保险	376384		376384		8199		8199	
13	单位	290228		290228		5792		5792	
14	个人	86156		86156		2407		2407	
15	4. 失业保险	34966		34966		808		808	
16	单位	27986		27986		722		722	
17	个人	6980		6980		86		86	
18	5. 工伤保险	12852		12852		259		259	
19	6. 生育保险	22548		22548		226		226	
20	二、入库合计	1463053	92727	1370326		6019		6019	
21	1. 企业职工基本养老保险养老保险	1007079	92727	914352		4273		4273	
22	单位	620382	15005	605377		2557		2557	
23	个人	384880	8293	376587		1678		1678	
24	滞纳金	1799		1799		38		38	
25	利息	18		18					

续表

序号	项目	本年基数征缴累计				往年欠费追缴累计			
		合计	省级	市级	县(区)级	合计	省级	市级	县(区)级
26	地市级上划调剂金		69429	-69429					
27	县级上划调剂金								
28	2. 机关事业单位养老保险	12348		12348					
29	基本养老保险	12348		12348					
30	单位	8820		8820					
31	个人	3528		3528					
32	职业年金								
33	单位								
34	个人								
35	3. 医疗保险	373563		373563		1574		1574	
36	单位	287409		287409		1187		1187	
37	个人	85481		85481		372		372	
38	滞纳金	666		666		15		15	
39	利息	7		7					
40	4. 失业保险	34825		34825		97		97	
41	单位	27696		27696		74		74	
42	个人	6954		6954		19		19	
43	滞纳金	174		174		4		4	
44	利息	1		1					
45	5. 工伤保险	12799		12799		30		30	
46	单位	12741		12741		29		29	
47	滞纳金	58		58		1		1	
48	利息								
49	6. 生育保险	22439		22439		45		45	
50	单位	22394		22394		44		44	
51	滞纳金	44		44		1		1	
52	利息	1		1					

2017 年汕头市地方税务局应收、实收社会保险基金明细年报表

编报机关:汕头市地方税务局 单位:万元

序号	项目	本年基数征缴累计				往年欠费追缴累计			
		合计	省级	市级	县(区)级	合计	省级	市级	县(区)级
1	一、应收合计	657382	72919	458916	125547	20422		14092	6330
2	1. 企业职工基本养老保险养老保险	447938	72919	287633	87386	17187		11582	5605
3	单位	286221	46714	183688	55819	11497		8019	3478
4	个人	161717	26205	103945	31567	5690		3563	2127
5	2. 机关事业单位养老保险	21892		16245	5647				
6	基本养老保险	21892		16245	5647				
7	单位	15550		11516	4034				
8	个人	6342		4729	1613				
9	职业年金								
10	单位								
11	个人								
12	3. 医疗保险	137707		115227	22480	888		859	29
13	单位	112068		93973	18095	799		776	23
14	个人	25639		21254	4385	89		83	6
15	4. 失业保险	19701		15836	3865	1388		984	404
16	单位	15625		12572	3053	1016		741	275
17	个人	4076		3264	812	372		243	129
18	5. 工伤保险	9471		7696	1775	344		243	101
19	6. 生育保险	20673		16279	4394	615		424	191
20	二、入库合计	653365	34397	497020	121948	1758		1299	459
21	1. 企业职工基本养老保险养老保险	444143	34397	325825	83921	1538		1137	401
22	单位	281625	13970	212851	54804	978		723	255
23	个人	159914	7716	121031	31167	556		410	146
24	滞纳金	2311		2104	207	4		4	
25	利息	293			293				

续表

序号	项目	本年基数征缴累计				往年欠费追缴累计			
		合计	省级	市级	县(区)级	合计	省级	市级	县(区)级
26	地市级上划调剂金		10001	-10001					
27	县级上划调剂金		2710	-160	-2550				
28	2. 机关事业单位养老保险	22199		16552	5647				
29	基本养老保险	22199		16552	5647				
30	单位	15857		11823	4034				
31	个人	6342		4729	1613				
32	职业年金								
33	单位								
34	个人								
35	3. 医疗保险	137447		114981	22466	76		55	21
36	单位	111861		93777	18084	59		43	16
37	个人	25581		21199	4382	17		12	5
38	滞纳金	5		5					
39	利息								
40	4. 失业保险	19606		15789	3817	72		53	19
41	单位	15361		12383	2978	54		40	14
42	个人	4026		3227	799	18		13	5
43	滞纳金	194		179	15				
44	利息	25			25				
45	5. 工伤保险	9424		7669	1755	22		17	5
46	单位	9360		7615	1745	22		17	5
47	滞纳金	59		54	5				
48	利息	5			5				
49	6. 生育保险	20546		16204	4342	50		37	13
50	单位	20440		16111	4329	50		37	13
51	滞纳金	103		93	10				
52	利息	3			3				

2017年佛山市地方税务局应收、实收社会保险基金明细年报表

编报机关：佛山市地方税务局　　　　单位：万元

序号	项目	本年基数征缴累计				往年欠费追缴累计			
		合计	省级	市级	县（区）级	合计	省级	市级	县（区）级
1	一、应收合计	2085312	44089		2041223	43823			43823
2	1. 企业职工基本养老保险养老保险	1424840	44087		1380753	31720			31720
3	单位	882896	28402		854494	19238			19238
4	个人	541944	15685		526259	12482			12482
5	2. 机关事业单位养老保险					2693			2693
6	基本养老保险					1346			1346
7	单位					825			825
8	个人					521			521
9	职业年金					1347			1347
10	单位					825			825
11	个人					522			522
12	3. 医疗保险	551395			551395	7856			7856
13	单位	414779			414779	5769			5769
14	个人	136616			136616	2087			2087
15	4. 失业保险	33194			33194	465			465
16	单位	23742			23742	287			287
17	个人	9452			9452	178			178
18	5. 工伤保险	35890	2		35888	540			540
19	6. 生育保险	39993			39993	549			549
20	二、入库合计	2079479	44089		2035390	11309			11309
21	1. 企业职工基本养老保险养老保险	1422478	44087		1378391	9605			9605
22	单位	879398	28402		850996	5785			5785
23	个人	541411	15685		525726	3802			3802
24	滞纳金	1669			1669	18			18
25	利息								

续表

序号	项目	本年基数征缴累计				往年欠费追缴累计			
		合计	省级	市级	县(区)级	合计	省级	市级	县(区)级
26	地市级上划调剂金								
27	县级上划调剂金								
28	2. 机关事业单位养老保险								
29	基本养老保险								
30	单位								
31	个人								
32	职业年金								
33	单位								
34	个人								
35	3. 医疗保险	548487			548487	1467			1467
36	单位	411621			411621	1050			1050
37	个人	136151			136151	409			409
38	滞纳金	715			715	8			8
39	利息								
40	4. 失业保险	32999			32999	65			65
41	单位	23483			23483	42			42
42	个人	9413			9413	23			23
43	滞纳金	103			103				
44	利息								
45	5. 工伤保险	35734	2		35732	84			84
46	单位	35678	2		35676	84			84
47	滞纳金	56			56				
48	利息								
49	6. 生育保险	39781			39781	88			88
50	单位	39719			39719	88			88
51	滞纳金	62			62				
52	利息								

2017 年韶关市地方税务局应收、实收社会保险基金明细年报表

编报机关:韶关市地方税务局　　　　单位:万元

序号	项　目	本年基数征缴累计				往年欠费追缴累计			
		合计	省级	市级	县(区)级	合计	省级	市级	县(区)级
1	一、应收合计	534721	26636	265688	242397	3117	292	343	2482
2	1. 企业职工基本养老保险养老保险	303845	26625	128518	148702	1662	292	108	1262
3	单位	197854	17306	83170	97378	1066	190	72	804
4	个人	105991	9319	45348	51324	596	102	36	458
5	2. 机关事业单位养老保险	6905		5072	1833	1112			1112
6	基本养老保险	6905		5072	1833	556			556
7	单位	4933		3623	1310	361			361
8	个人	1972		1449	523	195			195
9	职业年金					556			556
10	单位					361			361
11	个人					195			195
12	3. 医疗保险	197892		116889	81003	269		180	89
13	单位	170368		101945	68423	232		157	75
14	个人	27524		14944	12580	37		23	14
15	4. 失业保险	9640		6149	3491	20		11	9
16	单位	7724		4926	2798	16		9	7
17	个人	1916		1223	693	4		2	2
18	5. 工伤保险	10961	11	5939	5011	46		39	7
19	6. 生育保险	5478		3121	2357	8		5	3
20	二、入库合计	529340	34705	261175	233460	1023	292	546	185
21	1. 企业职工基本养老保险养老保险	299489	34694	124213	140582	727	292	274	161
22	单位	194480	16934	82650	94896	475	190	179	106
23	个人	104406	9320	45245	49841	252	102	95	55
24	滞纳金	556	14	184	358				
25	利息	47	3	13	31				

续表

序号	项目	本年基数征缴累计				往年欠费追缴累计			
		合计	省级	市级	县(区)级	合计	省级	市级	县(区)级
26	地市级上划调剂金		3879	-3879					
27	县级上划调剂金		4544		-4544				
28	2. 机关事业单位养老保险	6997		5072	1925				
29	基本养老保险	6997		5072	1925				
30	单位	4999		3623	1376				
31	个人	1998		1449	549				
32	职业年金								
33	单位								
34	个人								
35	3. 医疗保险	196823		116688	80135	226		205	21
36	单位	169173		101691	67482	194		177	17
37	个人	27500		14943	12557	32		28	4
38	滞纳金	121		42	79				
39	利息	29		12	17				
40	4. 失业保险	9641		6146	3495	19		18	1
41	单位	7685		4911	2774	15		14	1
42	个人	1913		1222	691	4		4	
43	滞纳金	43		13	30				
44	利息								
45	5. 工伤保险	10915	11	5935	4969	42		41	1
46	单位	10895	11	5929	4955	42		41	1
47	滞纳金	20		6	14				
48	利息								
49	6. 生育保险	5475		3121	2354	9		8	1
50	单位	5465		3117	2348	9		8	1
51	滞纳金	10		4	6				
52	利息								

2017 年河源市地方税务局应收、实收社会保险基金明细年报表

编报机关:河源市地方税务局　　　　单位:万元

序号	项　目	本年基数征缴累计				往年欠费追缴累计			
		合计	省级	市级	县(区)级	合计	省级	市级	县(区)级
1	一、应收合计	309557	7643	127808	174106				
2	1. 企业职工基本养老保险养老保险	194636	7643	80733	106260				
3	单位	115362	4923	49905	60534				
4	个人	79274	2720	30828	45726				
5	2. 机关事业单位养老保险	12831		6214	6617				
6	基本养老保险	12831		6214	6617				
7	单位	9165		4439	4726				
8	个人	3666		1775	1891				
9	职业年金								
10	单位								
11	个人								
12	3. 医疗保险	86137		33654	52483				
13	单位	69065		26587	42478				
14	个人	17072		7067	10005				
15	4. 失业保险	6167		2896	3271				
16	单位	4924		2312	2612				
17	个人	1243		584	659				
18	5. 工伤保险	4540		2179	2361				
19	6. 生育保险	5246		2132	3114				
20	二、入库合计	376142	16301	139300	220541				
21	1. 企业职工基本养老保险养老保险	250392	16301	89288	144803				
22	单位	146160	5395	56230	84535				
23	个人	102211	2971	35701	63539				
24	滞纳金	213		74	139				
25	利息	1808	2	433	1373				

续表

序号	项目	本年基数征缴累计				往年欠费追缴累计			
		合计	省级	市级	县(区)级	合计	省级	市级	县(区)级
26	地市级上划调剂金		2739	-2739					
27	县级上划调剂金		5194	-411	-4783				
28	2. 机关事业单位养老保险	12830		6213	6617				
29	基本养老保险	12830		6213	6617				
30	单位	9164		4438	4726				
31	个人	3666		1775	1891				
32	职业年金								
33	单位								
34	个人								
35	3. 医疗保险	95541		36154	59387				
36	单位	76656		28553	48103				
37	个人	18811		7577	11234				
38	滞纳金	56		18	38				
39	利息	18		6	12				
40	4. 失业保险	6760		3091	3669				
41	单位	5372		2456	2916				
42	个人	1357		622	735				
43	滞纳金	10		4	6				
44	利息	21		9	12				
45	5. 工伤保险	4843		2281	2562				
46	单位	4830		2276	2554				
47	滞纳金	5		2	3				
48	利息	8		3	5				
49	6. 生育保险	5776		2273	3503				
50	单位	5770		2271	3499				
51	滞纳金	5		2	3				
52	利息	1			1				

2017 年梅州市地方税务局应收、实收社会保险基金明细年报表

编报机关:梅州市地方税务局 单位:万元

序号	项目	本年基数征缴累计				往年欠费追缴累计			
		合计	省级	市级	县(区)级	合计	省级	市级	县(区)级
1	一、应收合计	548152	12309	230578	305265	2851			2851
2	1. 企业职工基本养老保险养老保险	329268	12309	136053	180906	1903			1903
3	单位	205733	7929	85617	112187	905			905
4	个人	123535	4380	50436	68719	998			998
5	2. 机关事业单位养老保险	65764		22675	43089				
6	基本养老保险	65764		22675	43089				
7	单位	46967		16195	30772				
8	个人	18797		6480	12317				
9	职业年金								
10	单位								
11	个人								
12	3. 医疗保险	132531		61006	71525	233			233
13	单位	105769		48609	57160	201			201
14	个人	26762		12397	14365	32			32
15	4. 失业保险	7632		4224	3408	581			581
16	单位	6107		3381	2726	281			281
17	个人	1525		843	682	300			300
18	5. 工伤保险	6980		3744	3236	134			134
19	6. 生育保险	5977		2876	3101				
20	二、入库合计	548152	12309	230577	305266				
21	1. 企业职工基本养老保险养老保险	329268	12309	136053	180906				
22	单位	205688	7929	85617	112142				
23	个人	123535	4380	50436	68719				
24	滞纳金	8			8				
25	利息	37			37				

续表

序号	项目	本年基数征缴累计				往年欠费追缴累计			
		合计	省级	市级	县(区)级	合计	省级	市级	县(区)级
26	地市级上划调剂金								
27	县级上划调剂金								
28	2. 机关事业单位养老保险	65764		22675	43089				
29	基本养老保险	65764		22675	43089				
30	单位	46967		16195	30772				
31	个人	18797		6480	12317				
32	职业年金								
33	单位								
34	个人								
35	3. 医疗保险	132531		61005	71526				
36	单位	105770		48609	57161				
37	个人	26761		12396	14365				
38	滞纳金								
39	利息								
40	4. 失业保险	7632		4224	3408				
41	单位	6107		3381	2726				
42	个人	1525		843	682				
43	滞纳金								
44	利息								
45	5. 工伤保险	6980		3744	3236				
46	单位	6980		3744	3236				
47	滞纳金								
48	利息								
49	6. 生育保险	5977		2876	3101				
50	单位	5977		2876	3101				
51	滞纳金								
52	利息								

2017 年惠州市地方税务局应收、实收社会保险基金明细年报表

编报机关:惠州市地方税务局　　　　单位:万元

序号	项目	本年基数征缴累计				往年欠费追缴累计			
		合计	省级	市级	县(区)级	合计	省级	市级	县(区)级
1	一、应收合计	1590291	20025	305153	1265113				
2	1. 企业职工基本养老保险养老保险	1045364	20025	154588	870751				
3	单位	663083	13116	98890	551077				
4	个人	382281	6909	55698	319674				
5	2. 机关事业单位养老保险	76837		52635	24202				
6	基本养老保险	76837		52635	24202				
7	单位	52520		37598	14922				
8	个人	24317		15037	9280				
9	职业年金								
10	单位								
11	个人								
12	3. 医疗保险	405206		88930	316276				
13	单位	328461		72624	255837				
14	个人	76745		16306	60439				
15	4. 失业保险	31368		6259	25109				
16	单位	25059		5005	20054				
17	个人	6309		1254	5055				
18	5. 工伤保险	31484		2739	28745				
19	6. 生育保险	32		2	30				
20	二、入库合计	1578612	102422	292613	1183577				
21	1. 企业职工基本养老保险养老保险	1042935	102422	142049	798464				
22	单位	660906	13114	98619	549173				
23	个人	380755	6910	55698	318147				
24	滞纳金	432		41	391				
25	利息	842	2	230	610				

续表

序号	项目	本年基数征缴累计				往年欠费追缴累计			
		合计	省级	市级	县(区)级	合计	省级	市级	县(区)级
26	地市级上划调剂金		12539	-12539					
27	县级上划调剂金		69857		-69857				
28	2. 机关事业单位养老保险	75869		52634	23235				
29	基本养老保险	75869		52634	23235				
30	单位	52115		37597	14518				
31	个人	23754		15037	8717				
32	职业年金								
33	单位								
34	个人								
35	3. 医疗保险	397162		88930	308232				
36	单位	327325		72586	254739				
37	个人	69616		16306	53310				
38	滞纳金	111		14	97				
39	利息	110		24	86				
40	4. 失业保险	31262		6259	25003				
41	单位	24941		5002	19939				
42	个人	6286		1254	5032				
43	滞纳金	20		1	19				
44	利息	15		2	13				
45	5. 工伤保险	31352		2739	28613				
46	单位	31336		2737	28599				
47	滞纳金	10		1	9				
48	利息	6		1	5				
49	6. 生育保险	32		2	30				
50	单位	30		2	28				
51	滞纳金	2			2				
52	利息								

2017 年汕尾市地方税务局应收、实收社会保险基金明细年报表

编报机关:汕尾市地方税务局　　　　单位:万元

序号	项　　目	本年基数征缴累计				往年欠费追缴累计			
		合计	省级	市级	县(区)级	合计	省级	市级	县(区)级
1	一、应收合计	204099	5118	59075	139906	40282		12120	28162
2	1. 企业职工基本养老保险养老保险	133386	5118	35909	92359	33613		9817	23796
3	单位	83649	3297	23157	57195	21782		6450	15332
4	个人	49737	1821	12752	35164	11831		3367	8464
5	2. 机关事业单位养老保险	10963		6204	4759	404			404
6	基本养老保险	10920		6204	4716	293			293
7	单位	4604		3951	653	161			161
8	个人	6316		2253	4063	132			132
9	职业年金	43			43	111			111
10	单位	24			24	65			65
11	个人	19			19	46			46
12	3. 医疗保险	46953		13477	33476	2301		856	1445
13	单位	37968		11294	26674	1940		724	1216
14	个人	8985		2183	6802	361		132	229
15	4. 失业保险	5662		1319	4343	2164		765	1399
16	单位	4292		1085	3207	1588		560	1028
17	个人	1370		234	1136	576		205	371
18	5. 工伤保险	3695		1185	2510	1163		457	706
19	6. 生育保险	3440		981	2459	637		225	412
20	二、入库合计	195209	7841	58754	128614	1517		185	1332
21	1. 企业职工基本养老保险养老保险	125349	7841	35340	82168	1248		125	1123
22	单位	79495	3260	23350	52885	705		73	632
23	个人	45479	1800	12835	30844	541		52	489
24	滞纳金	106	1	7	98	2			2
25	利息	269		217	52				

续表

序号	项目	本年基数征缴累计				往年欠费追缴累计			
		合计	省级	市级	县(区)级	合计	省级	市级	县(区)级
26	地市级上划调剂金		1069	-1069					
27	县级上划调剂金		1711		-1711				
28	2. 机关事业单位养老保险	12815		6205	6610				
29	基本养老保险	12815		6205	6610				
30	单位	4380		3951	429				
31	个人	8435		2254	6181				
32	职业年金								
33	单位								
34	个人								
35	3. 医疗保险	46647		13595	33052	207		50	157
36	单位	37705		11378	26327	164		42	122
37	个人	8892		2212	6680	43		8	35
38	滞纳金	50		5	45				
39	利息								
40	4. 失业保险	3949		1494	2455	26		6	20
41	单位	3180		1201	1979	20		4	16
42	个人	766		293	473	6		2	4
43	滞纳金	3			3				
44	利息								
45	5. 工伤保险	3578		1127	2451	20		2	18
46	单位	3576		1127	2449	20		2	18
47	滞纳金	2			2				
48	利息								
49	6. 生育保险	2871		993	1878	16		2	14
50	单位	2869		993	1876	16		2	14
51	滞纳金	2			2				
52	利息								

2017 年东莞市地方税务局应收、实收社会保险基金明细年报表

编报机关:东莞市地方税务局　　　　单位:万元

序号	项　目	本年基数征缴累计				往年欠费追缴累计			
		合计	省级	市级	县(区)级	合计	省级	市级	县(区)级
1	一、应收合计	4483547	28828	4454719		21376		21376	
2	1. 企业职工基本养老保险养老保险	3140687	28774	3111913		16613		16613	
3	单位	1944431	18541	1925890		10278		10278	
4	个人	1196256	10233	1186023		6335		6335	
5	2. 机关事业单位养老保险	346355		346355		43		43	
6	基本养老保险	241964		241964		25		25	
7	单位	172374		172374		13		13	
8	个人	69590		69590		12		12	
9	职业年金	104391		104391		18		18	
10	单位	69594		69594		12		12	
11	个人	34797		34797		6		6	
12	3. 医疗保险	690553		690553		2966		2966	
13	单位	553453		553453		2326		2326	
14	个人	137100		137100		640		640	
15	4. 失业保险	106719		106719		638		638	
16	单位	76223		76223		442		442	
17	个人	30496		30496		196		196	
18	5. 工伤保险	117978	54	117924		829		829	
19	6. 生育保险	81255		81255		287		287	
20	二、入库合计	4480249	28832	4451417		9232		9232	
21	1. 企业职工基本养老保险养老保险	3138656	28778	3109878		7225		7225	
22	单位	1941425	18541	1922884		4121		4121	
23	个人	1194355	10233	1184122		2556		2556	
24	滞纳金	2873	1	2872		548		548	
25	利息	3	3						

续表

序号	项目	本年基数征缴累计				往年欠费追缴累计			
		合计	省级	市级	县(区)级	合计	省级	市级	县(区)级
26	地市级上划调剂金								
27	县级上划调剂金								
28	2. 机关事业单位养老保险	346368		346368		31		31	
29	基本养老保险	241972		241972		17		17	
30	单位	172375		172375		12		12	
31	个人	69597		69597		5		5	
32	职业年金	104396		104396		14		14	
33	单位	69597		69597		9		9	
34	个人	34799		34799		5		5	
35	3. 医疗保险	690017		690017		1261		1261	
36	单位	552969		552969		915		915	
37	个人	136935		136935		254		254	
38	滞纳金	113		113		92		92	
39	利息								
40	4. 失业保险	106611		106611		266		266	
41	单位	76125		76125		170		170	
42	个人	30464		30464		72		72	
43	滞纳金	22		22		24		24	
44	利息								
45	5. 工伤保险	117562	54	117508		301		301	
46	单位	117539	54	117485		280		280	
47	滞纳金	23		23		21		21	
48	利息								
49	6. 生育保险	81035		81035		148		148	
50	单位	81023		81023		139		139	
51	滞纳金	12		12		9		9	
52	利息								

2017 年中山市地方税务局应收、实收社会保险基金明细年报表

编报机关：中山市地方税务局　　　　单位：万元

序号	项目	本年基数征缴累计				往年欠费追缴累计			
		合计	省级	市级	县(区)级	合计	省级	市级	县(区)级
1	一、应收合计	1861664		1861664		24271		24271	
2	1. 企业职工基本养老保险养老保险	1344586		1344586		19570		19570	
3	单位	819381		819381		11545		11545	
4	个人	525205		525205		8025		8025	
5	2. 机关事业单位养老保险	76088		76088					
6	基本养老保险	76088		76088					
7	单位	54349		54349					
8	个人	21739		21739					
9	职业年金								
10	单位								
11	个人								
12	3. 医疗保险	328289		328289		3023		3023	
13	单位	201385		201385		2427		2427	
14	个人	126904		126904		596		596	
15	4. 失业保险	46400		46400		788		788	
16	单位	37122		37122		753		753	
17	个人	9278		9278		35		35	
18	5. 工伤保险	25971		25971		714		714	
19	6. 生育保险	40330		40330		176		176	
20	二、入库合计	1859542		1859542		3045		3045	
21	1. 企业职工基本养老保险养老保险	1342711		1342711		2495		2495	
22	单位	817684		817684		1532		1532	
23	个人	524499		524499		963		963	
24	滞纳金	528		528					
25	利息								

续表

序号	项　　目	本年基数征缴累计				往年欠费追缴累计			
		合计	省级	市级	县(区)级	合计	省级	市级	县(区)级
26	地市级上划调剂金								
27	县级上划调剂金								
28	2. 机关事业单位养老保险	76088		76088					
29	基本养老保险	76088		76088					
30	单位	54349		54349					
31	个人	21739		21739					
32	职业年金								
33	单位								
34	个人								
35	3. 医疗保险	328141		328141		356		356	
36	单位	201205		201205		283		283	
37	个人	126873		126873		73		73	
38	滞纳金	63		63					
39	利息								
40	4. 失业保险	46359		46359		85		85	
41	单位	37076		37076		72		72	
42	个人	9265		9265		13		13	
43	滞纳金	18		18					
44	利息								
45	5. 工伤保险	25964		25964		54		54	
46	单位	25951		25951		54		54	
47	滞纳金	13		13					
48	利息								
49	6. 生育保险	40279		40279		55		55	
50	单位	40270		40270		55		55	
51	滞纳金	9		9					
52	利息								

2017 年江门市地方税务局应收、实收社会保险基金明细年报表

编报机关：江门市地方税务局　　　　单位：万元

序号	项　目	本年基数征缴累计				往年欠费追缴累计			
		合计	省级	市级	县(区)级	合计	省级	市级	县(区)级
1	一、应收合计	1253435	20458	6705	1226272	40612	6		40606
2	1. 企业职工基本养老保险养老保险	820636	20458		800178	30589	6		30583
3	单位	506924	13179		493745	21374	4		21370
4	个人	313712	7279		306433	9215	2		9213
5	2. 机关事业单位养老保险	9767		6705	3062				
6	基本养老保险	9767		6705	3062				
7	单位	6976		4789	2187				
8	个人	2791		1916	875				
9	职业年金								
10	单位								
11	个人								
12	3. 医疗保险	379605			379605	8739			8739
13	单位	303648			303648	7304			7304
14	个人	75957			75957	1435			1435
15	4. 失业保险	18857			18857	831			831
16	单位	15100			15100	720			720
17	个人	3757			3757	111			111
18	5. 工伤保险	13976			13976	306			306
19	6. 生育保险	10594			10594	147			147
20	二、入库合计	1243068	39935	6706	1196427	6948	6		6942
21	1. 企业职工基本养老保险养老保险	813260	39935	1	773324	5550	6		5544
22	单位	501774	13179		488595	3674	4		3670
23	个人	311046	7279		303767	1873	2		1871
24	滞纳金	357			357	3			3
25	利息	83	2	1	80				

续表

序号	项目	本年基数征缴累计				往年欠费追缴累计			
		合计	省级	市级	县(区)级	合计	省级	市级	县(区)级
26	地市级上划调剂金								
27	县级上划调剂金		19475		-19475				
28	2. 机关事业单位养老保险	9767		6705	3062				
29	基本养老保险	9767		6705	3062				
30	单位	6976		4789	2187				
31	个人	2791		1916	875				
32	职业年金								
33	单位								
34	个人								
35	3. 医疗保险	376851			376851	1265			1265
36	单位	301338			301338	987			987
37	个人	75347			75347	277			277
38	滞纳金	127			127	1			1
39	利息	39			39				
40	4. 失业保险	18743			18743	71			71
41	单位	14987			14987	57			57
42	个人	3738			3738	14			14
43	滞纳金	16			16				
44	利息	2			2				
45	5. 工伤保险	13904			13904	35			35
46	单位	13897			13897	35			35
47	滞纳金	6			6				
48	利息	1			1				
49	6. 生育保险	10543			10543	27			27
50	单位	10537			10537	27			27
51	滞纳金	5			5				
52	利息	1			1				

2017年阳江市地方税务局应收、实收社会保险基金明细年报表

编报机关：阳江市地方税务局　　　　单位：万元

序号	项目	本年基数征缴累计				往年欠费追缴累计			
		合计	省级	市级	县(区)级	合计	省级	市级	县(区)级
1	一、应收合计	306540	8968	77841	219731	14540		1636	12904
2	1. 企业职工基本养老保险养老保险	176221	8968	40696	126557	12626		1291	11335
3	单位	105603	5769	24719	75115	7111		793	6318
4	个人	70618	3199	15977	51442	5515		498	5017
5	2. 机关事业单位养老保险	19890		9897	9993				
6	基本养老保险	19890		9897	9993				
7	单位	14207		7069	7138				
8	个人	5683		2828	2855				
9	职业年金								
10	单位								
11	个人								
12	3. 医疗保险	91840		22580	69260	1612		302	1310
13	单位	76390		18810	57580	1287		242	1045
14	个人	15450		3770	11680	325		60	265
15	4. 失业保险	4660		1244	3416	140		19	121
16	单位	3719		992	2727	108		14	94
17	个人	941		252	689	32		5	27
18	5. 工伤保险	5641		1188	4453	68		11	57
19	6. 生育保险	8288		2236	6052	94		13	81
20	二、入库合计	301380	13496	76027	211857	2810		514	2296
21	1. 企业职工基本养老保险养老保险	171849	13496	38989	119364	2168		365	1803
22	单位	102516	5769	24327	72420	1337		229	1108
23	个人	68908	3198	15758	49952	831		136	695
24	滞纳金	252		18	234				
25	利息	173		56	117				

续表

序号	项目	本年基数征缴累计				往年欠费追缴累计			
		合计	省级	市级	县(区)级	合计	省级	市级	县(区)级
26	地市级上划调剂金		1170	-1170					
27	县级上划调剂金		3359		-3359				
28	2. 机关事业单位养老保险	19890		9897	9993				
29	基本养老保险	19890		9897	9993				
30	单位	14207		7069	7138				
31	个人	5683		2828	2855				
32	职业年金								
33	单位								
34	个人								
35	3. 医疗保险	91188		22483	68705	548		126	422
36	单位	75813		18725	57088	447		101	346
37	个人	15319		3751	11568	101		25	76
38	滞纳金	55		6	49				
39	利息	1		1					
40	4. 失业保险	4612		1240	3372	35		8	27
41	单位	3662		986	2676	27		6	21
42	个人	931		251	680	8		2	6
43	滞纳金	13			13				
44	利息	6		3	3				
45	5. 工伤保险	5600		1186	4414	22		7	15
46	单位	5593		1185	4408	22		7	15
47	滞纳金	4			4				
48	利息	3		1	2				
49	6. 生育保险	8241		2232	6009	37		8	29
50	单位	8235		2230	6005	37		8	29
51	滞纳金	5		1	4				
52	利息	1		1					

2017 年湛江市地方税务局应收、实收社会保险基金明细年报表

编报机关:湛江市地方税务局　　　　单位:万元

序号	项目	本年基数征缴累计				往年欠费追缴累计			
		合计	省级	市级	县(区)级	合计	省级	市级	县(区)级
1	一、应收合计	710246	22330	11077	676839	81201	2	9	81190
2	1. 企业职工基本养老保险养老保险	448765	22330	1	426434	73300	2	8	73290
3	单位	270504	14382	1	256121	50070	1	5	50064
4	个人	178261	7948		170313	23230	1	3	23226
5	2. 机关事业单位养老保险	11506		11076	430				
6	基本养老保险	11506		11076	430				
7	单位	8219		7912	307				
8	个人	3287		3164	123				
9	职业年金								
10	单位								
11	个人								
12	3. 医疗保险	218248			218248	4596		1	4595
13	单位	174376			174376	4153		1	4152
14	个人	43872			43872	443			443
15	4. 失业保险	10182			10182	1875			1875
16	单位	7448			7448	1430			1430
17	个人	2734			2734	445			445
18	5. 工伤保险	10580			10580	637			637
19	6. 生育保险	10965			10965	793			793
20	二、入库合计	683761	31641	11073	641047	8214			8214
21	1. 企业职工基本养老保险养老保险	427407	31641		395766	7335			7335
22	单位	255141	14377		240764	4791			4791
23	个人	170858	7946		162912	2542			2542
24	滞纳金	1372			1372	2			2
25	利息	36	2		34				

续表

序号	项　　目	本年基数征缴累计				往年欠费追缴累计			
		合计	省级	市级	县(区)级	合计	省级	市级	县(区)级
26	地市级上划调剂金								
27	县级上划调剂金		9316		-9316				
28	2. 机关事业单位养老保险	11503		11073	430				
29	基本养老保险	11503		11073	430				
30	单位	8216		7909	307				
31	个人	3287		3164	123				
32	职业年金								
33	单位								
34	个人								
35	3. 医疗保险	214006			214006	429			429
36	单位	170587			170587	340			340
37	个人	43276			43276	89			89
38	滞纳金	126			126				
39	利息	17			17				
40	4. 失业保险	9883			9883	255			255
41	单位	7138			7138	182			182
42	个人	2691			2691	73			73
43	滞纳金	53			53				
44	利息	1			1				
45	5. 工伤保险	10292			10292	82			82
46	单位	10274			10274	82			82
47	滞纳金	17			17				
48	利息	1			1				
49	6. 生育保险	10670			10670	113			113
50	单位	10657			10657	113			113
51	滞纳金	12			12				
52	利息	1			1				

2017 年茂名市地方税务局应收、实收社会保险基金明细年报表

编报机关:茂名市地方税务局　　　　单位:万元

序号	项目	本年基数征缴累计				往年欠费追缴累计			
		合计	省级	市级	县(区)级	合计	省级	市级	县(区)级
1	一、应收合计	529750	14925	172317	342508	71455		10323	61132
2	1. 企业职工基本养老保险养老保险	344281	14925	106560	222796	62771		7598	55173
3	单位	197375	9611	64911	122853	40259		4994	35265
4	个人	146906	5314	41649	99943	22512		2604	19908
5	2. 机关事业单位养老保险	4694		364	4330				
6	基本养老保险	4694		364	4330				
7	单位	3353		260	3093				
8	个人	1341		104	1237				
9	职业年金								
10	单位								
11	个人								
12	3. 医疗保险	153397		55596	97801	5503		2251	3252
13	单位	122618		43661	78957	4697		1919	2778
14	个人	30779		11935	18844	806		332	474
15	4. 失业保险	11723		4589	7134	2132		326	1806
16	单位	9393		3674	5719	1535		236	1299
17	个人	2330		915	1415	597		90	507
18	5. 工伤保险	8551		2536	6015	912		127	785
19	6. 生育保险	7104		2672	4432	137		21	116
20	二、入库合计	517645	23136	167235	327274	5750		1237	4513
21	1. 企业职工基本养老保险养老保险	334048	23136	101989	208923	4604		883	3721
22	单位	189422	9609	63722	116091	2770		562	2208
23	个人	143021	5315	41082	96624	1812		319	1493
24	滞纳金	1591	1	179	1411	22		2	20
25	利息	14	1	5	8				

续表

序号	项　目	本年基数征缴累计				往年欠费追缴累计			
		合计	省级	市级	县(区)级	合计	省级	市级	县(区)级
26	地市级上划调剂金		2999	-2999					
27	县级上划调剂金		5211		-5211				
28	2. 机关事业单位养老保险	4695		365	4330				
29	基本养老保险	4695		365	4330				
30	单位	3354		261	3093				
31	个人	1341		104	1237				
32	职业年金								
33	单位								
34	个人								
35	3. 医疗保险	151853		55135	96718	914		306	608
36	单位	121248		43269	77979	736		246	490
37	个人	30485		11847	18638	175		60	115
38	滞纳金	113		16	97	3			3
39	利息	7		3	4				
40	4. 失业保险	11568		4564	7004	125		27	98
41	单位	9154		3632	5522	92		20	72
42	个人	2301		911	1390	31		7	24
43	滞纳金	113		21	92	2			2
44	利息								
45	5. 工伤保险	8423		2515	5908	73		14	59
46	单位	8379		2510	5869	72		14	58
47	滞纳金	44		5	39	1			1
48	利息								
49	6. 生育保险	7058		2667	4391	34		7	27
50	单位	7047		2662	4385	34		7	27
51	滞纳金	11		5	6				
52	利息								

2017 年肇庆市地方税务局应收、实收社会保险基金明细年报表

编报机关:肇庆市地方税务局　　　　单位:万元

序号	项目	本年基数征缴累计				往年欠费追缴累计			
		合计	省级	市级	县(区)级	合计	省级	市级	县(区)级
1	一、应收合计	541903	14894	154288	372721	6309		1175	5134
2	1. 企业职工基本养老保险养老保险	356717	14894	94724	247099	4321		822	3499
3	单位	222005	9589	61289	151127	2720		533	2187
4	个人	134712	5305	33435	95972	1601		289	1312
5	2. 机关事业单位养老保险	16228		12163	4065				
6	基本养老保险	16228		12163	4065				
7	单位	11608		8704	2904				
8	个人	4620		3459	1161				
9	职业年金								
10	单位								
11	个人								
12	3. 医疗保险	140248		40131	100117	1558		278	1280
13	单位	106424		30656	75768	1202		212	990
14	个人	33824		9475	24349	356		66	290
15	4. 失业保险	10247		3456	6791	188		38	150
16	单位	8196		2765	5431	148		30	118
17	个人	2051		691	1360	40		8	32
18	5. 工伤保险	11318		1713	9605	152		19	133
19	6. 生育保险	7145		2101	5044	90		18	72
20	二、入库合计	535330	24382	149396	361552	1850		388	1462
21	1. 企业职工基本养老保险养老保险	352604	24382	91039	237183	1294		285	1009
22	单位	219896	9697	60419	149780	800		185	615
23	个人	132110	5197	32934	93979	493		100	393
24	滞纳金	276		49	227	1			1
25	利息	322		45	277				

续表

序号	项　　目	本年基数征缴累计				往年欠费追缴累计			
		合计	省级	市级	县(区)级	合计	省级	市级	县(区)级
26	地市级上划调剂金		2408	-2408					
27	县级上划调剂金		7080		-7080				
28	2. 机关事业单位养老保险	15564		11499	4065				
29	基本养老保险	15564		11499	4065				
30	单位	11129		8225	2904				
31	个人	4435		3274	1161				
32	职业年金								
33	单位								
34	个人								
35	3. 医疗保险	138624		39617	99007	444		86	358
36	单位	105256		30253	75003	340		66	274
37	个人	33150		9345	23805	104		20	84
38	滞纳金	94		18	76				
39	利息	124		1	123				
40	4. 失业保险	10184		3445	6739	39		7	32
41	单位	8137		2751	5386	31		5	26
42	个人	2023		689	1334	8		2	6
43	滞纳金	17		4	13				
44	利息	7		1	6				
45	5. 工伤保险	11258		1704	9554	49		5	44
46	单位	11246		1701	9545	49		5	44
47	滞纳金	11		2	9				
48	利息	1		1					
49	6. 生育保险	7096		2092	5004	24		5	19
50	单位	7088		2090	4998	24		5	19
51	滞纳金	6		1	5				
52	利息	2		1	1				

2017 年清远市地方税务局应收、实收社会保险基金明细年报表

编报机关:清远市地方税务局　　　　单位:万元

序号	项　目	本年基数征缴累计				往年欠费追缴累计			
		合计	省级	市级	县(区)级	合计	省级	市级	县(区)级
1	一、应收合计	569290	12481	127594	429215	35218	1	5343	29874
2	1. 企业职工基本养老保险养老保险	345423	12481	67241	265701	30513	1	3839	26673
3	单位	212885	8040	41469	163376	18030	1	2287	15742
4	个人	132538	4441	25772	102325	12483		1552	10931
5	2. 机关事业单位养老保险	23369		10923	12446				
6	基本养老保险	23369		10923	12446				
7	单位	16692		7802	8890				
8	个人	6677		3121	3556				
9	职业年金								
10	单位								
11	个人								
12	3. 医疗保险	169895		41453	128442	4504		1477	3027
13	单位	129533		31444	98089	3313		1092	2221
14	个人	40362		10009	30353	1191		385	806
15	4. 失业保险	13377		3494	9883	74		14	60
16	单位	10690		2792	7898	51		11	40
17	个人	2687		702	1985	23		3	20
18	5. 工伤保险	10060		2736	7324	43		7	36
19	6. 生育保险	7166		1747	5419	84		6	78
20	二、入库合计	546675	21545	123989	401141	1589		266	1323
21	1. 企业职工基本养老保险养老保险	327177	21545	64119	241513	1261		185	1076
22	单位	201440	8041	40681	152718	767		113	654
23	个人	125333	4441	25275	95617	494		72	422
24	滞纳金	404		45	359				
25	利息								

续表

序号	项目	本年基数征缴累计				往年欠费追缴累计			
		合计	省级	市级	县(区)级	合计	省级	市级	县(区)级
26	地市级上划调剂金		1882	-1882					
27	县级上划调剂金		7181		-7181				
28	2. 机关事业单位养老保险	23369		10923	12446				
29	基本养老保险	23369		10923	12446				
30	单位	16688		7802	8886				
31	个人	6681		3121	3560				
32	职业年金								
33	单位								
34	个人								
35	3. 医疗保险	165696		40990	124706	283		72	211
36	单位	126309		31076	95233	209		53	156
37	个人	39321		9894	29427	74		19	55
38	滞纳金	66		20	46				
39	利息								
40	4. 失业保险	13294		3482	9812	21		5	16
41	单位	10617		2781	7836	16		3	13
42	个人	2670		699	1971	5		2	3
43	滞纳金	7		2	5				
44	利息								
45	5. 工伤保险	10011		2733	7278	14		2	12
46	单位	10008		2732	7276	14		2	12
47	滞纳金	3		1	2				
48	利息								
49	6. 生育保险	7128		1742	5386	10		2	8
50	单位	7125		1741	5384	10		2	8
51	滞纳金	3		1	2				
52	利息								

2017 年潮州市地方税务局应收、实收社会保险基金明细年报表

编报机关:潮州市地方税务局　　　　单位:万元

序号	项　目	本年基数征缴累计				往年欠费追缴累计			
		合计	省级	市级	县(区)级	合计	省级	市级	县(区)级
1	一、应收合计	269427	7017	66989	195421	8273	4	385	7884
2	1. 企业职工基本养老保险养老保险	193152	7017	40794	145341	6871	4	284	6583
3	单位	125810	4500	27447	93863	4339	3	185	4151
4	个人	67342	2517	13347	51478	2532	1	99	2432
5	2. 机关事业单位养老保险	2486		1502	984				
6	基本养老保险	2486		1502	984				
7	单位	1775		1072	703				
8	个人	711		430	281				
9	职业年金								
10	单位								
11	个人								
12	3. 医疗保险	61263		21189	40074	555		74	481
13	单位	51384		17644	33740	479		60	419
14	个人	9879		3545	6334	76		14	62
15	4. 失业保险	4412		1415	2997	460		14	446
16	单位	3537		1133	2404	336		10	326
17	个人	875		282	593	124		4	120
18	5. 工伤保险	3540		766	2774	217		7	210
19	6. 生育保险	4574		1323	3251	170		6	164
20	二、入库合计	267653	12240	65662	189751	1194	4	18	1172
21	1. 企业职工基本养老保险养老保险	191637	12240	39508	139889	1059	4	17	1038
22	单位	116134	4499	27221	84414	672	3	11	658
23	个人	66785	2517	13235	51033	387	1	6	380
24	滞纳金	8702		19	8683				
25	利息	16	1	3	12				

续表

序号	项目	本年基数征缴累计				往年欠费追缴累计			
		合计	省级	市级	县(区)级	合计	省级	市级	县(区)级
26	地市级上划调剂金		967	-967					
27	县级上划调剂金		4256	-3	-4253				
28	2. 机关事业单位养老保险	2469		1485	984				
29	基本养老保险	2469		1485	984				
30	单位	1764		1061	703				
31	个人	705		424	281				
32	职业年金								
33	单位								
34	个人								
35	3. 医疗保险	61137		21169	39968	52		1	51
36	单位	51255		17625	33630	46		1	45
37	个人	9862		3542	6320	6			6
38	滞纳金	16		1	15				
39	利息	4		1	3				
40	4. 失业保险	4368		1414	2954	44			44
41	单位	3416		1132	2284	33			33
42	个人	867		282	585	11			11
43	滞纳金	85			85				
44	利息								
45	5. 工伤保险	3507		764	2743	22			22
46	单位	3499		764	2735	22			22
47	滞纳金	8			8				
48	利息								
49	6. 生育保险	4535		1322	3213	17			17
50	单位	4529		1322	3207	17			17
51	滞纳金	6			6				
52	利息								

2017 年揭阳市地方税务局应收、实收社会保险基金明细年报表

编报机关:揭阳市地方税务局　　　　单位:万元

序号	项　目	本年基数征缴累计				往年欠费追缴累计			
		合计	省级	市级	县(区)级	合计	省级	市级	县(区)级
1	一、应收合计	318101	14217	46960	256924	3277		93	3184
2	1. 企业职工基本养老保险养老保险	276674	14217	28419	234038	3131		89	3042
3	单位	160989	9158	18414	133417	1993		60	1933
4	个人	115685	5059	10005	100621	1138		29	1109
5	2. 机关事业单位养老保险	5364		5080	284				
6	基本养老保险	5364		5080	284				
7	单位	3832		3629	203				
8	个人	1532		1451	81				
9	职业年金								
10	单位								
11	个人								
12	3. 医疗保险	27422		11086	16336				
13	单位	24851		8631	16220				
14	个人	2571		2455	116				
15	4. 失业保险	5217		1395	3822	90		3	87
16	单位	4139		1116	3023	70		2	68
17	个人	1078		279	799	20		1	19
18	5. 工伤保险	2153		445	1708	56		1	55
19	6. 生育保险	1271		535	736				
20	二、入库合计	316381	14216	46948	255217	710		26	684
21	1. 企业职工基本养老保险养老保险	275055	14216	28407	232432	683		25	658
22	单位	159875	9158	18399	132318	430		16	414
23	个人	114958	5058	10004	99896	253		9	244
24	滞纳金	222		4	218				
25	利息								

续表

序号	项目	本年基数征缴累计				往年欠费追缴累计			
		合计	省级	市级	县(区)级	合计	省级	市级	县(区)级
26	地市级上划调剂金								
27	县级上划调剂金								
28	2. 机关事业单位养老保险	5364		5080	284				
29	基本养老保险	5364		5080	284				
30	单位	3832		3629	203				
31	个人	1532		1451	81				
32	职业年金								
33	单位								
34	个人								
35	3. 医疗保险	27420		11085	16335				
36	单位	24846		8629	16217				
37	个人	2571		2455	116				
38	滞纳金	3		1	2				
39	利息								
40	4. 失业保险	5147		1395	3752	18		1	17
41	单位	4074		1116	2958	14		1	13
42	个人	1064		279	785	4			4
43	滞纳金	9			9				
44	利息								
45	5. 工伤保险	2123		445	1678	9			9
46	单位	2118		445	1673	9			9
47	滞纳金	5			5				
48	利息								
49	6. 生育保险	1272		536	736				
50	单位	1272		536	736				
51	滞纳金								
52	利息								

2017年云浮市地方税务局应收、实收社会保险基金明细年报表

编报机关：云浮市地方税务局　　　　单位：万元

序号	项目	本年基数征缴累计				往年欠费追缴累计			
		合计	省级	市级	县(区)级	合计	省级	市级	县(区)级
1	一、应收合计	290628	9303	54073	227252	6320	7	1195	5118
2	1. 企业职工基本养老保险养老保险	137407	9303	22861	105243	5274	7	988	4279
3	单位	84779	5994	14104	64681	3393	5	711	2677
4	个人	52628	3309	8757	40562	1881	2	277	1602
5	2. 机关事业单位养老保险	73726		15137	58589				
6	基本养老保险	73726		15137	58589				
7	单位	52661		10812	41849				
8	个人	21065		4325	16740				
9	职业年金								
10	单位								
11	个人								
12	3. 医疗保险	63643		13032	50611	751		147	604
13	单位	49781		10269	39512	580		116	464
14	个人	13862		2763	11099	171		31	140
15	4. 失业保险	3905		1028	2877	147		37	110
16	单位	3125		822	2303	123		29	94
17	个人	780		206	574	24		8	16
18	5. 工伤保险	5113		646	4467	83		11	72
19	6. 生育保险	6834		1369	5465	65		12	53
20	二、入库合计	290572	12704	53077	224791	1576		67	1509
21	1. 企业职工基本养老保险养老保险	138166	12704	22128	103334	1190		50	1140
22	单位	85142	6021	13952	65169	624		31	593
23	个人	52832	3327	8665	40840	515		19	496
24	滞纳金	187	2	14	171	51			51
25	利息	5		2	3				

续表

序号	项目	本年基数征缴累计				往年欠费追缴累计			
		合计	省级	市级	县(区)级	合计	省级	市级	县(区)级
26	地市级上划调剂金		505	-505					
27	县级上划调剂金		2849		-2849				
28	2. 机关事业单位养老保险	73726		15137	58589				
29	基本养老保险	73726		15137	58589				
30	单位	52661		10812	41849				
31	个人	21065		4325	16740				
32	职业年金								
33	单位								
34	个人								
35	3. 医疗保险	63017		12821	50196	292		14	278
36	单位	49253		10100	39153	209		11	198
37	个人	13718		2718	11000	65		3	62
38	滞纳金	44		2	42	18			18
39	利息	2		1	1				
40	4. 失业保险	3855		1010	2845	44		1	43
41	单位	3075		808	2267	33		1	32
42	个人	772		202	570	6			6
43	滞纳金	8			8	5			5
44	利息								
45	5. 工伤保险	5040		635	4405	26		1	25
46	单位	5035		635	4400	24		1	23
47	滞纳金	5			5	2			2
48	利息								
49	6. 生育保险	6768		1346	5422	24		1	23
50	单位	6765		1346	5419	23		1	22
51	滞纳金	3			3	1			1
52	利息								

2017年横琴新区地方税务局应收、实收社会保险基金明细年报表

编报机关:横琴新区地方税务局　　　　单位:万元

序号	项目	本年基数征缴累计				往年欠费追缴累计			
		合计	省级	市级	县(区)级	合计	省级	市级	县(区)级
1	一、应收合计	63029		63029		550		550	
2	1. 企业职工基本养老保险养老保险	41308		41308		333		333	
3	单位	25576		25576		206		206	
4	个人	15732		15732		127		127	
5	2. 机关事业单位养老保险	70		70					
6	基本养老保险	70		70					
7	单位	50		50					
8	个人	20		20					
9	职业年金								
10	单位								
11	个人								
12	3. 医疗保险	17031		17031		144		144	
13	单位	12870		12870		109		109	
14	个人	4161		4161		35		35	
15	4. 失业保险	1648		1648		13		13	
16	单位	1318		1318		10		10	
17	个人	330		330		3		3	
18	5. 工伤保险	1959		1959		53		53	
19	6. 生育保险	1013		1013		7		7	
20	二、入库合计	62505	3113	59392		167		167	
21	1. 企业职工基本养老保险养老保险	40962	3113	37849		115		115	
22	单位	25340		25340		71		71	
23	个人	15600		15600		44		44	
24	滞纳金	22		22					
25	利息								

续表

序号	项　　目	本年基数征缴累计				往年欠费追缴累计			
		合计	省级	市级	县(区)级	合计	省级	市级	县(区)级
26	地市级上划调剂金		3113	-3113					
27	县级上划调剂金								
28	2. 机关事业单位养老保险	70		70					
29	基本养老保险	70		70					
30	单位	50		50					
31	个人	20		20					
32	职业年金								
33	单位								
34	个人								
35	3. 医疗保险	16875		16875		46		46	
36	单位	12744		12744		35		35	
37	个人	4122		4122		11		11	
38	滞纳金	9		9					
39	利息								
40	4. 失业保险	1637		1637		3		3	
41	单位	1309		1309		3		3	
42	个人	327		327					
43	滞纳金	1		1					
44	利息								
45	5. 工伤保险	1957		1957		1		1	
46	单位	1957		1957		1		1	
47	滞纳金								
48	利息								
49	6. 生育保险	1004		1004		2		2	
50	单位	1003		1003		2		2	
51	滞纳金	1		1					
52	利息								

2017 年顺德区地方税务局应收、实收社会保险基金明细年报表

编报机关:顺德区地方税务局　　　　单位:万元

序号	项目	本年基数征缴累计				往年欠费追缴累计			
		合计	省级	市级	县(区)级	合计	省级	市级	县(区)级
1	一、应收合计	1102483	20573		1081910	30388			30388
2	1. 企业职工基本养老保险养老保险	746337	20573		725764	25647			25647
3	单位	461521	13239		448282	15407			15407
4	个人	284816	7334		277482	10240			10240
5	2. 机关事业单位养老保险								
6	基本养老保险								
7	单位								
8	个人								
9	职业年金								
10	单位								
11	个人								
12	3. 医疗保险	296503			296503	4048			4048
13	单位	222488			222488	2943			2943
14	个人	74015			74015	1105			1105
15	4. 失业保险	16726			16726	220			220
16	单位	11932			11932	133			133
17	个人	4794			4794	87			87
18	5. 工伤保险	22153			22153	221			221
19	6. 生育保险	20764			20764	252			252
20	二、入库合计	1106930	20574		1086356	13613			13613
21	1. 企业职工基本养老保险养老保险	751482	20574		730908	12674			12674
22	单位	463810	13239		450571	7618			7618
23	个人	286917	7335		279582	5047			5047
24	滞纳金	755			755	9			9
25	利息								

续表

序号	项目	本年基数征缴累计				往年欠费追缴累计			
		合计	省级	市级	县(区)级	合计	省级	市级	县(区)级
26	地市级上划调剂金								
27	县级上划调剂金								
28	2. 机关事业单位养老保险								
29	基本养老保险								
30	单位								
31	个人								
32	职业年金								
33	单位								
34	个人								
35	3. 医疗保险	295892			295892	808			808
36	单位	221670			221670	576			576
37	个人	73937			73937	227			227
38	滞纳金	285			285	5			5
39	利息								
40	4. 失业保险	16705			16705	35			35
41	单位	11874			11874	23			23
42	个人	4791			4791	12			12
43	滞纳金	40			40				
44	利息								
45	5. 工伤保险	22127			22127	47			47
46	单位	22101			22101	46			46
47	滞纳金	26			26	1			1
48	利息								
49	6. 生育保险	20724			20724	49			49
50	单位	20698			20698	48			48
51	滞纳金	26			26	1			1
52	利息								

2017 年广东省地方税务局直属分局应收、实收社会保险基金明细年报表

编报机关:广东省地方税务局直属分局　　　　单位:万元

序号	项　目	本年基数征缴累计				往年欠费追缴累计			
		合计	省级	市级	县(区)级	合计	省级	市级	县(区)级
1	一、应收合计	1713833	1713833			5929	5929		
2	1. 企业职工基本养老保险养老保险	1688440	1688440			5712	5712		
3	单位	1045927	1045927			4081	4081		
4	个人	642513	642513			1631	1631		
5	2. 机关事业单位养老保险	7934	7934						
6	基本养老保险	7934	7934						
7	单位	14	14						
8	个人	7920	7920						
9	职业年金								
10	单位								
11	个人								
12	3. 医疗保险								
13	单位								
14	个人								
15	4. 失业保险								
16	单位								
17	个人								
18	5. 工伤保险	17457	17457			148	148		
19	6. 生育保险	2	2			69	69		
20	二、入库合计	1713155	1713155			383	383		
21	1. 企业职工基本养老保险养老保险	1687771	1687771			381	381		
22	单位	1044680	1044680			312	312		
23	个人	642279	642279			63	63		
24	滞纳金	812	812			6	6		
25	利息								

续表

序号	项目	本年基数征缴累计				往年欠费追缴累计			
		合计	省级	市级	县(区)级	合计	省级	市级	县(区)级
26	地市级上划调剂金								
27	县级上划调剂金								
28	2. 机关事业单位养老保险	7933	7933						
29	基本养老保险	7933	7933						
30	单位	14	14						
31	个人	7919	7919						
32	职业年金								
33	单位								
34	个人								
35	3. 医疗保险								
36	单位								
37	个人								
38	滞纳金								
39	利息								
40	4. 失业保险								
41	单位								
42	个人								
43	滞纳金								
44	利息								
45	5. 工伤保险	17449	17449			2	2		
46	单位	17435	17435			2	2		
47	滞纳金	14	14						
48	利息								
49	6. 生育保险	2	2						
50	单位	1	1						
51	滞纳金	1	1						
52	利息								

2017 年广东省地方税务局纳税登记户数分企业类型统计年报表

编报机关:广东省地方税务局　　　　单位:户

序号	项目	合计	内资企业										港澳台投资企业	国有控股	外商投资企业	国有控股	个体经营	附:总机构户数	分支机构户数
			小计	国有企业	集体企业	股份合作企业	联营企业	国有控股	股份公司	国有控股	私营企业	其他企业							
1	1. 增值税	2606	2051	47	63	13	7	4	956	50	361	604	230	4	124	2	201	361	55
2	一般纳税人	55	42	4	4	2	1		5		18	8	4		3		6	3	2
3	小规模纳税人	2551	2009	43	59	11	6	4	951	50	343	596	226	4	121	2	195	358	53
4	2. 消费税																		
5	3. 营业税	5069	3993	142	177	45	13	4	2071	297	1109	436	312	6	224	4	540	368	387
6	4. 企业所得税	218822	211722	3047	8619	3068	224	150	90389	5892	94803	11572	5248	36	1848	16	4	8915	12702
7	5. 个人所得税	144002	23422	524	527	117	52	3	2236	106	19629	337	531	3	177	4	119872	397	723
8	6. 资源税	5463	4402	115	182	34	9	2	2134	95	1854	74	129	3	44	3	888	118	181
9	7. 固定资产投资方向调节税																		
10	8. 城市维护建设税	1357543	1071723	5183	8228	3115	356	248	459756	39357	578700	16385	35963	713	17447	607	232410	27055	49925
11	9. 房产税	252404	131893	4096	6973	1342	191	119	62950	5814	49185	7156	11890	226	4299	164	104322	7134	7624
12	10. 印花税	1165715	940316	3972	6711	2605	249	162	361559	45799	553748	11472	33657	518	16505	454	175237	20865	40243
13	11. 城镇土地使用税	198265	103803	2498	5149	1112	125	70	51856	4260	37457	5606	9715	164	3071	66	81676	5277	5468
14	12. 土地增值税	9884	8529	166	246	45	15	2	5965	452	1908	184	721	17	290	5	344	320	138
15	13. 车船税	32594	28804	568	449	158	18	10	12111	1353	12289	3211	1690	64	1066	52	1034	2208	2091
16	14. 车辆购置税																		
17	15. 烟叶税	15	15						15	2									10
18	16. 耕地占用税	716	616	21	35	1	3		137	22	45	374	86		5		9	6	6
19	17. 契税	10385	8972	143	150	96	11	2	5131	652	3156	285	734	24	333	22	346	462	154
20	18. 其他税收	29	26	1	1	1	1		20		1	1	1		1		1		185
21	附列资料:纳税户数	2164181	1605997	10239	16667	5431	617	411	642358	65071	894757	35928	49012	994	23858	918	485314	31545	72852
22	登记户数	7335393	4072313	20536	32529	9171	2633	2158	1635556	116900	2274306	97582	95416	1528	50833	1256	3116831	41297	316117

2017年广州市地方税务局纳税登记户数分企业类型统计年报表

编报机关:广州市地方税务局　　　　单位:户

序号	项目	合计	内资企业										港澳台投资企业	国有控股	外商投资企业	国有控股	个体经营	附:总机构户数	分支机构户数
			小计	国有企业	集体企业	股份合作企业	联营企业	国有控股	股份公司	国有控股	私营企业	其他企业							
1	1. 增值税	381	342	8	9	3	1		24	2	68	229	16		14		9	7	3
2	一般纳税人	19	19	2	2				2		13							1	
3	小规模纳税人	362	323	6	7	3	1		22	2	55	229	16		14		9	6	3
4	2. 消费税																		
5	3. 营业税	1219	979	34	48	5	1		303	83	366	222	81	2	54		105	106	61
6	4. 企业所得税	51098	50931	656	2014	2026	48	34	5876	1037	37216	3095	59	4	108	3		2227	2104
7	5. 个人所得税	43035	2012	10	66	8	8		15	3	1891	14	177		10		40836	27	50
8	6. 资源税	35	29	2		1	1	1	8		12	5	3		2		1		2
9	7. 固定资产投资方向调节税																		
10	8. 城市维护建设税	300360	246169	1375	1797	1807	77	57	24030	5989	211708	5375	5912	347	4362	359	43917	7025	8975
11	9. 房产税	18302	13581	875	1092	187	40	29	3771	1067	6043	1573	1346	47	868	55	2507	1378	809
12	10. 印花税	255967	226777	1109	1579	1497	65	47	22781	5734	196360	3386	5850	203	4329	191	19011	5918	8699
13	11. 城镇土地使用税	7652	5346	211	330	83	13	7	969	198	3024	716	307	10	142	3	1857	288	193
14	12. 土地增值税	1118	860	32	24	3	3	1	495	93	284	19	163	7	87	3	8	47	5
15	13. 车船税	12325	10963	233	158	120	9	6	1971	502	7086	1386	636	33	488	32	238	1156	525
16	14. 车辆购置税																		
17	15. 烟叶税																		
18	16. 耕地占用税	72	71	1	9				9	4	2	50			1			2	2
19	17. 契税	1390	1169	25	17	4	1		405	136	660	57	128	8	78	8	15	81	8
20	18. 其他税收																		
21	附列资料:纳税户数	486596	394957	2650	3246	3022	146	104	41373	10910	334583	9937	9291	480	7175	506	75173	8096	13194
22	登记户数	1292533	813866	4348	5590	4330	250	186	75594	18951	698592	25162	16445	743	14212	671	448010	9579	64493

2017 年深圳市地方税务局纳税登记户数分企业类型统计年报表

编报机关:深圳市地方税务局　　　　单位:户

序号	项目	合计	内资企业										港澳台投资企业		外商投资企业		个体经营	附:总机构户数	分支机构户数
			小计	国有企业	集体企业	股份合作企业	联营企业	国有控股	股份公司	国有控股	私营企业	其他企业		国有控股		国有控股			
1	1. 增值税	616	513	3			4	4	234	17	57	215	42		20		41	68	27
2	一般纳税人																		
3	小规模纳税人	616	513	3			4	4	234	17	57	215	42		20		41	68	27
4	2. 消费税																		
5	3. 营业税	935	717	8	1	4	3	1	479	32	209	13	94		51		73	143	95
6	4. 企业所得税	49532	46242	132	213	276	50	41	31086	858	13047	1438	2451		839	2		3498	2986
7	5. 个人所得税	3156	328	52	20						256						2828	27	88
8	6. 资源税	3	2						2				1					2	
9	7. 固定资产投资方向调节税																		
10	8. 城市维护建设税	313923	285188	219	304	440	108	92	188378	2091	93886	1853	10911	2	5105	5	12719	10539	11873
11	9. 房产税	15880	12767	128	191	519	28	18	8768	955	2845	288	2246		612		255	2069	860
12	10. 印花税	164042	147919	126	142	147	60	51	98500	1535	48156	788	9066	1	4332	2	2725	6929	5738
13	11. 城镇土地使用税	15805	12791	112	171	512	31	21	8902	972	2860	203	2276		643		95	2140	748
14	12. 土地增值税	920	804	11	1	5	2	1	531	34	221	33	83		23		10	121	28
15	13. 车船税	5153	4833	18	13	1	3	2	3420	49	1327	51	169	1	73	1	78	311	144
16	14. 车辆购置税																		
17	15. 烟叶税																		
18	16. 耕地占用税																		
19	17. 契税	2752	2382	16	3	25	3	1	1534	70	776	25	262	7	97	9	11	200	37
20	18. 其他税收																		
21	附列资料:纳税户数	400012	363175	288	485	601	152	129	234405	2678	124014	3230	13879	11	6481	19	16477	12030	15231
22	登记户数	2684934	1802082	1966	2409	928	1721	1619	922251	6979	859951	12856	37281	11	20618	21	824953	18068	125819

2017年珠海市地方税务局纳税登记户数分企业类型统计年报表

编报机关:珠海市地方税务局　　　　单位:户

序号	项　目	合计	内资企业										港澳台投资企业	国有控股	外商投资企业	国有控股	个体经营	附:总机构户数	分支机构户数
			小计	国有企业	集体企业	股份合作企业	联营企业	国有控股	股份公司	国有控股	私营企业	其他企业							
1	1. 增值税	107	77	4	14				31	1	22	6	13		9		8	5	2
2	一般纳税人																		
3	小规模纳税人	107	77	4	14				31	1	22	6	13		9		8	5	2
4	2. 消费税																		
5	3. 营业税	144	120	7	3	2			78	2	23	7	12		7	1	5	7	12
6	4. 企业所得税	7069	6616	144	169	26	5	3	4003	269	1987	282	319	11	134	2		279	552
7	5. 个人所得税	2270	99	7	58	5	4		8		9	8	18		10		2143	3	1
8	6. 资源税	9	5			1			2		2		2		1		1		
9	7. 固定资产投资方向调节税																		
10	8. 城市维护建设税	33391	26154	207	230	57	9	5	15950	1177	9175	526	1564	33	605	26	5068	646	1676
11	9. 房产税	4900	3406	173	181	57	7	5	1968	156	923	97	600	22	236	8	658	214	151
12	10. 印花税	9155	7258	115	89	15	3	1	4731	427	2171	134	967	29	476	22	454	369	680
13	11. 城镇土地使用税	3017	2348	102	117	36	2	1	1404	113	630	57	449	11	169	4	51	133	86
14	12. 土地增值税	384	327	12	13	3			229	26	64	6	35	2	15	1	7	11	3
15	13. 车船税	364	317	4	4	2			215	20	74	18	20	1	16		11	20	22
16	14. 车辆购置税																		
17	15. 烟叶税																		
18	16. 耕地占用税	24	24	2	3	1			12		1	5							
19	17. 契税	506	461	14	10	2			219	13	208	8	24	1	12		9	16	1
20	18. 其他税收																		
21	附列资料:纳税户数	40163	31284	313	373	67	12	8	18878	1420	10881	760	1911	44	705	33	6263	707	2040
22	登记户数	162576	80277	760	952	117	37	21	46307	3764	29176	2928	4406	75	1315	41	76578	962	8840

2017年汕头市地方税务局纳税登记户数分企业类型统计年报表

编报机关：汕头市地方税务局　　　　单位：户

序号	项目	合计	内资企业										港澳台投资企业	国有控股	外商投资企业	国有控股	个体经营	附：总机构户数	分支机构户数
			小计	国有企业	集体企业	股份合作企业	联营企业	国有控股	股份公司	国有控股	私营企业	其他企业							
1	1. 增值税	71	27	2	1				13	1	6	5	10		2		32	2	
2	一般纳税人																		
3	小规模纳税人	71	27	2	1				13	1	6	5	10		2		32	2	
4	2. 消费税																		
5	3. 营业税	101	82	4	8				42	6	25	3	1		2		16	6	14
6	4. 企业所得税	8353	8312	328	778	231	8	7	4601	126	2099	267	28		13			511	250
7	5. 个人所得税	12042	1202	51	53	10	4	1	319	5	755	10	8		9	1	10823	40	64
8	6. 资源税	246	234	29	35	1	1		132	6	33	3	3		4		5	22	47
9	7. 固定资产投资方向调节税																		
10	8. 城市维护建设税	24967	18436	420	491	191	10	8	10875	451	6156	293	446	12	198	13	5887	1005	878
11	9. 房产税	17278	9295	439	500	144	9	7	4042	211	3916	245	292	7	86	7	7605	440	339
12	10. 印花税	31455	21510	383	538	182	11	8	12615	476	7542	239	449	16	182	8	9314	972	723
13	11. 城镇土地使用税	16867	9268	383	462	151	6	4	4195	212	3816	255	233	6	68	8	7298	406	368
14	12. 土地增值税	226	204	14	15				134	10	37	4	16	1	4		2	6	9
15	13. 车船税	1006	898	41	13	9	1	1	516	40	234	84	56	4	16		36	90	72
16	14. 车辆购置税																		
17	15. 烟叶税																		
18	16. 耕地占用税	26	26	1	2				3		6	14						1	
19	17. 契税	194	162	9	6	3	2	1	77	13	57	8	11		7		14	10	7
20	18. 其他税收																		1
21	附列资料：纳税户数	57362	35164	760	1121	450	19	12	17261	777	14834	719	651	18	254	19	21293	1188	1198
22	登记户数	140386	58503	1777	3067	668	49	36	28779	1459	21917	2246	1333	32	588	22	79962	1317	7130

2017年佛山市地方税务局纳税登记户数分企业类型统计年报表

编报机关:佛山市地方税务局

单位:户

序号	项目	合计	内资企业										港澳台投资企业		外商投资企业		个体经营	附:总机构户数	分支机构户数
			小计	国有企业	集体企业	股份合作企业	联营企业	国有控股	股份公司	国有控股	私营企业	其他企业		国有控股		国有控股			
1	1. 增值税	160	118	2	4	1	1		52	5	21	37	12	1	8		22	7	
2	一般纳税人																		
3	小规模纳税人	160	118	2	4	1	1		52	5	21	37	12	1	8		22	7	
4	2. 消费税																		
5	3. 营业税	253	205	8	14				108	10	61	14	13		19	1	16	19	18
6	4. 企业所得税	11914	11796	98	423	326	21	9	4032	156	6350	546	111		7	1		504	855
7	5. 个人所得税	11499	3799	3	3	1	1		1		3789	1	1		1		7698	43	57
8	6. 资源税	13	13				1	1	6	1	6							2	2
9	7. 固定资产投资方向调节税																		
10	8. 城市维护建设税	83304	65629	189	369	284	20	10	15070	502	48438	1259	1394	24	754	16	15527	1374	3383
11	9. 房产税	20794	11186	189	308	34	24	12	4461	365	5533	637	518	15	274	14	8816	515	543
12	10. 印花税	136215	101143	244	423	365	34	14	18552	575	80276	1249	1528	25	860	18	32684	1418	5104
13	11. 城镇土地使用税	12803	6504	149	232	29	14	8	2875	308	2475	730	390	12	189	7	5720	339	368
14	12. 土地增值税	688	618	9	17	1	1		471	43	112	7	49	3	17	1	4	28	5
15	13. 车船税	3734	3276	32	37				1341	115	1532	334	168	6	106	4	184	224	197
16	14. 车辆购置税																		
17	15. 烟叶税																		
18	16. 耕地占用税	155	155	1	1				14	1		139							
19	17. 契税	454	429	2	3				198	17	203	23	12		9		4	27	4
20	18. 其他税收																		
21	附列资料:纳税户数	165341	114516	371	695	439	47	21	21499	831	88543	2922	1830	28	1030	23	47965	1655	6373
22	登记户数	332317	158583	899	1524	641	79	45	31715	1747	118730	4995	2680	41	1522	34	169532	1970	16115

2017 年韶关市地方税务局纳税登记户数分企业类型统计年报表

编报机关:韶关市地方税务局　　　　单位:户

序号	项目	合计	内资企业										港澳台投资企业		外商投资企业		个体经营	附:总机构户数	分支机构户数
			小计	国有企业	集体企业	股份合作企业	联营企业	国有控股	股份公司	国有控股	私营企业	其他企业		国有控股		国有控股			
1	1. 增值税	48	31	1		2			16		6	6	7				10		
2	一般纳税人	4	3			1					1	1	1						
3	小规模纳税人	44	28	1		1			16		5	5	6				10		
4	2. 消费税																		
5	3. 营业税	97	86	4	9	2	1		54	9	7	9	1		6		4	4	5
6	4. 企业所得税	2428	2420	129	257	18	12	4	1389	102	284	331	7		1			55	230
7	5. 个人所得税	2191	215	11	18						186						1976	4	4
8	6. 资源税	261	226	7	14	1			124	20	78	2			1		34	8	17
9	7. 固定资产投资方向调节税																		
10	8. 城市维护建设税	13460	9098	250	287	31	17	7	5960	506	2092	461	189	6	58	4	4115	151	1328
11	9. 房产税	6121	2724	191	239	19	6	2	1371	185	677	221	128	2	40	5	3229	72	248
12	10. 印花税	12729	10722	234	310	24	5	3	6835	457	2716	598	244	1	59	2	1704	139	1128
13	11. 城镇土地使用税	4756	2507	141	159	16	3	1	1442	133	616	130	108	1	23		2118	58	169
14	12. 土地增值税	334	317	6	9	3			245	8	45	9	5		2		10		2
15	13. 车船税	575	542	26					364	40	54	98	1		5		27	13	82
16	14. 车辆购置税																		
17	15. 烟叶税	8	8						8										4
18	16. 耕地占用税	36	33	1					12	1	6	14	1				2		
19	17. 契税	288	259	8	1	3			157	24	65	25	11		8		10	1	10
20	18. 其他税收																		
21	附列资料:纳税户数	33440	21848	741	1051	77	36	14	12992	1326	5596	1355	508	6	146	11	10938	166	2093
22	登记户数	68161	26828	812	1124	174	39	15	16349	1430	5992	2338	580	9	191	11	40562	178	3135

2017 年河源市地方税务局纳税登记户数分企业类型统计年报表

编报机关:河源市地方税务局　　　　单位:户

序号	项目	合计	内资企业										港澳台投资企业		外商投资企业		个体经营	附:总机构户数	分支机构户数
			小计	国有企业	集体企业	股份合作企业	联营企业	国有控股	股份公司	国有控股	私营企业	其他企业		国有控股		国有控股			
1	1. 增值税	20	14	2	1	1			5		1	4	2	1	2	1	2		
2	一般纳税人	7	5	1	1	1			1			1			1		1		
3	小规模纳税人	13	9	1					4		1	3	2	1	1	1	1		
4	2. 消费税																		
5	3. 营业税	154	120	5	8	2			78	7	25	2	21		3		10	6	8
6	4. 企业所得税	1817	1811	93	124	1	2	1	1288	61	234	69	4		2			21	143
7	5. 个人所得税	1982	409	52	24	38	4		17	4	208	66	72	1	29		1472		5
8	6. 资源税	313	282	27	15	10			136	7	63	31	7		2		22	2	9
9	7. 固定资产投资方向调节税																		
10	8. 城市维护建设税	10937	7181	153	165	13	3	2	5064	366	1583	200	302	4	55		3399	89	656
11	9. 房产税	3385	2087	145	165	50	3		1036	99	461	227	178	3	33	2	1087	41	137
12	10. 印花税	7229	5347	120	155	49	2	1	3653	286	1144	224	382	3	56	2	1444	76	335
13	11. 城镇土地使用税	2727	1866	85	137	19	3		991	78	426	205	156	3	20		685	28	76
14	12. 土地增值税	302	258	7	5	14			176	8	47	9	14		21		9	3	5
15	13. 车船税	251	220	14	6	3	2	1	115	26	27	53	10		3		18	9	59
16	14. 车辆购置税																		
17	15. 烟叶税																		
18	16. 耕地占用税	97	22	2					12	3	3	5	74				1		
19	17. 契税	257	216	8	4	40			117	11	44	3	12	1	10		19	5	8
20	18. 其他税收																		
21	附列资料:纳税户数	16308	10350	261	339	60	5	3	6956	493	2131	598	492	5	76	3	5390	99	786
22	登记户数	81383	27942	481	1038	122	13	5	18332	957	4984	2972	944	8	147	5	52350	121	2794

2017 年梅州市地方税务局纳税登记户数分企业类型统计年报表

编报机关:梅州市地方税务局　　　　单位:户

序号	项　目	合计	内资企业										港澳台投资企业		外商投资企业		个体经营	附:总机构户数	分支机构户数
			小计	国有企业	集体企业	股份合作企业	联营企业	国有控股	股份公司	国有控股	私营企业	其他企业		国有控股		国有控股			
1	1. 增值税	44	21	2	5				9		2	3	5		4		14		
2	一般纳税人																		
3	小规模纳税人	44	21	2	5				9		2	3	5		4		14		
4	2. 消费税																		
5	3. 营业税	72	67	4	3	1			24	4	9	26	2		1		2	4	4
6	4. 企业所得税	2384	2376	73	160	3	1		1661	59	429	49	3		3		2	39	151
7	5. 个人所得税	3227	1330	54	59	6	1		823	45	368	19	31		23	1	1843	8	82
8	6. 资源税	519	476	11	29	1			266	11	162	7	2		4		37	11	27
9	7. 固定资产投资方向调节税																		
10	8. 城市维护建设税	13621	9067	163	184	17	1		6379	315	2123	200	435	4	71	6	4048	196	713
11	9. 房产税	10077	6045	167	312	19	1		3762	199	1245	539	280	2	47	5	3705	124	297
12	10. 印花税	11901	9629	145	182	11			6521	367	2332	438	429	4	64	5	1779	146	622
13	11. 城镇土地使用税	7247	4917	124	148	2			2733	186	1340	570	205	2	37	4	2088	65	306
14	12. 土地增值税	444	355	10	25	2	1		271	7	35	11	9		10		70	11	4
15	13. 车船税	651	622	56	15	7			410	72	57	77	2		7	2	20	31	105
16	14. 车辆购置税																		
17	15. 烟叶税	6	6						6	2									5
18	16. 耕地占用税	35	33	1					7	1	3	22					2		1
19	17. 契税	466	353	16	49	2			210	17	53	23	15		14		84	15	9
20	18. 其他税收	18	18						18										
21	附列资料:纳税户数	32077	22092	387	699	57	2		13897	735	5395	1655	1073	12	141	10	8771	345	1201
22	登记户数	93504	34705	684	1570	391	10	1	20618	1021	8618	2814	1862	17	196	10	56741	384	2983

2017 年惠州市地方税务局纳税登记户数分企业类型统计年报表

编报机关:惠州市地方税务局 单位:户

序号	项目	合计	内资企业										港澳台投资企业	国有控股	外商投资企业	国有控股	个体经营	附:总机构户数	分支机构户数
			小计	国有企业	集体企业	股份合作企业	联营企业	国有控股	股份公司	国有控股	私营企业	其他企业							
1	1. 增值税	108	97	3					17	1	68	9	5		4		2	2	
2	一般纳税人	7	4	1					1		1	1	1		1		1		
3	小规模纳税人	101	93	2					16	1	67	8	4		3		1	2	
4	2. 消费税																		
5	3. 营业税	240	174	2	3		2	2	89	3	69	9	9		6		51	5	10
6	4. 企业所得税	6774	6759	162	155	2	16	15	3794	83	2417	213	5		10			74	613
7	5. 个人所得税	1862	42	1	2						39						1820	1	6
8	6. 资源税	160	109		4				75	9	30		10		3		38	2	8
9	7. 固定资产投资方向调节税																		
10	8. 城市维护建设税	51439	37132	290	275	6	22	19	22625	1551	13451	463	1929	26	652	6	11726	397	2289
11	9. 房产税	8539	5059	244	200	2	18	16	3035	127	1401	159	998	2	273	5	2209	154	306
12	10. 印花税	32369	25947	176	153	9	17	12	16116	610	9234	242	2293	7	700	8	3429	300	1224
13	11. 城镇土地使用税	7819	4804	151	148	3	12	11	3011	123	1417	62	895	1	222	4	1898	109	213
14	12. 土地增值税	943	847	10	3				635	12	193	6	64		18		14	21	5
15	13. 车船税	700	572	13	10				344	30	126	79	61		41	1	26	37	92
16	14. 车辆购置税																		
17	15. 烟叶税																		
18	16. 耕地占用税	33	28	2	1				18	2	1	6	5						1
19	17. 契税	611	563	3	4				399	18	147	10	27		17	2	4	16	5
20	18. 其他税收																		
21	附列资料:纳税户数	68725	49161	452	480	14	38	31	29821	1760	17543	813	2758	32	837	11	15969	476	3080
22	登记户数	285798	124354	1116	1501	146	83	52	70560	3184	45823	5125	4504	39	1348	14	155592	611	9100

2017 年汕尾市地方税务局纳税登记户数分企业类型统计年报表

编报机关:汕尾市地方税务局　　　　单位:户

序号	项　目	合计	内资企业										港澳台投资企业	国有控股	外商投资企业	国有控股	个体经营	附:总机构户数	分支机构户数
			小计	国有企业	集体企业	股份合作企业	联营企业	国有控股	股份公司	国有控股	私营企业	其他企业							
1	1. 增值税	13	4								3	1	2		2		5	1	
2	一般纳税人	8	2								1	1	1		1		4		
3	小规模纳税人	5	2								2		1		1		1	1	
4	2. 消费税																		
5	3. 营业税	28	21	2	3	1			9	2	4	2			2		5	2	2
6	4. 企业所得税	683	679	47	51	1			318	14	245	17	2		2			30	83
7	5. 个人所得税	518	66	19	3						44						452		15
8	6. 资源税	25	25	1	1				12		11								
9	7. 固定资产投资方向调节税																		
10	8. 城市维护建设税	6020	3191	123	102	6			1624	146	1208	128	142	2	28	3	2659	89	359
11	9. 房产税	1288	793	69	46	4			304	56	320	50	89	1	22	1	384	46	97
12	10. 印花税	1504	1157	35	42	4			681	92	348	47	89	1	25	3	233	43	175
13	11. 城镇土地使用税	974	546	32	23	4			243	22	218	26	55		14	1	359	21	31
14	12. 土地增值税	109	94	1	5				60	3	26	2	10		1		4	3	
15	13. 车船税	70	60	1					41	20	11	7	5		3	1	2	6	24
16	14. 车辆购置税																		
17	15. 烟叶税																		
18	16. 耕地占用税	4	4						2			2							
19	17. 契税	165	148	2	1				105	15	37	3	9		3		5	2	5
20	18. 其他税收																		
21	附列资料:纳税户数	8550	4826	222	176	11			2297	228	1907	213	263	2	52	6	3409	99	501
22	登记户数	41139	11062	457	430	73	4	2	5538	465	3753	807	455	2	79	6	29543	146	1604

2017年东莞市地方税务局纳税登记户数分企业类型统计年报表

编报机关：东莞市地方税务局　　　　单位：户

序号	项目	合计	内资企业										港澳台投资企业		外商投资企业		个体经营	附：总机构户数	分支机构户数
			小计	国有企业	集体企业	股份合作企业	联营企业	国有控股	股份公司	国有控股	私营企业	其他企业		国有控股		国有控股			
1	1. 增值税	213	140	1	15	1			81	3	30	12	39	1	29		5	4	6
2	一般纳税人																		
3	小规模纳税人	213	140	1	15	1			81	3	30	12	39	1	29		5	4	6
4	2. 消费税																		
5	3. 营业税	314	210	3	18				124	12	50	15	22	1	13	1	69	9	22
6	4. 企业所得税	28061	25257	59	1775	4	3	1	14383	1991	7766	1267	2140	17	664	7		411	1465
7	5. 个人所得税	12364	1030	8	1	1	1		18	5	990	11	64		3		11267	4	33
8	6. 资源税	7	7	1					3	1	3								
9	7. 固定资产投资方向调节税																		
10	8. 城市维护建设税	197312	153878	104	1372	4	4	3	88494	20804	63050	850	6079	67	3183	82	34172	1298	4994
11	9. 房产税	15435	9099	95	1540	9	2		4913	363	2222	318	2027	24	803	6	3506	334	537
12	10. 印花税	252026	200503	72	917	9			107074	30975	91966	465	6120	73	3152	111	42251	1138	5511
13	11. 城镇土地使用税	14658	9226	93	1535	9	2		4963	386	2340	284	2010	19	773	7	2649	318	497
14	12. 土地增值税	581	487	1	15				324	52	145	2	58		31		5	5	8
15	13. 车船税	2243	1707	9	128				909	71	337	324	280	6	144	2	112	87	87
16	14. 车辆购置税																		
17	15. 烟叶税																		
18	16. 耕地占用税	20	19		9				3		1	6	1						
19	17. 契税	497	442	1	13				273	136	150	5	35	1	17	1	3	11	4
20	18. 其他税收																		
21	附列资料：纳税户数	317069	239230	161	2382	12	6	3	128223	35048	106239	2207	7088	93	3736	131	67015	1504	8573
22	登记户数	697144	375476	374	3622	42	18	7	194443	55143	171966	5011	9692	132	5156	204	306820	1703	20404

2017 年中山市地方税务局纳税登记户数分企业类型统计年报表

编报机关:中山市地方税务局　　单位:户

序号	项目	合计	内资企业										港澳台投资企业		外商投资企业		个体经营	附:总机构户数	分支机构户数
			小计	国有企业	集体企业	股份合作企业	联营企业	国有控股	股份公司	国有控股	私营企业	其他企业		国有控股		国有控股			
1	1. 增值税	26	23	1	1				1		1	19	1		1		1		1
2	一般纳税人																		
3	小规模纳税人	26	23	1	1				1		1	19	1		1		1		1
4	2. 消费税																		
5	3. 营业税	236	177		7				76	8	58	36	11		10		38	5	9
6	4. 企业所得税	11051	11003	33	511	1	9	2	3656	205	5689	1104	40		8			259	1137
7	5. 个人所得税	15664	6908	2	2						6904						8756	59	57
8	6. 资源税	11	11						6		5							1	
9	7. 固定资产投资方向调节税																		
10	8. 城市维护建设税	91412	65864	43	382	1	9	2	13813	573	50913	703	1884	42	773	12	22891	1112	3006
11	9. 房产税	18162	9133	17	425	1	6	1	3168	235	5069	447	797	24	319	7	7913	394	555
12	10. 印花税	81937	60967	26	280	2	8	2	11422	522	48790	439	1711	39	754	9	18505	980	2203
13	11. 城镇土地使用税	17149	8519	15	439	1	7	1	3121	233	4478	458	787	24	303	5	7540	366	465
14	12. 土地增值税	531	465		29	1	1		302	23	125	7	51		14		1	12	6
15	13. 车船税	615	503	1	9				241	31	193	59	68	7	33		11	45	35
16	14. 车辆购置税																		
17	15. 烟叶税																		
18	16. 耕地占用税	6	6		3							3							
19	17. 契税	375	344	1	7		1		186	33	142	7	25	1	5		1	9	3
20	18. 其他税收																		
21	附列资料:纳税户数	130899	86792	61	713	4	11	2	17217	792	66973	1813	2222	43	923	13	40962	1215	4087
22	登记户数	309076	133196	179	1098	10	14	2	26986	1525	101612	3297	3277	50	1370	19	171233	1356	13424

2017 年江门市地方税务局纳税登记户数分企业类型统计年报表

编报机关:江门市地方税务局　　　　单位:户

序号	项目	合计	内资企业										港澳台投资企业	国有控股	外商投资企业	国有控股	个体经营	附:总机构户数	分支机构户数
			小计	国有企业	集体企业	股份合作企业	联营企业	国有控股	股份公司	国有控股	私营企业	其他企业							
1	1. 增值税	91	78	3	4	1			47	6	11	12	6		4		3	3	2
2	一般纳税人																		
3	小规模纳税人	91	78	3	4	1			47	6	11	12	6		4		3	3	2
4	2. 消费税																		
5	3. 营业税	249	189	14	11				105	12	40	19	14		10		36	6	22
6	4. 企业所得税	5974	5949	111	443	8	5	3	2460	152	2266	656	17	1	8	1		147	370
7	5. 个人所得税	5784	368	1	12	1	1		3		348	2	7		2		5407	6	5
8	6. 资源税	122	114		2				56	1	56		5		1		2	8	1
9	7. 固定资产投资方向调节税																		
10	8. 城市维护建设税	47000	27769	166	473	11	8	5	9318	512	17012	781	1608	21	493	13	17130	563	1378
11	9. 房产税	16760	6152	154	352	7	6	5	2678	214	2531	424	734	12	210	10	9664	206	390
12	10. 印花税	57631	37243	201	611	14	12	9	11729	604	23753	923	1788	40	550	21	18050	598	1828
13	11. 城镇土地使用税	15722	5441	114	313	5	4	4	2368	175	2297	340	585	12	153	6	9543	172	289
14	12. 土地增值税	637	573	16	44	1			359	33	147	6	51		10		3	6	10
15	13. 车船税	1455	1175	25	35	5			504	55	403	203	95	3	52	3	133	55	111
16	14. 车辆购置税																		
17	15. 烟叶税																		
18	16. 耕地占用税	22	22	1	1				5	2		15						1	
19	17. 契税	445	388	7	11	2			189	21	160	19	35	2	11		11	15	13
20	18. 其他税收																		
21	附列资料:纳税户数	92918	45990	346	1090	29	25	20	16360	1040	26212	1928	2415	51	755	30	43758	716	2527
22	登记户数	235988	67495	671	1850	147	39	31	22444	1619	38434	3910	3349	59	1045	34	164099	782	6859

2017年阳江市地方税务局纳税登记户数分企业类型统计年报表

编报机关:阳江市地方税务局　　　　单位:户

序号	项目	合计	内资企业										港澳台投资企业	国有控股	外商投资企业	国有控股	个体经营	附:总机构户数	分支机构户数
			小计	国有企业	集体企业	股份合作企业	联营企业	国有控股	股份公司	国有控股	私营企业	其他企业							
1	1. 增值税	27	19	1	1				12		2	3	4		1		3		
2	一般纳税人																		
3	小规模纳税人	27	19	1	1				12		2	3	4		1		3		
4	2. 消费税																		
5	3. 营业税	116	108	5	6	2			54	2	36	5	1		3		4	5	11
6	4. 企业所得税	2192	2185	78	143	3			679	55	1100	182	3		4			30	120
7	5. 个人所得税	1071	171	11	14						146						900	3	1
8	6. 资源税	186	160	12	15		2		68	7	58	5	1		2		23	3	1
9	7. 固定资产投资方向调节税																		
10	8. 城市维护建设税	10857	8215	102	138	6	5		2783	174	4963	218	138	2	66	4	2438	71	701
11	9. 房产税	5989	2906	91	98	5	1		958	95	1640	113	70	1	30	2	2983	31	154
12	10. 印花税	9039	8478	88	94	7	3		2921	164	5199	166	157	2	63	2	341	51	588
13	11. 城镇土地使用税	5422	2712	87	81	6	1		984	93	1461	92	61	1	21		2628	27	139
14	12. 土地增值税	286	271	5	3				175	3	82	6	11		3		1	2	2
15	13. 车船税	157	148	5					95	24	39	9	1		6		2	1	46
16	14. 车辆购置税																		
17	15. 烟叶税																		
18	16. 耕地占用税	7	7						1			6							
19	17. 契税	167	152	4	1				83	11	59	5	6		3		6		5
20	18. 其他税收																		
21	附列资料:纳税户数	21575	15163	210	285	12	7		5606	387	8595	448	253	2	103	6	6056	87	861
22	登记户数	60487	24913	335	479	42	11		8365	545	13766	1915	387	6	153	8	35034	103	1836

2017年湛江市地方税务局纳税登记户数分企业类型统计年报表

编报机关:湛江市地方税务局

单位:户

序号	项目	合计	内资企业										港澳台投资企业	国有控股	外商投资企业	国有控股	个体经营	附:总机构户数	分支机构户数
			小计	国有企业	集体企业	股份合作企业	联营企业	国有控股	股份公司	国有控股	私营企业	其他企业							
1	1. 增值税	53	34	3	3				16	2	4	8	5		3		11	245	2
2	一般纳税人	6	6		1				1		2	2						2	2
3	小规模纳税人	47	28	3	2				15	2	2	6	5		3		11	243	
4	2. 消费税																		
5	3. 营业税	130	105	14	7	2			45	22	29	8	3		4		18	2	19
6	4. 企业所得税	1866	1847	204	158	3	3	3	403	61	938	138	8		11				204
7	5. 个人所得税	2578	98	30	37						31						2480	47	40
8	6. 资源税	164	146	5	9				80	8	51	1	1				17	1	3
9	7. 固定资产投资方向调节税																		
10	8. 城市维护建设税	14159	8920	440	303	34	9	5	1947	410	5615	572	173	3	116	10	4950	119	1489
11	9. 房产税	2467	1786	271	113	17	4	2	558	172	691	132	55	1	42	5	584	13	268
12	10. 印花税	6832	3714	237	159	47	5	1	613	301	2416	237	138	1	85	6	2895	51	735
13	11. 城镇土地使用税	1772	1354	137	69	13	3	1	462	94	623	47	32		22	1	364	8	112
14	12. 土地增值税	263	251	15	9	1	2		153	17	63	8	7		2		3	1	6
15	13. 车船税	277	261	10	3	1			92	30	131	24	3		5	2	8	1	80
16	14. 车辆购置税																		
17	15. 烟叶税																		
18	16. 耕地占用税	11	11	1								10							
19	17. 契税	196	164	7	7		1		93	10	46	10	9		8		15	3	3
20	18. 其他税收																		
21	附列资料:纳税户数	24753	15618	893	664	81	17	7	4462	737	8432	1069	293	3	180	17	8662	245	1631
22	登记户数	121980	41911	1440	1114	212	55	33	17414	1049	18593	3083	492	9	274	22	79303	451	4748

2017年茂名市地方税务局纳税登记户数分企业类型统计年报表

编报机关：茂名市地方税务局　　　　单位：户

序号	项目	合计	内资企业										港澳台投资企业	国有控股	外商投资企业	国有控股	个体经营	附：总机构户数	分支机构户数
			小计	国有企业	集体企业	股份合作企业	联营企业	国有控股	股份公司	国有控股	私营企业	其他企业							
1	1. 增值税	25	22	2					10		2	8	3						2
2	一般纳税人	1	1									1							
3	小规模纳税人	24	21	2					10		2	7	3						2
4	2. 消费税																		
5	3. 营业税	91	88	9	5	12			50	5		12	3					5	16
6	4. 企业所得税	2329	2319	170	220	8	10	9	1642	49	144	125	5		4		1	80	145
7	5. 个人所得税	3128	979	107	26	7	2		626	14	130	81	28		22		2099	5	28
8	6. 资源税	250	248	3	5				104	1	135	1	2					1	4
9	7. 固定资产投资方向调节税																		
10	8. 城市维护建设税	14476	9781	234	261	37	16	12	7051	292	1783	399	280	7	55	5	4360	171	902
11	9. 房产税	17895	4831	220	240	78	13	9	2449	174	1603	228	151		25	4	12888	109	386
12	10. 印花税	4259	3905	113	123	42			2496	178	926	205	168	1	33	3	153	105	395
13	11. 城镇土地使用税	11858	4039	201	220	70	12	8	2105	173	1275	156	118	16	23	2	7678	93	342
14	12. 土地增值税	282	279	6	5				249	10	7	12	3					2	3
15	13. 车船税	293	280	5		7			222	31	24	22	3		6		4	8	67
16	14. 车辆购置税																		
17	15. 烟叶税																		
18	16. 耕地占用税	52	52	6	3				15	2	17	11							
19	17. 契税	182	169	9	4	2			121	14	25	8	6		3		4	3	4
20	18. 其他税收																		
21	附列资料：纳税户数	46551	20366	725	820	218	36	26	12514	702	5064	989	679	24	109	10	25397	328	1456
22	登记户数	104921	32703	924	992	279	44	32	19610	955	8380	2474	819	24	138	14	71261	389	3010

2017年肇庆市地方税务局纳税登记户数分企业类型统计年报表

编报机关:肇庆市地方税务局　　　　单位:户

序号	项目	合计	内资企业										港澳台投资企业	国有控股	外商投资企业	国有控股	个体经营	附:总机构户数	分支机构户数
			小计	国有企业	集体企业	股份合作企业	联营企业	国有控股	股份公司	国有控股	私营企业	其他企业							
1	1. 增值税	367	322	8	2	1			294	4	10	7	29		5		11		1
2	一般纳税人	2	1									1	1						
3	小规模纳税人	365	321	8	2	1			294	4	10	6	28		5		11		1
4	2. 消费税																		
5	3. 营业税	135	110	5	13	1	1		58	14	24	8	6		4		15	5	10
6	4. 企业所得税	2853	2842	97	235	2	6	5	1322	115	756	424	4		7			71	286
7	5. 个人所得税	3296	440	23	12	10	7		161	23	134	93	39		35		2782	6	25
8	6. 资源税	200	157		1				91	6	56	9	9	1	1	1	33	4	4
9	7. 固定资产投资方向调节税																		
10	8. 城市维护建设税	19685	11869	197	244	8	10	7	5636	423	5074	700	445	10	199	14	7172	243	1083
11	9. 房产税	13554	3002	134	138	6	9	8	1380	152	1006	329	191	5	68	3	10293	86	200
12	10. 印花税	20684	13625	138	188	11			6411	436	6419	458	438	9	199	13	6422	218	1153
13	11. 城镇土地使用税	8920	1881	59	69	6	4	2	976	96	592	175	113	2	36	2	6890	36	102
14	12. 土地增值税	636	419	8	9	1	1		281	25	105	14	26	2	11		180	7	9
15	13. 车船税	1309	1140	45	8	2			528	90	286	271	65	1	35	2	69	60	138
16	14. 车辆购置税																		
17	15. 烟叶税																		
18	16. 耕地占用税	22	21		1				6	3	1	13	1					1	
19	17. 契税	409	282	4	2	5			169	33	89	13	10		7		110	10	7
20	18. 其他税收																		
21	附列资料:纳税户数	38729	18143	293	385	22	15	9	8161	598	7831	1436	538	11	237	15	19811	278	1620
22	登记户数	116893	34369	688	721	74	78	15	14542	1070	14285	3981	1137	18	363	19	81024	332	3657

2017年清远市地方税务局纳税登记户数分企业类型统计年报表

编报机关:清远市地方税务局　　　　单位:户

序号	项　目	合计	内资企业										港澳台投资企业	国有控股	外商投资企业	国有控股	个体经营	附:总机构户数	分支机构户数
			小计	国有企业	集体企业	股份合作企业	联营企业	国有控股	股份公司	国有控股	私营企业	其他企业							
1	1. 增值税	65	43		1	2	1		18	2	7	14	7		5		10		1
2	一般纳税人	1	1				1												
3	小规模纳税人	64	42		1	2			18	2	7	14	7		5		10		1
4	2. 消费税																		
5	3. 营业税	198	149	4	2	1	2	1	119	10	16	5	1		5		43	6	9
6	4. 企业所得税	1919	1895	69	178	1	14	10	1352	75	151	130	18		5		1	35	177
7	5. 个人所得税	2359	150	9	9	9	12	1	9	1	91	11	8	1	7	1	2194		1
8	6. 资源税	376	288	2	5				176		102	3	5	1	2	1	81	5	10
9	7. 固定资产投资方向调节税																		
10	8. 城市维护建设税	16315	10660	153	235	9	17	12	7564	590	2322	360	369	9	128	6	5158	190	1278
11	9. 房产税	5645	2886	109	176	9	3	2	1675	146	765	149	177	5	65	4	2517	73	221
12	10. 印花税	14306	11326	117	215	14	14	11	7764	562	2749	453	378	5	114	6	2488	176	1138
13	11. 城镇土地使用税	3608	1429	40	63	3			909	64	332	82	64	1	11	1	2104	17	85
14	12. 土地增值税	493	470	1	2	4	1		424	19	28	10	15		5		3	5	7
15	13. 车船税	467	428	7	1	1			330	28	54	35	7	1	8	2	24	11	81
16	14. 车辆购置税																		
17	15. 烟叶税	1	1						1										1
18	16. 耕地占用税	19	19						7			12						1	
19	17. 契税	374	337	3		3			263	37	56	12	21	2	10	1	6	8	11
20	18. 其他税收	1	1						1										
21	附列资料:纳税户数	25788	15600	204	315	22	21	14	10730	816	3505	803	441	9	154	8	9593	214	1699
22	登记户数	99366	33043	397	669	45	40	24	20754	1556	7759	3379	852	14	251	8	65220	271	3440

2017 年潮州市地方税务局纳税登记户数分企业类型统计年报表

编报机关:潮州市地方税务局　　　　单位:户

序号	项目	合计	内资企业										港澳台投资企业	国有控股	外商投资企业	国有控股	个体经营	附:总机构户数	分支机构户数
			小计	国有企业	集体企业	股份合作企业	联营企业	国有控股	股份公司	国有控股	私营企业	其他企业							
1	1. 增值税																		
2	一般纳税人																		
3	小规模纳税人																		
4	2. 消费税																		
5	3. 营业税	55	52		6	5			34	2	5	2			1		2	2	4
6	4. 企业所得税	2036	2026	83	129	125	4		1534	33	53	98	5		5			59	94
7	5. 个人所得税	3656	1378	29	48	16	4		178	5	1090	13	58	1	17	1	2203	22	33
8	6. 资源税	2212	1564	5	18	19			613	7	905	4	70	1	18		560	32	20
9	7. 固定资产投资方向调节税																		
10	8. 城市维护建设税	11006	7505	106	134	142	4		4034	185	2911	174	188	5	56	4	3257	151	402
11	9. 房产税	12978	7523	127	147	156	2		4137	209	2754	200	213	5	49	4	5193	136	295
12	10. 印花税	10337	7636	99	121	144	4		4203	220	2915	150	202	4	52	4	2447	149	325
13	11. 城镇土地使用税	11830	6679	108	129	134	2		3709	187	2410	187	190	4	44	4	4917	121	262
14	12. 土地增值税	70	64	1	3	3			51	2	5	1	4				2		1
15	13. 车船税	69	62						43	4	14	5					7	3	7
16	14. 车辆购置税																		
17	15. 烟叶税																		
18	16. 耕地占用税	11	11	2					1			8							
19	17. 契税	61	57			1			39	4	16	1	2		1		1	3	
20	18. 其他税收																		
21	附列资料:纳税户数	16948	10054	179	196	183	4		5642	285	3471	379	276	5	64	4	6554	172	582
22	登记户数	57746	19743	585	706	544	6	2	9945	572	6582	1375	523	24	142	4	37338	197	2344

2017 年揭阳市地方税务局纳税登记户数分企业类型统计年报表

编报机关:揭阳市地方税务局　　　　单位:户

序号	项目	合计	内资企业										港澳台投资企业		外商投资企业		个体经营	附:总机构户数	分支机构户数
			小计	国有企业	集体企业	股份合作企业	联营企业	国有控股	股份公司	国有控股	私营企业	其他企业		国有控股		国有控股			
1	1. 增值税	16	6	1					4		1		3		3		4	1	
2	一般纳税人																		
3	小规模纳税人	16	6	1					4		1		3		3		4	1	
4	2. 消费税																		
5	3. 营业税	33	23	3		1			12	1	2	5	2		1		7	1	5
6	4. 企业所得税	1959	1955	111	263		1	1	1115	50	364	101	2		2			55	204
7	5. 个人所得税	3261	279	10	45	4	2	1	56	1	156	6	6		6		2970	9	30
8	6. 资源税	168	167	10	26		1		91	4	36	3	1					3	14
9	7. 固定资产投资方向调节税																		
10	8. 城市维护建设税	16714	9698	130	277	4	2	1	6263	476	2832	190	231	4	68	5	6717	187	712
11	9. 房产税	14762	7649	149	222	8	3	1	4754	371	2300	213	166	4	43	3	6904	78	343
12	10. 印花税	10783	9554	93	211	3	1	1	6343	468	2710	193	215	3	63	4	951	176	576
13	11. 城镇土地使用税	11456	4405	90	158	6	2		2681	218	1324	144	101	1	24	1	6926	62	297
14	12. 土地增值税	97	86		1				63	1	22		5		3		3	3	
15	13. 车船税	258	241	17	7				142	28	36	39	10		4		3	12	42
16	14. 车辆购置税																		
17	15. 烟叶税																		
18	16. 耕地占用税	9	9						2		1	6							1
19	17. 契税	92	79		2				53	3	21	3	7		2	1	4	4	1
20	18. 其他税收																		
21	附列资料:纳税户数	28231	14303	256	459	13	7	3	8965	730	4129	474	281	4	94	7	13553	197	994
22	登记户数	83790	26692	738	1106	142	20	15	14969	1191	7168	2549	513	7	168	8	56417	224	4019

2017年云浮市地方税务局纳税登记户数分企业类型统计年报表

编报机关:云浮市地方税务局

单位:户

序号	项目	合计	内资企业										港澳台投资企业	国有控股	外商投资企业	国有控股	个体经营	附:总机构户数	分支机构户数
			小计	国有企业	集体企业	股份合作企业	联营企业	国有控股	股份公司	国有控股	私营企业	其他企业							
1	1. 增值税	14	5		1				3		1		2		1		6		
2	一般纳税人																		
3	小规模纳税人	14	5		1				3		1		2		1		6		
4	2. 消费税																		
5	3. 营业税	83	61	2	2	4	3		32	9	8	10	4	1	6	1	12	1	10
6	4. 企业所得税	8064	8052	35	121	3	3		597	51	7138	155	4		8			39	143
7	5. 个人所得税	2458	325	32	13						280						2133	7	85
8	6. 资源税	183	139		3		3		83	6	50		7		3	1	34	11	12
9	7. 固定资产投资方向调节税																		
10	8. 城市维护建设税	10509	5881	96	143	5	4	1	3449	229	2030	154	168	24	53	6	4407	148	565
11	9. 房产税	10252	3371	89	225	10	4	1	1564	143	1278	201	109	8	27	11	6745	94	250
12	10. 印花税	13528	6809	86	160	8	4	1	3958	239	2276	317	180	10	54	6	6485	145	651
13	11. 城镇土地使用税	6507	2036	43	81	4	3		921	74	682	302	76	5	17	2	4378	46	92
14	12. 土地增值税	218	200	1	4	3	3		132	6	51	6	9	1	5		4	6	5
15	13. 车船税	173	155	5	1		3		102	26	29	15	4		4		10	3	40
16	14. 车辆购置税																		
17	15. 烟叶税																		
18	16. 耕地占用税	27	18				3		6	3	3	6	3		3		3		1
19	17. 契税	223	200	4	4	4	3		122	5	53	10	12	1	4		7	9	4
20	18. 其他税收	10	7	1	1	1	1		1		1	1	1		1		1		184
21	附列资料:纳税户数	41184	23935	300	556	34	7	2	9175	661	12961	902	447	44	139	27	16663	244	1411
22	登记户数	73602	26921	357	680	35	9	3	10221	732	14365	1254	477	46	147	30	46057	244	2157

2017年横琴新区地方税务局纳税登记户数分企业类型统计年报表

编报机关:横琴新区地方税务局　　　　单位:户

序号	项目	合计	内资企业										港澳台投资企业	国有控股	外商投资企业	国有控股	个体经营	附:总机构户数	分支机构户数
			小计	国有企业	集体企业	股份合作企业	联营企业	国有控股	股份公司	国有控股	私营企业	其他企业							
1	1. 增值税	1											1						
2	一般纳税人																		
3	小规模纳税人	1											1						
4	2. 消费税																		
5	3. 营业税	11	10						8		2		1					2	
6	4. 企业所得税	763	760	1	1				492	134	264	2	2		1			27	25
7	5. 个人所得税	23	5	1	1				1		1	1	1		1		16		
8	6. 资源税																		
9	7. 固定资产投资方向调节税																		
10	8. 城市维护建设税	4548	4234	2	1	1			2710	1416	1511	9	219	18	29	3	66	84	94
11	9. 房产税	115	107	1	1	1			76	13	27	1	5		1		2	11	9
12	10. 印花税	2297	2112	2	1				1020	465	1088	1	153	8	31	2	1	64	56
13	11. 城镇土地使用税	80	63						44	13	18	1	15		1		1	3	
14	12. 土地增值税	23	21						16	3	5		2						
15	13. 车船税	24	24						20	9	4							1	3
16	14. 车辆购置税																		
17	15. 烟叶税																		
18	16. 耕地占用税	1	1						1										
19	17. 契税	68	24						15	6	8	1	42		1		1	1	
20	18. 其他税收																		
21	附列资料:纳税户数	6295	5858	2	1	1			3413	1733	2432	9	321	21	48	3	68	100	123
22	登记户数	33689	31468	15	5	2			17683	9520	13718	45	1402	93	179	16	640	178	591

2017年顺德区地方税务局纳税登记户数分企业类型统计年报表

编报机关:顺德区地方税务局　　　　单位:户

序号	项目	合计	内资企业										港澳台投资企业	国有控股	外商投资企业	国有控股	个体经营	附:总机构户数	分支机构户数
			小计	国有企业	集体企业	股份合作企业	联营企业	国有控股	股份公司	国有控股	私营企业	其他企业							
1	1. 增值税	140	115		1	1			69	6	38	6	16	1	7	1	2	16	8
2	一般纳税人																		
3	小规模纳税人	140	115		1	1			69	6	38	6	16	1	7	1	2	16	8
4	2. 消费税																		
5	3. 营业税	75	57						27	5	26	4	8	1	1		9	10	4
6	4. 企业所得税	7250	7241	15	95		1		2524	58	3855	751	7	1	2			371	360
7	5. 个人所得税	6578	1789	1	1	1	1		1		1783	1	13		2		4774	76	13
8	6. 资源税																		
9	7. 固定资产投资方向调节税																		
10	8. 城市维护建设税	52028	40104	21	61	1	1		10639	179	28864	517	957	41	340	5	10627	1207	1191
11	9. 房产税	11826	6505	19	62		2	1	2122	107	3935	365	520	36	126	3	4675	516	229
12	10. 印花税	19490	17035	13	18	1	1		4620	106	12262	120	712	33	272	6	1471	704	656
13	11. 城镇土地使用税	9616	5122	21	65		1	1	1848	109	2803	384	489	33	116	4	3889	421	228
14	12. 土地增值税	299	259		5				189	14	59	6	31	1	8		1	20	15
15	13. 车船税	425	377	1	1				146	12	211	18	26	1	11		11	24	32
16	14. 车辆购置税																		
17	15. 烟叶税																		
18	16. 耕地占用税	27	24		2				1			21	1		1		1		
19	17. 契税	213	192		1				104	5	81	6	13		6		2	13	5
20	18. 其他税收																		
21	附列资料:纳税户数	64116	47042	40	133	2	2	1	12266	249	33462	1137	1096	43	404	6	15574	1284	1569
22	登记户数	153517	82633	99	234	2	3	2	20059	563	59577	2659	1613	51	715	9	68556	1535	7593

2017 年广东省地方税务局直属分局纳税登记户数分企业类型统计年报表

编报机关:广东省地方税务局直属分局　　　　单位:户

序号	项　　目	合计	内资企业										港澳台投资企业		外商投资企业		个体经营	附:总机构户数	分支机构户数
			小计	国有企业	集体企业	股份合作企业	联营企业	国有控股	股份公司	国有控股	私营企业	其他企业		国有控股		国有控股			
1	1. 增值税																		
2	一般纳税人																		
3	小规模纳税人																		
4	2. 消费税																		
5	3. 营业税	100	83	5					63	37	15		2	1	15			7	17
6	4. 企业所得税	453	449	119	3		2	2	182	98	11	132	4	2				93	5
7	5. 个人所得税																		
8	6. 资源税																		
9	7. 固定资产投资方向调节税																		
10	8. 城市维护建设税	100	100						100										
11	9. 房产税																		
12	10. 印花税																		
13	11. 城镇土地使用税																		
14	12. 土地增值税																		
15	13. 车船税																		
16	14. 车辆购置税																		
17	15. 烟叶税																		
18	16. 耕地占用税																		
19	17. 契税																		
20	18. 其他税收																		
21	附列资料:纳税户数	551	530	124	3		2	2	245	135	24	132	6	3	15			100	22
22	登记户数	4463	3548	434	48	5	11	10	2078	903	565	407	393	18	516	26	6	196	22

2017年广东省地方税务局纳税登记户数分行业统计年报表(1)

编报机关:广东省地方税务局　　　　单位:户

序号	项目	国内增值税	一般纳税人增值税	国内消费税	营业税	企业所得税		个人所得税	城市维护建设税	房产税	印花税	城镇土地使用税
						内资企业	外资企业					
1	合计	3609	1		5366	195082	15125	147092	1358922	256336	1167929	208043
2	一、第一产业	50			32	461	18	817	3256	4406	7753	3758
3	二、第二产业	761			894	52495	5717	40051	460419	93467	432722	71022
4	(一)采矿业	22			25	228	53	479	2275	3266	2819	1056
5	1. 煤炭开采和洗选业	3			3	4	1	10	21	5	25	7
6	2. 石油和天然气开采业	4			3	5	2	16	26	14	13	7
7	3. 黑色金属矿采选业	4			3	8	2	21	47	61	56	31
8	4. 有色金属矿采选业	4			11	131	44	200	961	2239	1539	322
9	5. 非金属矿采选业	7			5	57	2	143	709	507	664	527
10	6. 其他采矿业					23	2	89	511	440	522	162
11	(二)制造业	615			349	18086	5027	33732	391720	76240	372336	59973
12	1. 农副食品加工业	15			7	445	27	407	2317	2171	2656	1740
13	2. 食品制造业	12			15	543	46	321	4010	1997	4441	1568
14	3. 酒、饮料和精制茶制造业	7			7	144	14	124	864	563	818	446
15	4. 烟草制品业	3			3	16	3	26	29	32	25	26
16	5. 纺织业	23			19	545	119	1342	8309	3104	9325	2265
17	6. 纺织服装、服饰业	39			15	1316	226	1897	20501	4842	25951	4173
18	7. 皮革、毛皮、羽毛及其制品和制鞋业	29			7	361	165	1097	13120	2752	15959	2280
19	8. 木材加工和木竹藤棕草制品业	10			5	110	23	554	5087	1857	5090	1536

续表

序号	项　目	国内增值税	一般纳税人增值税	国内消费税	营业税	企业所得税 内资企业	企业所得税 外资企业	个人所得税	城市维护建设税	房产税	印花税	城镇土地使用税
20	9. 家具制造业	22			5	458	105	1220	12751	2588	11777	1866
21	10. 造纸和纸制品业	20			4	632	140	1312	12965	2163	11588	1850
22	11. 印刷和记录媒介复制业	12			8	1441	163	1260	10412	2600	8114	2011
23	12. 文教、工美、体育和娱乐用品制造业	17			16	680	195	1371	7788	2986	9216	2639
24	13. 石油加工、炼焦和核燃料加工业	4			5	42	6	43	237	105	223	78
25	14. 化学原料和化学制品制造业	16			12	1022	122	366	8023	2630	7886	1946
26	15. 医药制造业	10			8	216	47	142	1045	509	1048	396
27	16. 化学纤维制造业	3			4	13	11	53	346	98	303	77
28	17. 橡胶和塑料制品业	46			21	1702	690	3691	33258	7764	30221	6355
29	18. 非金属矿物制品业	20			11	725	57	1982	12596	6787	11748	5406
30	19. 黑色金属冶炼和压延加工业	10			4	80	10	324	1293	517	992	330
31	20. 有色金属冶炼和压延加工业	9			3	173	18	301	1823	821	1783	476
32	21. 金属制品业	69			25	1942	501	7373	60635	13146	59785	9679
33	22. 通用设备制造业	23			13	682	140	1175	16828	1983	15891	1248
34	23. 专用设备制造业	25			12	605	165	1373	17680	1775	16534	1343
35	24. 汽车制造业	9			8	81	22	116	2096	531	2318	338
36	25. 铁路、船舶、航空航天和其他运输设备制造业	21			9	105	29	93	1234	389	1151	265
37	26. 电气机械和器材制造业	50			25	1275	352	2249	30279	4035	28445	3098
38	27. 计算机、通信和其他电子设备制造业	40			33	1181	800	891	39490	2984	31394	2699
39	28. 仪表仪器制造业	10			5	155	86	136	2807	386	2599	302

续表

序号	项　目	国内增值税	一般纳税人增值税	国内消费税	营业税	企业所得税		个人所得税	城市维护建设税	房产税	印花税	城镇土地使用税
						内资企业	外资企业					
40	29. 其他制造业	41			40	1396	745	2493	63897	4125	55055	3537
41	(三)电力、热力、燃气及水的生产和供应业	24			34	1595	32	1520	9022	6476	7378	4574
42	1. 电力、热力的生产和供应业	16			24	1116	18	1234	7260	5435	5994	3805
43	2. 燃气生产和供应业	2			2	174	8	122	613	326	548	255
44	3. 水的生产和供应业	6			8	305	6	164	1149	715	836	514
45	(四)建筑业	100			486	32586	605	4320	57402	7485	50189	5419
46	1. 房屋建筑业	24			103	3227	17	550	5101	1290	5045	909
47	2. 土木工程建筑业	8			43	2726	5	519	5161	772	4889	560
48	3. 建筑安装业	34			133	7925	244	1047	16043	2225	12897	1500
49	4. 建筑装饰和其他建筑业	34			207	18708	339	2204	31097	3198	27358	2450
50	三、第三产业	2798	1		4440	142126	9390	106224	895247	158463	727454	133263
51	(一)批发和零售业	489			438	25810	792	59676	494908	84349	408038	74774
52	1. 批发业	364			238	15094	391	19678	287490	19610	238022	16130
53	2. 零售业	125			200	10716	401	39998	207418	64739	170016	58644
54	(二)交通运输、仓储和邮政业	308			90	9484	261	3808	34014	6059	29385	3067
55	1. 交通运输业	292			54	8226	173	3345	29776	3282	25430	2250
56	2. 仓储业	11			19	843	47	176	2394	641	2090	366
57	3. 邮政业	5			17	415	41	287	1844	2136	1865	451
58	(三)住宿和餐饮业	34			613	8864	124	20044	41004	12934	21752	9398
59	1. 住宿业	17			109	2364	35	2085	7884	2607	2816	1819

续表

序号	项　目	国内增值税	一般纳税人增值税	国内消费税	营业税	企业所得税		个人所得税	城市维护建设税	房产税	印花税	城镇土地使用税
						内资企业	外资企业					
60	2. 餐饮业	17			504	6500	89	17959	33120	10327	18936	7579
61	（四）信息传输、软件和信息技术服务业	46			86	4610	256	722	37649	2406	30807	1951
62	1. 电信、广播电视和卫星传输服务业	18			29	186	13	178	1192	668	757	433
63	2. 互联网和相关服务	6			8	559	7	183	2071	318	2408	198
64	3. 软件和信息技术服务业	22			49	3865	236	361	34386	1420	27642	1320
65	（五）金融业	190			379	3413	159	858	9482	2511	11796	1960
66	1. 货币金融服务	114			135	1086	59	244	3030	1417	4067	1115
67	2. 资本市场服务	14			20	1502	35	181	2789	472	4377	366
68	3. 保险业	7			188	208	17	266	2645	393	2211	298
69	4. 其他金融业	55			36	617	48	167	1018	229	1141	181
70	（六）房地产业	783			1263	19434	1012	1582	37622	14270	31896	12755
71	（七）租赁和商务服务业	285			594	40226	1064	4430	105667	12554	86245	10604
72	1. 租赁业	19			31	1302	11	565	6930	720	5467	589
73	2. 商务服务业	266			563	38924	1053	3865	98737	11834	80778	10015
74	（八）科学研究和技术服务业	40			124	9114	404	1175	60924	3382	52934	2629
75	（九）居民服务、修理和其他服务业	282	1		451	12619	1798	9987	43561	12998	30590	10869
76	（十）教育	20			138	1723	2465	633	6144	1049	5318	716
77	（十一）卫生和社会工作	12			33	540	98	655	1312	783	1919	484
78	（十二）文化、体育和娱乐业	14			80	4208	486	1984	12927	1421	9449	1107
79	（十三）公共管理、社会保障和社会组织	245			126	825	402	274	5022	2375	2833	1805
80	（十四）其他行业	50			25	1256	69	396	5011	1372	4492	1144

2017年广东省地方税务局纳税登记户数分行业统计年报表(2)

编报机关:广东省地方税务局　　　　单位:户

序号	项　目	土地增值税	车辆购置税	车船税	耕地占用税	契税	其他各税	附列资料:纳税户数	登记户数	附:总机构户数	分支机构户数
1	合　计	10095		32539	1267	10857	7573	2164181	7303633	31545	72852
2	一、第一产业	87		90	55	74	122	14810	53647	216	430
3	二、第二产业	1067		7525	231	2623	4885	650647	1204664	8563	9533
4	(一)采矿业	63		48	17	57	816	6722	16280	36	241
5	1. 煤炭开采和洗选业	3		2	2	4	2	74	191		
6	2. 石油和天然气开采业	3		3	2	3	2	73	111		7
7	3. 黑色金属矿采选业	4		8	3	4	32	181	320	2	2
8	4. 有色金属矿采选业	43		16	3	37	61	3689	10800	5	135
9	5. 非金属矿采选业	7		14	7	6	497	1603	2694	23	56
10	6. 其他采矿业	3		5		3	222	1102	2164	6	41
11	(二)制造业	722		6133	136	1978	3089	535529	969745	6981	4053
12	1. 农副食品加工业	19		108	4	55	5	5150	11468	248	160
13	2. 食品制造业	22		110	3	63	29	6653	14047	218	115
14	3. 酒、饮料和精制茶制造业	6		38	4	14	46	1569	2985	53	33
15	4. 烟草制品业	3		20	3	4	5	100	133	1	7
16	5. 纺织业	27		185	5	49	6	14107	26838	163	48
17	6. 纺织服装、服饰业	54		283	5	73	4	36525	90104	450	121
18	7. 皮革、毛皮、羽毛及其制品和制鞋业	25		173	2	45	26	21673	47278	127	405
19	8. 木材加工和木竹藤棕草制品业	13		49	5	14	8	8495	17122	42	38

续表

序号	项　　目	土地增值税	车辆购置税	车船税	耕地占用税	契税	其他各税	附列资料:纳税户数	登记户数	附:总机构户数	分支机构户数
20	9. 家具制造业	27		154	3	31	5	17070	30351	240	84
21	10. 造纸和纸制品业	19		244	3	37	10	16204	25885	101	76
22	11. 印刷和记录媒介复制业	16		179	3	35	4	12421	17069	161	64
23	12. 文教、工美、体育和娱乐用品制造业	28		163	4	54	9	12559	25465	290	87
24	13. 石油加工、炼焦和核燃料加工业	6		15	3	9	4	372	559	9	14
25	14. 化学原料和化学制品制造业	27		356	15	105	43	10808	15138	273	113
26	15. 医药制造业	11		64	3	43	4	1760	2623	72	42
27	16. 化学纤维制造业	5		15	3	7	4	467	757	5	3
28	17. 橡胶和塑料制品业	56		566	5	118	26	43161	69323	418	234
29	18. 非金属矿物制品业	22		407	21	87	2661	21183	33971	267	169
30	19. 黑色金属冶炼和压延加工业	10		40	3	11	5	1654	3029	33	5
31	20. 有色金属冶炼和压延加工业	10		92	4	26	7	2571	4704	47	22
32	21. 金属制品业	67		720	3	154	13	84483	146974	593	486
33	22. 通用设备制造业	30		287	3	78	6	21358	34284	251	154
34	23. 专用设备制造业	28		268	5	82	24	22796	37761	336	146
35	24. 汽车制造业	9		154	4	52	4	2824	4302	67	65
36	25. 铁路、船舶、航空航天和其他运输设备制造业	14		74	3	23	20	1698	3028	45	47
37	26. 电气机械和器材制造业	47		413	4	122	6	36854	58192	691	221
38	27. 计算机、通信和其他电子设备制造业	67		450	3	331	7	46690	86583	974	367
39	28. 仪表仪器制造业	10		52	3	21	7	3678	6939	116	48

续表

序号	项目	土地增值税	车辆购置税	车船税	耕地占用税	契税	其他各税	附列资料：纳税户数	登记户数	附：总机构户数	分支机构户数
40	29. 其他制造业	44		454	7	235	91	80646	152833	690	679
41	（三）电力、热力、燃气及水的生产和供应业	48		286	37	138	36	16824	21542	222	688
42	1. 电力、热力的生产和供应业	39		176	32	102	6	13902	16621	73	271
43	2. 燃气生产和供应业	3		46	1	22	7	1037	2351	99	311
44	3. 水的生产和供应业	6		64	4	14	23	1885	2570	50	106
45	（四）建筑业	234		1058	41	450	944	91572	197097	1324	4551
46	1. 房屋建筑业	85		132	3	69	363	8770	18180	228	898
47	2. 土木工程建筑业	21		131	19	52	128	8518	18005	151	516
48	3. 建筑安装业	57		427	9	180	227	23484	42179	441	1315
49	4. 建筑装饰和其他建筑业	71		368	10	149	226	50800	118733	504	1822
50	三、第三产业	8941		24924	981	8160	2566	1498724	6045322	22766	62889
51	（一）批发和零售业	556		5938	37	1623	675	793542	3636768	10131	27429
52	1. 批发业	381		3896	20	982	273	419448	1543330	6568	7774
53	2. 零售业	175		2042	17	641	402	374094	2093438	3563	19655
54	（二）交通运输、仓储和邮政业	103		8130	17	296	55	56662	132518	1401	1705
55	1. 交通运输业	44		7220	10	225	25	48253	115180	1166	218
56	2. 仓储业	17		841	4	34	19	3643	6828	162	206
57	3. 邮政业	42		69	3	37	11	4766	10510	73	1281
58	（三）住宿和餐饮业	56		229	10	77	63	78163	431522	983	4675
59	1. 住宿业	21		102	5	46	46	11857	30634	193	731

续表

序号	项　　目	土地增值税	车辆购置税	车船税	耕地占用税	契税	其他各税	附列资料:纳税户数	登记户数	附:总机构户数	分支机构户数
60	2. 餐饮业	35		127	5	31	17	66306	400888	790	3944
61	（四）信息传输、软件和信息技术服务业	66		559	10	471	172	59432	226457	1193	1775
62	1. 电信、广播电视和卫星传输服务业	17		91	3	48	6	2102	8472	52	584
63	2. 互联网和相关服务	8		13	3	21	4	4392	25998	64	10
64	3. 软件和信息技术服务业	41		455	4	402	162	52938	191987	1077	1181
65	（五）金融业	161		1415	14	284	17	20395	91482	500	5934
66	1. 货币金融服务	82		201	4	128	4	6980	35881	202	2120
67	2. 资本市场服务	42		28	4	54	5	7253	38071	71	1267
68	3. 保险业	9		1142	3	45	4	4062	9245	177	2355
69	4. 其他金融业	28		44	3	57	4	2100	8285	50	192
70	（六）房地产业	7151		1136	452	2985	45	69037	136965	2154	5901
71	（七）租赁和商务服务业	398		2048	64	1189	59	182669	547573	3325	8983
72	1. 租赁业	15		347	4	104	10	11125	26867	142	616
73	2. 商务服务业	383		1701	60	1085	49	171544	520706	3183	8367
74	（八）科学研究和技术服务业	66		1291	17	336	329	95473	235830	1330	65
75	（九）居民服务、修理和其他服务业	145		816	70	389	829	81695	388353	1179	3841
76	（十）教育	14		1585	6	59	4	15511	49306	162	595
77	（十一）卫生和社会工作	35		473	6	60	5	4620	18579	34	114
78	（十二）文化、体育和娱乐业	19		204	3	53	10	23314	75959	239	739
79	（十三）公共管理、社会保障和社会组织	164		853	258	301	253	9257	47370	17	62
80	（十四）其他行业	7		247	17	37	50	8954	26640	118	1071

第八篇

附　录

广东省地方税务系统获各荣誉奖项一览表(2017年)

<table>
<tr><th colspan="2">荣誉称号</th><th>授奖部门</th><th>获奖单位(个人)</th></tr>
<tr><td rowspan="10">全
国</td><td>全国文明单位</td><td>中央文明委</td><td>第五届单位:
韶关市地税局
阳江市地税局
高州市地税局
惠州市仲恺高新技术产业开发区地税局
广州南沙开发区地税局
复查确认继续保留荣誉称号单位:
清远市地税局
潮州市地税局
惠州市地税局(机关)
湛江市地税局(机关)
茂名市电白区地税局
河源市源城区地税局
乳源县地税局
翁源县地税局</td></tr>
<tr><td>全国巾帼文明岗</td><td>中华全国妇女联合会</td><td>清远市经济开发区地税局源潭税务分局征收组
揭阳市榕城区地税局东山税务分局办税服务厅</td></tr>
<tr><td>2015—2016年度
全国青年文明号</td><td>共青团中央
国家税务总局</td><td>广州市越秀区地税局纳税服务分局
佛山市顺德区地税局北滘分局
汕头市地税局驻市行政服务中心窗口
深圳市南山区地税局信息管理科</td></tr>
<tr><td>2016年度打击发票违法犯罪活动工作成绩突出的单位/个人</td><td>国家税务总局</td><td>单位:广州市地税局稽查局
个人:李翔宇　广州市地税局稽查局
　　　张小鸿　揭阳市地税局稽查局</td></tr>
<tr><td>营改增试点工作记功、嘉奖</td><td>国家税务总局</td><td>集体嘉奖:广州市天河区地税局
个人三等功:刘　静(女)(深圳市地税局)
个人嘉奖:宁　波(省地税局)
肖卓斌(汕头市金平区地税务)
赵保华(深圳市地税局)
吴旭曜(深圳市罗湖区地税局)</td></tr>
<tr><td>2015—2016年度全国税务系统优秀税收科研成果一等奖</td><td>国家税务总局</td><td>《经济增速换挡对税收增速影响研究》——向景、魏升民、刘中虎</td></tr>
<tr><td>2015——2016年度全国税务系统优秀税收科研成果二等奖</td><td>国家税务总局</td><td>《从税收结构变化看广东经济结构变化:2011—2015》——魏升民、向景、温丽萍</td></tr>
<tr><td>2015—2016年度全国税务系统优秀税收科研成果三等奖</td><td>国家税务总局</td><td>《地方税体系构建与地方税费征管问题的研究》——吴紫骊、苏振钿、方佳雄、冯绍伍
《我国实施自愿税收披露项目正当其时》——梁若莲、谢丽文</td></tr>
<tr><td>全国税务系统百佳县税务局长</td><td>国家税务总局</td><td>王伟强(阳春市地税局)</td></tr>
</table>

续表

荣誉称号		授奖部门	获奖单位(个人)
广东省	文明单位	中共广东省委 广东省人民政府	韶关乐昌市地税局 阳江市地方税务局 揭阳市榕城区地税局
	2016—2017年度广东省文明单位	广东省精神文明建设委员会	珠海市地税局 汕头市龙湖区地税局 东莞市地税局 茂名市茂南区地税局 茂名信宜市地方税务局 广东省地税局征管科技处
	广东省五一劳动奖状	广东省总工会	清远市地税局 揭阳市揭东区地税局 阳江市江城区地税局
	广东省模范职工之家	广东省总工会	韶关仁化县地税局
	广东省三八红旗集体	广东省妇女联合会	揭阳市揭东区地税局
	巾帼文明岗	广东省妇女联合会	韶关市地税局韶钢分局 武江区地税局西联分局 汕尾市城区地方税务局办税服务厅 清远市地税局 揭阳市榕城区地税局城区税务分局 揭阳市空港区经济地税局砲台税务分局
	2016—2017年度“广东省优秀共青团干部”	团省委	黄晓东(广州市地税局团委副书记)
	2016—2017年度“广东省百佳团支部书记”	团省委	伊霞菲(广州市白云区地税局团总支书记)
	广东省保密工作“铜质纪念章”	中共广东省委保密委员会办公室 广东省国家保密局	刘　倩(阳江阳春市地税局)
广东省地税系统	2017年“岗位大练兵、业务大比武”集体奖	广东省地税局	一等奖:广州市地税局 二等奖:湛江市地税局 肇庆市地税局 横琴新区地税局 三等奖:茂名市地税局 佛山市地税局 清远市地税局 珠海市地税局 揭阳市地税局 潮州市地税局

续表

<table>
<tr><th colspan="2">荣誉称号</th><th>授奖部门</th><th>获奖单位(个人)</th></tr>
<tr><td rowspan="4">广东省地税系统</td><td>2016 年“岗位大练兵、业务大比武”嘉奖</td><td>广东省地税局</td><td>姜素馨(广州市地税局大企业局)
李翔宇(广州市地税局稽查局)
刘　挺(广州市地税局信息中心)
陈广峰(佛山市南海区地税局)
黄巧云(珠海横琴新区地方税务局)
康洁刚(广东省地税局信息中心)
邓巧飞(广州市天河区地税局)
刘玢玢(广州市海珠区地税局)
陈俊霖(珠海市地税局)
林壮彬(汕头市地税局稽查局)
刘　恋(佛山市南海区地税局)
宁华强(湛江市地方税务局)</td></tr>
<tr><td>个人三等功</td><td>广东省地税局</td><td>省局:陈　挺　王力元　朱国强　邓晓炜
彭　帆　范　欣　林桂鹏　吴仕稀
周秋波　黄世能　王　芳　康洁刚
市局:陆耀炳(广州)　张振宇(汕头)
罗镜文(中山)　孙彦浩(深汕合作区)</td></tr>
<tr><td>个人嘉奖</td><td>广东省地税局</td><td>省局:冯绍伍　钟文锋　李殿相　宁　波
庞信城　华　关　张媛春　卢新生
魏冬青　肖　戎　吴旭红　梁若莲
王　娟　周忠清　刘　红　马　谦
孙　婷　张建生　叶友法　王海仁
陈欣亮　张惠冰　周义莲　符建红
王海钰　林文娟　胡东胜　赖旭东
王世荣　张雯莹　何　刚　倪文俊
柯玉芝　莫佳霖　陈曼君　孙　剑
卓鹏程　魏升民
市局:马世超(广州)　严贵杨(珠海)
徐均红(珠海)　陈德元(汕头)
朱　毅(佛山)　戚晋北(佛山)
黄　文(韶关)　徐　伟(河源)
甘广木(梅州)　叶柏灼(惠州)
姚诗谋(汕尾)　黄　真(东莞)
李玉梅(东莞)　蒙全忠(中山)
黄俊杰(江门)　郑向阳(阳江)
王上治(湛江)　吴锡昌(茂名)
何　蜀(肇庆)　雷文广(清远)
陈　泽(潮州)　游绿东(揭阳)
刘永才(云浮)　刘　军(珠海横琴)</td></tr>
<tr><td>2016—2017 年度广东省地方税务局优秀共产党员</td><td>广东省地税局</td><td>周忠清(办公室党支部)
邢小华(办公室党支部)
张媛春(政策法规处党支部)
朱　乐(税政一处党支部)
孙　婷(税政二处党支部)
罗翠英(国际税务管理处党支部)</td></tr>
</table>

续表

荣誉称号		授奖部门	获奖单位(个人)
广东省地税系统	2016—2017 年度广东省地方税务局优秀共产党员	广东省地税局	黄小青(规费管理处党支部) 叶友法(收入规划核算处党支部) 曹梅松(纳税服务处党支部) 李友乔(征管和科技发展处党支部) 黄媛春(财务与装备管理处党支部) 陈小东(内审处党支部) 唐雪峰(人事处党支部) 付海涛(人事处党支部) 王海钰(教育培训处党支部) 胡　振(基层工作处(机关党办)党支部) 蒋　荃(省纪委驻省地税局纪检组党支部) 何　亮(稽查局党支部) 宁贤威(稽查局党支部) 吴仕稀(直属税务分局(大企业局)党支部) 宋天福(直属税务分局(大企业局)党支部) 黄永桂(机关服务中心党支部) 曾建辉(机关服务中心党支部) 卓鹏程(信息中心党支部) 黄代安(信息中心党支部) 王　海(广东地方税收科学研究所党支部) 黄　杰(广东省地税干部进修学校党支部) 林文铎(离退休人员党支部) 肖淑辉(离退休人员党支部)
广东省地税系统	2016—2017 年度广东省地方税务局优秀党务工作者	广东省地税局	魏冬青(基层工作处(机关党办)党支部) 杨　珉(办公室党支部) 陈　勃(政策法规处党支部) 卢红秋(税政一处党支部) 刘　柯(税政二处党支部) 朱国强(国际税务管理处党支部) 黄　荣(规费管理处党支部) 秦　婷(收入规划核算处党支部) 姚　波(纳税服务处党支部) 杨建军(征管和科技发展处党支部) 邓晓炜(财务与装备管理处党支部) 吴晨曦(内审处党支部) 符建红(人事处党支部) 钟　斌(教育培训处党支部) 谭举正(省纪委驻省地税局纪检组党支部) 吴凌云(稽查局党支部) 周秋波(直属税务分局(大企业局)党支部) 陈曼君(机关服务中心党支部) 李文杰(信息中心党支部) 陈　莹(广东地方税收科学研究所党支部) 王永民(广东省地税干部进修学校党支部) 伍绍焕(离退休人员党支部)

续表

荣誉称号		授奖部门	获奖单位(个人)
广东省地税系统	2016—2017 年度广东省地方税务局先进党支部	广东省地税局	办公室党支部 税政一处党支部 收入规划核算处党支部 征管和科技发展处党支部 人事处党支部 基层工作处(机关党办)党支部 直属税务分局(大企业局)党支部 信息中心党支部

索 引

使用说明

1. 本索引采用内容分析索引法编制。除按“大事记”形式编排的内容外，年鉴中有实质检索意义的内容均予以标引，以供检索使用。

2. 本索引基本上按汉语拼音音序排列。具体排列规律如下：以数字开头的标目，排在前面；汉字标目按首字的音序、音调依次排列；首字相同时，则以第二个字排序，并依此类推。

3. 索引标目后的数字，表示检索内容所在的年鉴正文页码，数字后面的英文字母 a、b，表示正文中的栏别，合在一起即指该页码及左右两个版面区域。年鉴中以表格、图形形式反映的内容，则在索引标目后用括号注明(表)、(图)字，以区别于文字标目。

4. 为反映索引款目间的逻辑关系，对于二级标目，采取在一级标目下缩二格的形式编排，之下再按数字和字母顺序、汉语拼音音序音调排列。

0～9

B

C

D

F

G

H

J

K

L

M

N

P

Q

R

S

T

W

X

Y

Z

（王彦祥　毋　栋　编制）